제2판

미술과 법

이 상 정

세창출판사

이 도서의 국립중앙도서관 출판예정도서목록(CIP)은 서지정보유통지원시스템 홈페이지(http://seoji.nl.go.kr)와 국가자료공동목록시스템(http://www.nl.go.kr/kolisnet)에서 이용하실 수 있습니다.(CIP제어번호: CIP2016019431)

‖ 제2판 머리말 ‖

이 책이 출간된 지도 벌써 7년이 되었다. 그사이 적지 않은 변화가 있었다. 법률도 새로이 제정되거나 개정된 것이 적지 않고, 본서 출간 이래 좋은 저서들도 발표되었다. 초판을 집필할 때는 진행 중이었던 사건들도 이제 결말을 본 것이 적지 않다. 이번 개정판에서는 이러한 그사이의 변화를 반영하였다. 아울러 초판에서의 미비한 점을 보충하였다. 그러나 역시 만족스럽지 않다. 필자의 능력부족을 탓할 뿐이다. 이러한 부족한 저서를 애독해 주신 독자들과 부족한 부분을 크게 나무라지 않고 격려해 주신 동료 교수 및 관계자들에게 먼저 감사드린다. 아마도 이분들의 사랑이 없었다면 제2판 발간은 불가능했을 것이다. 앞으로도 지속적인 관심과 지도편달을 부탁드린다.

나는 지난 2월 정년을 맞이하였으나 학교의 배려로 명예교수로서 강의와 연구를 계속하고 있다. 이 자리를 빌려 학교 당국과 대과 없이 교수생활을 마칠 수 있도록 도와주신 동료교수들에게 깊이 감사드린다. 정년을 맞이하여 대학교수로서의 길을 갈 수 있도록 문을 열어 주셨던 모교 은사님을 비롯한 많은 분들에게도 충심으로 감사드리며, 더욱 건승하시기를 빈다. 아울러 보잘것없는 사람을 위하여 성대한 정년의 자리를 마련해 주셨던 학회 관계자들과 나의 항상 든든한 우군, 제자들에게도 깊이 감사드린다. 모든 분들의 바라는 바가 뜻대로 이루어지기를 마음속으로 기도드린다.

끝으로 어려운 출판 사정에도 본인의 저서를 지속적으로 출간해 주시는 세창출판사 이방원 사장님과 임길남 상무님을 비롯한 임직원 여러분에게 이 자리를 빌려 깊이 감사드린다.

2016년 여름

저자 씀

‖ 머리말 ‖

미술은 색채와 형상의 예술이다. 인간이 태어나 살아가면서 자신의 생각과 감정을 표현하는 방법은 여러 가지가 있을 것이고 미술도 그 중 하나이다. 어쩌면 의도하는 바를 색채와 형상으로 표현한 것이므로 가장 전달하기 쉽고, 이해하기 쉬운 표현 방법인지도 모른다. 그래서인지 미술에 문외한인 법학도라 하더라도 그들은 정의의 여신의 형상에서 법의 의미를 깨닫기 시작한다. 그러나 이 책은 물론 법상징학, 혹은 법과 미술과 관련해서 법철학적 측면에서 논의하고 서술한 것은 아니며, 미술과 관련된 현실적 법적 문제를 다룬 것이다.

최근 미술품은 단순히 감상의 대상 · 보존의 대상에서 투자의 대상 · 재산증식의 대상으로 변모하고 있고, 미술시장의 규모는 급속히 확대되고 있다. 미술시장의 확대는 밝은 면만 있는 것은 아니어서 그 사이 적지 않은 위작품이 미술시장을 교란시키고 있고, 그에 따라 미술품 관련 분쟁은 점차 법적인 분쟁으로 발전되고 있으며, 그에 관한 사례도 적지 않게 보도되고 있다. 이에 대한 해결 없이 미술시장의 건전한 발전은 기대하기 힘들다.

뿐만 아니라 미술품과 관련하여 빼놓을 수가 없는 또 하나의 문제가 문화재와 관련된 것이다. 끊임없이 외침을 당한 우리나라는 그 동안 많은 문화재가 파괴되고 약탈당하였다. 특히 19세기 말에 시작된 서구 열강이나 이웃 일본과의 어두운 역사 속에서 우리 문화재는 적지 않게 침탈을 당하였다. 현재 문화재의 반환과 관련된 문제는 세계적으로도 큰 관심사로 되어 있다. 이에 이 책에서는 미술과 관련하여 현실적으로 일어나는 문제를 크게 네 부분으로 나누어 설명하였다.

첫째는 미술작품과 법과의 갈등 문제이다. 여기서는 주로 우리 헌법이 보장하는 창작의 자유와 미술과의 관계에 대해서 그 동안 문제되었던 사례들을 중심으로 살펴보았다.

둘째는 미술작품의 거래에 관한 문제이다. 여기서는 주로 미술작품의 거래와 관련된 사법적 측면을 살펴보았다. 최근에 미술작품의 위작 소동이 끊이지 않고 있는 점에 비추어 그 법적 문제를 설명한 것이다. 미술작품의 거래에 관한 문제에는 이 이외에도 세법과 관련된 문제, 보험과 관련된 문제가 있으며, 이 부분도 간단히 살펴보았다.

셋째는 미술작품의 보호의 문제이다. 여기서는 주로 미술작품과 지적재산법과의 문제, 특히 저작권법상의 문제를 살펴보았다. 종래 주로 응용미술의 보호와 관련된 논의가 관심의 초점이었으나 순수미술에 있어서도 전혀 문제가 없는 것이 아니다. 이 책에서는 순수미술과 응용미술로 나누어 살펴보았다.

그리고 끝으로 문화재와 관련된 법적 문제를 살펴보았다.

미술과 관련된 법적 문제를 종합적으로 정리해보아야겠다는 생각은 일찍부터 하고 있었다. 그러나 서둘러야 할 필요가 없었기도 하지만, 무엇보다도 나 자신의 게으름과 능력부족으로 이제야 책을 출간하게 되었다. 이렇게 만용을 부렸으나 원고를 완성하고 보니 역시 부끄럽기 짝이 없다. 국내법률문제에 관해 언급하면서도 이 방면에 관한 국내 사례가 다양하지 않아 주로 외국 문헌을 통해 외국 사례를 이용한 것이나 또 나 자신, 미술계의 현실에 대하여 문외한인 것도 이 책의 한계로 남아 있다. 그러나 이 정도로나마라도 쓸 수 있었던 것은 전적으로 선행 연구자의 연구업적에 힘입은 바 크다. 이 자리를 빌려 깊이 감사드리고, 향후 보다 깊은 연구와 미술계에 대한 관심을 통하여 이 책의 내용을 보완할 것을 약속드린다. 많은 관심과 질정을 부탁드린다.

아울러 자신의 그림을 이 책의 표지에 사용하도록 해준 화가 이덕순에게도 감사드리며, 화가로서의 생활이 평안 속에서 지속되기를 빈다.

끝으로 교정을 도와준 신봉기 박사와 출판을 맡아 준 세창출판사 이방원 사장님과 임길남 상무님 이하 출판사 여러분, 특히 이 무더위에 편집의 노고를 아끼지 아니하신 편집부 여러분에 대하여 깊이 감사드린다.

2009년 여름
저 자 씀

‖ 차 례 ‖

| 제1장 | 서 설

| 제2장 | 미술가와 법

| 제3장 | 창작의 자유

| 제4장 | 문화예술의 진흥

| 제5장 | 미술품 시장

| 제6장 | 미술품의 위조

| 제7장 | 감정과 감정인의 책임

| 제8장 | 작품비방 및 명예훼손

| 제9장 | 미술품과 보험

| 제10장 | 미술품과 세법

| 제11장 | 박물관 및 미술관

| 제12장 | 미술작품의 보호

| 제13장 | 문화재의 보호

| 제14장 | 문화재 등의 도난 · 약탈과 파괴

▨ 부 록

1

제1장 서 설

“우리가 아는 미술은 상대적으로 최근에 나타난 현상으로 미술관에 전시되고 박물관에 보존되며, 수집가들이 구매하고 대중매체 내에서 복제되는 그 무엇을 말한다. 미술가가 미술작품을 창조한다 하더라도 그 자체로서는 아무런 소용이나 가치가 없다. 그러나 이 미술작품들은 미술의 여러 제도들(화랑이나 미술사, 미술출판, 박물관 등) 내로 순환하면서 비로소 현대세계의 다른 어느 것보다도 상대적으로 깊은 의미와 중요성을 획득하고 그 가치가 증폭된다. 세상에 존재하는 모든 것들은 결국 다양한 제도들에 의해 형성되고 정의된다. 제도는 사물들에 그 경계와 관행을 설정해 준다.”

- 매리 앤 스타니스제프스키 저, 박이소 번역,
『이것은 미술이 아니다』
(원제: Believing is Seeing),
현실문화연구, 38쪽 -

현대 세계는 왜 예술과 기술 사이에 이렇게도 뚜렷한 경계선을 긋고 싶어하는 것일까? 예술이 정말로 사람들의 일상생활에 없어서는 안 되는 것이었던 시대에는 이 경계선이 없었다. 누구나 예술가와 기술자의 차이를 알지 못했다. 사실 예술가는(예술가라는 것을 인정한다면) 단지 예외적인 재능을 가진 기술자에 지나지 않았다. 다시 말해서 석수조합의 다른 회원보다 대리석을 약간 잘 깎을 줄 아는 석수 같은 것이었다. 그런데 오늘날 예술가는 거리의 저쪽에 살고, 기술자는 이쪽에 살고 있으며, 서로 말도 거의 나누지 않는다.

- 헨드릭 윌렘 반 룬 저, 곽복록 옮김, 『세계 예술의 역사』, 문화문고, 20쪽 -

Ⅰ. 미술의 정의와 범위

일반적으로 미술이란 미의 창조와 관련된 예술이라고 말해진다. 국어사전에서는 미술을 "공간 및 시각의 미를 표현하는 예술의 한 분야"로 정의하거나 "그림이나 조각처럼 일정한 공간을 차지하며, 눈으로 볼 수있는 미를 표현하는 예술"로 정의한다.[1)] 그러므로 일반인은 미술이라고 하면 그림이나 조각 등을 연상한다. 다음 그림이 미술범위에 속한다는 것을 의심하는 사람은 없을 것이다.

이덕순 작, ≪고향의 집≫(1999년)

1) 이희승 감수, 에센스 국어사전, 민중서림, 1997, 859쪽; 연세대학교 언어정보개발연구원 편, 연세한국어사전, 1998, 758쪽.

그러면 다음의 것은 미술의 범위에 속하는가? 황소를 한 마리 온통 그려야 하는 것은 아니므로 그림(1)이 미술작품이 아니라고 부정하는 사람은 하나도 없을 것이다. 그러면 피카소가 자전거 안장과 손잡이를 결합하여 소머리 형상을 만든 것은 미술인가. 미술사가(美術史家) 잰슨은 "우리는 우선 이 시각적 익살의 재료가 무엇인가를 알았을 때 깜짝 놀라게 되고, 다음 순간 그러한 재료를 이렇게 유니크한 방법으로 조합한 것이 천재적인 솜씨임을 느끼게 되며, 따라서 그것은 하나의 예술작품이라는 것을 도저히 부인할 수 없게 된다"고 기술하고 있다.[2]

(1) 이중섭 작, ≪황소≫(1953년경)

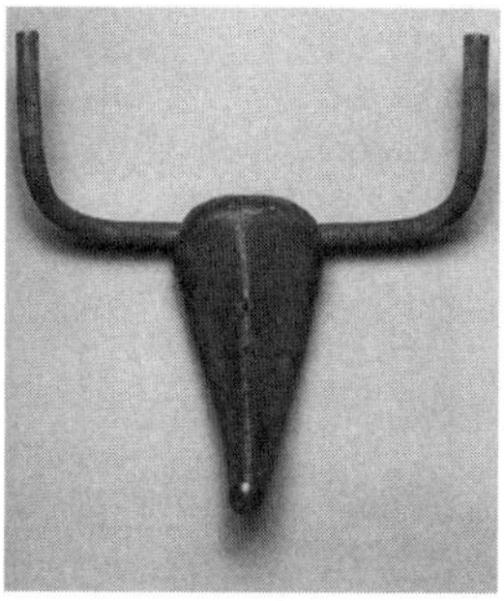

(2) 피카소 작,
≪황소의 머리≫(1943)

그러면 다음은 어떤가. 누군가가 소의 목에 다는 방울을 가져다가 ≪소≫라는 작품으로 전시한다면 이것은 미술인가?

옆의 소 방울은 코베이(Kobay)라는 온라인 경매회사가 "오래된 소방울(워낭)"이라는 이름으로 시작가 10,000원에 경매에 올렸던 것이다. 만약 이 소방울을 소방울로 팔지 않고, 누군가가 자

2) H.W. Janson/김유수 외 역, 『美術의 歷史』, 삼성출판사, 1986, 10쪽.

신의 이니셜을 각인한 후 제호를 〈소〉로 하여 미술작품으로 전시하고, 최저가 1억 원쯤에 판매하려고 한다면 어떤가.

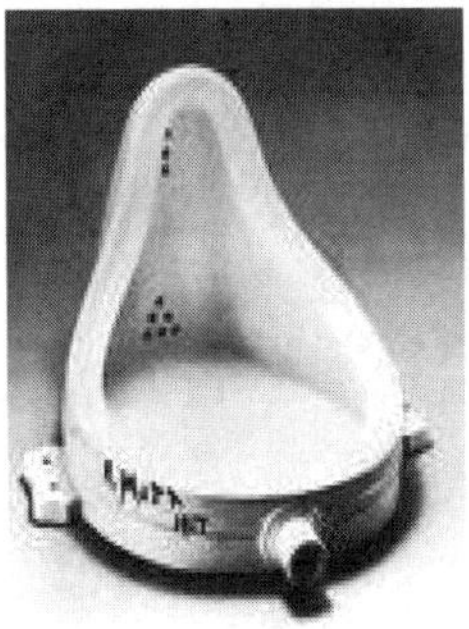

이상스러울 것 같지만 이미 마르셀 뒤샹(Marcel Duchamp)은 1917년, 이미 만들어진(ready-made) 변기를 가져다 ≪샘≫(Fountain)이라는 작품으로 전시하였고, 1917년의 원작이 사라진 후 복제품(레플리커: replica)이 1950년, 1963년, 1964년에 만들어졌다. 그 복제품들도 엄청난 가격에 팔렸으며, 또 여러 미술관에서 전시 중이다. 어쨌든 뒤샹의 작품은 창작품이든 기성품이든 형체라도 있지만 다음과 같은 소에 관한 정의도 미술이 될 수 있는가.[3)]

소 : 【명사】 『동』 솟과(科)에 속하는 동물. 말과 더불어 2대 가축. 다리가 짧고 전신에 짧은 털이 빽빽이 남. 발굽은 둘로 째지고 초식성이며 되새김질함. 육용 · 유용(乳用) · 사역용으로 나뉨.

통상 일반인은 말도 안 되는 소리라고 할지 모른다. 그러나 1960년대 들어 서구 미술계에서는 그리거나 조각하는 대신 도표나 사진 · 기사 · 기록물 등을 제시하며 작가의 아이디어를 강조하는 개념미술이 나타났다. 아래의 작품(3)은 조셉 코수스(Kosuth)가 1966년에 발표한 ≪art as idea as idea≫라는 작품이다. 사진도 실물도 존재하지 않는다. 단지 회화의 정의가 적혀 있는 캔버스가 있을 뿐이다. "개념미술의 선구자인 코수스는 '모든 미술은 … 본질적으로 개념적'임을 선언해 미술이 물질적 형태로 표현되지 않아도 되며, 언어가 미술의 기본재료가 될 수 있음과 미술활동은 미술 그 자체의 성격에 대한 탐구로 귀결되어야 한다고 주장

3) 에센스 국어사전, 1305쪽.

했다."[4)]

다음 사진(4)는 2008년 7월 서울 사간동 두아트 서울에서 열린 '온 카와라'(일본출신의 개념미술의 거장: 1932-2014)의 전시장 장면이다. 전시장은 온전히 개념에만 지배되고 있다. 붓터치나 자필서명 등 작가 몸에서 나온 흔적은 없다. 온 카와라가 12년간 만든 기록을 인쇄한 한정판 책만 죽 늘어놓았다.[5)] 이것들도 모두 미술인가.

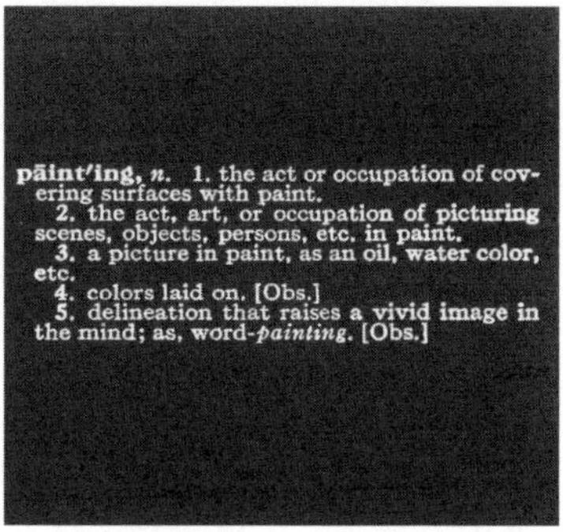

(3) 조셉 코수스,
≪art as idea as idea≫(1966)

(4) 온 카와라(2008, 서울)

이렇게 보면 관점과 범위가 유동적인 미술을 정확히 정의하는 것은 불가능에 가깝다.[6)] 특히 개념미술(conceptual art)과 같은 현대적 경향으

4) 매리 앤 스타니스제프스키/박이소 역, 『이것은 미술이 아니다』(원제: Believing is Seeing), 현실문화연구, 2006, 135쪽.

5) 중앙일보 2008년 7월 25일자에서 재인용.

6) "'순수미술(beaux art)'이란 용어는 17세기 중반 프랑스에서 처음 나타났지만 1798년까지 프랑스어로 공식적인 인정을 받지 못했다. 1880년에 이르러서야 비로소 어느 영어사전에서나 '미술(art)' —앞의 프랑스어 '순수(beaux)'를 생략한— 이라는 단어를 찾을 수 있었다. 이전에 이미 100여 년간, 서구문화에서 현대적 의미로 사용되어 왔으나 1880년에야 현대적 의미로 정의된 미술이라는 용어를 찾을 수 있게 된 것이다. 이 말에 대한 영어의 공식적인 정의를 따르면 '아름다움을 시각적인 형태로서 기술적으로 생산하는(한) 것'이다"(매리 앤 스타니스제프스키/박이소 역, 앞의 책, 134쪽).

로 옮아가면 "그림이나 조각처럼 일정한 공간을 차지하며, 눈으로 볼 수 있는 미를 표현하는 예술"이라는 정의가 무색하다.

미술이라는 용어가 일상적인 것에 그치거나 미술계에 한정된 것이라면 미술을 어떻게 정의하든 법률가가 관여할 바 아니나 그것이 법과 관련된 개념이라면 보다 정확하고 분명한 정의가 필요하다. 그러나 미술이 법과 관련된 개념임에도 관련 법률에서도 그 정의는 찾기 힘들다. 예컨대 『박물관 및 미술관 진흥법』[7] 제2조는 '미술관'이라 함은 문화 · 예술의 발전과 일반공중의 문화향유 및 평생교육 증진에 이바지하기 위하여 박물관 중에서 특히 서화 · 조각 · 공예 · 건축 · 사진 등 미술에 관한 자료를 수집 · 관리 · 보존 · 조사 · 연구 · 전시 · 교육하는 시설을 말한다고 함으로써 서화 · 조각 · 공예 · 건축 · 사진 등 미술 범위에 속하는 것을 예시하고 있음에 그친다.

또 『문화예술진흥법』[8] 역시 제2조의 정의에서 '문화예술'이라 함은 문학, 미술(응용미술을 포함한다), 음악, 무용, 연극, 영화, 연예, 국악, 사진, 건축, 어문, 출판 및 만화를 말한다고 규정함에 그치고 적극적인 정의는 내리고 있지 않다. 다만 미술에서 사진과 건축을 분리하고 있다.

비교적 자세한 정의를 내리고 있는 것은 『저작권법』이다. 우리 저작권법 제4조 제4호는 미술저작물로서 "회화 · 서예 · 조각 · 판화 · 공예 · 응용미술저작물 그 밖의 미술저작물"을 들고, 제2조 제15호에서 "'응용미술저작물'은 물품에 동일한 형상으로 복제될 수 있는 미술저작물로서 그 이용된 물품과 구분되어 독자성을 인정할 수 있는 것을 말하며, 디자인 등을 포함한다"고 정의한다. 이러한 정의는 미국 저작권법의 영향이며, 이러한 정의 규정이 없었던 1987년법하에서 법원은 다음의 직물디자인은 미술저작물에 속하지 아니한다고 판시하였다[이른바 『대한방직』 사건(형사판결)].[9] 매우 의문이 가는 판결이며, 현재는 그러한 판결을 지지하

---

7) 일부개정 2016.5.29. 법률 제14204호, 시행일 2016.11.30.

8) 일부개정 2016.2.3. 법률 제13962호, 시행일 2016.2.3.

9) 대법원 1996.2.23.선고, 94도3266 판결.

는 견해는 없는 것 같다. 우리 법원은 '히딩크 넥타이' 판결[10] 이래 상당히 넓은 범위에서 미술저작물을 인정하고 있다.

(르 데지레)[대한방직사건]

(히딩크 넥타이)

한편 일본의 경우를 보면 다음과 같다.

(1) 미술저작물로 인정한 예

일본 오사카지방재판소 1985년 3월 29일 판결은 오른쪽 광고도안이 미술저작물에 해당한다고 판시하였다. 즉 표현하고자 하는 사항의 내용면으로부터 보면 단순히 원고가 제공하는 서비스 및 상품을 표시하는 데 그치나 그 표현형식에 눈을 돌리면 전체로서 하나의 정리된 그래픽(회화적) 표현물로서 보는 자의 심미적 감정(미감)에 호소하는 것이며 또 그 구성에 있어서 작자의 창작성이 나타나 있다고 보여지기 때문에 이 같은 그래픽 작품으로서 일본 저작권

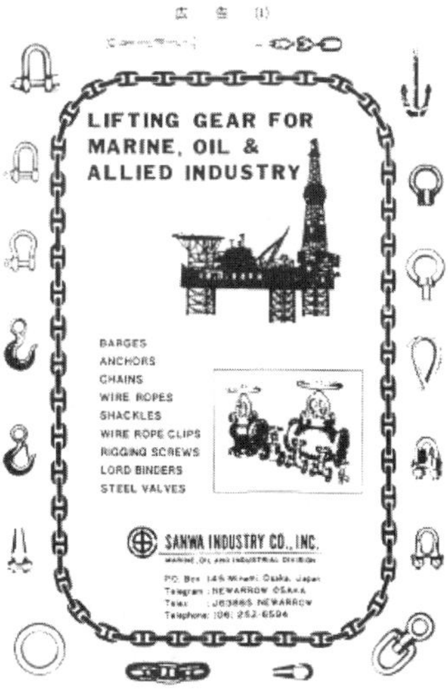

10) 대법원 2004.7.22.선고 2003도7572 판결.

법 제10조 1항 4호가 예시하는 회화의 범주에 속하는 미술저작물이라고 인정할 수 있다는 것이다.

(2) 미술저작물로 인정하지 아니한 예

카드식 공중전화기의 기록용 자기 테이프에 있어서 자성체에 의하여 형성된 모양(아래 그림 참조)의 미술저작물성을 부인한 일본 하급심 판결[11]은 "미술에 관하여 엄밀하게 정의하는 것은 곤란하나 '공간이나 물건의 형상 · 모양 또는 색채의 전부 또는 일부를 창출하거나 또는 이용하는 것에 의해 사람의 시각을 통해서 미적 가치를 표현한 기술 또는 활동'"이라고 정의한다. 어쩌면 평균적 일반인이 생각하는 개념정의라고 본다.

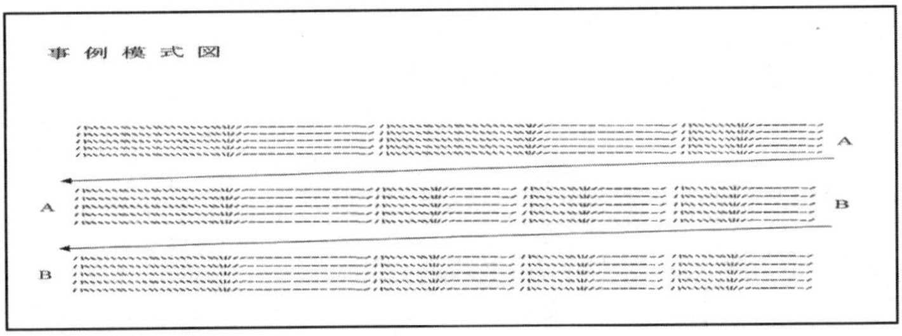

한편 미술품을 비관세로 하고 있는 미국[12]에서는 그것이 미술품이냐 아니냐에 대해서 적지 않은 논란이 있었다.[13] 당초 미국 관세법에서 미술이라면 순수미술에 한정되고 장식미술, 응용미술은 배제하였다.[14] 다음은 당해 작품이 구상적이어야 한다고 보고, 추상적인 경우를 배제하였

11) 일본 東京지방재판소 平成 12년 3월 31일[1999년 (ワ) 13048호].

12) 우리 역시 마찬가지이다(관세법 설명 부분 참조).

13) 이하는, Leonard D. DuBoff/Christy O. King, *ART LAW IN A NUTSHELL*(4th Ed.), THOMSON-WEST, 2006(이하 본서에서는 'DuBoff-King'으로 표시함), 1쪽 이하에 의함.

14) 교회에서 사용되는 색유리창(stained glass windows)과 관련된 United States v. Perry(1892) 사건.

다.[15] 그러나 이러한 태도는 아래에서 보는 "Bird in Space" 사건을 계기로 변경되기 시작하였다.[16]

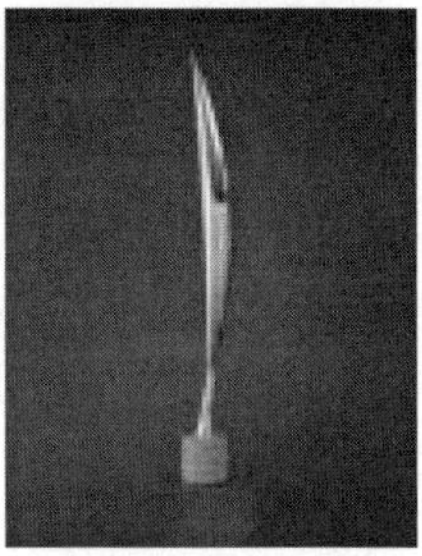

미국 세관은 루마니아 조각가인 Constantin Brancusi 작품은 금속제품이며, 240 달러의 관세를 지급해야 한다고 보았으나 미국 관세법원은 그것은 조각이며, 관세 없이 수입될 수 있다고 보았다. 그러나 이러한 진보적인 태도를 모든 법원이 택한 것은 아니며, 1958년 규칙이 제정될 때까지 미술과 비미술 사이에서 법원은 우왕좌왕하는 태도를 보였다.

현행 미국 관세법은 ⓐ 원작인(original) 회화 및 데생, ⓑ 콜라주와 이와 유사한 장식판, ⓒ 원작 판화 · 인쇄화 및 석판화, ⓓ 원작인 조각과 조상, ⓔ 우표, ⓕ 수집품, ⓖ 골동품을 미술품으로서 면세로 하고 있다. 미술품으로 인정되어 면세되기 위해서는 다음과 같은 요건이 필요하다.[17]

① 미술가(artist)에 의해서 제작된 것이어야 하며, 기능공(artisan)에 의해서 만들어진 것이어서는 안 된다. 1958년 관세법하에서는 조각은 전문적인 조각가(professional sculptor)가 만든 것이어야 했다. 법원은 전문적인지 여부는 주로 개인 자격에 중점을 두었다. 공인된 미술학교 출신이라거나 개인 전시회를 개최한 경험이 있으면 전문적 조각가로 인정하곤 하였다. 또 동료들이나 비평가가 인정하는 경우도 역시 전문적 조각가로 취급하였다. 그러나 현재는 전문가 요건을 세라믹 작품에 한하여 요구한다. 그러나 세관에서는 아직도 원작성을 판단함에 있어 미술가(artist)에 의해 제작된 것인가, 혹은 기능공이나 장인(匠人, artisan or craftsperson)

---

15) United States v. Olivotti(1916).

16) Brancusi v. United States(1928). 이 사건과 관련해서, "우정아의 아트 스토리 [31], '공간 속의 새', 「조선일보」(2011.9.28), A34쪽 참조.

17) DuBoff-King, 4쪽.

에 의한 것인가를 구분한다.

② 미술품은 손으로 제작된 것이어야 하며, 기계적 산물이어서는 안 된다.

③ 실용품이어서도 안 된다. 실용성 문제는 정도의 문제이다. 특정 목적물은 그 자체로 실용품으로 간주한다. 예컨대 화병, 판유리, 화장대나 장롱 등이 그것이다.

④ 상업적 목적을 가져서도 안 된다. 잡지의 표지로서 복제되거나 광고의 버팀기둥으로 사용되거나 일반적으로 대량생산되는 경우라면 면세되지 아니한다. 이러한 실격(disqualification) 처리를 하는 이유는 상업 미술시장은 한정되어 있고, 무관세로 자유로운 통관을 허용하면 이것이 미국작가의 작품을 대체하여 미국작가에게 경제적 손실을 줄 우려가 있기 때문이다. 법원은 작가의 의도보다 당해 제품이 수입된 이유에 초점을 맞춰 상업적 목적을 가진 것인지 여부를 판단한다.

관세목적을 위하여 의회에 의해 채택되고 법원에 의해 해석된 미술이라는 개념정의는 미적(aesthetic)인지 여부와는 동떨어진 정치적이고 경제적인 관점을 반영하고 있다. 반면 저작권법과 같이 보다 미적 관점에서 미술을 정의하고 있는 법제도도 존재한다.[18] 다만 우리나라나 미국은 미적 측면과 기능적 측면이 분리될 수 있어야만 저작권법에 의한 보호를 부여한다. 또 미적 가치의 고저는 문제가 안 된다. 그렇기는 하나 창작품이 아닌 기성품이나 개념미술이라고 부르는 영역을 미술저작물로 포섭하기는 힘들 것 같다.[19] 이에 반해 『박물관 및 미술관 진흥법』이나 『문화예술진흥법』이라면 이들도 미술의 개념으로 포섭할 수 있을 것이다.

그러므로 미술이라는 개념은 일의적(一義的)으로 정의될 수는 없으며, 미술이라는 개념이 사용되고 있는 법이나 상황이나 문맥에 따라 달라

---

18) DuBoff-King, 7쪽.

19) 반면 낙서와 같은 거리예술(graffiti art)이나 문신(tattoo)도 저작권법상 미술로 보는데 지장이 없다. 다만 이들은 형법이나 경범죄처벌법, 혹은 병역법이나 의료법의 문제가 뒤따른다.

질 수 있으므로 미술이라는 개념을 정의하려면 먼저 그것이 사용되고 있는 법의 목적, 상황, 문맥을 판단하고 고려하는 것이 중요하다.[20]

Coffee break: 가장 오래된 미술품, 알타미라 동굴 벽화[21]

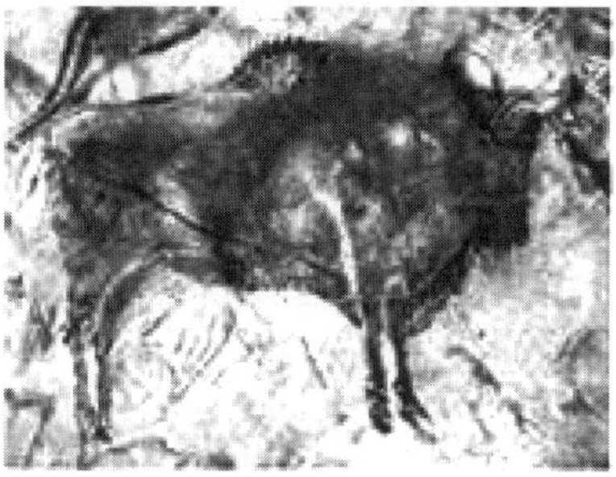

1879년 데 소토아라 후작(the Marquis de Sautuola)이라는 스페인인이 4살된 딸과 함께 스페인 북쪽에 있는 칸타브리아 산맥 속에 있는 알타미라의 동굴을 통과해볼 결심을 했다. 화석을 찾기 위해서였다. 화석에는 조금도 흥미가 없던 딸이 동굴에서 아버지가 화석을 찾고 있는 사이, 동굴 낮은 곳으로 기어들어가서 촛불을 비췄다. 그리고 위를 쳐다보았을 때 그녀는 거기에 그려져 있는 황소를 보고 놀라 소리쳤다. 이렇게 하여 선사시대의 최초의 그림이 우연히도 어린 소녀에 의해 발견되었다. 후작이 이 사실을 학계에 보고하자 즉시 사기꾼, 협잡꾼이라는 소리를 듣게 되었다. 왜냐하면 그 그림들이 너무 훌륭했기 때문이다. 어떻게 선사시대 사람들이 그렇게 훌륭한 그림을 그릴 수 있고, 어떻게 며칠 전에 그린 것처럼 색채가 선명하냐는 것이었다. 아마도 소토아라 후작이 대고고학자라는 말이 듣고 싶어서 마드리드의 그림쟁이를 고용하여 동굴에다 그림을 그리게 했다고 말했다.

19세기 말과 20세기 초 여러 선사시대 그림이 발견되면서 알타미라 동굴 벽화의 진가가 인정되기 시작됐다. 후에 소토아라 후작을 공격했던

---

20) 독일연방행정재판소는 "'예술이란 일반적 및 객관적 개념규정을 불허하는 법질서 이전의 개념이다'라고 하며, 입법자가 예술이라는 개념을 사용하는 경우—그때그때 입법목적에 필요한 내용을 이 개념에 부여하는 것을 입법자로부터 막을 수 없을 것"이라고 한다(계희열, "메피스토-클라우스만 결정,"『판례연구』 2, 고려대 법학연구소, 1983, 37쪽에서 재인용. 밑줄: 필자).

21) 주로, 곽복록 옮김,『세계 예술의 역사』, 42-43쪽에 의존함.

학자는 고고학저널에 공개적으로 자신의 잘못을 인정했다. 그러나 정작 그림을 발견해 세상에 알린 소토아라 후작은 이미 죽은 뒤여서 어떠한 명예도 누리지 못했다.

II. 미술과 관련된 법률들

보는 관점에 따라서는 미술과 관련된 법률들은 수없이 많다. 여기서는 주요한 것들만 일별하는 것으로 한다.

1. 헌 법

헌법은 국민의 기본권을 보장하고 국가의 통치조직과 통치작용의 원리를 정하는 근본법이다. 우리 헌법 제9조는 "국가는 전통문화의 계승 · 발전과 민족문화의 창달에 노력하여야 한다"고 규정하고, 제22조는 모든 국민은 학문과 예술의 자유를 가지며, 저작자 · 발명가 · 과학기술자와 예술가의 권리는 법률로써 보호한다고 규정한다. 예술의 자유와 예술가의 권리보호는 기본적으로 제헌헌법부터 일관되게 인정되고 있다. 예술의 자유가 헌법에서 처음으로 규정된 것은 1919년의 독일 바이마르헌법에서부터였다.[22)]

(1) 예술의 의미

독일 연방헌법재판소는 예술의 의미에 대해서 다음과 같이 판시하고 있다.[23)]

---

22) 한태연, 『헌법』, 법문사, 1970, 253쪽.

23) 계희열, "메피스토-클라우스만 결정", 『판례연구』 2, 고려대 법학연구소, 1983, 7쪽 이하; 본 결정은 예술의 자유의 개념과 그 보장범위 및 그 제한에 관하여 독일 연방헌법재판소가 1971년 2월 24일 그 입장을 명백히 밝힌 대표적인 판결로 유명

"예술활동의 본질은 예술가의 인상, 경험, 체험 등을 일정한 형식언어를 매체로 하여 직접적인 표상으로 나타내는 자유로운 창조적 형상이다. 모든 예술적 활동은 합리적으로 풀어낼 수 없는, 의식적 · 무의식적 과정들의 혼합인 것이다. 예술적 창조에는 직관, 상상 및 예술적 이해가 공동으로 작용한다. 그것은 무엇보다도 (단순한) 통지(전달)가 아니라 표현이며, 더욱이 예술가의 개인적 인격의 가장 직접적 표현인 것이다."

그러나 위와 같은 독일 연방헌법재판소 결정과 같은 실질적 예술개념 이외에도 다양한 예술적 개념이 동원되고 있다. 그러므로 "예술에 대한 실질적 · 내용적 개념, 형식적 개념 및 개방적 개념을 그때그때 모두 활용할 수밖에 없으며, 스스로 예술가임을 주장하는 사람들, 그 분야의 전문가 및 예술의 수용자(비평가, 감상자 등)의 견해를 참고하는 절차를 거쳐야 한다. 예술인지 아닌지를 확정하기 어려운 때는 "의심스러운 경우에는 예술에게 유리하게(in dubio pro arte)라는 원칙에 따르는 것이 옳다"라는 견해도 있다.[24]

(2) 예술의 자유의 내용

예술의 자유는 미를 추구하는 자유이다. 이에는 예술창작의 자유, 예술표현의 자유, 예술적 집회 · 결사의 자유가 포함된다.

하다(BVerfGE 30, 173[188 f.]: 권영성, 『헌법학원론』(2005년판), 법문사, 538쪽 주 1). 메피스토 사건의 간단한 내용은 다음과 같다: 1936년 클라우스만(Klaus Mann: 토마스 만의 아들)이 쓴 유명한 소설 "메피스토—어느 출세자의 이야기"는 주인공인 연극배우가 오직 출세를 위하여 나치의 권력자들과 결탁한다는 이야기이다. 그런데 이 소설의 주인공인 회프겐(Höfgen)은 유명한 독일의 연극배우인 그륀트겐스(Gründgens)를 모델로 한 것이었다. 그륀트겐스는 한때 클라우스만의 절친한 친구이자 매제였으나 여동생과 얼마 후 이혼하였다. 그륀트겐스는 1936년에는 국가평의원, 1937년에는 괴링의 지휘하에 있는 프로이센 극장의 총감독이 되었다. 클라우스만은 이 소설을 1936년에 암스텔담에서 출판하였고, 전후인 1963년 독일에서 출판이 예고되자 그륀트겐스의 상속인이 출판금지를 신청한 것이다.

24) 성낙인, 「헌법학」(제5판), 2005, 363쪽.

1) 예술창작의 자유

"예술창작의 자유는 예술창작활동을 할 수 있는 자유로서 창작소재, 창작형태 및 창작과정 등에 대한 임의로운 결정권을 포함한 모든 예술창작활동의 자유를 그 내용으로 한다."[25]

2) 예술표현의 자유

"예술표현의 자유는 창작한 예술품을 일반대중에게 전시·공연·보급할 수 있는 자유이다. 예술품보급의 자유와 관련해서 예술품보급을 목적으로 하는 예술출판자 등도 이러한 의미에서의 예술의 자유의 보호를 받는다."[26] 예술표현의 자유에는 국가기관에 대해서 예술작품을 전시·공연·보급해 줄 것을 요구할 수 있는 권리는 내포되고 있지 않다. 따라서 국가의 일정한 시설을 예술품의 전시를 위하여 제공해 줄 것을 요구할 수는 없다.[27]

3) 예술적 집회·결사의 자유

예술의 자유의 한 내용인 예술적 활동을 위한 집회·결사는 종교의 자유·학문의 자유와 마찬가지로 일반적인 집회·결사의 자유보다 더 강한 보호를 받는다.[28] 『집회 및 시위에 관한 법률』 제15조에서 이 취지를 규정하고 있다. 한편 예술가를 보호하는 법에는 저작권법이 있다.

본서에서는 『미술』 창작의 자유와 관련하여, 또 그 범위 내에서 살펴보는 것으로 한다.

---

25) 헌법재판소 1993.5.13, 91헌바17.

26) *Ibid.*

27) 허영, 『헌법이론과 헌법』(신2판), 박영사, 2008, 615쪽. 다만 예술가의 주관적 공권일 뿐만 아니라 문화국가의 실현에 이바지하는 객관적 기능을 수행하는 객관적 가치로서의 성격을 가지므로 국가는 예술활동의 침해금지라는 소극적 차원을 넘어서 예술을 진흥시킬 수 있는 적극적인 예술정책을 펴나가야 할 헌법적 과제를 안고 있다 할 것이다(허영, 위의 책, 600쪽).

28) 성낙인, 앞의 책, 365쪽.

(3) 예술의 자유의 한계

많은 헌법학자들은 예술의 자유도 일정한 내재적 한계 내에서만 보호될 수 있다고 본다. 하여 "공산주의를 찬양하는 예술작품이 금지되고, 예술작품에 의해 타인의 명예나 인격을 침해해서는 아니 되고,[29] 음란물(Pornographie)의 제작 · 반포행위가 금지되는 것은 그 때문이다"고 한다.[30]

2. 행정법

미술행정의 최고 책임자는 대통령이다. 대통령은 취임에 있어 "민족문화의 창달(暢達)에 노력"할 것을 선서한다. 그러나 대통령의 이러한 책무는 실제로는 대통령의 지휘감독을 받는 문화체육관광부장관이 수행한다. 문화체육관광부에는 문화콘텐츠산업국, 문화정책국, 예술국 등이 있고, 그중 예술국은 "문화예술 창작지원과 국민의 문화예술 향수권 신장을 위한 예술진흥정책의 수립, 창작활동의 지원, 각종 문화예술 프로그램 개발 · 보급 등의 업무와 문화예술교육 활성화를 위한 제반정책 및 예술인력 양성정책의 수립 업무"를 수행한다. 아울러 문화재에 관한 사무를 관

---

29) 앞서 본 "메피스토-클라우스만" 사건도 인격권과 예술의 자유 한계에 관한 문제이다. 본 결정에서 연방헌법재판소는 첫째, 예술의 자유는 예술작품의 창작만이 아니라 예술작품의 표현(전시, 공연, 보급 등)도 그 보호영역으로 하기 때문에, 예술품의 보급을 직업으로 하는 출판사도 예술의 자유의 주체가 될 수 있고, 둘째 死者의 인격권은 독일기본법 제1조의 인간의 존엄에서 도출해 낼 수 있으며, 셋째, 출판사의 예술의 자유와 死者의 인격권이 충돌하는 경우, 실제적인 조화의 원리에 따라 인격권의 침해를 이유로 예술의 자유가 제한될 수 있다고 판시하였다[정회철, 『기본강의 헌법』(개정3판), 도서출판 如山, 2008, 525면]. 독일 연방헌법재판소는 인격권에 관한 사소한 침해가 있는 경우라면 예술의 자유가 인격권에 우선하지만, 유명한 정치인(요세프 스트라우스)을 교미 중인 돼지에 비유해 그린 신문의 풍자화에 대해서는 인간의 존엄성을 해친다며 명예권 침해로 결정한 바 있다[BVerfGE 75, 369[380]: 권영성, 『헌법학원론』(2005년판), 법문사, 540쪽에서 재인용].

30) 허영, 앞의 책, 616쪽.

장하기 위하여 문화체육관광부장관 소속하에 문화재청이 있다. 문화재청은 청장을 정점으로 청장을 보좌하는 차장과 기획조정관, 문화재정책국, 사적명승국, 문화유산국을 두고 있다. 예술국이나 문화재청이 행정작용을 하기 위한 근거법에는 문화예술진흥법, 문화재보호법 등이 있다. 본서에서는 미술행정과 관련하여 또 그 범위 내에서 살펴보는 것으로 한다.

3. 민법 · 상법

미술작품은 통상 물건으로서 동산이지만 건축물로 되면 부동산이다. 이들의 거래와 관련된 법은 민상법이며, 민상법의 법리에 의한다. 다만 당해 미술작품이 문화재인 경우에는 문화재보호법의 제한이 있다. 위작인 경우의 사후처리, 미술 감정인의 책임문제, 위탁매매, 경매, 보험 등, 모두 민법과 상법의 문제이다.

4. 형 법

미술품의 도난이나 약탈의 경우에 그 행위자가 개인이라면 그 반환의 법리는 민법이, 그 처벌은 형법이 규정한다. 미술품의 음란성 문제도 기본적으로는 형법과 관련되며, 미술품의 위작이나 진작인 것 같이 꾸며낸 증명서, 미술비평과 관련한 명예훼손의 문제도 형법에서 자유로울 수 없다.

5. 저작권법 등 지적재산법

미술품은 대부분 창작품이며, 저작물로서 저작권법의 보호를 받는다. 창작에 대한 인센티브로서 지적재산권은 매우 중요한 역할을 한다. 헌법 제22조 ②는 "저작자 · 발명가 · 과학기술자와 예술가의 권리는 법률로써 보호한다"고 규정한다. 그러한 법률이 다름 아닌 특허법 등 지적재산권 관련 법률이다. 지적재산권 관련 법률은 다음과 같이 매우 많다: 저작권법, 특허법, 실용신안법, 디자인보호법, 상표법, 부정경쟁방지 및 영업비밀보호에 관한 법률, 식물신품종보호법, 반도체집적회로의 배치설계에 관한 법률 등.

본서에서는 순수미술, 응용미술에 관한 저작권법 및 디자인보호법에 대하여 필요한 범위에서 언급하는 것으로 한다.

◎ 지적소유권, 지적재산권, 지식재산권

요즈음 지적소유권, 지적재산권, 지식재산권이라는 말이 혼용되어 쓰이고 있다. 1980년대 중반에는 지적소유권이라는 말이 유행하다가 1980년대 말~1990년대로 오면서 지적재산권이라는 말을 오히려 많이 쓰는 경향이 있다. 지적재산권이니 지적소유권이니 하는 말은 영미의 Intellectual Property Right를 번역한 것이다. 모두 같은 의미이나 본서에서는 주로 지적재산권이라는 용어를 사용하기로 한다.

1998년 4월부터 특허청은 산업재산권과 저작권 등, 기존의 지적소유권, 지적재산권을 대체하는 용어로서 지식재산권이라는 용어를 사용하고 있고, 2011년 7월 20일부터 시행되고 있는 지식재산기본법(법률 제10629호)은 종래부터 사용되던 지적재산권이나 지적소유권이라는 용어 대신 이 용어로 변경하여 법령용어로 하고 있다. 동법에서 "지식재산"이란 인간의 창조적 활동 또는 경험 등에 의하여 창출되거나 발견된 지식·정보·기술, 사상이나 감정의 표현, 영업이나 물건의 표시, 생물의 품종이나 유전자원(遺傳資源), 그 밖에 무형적인 것으로서 재산적 가치가 실현될 수 있는 것을 말한다고 정의한다(동법 제3조 제1호 참조).

6. 세법 및 관세법

미술품은 재화로서 그 소유나 상속, 국내거래 및 국제거래와 관련하여 세법 및 관세법이 관계한다. 최근 양도소득세 등 세법과 관련된 문제는 미술계의 초미의 관심사이다. 본서에서는 현행법의 범위 내에서 세법에 관한 문제도 언급하는 것으로 한다.

7. 국제법

미술품의 도난이나 약탈은 개인과 개인의 문제인 경우도 많으나 경우에 따라서는 개인과 국가 혹은 국가와 국가 사이의 문제이기도 하다. 또 미술품은 최대의 전쟁 피해자이기도 하다. 이 때문에 문화재와 관련된 국제조약이 다수 성립되어 있다.

제2장 미술가와 법

Ⅰ. 예술가의 지위에 관한 권고

조형예술가인 미술가는 제조자이자 소비자이며, 또 근로자로서 문화세계의 창조에 중요한 역할을 담당한다. 문화국가를 지향하는 오늘날에 있어서 국가는 미술가에게 특별한 배려를 하여야 한다. 그럴 경우 우리의 관심을 끄는 것은 1980년 10월 27일, 유네스코가 채택한 『예술가의 지위에 관한 권고』(Recommendation concerning the Status of Artist: 1980년 10월 27일)[1]이다. 이 권고는 전문과 정의, 적용범위, 총칙, 예술가의 사명과 훈련, 사회적 지위, 예술가의 고용, 작업, 생활여건; 직업 및 노동조합 조직, 문화정책과 참여, 본 권고의 활용과 이행, 기존 이익, 부속 문서로 구성되어 있다. 여기서는 총칙부분만을 살펴본다.[2]

총 칙

1. 예술이 다양한 사회의 문화적 주체성과 정신적 유산을 반영, 보존, 풍

---

1) 제21차 유네스코총회에서 채택.
2) 전문은 http://www.unesco.or.kr/front/unesco_global/global_04_view.asp?articleid=54 참조.

요롭게 하고 표현과 의사전달의 보편적 형식을 구성하며 인종적, 문화적, 종교적 차이에 대한 공통분모로서 모든 사람들에게 인류 사회에의 소속감을 절실히 느끼게 해준다는 점을 인정하여, 회원국은 당연히 그리고 이러한 취지를 살리기 위하여 인류가 전반적으로 예술에 접근하도록 보장해 주어야 한다.

2. 회원국은 문화 발전과 문화적 목적의 여가 선용을 위한 예술가들의 행동에 관심을 집중시키기 위해 의도된 모든 활동을 장려해야 하며 이에는 특히 매스 미디어와 교육기관에 의해 이루어지는 활동이 포함되어야 한다.
3. 회원국은 개인의 생활과 발전 및 사회에 미치는 예술의 역할이 필수적임을 인정, 그에 따라 예술가와 그의 창작의 자유를 보호, 방위, 조력해 줄 의무를 갖는다. 이런 목적을 위하여 회원국은 모든 필요한 조치를 다하여 예술 활동과 재능의 만개를 자극해야 하며, 특히 이를 위해서는 예술가의 보다 많은 자유—이 자유가 없이는 예술가는 맡은 바 사명을 다할 수 없는—를 확보해 주고 그들의 지위를 향상시켜 줄 제반 조치들을 채택해야 하고 또한 예술가들에게는 그들 활동의 결실을 향유할 권리가 있음을 인정해 주어야 한다. 회원국은 모두 적절한 수단을 동원하여 예술가들에게 생활의 질에 관계되는 결정에 참여할 기회의 확대를 보장해 주도록 노력해야 한다. 회원국은 임의로 모든 방법을 통하여, 보다 정의롭고 보다 인도적인 사회를 건설하여 평화와 정신적인 풍요가 있는 환경에서 함께 살아갈 수 있도록 세계 각국이 범세계적인 노력을 하는 데 예술 활동이 한몫을 한다는 것을 예시하고 확인해야 한다.
4. 회원국은 필요하다면 적절한 입법수단을 통하여 예술가들에게 노동조합과 직업단체를 선택, 결성하고 또 그들이 원한다면 그러한 단체의 회원이 될 수 있는 자유와 권리가 있음을 보장해 주어야 하며, 또한 예술가를 대표하는 조직체들이 예술가의 직업훈련을 포함한 문화정책과 고용정책의 형성 및 예술가의 작업 여건 결정에 참여할 수 있도록 해 주어야 한다.

5. 국가계획 일반과 특히 문화 분야 계획의 모든 적절한 차원에서 회원국은 문화, 교육, 고용 등에 관한 제 정책의 긴밀한 상호 협력을 통하여 예술가를 위한 보조와 물질적, 정신적 지원을 해주는 정책을 규정하는 협정을 체결해야 하며 일반 여론도 그러한 정책의 정당성과 필요성을 알 수 있도록 해주어야 한다. 이를 위해서 교육은 예술적 의식의 장려를 적절히 강조하여 예술가의 작품을 감상하는 일반인의 능력을 창출해 내야 한다. 재판매권[3]—만약 이 권리가 저작권의 일부로 되어 있지 않을 때—을 포함한 저작권법과 이와 관련되는 인접법안 하에서 예술가들에게 부여되는 권리들에 대한 아무런 편견이 없이 예술가들은 정당한 여건을 향유해야 하며 또한 그들의 직업은 당연히 받아야 할 바 공중의 고려를 받아야 한다. 예술가들의 작업 및 고용 조건은 오로지 예술 활동에 전념하고자 하는 예술가에게 기회를 제공하는 그러한 조건이 되어야 한다.
6. 표현 및 통신의 자유는 모든 예술 활동의 필요불가결한 전제조건이므로 회원국은 이 점과 관련하여 국제 및 국내 인권관계 법규에 의해 규정된 보호를 예술가가 분명히 받아야 한다는 점에 주목해야 한다.
7. 각 국가의 문화적, 전반적 발전에서의 예술 활동과 창작의 역할에 비추어 회원국은 예술가들이 개별적이든 혹은 협회나 노동조합을 통하여 그들이 예술 활동을 하는 지역사회의 생활에 충분히 참여할 수 있는 여건을 만들어 주어야 한다. 회원국은 예술가들이 그들 자신의 사회와 세계의 전반적인 진보에 기여하는 그 중요성을 강조하여 지역적, 국가적, 문화정책의 형성에 예술가들을 참여시켜야 한다.
8. 회원국은 모든 개인이 인종, 성별, 언어, 종교, 정치적 혹은 여타 견해, 국적이나 사회적 신분, 경제적 지위나 출생성분과는 관계없이 그들의 예술적 재능의 완전한 개발과 실천에 필요한 기술을 획득, 발전시킬 기회와 고용의 기회 그리고 차별을 받지 않고 자기 직업 활동을 할 수 있는

3) 추구권 또는 추급권과 동일한 의미이다. 이들에 대해서는 저작권법 설명부분 참조.

다 같은 기회를 갖도록 보장해야 한다.

II. 제조자 및 소비자로서의 미술가

1. 물감 등 미술재료에 중독된 미술가들

페테르 파울 루벤스(1577-1640), 오귀스트 르누아르(1841-1919), 라울 뒤피(1877-1953), 파울 클레(1879-1940) …. 모두 서양미술의 거장이다. 이들은 서양화의 거장이라는 공통점 외에도 또 하나의 공통점을 가지고 있다. 1989년 영국의학협회(BMA)의 기관지 『란셋』은 이들이 모두 유화물감에 중독된 바 있다고 연구결과를 발표한 바 있다. 루벤스, 르누아르, 뒤피는 류마티스형 관절염으로 고생을 했고, 클레는 진행성 신경마비증을 앓았다. 분석결과 이들은 "유독성 중금속이 함유된 밝고 맑은 색상을 현저하게 많이 사용했으며, 독성이 없는 철, 아연성분의 자연색상을 덜 사용했다. 따라서 이들은 황화수은, 황화카드뮴, 황화비소, 납, 안티몬, 코발트, 망간, 크롬 등 밝고 맑은 색상의 물감에 함유된 화학성분에 심하게 노출됐을 가능성이 크며 이 같은 사실이 염증성 류마티스 질환의 유발에 중요한 작용을 했을 것이다"라는 결론이 나왔다고 한다.[4)]

"지금도 마찬가지이지만 당시에도 가난한 화가들은 좁은 화실에서 먹고, 자고 또 그림을 그렸다. 그러므로 음식이 물감가루에 오염됐을 가능성이 높다. 그때는 대부분의 물감이 가루형태로서 물에 개서 사용했기 때문에 물감가루를 들이마시는 것은 다반사였다."[5)]

BMA논문은 "요즘의 화가들은 유독성 물감의 사용을 자제한다. 또 그림물감 통에는 경고문이 적혀 있고, 화가들도 붓을 빤다든지 물감을 실내에서 태워서는 안 된다는 사실을 인식하고 있다"고 지적했다. 그러나 작업

---

4) 일간스포츠, 1989.9.7.(목요일), 李湳 기자.

5) *Ibid.*

에 몰두하다 보면 지킬 수 없는 경우도 많을 것이다. 여전히 화구가게에서는 유독성 물감이 팔리고 있으며, 튜브에 반드시 경고문이 적혀 있는 것도 아니다. 깨알 같은 글씨를 일일이 읽어볼 사람도 거의 없을 것이다.

고흐 역시 ≪고흐의 방≫이라는 유명한 작품을 그렸을 당시 그는 그림에 완전히 빠져든 상태였다. 그때 그는 프랑스 남부로 이주해 노란 집에서 살고 있었는데 빵과 커피로만 끼니를 때우며 오로지 그림에만 전념했다. 결국 유화 물감과 테르펜에 중독되었다. 급기야는 그것들을 먹기까지 했다. 동시에 그는 심리적인 압박감과 공포에 시달렸고 후에는 발작과 착란 증세까지 일으켰다. 이 발작은 그가 마신 압생트 酒의 투존이란 테르펜 성분에 의해 유발된 것인데 고흐가 먹은 물감에도 이 같은 성분이 함유되어 있었던 것이다.[6]

이것은 일종의 직업병이며, 1713년 라마치니(Bernardino Ramazzini: 1633-1714)의 연구 이래 잘 알려져 왔고, 때문에 학교에 따라서는 이에 대한 교육을 시행하고 있다.[7]

2. 안전을 위한 법과 표시들

우리나라도 안전과 관련해서는 여러 가지 법이 있다. 소비자기본법, 제품안전기본법,[8] 품질경영 및 공산품 안전관리법, 전기용품 안전관리법 등이 있다. 향후 이들 법을 통하여 제품의 안전관리가 보다 강화되리라고 보나 미술재료에 관해서 현재는 '자율안전확인대상공산품'으로서 크레용·크레파스, 문구용품, 문구용 찰흙을 포함한 학용품에 그치고 있다. 성인들의 미술용품에 대해서는 그 선택을 스스로의 판단에 맡기고 있는

6) http://sammall.tistory.com.

7) 예컨대 프린스턴 대학교는 안전교육을 행하고 있고, 제10절에는 회화나 소묘를 하는 경우의 안전과 관련된 내용이 설명되어 있다. 이에 대해서는 (http://web.princeton.edu/sites/ehs/artsafety/index.htm) 참조.

8) 법률 제10028호, 2010.2.4, 제정, 2011.2.5 시행.

것으로 보인다. 그러나 적지 않은 미술재료가 미술가들의 건강을 해치고 있다.

제닝스의 『미술가를 위한 매뉴얼』에는 건강과 안전의 항목에 다음과 같이 쓰여 있다.[9]

"무엇보다도 라벨에 찍힌 주의사항을 준수해야 한다. 예술 활동은 창조적이고 즐겁고, 영감을 주고 또 때로는 좌절시키기도 하지만, 여러분의 건강을 해칠 위험한 것이어서는 안 된다." 다음은 물감의 안전성과 관련된 표시의 예이다.

ACMI AP ART & CREATIVE MATERIALS INSTITUTE CERTIFIED TM Conforms to ASTM D 4236	미국ACMI(미술창작재료협회: The Art & Creative Materials Institute, Inc.)가 독성이 없다는 것을 인증하는 마크. 과거의 AP, CP, HL Health Label(Non-Toxic)을 대체하는 것이다. AP는 approved product의 약자.
ACMI CL ART & CREATIVE MATERIALS INSTITUTE CERTIFIED TM Conforms to ASTM D 4236	미국ACMI가 독성이 있을 수 있으니 주의를 요한다는 마크이며, 과거의 HL Health Label(Cautions Required)을 대체하는 것이다. 성인용 15% 정도에 이 표시가 있으며, 아동용에는 없다고 한다. (이상에 대해서 http://www.acminet.org/Safety.htm 참조).
	가연성: 이 국제라벨은 발화점이 섭씨 21°C 이하임을 나타낸다. 사용하지 않을 때 용기를 닫아 놓아야 하며, 열이나 발화물질 가까이 두지 않아야 한다. 증기나 분사된 것을 마시지 않도록 하고, 어린이의 손이 닿지 않은 곳에 보관한다.
	유해/자극성: 이 국제적인 라벨은 유해하거나 자극적인 제품에 표시한다. 각 경우마다 그에 따른 경고사항이 있다. 두 가지 경우 모두 증기를 마시지 않도록 하고 어린이의 손이 닿지 않은 곳에 보관한다. 피부나 눈에 묻지 않도록 하고 사용 후에는 깨끗이 씻어낸다.

9) Simon Jennings 외/김진엽 역, 『미술가를 위한 매뉴얼』, 도서출판 국제, 1997, 244쪽.

제대로 된 표시가 없어 미술가의 건강이나 생명에 지장을 준 경우에는 미술재료의 제조자는 제조물책임을 져야 할 경우가 있을 것이다.10)

반대로 미술가도 제조자로서 스스로가 제조물책임을 지는 경우도 있을 것이다.11)

제조물책임

제조물책임이란 제조물의 결함에 기인하는 손해에 대해서 그 제조물의 제조자 등이 부담하는 배상책임(賠償責任)을 말한다. 우리 제조물책임법12) 제3조 제1항은 제조업자는 제조물의 결함으로 인하여 생명·신체 또는 재산에 손해(당해 제조물에 대해서만 발생한 손해를 제외한다)를 입은 자에게 그 손해를 배상하여야 한다고 규정한다. 아울러 제2항은 "제조물의 제조업자를 알 수 없는 경우에 제조물을 영리목적으로 판매·대여 등의 방법에 의하여 공급한 자는 제조물의 제조업자 또는 제조물을 자신에게 공급한 자를 알거나 알 수 있었음에도 불구하고 상당한 기간 내에 그 제조업자 또는 공급한 자를 피해자 또는 그 법정대리인에게 고지하지 아니한 때에는 제1항에 따른 손해를 배상하여야 한다"고 규정한다. 즉 우리 법은 제조업자가 일차적 책임을 지며, 판매업자는 보충책임을 지는 것으로 규정한다.

우리 법은 결함을 다음과 같이 정의한다.

---

10) 앞의 제품안전기본법 등이 사전에 안전을 담보하여 그 피해의 발생을 예방하는 법이라면, 제조물책임법은 피해가 발생한 이후에 효율적인 피해구제를 위한 법이다. 전자(前者)가 행정규제법이라면 후자(後者)는 민사특별법이다.

11) 예컨대 유리공예가가 경사진 각을 가진 루미나리아(luminaria)를 판매하였는데, 구매자가 이것을 집광기(集光器)로 사용하기 위해서 창문 옆에 걸어두었던바, 경사진 각이 볼록렌즈와 같은 역할을 하여 화재가 난 경우[Leonard DuBoff, *The Law (in Plain English) for Galleries*, Second Edition, 1999, 143쪽].

12) 2000.1.12. 제정, 법률 제6109호.

"결함"이라 함은 해당 제조물에 다음 각목의 어느 하나에 해당하는 제조상·설계상 또는 표시상의 결함이나 기타 통상적으로 기대할 수 있는 안전성이 결여되어 있는 것을 말한다.

가. "제조상의 결함"이란 제조업자가 제조물에 대하여 제조상·가공상의 주의의무를 이행하였는지에 관계없이 제조물이 원래 의도한 설계와 다르게 제조·가공됨으로써 안전하지 못하게 된 경우를 말한다.

나. "설계상의 결함"이란 제조업자가 합리적인 대체설계를 채용하였더라면 피해나 위험을 줄이거나 피할 수 있었음에도 대체설계를 채용하지 아니하여 해당 제조물이 안전하지 못하게 된 경우를 말한다.

다. "표시상의 결함"이란 제조업자가 합리적인 설명·지시·경고 또는 그 밖의 표시를 하였더라면 해당 제조물에 의하여 발생할 수 있는 피해나 위험을 줄이거나 피할 수 있었음에도 이를 하지 아니한 경우를 말한다.

Ⅲ. 직업인으로서의 미술가

(1) 직업분류

2008년에 발표된 제6차 한국표준직업분류[13]에 의하면 화가나 조각가, 디자이너는 모두 비공연 예술가로 분류된다.[14]

90132 비공연 예술가[15]	
〈예시〉	· 사진감독·영화감독
· 저술가·작가	· 작사가
· 만화가·프로듀서	· 작곡가
· 회화 복원가·조각가	
· 디자이너(무대 및 조명)	〈제외〉
· 화가	· 상업미술가(73203)

13) 통계청 고시 제2007-53호.
14) 직업분류에 대해서는 현재 제7차 개정이 진행중이다.
15) 독립적으로 비공연 예술활동에 종사하는 예술가를 말한다.

(2) 수 입

미술가의 수입은 1차적으로는 자신의 작품을 판매하여 얻은 수입을 생각해 볼 수 있다[이른바 아트(art) 활동]. 그러나 아트 활동을 통해 생활을 할 수 있는 작가는 극소수에 불과하다고 본다. 다음으로 생각해 볼 수 있는 것은 아트 활동에 인접한 활동으로부터의 수입(예컨대 미술강의나 교수활동 등), 기타의 부수입(예컨대 아트활동과는 무관한 이른바 알바수입) 등을 생각해 볼 수 있다. 아마도 우리나라에서 미술종사자의 수입은 이러한 수입에 많이 의존하리라고 본다.

2015년 문화체육관광부가 발표한 자료에 의하면 미술종사자의 연평균수입은 614만원으로 나타났다. 이것은 문학 다음으로 낮은 액수였다.

2015년 국내 예술인 분야별 수입			
최 상		최 하	
건축	4832만원	문학	214만원
방송	3957만원	미술	614만원
만화	2002만원	사진	817만원

과거 노동부가 조사한 미술가 및 관련 예술가의 경력별 수입은 다음과 같다(2007년 기준).[16] 이러한 자료는 미술가 등에게 사고가 발생했을 때 미술가 및 관련 예술가의 일실이익(상실수익액)의 기준이 된다.

문화, 예술 및 방송관련 전문가	전경력	1년	1-3년 미만	3-5년 미만	5-10년 미만	10년 이상
월급여액(원)	2,390,611	1,656,527	1,741,150	2,102,583	2,614,873	3,340,317
연간특별급여액(원)	4,773,558	447,710	2,488,306	3,757,024	4,799,165	9,480,886

16) http://laborstat.molab.go.kr/onlinebook2.jsp. 독일에서 미술가의 2005년 연평균 수입은 11,091 유로 정도이다. 이는 노동자의 연평균 수입의 3분의 1에 해당하는 금액이다. 그리고 그 수입은 계속 줄어들 전망이다(피로시카 도시/김정근 · 조이한 역, 『이 그림은 왜 비쌀까』, 웅진지식하우스, 2007, 217쪽).

문화, 예술 및 방송관련 준전문가[17]	전경력	1년	1-3년 미만	3-5년 미만	5-10년 미만	10년 이상
월급여액(원)	1,850,576	1,499,912	1,639,236	1,656,216	1,901,658	2,937,052
연간특별급여액(원)	2,351,767	15,553	559,427	1,585,695	1,838,958	10,842,323

대법원 1997.3.11. 선고, 96다53642 판결

원고는 자기가 동양화가로서 10년 이상 창작활동을 하였다고 주장하여 노동부 발간의 임금구조 기본통계조사보고서상의 경력 10년인 '조각가, 화가, 사진사 및 관련 창작예술가'의 수입으로 일실수입손해의 배상을 구하였음이 명백한데, 원심은 원고의 주장과 같은 창작경력을 인정할 증거가 없다는 이유로 위 직종에 종사하는 모든 경력자의 평균수입(전경력자의 수입)으로 원고의 일실수입을 산정하였다.

그러나 원심이 배척하지 아니한 갑 제11호증의1(입선장)의 기재에 의하면 원고가 1986.11.3. 대한민국 미술대전의 한국화부문에서 입선한 사실이 인정되고, 같은 갑 제11호증의2(추대장), 같은 갑 제11호증의3(상장)의 각 기재에 의하면 원고는 1990.5.26. 한국예술문화협회가 주최한 제8회 예술대전 작품공모전에 추천작가로 추대되었으며, 1991.2.2. 한국예술문화협회가 주최한 공모전에서 동상을 수상한 사실이 인정되고, 원심증인 주ㅇㅇ은 원고가 계속하여 창작활동을 하여 오면서 한국화연구실을 운영하고 있다고 증언하고 있으므로, 원고가 위 대한민국 미술대전에 입선한 이후 이 사건 사고를 당할 때까지 적어도 5년 이상 동양화가로서 지속적으로 창작활동을 하여 온 사실을 충분히 인정할 수 있다 할 것이다.

그렇다면 원심으로서는 원고가 적어도 5년 이상 동양화가로서 활동하여 온 경력을 인정하여 위 임금구조 기본통계조사보고서상의 경력 5년

---

17) 준전문가란 거리에서 초상화를 그리거나 미술관련 기술적인 업무를 수행하는 사람을 말한다.

내지 9년인 '조각가, 화가, 사진사 및 관련 창작예술가'의 수입으로 원고의 일실수입을 산정하였어야 할 것임에도 불구하고, 단지 원고에게 10년 이상의 경력이 인정되지 않는다는 이유만으로 원고의 일실수입을 전경력 화가의 수입으로 산정하고 말았으니, 원심판결에는 일실수입산정에 관한 법리를 오해하였거나 채증법칙을 위반하여 판결에 영향을 미친 사실을 잘못 인정한 위법이 있다.

Ⅳ. 예술인 복지법

1. 서 언

예술인 복지법은 2011년 제정되고 2012.11.18.부터 시행에 들어간 법이다.[18] 그 제정 목적은 "예술인의 지위 향상과 복지 증진을 위하여 문화예술 분야 계약서의 표준양식을 개발·보급하고, 예술인의 업무상 재해에 관한 보호 규정을 마련하며, 예술인복지사업을 수행할 수 있는 한국예술인복지재단을 설립하려는 것이었다.[19] 이 법은 제정 후 2차례의 개정을 거쳤다.

(1) 1차 개정[20]

예술인 복지를 효율적·체계적으로 지원하기 위하여 2011년 법이 제정되어 시행되고 있으나 예술인의 특수성을 반영한 실질적인 정책 및 지원은 미흡한 실정이었다. 이에 한국예술인복지재단이 예술인의 산업재해보상보험료를 지원할 수 있도록 하고, 재단에 대한 국고 지원 및 기

18) 법률 제11089호, 2011.11.17. 제정.

19) 이 법 제정의 계기가 된 것은 생활고 때문에 생을 마감한 (고) 최고은 작가의 죽음이다. 하여 이 법을 일명 '최고은법'이라고도 한다.

20) 법률 제12136호, 2013.12.30. 일부개정, 2014.3.31. 시행.

부금 접수의 법적 근거를 마련함으로써 재단이 예술인 복지사업을 보다 적극적으로 수행할 수 있도록 하는 한편, 예술인에 대한 불공정행위 적발 시 시정명령 및 과태료 부과를 할 수 있도록 함으로써 예술인의 인권을 보호하고 공정한 예술창작환경을 조성하려는 것이었다.

(2) 2차 개정

영화, 연예, 대중음악 등 대중문화예술 분야는 「대중문화예술산업발전법」의 제정(2014년 7월 29일)으로 인해 대중문화예술용역과 관련하여 계약 당사자의 서면계약을 의무화하고 있는 반면에 대중문화예술 분야를 제외한 문화예술용역과 관련된 계약의 경우에는 이에 대한 규정이 미비한 상태였다. 이에 공정한 창작환경 기반을 마련하기 위하여 문화예술용역과 관련된 계약을 서면으로 체결하도록 의무화하는 한편, "금지행위"를 "불공정행위"로 용어를 정비하고, 문화체육관광부장관이 불공정행위의 위반 여부에 관한 사실관계의 조사를 위하여 문화예술기획업자 등에게 보고 또는 출석을 요구할 수 있도록 하며, 불공정행위를 하여 시정조치명령을 하였음에도 불구하고 그 명령을 이행하지 아니한 경우에는 국고보조 등의 재정지원을 중단하거나 배제할 수 있도록 하고, 실태조사에 관한 사항을 정비하는 등 현행 제도의 운영상 나타난 일부 미비점을 개선 · 보완하려는 것이다.

2. 법률의 내용

(1) 예술인 정의(제2조 제2호)

"예술인"이란 예술 활동을 업(業)으로 하여 국가를 문화적, 사회적, 경제적, 정치적으로 풍요롭게 만드는 데 공헌하는 사람으로서 문화예술[21] 분야에서 대통령령으로 정하는 바에 따라 창작, 실연(實演), 기술지

21) "문화예술"이란 「문화예술진흥법」 제2조 제1항 제1호에 따른 문화예술을 말한다(제2조 제1호).

원 등의 활동을 증명할 수 있는 사람을 말한다.
* 예술 활동을 증명할 수 있는 자는 다음과 같다(영 제2조)

①「저작권법」 제2조 제1호 및 제25호에 따른 공표된 저작물이 있는 자

예술 활동 증명에 관한 세부 기준(제2조 관련)

1. 영 제2조 제1항 제1호에 따른 「저작권법」 제2조 제1호 및 제25호에 따른 공표된 저작물이 있는 자는 문화예술 분야별로 다음 각 목의 어느 하나에 해당하는 자로 한다. 다만, 아래 표의 2 이상의 문화예술 분야나 세부 기준란의 2 이상의 목에 해당되는 실적이 있는 경우에는 예술 활동 증명을 위한 하한 기준을 1점으로 보아 해당 실적을 점수로 환산(예를 들어, 3년에 3편이 하한일 경우 3년에 1편의 실적이 있으면 1/3점으로 한다)하여, 그 환산점수의 합계가 1점 이상인 자도 포함한다.

문화예술 분야	세부 기준
미술(응용미술을 포함한다), 사진, 건축	가. 최근 5년 동안 5회 이상 미술 · 사진 · 건축 작품을 관련 매체에 발표하거나 미술 · 사진 · 건축 전시회에 작품을 전시한 실적이 있는 자 나. 최근 5년 동안 1회 이상 미술 · 사진 · 건축 작품 개인전을 열거나 1권 이상의 미술 · 사진 · 건축 작품집을 출간한 실적이 있는 자 다. 최근 5년 동안 5편 이상의 미술 · 사진 · 건축 비평을 관련 잡지 등에 발표하거나 1권 이상의 미술 · 사진 · 건축 비평집을 출간한 실적이 있는 자 라. 최근 3년 동안 3회(예술감독 등 기획

	자의 경우는 1회) 이상의 미술 · 사진 · 건축 전시회에 기술지원 인력 또는 기획 인력으로 참여한 실적이 있는 자
만화[22]	가. 최근 5년 동안 1편 이상의 만화 작품을 6개월 이상 연재한 실적이 있는 자. 다만, 해당 저작물로 인한 소득이 있는 경우에 한한다. 나. 최근 5년 동안 5편 이상의 만화 작품을 발표한 실적이 있는 자. 다만, 해당 저작물로 인한 소득이 있는 경우에 한한다. 다. 최근 5년 동안 1권 이상의 만화 작품집을 출간한 실적이 있는 자 라. 최근 5년 동안 5회 이상 만화 전시회에 작품을 전시한 실적이 있는 자 마. 최근 5년 동안 5편 이상의 만화 비평을 발표하거나 1권 이상의 만화 비평집을 출간한 실적이 있는 자. 다만, 만화 비평 발표의 경우 해당 저작물로 인한 소득이 있는 경우에 한한다. 바. 최근 5년 동안 3편 이상의 만화 작품 제작에 기술지원 인력 또는 기획 인력으로 참여한 실적이 있는 자(기술지원 인력의 경우는 2년 이상의 기간 동안 참여) 사. 최근 5년 동안 3회 이상의 만화 전시에 기술지원 인력 또는 기획 인력으로 참여한 실적이 있는 자

② 예술 활동으로 얻은 소득이 있는 자[23]

22) 만화란의 소득 및 제2호의 예술 활동으로 얻은 소득은 예술 활동에 대한 대가로 받은 임금 및 수당, 원고료, 인세, 저작권료, 저작인접권료, 예술품 판매대금, 보조금, 기부금, 상금 등을 포함하며, 강연료는 제외한다.

23) 영 제2조 제1항 제2호에 따른 예술 활동으로 얻은 소득이 있는 자란 ① 예술 활동으로 얻은 소득이 최근 1년 동안 120만원 이상이거나 최근 3년 동안 360만 원 이상인 자, ② 최근 3년 동안 예술 활동으로 얻은 소득이 전체 소득의 50% 이상인 자를 말한다.

③ 그 밖에 제1호 및 제2호에 준하는 예술 활동 실적이 있는 자

(2) 예술인의 지위와 권리(제3조)

① 예술인은 문화국가 실현과 국민의 삶의 질 향상에 중요한 공헌을 하는 존재로서 정당한 존중을 받아야 한다.

② 모든 예술인은 자유롭게 예술 활동에 종사할 수 있는 권리가 있으며, 예술 활동의 성과를 통하여 정당한 정신적, 물질적 혜택을 누릴 권리가 있다.

③ 모든 예술인은 유형 · 무형의 이익 제공이나 불이익의 위협을 통하여 불공정한 계약을 강요당하지 아니할 권리를 가진다.

(3) 국가 및 지방자치단체의 책무 등(제4조)

① 국가와 지방자치단체는 예술인의 지위와 권리를 보호하고 예술인의 복지 증진에 관한 시책을 수립하여 시행하여야 한다.

② 국가와 지방자치단체는 예술인이 지역, 성별, 연령, 인종, 장애, 소득 등에 따른 차별 없이 예술 활동에 종사할 수 있도록 시책을 마련하여야 한다.

③ 국가 또는 지방자치단체는 예산의 범위에서 예술인의 복지 증진을 위한 사업과 활동에 필요한 지원을 할 수 있다.

(4) 불공정 계약으로부터의 보호

1) 문화예술용역 관련 계약(제4조의3)

① 문화예술 창작 · 실연 · 기술지원 등의 용역(이하 "문화예술용역"이라 한다)과 관련된 계약의 당사자는 대등한 입장에서 공정하게 계약을 체결하고, 신의에 따라 성실하게 계약을 이행하여야 한다.

② 제1항에 따른 계약의 당사자는 다음 각 호의 사항을 계약서에 명시하여야 하며, 서명 또는 기명날인한 계약서를 서로 주고받아야 한다.

ⓐ 계약 금액

ⓑ 계약 기간 · 갱신 · 변경 및 해지에 관한 사항

ⓒ 계약 당사자의 권리 및 의무에 관한 사항

ⓓ 업무 · 과업의 내용, 시간 및 장소 등 용역의 범위에 관한 사항

ⓔ 수익의 배분에 관한 사항

ⓕ 분쟁해결에 관한 사항

③ 제5조에 따른 표준계약서를 사용하는 경우에는 제1항 및 제2항에 따라 계약을 체결한 것으로 본다.

2) 표준계약서의 보급(제5조)

① 국가는 문화예술용역 관련 계약의 당사자가 대등한 입장에서 공정하게 계약을 체결할 수 있도록 문화예술 분야에 관한 표준계약서를 개발하고 이를 보급하여야 한다.

② 국가와 지방자치단체는 제1항에 따른 표준계약서를 사용하는 경우 「문화예술진흥법」 제16조에 따른 문화예술진흥기금 지원 등 문화예술 재정 지원에 있어 우대할 수 있다.

③ 제1항에 따른 표준계약서의 내용 및 보급 방법 등에 관하여 필요한 사항은 문화체육관광부령으로 정한다.

3) 불공정행위의 금지(제6조의2)

① 문화예술용역에 관한 기획 · 제작 · 유통업에 종사하는 자로서 예술인과 계약을 체결하는 자(이하 이 조에서 “문화예술기획업자 등”이라 한다)는 예술인의 자유로운 예술창작활동 또는 정당한 이익을 해치거나 해칠 우려가 있는 다음 각 호의 어느 하나에 해당하는 행위(이하 이 조에서 “불공정행위”라 한다)를 하거나 제3자로 하여금 이를 하게 하여서는 아니 된다.

ⓐ 우월적인 지위를 이용하여 예술인에게 불공정한 계약 조건을 강요하는 행위

★ 불공정한 계약 강요 행위

가. 구입 강요 행위

예술 창작·실연·기술지원 등의 용역에 관한 기획·제작·유통업에 종사하는 자로서 예술인과 계약을 체결하는 자(이하 이 표에서 "문화예술기획업자 등"이라 한다)가 예술인이 구입할 의사가 없는 공연·전시 티켓, 도서, 음반 등을 구입하는 것을 내용으로 하거나 임금·용역제공의 대가에서 공연·전시 티켓, 도서, 음반 등의 구입에 상당하는 금액을 공제하는 것을 내용으로 예술인에게 계약을 강요하는 행위

나. 이익제공 강요 행위

문화예술기획업자 등이 자기를 위하여 금전, 물품, 용역, 그 밖의 경제상 이익을 제공하도록 하는 내용으로 예술인에게 계약을 강요하는 행위

다. 배타조건부 계약 강요 행위

문화예술기획업자 등이 정상적인 거래 관행에 비추어 볼 때 현저하게 오랜 기간 동안 자기 또는 계열회사의 경쟁사업자와 계약하지 않을 것을 내용으로 예술인에게 계약을 강요하는 행위

라. 부당한 수익배분·대가지급 강요 행위

문화예술기획업자 등이 정상적인 거래 관행에 비추어 볼 때 수익배분 또는 대가지급이 예술인에게 현저하게 불리한 조건으로 예술인에게 계약을 강요하는 행위

마. 불이익 계약 강요 행위

문화예술기획업자 등이 가목부터 라목까지에 해당하는 행위 외의 방법으로 예술인에게 불이익이 되도록 계약조건을 설정하거나 변경하도록 강요하는 행위

ⓑ 예술인에게 적정한 수익배분을 거부 · 지연 · 제한하는 행위

★ 수익배분 거부 · 지연 · 제한 행위

가. 수익배분 거부 행위

문화예술기획업자 등이 예술인에게 정상적인 거래 관행에 비추어 볼 때 적정한 수익배분의 일부 또는 전부를 거부하는 행위

나. 수익배분 지연 행위

문화예술기획업자 등이 정상적인 거래 관행에 비추어 볼 때 수익의 최종 수령일부터 상당한 기간 동안 예술인에게 수익배분을 지연하는 행위

다. 수익배분 제한 행위

문화예술기획업자 등이 정상적인 거래 관행에 비추어 볼 때 예술창작활동에 드는 비용을 예술인에게 현저히 불리하게 수익에서 공제하여 예술인의 수익배분을 제한하는 행위

ⓒ 부당하게 예술인의 예술창작활동을 방해하거나 지시 · 간섭하는 행위

★ 예술창작활동 방해 · 지시 · 간섭 행위

가. 부당한 방해 행위

문화예술기획업자 등이 예술창작활동과 관계없는 이유로 예술인의 동의 없이 그 예술인의 예술창작활동을 심히 곤란하게 할 정도로 방해하는 행위

나. 부당한 지시 · 간섭 행위

문화예술기획업자 등이 예술창작활동과 관계없는 이유로 예술인의 동의 없이 그 예술인의 예술창작활동을 심히 곤란하게 할 정도로 지시 · 간섭하는 행위

ⓓ 계약과정에서 알게 된 예술인의 정보를 부당하게 이용하거나 제3자에게 제공하는 행위

> ★ 정보의 부당이용 · 제공 행위
> 문화예술기획업자 등이 정당한 이유 없이 계약과정에서 알게 된 예술인의 예술창작활동에 관한 정보(「개인정보 보호법」 제2조 제1호에 따른 개인정보는 제외한다)를 예술인의 동의 없이 자기가 이용하거나 제3자에게 제공하는 행위로 한다.

② 문화체육관광부장관은 문화예술기획업자 등이 불공정행위를 한 경우 불공정행위의 중지, 계약조항의 삭제 또는 변경, 불공정행위로 인하여 시정조치를 명령받은 사실의 공표, 그 밖에 시정을 위하여 필요한 조치를 명할 수 있다.

③ 문화체육관광부장관은 문화예술기획업자 등의 행위가 제1항 제1호에 해당할 경우 공정거래위원회에 그 사실을 통보하여야 한다.

④ 문화체육관광부장관은 불공정행위의 위반 여부에 관한 사실관계의 조사를 위하여 필요한 경우 대통령령으로 정하는 바에 따라 문화예술기획업자 등에게 관련된 사항을 보고하게 하거나 필요한 자료의 제출 또는 출석을 요구할 수 있다. 이 경우 보고, 자료의 제출 또는 출석을 요구받은 자는 특별한 사유가 없으면 이에 따라야 한다.

⑤ 불공정행위의 세부적인 유형, 기준 및 처리절차 등에 필요한 사항은 대통령령으로 정한다.

4) 재정지원의 중단 등(제6조의3)

국가와 지방자치단체는 문화예술기획업자 등이 제6조의2 제2항에 따른 시정조치 명령을 지정된 기간 내에 이행하지 아니한 경우에는 다음 각 호의 재정지원을 중단하거나 배제할 수 있다.

①「영화 및 비디오물의 진흥에 관한 법률」제23조에 따른 영화발전

기금 지원

② 「문화예술진흥법」 제16조에 따른 문화예술진흥기금 지원

③ 「방송통신발전 기본법」 제24조에 따른 방송통신발전기금 지원

④ 「중소기업창업 지원법」 제20조 또는 「벤처기업육성에 관한 특별조치법」 제4조의3에 따라 결성되어 같은 법의 지원을 받은 투자조합의 투자

⑤ 그 밖에 국가 및 지방자치단체의 재정지원

(5) 사회보장

법은 예술인의 업무상 재해에 대한 보호를 규정한다(제7조). 그 내용은 다음과 같다.

1) 예술인의 업무상 재해 및 보상 등에 관하여는 「산업재해보상보험법」에서 정하는 바에 따른다.

2) '한국예술인복지재단'은 예술인이 산업재해보상보험에 가입하는 경우 예술인이 납부하는 산업재해보상보험료의 일부를 지원할 수 있다.

(6) 한국예술인복지재단

1) 업무

예술인복지사업을 효율적으로 수행하기 위하여 한국예술인복지재단(이하 "재단"이라 한다)을 설립하였다. 재단은 다음 각 호의 사업을 수행한다(제10조).

① 예술인의 사회보장 확대 지원

② 예술인의 직업안정 · 고용창출 및 직업전환 지원

③ 원로 예술인의 생활안정 지원 등 취약예술계층의 복지 지원

④ 개인 창작예술인의 복지 증진 지원

⑤ 예술인의 복지실태 및 근로실태의 조사 · 연구

⑥ 예술인 복지금고의 관리 · 운영

⑦ 예술인 공제사업의 관리 · 운영

⑧ 불공정행위로 인한 피해 상담 및 법률적 지원
⑨ 예술인의 권익보호를 위한 교육 프로그램 운영
⑩ 정부로부터 위탁받은 사업
⑪ 그 밖에 예술인의 복지 증진을 위하여 대통령령으로 정하는 사업

2) 재단의 재정 충당

① 수익사업: 재단은 문화체육관광부장관의 인가를 받아 제1항 각 호에 따른 사업 외에 목적 달성을 위하여 필요한 수익사업을 할 수 있다(제10조 제2항).

② 국가의 지원: 국가는 재단의 사업과 운영에 필요한 경비를 예산의 범위에서 출연 또는 보조할 수 있다(제10조의2 제1항).

③ 수증: 재단은 「기부금품의 모집 및 사용에 관한 법률」 제5조 제2항 본문에도 불구하고 자발적으로 기탁되는 금품을 재단의 운영 및 제10조에 따른 사업을 지원하기 위하여 접수할 수 있다(제10조의2 제2항).

제3장 창작의 자유

Ⅰ. 서 설

미술 창작의 자유는 최대한 보장되어야 한다. 어떤 의미에서 작가의 미적 상상력과 미적 가치를 추구하는 예술의 창작과 표현을 현재의 규범으로, 그것도 당시의 지배 권력이 이를 통제하는 것은 예술의 자유에 대한 근본적이며 본질적인 훼손으로 이어질 수 있다. 다만 예술의 자유도 무제한한 것은 아니다. 작품이 창작되어 외부에 표현되는 경우에는 일정한 제한이 따른다.

창작의 자유와 한국의 만화

한국 만화100년전(展)과 관련하여 그 사이의 창작환경에 대해 진술한 작가들의 이야기는 인상적이다.

"우선 검열이 심했다. …."

김동화 화백은 "엄마 아빠가 한 방에서 도란도란 얘기하면 '남녀가 한 방에 있다'고 삭제, (상반신 없이) 다리 네 개가 나란히 걸어가는 장면은 '위에서 뭐 하는지 모른다'고 삭제, 장미꽃에 이슬이 아롱아롱 맺히면 '화려함을 조장한다'고 삭제…. 뭐 그런 식이었다"고 했다.

이두호 화백은 "도망치는 주인공에게 포졸들이 창 끝을 겨눴는데 '하필 왜 가랑이에 겨눴냐'는 지적을 시민단체로부터 받은 적이 있다"며 "그 장면을 포함해 몇몇 장면을 문제 삼아 검찰에 고발당하고 기소 유예 처분을 받은 적도 있다"고 했다.[1]

창작의 자유와 최후의 심판

"이단(異端)에 관한 논쟁에서와 마찬가지로 품위에 관한 문제에 있어서도 미켈란젤로의 ≪최후의 심판≫은 격렬한 공격을 받았다. 그것이 그려진 위치가 시스티나 성당이었으므로 허용 여부에 대한 시험적 사례가 되는 중요성을 제공했고, 나체상은 수많은 논쟁을 불러일으켰다.[2] 그것은 쓰여진 글로써 공격을 받았을 뿐만 아니라 심각한 훼손으로 그치기는 했지만 여러 차례에 걸쳐 완전히 파괴될지도 모를 위험에 처하기도 했다.

바올 4세는 전체 프레스코를 파괴한다고 위협했고, 마침내 볼테라(Daniele da Volterra)에게 명하여 몇몇의 나체 형상 위에 옷을 입히도록 하였다. 클레멘트 8세는 성 누가(Luke) 아카데미의 청원에 의해 그 그림들을 완전히 파괴하지는 못했지만, 피우스 4세는 그래도 불만이 있어 더

1) 조선일보 2009.5.28.(정지섭 기자, "만화, 당당히 국립현대미술관에 내걸리다" 제하의 기사 중에서).

2) 작품 속의 인물은 처음에는 모두 나체상이었다. 그러나 1564년 1월 트리엔트공의회에서 "비속한 부분은 모두 가려져야 한다"는 칙령이 반포되어 생식기 부분에 덧그림이 그려졌다(두산 백과사전에서).

많은 인물 위에 옷을 입히도록 하였다. 피우스 5세 역시 더 많은 형상 위에 덧칠을 하였다; 이때 엘 그린(El Green)은 전체 프레스코를 절도(節度) 있고 품위 있는, 그리고 다른 것들보다 더 잘 그려진 하나의 그림으로 대체하자고 제안하였다.[3)]

미켈란젤로는 살아생전에 그 자신의 그림이 변경되는 것을 목격하였다."[4)]

창작의 자유와 나치의 예술정책

"히틀러가 예술의 기준을 정했다. 나치의 이상에 맞지 않는 예술 또는 현대 예술은 퇴폐예술로 규정되어 곧바로 몰수와 파괴의 대상이 되었다. 나치는 공공박물관과 미술관에서 모든 현대미술을 추방했고, 그 다음엔 개인 소장품에 대한 파괴와 몰수 작전에 나섰다. 여기엔 사실상 모든 현대 미술과 유대인 작품이 포함되었으며, 특히 20세기 초 유럽에서 꽃피던 인상주의, 야수파, 입체파, 다다이즘, 표현주의, 초현실주의 등이 모두 포함되었다."[5)] 몰수된 약 1만 6-7천 점의 작품 중 650점을 골라 "퇴폐예술전시"라는 제목으로 뮌헨에서부터 전시를 시작하였다. 전시 후에 몰수된 작품 전체가 경매에 붙여졌다. 경매 후 시장가치가 없는 4천여 점은 소각되거나 일부는 매장되었다.[6)] 하여 미술사가들은 현대판 분서갱유(焚書坑儒)라고도 부른다.[7)]

---

3) Anthony Blunt, *Artistic Theory in Italy* 1450-1600 I IS-I 19 (1940).

4) John Henry Merryman/Albert E. Elsen/Stephen K. Urice, *Law, Ethics and the Visual Arts,* Kluwer, 2007(이하 본서에서는 'Merryman'으로 표시함), 613-614쪽.

5) 김경임, 『클레오파트라의 바늘』, 홍익출판사, 2009, 261쪽.

6) 위의 책, 262쪽.

7) 최혜원, "피카소 그림 옆에 정신병자의 그림을 걸다," [명화로 보는 논술] 나치의 퇴폐미술전, 2007.10.3(아래 주 8 사이트). 또 조이한, 『위험한 그림의 미술사』, 웅진닷컴, 2002, 199-210쪽 참조.

〈뮌헨에서 열린 퇴폐미술전, 1937, 독일〉[8]

이하 본서에서는 미술작품과 음란성 문제, 국가보안법 문제, 그리고 미술적 표현의 소재로서 국기를 사용하는 경우의 문제에 대해 살펴본다.

II. 미술작품과 음란성

1. 음란을 규제하는 법규정

종래 미술작품과 관련하여 적지 않게 문제된 것이 음란성과 관계된 것이었다. 우리나라에서 음란을 규제하는 법규정은 적지 않다.

(1) 우리 형법 제243조는 "음란한 문서, 도화, 필름 기타 물건을 반포, 판매 또는 임대하거나 공연히 전시 또는 상영한 자는 1년 이하의 징역 또는 500만 원 이하의 벌금에 처한다"고 규정하며 제244조는 형법 "제243조의 행위에 공할 목적으로 음란한 물건을 제조, 소지, 수입 또는 수출한 자는 1년 이하의 징역 또는 500만 원 이하의 벌금에 처한다"고 규정한다. 또 제245조는 "공연히 음란한 행위를 한 자는 1년 이하의 징역, 500만 원 이하의 벌금, 구류 또는 과료에 처한다"고 규정한다.

(2) 우편법 제17조는 "미래창조과학부장관은 건전한 사회질서를 해

---

8) 사진은 『http://news.chosun.com/site/data/html_dir/2007/10/03/2007100301049.html』에서 재인용.

하거나 우편물의 안전한 송달을 해치는 물건(음란물, 폭발물, 총기·도검, 마약류 및 독극물 등으로서 우편에 의한 취급이 부적절하다고 인정되는 물건을 말하며, 이하 "우편금지물품"이라 한다)은 이를 정하여 고시한다"고 규정하며, 제52조는 고시된 "우편금지물품을 우편물로서 발송한 자는 2년 이하의 징역 또는 2천만 원 이하의 벌금에 처하고 그 물건을 몰수한다"고 규정한다.

(3) 「출판문화산업진흥법」 제19조의 한국간행물윤리위원회의 유해성 심의에는 "음란한 내용을 노골적으로 묘사하여 사회의 건전한 성도덕을 뚜렷이 해치는 것"이 포함되어 있다.

(4) 「정보통신망 이용촉진 및 정보보호 등에 관한 법률」 제44조의7 제1항은 누구든지 정보통신망을 통하여 "음란한 부호·문언·음향·화상 또는 영상을 배포·판매·임대하거나 공연히 전시하는 내용의 정보"를 유통하여서는 아니 된다고 규정하며, 제74조는 이러한 행위를 한 자는 1년 이하의 징역 또는 1천만 원 이하의 벌금에 처한다고 규정한다. 아울러 방송통신위원회는 정보통신서비스 제공자 또는 게시판 관리·운영자로 하여금 그 처리를 거부·정지 또는 제한하도록 명할 수 있고, 명령을 이행하지 아니하면 2년 이하의 징역 또는 2천만 원 이하의 벌금에 처한다(제73조).

(5) 「성폭력범죄의 처벌 등에 관한 특례법」 제13조는 "통신매체를 이용한 음란행위"라는 제하에서 "자기 또는 다른 사람의 성적 욕망을 유발하거나 만족시킬 목적으로 전화·우편·컴퓨터 그 밖의 통신매체를 통하여 성적 수치심이나 혐오감을 일으키는 말, 음향, 글, 그림, 영상 또는 물건을 상대방에게 도달하게 한 사람은 2년 이하의 징역 또는 500만 원 이하의 벌금에 처한다"고 규정한다.

(6) 「청소년보호법」이나 「아동·청소년의 성보호에 관한 법률」에서도 음란물을 규제하는 많은 규정이 있다.

이들 법률과 관련해서 문제가 되는 것은 ① 도대체 음란이란 무엇인가, ② 당해 미술작품이 법에서 말하는 음란의 개념에 해당되는가, ③ 음란표현을 규제하는 것은 헌법이 보장한 예술의 자유를 침해하는 것은 아닌가 등이 문제로 된다.

2. 음란의 개념

음란의 개념을 어떻게 정의할 것인지는 쉽지 않다. 우리 대법원은 "'음란'이라는 개념은 사회와 시대적 변화에 따라 변동하는 상대적이고도 유동적인 것이고, 그 시대에 있어서 사회의 풍속, 윤리, 종교 등과도 밀접한 관계를 가지는 추상적인 것이므로, 구체적인 판단에 있어서는 사회통념상 일반 보통인의 정서를 그 판단의 기준으로 삼을 수밖에 없다고 할지라도, 이는 일정한 가치판단에 기초하여 정립할 수 있는 규범적인 개념이므로, '음란'이라는 개념을 정립하는 것은 물론 구체적인 표현물의 음란성 여부도 종국적으로는 법원이 이를 판단하여야 한다"고 본 후, 구 『정보통신망 이용촉진 및 정보보호 등에 관한 법률』(2007.12.21. 법률 제8778호로 개정되기 전의 것) 제65조 제1항 제2호에서 규정하고 있는 '음란'의 개념과 관련하여 다음과 같이 음란개념을 정의하고 있다.

> "음란이라 함은 사회통념상 일반 보통인의 성욕을 자극하여 성적 흥분을 유발하고 정상적인 성적 수치심을 해하여 성적 도의관념에 반하는 것으로서, 표현물을 전체적으로 관찰·평가해 볼 때 단순히 저속하다거나 문란한 느낌을 준다는 정도를 넘어서서 존중·보호되어야 할 인격을 갖춘 존재인 사람의 존엄성과 가치를 심각하게 훼손·왜곡하였다고 평가할 수 있을 정도로, 노골적인 방법에 의하여 성적 부위나 행위를 적나라하게 표현 또는 묘사한 것으로서, 사회통념에 비추어 전적으로 또는 지배적으로 성적 흥미에만 호소하고 하등의 문학적·예술적·사상적·과학적·의학적·교육적 가치를 지니지 아니하는 것을 뜻한다고 볼 것이고, 표현물의 음란 여부를 판단함에 있어서는 표현물 제작자의 주관적 의도가 아니라 그 사회의 평균인의 입장에서 그 시대의 건전한 사회통념에 따라 객관적이고 규범적으로 평가하여야 한다.[9]

9) 대법원 2008.3.13.선고 2006도3558 판결.

이것은 종래의 판례와는 다른 새로운 음란개념을 제시한 판결이라고 평가받고 있다. 종래 대법원은 다음과 같이 판시하였다.[10)]

> '음란'이라 함은 일반 보통인의 정상적인 성적 수치심과 선량한 성적 도의관념을 현저히 침해하기에 적합한 것을 가리킨다 할 것이고, 이를 판단함에 있어서는 그 시대의 건전한 사회통념에 따라 객관적으로 판단하되 그 사회의 평균인의 입장에서 문서 전체를 대상으로 하여 규범적으로 평가하여야 할 것이며, 문학성 내지 예술성과 음란성은 차원을 달리하는 관념이므로 어느 문학작품이나 예술작품에 문학성 내지 예술성이 있다고 하여 그 작품의 음란성이 당연히 부정되는 것은 아니라 할 것이다. 다만 그 작품의 문학적·예술적 가치, 주제와 성적 표현의 관련성 정도 등에 따라서는 그 음란성이 완화되어 결국은 형법이 처벌대상으로 삼을 수 없게 되는 경우가 있을 수 있을 뿐이다.

2008년 대법원 판결이 바뀐 것에는 우리나라 헌법재판소 결정의 영향도 있었을 것이다.

음란성과 관련된 판결은 수없이 많고, 그중에서 미술과 관련된 것도 적지 않지만[11)] 최초의 판례였던 나체의 마야 사건만을 살펴보는 것으로 한다.

나체의 마야 사건(대법원 1970.10.30. 선고 70도1879 판결)

우리나라 최초의 음란물 소송이다. 대법원은 다음과 같이 판시하였다.

---

10) 대법원 2000.10.27.선고, 98도679 판결: 소설 '내게 거짓말을 해봐' 사건.

11) 예컨대 월간 '부부라이프' 사건(대법원 1991.9.10.선고 91도1550 판결), '산타페' 등 사건(대법원 1995.6.16.선고 94도1758 판결), '이브의 초상' 사건(대법원 1995.6.29.선고 94누2558 판결), '오렌지걸' 사건(대법원 1997.8.22.선고 97도937 판결), '천국의 신화' 사건(서울지방법원 2001.6.14.선고 2000노7104 판결), '전시회 안내책자' 사건(대법원 2002.8.23.선고 2002도2889 판결), '미술교사' 사건(대법원 2005.7.22.선고 2003도2911 판결), '요구르트' 사건(대법원 2006.1.13.선고 2005도1264 판결) 등이다.

"침대 위에 비스듬히 위를 보고 누워 있는 본건 천연색 여자 나체화 카드 사진이 비록 명화집에 실려 있는 그림이라 하여도 이것을 예술, 문학, 교육 등 공공의 이익을 위해서 이용하는 것이 아니고, 성냥갑 속에 넣어서 판매할 목적으로 그 카드 사진을 복사 제조하거나 시중에 판매하였다고 하면 이는 그 명화를 모독하여 음화화시켰다 할 것이므로, 이러한 견지에서 이를 음화라고 본 원심판단은 정당하고, 피고인들은 본건 그림의 음란성을 인식하지 못하였다 하여도 그 음란성의 유무는 그 그림 자체로서 객관적으로 판단해야 할 것이고, 그 제조자나 판매자의 주관적인 의사에 따라 좌우되는 것은 아니라 할 것이며, 그 음화의 제조 내지 판매죄의 범의성립에 있어서도 그러한 그림이 존재한다는 것과 이를 제조나 판매하고 있다는 것을 인식하고 있으면 되고, 그 이상 더 나가서 그 그림이 음란한 것인가 아닌가를 인식할 필요는 없다 할 것이다."

옆 사진은 ≪마야의 나체≫를 넣어 팔았던 UN 성냥과 대법원 판결 보도 장면이다.[12]

≪나체의 마야≫가 제작된 것은 '1798-1805'년 사이로 그의 나이 52세며, 궁중화가인 시절이라고 한다. 이 그림은 고야가 남긴 유일한 나체화이자, 같은 포즈의 같은 모델을 옷을 입은 모습과 나체의 모습을 두 가지로 그린 점에서 유명하다. 이 작품은 1811년 고야의 나이 68세에 종교재판소에 제소된다.

3. 음란의 규제와 예술의 자유

헌법재판소는 "음란"이란 인간존엄 내지 인간성을 왜곡하는 노골적

12) KBS1 〈오래된 TV〉(2006년 1월 16일 방송), http://www.gigabon.com/bbs/board.php?bo_table=his003&wr_id=19&page=6에서 인용(2007.4.30. 방문).

이고 적나라한 성표현으로서 오로지 성적 흥미에만 호소할 뿐 전체적으로 보아 하등의 문학적, 예술적, 과학적 또는 정치적 가치를 지니지 않은 것으로 본다.[13] 음란의 개념을 이렇게 본 헌법재판소는 당초에는 '음란'과 '저속'을 구분한 후 이러한 음란한 표현은 "사회의 건전한 성도덕을 크게 해칠 뿐만 아니라 사상의 경쟁메커니즘에 의해서도 그 해악이 해소되기 어려워 언론 · 출판의 자유에 의한 보장을 받지 않는" 것으로 보았다. 즉 헌법재판소는 저속한 표현과 음란한 표현을 구분한 후 저속한 표현은 음란한 표현과 달리 헌법상 표현의 자유 내에 있으며, 이를 규제할 수 없으나 음란한 표현물은 헌법의 보호 밖에 있으며 이를 규제할 수 있다고 보았다. 그러나 이러한 태도는 2009년 결정에서 변경되었다.

> '일단 표출되면 그 해악이 처음부터 해소될 수 없거나 또는 너무나 심대한 해악을 지닌 음란표현'이 존재할 수 있다 하더라도, 어떤 표현이 위와 같은 이유로 '국가의 개입이 1차적인 것으로 용인되고, 헌법상 언론 · 출판의 자유에 의하여 보호되지 않는 표현'에 해당하는지 여부는 '표현의 자유'라는 헌법상의 중요한 기본권을 떠나서는 규명될 수 없다. '음란'의 내용 자체는 헌법상 표현의 자유의 보호에 관한 법리와 관련하여 그 내포와 외연을 파악하여야 할 것이고, 음란 여부를 먼저 판단한 다음 음란으로 판단되는 표현은 표현자유의 보호영역에서 애당초 배제하는 것은 합헌성 심사를 포기하는 결과가 되어, 음란표현에 대한 최소한의 헌법상 보호마저도 부인하게 될 위험성이 있다. 헌법 제21조 제4항은 언론 · 출판의 자유에 따르는 책임과 의무를 강조하고 언론 · 출판의 자유에 대한 제한의 요건을 명시한 규정이지, 헌법상 표현의 자유의 보호영역 한계를 설정한 것이라고는 볼 수 없다. 따라서 음란표현도 헌법 제21조가 규정하는 언론 · 출판의 자유의 보호영역 내에 있고, 헌법 제37조 제2항에 따라 제한할 수 있다. 종전에 이와 견해를 달리하여 음란표

---

13) 헌법재판소 전원재판부 1998.4.30. 95헌가16. 이 결정 후 『출판및인쇄진흥법』 제19조 제3호는 "음란 또는 저속한 간행물이나 아동에 유해한 만화 등을 출판하여 공중도덕이나 사회윤리를 침해하였다고 인정되는 경우"(종전 법: 출판사 및 인쇄소의 등록에 관한 법률 제5조의2 제5호)에서 "음란한 내용을 노골적으로 묘사하여 사회의 건전한 성도덕을 뚜렷이 해치는 것"으로 변경되었다.

> 현은 헌법 제21조가 규정하는 언론 · 출판의 자유의 보호영역에 해당하지 아니한다는 취지로 판시한 우리 재판소의 의견(헌재 1998.4.30. 95헌가16)은 변경한다.[14]

이러한 태도는 타당하다고 할 것이다. 그러므로 음란한 표현이라고 하더라도 "국가안전보장 · 질서유지 또는 공공복리를 위하여 필요한 경우에 한하여 법률로써 제한할 수" 있으나 "제한하는 경우에도 자유와 권리의 본질적인 내용을 침해할 수 없다." 그러나 이러한 변경만으로 음란이라는 개념이 가지는 모호성이나 법집행자가 가지는 주관적 자의성이 완전히 배제되었다고 보기는 힘들 것이다. 어느 것이 예술적 · 사상적 · 과학적 · 의학적 · 교육적 가치가 있는지의 판단도 사실상 판단자의 자의에 맡겨져 있는 부분이다. 예술적 표현에 대한 절대적 관용과 예술가에 대한 절대적 포용만이 혹시 있을지도 모를 위험으로부터 예술가와 예술을 자유롭게 할 것이다.

> 예술에서는 부도덕이란 있을 수 없다. 예술은 항상 신성하다. 가장 고약한 음란을 주제로 삼을 경우조차도 관찰의 성실 외에는 안중에 없기 때문에 결코 천해질 수 없다. 진정한 걸작은 언제나 고귀하다.
>
> \- 로댕 -

미국에서의 음란(obscenity)의 기준

미국에서는 1842년에 관세법의 일부로서 최초의 연방음란법을 제정하였지만, 남북전쟁이 일어날 때까지는 음란을 이유로 한 처벌은 없었다.[15] 20세기에 들어와서 음란과 관련된 사건은 여러 건이 있었으나 미국 연방대법원이 본격적으로 음란을 헌법적 차원에서 다루게 된 것이

14) 헌법재판소 전원재판부 2009.5.28. 2006헌바109 결정 등.
15) 윤명선/박영철, "음란의 기준과 그 제한," 『경희법학』(제31권 제1호), 경희법학연구소, 1996.12, 40쪽.

Roth 판결[16]이다. Roth 판결은 이전까지 음란의 개념을 정립함이 없이 '음란은 음란이기 때문에' 제한되어야 한다는 단순한 논리에서 나아가 구체적 기준들을 처음으로 제시하였다. 즉 ① 당해 물건의 주요한 주제(dominant theme)가 전체적으로, ② 동시대의 공동체의 기준에 따라 평균인에게, ③ 호색적 흥미에 호소하는 것을 음란이라고 정의하였다. 그러나 이러한 정의를 적용하는 것은 쉽지 않다. Roth 판결 후 16년이 지난 1973년에 미국 연방대법원의 Miller v. California 판결[17]이 나왔다. 이 Miller 판결에서는 3단계기준을 제시하였다. 음란성 판단의 3단계 기준은 첫째, 평균인이 현행 지역공동체의 기준으로 볼 때 그 표현물이 전체적으로 보아 '호색적 흥미에 호소'하는 것으로 인정할 수 있는가, 둘째, 그 표현물이 적용가능한 주법에 구체적으로 정의된 대로 성적 행위를 '명백히 공격적인(불쾌한) 방법으로 묘사'하고 있는가, 셋째, 전체적으로 볼 때 그 표현물이 '중대한 문학적, 예술적, 정치적 혹은 과학적 가치를 결여하고 있는가'이다. 미국에서는 이 세 가지 기준을 모두 만족시켜야 음란물이 되어 표현의 자유 보호 범위 밖으로 내몰리게 된다. Miller 판결의 내용은 그 후의 많은 후속판결들에 의해 보다 더 구체화되면서 다듬어졌고 오늘날에도 음란성 판단의 원칙적인 기준으로 통용되고 있다.

유의해야 할 점은 미국 연방대법원의 Miller 판결에 의한 3단계 음란성 판단기준은 성인을 상대로 한 성적 표현물의 음란성 판단기준이라는 것이다.[18] 미성년자들을 상대로 한 성적 표현물의 음란성 판단은 그 기준을 달리하여 성적 표현물로부터 '미성년자의 특별보호'를 꾀하고 있다.

16) Roth v. United States, 354 U.S. 476 (1957).

17) Miller v. California, 413 US 15 (1973). 이 사건에서 Miller는 성인잡지 판매 광고를 위해 대량의 우편판매 촉진운동을 벌였다. 그런데 광고 팸플릿에는 그룹 섹스를 하고 있는 다수의 남녀를 묘사하는 그림들을 담고 있어서 광고 팸플릿 자체의 음란성이 문제된 사건이었다. 이 팸플릿들은 그 성인잡지를 신청하지 않은 사람들에게도 배달되었다.

18) 이하 임지봉, "대법원의 음란성 판단기준에 대한 비판적 검토," 『민주법학』(통권 29호), 민주주의법학연구회, 2005.12.에 의함(http://delsa.or.kr/zbxe/?document_srl=5156).

그 방법은 두 가지 측면에서 나타난다.

첫째는 독자나 관객으로서의 미성년자의 특별보호이다. 성인들에게 배포되었을 때 Miller 판결의 3단계 기준을 충족시키지 못해 음란하지 않은 표현물이 될지라도 "성에 대해 노골적인 내용을 담고 있는 표현물(sexually explicit materials)"이기만 하면 미성년자에게는 그것이 음란물이 되어 미성년자에의 배포를 법이 금할 수 있다는 것이다. 1968년의 Ginsberg v. New York 판결[19] 이래로 미국 연방대법원의 확고한 입장이 되었다.

둘째는 '성적 표현물의 등장자'로서의 미성년자의 특별보호이다. 즉, 어떤 성적 표현물이 Miller 판결의 3단계 기준으로 보아 음란물이 아니더라도 '성행위에 가담하는 미성년자'를 보여주는 표현물이면 음란물로 보아 그 배포를 금할 수 있다는 것이다. 이 법리는 1982년의 New York v. Ferber 판결[20]에서 상세히 다루어졌다. 그 후 미국에서는 아동보호법(Child Protection Act of 1984)이 제정되어, 18세 이하의 미성년자에게 성적 행위를 시키지 못하도록 규정하였다.[21] 우리나라도 「아동 · 청소년의 성보호에 관한 법률」이 제정되어 제11조는 아동 · 청소년(19세 미만의 자) 이용 음란물의 제작 · 배포 등을 금지하고 위반자를 엄하게 처벌하고 있다.

Ⅲ. 미술작품과 국가보안법

국가보안법은 1948.12.1.(법률 제10호) 제정되고, 수차례의 전문개정을 본 것으로 그 법목적은 "국가의 안전을 위태롭게 하는 반국가활동을 규제함으로써 국가의 안전과 국민의 생존 및 자유를 확보"하는 데 있다.

19) 390 U.S. 629 (1968).

20) 458 U.S. 747 (1982). 보다 자세한 것은 http://en.wikipedia.org/wiki/New_York_v._Ferber 참조.

21) 김형진, 「미술법」, 메이문화, 2011, 74쪽.

이 법은 남북분단이라는 우리의 특수상황을 반영한 법률인데 미술작품 중에서 이 법 위반여부가 문제된 사례가 있다. 특히 국가보안법 제7조[22] 제5항의 이적표현물작성 등의 죄가 문제로 된다. 표현물에 이적성이 있는지 여부는 "표현물의 전체적인 내용뿐만 아니라 그 작성의 동기는 물론 표현행위 자체의 태양과 외부와 관련 사항, 표현행위 당시의 정황 등 여러 사정을 종합하여 결정하여야 할 것이며, 해당 표현물의 어느 표현 하나만을 따로 떼어 놓고 볼 것이 아니라 문맥을 통해 그 전체적 내용을 객관적으로 분석하여 이적성 유무를 판단하여야 한다."[23]

사례 1

홍성담 등 피고인은 1989년 당시 준비위 상태였던 '민족민중미술운동전국연합' 후배들과 함께, 11폭에 나눠 갑오농민전쟁부터 통일운동까지 ≪민족해방운동사≫를 그렸다. 70여 명의 화가가 작업에 참여한, 길이만도 77m에 이르는 대형 걸개그림이었다. 그는 그 슬라이드 필름을 미국 교포단을 통해 북한 평양청년학생축전에 보냈다. "이 그림은 남쪽 청년학생들이 그린 반쪽의 근현대사이니 북쪽에서 나머지 짝을 그려 완성하기를 바란다"는 내용을 담은 그의 편지와 함께.[24] 또 『미술운동』 2호

---

22) 제7조(찬양 · 고무 등) ① 국가의 존립 · 안전이나 자유민주적 기본질서를 위태롭게 한다는 정을 알면서 반국가단체나 그 구성원 또는 그 지령을 받은 자의 활동을 찬양 · 고무 · 선전 또는 이에 동조하거나 국가변란을 선전 · 선동한 자는 7년 이하의 징역에 처한다.

② 삭제 ③, ④ 생략

⑤ 제1항 · 제3항 또는 제4항의 행위를 할 목적으로 문서 · 도화 기타의 표현물을 제작 · 수입 · 복사 · 소지 · 운반 · 반포 · 판매 또는 취득한 자는 그 각항에 정한 형에 처한다.

⑥, ⑦ 생략.

23) 대법원 2007.5.31.선고, 2004도254 판결 등 참조.

24) http://www.ohmynews.com/NWS_Web/view/at_pg.aspx?CNTN_CD=A0000755968 (2008.8.15. 방문).

를 제작·반포하였다.25)

옆의 그림은 『걸개그림』 '민족해방 운동사' 중에서 광주 부분(작가: 홍성담 외)이다.

이에 국가보안법 위반혐의로 기소되었다.
변호인은 다음과 같이 변호하였다:

피고인이 그린 ≪민족해방운동사≫라는 걸개그림은 굿판 등에서 나타난 걸개형식의 무속 그림 또는 놀이그림 및 일제시대에 나타난 항일내용의 걸개그림에 연유한 것으로서 새로운 방식이 아니라 우리 민족 고유의 형식이며 그 양식은 고구려, 백제시대 벽화의 늠름한 기상과 강렬한 표현력, 고려시대 불화의 정밀하고 섬려한 표현력 및 조선시대의 "실경산수화"의 전통과 실사구시의 정신 그리고 조선후기의 자유분방한 풍속화 및 민화의 양식을 계승하여 서술적 방식과 서사적 양식을 취한 것으로서 북한의 주체문예 이론과는 그 창작방법과 내용에 있어 판이하고 단지 우리의 근현대사를 민족사적 관점에서 형상화한 것일뿐더러 함축성이 강한 조형언어를 사용하여 정서적 전달기능을 내포하고 있는 위 ≪민족해방운동사≫와 같은 미술품의 제작행위는 순수한 예술의 영역에 속하는 것인 한편 위 13항 범죄사실과 같이 위 그림을 전국 각 대학에 순회 전시한 것은 물론 위 14항 범죄사실과 같이 피고인이 위 그림을 슬라이드화하여 북한에 보낸 것은 민족의 동질성 및 공감대형성을 위

25) 그 밖의 피고인의 행위에 대해서는 본서에서는 생략한다.

> 한 일환으로서 남북한의 통일정서확장을 위한 것에 지나지 아니하니 이러한 행위 역시 국가의 존립, 안전을 위태롭게 한다거나 자유민주적 기본질서에 위해를 가할 위험이 없을뿐더러 학문과 예술의 자유에 해당하므로 국가보안법 제7조 제5항, 제1항에 규정하고 있는 이적표현물제작 및 반포죄에는 해당되지 아니할 터인데도 원심은 이를 유죄로 인정하였으니 원심판결에는 위 각 죄 및 학문과 예술의 자유에 관하여 사실을 오인하거나 법리를 오해하여 판결에 영향을 미친 위법이 있다.
>
> 또 피고인이 『미술운동』 2호를 제작한 것은 민족민중미술운동 전국연합회 건설준비위원회의 각 회원의 견해와 미학의 학술적 탐구 및 회원들의 지역미술활동 결과를 정리한 내부자료에 불과한 것이므로 그 제작, 반포행위 또한 … 이적표현물제작 또는 반포죄에 해당하지 아니할 터인데도 원심이 이를 유죄로 인정하였으니 원심판결에는 위 각 죄 및 학문과 예술의 자유 및 표현의 자유에 관하여 사실을 오인하거나 법리를 오해하여 판결에 영향을 미친 위법이 있다.

이러한 주장에 대해 서울고등법원(1990.6.1.선고, 90노1022 판결)은 ≪민족해방운동사≫와 『미술운동』 2호를 제작, 반포하고 위 ≪민족해방운동사≫를 북한에서 개최되는 평양축전에 송부한 것은 객관적으로 보아 위 그림이 피고인 주장과 같이 그 형식은 우리 민족 고유의 것이고, 고대국가의 미술정신을 계승한 것이었다 하더라도 계급투쟁을 부각시켜 북한 공산집단의 활동과 주장에 동조하거나 찬양, 고무하여 이롭게 하는 행위임이 분명하다고 판시하였다. 한편 대법원판결(1990.9.25.선고, 90도1586)은 다음과 같다:

> 『미술운동』 2호를 제작반포한 행위 및 ≪민족해방운동사≫ 슬라이드를 북한에 송부하여 평양축전미술전람회에 전시케 한 행위에 대하여 국가보안법 제7조 제1항(이적행위) 및 제5항(이적표현물의 제작반포)을 적용 처단한 조치에 수긍이 가고 거기에 소론과 같이 사실을 오인하거나 법리를 오해한 위법이 있다고 할 수 없다.
>
> 표현의 자유 및 예술의 자유는 헌법이 보장하는 기본적 권리이긴 하나 무제한한 것이 아니라 헌법 제37조 제2항에 의하여 국가안전보장, 질서유지 또

는 공공복리를 위하여 필요한 경우에는 그 자유와 권리의 본질적인 내용을 침해하지 않는 한도 내에서 제한할 수 있는 것이므로, 소론 국가보안법 규정의 입법목적과 적용한계를 위와 같이 자유와 권리의 본직적인 내용을 침해하지 않는 한도 내에서 이를 제한하는 데에 있는 것으로 해석하는 한 위헌이라고 볼 것이 아닌바, 이 사건과 같이 피고인이 반국가단체의 활동을 찬양, 고무하거나 이에 동조한다는 인식 내지 목적 아래 원심판시와 같은 발언을 하고 또 그와 같은 내용이 표현된 표현물을 제작, 전시, 배포한 행위는 헌법이 보장하는 자유의 한계를 벗어난 행위로서 국가보안법 제7조 제1항 및 제5항 소정의 구성요건을 충족하는 것이다.

또 국가보안법 제7조 제5항에 규정된 반포행위는 이적표현물을 불특정 또는 다수인에게 배부하여 지득할 수 있는 상태에 두는 것을 말하므로 이적표현물인 도화를 일반인에게 전시하는 행위도 반포의 범주에 속하는 것으로서 이 점을 탓하는 논지도 이유 없다.

사례 2

다음 그림은 그 제명이 ≪모내기≫(130.3㎝×160.2㎝, 유채화)이다. ≪모내기≫는 국가에 의해 '풍성한 수확에 행복해하는 북측 농부들의 모습과 외세를 상징하는 코카콜라, 양담배 등을 바다로 쓸어 넣는 남측 농부들의 모습을 대비'한 그림으로 해석되면서 1989년 국가보안법상 이적표현물로 당국에 압수됐다.

작가는 3개월간 서울구치소에 수감됐고, 재판절차는 10년이나 계속됐다. 1심과 2심에선 무죄였으나, 1999년 대법원의 유죄 확정판결을 받았다. 불복한 작가가 유엔인권위원회(UNCHR)에 사건을 제소, 한국정부는 표현의 자유 침해 사실을 인정하고 구제조치를 취하라는 결의를 받아냈다.

| 원심판단(서울형사지법 1994.11.16.선고 93노7620 판결): 무죄

구 국가보안법(1991.5.31. 법률 제4373호로 개정되기 전의 법률, 이하 같다) 제7조 제5항의 규정은 각 그 소정행위가 국가의 존립 · 안전을 위태

롭게 하거나 자유민주적 기본질서에 위해를 줄 명백한 위험이 있는 경우에 한해서 적용되는 것이라 할 것인데, 첫째 그림이 표현하는 사상이나 이념이 구 국가보안법 제7조 제5항에 위반되는 이적성이 있는지 여부를 판단함에 있어서는 그 시대의 상황에 있어서 사회일반인이 갖는 건전한 상식과 보편적인 정서에 기초하여 그림을 해석하여야 할 것이고, 둘째 미술품이 실정법위반인지 여부를 판단함에 있어서는 획일적 · 일의적으로 해석하지 않도록 매우 신중하고 섬세하여야 하며, 셋째 회화의 이적성 여부를 판단함에 있어서 어떤 특정부분을 전체 그림에서 분리하여 독립적으로 해석하여 그것이 이적성을 띠는 것인가 여부를 판단하여서는 아니 되고 각개의 구성 부분은 주제의식을 드러내기 위해서 작품 전체의 구성과 관련하여 어떠한 역할을 하는가 하는 관점에서 해석되어야 하고, 넷째 헌법 제22조 제1항에서 예술의 자유를 보장하고 있으므로 국가안전보장, 질서유지, 공공복리 등을 위하여 이를 제한하는 경우에도 필요한 최소한의 규제에 그쳐야 할 것이어서 그 제한 법규는 가능한 한 한정적으로 엄격하게 축소해석하여야 할 것이라는 해석방법을 기초로, 거시 증거에 의하여, 이 사건 모내기 그림의 하반부에 관하여는, 전체적으로 원작자가 표현하고자 하는 바대로 통일에 장애가 되는 요소로서의 외세와 저질외래문화를 배척하고 우리 사회를 민주화하여 자주적 · 평화적 통일로 나가야 한다는 조국통일에의 의지 및 염원을 나타낸 것이고, 하반부의 그림 중에 탱크, 미사일 등 무기를 써래질하는 모양은 비인간적이고 평화와는 상치되는 무기의 배제를 상징적으로 나타내어 평화통일을 이루어야 함을 표현하고자 하는 것이고, 위 모내기 그림의 상반부에 관하여는 통일이 주는 기쁨과 통일 후의 평화로운 모습을 이상향으로 묘사하고 있는 사실을 인정하고, 공소사실에 부합하는 증거를 배척하여 무죄를

선고한 제1심을 그대로 유지하고 있다.

| 대법원 판단(대법원 1998.3.13.선고 95도117 판결)

표현물의 내용이 구 국가보안법의 보호법익인 국가의 존립·안전과 자유민주적 기본질서를 위협하는 적극적이고 공격적인 표현이면 표현의 자유의 한계를 벗어난 것이고 표현물에 이와 같이 이적성이 있는지 여부는 표현물의 전체적인 내용뿐만 아니라 그 제작의 동기는 물론 표현행위 자체의 태양 및 외부와의 관련사항, 표현행위 당시의 정황 등 제반 사정을 종합하여 결정하여야 할 것이다(대법원 1992.3.31.선고 90도2033 전원합의체 판결, 1997.2.28.선고 96도1817 판결, 1997.6.13.선고 96도2606 판결 등 참조).

피고인은 위 그림을 자신이 1986.2.경 회원으로 가입하여 1987.3.경에는 공동대표를 역임한 바 있는 민족미술협의회(이하 '민미협'이라고 한다) 주최의 '통일전'에 출품하여, 통일의 저해요소인 외래저질 퇴폐문화와 미·일 외세, 군사독재정권, 지주 등 자본가 계급 등을 없애야 한다는 것을 농민 등 민중에게 알리기 위한 목적으로 제작한 것으로서, 제작한 후에 1987.8. 중순경 실제로 민미협 주최의 제2회 통일전에 출품하였고, 그 후 1988.10.경 민미협 발행의 1989년도 달력에 게재케 한 사실, 민미협은 민족미술운동 또는 민중미술운동을 추구하고 있는바 민중미술운동에 대하여 민족역량의 한 부분이며 민족이 처한 상황을 극복하는 힘이라고 자평하고 있으므로 민중미술은 순수미술이 아니라 이른바 민족과제에 복무하는 미술로서 민중들의 통일의지를 심어주고 민중의 민족해방의지를 구체화한 작품을 창작하는 데 그 목적을 두고 있는 사실, 위 그림의 제작 당시인 1986~1987년경에는 소위 운동권에서 주체사상이 널리 확산되면서 북한의 주장을 좇은 남한혁명이론으로서의 민족해방 민중민주주의혁명론(NLPDR)이 득세하였는데 동 이론은 남한을 미제국주의의 식민지로 보고 미국의 사주를 받은 군사독재정권과 매판자본가들이 남한의 민중을 억압, 착취하고 있으므로 남한의 노동자, 농민, 애국적 청년, 학생, 지식인 등이 연합하여 미제를 축출하고 민중의 정권 이른바 민주정부를 수립하여야 한다는 이론이었고, 아울러 통일에 관하여도 남한에서 위와 같은 민주정부를 수립한 후 북한과의 연방제 통일을 주장하는 이론이 주장되기 시작하였던 사실을 인정할 수 있는바, 위 인정 사실에 비추어 보면 그림 상반부는 북한을 그린 것으로서 통일에 저해되는 요소가 전혀 없이 전체적으로 평화롭고 풍요로운 광경으로 그림으로써 결과적으로 북한을 찬양하는 내용으로 되어 있고, 그림 하반부는 남한을 그린 것으로서 미 · 일 제국주의와 독재권력, 매판자본 등 통일에 저해되는 세력들이 가득하며 농민으로 상징되는 민중 등 피지배계급이 이들을 강제로 써래질하듯이 몰아내면 38선을 삽으로 걷듯이 자연스럽게 통일이 된다는 내용을 그린 것이라 할 것이므로, 결국 이는 피지배계급이 파쇼독재정권과 매판자본가 등 지배계급을 타도하는 민중민주주의 혁명을 일으켜 연방제통일을 실현한다는 북한 공산집단의 주장과 궤를 같이하는 것으로 여겨질 뿐만 아니라, 위에서 본 제작동기, 표현행위 당시의 정황 등 제반 사정을 종합하여 보면, 위 그림은 반국가단체인 북한 공산집단의 활동에 동조하는 적극적이고 공격적인 표현물로서 구 국가보안법 제7조 제5항 소정의 이적표현물에 해당한다고 봄이 상당하다고 할 것이다.

Ⅳ. 소재로서의 태극기 사용과 국기 오손

지난 2002년 월드컵 때에 서울시청 앞을 비롯해 전국 광장과 운동장에는 붉은 티셔츠와 더불어 태극기의 물결이 장관을 이루었다. 종래 태극기는 신성한 것이고, 행사 때에 사용하고 잘 보관하는 것, 눈비에 젖게 해서도 안 되는 것으로 취급하였다. 하물며 태극기를 치마로 두르거나 스카프로 이용한다는 것은 생각하기 힘들었다. 그런데 이러한 터부가 2002년 월드컵을 계기로 해서 무너졌다. 태극기는 이제 우리에게 훨씬 친숙한 것으로 다가왔다.

대한민국국기법[26] 제5조는 ① 모든 국민은 국기를 존중하고 애호하여야 한다. ② 국가 및 지방자치단체는 국기의 제작 · 게양 및 관리 등에 있어서 국기의 존엄성이 유지될 수 있도록 필요한 조치를 강구하여야 한다고 규정한다. 또 제11조 제1항은 깃면에 구멍을 내거나 절단하는 등 훼손하여 사용하거나 국민에게 혐오감을 주는 방법으로 활용하지 못하도록 하고 있다. 문제는 태극기를 작품의 소재로 이용하는 경우이다.

우리나라에서 태극기를 이용한 작품과 관련하여 수난을 당한 사례에 화가 김명수 씨 예가 있다고 한다.[27] "그는 일찍이 태극기의 아름다움에 반해 태극기를 이용한 작품 만들기를 시도해 왔다. 그러나 1972년 그의 태극기 작품은 국기의 권위를 훼손했다는 이유로 전시도 못해보고 폐기되는 불행을 겪었다. …. 한국미술협회에서 주관한 앙데팡당전에서 그는 크고 작은 여러 개의 태극기를 자루 모양으로 만들어 그 안에 모래를 담아 세우는 설치작품을 만들었다.

그런데 갑자기 주최측에서 작품의 철거를 요청하였다. …. 그는 또 1988년 또 다시 태극기 조형물에 도전하였다. 부산 해운대 바다예술제에서 그때의 태극기 작품을 다시 재현하였다. 그러나 이번에도 그의 작품은 작가가 자리를 비운 사이 누군가에 의해 철거되었다."[28]

26) 제정 2007.1.26. 법률 제8272호.

27) 김민호, 『별난 법학자의 그림이야기』, 예경, 2004, 147-148쪽.

28) *Ibid.* 사진은 주간한국 [인간탐구] 태극기를 사랑한 화가, 김명수 화백(http://weekly.hankooki.com/whan/200208/w2002081711494361520.htm)에서 인용.

또 미국의 사례에 제스퍼 존스의 예도 있다.[29)]

이렇게 태극기나 성조기를 작품 소재로 사용한 사례도 있으나 오늘날 자신의 정치적 소신 등을 표현하기 위하여 미국의 성조기나 일본의 일장기 등을 불태우거나 모욕하는 행위를 적지 않게 목격한다. 우리 형법 제105조는 대한민국을 모욕할 목적으로 국기 또는 국장을 손상, 제거 또는 오욕한 자는 5년 이하의 징역이나 금고, 10년 이하의 자격정지 또는 700만 원 이하의 벌금에 처하며, 제106조는 전조(前條)의 목적으로 국기 또는 국장을 비방한 자는 1년 이하의 징역이나 금고, 5년 이하의 자격정지 또는 200만 원 이하의 벌금에 처한다고 규정한다. 또 제109조는 외국을 모욕할 목적으로 그 나라의 공용에 공하는[30)] 국기 또는 국장을 손상, 제거 또는 오욕한 자는 2년 이하의 징역이나 금고 또는 300만 원 이하의 벌금에 처한다고 규정한다.

형법 제105조에서 말하는 손상은 물건의 전부 또는 일부를 훼손하여 그 효용을 해하는 것이며, 제거란 국기나 국장 자체를 손상시킴이 없이 현재 사용하고 있는 장소에서 철거하거나, 장소의 이전 없이 다른 물건으로 차폐하여 현재 사용되고 있는 국기 · 국장의 효용을 멸각 · 감소시키는 행위이다. 또 오욕(汚辱)이란 국기 · 국장을 불결하게 하는 유형적 행위이다. 형법 제106조에서 말하는 비방(誹謗)이란 언어나 거동, 문장이나 회화 등으로 모욕의 의사를 표현하는 것이다. 형법학자들이 예를 드는 것을 보면 국기에 대하여 욕설을 퍼붓거나 국기 문양을 가진 쓰레기통이나 팬티 등을 제작 · 사용하는 것 등이 이에 해당한다고 한다. 또 비방이 예술작품의 형식을 빌려서 행사하여졌을 때에는, 예술의 자유에 관한 기본권 보장은 이 형법규범과 충돌하는 한에서 제한된다고 한다.[31)]

참고로 미국에서의 국기오손과 관련된 법 및 판례를 살펴보기로 한다.

---

29) 김민호, 위의 책, 148-149쪽 참조.

30) 태극기의 경우에는 공용, 사용 불문하나 외국의 국기의 경우에는 그 나라의 공용(公用)에 제공(提供)하는 것에 한정된다.

31) 김일수/서보학, 『형법각론』(제5판), 박영사, 2003, 944쪽.

미국 성조기는 많은 사람에게 미국의 힘과 영광의 상징이지만 또 어떤 사람에게는 정부가 하는 잘못된 정책의 상징이기도 하다. 그리하여 성조기는 적지 않은 미술가들이 창작의 소재로 사용하였다. 1974년 이전까지 몇몇의 하급법원은 시각적 표현 속에 국기를 모독하는 표현이 있더라도 수정헌법 제1조에 의해 보호된다고 판시하였다. 하여 People v. Von Rosen 판결[32]에서는 큰 모자와 선글래스, 그리고 국부만을 성조기로 보이는 천조각으로 가린 젊은 여인의 누드화(일러스트)를 출판한 자에게 무죄를 선고하였다. 국기모욕을 처벌하는 규정 그 자체는 합헌적이나 이 사건은 그 규정이 규율하는 대상이 아니라는 것이다. 즉 동 규정은 국가의 상징을 부적절하게 사용함으로써 사회의 평화가 파괴되는 것을 막자는 것인데 본 사건은 그 조항에서 말하는 사회평화를 파괴했다는 증거가 없다는 것이다. Korn v. Elkins 판결[33]에서도 법원은 비슷한 결론을 내렸다. 이 사건은 불타고 있는 성조기 그림을 학생들이 자신들이 발간하는 잡지의 표지로 사용하려 하자 이를 인디애나 대학 당국이 막으려고 한 데서 발생한 것이다. 법원은 학생들의 주장을 지지하였다.

성조기 오손과 관련하여 중요한 사례에 스펜스 사건[Spence v. Washington, 418 US 405 (1974)]이 있다. 이 사건은 미국의 캄보디아 침공을 계기로 야기된 반대 시위에서 대학생 4인이 사망하자 당시 대학생이었던 스펜스가 미국 동남아 정책에 항의하고 주방위군이 대학 내에서 자행한 난폭한 행동에 항의하기 위해서 1970년 5월, 성조기의 앞면과 뒷면에 평화의 상징으로서의 검은 테이프를 사용하여 삼지창을 원형으로 둘러싼 모양을 그려 넣고, 이를 거꾸로 창문에 게양하였다. 이 행위가 보호받는 언론에 해당하는지를 결정함에 있어 미국 법원은 두 가지 요소를 고려하였다. 하나는 스펜스 행위의 본질이고 또 하나는 이 행위가 행하여진 사실적 배경과 상황이다. 미국 연방대법원은 평화의 심볼이 덧붙여진 성조기의 게양은 항의의 메시지를 전달하려는 표현의 한 형태이며, 따라서

32) 13 Ill. 2d 68, 147 N.E.2d 327(Ill. 1958).

33) 317 F.Supp. 138(D.Md. 1970).

스펜스의 행위에 대한 유죄판결은 수정헌법 제1조 위반이라고 판시하였다.[34]

미술품의 전시와 관련된 People v. Radich 판결[35]은 스펜스 판결의 영향이 확연히 나타난 사례이다. Stephen Radich는 뉴욕 갤러리 소유주이다. 그는 위의 사진과 같이 Marc Morrel이 제작한 성조기를 이용한 미술품들을 갤러리 2층에 전시하였다. 그중 하나는 머리 부분에 주교관(bishop mitre)을 가진 커다란 십자가의 형태 안에 팔은 교회기로 둘러싸고 있었으며, 남근은 수직으로 비어져 나와 성조기로 둘러싸여 있었다. 미국 뉴욕항소법원은 미술적 표현이라는 주장을 배척하고 의도적인 국기모독으로 보고 유죄를 인정하였다.

대법원에서도 가부동수가 되어 그대로 항소심 판결이 유지되었다. 그러나 이 사건은 구속적부심사에서 재심리되었고, 이번에는 Radich의 승리였다. 연방지방법원은 구속적부심사를 하는 과정에서 1974년의 스펜스 판결을 적용하여, 당해 작품이 전시된 상황하에서는 수정헌법의 보호를 받을 수 있다고 판시하였다. 덧붙여 주(州)가 급박한 불법적 행위가 있었다거나 공공질서를 교란할 가능성이 있었다는 증거를 제시하지 못했다고 판시하였다. 이 사건에서 작품을 제작한 Marc Morrel은 기소되지 않았다.

34) 이 판결에 대한 보다 자세한 것은 박용상, 『표현의 자유』, 현암사, 2002, 138-139쪽 참조.

35) 26 NY 2d 114; 257 NE2d 30 (1970).

사족으로 덧붙인다면 월남전이 진행중인 때와 달리 월남전이 끝나고 미군이 베트남으로부터 철수한 이후의 법원의 태도가 보다 진보적인 방향으로 변화했다는 사실이다.[36] 아울러 국기오손처벌법은 1990년 위헌으로 선언되었다. 위헌판결을 한 이유는 국기오손처벌법이야말로 자유의 상징인 성조기를 존경받게 했고, 또 존경받을 가치가 있도록 만든 '자유' 그 자체를 손상시키기 때문이라는 것이다.

Ⅴ. 저명인의 묘사와 예술표현의 자유

예술의 자유와 인격권에 관한 문제는 이미 '메피스토-클라우스만' 판결이나 '스트라우스' 판결에서 살펴보았다. 여기서는 유명인의 퍼블리시티권[37]과 관계된 우리나라와 미국 판결에 대해서 살펴본다.

배용준 등 밀랍인형 사건[38]

사실관계: 채무자 주식회사 미라클 스포츠 앤드 엔터테인먼트는 채권자 배용준, 최지우, 이영애 등의 실물형태 밀랍인형을 유료 전시하였다. 채권자들은 초상권, 퍼블리시티권 침해를 이유로 전시중지가처분을 신청하였고, 채무자는 예술적 창작물이므로 예술표현의 자유의 영역이라고 주장하였다. 1심 법원이 가처분을 인가하자 채무자가 항고한 사건이다.

법원의 판단: 법원은 일단 재산권으로서의 초상권을 인정한 후, 그 한계에 대하여 "초상권이 헌법상 기본적 권리로서 그 성격상 절대권이라고

36) DuBoff-King, 243쪽.

37) 영화배우, 탤런트, 운동선수 등 유명인의 성명이나 초상을 사용해서 이것을 상품 등의 선전에 이용하는 것은 흔한 일이다. 이 경우 당해 유명인이 가지는 권리를 퍼블리시티권이라 한다. 보다 자세한 것은, 송영식/이상정, 『저작권법개설』(제9판), 세창출판사, 2015, 260쪽 이하 참조.

38) 서울고법 2006.6.14 자, 2006라229 결정.

하더라도 질서유지나 공공복리 또는 다른 기본권과의 관계에 있어서 그 제한이 없을 수는 없는 것이고, 특히 예술의 자유 또는 표현의 자유와의 관계에 있어서는 창작의 목적, 창작물의 예술성 내지 심미성, 상업적 이용 가능성 및 잠재적 시장에 미치는 영향, 초상권 사용대가에 관한 협의 경위와 초상권자의 의사 등을 종합하여 초상권의 제한 여부를 결정할 것이다"라고 판시하였다.

그런데 이 사건에서는 예술의 자유 및 표현의 자유와 관련하여 "전시대상인 밀랍인형들이 외견상 신청인들의 실물을 제대로 묘사한 것이 아니어서 완성도가 떨어짐으로 인하여 신청인들의 명성, 인상 등을 훼손하거나 그 명성을 저하시킬 우려가 있음"을 이유로 "피보전권리인 신청인들의 초상권이 피신청인의 예술의 자유 또는 표현의 자유에 의하여 제한되지 아니하는 경우"라며 가처분을 결정하였다. 또 "채무자가 사전에 채권자들과 초상권 사용대가에 관한 협의를 위한 구체적인 노력을 하지 않은 채 채권자들의 허락 없이 위 밀랍인형들을 유료 전시하여 입장료 수입을 얻으려 한 사실"도 고려되었다.

비판: 이 판결에 대해서는 다음과 같은 비판이 있다.

[비판 1][39] 위의 결정이유가 타당한지는 의문이다. 왜냐하면, 위의 결정이유에 의하면 앞으로 동일한 유형의 사건이 발생한 경우 그 밀랍인형이 "외견상 신청인들의 실물을 제대로 묘사하였다면" 퍼블리시티권의 침해를 부인하는 데 도움이 되는 요소가 되기 때문이다. 하지만 밀랍인형의 제작자가 신청인들의 실물에 패러디 등 예술적인 요소를 추가한 경우에 예술 또는 표현의 자유에 의한 퍼블리시티권의 제한이 인정되어야 한다. 오히려 밀랍인형이 외견상 신청인들의 실물을 제대로 묘사한 경우에는 퍼블리시티권을 제한하면 아니 된다. 따라서 위의 결정이유보다는 "전시대상인 밀랍인형들은 신청인들의 외견을 단순히 묘사한 것이며 예술의 자유 또는 표현의 자유에 의해서 보호될 만한 요소가 추가되지 아니하였

---

39) 박준우, "퍼블리시티권 침해의 유형에 관한 연구", 「서강법학」(제10권 제1호), 서강대학교 법학연구소, 2008.8, 59쪽.

음"을 이유로 하였더라면 더 좋았을 것이다.

[비판 2][40] 예술 또는 표현의 자유에 의해 초상권이 제한된다면 초상권자의 동의를 받을 이유가 없을 텐데, '초상권자의 의사'나 '초상권 대가에 관한 협의 경위'까지도 고려한 것은 결국 예술 또는 표현의 자유보다는 초상권을 보다 더 보호하는 것처럼 보여 예술소재 선택의 자유가 제한되는 측면이 있다. 또한, 종래 모델소설의 경우 소설 출판으로 인한 수입은 그 상업성 판단에서 배제되었는데, 입장료수입만 상업성 인정의 판단근거로 삼는 것도 문제이다.

사례 Simeonov v. Tiegs[41]

1) 쟁점: 예술표현의 자유가 미술작품의 대상이 된 인물의 퍼블리시티권에 우선하는가가 문제로 된 사례이다.

2) 배경사실: 원고 미하일 시메노프(Mihail Simeonov)는 국제적으로 잘 알려진 저명한 조각가이고, 피고 세릴 티그즈(Cheryl Tiegs)는 유명한 모델이다. 1979년 당시 세릴 티그즈는 코끼리의 조각을 만들 계획을 가졌던 야생동물보존재단의 구성원이었다.

실물대 조각을 만들기 위해서는 코끼리의 본을 떠야 하는데 그렇게 하기 위해서는 코끼리를 마취시키고, 코끼리가 잠을 자는 동안 'Alginate'라고 하는 속성으로 건조되는 물질로 본을 뜨는 것이다. 그런데 재단의 구성원 중 일부가 당해 물질이 코끼리의 건강을 해칠지 모른다는 우려를 하였다. 이러한 우려를 잠재우기 위하여 티그즈는 그 물질을 자신을 얼굴

40) 정경석, "2006년 분야별 중요판례분석 (16)엔터테인먼트", 「법률신문」(2007.6.28) [https://www.lawtimes.co.kr/Legal-Opinion/Legal-Opinion-View?serial=29864: 2016.5.30.방문].

41) 602 N.Y.S.2d 1014(N.Y. Civ. Ct. 1993).

과 목을 대상으로 시험하도록 자원하였고, 그 시험이 성공적으로 마쳐짐으로써 그 프로젝트는 계획대로 완성될 수 있었다.

그 후 2년 사이에, 시메노프는 시험에서 사용되었던 티그즈의 얼굴본(alginate impression)을 고쳐서 베개 위에서 깊이 잠들어 있는 그의 머리의 석고 모형을 만들었다. 그는 그 모형을 이용하여 "Sleeping Beauty"라는 제목의 청동상을 10개 만들어 개당 20,000달러에 팔 계획을 하였다. 원고가 석고모형을 만듦에 있어 피고의 서면 동의를 받지는 않았다. 이 석고 모형은 1981년, 피고 남편의 요청에 의해 피고의 아파트로 배달되었고, 그곳에 있는 동안 아파트 관리인들이 TV 수상기를 설치하는 과정에서 파괴하였다. 이에 원고는 피고들을 상대로 200,000달러의 손해를 배상하라는 소를 뉴욕시 법원에 제기하였다.

3) 피고의 항변 및 원고의 재항변: 피고는 이러한 모형에 기초하여 청동상을 판매하는 것은 피고의 사생활 및 퍼블리시티권을 침해하는 것으로 시민권법 제50조 및 제51조 위반이며, 따라서 판매가 불가능한 것이므로 손해는 없다고 주장하였다. 이에 대해 원고는 자신의 행위에 대해서는 시민권법이 적용되지 않으며, 만약 적용한다면 이는 수정헌법 제1조의 표현의 자유를 침해하는 것이라고 주장하였다.

4) 법원의 판단: 석고 모형은 피고의 얼굴의 본에 기초했으나 창작적 표현으로 보았다. 또 원고가 당해 모형을 법에서 금지하고 있는 선전이나 장사 목적으로 사용하지도 않았다고 보았다. 시민권법의 취지에 비추어 볼 때 한정된 수량(a limited number)을 만들어 판매하려고 했다고 하더라도 '장사(trade)' 목적이 있었다고는 볼 수 없다는 것이다. 법원은 결론적으로 개인의 사생활 보호보다는 표현의 자유가 우선한다고 판시하였다.[42]

---

42) An artist may make a work of art that includes a recognizable likeness of a person without her or his written consent and sell at least a limited number of copies thereof without violating Civil Rights Law §§ 50 and 51.

VI. 상징적 표현과 예술표현의 자유

사례 Silberman v. Georges 사건[43)]

옆의 그림은 Paul Georges가 1976년 그린 ≪The Mugging of the Muse≫이다. 이 그림은 칼을 든 세 명의 남자가 맨발에 빨간 목욕수건을 간신히 걸친 한 여성을 죽이려고 하고 있다. 이 장면을 소화액이 뿜어져 나오는 소화전과 벽 사이에 서 있는, 파란 날개를 단 애기 천사가 보고 있다. 이 그림의 작가는 상징미술작가동맹에서 이 그림을 전시한 후 원고들의 명예를 훼손했다는 이유로 제소되었다.

원고들은 앞에 서있는 가면을 쓴 두 사람이 자신들을 상징한다고 주장한다. 원고들은 피고가 자신들을 노상강도로 모욕적으로 묘사함으로써 자신들의 명예를 훼손했다고 주장한다. 이 그림을 보면 그들을 아는 사람은 곧 이러한 사실을 알아차린다고 주장한다. 원 · 피고 모두 미술작가이며, 한때는 친구였다. 미술관(美術觀)에 관한 차이로 그들은 결별하여, 각각 다른 길을 걷게 되었고, 그 후에 이 그림이 그려졌다. 피고는 앞의 두 사람이 원고들을 상징한다는 점은 인정했으나 이것은 전적으로 상징적 표현이며, 미술관에 대한 비판적 표현이므로 누구라도 합리적인 사람이라면 그들을 실제의 범죄행위와 연관시키지는 않을 것이라고 주장했다.

법원은 피고의 주장을 받아들여, 이것은 명백히 상징적 표현이며, 범

43) 456 N.Y.S. 2d 395(App. Div. 1982).

죄행위도 반사회적 행위도 아니라고 판시하였다. 더 나아가서 이 비판적 표현이 그 합리적인 범위를 벗어난 것도 아니며, 어떠한 악의의 흔적도 보이지 않는다고 보았다. 아울러 원고들은 피고의 표현으로 어떠한 손해도 받은 바 없다고 판시하였다.

■ G20 홍보물 22개에 쥐 그림을 그려 홍보물의 효용을 해함으로써 G20 정상회의 준비위원회가 관리하는 공용물건을 손상하였다[원래 쥐그림은 당시 대통령이었던 이명박 씨를 암암리에 상징하는 것이었지만 이 사건에서는 이(전)대통령의 명예훼손이 문제된 것은 아니다].

서울중앙지법 2011.5.13.선고 2011고단313 판결

(1) “모든 국민은 학문과 예술의 자유를 가진다”라고 규정한 대한민국 헌법 제22조가 보장하는 예술의 자유는 창작소재, 창작형태 및 창작과정 등에 대한 임의로운 결정권을 포함한 예술창작활동의 자유와 창작한 예술작품을 일반 대중에게 전시 · 공연 · 보급할 수 있는 예술표현의 자유 등을 포괄하는 것이지만, 이러한 예술의 자유가 무제한적인 기본권은 아니기 때문에 타인의 명예나 권리 또는 공중도덕이나 사회윤리를 침해할 수 없는 자체적인 한계가 있다. 따라서 다른 사람의 창작물이나 공공안내문, 게시판에 그림을 그리거나 낙서하는 등의 방법으로 그 물건을 훼손하는 경우에는 비록 그것이 예술작품의 창작과 표현 활동의 영역에서 발생한 일이라 하더라도 그 행위가 형법에서 금지하고 있는 범죄에 해당하는 이상 예술창작과 표현활동이라는 이유로 그 행위가 정당화되지는 아니한다.

(2) 피고인은 G20 홍보물에 피고인이 생각하는 G20의 의미를 담아 쥐 그림을 그려 넣었으며, 위 피고인은 이러한 행위를 그래피티 아트라는 표현방식이라고 주장하지만, ① 이 사건 홍보물은 G20에 관한 홍보, 안내, 공지 등을 표현하는 공용물건인 점, ② 변호인은 이 사건으로 인한 경제적 손실이 적다고 하나 재물적 가치만을 따졌을 때 적다는 의미일 뿐 이 사건 홍보물이 갖는 홍보기능적인 측면을 고려하면 결코 가치가 작다고 단정할 수만은 없는 점, ③ 뱅크시는 반전, 평화와 자본주의에 대한 비판적 메시지를 스프레이를 이용

하여 낙서 형식의 변화를 만들지만 다른 사람이 만든 표현물이나 창작 작품 위에 그래피티를 하지는 않았고, 빌리 바우마이스터는 아르노 브뢰커의 '복수자'라는 작품의 엽서에 머리를 그려넣어 새로운 작품을 만들었을 뿐 원작품을 훼손하지는 않았던 점, ④ 이 사건 홍보물을 직접 훼손하지 않으면서도 이 사건 홍보물과 같은 내용의 밑그림을 그리고 그 위에 그래피티를 하여 전시하는 등 다른 방법으로 자신의 생각을 담은 그래피티 작업을 할 수도 있었으므로 이 사건 범행 이외에 달리 자신의 의사를 표현할 방법이 전혀 없었던 상황은 아니었던 점, ⑤ 피고인도 그래피티 아트는 작업과정에서 경찰의 방해와 체포를 피해서 하는 성격이 있음을 알고 있다고 진술한 점 등에 비추어 보면, 피고인의 위와 같은 표현행위가 다른 법익을 침해하지 않으면 예술창작 및 표현의 자유로서 보호되어야 하지만, 위 피고인이 이 사건 홍보물에 직접 쥐 그림을 그려 넣어 공용물건을 훼손한 행위는 예술 또는 표현의 자유의 한계를 벗어났다고 보인다.

(3) 그러나 피고인들이 G20 행사를 방해할 목적이 아닌 자신들의 의사를 표현하는 방법으로 이 사건 범행에 이르게 된 점, 피고인들의 행위에 대하여 부정적인 생각을 갖고 있는 사람들도 있지만 피고인이 주장하듯이 보는 사람에 따라서는 해학적인 의미로 해석되어 예술적 표현의 일종으로도 보여질 수도 있는 점, 피고인이 주장하는 그래피티 아트가 다른 법익을 침해하지 않는다면 새로운 예술의 장르로 보호받아야 할 여지도 있는 점, 피고인들이 처벌받은 전력이 없고, 이 사건 범행으로 인하여 G20 행사에 별다른 피해가 발생하지 않은 점, 그 밖에 피고인들의 나이, 성행, 지능과 환경, 범행의 동기, 역할분담, 수단과 결과, 범행 후의 정황 등 변론에 나타난 여러 양형조건을 두루 참작하여 피고인들에 대하여 모두 벌금형을 선택하여 주문과 같이 판결한다.

Ⅶ. 전시공간과 예술의 자유

미국에서 표현의 자유를 제한하는 법리의 하나로 '보거나 듣지 않을 수 없는 사람'(The Captive Audience), 즉 싫어도 들어야 하고 보아야 하는 사람들을 보호하는 법리가 있다.

사례 Close v. Lederle 사건[44)]

이 사건에서 미국 제1항소법원은 설사 당해 작품이 법적으로 음란물이 아니라고 하더라도 개인적 사생활에 대한 공격으로부터 보호받을 권리가 있다고 판시하였다.

사실관계: 당시 매사추세츠 대학 강사였던 원고는 자신의 작품을 때때로 전시공간으로 이용되는 학생회관 복도에 전시하였다. 전시품 중에는 상세히 노골적으로 묘사된 누드화도 있었고, "나는 교내에서만 처녀다"와 같은 도발적인 제목도 있었다. 물의가 일어나자 원래는 24일 동안 전시할 예정이었음에도 학교당국은 5일이 지나자 작품을 제거하였다. 원고는 자신의 헌법상의 권리가 침해되었다고 주장하면서, 전시하지 못한 나머지 기간에 상응하는 전시공간을 요구하였다.

법원의 판단: 전시장소였던 복도는 기본적으로 사람들의 통행로이다. 통행하는 사람들은 그 작품을 보지 않을 수 없다. 통행인 중에는 어린애도 포함되어 있다. 대학당국은 어쩔 수 없이 보아야만 하는 통행인들의 프라이버시도 보호하여야 한다. 표현의 자유는 보고 듣지 않을 자유를 적어도 적당히는 인정하여야 한다.

사례 Piarowski v. Illinois Community College District 515[45)]

사실관계: 이 사건은 일리노이 주 소유의 대학(Prairie State College)이, 정례적인 학과 교수들의 전시회 중에 동 대학의 학과장인 Piarowski의 작품의 일부[8개의 스테인드 글라스(stained glass) 중 3개]를 전시회장에서 빼내어 4층의 학과 상설전시장으로 옮기도록 요구하였다. 5점은 추상화였고, 문제의 세 작품은 구상화였는데, 모두 갈색의 여자였고, 나체로 방귀를 뀌거나, 자위를 하거나, 백인 남자의 성기를 잡고 있었다. 글라스

44) 424 F.2d 988 (1st Cir. 1970).

45) 759 F.2d 625 (7th Cir. 1985).

에의 그림이 그다지 사실적은 아니었고 미적 가치가 전혀 없는 것은 아니었지만 1층의 갤러리에 전시되어 사방으로부터 볼 수 있었고, 대학사회에서 물의를 일으켰다. 특히 여성청소부, 흑인목사, 학생들로부터 불평이 일어났다. 3주간의 전시가 예정되었지만 10일이 지난 후 대학당국은 그 3점을 건물 4층에 전시하도록 요구하였다. 원고가 요구를 거부하자 당국은 강제로 철거하였고, 과 교수들의 투표를 거쳐 모든 전시는 중단되었다.[46] 원고가 표현의 자유 침해를 이유로 소를 제기하면서, 자신은 오직 미적 목적을 위하여 글라스를 전시한 것이지 정치적 목적도 없었고, 여성이나 흑인을 비하하지도 않았으며, 인종이나 성에 관한 논평을 한 바도 없다고 주장하였다.

법원의 판단: 표현의 자유는 헌법에 의해 보장된다. 만약 그 장소가 누구나 전시할 수 있도록 공중에게 개방된 갤러리로 이용되는 곳이었다면[47] 그것이 대학의 소유라는 이유만으로, 혹은 전시자가 자신의 직원이라는 이유만으로 전시를 규제할 수는 없었을 것이다. 물론 전시자가 자신의 교직원이라면 전혀 무관한 제3자가 전시하는 경우보다 어느 정도 그 행위를 통제할 수 있을지 몰라도 무제한한 것은 아니다. 그러나 대학당국은 대학의 중앙통로에, 대학의 학과장에 의한 이러한 행위를 묵인한다면 학생 모집, 특히 흑인이나 여성의 모집이 힘들어지지 않을지 걱정했을 것이다. 만약 우리가 대학당국의 이러한 행위를 금지한다면 대학의 이미지를 보존하기 위해 대학당국이 취할 수 있는 조치를 규제하는 것이고, 대학의 자유를 규제하는 것이다. 대학의 이미지를 위하여 대학이 가지는 이익이 전시를 완전히 금지시킬 수 있을 정도로 크지는 않다고 하더라도, 대학의 이미지를 실추시킬지도 모르는 작품들을 같은 건물의 특정장소에

46) 전시의 중단이 2주 후인 점에 비추어 대학당국이 1주일만 참았더라면 이런 소송에도 휘말리지 않았을 것이고, 결과적으로 아마도 그 편이 더 현명했을 것이다.

47) 원고가 외부인도 수시로 초청하여 전시하곤 했으므로 그 장소는 공개된 장소라고 주장했으나 마치 자신의 강의시간에 외부인을 초청하여 특강을 한다고 해서 당해 강의실이 공개된 장소가 되지 않는 것처럼 본 사건의 장소도 외부인을 초청했었다는 사실만으로 공개장소로 되는 것은 아니라고 판시하였다.

전시하도록 요구할 수 있을 정도는 되는 것이다. 노골적인 성표현의 전시장소를 제한하는 것은 그러한 표현을 완전히 금지하는 것보다는 해악이 크지 않다. 전시장소를 약간 변경시키는 것은 어느 것이나, 그리고 성적으로 노골적이고, 인종을 모욕하는 미술품에 관한 공중의 감상을 약화시키는 것은 어느 것이나, 표현의 자유를 침해하는 것은 아니다. 원고 청구를 기각한 원심판결을 승인한다.

Ⅷ. 예술의 자유와 구별해야 할 영역: 사회비판

미술가도 한 시대를 사는 이성을 가진 사람이므로 그가 사는 사회에 의사표시를 하게 마련이며, 그 방법으로 그 자신의 재능을 이용한다. 그 자신의 재능을 이용하였다고 하더라도 이 경우는 일반 표현의 자유와 달리 볼 필요는 없을 것이다. 그러므로 이것은 창작의 표현과는 달리 보아야 할 것이다. 종래 미술가에 의한 지배권력에 대한 비판은 중세에는 교회권력이었으며, 근세로 오면 정치권력이 된다.

풍자화와 관련해서는 세계적으로는 프랑스의 화가이자 판화가로서 풍자의 아버지라고 불리는 오노레 도미에가 유명하지만 우리나라에서도 적지 않은 만평가들이 날카로운 풍자로 그 시대의 문제점을 지적하여 사람들의 답답하고 억눌린 마음에 대한 청량제가 되었다. 한 예로 고바우영감으로 유명한 고 김성환 화백을 들 수 있다. 옆 사진은 자유당 시절 시사만화 탄압의 가장 대표적인 사례인 '고바우영감' 1958년 1월 23일자 『동아일보』 만화이다. 당시에 가짜 이강석이 벌인 "귀하신 몸" 사건을 패러디하는 만화를 그려 벌금형을 선고받았다. 이는 즉심이었긴 했지만, 대한민국에서 만화의 내용 때문에 시사만화 작가가 유죄판결을 받은 첫 사례였다. 다만 이것은 예술적 표현에 의탁하였다고 하더라도 이것은 국민으로서의 자신의 신념을 표현한 것이므로 헌법 제21조 제4항이 규정한 제한 즉, "언론 · 출판은 타인의 명예나 권리 또는 공중도덕이나 사회윤리를 침해하여서는 아니 된다"는 제한을 받는다.

Coffee Break: 클림트의 천정화 사건[48)]

클림트가 빈 대학 천정화의 의뢰를 받은 것은 1894년 일이다. 빈 공예학교 졸업 후 구스타프 클림트(Gustav Klimt)는 같은 학교 친구인 프란츠 마치(Franz Matsch)와 자주 한 조로 되어 일을 맡곤 하였다. 빈 대학 천정화를 그리는 것은 그와 더불어 한 최대의, 그러나 마지막 작업이었다. 당초 교육부는 이 기획에 대해서 밑그림을 마치에게만 제출하도록 의뢰하였다. 그러나 마치의 밑그림은 각하되었고, 클림트도 참가해서 만드는 대안(代案)이 채택되었다. 이로써 2인의 공동작업으로 되었다.

마치는 중앙화와 신학에 관한 그림을 맡았고, 클림트는 나머지 3학부의 그림과 10점의 그림을 삼각소간에 그리는 것으로 되었다.

최초의 주문으로부터 많은 시간이 흐른 1900년, 클림트가 맡은 최초의 작품 〈철학〉을 선보였을 때, 많은 사람들이 이 그림에 대하여 비판하였다. 빈 대학 총장을 포함 87인의 교수들은 이 그림이 르네상스 양식의 대강당과 조화되지 않는다고 반대하였다. 그러나 그들이 문제로 생각한 것은 실은 양식의 문제 이상으로 그 내용이 문제였다. 그들의 대부분은 이 그림에 불쾌감을 가지고 있었다.[49)] 그림을 둘러싼 철학적 의견차와

48) 아래 글은 주로, 프랑크 휘트포드 지음/김숙 옮김, 『클림트』, 시공사, 2005, 39-65쪽; 森征一 외 편, 法と正義のイコノロジー, 慶應義塾出版會, 1998, 132-139쪽에 의함.

49) 이와는 대조적으로 파리에서 열린 만국박람회에서 클림트는 이 그림으로 금메달

그림에 대한 전반적인 비난에도 불구하고, 대학회화에 대한 주문이 취소되지 않은 것은 당시 교육부장관인 리터 폰 하르텔 박사가 클림트를 지지했기 때문이라고 한다.[50] "〈철학〉이 야기한 논쟁은 대중의 관심을 끌면서 수개월간 지속되어, 회화가 직접 제기한 것보다 훨씬 큰 문제로 확대되었다. 미술가에게 자신의 상상력을 따를 자유(세금으로 작품대금을 부담하는 의뢰작의 경우조차)가 있는가, 말하자면 미술가와 대중의 관계에 대한 토론이 벌어졌다."[51] 그러나 이것은 시작에 불과했다. 1901년 제10회 빈 분리파 전시회에서 클림트는 〈의학〉을 선보였는데, 이번에는 의사들이 들고 일어났다. 이 그림이 갖는 의미나 왼편 누드로 그린 여성이 그림의 문맥이나 의도한 기능에 맞지 않는다는 것이었다. 이번에는 이 작품의 스케치를 게재한 분리파 기관지를 몰수하라는 검찰관의 요구가 법원에 제출되었고(다만 법원은 이 요구를 받아들이지 않았다), 의회에서도 논쟁이 일어났다. 문화적 이슈가 의회에서 언급되기는 처음이었다. 이 와중에서 클림트는 교수로 추천받았지만 정부는 이번에도 승인을 하지 않았다.[52]

대학 회화의 세 번째이자 마지막 작품인 〈법학〉은 1903년에 거의 완성된 상태로 다른 두 작품과 함께 전시되었다.

〈법학〉도 앞선 두 작품 못지않은 강한 공격을 받았다.[53] 이러한 비판에도 불구하고 교육부가 작품의뢰를 철회하라는 요구를 계속 거부하였고, 1903년 11월 예술평의회가 대학회화를 받아들이기로 결정하였다. 다만 위원회는 클림트의 작품과 마치의 작품이 서로 달라 본래대로 천정에 자리할 경우 대학측이 반발할 것을 염려하여 클림트 작품은 신국립근대미술관에 상설 전시할 것을 제안하였다.

을 수상했다. 또 이 그림의 의미를 이해하고 변호하는 평론가도 있었다.

50) 프랑크 휘트포드 지음/김숙 옮김, 앞의 책, 60쪽.

51) 위의 책, 58-59쪽.

52) 위의 책, 61쪽.

53) 공격 이유에 대해서는 위의 책, 61-62쪽 참조. 또 박홍규, 「예술, 법을 만나다」, 이다미디어, 2010, 410면 이하 참조.

이러한 일련의 사태를 겪은 클림트는 1904년, 삼각소간의 회화 10점에서 손을 뗐고, 다음 해 4월에는 천정화 3점의 소유권을 양도할 준비가 되어 있지 않으며, 선급금 전액을 반환하겠다는 의사를 교육부에 전하였다. 교육부는 작품이 이미 국가에 귀속된 것이므로 클림트에게는 소유권이 없다고 답변하였다. 이에 화가 난 클림트는 자신의 예술적 자유를 제한할 권리는 누구에게도 없다고 단언하며, 어떤 경우에도 그림은 완성되지 않을 것이라고 선언하였다. 결국 교육부는 회화에 대한 권리를 포기하였고, 클림트는 선급금을 반환하였다. 다만 그 돈은 클림트 후원자인 아우구스트 레데러가 지급하였고, 그 대가로 〈철학〉을 받았다. 나머지 대학 회화 두 점은 클림트의 친구이자 동료 미술가인 콜로만 모저가 1911년 구입하였다. 1918년 모저가 사망한 후, 〈의학〉은 오스트리아 미술관이 구입하였고, 〈법학〉은 레데러家(the Lederer family)의 수중에 들어갔다. 1944년 레데러 컬렉션은 오스트리아 미술관으로 옮겨졌고, 이후 작품은 안전을 위해 저지대의 오스트리아의 한 성(城)으로 옮겨졌으나 나치 친위대가 퇴각하면서 성이 적의 손에 들어가지 않도록 불을 놓아, 1945년 5월 모두 소실되었다. 현재 남아 있는 것이라고는 상태가 안 좋은 사진뿐이다.[54)]

(1900년 철학)

(1901년 의학)

(1903년 법학)

54) 위의 책, 65쪽.

제4장 문화예술의 진흥

Ⅰ. 예술지원의 필요성과 문화예술진흥법

근대 이전의 서구사회에서는 왕이나 귀족이 예술가를 먹여 살려 예술작업에 몰두하도록 하였다. 그러므로 예술에 대한 지원은 예술가에 대한 지원이었으며, 최소한의 생활을 보장해주는 것이 기본이었다. 그러나 현대사회에서는 생활비는 예술가가 알아서 자기 나름으로 해결한다는 전제 아래 예술가의 예술활동에 대해서만 지원하는 것이 통상적인 지원방법이다.[1] 우리나라에서 예술가에 대한 지원은 문화예술진흥법이나 예술인 복지법을 통해서 이루어진다.

문화예술진흥법은 문화예술의 진흥을 위한 사업과 활동을 지원함으로써 우리나라의 전통문화예술을 계승하고 새로운 문화를 창조하여 민족문화의 창달에 이바지함을 그 목적으로 한다(동법 제1조). 이를 위해 국가와 지방자치단체는 문화예술의 진흥에 관한 시책을 강구하고, 국민의 문화예술활동을 권장 · 보호 · 육성하며, 이에 필요한 재원을 적극 조달하여야 한다(동법 제3조). 문화예술진흥법은 제1장 총칙, 제2장 문화예술 공간의 설치, 제3장 문화예술복지의 증진, 제4장 문화예술진흥기금, 제5장 한

---

1) 소병희, 『문화예술지원 및 저작권』, 국민대학출판부, 2006, 18쪽.

국문화예술위원회 등, 제6장 보칙으로 되어 있다. 문화예술진흥법상 미술에는 응용미술이 포함된다.

■ 일본 문화예술진흥의 기본이념(문화예술진흥기본법 제2조) ■

(1) 문화예술의 진흥에 있어서는 문화예술 활동을 하는 자의 자주성이 충분히 존중되어야 한다.
(2) 문화예술의 진흥에 있어서는 문화예술 활동을 하는 자의 창조성이 충분히 존중됨과 아울러 그 지위의 향상이 도모되고 그 능력이 충분히 발휘되도록 고려되지 않으면 안 된다.
(3) 문화예술의 진흥에 있어서는 문화예술을 창조하고 향수하는 것이 사람들이 살아가면서 가지는 권리인 점에 비추어 국민이 그 거주하는 지역에 관계없이 동등하게 문화예술을 감상하고 이것에 참가하며, 또는 이것을 창조할 수 있는 환경의 정비가 도모되지 않으면 안 된다.
(4) 문화예술의 진흥에 있어서는 우리나라에 있어서 문화예술 활동이 활발하게 행하여질 수 있는 환경을 양성하는 것을 목표로 문화예술의 발전이 도모되고 나아가서는 세계의 문화예술의 발전에 도움을 줄 수 있도록 하는 것도 고려되지 않으면 안 된다.
(5) 문화예술의 진흥에 있어서는 다양한 문화예술의 보호 및 발전이 도모되어야 한다.
(6) 문화예술의 진흥에 있어서는 지역의 사람들에 의해 주체적으로 문화예술 활동이 행하여지도록 배려함과 아울러 각 지역의 역사 · 풍토 등을 반영한 특색 있는 문화예술의 발전이 도모되어야 한다.
(7) 문화예술의 진흥에 있어서는 우리나라의 문화예술이 널리 세계에 보급되도록 문화예술에 관한 국제적인 교류 및 공헌(貢獻)의 추진이 도모되어야 한다.
(8) 문화예술의 진흥에 있어서는 문화예술 활동을 행하는 자 기타 널리 국민의 의견이 반영되도록 충분히 배려하여야 한다.

II. 우리나라에서의 문화예술에 관한 지원

우리나라에서의 예술에 대한 직접지원은 크게 정부예산을 통한 지원과 문화예술진흥기금을 통한 지원으로 대별할 수 있다.2)

1. 정부예산 등

2016년 문화체육관광부 재정은 6조 6,390억 원으로, 정부 총지출의 1.42%를 점하는 것으로 나타났다. 실제와 약간의 차이는 있으나 2014 문화예술정책백서에 의하면 2014년에서 2018년까지 전체 재정은 연평균 11.8%씩 증가함에 비하여 문화예술 부문은 18.2%씩 증가하는 것으로 나타났다. 2016년 현재까지 문화재정은 지속적 증가추세를 유지하는 것으로 나타났으나, 책임운영기관인 국립현대미술관의 2013년 예산은 812억 4천만 원에서 2014년 709억 5300만 원으로 102억 8700만 원이 감소(12.7% 감소)되었다.

■ 문화체육관광부 재정운용계획(2014~2018)3)

(단위: 억 원, %)

구분	2014	2015	2016	2017	2018	연평균증가율
예 산	23,208	29,629	33,733	41,101	42,112	16.10%
기 금	21,016	24,804	25,814	26,697	26,871	6.30%
합 계	44,224	54,433	59,546	67,799	68,983	11.80%
문화예술 부문	18,782	25,380	28,233	34,541	36,667	18.20%

---

2) 보다 자세한 것은 소병희, 앞의 책, 25쪽 이하 참조.

3) 2014 문화예술정책백서 문화체육관광부/한국문화관광연구원, 2015, 98쪽.

2. 문화예술진흥기금

문화예술진흥법 제16조 제1항은 "문화예술 진흥을 위한 사업이나 활동을 지원하기 위하여 문화예술진흥기금을 설치한다"고 규정한다. 이 기금은 동법 제20조에 따른 한국문화예술위원회가 운용 · 관리하되, 독립된 회계로 따로 관리하여야 한다.

(1) 문화예술진흥기금의 조성(제17조)

문화예술진흥기금은 다음 각 호의 재원으로 조성한다.

i. 정부의 출연금
ii. 개인 또는 법인의 기부금품
iii. 문화예술진흥기금의 운용으로 생기는 수익금
iv. 법 제19조 제2항에 따른 건축주의 출연금
v. 그 밖에 대통령령으로 정하는 수입금

그사이 가장 큰 몫을 차지하였던 모금은 2004년부터 폐지되었다. 즉 1973년부터 극장, 공연장, 고궁, 미술관 등의 관람료에 일정비율의 금액을 부가하여 문화예술진흥기금으로 사용하였으나 『부담금관리기본법』에 의해 2004년부터 폐지하였다.

문화예술진흥기금 설치 후 그동안 모금한 총액(1973.7.-2006.12.)은 4186억 원이었고, 공익자금, 국고출연금, 복금기금 등 전체 1조 8271억 원을 조성하여, 1조 3935억 원을 문예진흥사업에 사용하였고, 자산평가액 및 미수 수익 360억 원을 제외한 4336억 원을 적립하였다(2007년 12월 기준).[4]

---

4) 문화관광부/한국문화관광연구원, 『2007 문화정책백서』, 54쪽. 2014년까지 실적을 보면 수입 2조 2427억 2100만 원, 지출 2조 2075억 4700만 원으로 되어 있다(자세한 것은 『2014 문화예술정책백서』, 104쪽 참조).

(2) 문화예술진흥기금의 용도

문화예술진흥기금은 다음 각 호의 사업 및 활동의 지원에 사용한다(법 제18조).

i. 문화예술의 창작과 보급

ii. 민족전통문화의 보존 · 계승 및 발전[5)]

iii. 남북 문화예술 교류

iv. 국제 문화예술 교류

v. 문화예술인의 후생복지 증진을 위한 사업

vi. 지역문화예술진흥기금으로의 출연

vii. 제20조에 따른 한국문화예술위원회의 운영에 드는 경비

viii. 장애인 등 소외계층의 문화예술 창작과 보급

ix. 공공미술(대중에게 공개된 장소에 미술작품을 설치 · 전시하는 것) 진흥을 위한 사업

x. 그 밖에 도서관의 지원 · 육성 등 문화예술의 진흥을 목적으로 하는 문화시설의 사업이나 활동

미국에서의 문화예술 지원

미국 연방차원에서 예술에 대한 직접지원의 중심적 역할을 하는 것은 미국의 연방예술기금(NEA: The National Endowment for the Arts)[6)]이다. NEA는 1965년에 설립되었다. 예술가에 대한 지원은 1930년대(대공황기)의 노동정책에서 1960년대 이후의 예술진흥정책으로 변경되었다.

NEA의 목적은 ① 미국에 있어서 널리 인식되고 있는 인간성과 예술을 지원한다고 하는 국가정책을 발전시키고 촉진시키는 것이며, ② 미국

5) 또 본서 제13장 내『문화재보호기금법』참조.

6) 이에 관한 보다 자세한 것은 http://www.nea.gov; 김세준, "미국연방예술기금,"『문화예술』, 한국문화예술위원회, 2004.11/2005.1/2005.2; DuBoff-King, 138- 143쪽; 山口裕博, 藝術法學入門, 向學社, 2006(이하 '山口裕博'이라 한다), 57-64쪽 참조.

에 있어서 문화유산을 유지하는 기관을 발전시키고 촉진시키는 것이다. 즉 예술활동과 문화유산의 보존을 장려하는 것이다(National Foundation on the Arts and the Humanities Act of 1965, §953 참조). 지원분야는 매우 광범위하다[§954 (c) 참조]. NEA는 예술에 있어서 다양성과 우수성을 촉진하는 목적을 가지고 있으므로 그 사명을 달성하기 위하여 지원금의 결정은 3단계에 걸쳐 검토하는 것으로 되어 있다. 즉 NEA에 지원금을 신청하면 예술전문가로 구성된 조언위원회의 검토를 거쳐 그 보고서가 26명의 멤버로 구성된 전미예술평의회에 제출된다. 위원장은 평의회의 권고를 받아 지원여부를 최종적으로 판단한다. 위원장은 지원금을 줄 수 있는 권한을 가지고 있으나 평의회로부터 부정적 권고를 받은 신청에 지원할 수는 없다. 지원은 주(州)예술위원회에 교부하는 정액교부금(block grant)과 사업별 지원으로 나뉜다. 사업별 지원에서 지원금은 사업에 소요되는 비용의 50%를 넘을 수 없다. NEA 기금은 2006년에 약 1억 4000달러가 약간 넘을 정도이었으므로 문화예술기금 중에서도 다른 것과 비교하면 그리 큰 액수는 아니다. NEA가 외설적 작품으로 보이는 로버트 메플소프(Robert Mapplethorpe)의 ≪Joe, 1978≫과 타인 종교 비방으로 보이는 앙드레 세라뇨(Andres Serrano)의 ≪Piss Christ≫에게 각각 3만 달러와 15,000달러를 지원하자 논쟁이 일어났고, 의회는 1989년 외설적 작품에 대한 지원을 금지하였다.

≪Joe, 1978≫

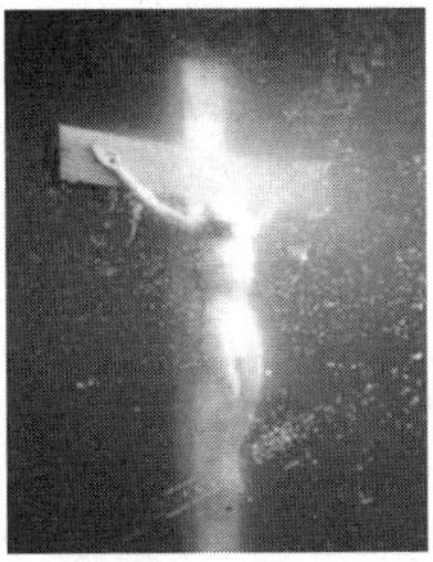

≪Piss Christ≫

Bella사건[7]에서 연방지방법원의 위헌판결 후 이 조항은 '품위'와 미국 국민의 다양한 신념과 문화를 존중하는 일반규정을 고려에 넣어 지원 여부를 결정하도록 변경되었다.[8] 품위조항의 위헌 여부가 문제되었으나 "NATIONAL ENDOWMENT FOR THE ARTS ET AL. V. FINLEY ET AL." 판결에서 연방대법원은 합헌이라고 판시하였다.[9]

3. 미술은행제도

미술문화의 활성화와 대중화를 위해 정부가 미술품을 구입하여 공공건물에 전시하거나 공공기관 및 일반에 임대하는 제도이다. 영국, 프랑스, 독일 및 호주, 캐나다 등 많은 나라에서 시행하고 있으며, 우리나라에서는 2005년에 도입하였다.

4. 건축물에 대한 미술작품 설치제도

(1) 취지 및 경과

문화예술진흥법 제9조에 규정된 미술작품 설치제도는 창작기회 확대로 순수문화예술의 진흥과 삭막한 도시환경의 개선을 통하여 국민의 삶의 질을 향상시키기 위한 것이다. 이 제도는 1972년 8월 문화예술진흥법 제정시부터 도입된 제도이다. 다만 당시는 건축비 1%를 권장사항으로 규정[10]하였으나

7) Bella Lewitzky Dance Foundation v. Frohnmayer, 754 F.Supp. 774(C.D. Cal.1991).

8) "artistic excellence and artistic merit are the criteria by which [grant] applications are judged, taking into consideration general standards of decency and respect for the diverse beliefs and values of the American public." 20 U.S.C. §954(d)(1).

9) 524 U.S. 569 (June 25, 1998). 이 판결에 대한 우리말 번역 및 평석은 박찬호, 『문화산업지원법제에 관한 비교법 연구』(현안분석 2006-34), 한국법제연구원, 2006, 91쪽 이하 참조.

10) 제13조(건축물에 대한 미술장식) 국가와 지방자치단체는 대통령령으로 정하는

1995년부터 의무사항으로 변경하였다.[11] 문화예술진흥법 제9조는 다음과 같이 되어 있다.

제9조(건축물에 대한 미술작품의 설치 등) ① 대통령령으로 정하는 종류 또는 규모 이상의 건축물을 건축하려는 자(이하 "건축주"라 한다)는 건축 비용의 일정 비율에 해당하는 금액을 회화 · 조각 · 공예 등 미술작품의 설치에 사용하여야 한다. ② 건축주(국가 및 지방자치단체는 제외한다)는 제1항에 따라 건축 비용의 일정 비율에 해당하는 금액을 미술작품의 설치에 사용하는 대신에 제16조에 따른 문화예술진흥기금에 출연할 수 있다. ③ 제1항 또는 제2항에 따라 미술작품의 설치 또는 문화예술진흥기금에 출연하는 금액은 건축비용의 100분의 1 이하의 범위에서 대통령령으로 정한다. ④ ------

(2) 설치대상 건축물(문화예술진흥법시행령 제12조 제1항)

1) 건축물의 연면적이 1만 제곱미터 이상인 경우에 설치한다.

2) 미술품을 장식하여야 할 건축물은 ① 공동주택(기숙사와 공공건설 임대주택은 제외한다), ② 제1종 근린생활시설(「건축법 시행령」 별표 1 제3호 바목부터 아목까지의 시설은 제외한다) 및 제2종 근린생활시설, ③ 문화 및 집회시설 중 공연장 · 집회장 및 관람장, ④ 판매시설, ⑤ 운수시설(항만시설 중 창고기능에 해당하는 시설은 제외한다), ⑥ 의료시설 중 병원, ⑦ 업무시설, ⑧ 숙박시설, ⑨ 위락시설, ⑩ 방송통신시설(제1종 근린생활시설에 해당하는 것은 제외한다)이다.

종류 또는 규모 이상의 건축물의 건축에 대하여 그 건축비용의 100분의 1 이상에 해당하는 금액을 회화 · 조각 등의 미술장식에 사용하도록 권하여야 한다.

11) 전문개정 1995.1.5. 법률 제4883호: 제11조(건축물에 대한 미술장식) 대통령령이 정하는 종류 또는 규모 이상의 건축물을 건축하고자 하는 자는 그 건축비용의 100분의 1에 해당하는 금액을 회화 · 조각 · 공예 등 미술장식에 사용하여야 한다. 다만, 시 · 군지역의 건축물 또는 공동주택의 경우에는 대통령령이 정하는 바에 따라 미술장식에 사용하는 건축비용의 비율을 100분의 1 이하로 할 수 있다.

(3) 미술작품

여기서 미술작품이라 함은 ① 회화 · 조각 · 공예 · 사진 · 서예 등 조형예술물, ② 벽화 · 분수대 · 상징탑 등 환경 조형물이다.

(4) 건축물의 미술작품 설치비용

사용해야 할 금액은 다음과 같다(시행령 제12조 제5항).

1) 제12조 제1항 제1호의 공동주택

건축비용의 1천분의 1 이상 1천분의 7 이하의 범위에서 지방자치단체의 조례로 정하는 비율에 해당하는 금액

2) 제12조 제1항 제2호부터 제9호까지의 건축물

건축물 소재지	미술장식 사용금액
가. 시(자치구가 설치되지 아니한 시를 말한다) · 군 지역에 소재하는 건축물	건축비용의 1천분의 5 이상 1천분의 7 이하의 범위에서 지방자치단체의 조례로 정하는 비율에 해당하는 금액
나. 가목 외의 지역에 소재하는 건축물	(1) 연면적 1만제곱미터 이상 2만제곱미터 이하인 건축물: 건축비용의 1천분의 7에 해당하는 금액 (2) 연면적 2만제곱미터 초과 건축물: 연면적 2만제곱미터에 사용되는 건축비용의 1천분의 7에 해당하는 금액 + 2만제곱미터를 초과하는 연면적에 대한 건축비용의 1천분의 5에 해당하는 금액

(5) 기 타

그 밖에 문화예술진흥법시행령에는 설치비용 산출방법(제12조 제3항), 미술작품의 설치 절차 · 방법(제13조), 기금 출연의 절차 · 방법(13조의2), 미술작품심의위원회 운영(시행령 제14조), 미술작품의 철거 · 훼손 시의 조치(시행령 제15조)에 대해 규정하고 있다. 아울러 「건축물에 대한 미술장식품 설치업무 처리 지침」에는 29개 항목에 대한 질의응답을 하고

있다.[12)]

■ 그사이의 실적[13)]

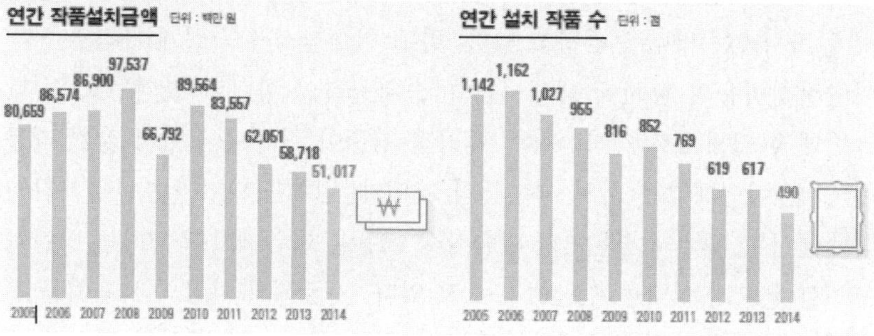

미술작품 설치 의무화에 대한 반대 견해[14)]

문화예술진흥법의 이른바 '1%'조항이 미술문화에 해가 된다는 의견이 있다. 한 미술평론가는 "공공건물이 아닌 개인건물에까지 1%률을 강제적용하는 것은 사유재산침해이고, 기본적으로 미술품을 장식품으로 보는 반미술적 발상"이라고 주장했다. 그는 "문화적 안목이 없는 개인건물주는 최소한의 제작비를 내놓고 작가는 작가대로 자신의 이익만을 생각해서 최대한 돈을 아껴 날림 제작된 저질 환경조형물을 양산할 바에는 차라리 그 돈을 건물제작비에 써 보기 좋은 건물을 짓는 것이 훨씬 낫다"고 주장했다. "건물 자체가 바로 최고의 조형물"이라는 것이다.

---

12) 「건축물에 대한 미술장식품 설치업무 처리 지침」은, 문화체육관광부 법령자료(훈령예규고시) 사이트 참조(http://www.mcst.go.kr/web/ordinance/instruction/instrctionList.jsp).

13) 문화체육관광부/예술경영지원센터, 『2015년 미술시장실태조사』, 2015, 142쪽.

14) 문화일보 1999.8.3.; 손수호, 『도시의 표정』, 열화당, 2013, 12쪽.

이른바 1%법의 개선방안[15)]

"현행 건축물 장식제도는 건축주가 예술품 제작자를 선정하여 자신의 건물에 미술장식품을 설치하기 때문에 미술장식비용의 출처와 사용처를 일치시키는 방식을 취하고 있다. 한편 미술장식품의 실제 가격과 법정 미술장식비용의 합치에 대해서는 미술위원회의 판단에 맡겨두고 있다. 그런데 현실적으로 가격산정의 합리적 기준이 형성되어 있지 않기 때문에 많은 이면계약과 허위 영수증의 거래가 문제가 되고 있다.[16)] 따라서 국내에서도 외국의 경우처럼 미술장식 비용을 기금제로 운영하는 방안을 고려할 필요가 있다는 주장이 나오고 있다. 자금원과 자금의 사용처를 분리시키는 기금제도를 채택한다면, 건축물은 굳이 미술장식이 필요한 곳으로 제한할 필요가 없어진다고 한다.

예를 들면, 미국 L.A.의 경우 수도시설 건설, 댐 건설 등 공공시설의 건설비용의 1%를 적립해 두었다가 필요한 공공장소를 예술적으로 조성하는 데 사용하고 있다.[17)] 공공예술구매기금(le fonds artistique de la commande publique)을 운영하는 프랑스에서도 1% 공공구매의 대상을 건축 장식물로 한정하지는 않고 있다."

이에 따라 2011년 5월 법 제9조를 개정하여 문화예술진흥기금에 출연함으로써 설치의무를 면할 수 있는 것으로 하였다. 그러나 의연 문제는 있다고 본다.

---

15) 전훈/정상우, 『유럽의 문화법제에 관한 비교법적 연구II』(현안분석 2008-48), 한국법제연구원, 2008, 90쪽. 또 동 보고서 결론부분 참조.

16) 박찬경/양현미, "공공미술과 미술의 공공성," 『문화과학』, 문화과학사, 2008년 봄호, 105쪽.

17) 한국문화정책개발원, 『건축물 미술장식 실태 및 개선방안 연구』(정책연구보고서 97-19), 1997, 61쪽.

5. 기타의 정책[18]

이상의 정책 외에도 국가는 공공미술프로젝트 추진, 미술유통시장의 활성화, 미술품 해외시장의 개척지원, 사립미술관 운영지원 등 미술진흥을 위해 적지 않은 지원을 하고 있다. 아울러 법인세법 등에서 미술품 구입대금의 손비처리, 미술관에 대한 기부금의 손비처리를 통해 간접적으로 미술진흥에 관심을 기울이고 있다.

메세나 활동과 문화예술후원법

메세나[Mécénat]란 프랑스말로서 문화의 옹호라는 의미이다. 메세나는 고대 로마 제정시대 초대 황제 아우구스투스의 정치적 조언자였던 가이우스 마이케나스(Caius Cilnius Mæcenas)의 이름에서 유래한 말이다. 마이케나스는 베르길리우스 · 호라티우스 등의 문인들을 후원했던 돈 많은 후원자였는데, 지금은 예술 후원자를 가리키는 일반적인 용어가 되었다. 구미에 있어서 메세나[19]는 비교적 일찍부터 시작해, 1967년에 설립된 미국의 기업예술옹호(企業藝術擁護)위원회(BCA), 1976년에 설립된 영국의 예술조성(助成)협의회(ABSA), 1979년에 설립된 프랑스의 상공업메세나추진협의회(ADMICAL) 등의 단체가 활동하고 있다.

일본에서는 1990년에 사단법인 기업메세나협의회가 발족되었다. 이때부터 일본에서는 메세나라는 말 자체가 널리 퍼지게 되었고, 현재는 '기업이 행하는 예술문화지원'으로부터, 교육이나 환경, 복지 등도 포함한 '기업이 행하는 사회공헌활동'이라고 넓은 의미로도 사용되고 있다.

이러한 메세나 활동을 지원하기 위하여 우리는 2014년 문화예술후원 활성화에 관한 법률(약칭: 문화예술후원법)[20]을 제정하였다.

---

18) 이들에 대한 자세한 것은, 앞의 『2014 문화예술정책백서』 참조.

19) Wikipedia에 의함.

20) 법률 제12351호, 2014.1.28, 제정.

Ⅲ. 공공미술에 관한 통제

공공미술(public art)이라는 용어는 1967년 영국에서 처음 사용되기 시작했으니 오십 년 가까운 역사를[21] 가지고 있지만 공공미술이 무엇인지는 논란이 있을 수 있다. 논자에 따라서는 "논란의 여지가 있기는 하지만 공공미술에 대해 '공공 행정에 따라 공적 장소에 설치된 것으로서 공공의 이익과 문화를 누릴 수 있는 권리의 향상 및 소통을 지향하는 미술작품 또는 행위'로 정의해 보자"고 한 후 "그러면 먼저 개인의 재산권에 속하는 건축물 앞에 세워진 조형물은 공적 행정과 무관하고 게다가 공적 장소가 아니므로 공공미술로 분류할 수 없다는 결론을 내릴 수 있다. 그러나 원칙적으로 사유재산이라 하더라도 여러 사람들이 이용할 수밖에 없는 부위를 점유하거나 인접하여 있을 뿐만 아니라 대중에게 공개된 장소라면 공공성을 지닐 수밖에 없다"고 한다.[22] 우리 저작권법 제35조는 미술저작물이 "가로 · 공원 · 건축물의 외벽 그 밖에 공중에게 개방된 장소에 항시 전시하는 경우"에는 특별한 취급을 하고 있다. 아마도 공공미술이라는 정의는 하고 있지 않지만 이런 것을 공공미술로 보면 될 것이다. 결국 공공미술은 공공장소 속에 있는 모든 미술작품, 문화시설, 예술행위를 일컫는 것으로 넓게 보기로 한다. 이렇게 보면 제법 오래전에 논란이 있었던 ≪아마벨≫(Amabel)에 관한 논란이 생각이 난다. 아마벨은 서울 테헤란로의 포스코센터 사옥 앞에 놓인 거대한 철 조형물의 이름이다. 이것은 현대미술의 중요한 작가 중 한 사람인 프랭크 스텔라가 포스코의 의뢰를 받아 1년 반에 걸쳐 만든 작품이라고 한다. 아마벨은 설치 당초부터 논란이 있었고 그 철거를 주장하는 사람들도 있어 적지 않게 논란의 대상이 되었다.[23] ≪아마벨≫이 설치된 지 10년 뒤인 지난 2006년

---

21) 손수호, 앞의 책, 11쪽.

22) 최태만, 『토론회, 왜 공공미술인가?』, 문화개혁을 위한 시민연대, 포럼A토론회 자료집(2001년 6월 16일).

이번에는 청계천에 올덴버그의 ≪스프링≫(샘)이 세워졌다.[24)]

♣ '도시의 표정' 속에서의 '샘'

〈샘〉은 논란 속에서 탄생했지만 조금씩 대중 속으로 파고들고 있다. 철거론이 나올 만큼 나쁘지는 않은 데다, 청계천이 각종 시위의 현장이 되면서 〈샘〉도 청계천의 일부로 자연스럽게 받아들여지고 있다. 특히 불 켜진 소라 입구가 보름달처럼 보인다고 해서 좋아하는 사람이 많다고 한다. 길거리 여기저기 산재한 추상조각에 스트레스를 받던 보통시민들은 〈샘〉의 간결한 메시지에 끌렸는지도 모른다. - 손수호 -

현재 파리의 상징이 된 에펠탑도 처음에는 논란이 많았다. 어쨌든 일반 공중이 어느 때나 볼 수 있는 곳에 설치된 미술품에 대해서는 적지 않은 논란이 있는 것 같다. 다음과 같은 견해는 상당한 설득력을 가진다.

샤 아르마자니(Siah Armajani) 또한 "공공조각은 대중을 협박하거나 모욕하거나 통제해서는 안 된다. 공공조각을 만든 미술가는 자신이 우선 한 시민임을 자각해야 한다. 자기표현을 위한 여지가 거기에는 없다"고 했다. 작가 입장에서 보자면 결코 유쾌한 소리는 아니다. 그러나 이러한 기본적인 전제조차 고려하지 않은 가운데 작가의 창의적 세계는 고유한 것이므로 그것에 간여할 수도 게다가 간섭할 수도 없다는 믿음 아래 모든 것을 작가의 판단과 결정에 위임해 버림으로써 공공미술은 증발하고 공공미술을 빙자한 사적(私的) 미술이 난무하는 결과를 빚었는지도 모른다.[25)]

---

23) 당시의 상황에 대해서는 문화일보 1999년 7월 16일, 20일자 등 참조.

24) 사진은 'http://www.ufosun.com/35'에서 전재. 글은 손수호, 앞의 책, 40-41쪽에서 인용

25) 최태만, 위 자료집에서 재인용.

세라의 굴곡진 호(弧)(Richard Serra's Tilted Arc) 사건

1981년 미니멀 아트 작가인 Richard Serra는 그의 작품 ≪굴곡진 호≫(Tilted Arc)를 뉴욕 연방광장에 세웠다. 이것은 「연방건축에 있어서 미술품 계획」의 일환으로 연방총무성(U.S. General Services Administration)의 부탁으로 제작된 것이다. ≪Tilted Arc≫는 길이 120피트, 높이 12피트짜리의 화살같이 기울어진 철제(鐵製) 벽이다. 주위 빌딩에서 일하는 사람들이 광장을 지나갈 때는 모두 이 벽을 돌아서 가야만 했다. Serra에 의하면 바로 이 점이 핵심이라고 말한다. 즉, "보는 사람들은 광장을 지나가는 그 자신과 움직임을 알아차리게 된다. 그가 움직일 때마다 조각은 변화한다. 보는 사람의 움직임에 따라 조각이 수축하기도 하고 확장하기도 한다. 서서히 조각뿐만 아니라 전체 환경이 변화하는 것을 인식하게 된다."

그 조각이 세워지자마자 논쟁이 일어났다. Edward Re 판사는 편지쓰기를 통해 그 175,000달러짜리 조각의 철거운동을 시작했다. 4년 후, William Diamond 지방 총무국장이 그 굴곡진 호를 재배치해야 하는지 여부를 결정하기 위해서 청문회를 열기로 결정했다. 그 작품은 해체하는 데 약 35,000달러가 들고, 다른 장소에 다시 세우는 데 약 50,000달러가 드는 것으로 예상되었다. Richard Serra는 ≪굴곡진 호≫는 그 장소에 맞도록(site-specific) 조각된 것이고, 옮기는 것은 그것을 파괴하는 것이라고 증언하였다. 만약 장소를 옮기게 되면 자신은 그 조각에서 자신의 이름을 제거하겠다고 진술하였다.

≪Tilted Arc≫, 사진 1985 David Aschkenas

일반 공중 상대 청문회가 1985년 3월 개최되었다. 청문회 동안 122명이 그 조각의 유지에 찬성하였고, 58명이 철거에 찬성하였다. 설치미술가들, 미술관 큐레이터, 미술비평가들은 ≪굴곡진 호≫가 위대한 미술작품이라고 증언하였다. 조각에 반대하는 연방광장 근처에서 근무하는 사람들은 그 ≪굴곡진 호≫가 광장의 일반 사용을 방해한다고 증언하였다. 그들은 그 벽에 낙서하도록 하며 쥐새끼들이 꾀어들도록 한다고 혐오하였다. 또 테러리스트들이 그것을 폭발물 발사 벽으로 사용할지 모른다고 주장하였다. William Diamond를 의장으로 한 5명의 배심원들은 4대 1로 철거에 찬성하였다. 그 결정에 대한 세라의 항의는 실패로 돌아갔고, 1989년 3월 15일 밤 연방소속 일꾼들이 그 조각을 세 조각내어 그것을 광장에서 철거하였고, 파쇠 야적장에 버려졌다. ≪The Tilted Arc≫에 관한 결정은 공공미술에 관한 일반적 의문을 불러일으켰고, 1980년대 말과 1990년대 초에 걸쳐 미국이나 외국에서 그것을 주제로 한 논쟁을 불러일으켰다. 작품의 가치를 결정하는 데 있어서 정부기금의 역할, 작가의 권리, 일반 공중의 역할과 공공미술이 다수결에 의해 판단되어야 하는지 여부에 대한 격렬한 논쟁을 불러일으켰다.

철거 결정 후 Serra는 연방법원에 수정헌법 제1조의 표현의 자유 보장과 수정헌법 제5조의 적법절차 위반을 이유로 제소했으나 지방법원, 항소법원 모두 세라의 주장을 받아들이지 않았다.[26] Serra 사건이 제기한 문제는 특정한 장소에 설치하기 위해 정부로부터 위촉되어 제작한 작품을 설치 후에 작가의 승낙 없이 철거하는 것이 헌법상 및 저작권법상 작가에게 인정된 권리의 침해로 되는가이나, 아직 당시 미국에는 저작권법에서 저작인격권을 인정하지 않은 때이므로 오직 헌법상의 문제만이 논의되었다. 항소심 판사는 예술작품은 다른 언어에 의하지 않는 표현형식과 마찬가지로 일정한 조건하에서 수정헌법 제1조의 언론에 해당한다는 것에는 찬성하나 예술적 표현이 개인이 아니고, 정부에 귀속한 본건과 같

26) Serra v. U.S. General Services Admin., 847 F.2d 1045(2d Cir. 1988).

은 경우에는 한정적으로 적용된다고 보았다. 아울러 세라는 당해 조각을 이미 6년간, 광장에 전시하는 것에 의해 스스로의 메시지를 전하고 있으며, 수정헌법 제1조는 생각을 표현하는 것을 보장하나 영구적으로 발언을 계속하는 자유를 보장하는 것은 아니다. 오랜 기간 전시한 후에 설치장소를 재설정하는 것은 세라의 표현의 자유를 심각하게 침해하는 것이 아니라고 판시하였다.

도라산역 벽화 사건

1. 사안의 개요

이 사건은 도라산역 벽화철거 및 파괴를 둘러싸고 작가와 국가 사이에 발생한 사건이다. 이 사건 벽화는 작가가 도라산역 건축공사를 시공하는 회사의 요청을 받고 2007년 도라산역의 벽과 기둥에 '포토콜라주' 기법을 이용하여 그린 것으로서 한용운의 생명사상 등을 형상화한 14점으로 구성된 것이었고, 이를 더하면 길이 97m, 폭 2.8m에 이르는 초대형 작품이었다.[27] 이 작품의 소유권은 원고가 잔대금을 받음과 동시에 국가에 이전하는 것으로 되어 있었다. 이렇게 설치된 작품을 통일부가 2010년 초 이를 철거한 후 소각하였다. 철거하는 과정에서 작가에게 어떠한 통보를

27) 도라산 역에 설치되어 있던 벽화 중 일부에 대해서는 http://www.pressian.com/news/article.html?no=101699(2015.9.20. 방문) 참조.

한 바 없었으며, 작가도 그 철거 사실을 철거가 된 후 도라산역을 방문했던 지인(知人)을 통하여 알게 되었다. 이에 2011년 5월, 작가는 국가를 상대로 다음과 같은 주장을 하면서 손해배상청구의 소를 제기하였다.

가. 피고는 이 사건 벽화에 물을 분사, 벽체와 벽화를 박리시키는 방법으로 철거하였고, 철거과정에서 이 사건 벽화를 훼손하였으며, 이후 이를 소각하였는데, 위와 같은 피고의 이 사건 벽화에 대한 철거, 훼손, 소각의 각 행위는 이 사건 벽화의 내용, 형식의 동일성을 깨뜨리는 행위로서 동일성유지권의 저작인격권을 침해하는 행위이다(이하 '주장 1'이라고 한다).

나. 피고는 예술작품에 대한 몰지각과 왜곡된 정치 · 이념적 잣대에 기하여 이 사건 벽화를 철거하였고, 절차상으로도 철거과정에서 원고에게 사전 협의나 동의를 구하지 않았으며, 철거 당시 이 사건 벽화의 보존을 위한 최소한의 주의의무도 기울이지 아니하였는데, 위와 같은 피고의 행위는 원고의 예술의 자유 또는 인격권을 침해하는 행위이다(이하 '주장 2'라 한다).

2. 판결의 요지

'주장 1'에 대해서는 제1심이나 항소심 모두 인정하지 않았으나 주장 2에 대해서는 항소심[28]에서 이를 인정하였고, 대법원 역시 이를 승인하였다.[29]

> 예술작품이 공공장소에 전시되어 일반대중에게 상당한 인지도를 얻는 등 예술작품의 종류와 성격 등에 따라서는 저작자로서도 자신의 예술작품이 공공장소에 전시 · 보존될 것이라는 점에 대하여 정당한 이익을 가질 수 있으므로, 저작물의 종류와 성격, 이용의 목적 및 형태, 저작물 설치 장소의 개방성

28) 서울고등법원 2012.11.29.선고 2012나31842 판결.
29) 대법원 2015.8.27.선고 2012다204587 판결.

과 공공성의 정도, 국가가 이를 선정하여 설치하게 된 경위, 폐기의 이유와 폐기 결정에 이른 과정 및 폐기 방법 등을 종합적으로 고려하여 볼 때 국가 소속 공무원의 해당 저작물의 폐기 행위가 현저하게 합리성을 잃고 저작자로서의 명예감정 및 사회적 신용과 명성 등을 침해하는 방식으로 이루어진 경우에는 객관적 정당성을 결여한 행위로서 위법하다고 할 것이다.

제5장 미술품 시장

미술시장은 자본주의 사회에서 가장 현란하게 빛을 발하는 새싹이다. 이곳에서 예술과 돈, 종교적인 경건함과 세속적인 투기, 경매신기록과 미술가의 빈곤이 서로 만난다. 바로 이곳에서 끊임없는 창조성과 만족할 줄 모르는 소비, 긴 주기를 지닌 예술의 발전과 단기간에 이뤄지는 예술품 판매가 서로 만난다. 이곳에서는 예술의 자유와 자본주의의 강제가 서로 단단하게 얽혀 있다. 거래되는 물건의 가치가 이곳만큼 불확실한 곳은 없다. 수공업적 판단기준을 적용할 수 없게 되고, 광범위한 자유와 새로운 미술에 대한 지속적인 요구 때문에 현대 미술작품의 가치에 대한 물음에 대해서 더 이상 분명한 답을 할 수 없게 되었다. 미술품 가치가 차지했던 자리에 대신 미술품 평가에 영향을 미치는 시스템이 들어섰다. 그 시스템은 점차 시장의 이해에 따라 결정된다.

- 피로시카 도시/김정근 · 조이한 역,
『이 그림은 왜 비쌀까』, 웅진지식하우스, 7-8쪽에서 -

Ⅰ. 1차 시장

작품이 완성되어 최초의 판매가 일어나는 시장을 1차 시장이라고 하고, 구입한 미술품을 되파는 시장을 2차 시장이라고 한다. 미술품 1차 시장에서 중요한 역할을 하는 것은 화랑(갤러리)[1]이고, 2차 시장에서 중요한 역할을 하는 것은 경매회사이다. 먼저 화랑부터 살펴보는 것으로 한다.

■ 작가로부터 직접 취득하는 경우

작품을 화가에게서 직접 취득하는 것도 흔한 일이다. 미술품 전시장의 빨간 딱지는 이를 잘 말해주고 있다. 그것은 매매에 다름 아니다.

또 하나는 화가에게 주문하여 작품을 구입하기도 한다. 초상화는 그러한 예에 속한다. 이 경우 가장 문제가 되는 것은 주문자의 마음에 들어야 하는 것이다. 만약 작가가 명시적으로 주문자에게 '만족보장'(satisfaction guaranteed)을 약속했다면 최종작품에 대해 주문자가 불만을 가진 이유가 무엇이든 간에 주문자가 개인적 이유로 만족하지 않을 경우 주문자는 대금을 지급하지 않아도 된다는 미국 판결이 있다.[2] 이렇게 되면 자신의 노력은 물론 재료비조차도 받지 못하는 사태가 발생한다. 해서 화가로서는 잔금은 작품 완성 후에 받을지라도 일정액의 선금(예건대 작품가격의 25%)을 받은 후 다음과 같은 조항을 계약에 포함시키는 것이 바람직하다.

「작품의 수령: 만약 완성된 작품이 주문자의 마음에 들지 않으면 화가는 주문자의 목적을 충족시키기 위하여 성의를 가지고 합리적인 변경을 하도록 노력한다. 만약 그러한 변경 후에도 주문자가 작품을 수령하지 않으면 화가는 이미 받은 수수료의 일정부분을 보유하고 나머지는 반환한다. 작품의 소유권도

---

1) 한국 미술시장에 있어서 화랑이 차지하는 위치는 아직까지 과반수에 이르는 역량을 지니고 있다고 한다(최병식, 『미술시장과 경영』, 동문선, 2001, 48쪽).

2) 김형진, 『미술법』, 메이문화, 2013, 392쪽. 유명한 판결에 Wolff v. Smith[303 Ill. App. 413 (Ill. App. Ct. 1940)] 판결이 있다: 계약당사자의 일방이 타방당사자가 만족할 정도로 계약을 이행한다는 계약에는 일반적으로 2종류가 있다. 하나는 기호, 취향, 감각 또는 판단이 포함되어 있는 경우이고, 또 하나는 단순히 제대로 작동하는지 여부나 기계적 유용성이 포함된 경우이다. 계약에 기호, 취향, 감각 또는 판단이 포함된 경우에는, 그리고 한 당사자가 타방 당사자에게 만족할 수 있도록 이행하겠다고 동의한 경우에는 그 결정의 정당성이나 합리성에 관계없이 타방당사자만이 만족 여부에 대한 유일한 재판관이 된다. 그리고 법원이나 배심은 그가 만족하지 못했다는 데에도 그 당사자가 만족했어야만 했다고 말할 수는 없다.

화가가 그대로 보유한다.」[3)]

1. 화상(畵商, art dealer)으로서의 화랑과 작가의 관계

화랑과 작가의 관계는 크게 2가지로 대별할 수 있다.[4)] 하나는 주로 유럽에서 행해지고 있는 것이며, 화랑이 작품을 구매하고 되파는 것이다. 여기서는 매매계약 이상의 관계는 존재하지 아니한다. 그 둘은 위탁판매이며, 미국에서 주로 행해지는 방식이다. 미국의 많은 주에는 작품이 화랑에 배달되면 자동적으로 위탁판매관계가 성립한다는 법률이 있다.[5)] 화랑과 작가와의 관계는 구체적인 경우에 따라 중개일 수도 있고, 매매일 수도 있고, 위탁매매나 그 밖의 다른 형태일 수도 있다. 여기서는 위탁매매에 대해서만 살펴본다.

2. 위탁매매

위탁매매업에 대해서는 우리 상법 제2편 제7장에서 규정하고 있다. 이 중 미술품 판매와 관련된 조항을 추출해 본다.

(1) 의의(제101조)

자기명의로써 타인의 계산으로 물건 매매를 영업으로 하는 자를 위탁매매인이라 한다. 작가 A가 화랑 B에게 자신의 그림을 팔아줄 것을 위탁한 경우, 작가 A는 위탁자가, 화랑 B는 위탁매매인이 된다. 작가 A와 화랑 B의 관계는 매매의 주선을 내용으로 하는 유상의 위임계약이다.[6)]

---

3) 계약 문언의 예시에 대해서는, Anne-Marie Rhodes, *Art Law & Transactions*, Carolina Academic Press, 2011, 11-12쪽 참조.

4) DuBoff-King, 126쪽.

5) 1992년 기준 미국 29개 주 및 District of Columbia에서 다른 특별한 규정이 없는 한 위탁매매의 일종으로 본다는 입법을 하였다(Merryman, 851쪽).

6) 최기원, 「상법학신론」(제15판), 박영사, 2004, 329쪽.

'자기명의로써'란 위탁매매인인 화랑이 법률적으로 매매의 당사자로서 권리 · 의무의 주체가 된다는 뜻이다. 위탁매매인의 행위는 단순히 중개행위는 아니며, 매매로 인한 모든 책임은 화랑이 지게 된다.

'타인의 계산으로'란 위탁매매인과 제3자 간의 거래로 인한 경제적 효과가 모두 위탁자인 작가에게 귀속한다는 뜻이다. 다만 화랑은 매매대금에서 약정한 수수료를 받게 된다.

(2) 위탁매매인의 지위(제102조)

위탁매매인은 위탁자를 위한 매매로 인하여 상대방에 대하여 직접 권리를 취득하고 의무를 부담한다. 화랑 B가 고객 C에게 A의 작품을 판매한 경우, 매도인 B와 매수인 C가 매매계약의 당사자이며, B는 C에게 매매대금청구권을, C는 B에게 목적물인도청구권을 가진다. 이때 A는 C에게 대금을 직접 청구할 수 없음은 물론이며, C 역시 A에게 작품의 인도를 청구하지 못한다.

(3) 위탁물의 귀속(제103조)

위탁매매인이 위탁자로부터 받은 물건 또는 유가증권이나 위탁매매로 인하여 취득한 물건, 유가증권 또는 채권은 위탁자와 위탁매매인 또는 위탁매매인의 채권자 간의 관계에서는 이를 위탁자의 소유 또는 채권으로 본다.

■ **대법원 1982.2.23. 선고 81도2619 판결**

위탁판매에 있어서는 위탁품의 소유권은 위임자에게 속하고 그 판매대금은 다른 특약이나 특별한 사정이 없는 한 이를 수령함과 동시에 위탁자에 귀속한다 할 것이므로 위탁매매인이 이를 사용, 소비한 때에는 횡령죄가 성립한다.[7]

---

7) 같은 취지: 대법원 1986.6.24.선고 86도1000 판결.

(4) 통지의무, 계산서제출의무(제104조)

위탁매매인이 위탁받은 매매를 한 때에는 지체 없이 위탁자에 대하여 그 계약의 요령과 상대방의 주소, 성명의 통지를 발송하여야 하며 계산서를 제출하여야 한다.

(5) 위탁매매인의 이행담보책임(제105조)

위탁매매인은 위탁자를 위한 매매에 관하여 상대방이 채무를 이행하지 아니하는 경우에는 위탁자에 대하여 이를 이행할 책임이 있다. 그러나 다른 약정이나 관습이 있으면 그러하지 아니하다.

(6) 지정가액준수의무(제106조)

① 위탁자가 지정한 가액보다 염가로 매도하거나 고가로 매수한 경우에도 위탁매매인이 그 차액을 부담한 때에는 그 매매는 위탁자에 대하여 효력이 있다.

② 위탁자가 지정한 가액보다 고가로 매도하거나 염가로 매수한 경우에는 그 차액은 다른 약정이 없으면 위탁자의 이익으로 한다.

(7) 위탁물의 훼손, 하자 등의 효과(제108조)

① 위탁매매인이 위탁매매의 목적물을 인도받은 후에 그 물건의 훼손 또는 하자를 발견하거나 그 물건이 부패할 염려가 있는 때 또는 가격저락의 상황을 안 때에는 지체없이 위탁자에게 그 통지를 발송하여야 한다.

② 전항의 경우에 위탁자의 지시를 받을 수 없거나 그 지시가 지연되는 때에는 위탁매매인은 위탁자의 이익을 위하여 적당한 처분을 할 수 있다.

상법의 규정은 모든 물건과 유가증권의 위탁매매에 적용되는 규정으로 미술품의 특성에 맞는 내용은 대부분 약관에 의해 정해지리라고 본다. 그 경우 포함될 내용으로는 대체로 다음과 같은 것을 생각할 수 있다.[8)]

i) 판매할 작품의 종류,[9] 갤러리 권한의 지역적 범위, 계약존속기간(계약의 연장 혹은 종료 절차를 포함)과 같은 갤러리 권한의 범위.

ii) 전속계약 여부

- 그 갤러리만이 당해 작가 작품을 독점적으로 판매하는 것인지 또는 다른 갤러리도 함께 판매할 수 있는 것인지 여부.

iii) 갤러리에 지급되어야 할 수수료. 미국의 경우 25-60%에 걸쳐 있으나 평균적으로 보면 33-50% 정도라고 한다.[10]

iv) 누가 보관, 보험, 광고 선전, 전시, 도록(catalogs) 작성, 액자, 운송 등의 비용을 부담하는 것인지.

- 갤러리가 작가의 작품전시를 후원하는 경우에 누가 비용을 부담하며, 언제 전시회를 개최할 것인지 여부.
- 보험에 관해서는 별도의 조항을 두어 누가 보험료를 부담하며, 보험으로 담보하는 범위는 어디까지인지. 갤러리가 보험에 드는 경우에도 모든 피해에 대해 보험을 드는 경우는 많지 않으므로 나머지에 대해서는 작가 스스로가 보험에 들 수도 있을 것이다.

v) 그 밖에 계산에 관한 조항(상법 제104조 참조)도 포함될 것이며, 당사자(작가 및 갤러리의 주인 등) 사망 시 어떻게 작품을 처리할 것인가에 대한 조항도 포함될 것이다.

또 하나 특기할 것은 갤러리가 작품의 판매를 촉진시키기 위해 어느 정도 노력할 것인지에 대한 내용도 합의해 두는 것이 중요하다.

---

8) DuBoff-King, 128쪽.

9) 예컨대 A갤러리는 조각, B갤러리는 그림을 판매한다는 식으로 작품의 종류별로 갤러리를 나눌 수도 있다.

10) Ralph E. Lerner and Judith Bresler, *Art Law(3rd ed.)*: The Guide for Collectors, Investors, Dealers, & Artists, Practising Law Institute, 2005(이하 본서에서는 'Lerner-Bresler'로 표시함), 30쪽. 이에 대해 우리 사정에 대해 한 문헌은 다음과 같이 서술하고 있다: "미술작품을 살 때 딜러에게 돌아가는 몫은 얼마일까? 법으로 명시된 바는 없지만 5 대 5의 비율이 유지된다. 부동산시장의 중개 수수료가—소수점 이하의 퍼센트라는 점을 놓고 볼 때 미술시장은 언뜻 딜러들에게 천국처럼 보인다. 그러나—딜러 몫이 크다는 사실은 미술품 판매가 쉽지 않다는 것을 고스란히 말해 주는 것이다." (양정무, 「그림값의 비밀」, 46쪽).

- 전시회를 주선한다면 개인전(solo show)으로 할 것인지 단체전(group show)으로 할 것인지도 결정되어야 하고, 당해 화가의 작품이 미술관 전시나 적절한 순회전시에도 포함되도록 갤러리가 적극적으로 노력할 것인지도 결정하여야 한다. 다른 지역에서 다른 갤러리를 통해 판매하거나 공모전에 출품할지 여부, 갤러리가 새로운 고객, 혹은 새로운 비즈니스 창출을 위해 대여 프로그램을 마련할 것인지 등도 결정해야 한다. 갤러리가 작품 판매를 위해서 적극적으로 노력하는 것이 필요하므로 작가는 갤러리의 선택에 신중해야 하며, 선택한 갤러리와 가장 효과적인 판매 촉진책을 협의해야 한다.

II. 2차 시장: 경매회사

1. 일반론

미술품가격은 다양한 요소에 의해 결정된다.[11)]

재료의 가격, 미적 호소력, 작가의 현재의 지위, 비슷한 작품으로의 대체가능성, 작가의 다른 작품 가격과의 비교 등등

경매는 이러한 보이지 않는 요소들을 평가하는 가장 효과적인 방법이다. 경매시장의 가격이 비교적 객관적이므로 보험가격도 흔히 경매목록가격에 기초하여 결정된다. 또 경매에 참가하지 않은 사람들에게도 좋은 참고자료가 된다. 아직 전통적 경매시장이 가장 흔한 형태이지만 TV나 사이버상에서도 점차 일반화되고 있다.

경매에는 값을 올려가는 경매와 값을 내려가는 경매가 있으나 미술

11) DuBoff-King, 47쪽. 또, 최병식, 『미술시장과 경영』, 88쪽, 212쪽 [도표 38] 등 참조.

품의 경우는 값을 올려가는 경매가 일반이므로 여기서는 이에 대해서만 살펴보자.

(1) 하나는 경매에 붙이겠다고 나선 자(경매자)가 스스로 일정한 가격을 제시하지 않고, 경매에 응한 자들의 고가의 매수표시를 기다리는 경우이다.

(2) 그런데 통상 미술품 경매의 경우는 최저가격이 정해지는 경우가 많다.[12] 이 경우는 그보다 고가로 사겠다는 표시를 기다리는 경우이며, 최저가격 이상의 호가가 있으면 경매는 성립된다. 일반적으로 경매는 구두로 하기도 하나 카드나 패들을 올리는 방법도 사용할 수도 있다.[13] 경매회사 약관 중에는 "공개 응찰자와 서면응찰자가 동일한 가격으로 응찰했

---

12) 최저경매가격은 영국에서 불법적인 담합에 대항하기 위해서 만들어진 것이다. 이것은 통상 비밀에 붙여져 있고, 당해 상품이 팔리기 위해서는 적어도 이 가격에 도달해야 한다. 미국통일상법전(UCC) §2-328(3)은 반대의 명시적 표시가 없는 한 최저경매가격은 존재하는 것으로 하고 있다. 최저가격이 유보되어 있으면 경매종료선언 전에는 언제든지 그 상품을 회수할 수 있다. 예컨대 판매자가 지정한 최저가격에 도달하지 못하면 그 상품은 회수될 수 있다.
반면 최저가격의 유보가 없는 경매는 잠재적 구매자의 어떠한 응찰가격에서라도 낙찰되게 된다. 그러므로 UCC §2-328는 합리적인 기간 내에 경매신청(응찰)이 없다면 모르되 있는 경우에는 경매를 철회할 수 없다고 규정한다. 더 나아가서 내정가가 없으면 경매회사는 경매가격 최소 상승폭도 조절할 수 없다는 것이 미국주 법원 판결이다[Pitchfork Ranch Co. v. Bar TL(1980)]. 와이오밍주 대법원은 상승폭을 일정액으로 고정하는 정책은, 어떠한 가격이라도 최고가에 팔겠다는 판매자의 최고가 정책에 반하는 효과를 갖기 때문에 채택할 수 없다고 보았다. 물론 내정가가 있건 없건 응찰자는 경매봉이 떨어지기 전에는 언제라도 응찰을 철회할 수 있다.
최저경매가 정책을 옹호하는 자들은 이 제도가 보이콧이나 담합과 같은 것으로부터 판매자를 보호한다고 주장한다. 그러나 미국 몇 개의 주는 내정가액 그 자체는 공개하지 않을지라도 내정가가 있다는 사실은 공개하도록 하고 있다. 예컨대 뉴욕시의 경매회사들은 내정가가 유보되어 있으면 이 사실을 응찰자들에게 알려주어야 한다(DuBoff-King, 51-52쪽).

13) 응찰방법 등에 대해서는 각 경매회사 사이트를 참조할 것(예컨대 서울옥션의 경우는 http://www.seoul_auction.com/auction/aguide01.asp).

을 경우에는 서면응찰자에게 낙찰 우선순위가 주어집니다"라는 조항도 있다. 다음은 서울옥션의 경매방식이다.

> 제5조(경매의 방식)
> ① 당사는 경매 전에 응찰 희망자들이 경매 물품을 미리 살펴볼 수 있도록 하기 위해 전시회(프리뷰)를 개최합니다.
> ② 경매는 도록에 기재된 물품 번호 순으로 이루어집니다. 단, 당사는 사전 통지 없이 예정된 물품의 경매를 철회할 수 있고, 동일 번호의 여러 물품을 분할해 경매에 부치거나 여러 번호의 물품을 일괄해 경매에 부칠 수도 있습니다.
> ③ 당사와 위탁자는 경매를 시행하기 전에 미리 경매 물품의 최저낙찰가격인 내정가를 정합니다. 다만, 위탁자와의 합의에 따라 내정가*는 경매 시작 가격으로 책정될 수 있습니다.
> ④ 경매사는 위탁자와 합의한 내정가를 지키기 위하여 내정가에 도달할 때까지 입찰을 할 수가 있습니다. 이때 경매사의 입찰은 별도의 의사 표시 없이 진행할 수 있으며 실제 응찰자의 유무와 상관없이 이뤄질 수 있습니다. 응찰이 내정가까지 도달하지 못할 경우 그 응찰은 효력을 발휘하지 못합니다.
> ⑤ 호가는 전적으로 경매사의 재량에 의하며 경매사는 경매 진행시 호가 증가분을 미리 제시합니다. 응찰자는 구두로 임의의 금액을 제시할 수 있으나 경매사는 이를 받아들이지 않을 수 있습니다. 경매 시작가는 내정가의 구속을 받지 않아 내정가 밑에서 정해질 수도 있고 위에서 정해질 수도 있습니다.
> ⑥ 경매물품에 대하여 당사는 응찰에 참고가 되도록 낮은 추정가**와 높은 추정가를 정하여 응찰자에게 제공합니다. 추정가는 경매의 참고를 위한 가격일 뿐 당사에서 책임을 지는 가격이 아니며, 낙찰 가격과도 무관합니다. 또 대외적으로 인용이 되는 것에 대해서도 당사는 책임을 지지 않습니다.
> ⑦ 경매사는 최고 응찰액을 1회 이상 부르고 경매봉을 두드린 후 최고응찰자의 패들 번호를 지칭함으로써 낙찰자와 낙찰가를 결정합니다.
> ⑧ 경매사는 응찰자들 사이에 논쟁이 있거나 응찰의 타당성이 의심되는 경우 유효 응찰자를 결정할 수 있고 또 해당 물품을 재경매에 부칠 수도 있습니다. 낙찰자가 결정되고 경매인이 다음 작품의 경매에 착수한 후에는 누구도 이전 경매에 대해 이의를 제기할 수 없습니다.

* 내정가: 내정가란 위탁자가 작품을 내놓을 때 "이 가격 아래에서 파느니 차라리 도로 가져가겠다"라고 정한 최저한도 가격이다.

** 추정가: 추정가는 얼마에 낙찰될 것 같다는 예상 가격이다. 위탁자가 작품을 경매회사에 들고 가면 회사와 합의하에 '추정가'라는 것을 정한다.[14)]

---

14) 이들 용어에 관한 것과 미술경매에 대해 보다 자세한 것은, 이규현, 『미술경매이

2. 경매의 전술

경매사, 판매자, 구매자는 작품경매에 영향을 미치기 위해서 다양한 기술을 구사한다. 이러한 경매의 기술에는 합법적인 것도 있고, 비합법적인 것도 있다.[15]

(1) 합법적인 것

경매사의 옷, 목소리, 성격, 태도, 팔린 작품에 관한 언급 등은 합법적인 것이다. 경매사는 경매속도를 조절하기 위하여 경매 작품의 순서를 정할 수도 있다.

(2) 비합법적인 것

입찰자가 없는데도 있는 것처럼 하는 유령입찰을 인정하거나 흥분한 응찰자를 함정에 빠뜨려 자신에게 불리하게 값을 부르도록 하기도 한다. 이른바 상투를 잡도록 한다. 이러한 기술은 비합법적인 것이나 자주 사용된다. 경매회사는 오직 경매가격을 높이기 위하여 동맹군을 경매장 이곳저곳에 배치하기도 한다. 영국에서는 이런 관행을 puffing(부추기기)라고도 하며, 미국에서는 shilling(야바위짓)이라고 한다. 이 경우는 사기죄의 책임을 져야 할 것이고, 또 사기를 이유로 거래를 취소할 수 있을 것이다.[16] 2000년 온라인 경매회사인 이베이(eBay)사는 리차드 디벤콘(Richard Diebenkorn) 작품으로 짐작되는 135,805달러짜리 추상화의 판매를 판매자의 야바위짓을 이유로 취소하였다. 결국 세 사람이 수백의 구매자로 하여금 모두 45만 달러를 지급하도록 한 야바위단(團)에 참가했다는 이유로 기소되었다.[17] 특정 작가의 작품을 많이 소장하고 있는 수

야기』, 살림, 2008 참조.

15) DuBoff-King, 49쪽.

16) 다만 범죄단체조직죄의 성립을 부정하는 것이 판례이다(예컨대 부산지법 1996. 7.26.선고 96고합172 판결 등).

집가는 당해 특정 작가의 작품이 고가에 팔리면 자신이 소장하고 있는 당해 작가의 작품가도 덩달아 올라갈 것이 예상되므로 구매의사도 없으면서 경매에 참여하여 작품가를 올리기도 한다. 반대로 특정 작품을 실제로 구매하려는 자는 구매하고 싶은 작품을 근거 없이 폄하함으로써 경쟁을 약화시키고 이로써 작품가를 낮추기도 한다.[18]

3. 경매물건에 권리상의 흠이 있는 경우[19]

(1) 도품(盜品)이나 유실품(遺失品)인 경우

경매물건 중에 도품이나 유실품이 포함된 경우라면 민법 제250조 및 제251조가 적용된다.[20] 따라서 낙찰자가 도품이라는 사실을 몰랐다고 하더라도 원소유자는 도난 또는 유실한 날로부터 2년 내에 그 물건의 반환을 청구할 수 있다. 다만 경매회사로부터 선의로 매수한 경우이므로 원소유자는 낙찰자가 경매대가로 지급한 금액을 변상하여야 한다. 가액변상을 받았다고 하더라도 낙찰자는 아직도 손해가 있을 수 있다. 이러한 손해는 매도인인 경매회사가 져야 할 것이다. 결국 경매회사는 작품의 진정한 소유자인지 여부를 확인하는 데에 보다 관심을 쏟아야 한다.

(2) 사취품(詐取品)의 경우

사취품인지 모른 경우(선의인 경우)는 경매는 그대로 유효하다(민법 110조 참조). 즉 낙찰자는 그림의 소유권을 취득한다. 그러나 그 물건이 사취품인 줄 알았다면, 그리고 원소유자가 계약을 취소한 경우에는 그 물건은 결국 원소유자에게 되돌려 주어야 한다. 문제는 상황에 비추어 더

---

17) DuBoff-King, 49쪽.

18) 그 밖의 전술에 대해서는 위의 책, 50쪽 참조.

19) 위조품과 관련된 문제는 後述.

20) 다만 문화재의 경우는 선의취득이 인정되지 아니한다(문화재보호법 해설 부분 참조).

알아보았다면 알 수 있었을 경우에는 책임을 지는지 여부이다. 즉 선의이면 족한지, 아니면 선의 · 무과실이어야 하는지가 문제될 수 있으나 우리 법은 선의만을 요구하며, 무과실까지 요구하고 있지는 않다.

4. 소유권의 귀속

경락을 받은 자가 경락대금을 지급하고 물건의 인도를 받으면 소유권은 경락자에게 귀속한다(민법 제188조 참조). 문제는 부부 중 한쪽이 경매에 성공하고, 다른 쪽이 경매대금을 납부한 경우 당해 경매품의 소유권 귀속과 관련된 분쟁이 종종 일어난다. Lindt v. Henshel 사건[21]에서 원고 불로바 부인은 브란쿠시 조각을 낙찰받았으나 그 비용은 그녀의 남편이 지급하였다. 부부가 별거한 후 불로바 씨가 죽자 그의 유언집행인이 그 조각을 구겐하임 재단에 기증하였다. 법원은 그 조각은 의연 불로바 부인의 것이라고 판시하였다. 그녀의 응찰이 경매회사에 의해 수락되었 때 그 조각을 산다는 계약을 한 것은 불로바 부인이다. 그녀가 그 작품의 대금을 지급하기 위해서 어디서 자금을 조달했는지는 중요한 문제가 아니다. 불로바 부인이 이미 그 조각을 구입하는 일을 떠맡았으므로 그녀의 채무를 변제한 것은 그녀에 대한 증여이거나 빌려준 것이지만 불로바 씨가 그의 유언에서 그녀의 빚을 탕감해 주었다고 법원은 판시하였다.[22]

낙찰이 되면 경매회사와 낙찰자 사이에 계약상의 의무가 발생하므로 만약 낙찰자가 구입대금을 지급하지 않으면 이로 인한 채무불이행 책임을 진다.

5. 경매회사의 충실의무: 위탁자와 경매회사와의 관계

일반적으로 위탁자와 경매회사와의 관계는 위임관계이며, 경매회사

21) 306 N.Y.S.2d 436, 254 N.E.2d 746 (N.Y.1969).
22) DuBoff-King, 54쪽.

는 선량한 관리자의 주의의무를 가지고 행동하여야 하며, 위탁자에게 이익이 돌아가도록 최대의 성의를 가지고 행동하여야 한다. 그러나 다음 사례에서 보는 바와 같이 이러한 경매회사의 위탁자에 대한 충실의무에도 일정한 한계가 있다.

사례 Greenwood v. Koven (880 F Supp 186 [S.D.N.Y. 1995])[23)]

[사실관계] Greenwood v. Koven 사건은 거쳐야 할 감정절차에 대한 조사를 생략하고 진품감정과 관련된 분쟁을 해결한 흥미로운 사례이다. 파스텔화인 '물주전자와 기타(pitcher and Guitar)가 있는 정물'의 진품성에 관하여, 판매자(Koven), 구매자(Barbaralee Diamonstein) 그리고 크리스티 사이에서의 분쟁에 관한 것이다. 이 작품은 저명한 입체파 화가인 조르주 브라크(Georges Braque)의 작품으로 추정된다. 판매 위탁자는 그 작품을 브라크 작품을 독점적으로 판매하는 갤러리(Rosenberg Gallery)로부터 1948년 1,400달러에 구입하였다는 자료를 제출하였다. 더 나아가서 경매회사의 감정 전문가—그들은 인상파와 현대 드로잉 및 회화에 관한 전문가이자 아울러 브라크에 대한 전문가이기도 하다—2인도 당해 파스텔화는 브라크의 진품으로 결론을 내렸다. 재검토 과정에서도 다수의 사람이 2인 전문가와 의견을 같이했으므로 크리스티는 외부 전문가의 의견은 구하지 않고 경매에 들어갔다. 1990년 5월 16일, 60만 달러에 판매하고 그 수익을 Koven에게 송금하였다. 그러나 판매한 후,[24)] 낙찰을 받은 구매자가 작품의 진품성에 관하여 의문을 제기하면서 학자에 의한 서면 증명서를 요구하였다. 크리스티는 프랑스법상 브라크 사후 저작인격권을 행사할 권한을 가지고, 당해 작품이 브라크가 창작한 것인지를 감정할 수 있는 법적 권한을 가진 개인(Claude Laurens)과 접촉하였다. Laurens는 그

23) Ralph E. Lerner and Judith Bresler, 앞의 책, 348쪽 이하; Gerstenblith, *Art, Cultural Heritage, And The Law*, 2008, 321쪽 이하.

24) 낙찰자는 판매 전이라고 주장한다.

파스텔화가 브라크의 작품으로 인정될 수 없다고 보았기 때문에 진품증명서의 발급을 거절하였다. 크리스티는 Diamonstein에게 66만 달러를 반환한 후 Koven에게 이미 받은 매각대금의 반환을 요구하였다. Koven은 당해 미술품은 진품이며, 계약해제는 크리스티가 자신에게 지고 있는 충실의무를 다하지 않은 것이라고 주장하면서 매각대금을 돌려주지 아니하였다. 크리스티는 자신의 과실과 태만 때문에 발생한 반환거부금에 대해 보험회사에 변상을 요구하였고, 변상한 보험회사가 계약이 해제되었음에도 받은 돈을 돌려주지 않은 것은 위탁계약 위반이라며 Koven을 상대로 소를 제기한 것이 본건이다(보험자 대위소송). Koven은 크리스티와 Diamonstein을 제3당사자로 참가시켰다.

Koven은 파스텔화가 진품임에도 계약을 해제한 것은 크리스티의 자신에 대한 충실의무와 위탁계약 위반이며, 전혀 브라크의 전문가도 아닌 Laurens에게 감정을 맡긴 것은 잘못이라고 주장했다. 아울러 진품임을 알고 있었음에도 크리스티는 회사의 고위직과 Diamonstein의 친분관계를 고려하여 자신을 희생시켰다고 주장했다. 또 Diamonstein이 진품성에 의문을 제기한 것은 그 그림이 장래 시장성이 없게 될지도 모른다는 우려 때문이었고, 그래서 계약을 해제했다고 주장했다.

[쟁점] (1) 크리스티가 진품성에 관한 Diamonstein의 불만에 대한 조사를 떠맡은 것은 코번에 대한 충실의무 위반인가. (2) Diamonstein의 불만에 응하여 행한 크리스티의 행동과 그에 이은 매매계약의 해제는 위탁계약상의 크리스티의 코번에 관한 의무에 위반했는가.

[법원의 판단] 제1 쟁점에 관하여 연방지방법원은 크리스티가 Diamonstein의 진품성에 대한 이의제기를 받고 조사에 착수했다고 하더라도 크리스티는 코번에 대한 어떠한 의무도 위반하지 않았다고 판시하였다. 이러한 결론에 도달함에 있어 법원은 크리스티가 주된 고객인 코번의 이익을 위해 충실의무를 부담하기는 하지만 이러한 의무는 일편단심 한 사람에게만 져야 하는 의무는 아니며, 계약을 통해 수정될 수 있다고 보았다. 그런데 코번과 크리스티 사이의 계약을 보면 명백히 이 의무는 크리스티와

Diamonstein 관계를 규율하는 판매조건과 진품성을 보증하는 담보책임에 종속한다고 명시되어 있다(Koven에 대한 크리스티의 의무는 경매회사와 구매자 간의 판매 조건과 보증책임에 종속한다). 더욱이 위탁계약 제9항에 보면 누구에게 감정을 받을지는 크리스티의 재량사항이라고 명시되어 있다. 크리스티는 그렇게 했고, 그러한 재량이 (코번의 주장과 같이) 위탁품의 판매 전에만 있는 것은 아니라고 보는 것이 타당하다(판매 전뿐만 아니라 판매 후에도 진품 여부를 조사할 수 있다).

아울러 위탁계약 제15항은 당해 판매로 인해 크리스티가 담보책임을 지거나 혹은 질 우려가 있으면 크리스티의 '독자적 판단(sole discretion)으로' 당해 판매계약을 해제할 수 있다고 되어 있다(판매의 결과 크리스티가 책임질 일이 발생할 우려가 있는 경우에는 크리스티의 독자적 판단으로 계약을 해제할 수 있다). 요약하면 당해 계약이나 에이전시(agency) 법 일반에 비추어 볼 때, 일편단심 코번에게 충성을 바쳐야 할 의무는 그런 식으로 계약을 통해 수정되었으므로 Diamonstein의 진품성에 관한 이의제기를 받고 조사에 착수한 행위는 적절했다는 것이다.

두 번째 쟁점, 즉 크리스티가 계약을 해제함에 있어 코번에 대한 충실의무를 적절히 이행하였는가에 대해서도, 법원은 크리스티의 조치를 지지하였다. 다시 한 번 제15항을 인용하면서 법원은, 문제가 있으면 크리스티의 독자적 판단으로 계약을 해제할 수 있다고 크리스티에게 특별한 권리를 부여한 이 조항이, 마치 만족하지 않으면 언제라도 계약을 해제할 수 있다고 규정하는 '만족조항(satisfaction clause)'과 극히 흡사하다고 보았다. 본건에서 당해 만족조항은 계약 문언에 비추어 볼 때, 합리적 만족 기준이 적용되어야 할 것은 아니며, 오직 크리스티가 만족했는지 여부를 판단하는 주관적 만족기준을 적용해야 한다고 부연하였다. 그렇기는 하나 크리스티의 코번에 대한 의무는 신의성실의 원칙에 기초하므로 크리스티는 해제 전에 소송을 당할지도 모른다고 정말로 믿었을 것이 요구된다. 그러나 신의칙에 기초한 보호는 분명히 코번이 만족할 만한 수준의 보호는 아니며, 크리스티가 코번의 이익을 도외시하고 광범위한 권한을 행사해서는 안 된다는 것을 보증하는 의미있는 보호이다. 만약 코번이 그 이상의 보호를 원했다면 위탁계약에서 그것을 위하여 협상을 했어야 했다.

[지방법원은 판매자가 받은 매각대금을 반환하라는 약식 판결을 하였다.][25]

6. 경매회사들의 담합과 독점규제법 위반

(1) 서 설

우리 독점규제 및 공정거래에 관한 법률[26] 제19조[27]는 부당한 공동

---

25) Greenwood v. Koven 판결과 유사한 쟁점이 포함된 판결: Kohler v. Hindman, 80 F.3d 1181 (7th Cir. 1996); Nass v. Sotheby's Inc., Index No. 11229/91(Sup. Ct. N.Y. County Aug. 19, 1991); Mickle v. Christie's, Inc., 207 F.Supp. 2d 237(S.D.N.Y. 2002).

26) 법률 제9554호, 2009.3.25, 일부개정.

27) 제19조(부당한 공동행위의 금지) ① 사업자는 계약 · 협정 · 결의 기타 어떠한 방법으로도 다른 사업자와 공동으로 부당하게 경쟁을 제한하는 다음 각 호의 어느 하나에 해당하는 행위를 할 것을 합의(이하 "부당한 공동행위"라 한다)하거나 다른 사업자로 하여금 이를 행하도록 하여서는 아니된다.

1. 가격을 결정 · 유지 또는 변경하는 행위
2. 상품 또는 용역의 거래조건이나, 그 대금 또는 대가의 지급조건을 정하는 행위
3. 상품의 생산 · 출고 · 수송 또는 거래의 제한이나 용역의 거래를 제한하는 행위
4. 거래지역 또는 거래상대방을 제한하는 행위
5. 생산 또는 용역의 거래를 위한 설비의 신설 또는 증설이나 장비의 도입을 방해하거나 제한하는 행위
6. 상품 또는 용역의 생산 · 거래 시에 그 상품 또는 용역의 종류 · 규격을 제한하는 행위
7. 영업의 주요부문을 공동으로 수행 · 관리하거나 수행 · 관리하기 위한 회사 등을 설립하는 행위
8. 입찰 또는 경매에 있어 낙찰자, 경락자(경락자), 투찰(投札)가격, 낙찰가격 또는 경락가격, 그 밖에 대통령령으로 정하는 사항을 결정하는 행위
9. 제1호부터 제8호까지 외의 행위로서 다른 사업자(그 행위를 한 사업자를 포함한다)의 사업활동 또는 사업내용을 방해하거나 제한함으로써 일정한 거래분야에서 경쟁을 실질적으로 제한하는 행위

행위의 금지에 대해서 규정한다. 부당한 공동행위란 일명 '담합', '카르텔', '짬짜미'라고 하는 것으로 사업자가 상호 간의 경쟁을 회피하기 위해 다른 사업자와 공동으로 가격을 결정하거나 인상하기도 하고, 시장을 분할하기도 하며, 출고를 조절하는 등의 내용으로 합의하여 부당하게 경쟁을 제한하는 행위이다. 카르텔은 통상 부정적인 작용을 하지만 일정한 경우에는 긍정적인 작용도 하므로 일정한 예외가 인정된다. 그것이 독점규제법 제19조 제2항의 예외사항이다. 또 공동행위가 되기 위해서는 합의가 필요하므로 단순한 동조행위나 추종행위는 공동행위라고 볼 수 없다. 예컨대 A옥션이 수수료로서 10%를 받으므로 후발주자인 B옥션도 이를 본받아 10%를 받더라도 이것만으로는 공동행위가 있었다고 할 수 없다.

한편 카르텔은 경쟁사업자 간의 합의에 의하여 행해지므로 그러한 합의가 있었다는 것이 외부에 잘 알려지지 않아 경쟁당국이 이를 적발하

---

② 제1항의 규정은 부당한 공동행위가 다음 각호의 1에 해당하는 목적을 위하여 행하여지는 경우로서 대통령령이 정하는 요건에 해당하고 공정거래위원회의 인가를 받은 경우에는 이를 적용하지 아니한다.

1. 산업합리화
2. 연구 · 기술개발
3. 불황의 극복
4. 산업구조의 조정
5. 거래조건의 합리화
6. 중소기업의 경쟁력향상

③ 제2항의 규정에 의한 인가의 기준 · 방법 · 절차 및 인가사항변경 등에 관하여 필요한 사항은 대통령령으로 정한다.

④ 제1항에 규정된 부당한 공동행위를 할 것을 약정하는 계약 등은 사업자 간에 있어서는 이를 무효로 한다.

⑤ 2 이상의 사업자가 제1항 각 호의 어느 하나에 해당하는 행위를 하는 경우로서 해당 거래분야 또는 상품 · 용역의 특성, 해당 행위의 경제적 이유 및 파급효과, 사업자 간 접촉의 횟수 · 양태 등 제반사정에 비추어 그 행위를 그 사업자들이 공동으로 한 것으로 볼 수 있는 상당한 개연성이 있는 때에는 그 사업자들 사이에 공동으로 제1항 각 호의 어느 하나에 해당하는 행위를 할 것을 합의한 것으로 추정한다.

⑥ 부당한 공동행위에 관한 심사의 기준은 공정거래위원회가 정하여 고시할 수 있다.

는 것은 쉽지 않다.[28] 따라서 담합한 자 중에서 고발자가 있다면 부당한 공동행위 규제에 보다 효과적일 것이다. 여기서 법은[29] 자진신고감면제도(Leniency) 및 Amnesty Plus 제도를 도입하고 있다.[30] 이것은 부당 공동행위에 참여한 기업이 그 사실을 자진 신고하거나 조사에 협조하는 경우 시정조치나 과징금 등 제재의 수준을 감면하는 제도이다. 첫 번째 자진신고자는 과징금, 시정조치를 완전 면제받게 되며, 두 번째 신고자는 과징금을 50% 감경받게 되고 시정조치도 감경가능하다. 또 Amnesty Plus 제도는 진행중인 담합사건의 조사 과정에서 사업자가 다른 담합에 대한 증거를 첫 번째로 제공하면 현재 조사 중인 담합에 대해서도 감면을 받는 제도이다.

다음은 소더비와 크리스티의 담합 사례이다.

(2) 소더비와 크리스티의 담합

소더비즈와 크리스티즈는 세계 2대 경매회사이다. 소더비즈는 1744

---

28) 따라서 우리 법 제19조 제5항은 일정한 정황이 있는 경우에는 합의를 추정하고 있다.

29) 제22조의2(자진신고자 등에 대한 감면 등) ① 다음 각 호의 어느 하나에 해당하는 자에 대하여는 제21조(시정조치)의 규정에 의한 시정조치 또는 제22조(과징금)의 규정에 의한 과징금을 감경 또는 면제할 수 있고, 제71조(고발)에 따른 고발을 면제할 수 있다.
  1. 부당한 공동행위의 사실을 자진신고한 자
  2. 증거제공 등의 방법으로 조사에 협조한 자
② 공정거래위원회 및 그 소속 공무원은 소송수행을 위하여 필요한 경우 등 대통령령으로 정하는 경우를 제외하고는 자진신고자 또는 조사에 협조한 자의 신원·제보내용 등 자진신고나 제보와 관련된 정보 및 자료를 사건 처리와 관계없는 자에게 제공하거나 누설하여서는 아니 된다.
③ 1항의 규정에 의하여 감경 또는 면제되는 자의 범위와 감경 또는 면제의 기준·정도 등과 제2항에 따른 정보 및 자료의 제공·누설 금지에 관한 세부사항은 대통령령으로 정한다.

30) http://www.ftc.go.kr/policy/compet/collusionNotion.jsp. 또 이들 제도의 운영에 대해 보다 자세한 것은 「부당한 공동행위 자진신고자 등에 대한 시정조치 등 감면제도 운영고시」(개정 2009.5.19. 공정거래위원회 고시 제2009-9호)참조.

년, 서적상 사무엘 베이커(Samuel Baker)에 의해 런던에서 설립되었고(최초의 근대적 경매상),[31] 크리스티즈는 1766년 제임스 크리스티(James Christie)에 의해 창립되었다(최초의 미술품 경매상). 이 두 회사가 수수료를 담합하여 미국 독점금지법 위반으로 된 사건이 최근에 발생하였다.[32] 사건의 전말은 다음과 같다.

1955년에 설립된 미국 소더비사는 크리스티사와 담합해서 수수료를 부당히 높게 설정했다는 이유로 1997년부터 독점금지법 위반으로 미국 법무성의 조사를 받았다. 예전부터 다른 동업자는 그림이나 희귀본 등의 매도인으로부터 판매수수료를 경매가격의 2% 내지 1%를 받았으나 양사는 1993년경부터 담합을 하여 수수료를 10%로 설정해서 연 1200~1800만 파운드의 부당이득을 얻었다. 미국 법무성이 내사하고 있다는 사실을 안 크리스티는 1999년 12월 24일 경영최고책임자 Christopher Davidge가 소더비사와의 담합기록을 수사관에게 넘기고, CEO직을 사임하는 것으로 조건부 사면을 얻었다. 반면 소더비사는 시종 모르쇠로 일관했기 때문에 더욱 궁지에 빠졌다. 2000년 2월에는 사법의 예봉을 얼마라도 피할 의도로 터브만(Alfred Taubman) 회장과 브룩스(Diana D. Brooks)는 인책 사직했으나 때는 이미 늦어 터브만의 기소는 면할 수 없었다. 2001년 12월 5일, 뉴욕시 맨하탄 연방지방법원 배심은 터브만이 크리스티의 안토니 테난트(Anthony Tennant) 회장과 공모해서 1993년부터 1999년까지 독점금지법에 위반해서 수수료로 적어도 4억 달러를 부정취득했다고 해서 터브만에게 유죄평결하였다. 2002년 4월, 징역 1년, 벌금 750만 달러가 선고되었다. 한편 검찰 측 증인으로 나온 브룩스는 자신이 담합당사자이며, 이 모든 것은 터브만 회장의 명령에 의한 것이라고 증언하였다. 브룩스는

31) 1983년 이후로는 미국으로 소유권이 넘어갔다. 영국 본사는 런던 New Bond Street에 있다.

32) DuBoff-King, 56쪽; Lerner-Bresler, 382-384쪽. 또 판결까지의 경과표는 기본적으로 Forbes지의 "Time Line: The Rise Of Christie's And Sotheby's" (http://www.forbes.com/2001/11/14/1114timeline.html)에 기초하여 작성하였음.

2002년 4월, 6월의 가택연금, 3년 보호관찰, 벌금 35만 달러, 1000시간의 사회봉사명령에 처해졌다. 이와 별도로 소더비사는 공모건으로 유죄로 인정, 4500만 달러의 벌금형을 받았다.

이상의 형사소송과 달리 소더비나 크리스티와 거래한 고객들이 두 회사를 상대로 집단소송을 제기하여 두 회사는 미국 내의 고객과는 5억 1200만 달러에 화해하였으며, 미국 밖의 고객과는 4,000만 달러에 화해하였다.

1964	소더비가 뉴욕 경매회사 Parke-Bernet을 구입, 세계적 경매회사로 발돋움.
1973	크리스티 주가 런던 주식시장에 상장됨.
1977	크리스티가 뉴욕에 매장을 엶.
1983.9.	터브만(Alfred Taubman)이 소더비 구입.
1988	Taubman이 소더비 주식 공개.
1992.11.	소더비가 구매자 수수료를 올림.
1992.12.	크리스티 역시 구매자 수수료를 올림.
1993	소더비 사장 브룩스(Diana Brooks)가 크리스티 사장 Christopher Davidge를 만나 사업 협력 방안 논의.
1995.3.	크리스티는 판매자 수수료를 슬라이딩 스케일로 고정하고 협상을 통한 할인 가능성을 없앰.
1995.4.	소더비도 크리스티와 같이 판매자 수수료를 고정함.
1997	미국 법무성이 두 회사의 사업 관행을 조사하기 시작함.
1998.5.	프랑스 실업계의 거물 Francois Pinault가 10억 달러 이상에 크리스티를 매수한 후 이를 사유화함.
1999.12.	크리스티 사장 Christopher Davidge는 700만 달러의 퇴직수당을 받고 사임함.
2000.1.	1) Davidge는 조건부 사면을 위해 가격담합자료를 넘겨줌. 2) 크리스티는 독점금지법 위반 여부 조사에 정부에 협조하기로 했음을 공표. 3) Christie's와 Sotheby's의 고객이 집단소송제기 시작.
2000.2.	터브만이 소더비 이사회 의장직을 사임하고 브룩스가 사장직을 사임함.
2000.9.	집단소송은 5억 1200만 달러에 화해. 소더비 분담금 2억 5600만 달러 중 1억 5600만 달러는 터브만이 부담.
2000.10.	1) 브룩스가 가격담합으로 기소됨. 그녀는 터브만의 지시에 따랐을 뿐이라

	고 진술. 감형을 희망하면서 검찰 측 증인으로서 터브만에게 불리한 증언을 할 것을 약속. 2) 소더비는 4500만 달러 벌금형에 처해짐. 3) 터브만은 이 가격담합은 브룩스의 주도로 이루어졌으며, 자신은 전혀 몰랐다고 진술함. 터브만 거짓말탐지기의 조사를 받음.
2001.5.	연방대배심은 터브만, 전 회장 Anthony Tennant는 소더비와 크리스티의 경매에서 판매자 수수료를 담합했다고 기소.
2001.10.	터브만에 관한 심리가 9 · 11테러로 11월로 연기됨.
2001.11.7.	뉴욕에서 터브만에 관한 심리 시작.
2001.12.5.	터브만에게 유죄평결.
2002.4.	1) 터브만: 징역 1년, 벌금 750만 달러 선고. 2) 브룩스: 6월의 가택연금, 3년 보호관찰, 벌금 35만 달러, 1000시간의 사회봉사명령.

Ⅲ. 문화재매매업의 허가와 윤리규정

1. 문화재매매업의 허가

문화재매매업이란 동산에 속하는 유형문화재나 유형의 민속자료를 매매 또는 교환하는 것(위탁을 받아 매매 또는 교환하는 것을 업으로 하는 것을 포함한다)을 업으로 하는 것을 말한다. 현행법상 문화재매매업을 하려는 자는 대통령령으로 정하는 바에 따라[33] 시장 · 군수 또는 구청장의 허가를 받아야 한다(문화재보호법 제75조). 당초 문화재매매업은 허가제였으나 1999년 규제완화차원에서 신고제로 변경되었다. 그러나 문화재매매업자의 난립과 문화재의 불법유통이 증가하자 이를 방지하기 위해 2007년, 문화재보호법을 개정[34]하여 문화재매매업을 다시 신고제에서 허가제로

33) 문화재보호법시행령 제41조(문화재매매업의 허가) ① 법 제75조 제1항에 따라 허가를 받아야 하는 자는 동산에 속하는 유형문화재나 유형의 민속문화재로서 제작된 지 50년 이상된 것에 대하여 매매 또는 교환하는 것을 업으로 하려는 자로 한다.

전환하고, 문화재매매업자의 자격요건과 결격사유를 신설하였다.

(1) 자격요건

문화재매매업의 허가를 받으려는 자는 다음의 어느 하나에 해당하는 자이어야 한다.

1) 국가, 지방자치단체, 박물관 또는 미술관에서[35] 2년 이상 문화재를 취급한 자
2) 전문대학 이상의 대학(대학원을 포함한다)에서 역사학 · 고고학 · 인류학 · 미술사학 · 민속학 · 서지학 · 전통공예학 또는 문화재관리학 계통의 학문을 1년 이상 전공한 자
3) 문화재매매업자에게 고용되어 3년 이상 문화재를 취급한 자

(2) 결격사유

다음의 어느 하나에 해당하는 자는 문화재매매업자가 될 수 없다.

1) 금치산자 또는 한정치산자[36]
2) 금고 이상의 실형을 선고받고 그 집행이 끝나거나 집행을 받지 아니하기로 확정된 후 3년이 지나지 아니한 자
3) 문화재보호법 제80조에 따라 허가가 취소된 날부터 3년이 지나지 아니한 자

(3) 문화재매매업자의 실태 신고의무 등

문화재매매업자는 시장 · 군수 또는 구청장에게 대통령령으로 정하는 바에 따라 문화재의 보존 상황, 매매 또는 교환의 실태를 신고하여야

34) 일부개정 2007.1.26., 법률 제8278호.

35) 박물관 · 미술관의 범위, 전공과목 등에 관하여 필요한 사항은 문화체육관광부령으로 정하며, 현재 시행규칙 제54조는 "법 제76조 제1항 제1호에 따른 박물관과 미술관의 범위는 『박물관 및 미술관 진흥법』에 따라 등록된 박물관 또는 미술관을 말한다"고 규정한다.

36) 현재는 '피성년후견인', '피한정후견인'이라고 한다. 용어 변경이 필요하다.

한다(문화재보호법 제75조 제2항). 이러한 신고를 받은 시장 · 군수 또는 구청장은 신고받은 사항을 대통령령으로 정하는 바에 따라 문화재청장에게 정기적으로 보고하여야 한다(같은 법 제75조 제3항).

(4) 문화재매매업자의 준수사항

문화재매매업자는 문화체육관광부령으로 정하는 바에 따라 매매 · 교환 등에 관한 장부를 갖추어 두고 그 거래 내용을 기록하며, 해당 문화재를 확인할 수 있도록 실물 사진을 촬영하여 붙여 놓아야 한다(같은 법 제78조 제1항). 또 매매 · 교환 등에 관한 장부에 대하여 검인을 받아야 한다(같은 법 제78조 제2항).

2. 윤리규정

문화재 매매업 윤리강령[37]

우리 겨레의 삶의 예지와 숨결이 깃들어 있는 문화재는 미래 세대에 물려줄 소중한 보배이자 인류 공동의 자산이다.

문화재 매매업에 종사하는 우리는 바람직한 유통 문화를 조성하여 박물관 · 미술관 및 미술 애호가들이 문화재를 고이 간직할 수 있도록 함으로써 전통문화의 보존과 창달에 기여하는 것을 사명으로 여기며 이 강령을 준수하기로 결의한다.

1. 문화재는 원래의 모습대로 보존하여 거래한다.

문화재를 훼손하거나 변형하여 거래하지 아니한다.

단, 보존을 위해 불가피한 경우에는 문화재 수리업자가 다루어야 하며 수리

37) 문화재청 보도자료, 2007.8.27. 이것은 1999년 UNESCO의 『International Code of Ethics for Dealers in Cultural Property』(http://portal.unesco.org/culture/en/ev.php-URL_ID=13095&URL_DO=DO_TOPIC&URL_SECTION=201.html)를 모범으로 한 것이다(서헌제 · 박찬호, 『도난 · 불법반출 문화재에 관한 법리적 연구』(비교법제연구 07-06), 한국법제연구원, 2007, 164쪽 참조).

사실을 기록한다.

1. 불법적인 것으로 의심되는 문화재를 거래하지 아니한다.

도난품이거나 도굴된 것 또는 출처를 은폐하기 위해 훼손한 것으로 의심되는 문화재는 거래하지 아니하며 매도자의 대리인 또는 중개인으로서 거래를 알선하지도 않는다.

1. 문화재 거래 과정을 투명하게 기록한다.

문화재의 거래 및 소유자 변경 과정에서 그 역사적 가치가 멸실되는 것을 방지하기 위하여 문화재의 취득 · 보관 · 매매 등의 거래사실을 기록하여 유지한다.

1. 문화재를 허위로 평가하거나 매매하지 않는다.

부당하게 영리를 취할 목적으로 위조된 문화재 등을 허위로 평가하거나 매매하지 아니하여 문화재 거래 시장에 대한 사회적 신뢰를 회복한다.

제6장 미술품의 위조

Mundus vult decipi, ergo decipiatur.
세상은 속고 싶어 한다. 그래 속게 내버려 두어라.

"멈춰라! 너, 작품에는 서툴고 남의 머릿속을 훔치려는 교활한 자여! 무모하게 내 작품 위에 나쁜 버릇을 가진 네 손을 올려 놓을 생각은 하지도 말아라. 조심하라! 이 왕국의 전체에 걸쳐 이들 판화들의 허위의 모조품을 인쇄하거나 파는 것을 누구에게도 허용하지 않을 수 있다는 것을 가장 영광스러운 맥시밀리언 황제로부터 내가 허락받았다는 것을 너는 모르리라. 들어라! 그리고 명심하라. 만약 네가 앙심이나 혹은 탐욕 때문에 그런 일을 한다면 너의 재산이 몰수될 수 있을 뿐만 아니라 네 몸도 치명적인 위험에 처해지게 될 것이다."

- 알브레히트 뒤러[1)](#) -

Ⅰ. 서 설

오늘날 미술품은 감상의 대상일 뿐만 아니라 투자와 재산증식의 대

1) Noch Charney, *The Art of Forgery*, Phaidon, 2015, 11쪽에서 재인용.

상이며, 은밀한 상속의 대상이다. 미술품의 재산적 가치가 높아지면 높아질수록 그 위조품도 기승을 부린다. 현재 미술품 거래의 약 10% 정도가 위조품[2]이라고 한다.[3]

대체로 위작이라고 하는 것에는 세 가지 종류가 있다. 첫째는 특정 작가의 것으로 팔기 위해서 다른 사람을 속일 의도를 가지고 작가의 이름을 포함하여 작품 기록이나 작품 일체(一切)가 교묘하게 만들어진 위조품이다. 둘째는 다른 사람을 속일 의도 없이 작가의 제자나 그의 교습생 등이 작가 작품의 복제품을 만들었으나 그 작품에 작가(통상은 巨匠일 것이다)의 이름이 (잘못) 표시되어 있었기 때문에 혹은 실수로 그 후에 당해 작가의 것으로 판매되는 것이다. 그리고 셋째는 변경된 작품이다. 여기에는 치장되거나, 지나치게 작품이 커서 나눠지거나, 미완성 작품이 타인에 의해 완성되거나 또는 지나치게 보수(補修)된 것을 포함한다.[4]

| 영국판례 | DeBalkany v. Christie Manson & Woods Ltd.[5]

DeBalkany가 Christie 경매에서 Egon Schiele의 작품을 구매하였다. 판매 후 곧 그것의 94%가 덧칠되어 있다는 것이 밝혀졌다. 영국법원은 그것은 위작이며, 크리스티가 그 카탈로그에 Schiele의 작품이라고 기술하면서 전문가의 의견에 합리적으로 의존한 바 없다고 판시하였다.[6]

이러한 위작으로 인한 직접적 피해자는 물론 당해 위조품을 구입한 사람이지만 이에 그치지 않고 미술품을 담보로 돈을 빌려준 은행, 위조품에 의해 오도된 미술사가도 피해자가 된다. 더 나아가서 자신이 소장하거

2) 위조품이나 위작을 안작(贋作)이라고 하여 일반인은 이해하기 어려운 말을 쓰는 경우도 있다. 영어로는 'counterfeit art'라고 할 수 있을 것이나 fake, forgery라는 말도 자주 쓰인다.

3) DuBoff-King, 58쪽.

4) 위의 책, 59쪽.

5) High Court of Justice Queen's Bench Division, 1993 D No. 267.

6) Lerner-Bresler, Art Law(wp4판), 2012, 348쪽.

나 거래하는 작품의 신뢰도에 타격을 입은 미술품 소장가(art collector)나 畵商 등도 피해를 입는다.[7] 궁극적으로는 미술시장 자체가 위축된다.

미술품이 위작인 경우에 그에 따른 매매계약의 취소나 손해배상 등은 모두 민법의 법리에 의한다. 아울러 위조품을 제작한 자의 민형사상 책임, 위작임을 알고도 판매한 자의 민형사책임도 문제된다.

최근 우리나라에서는 이중섭, 박수근 등 타계한 유명작가 작품의 위작 시비가 끊임없이 이어지고 있다. 특히 2005년은 미술가 이중섭 작품의 위작 시비로 얼룩진 해였다. [그림 1]에 나타난 많은 작품은 이중섭(1916-1956) 작품의 위작이라고 검찰이 발표하였고,[8] 유족들이 중심이 되어 위조극을 벌인 데 대해 충격을 주었다. [그림2]는 국내 미술품 경매사상 최고가인 45억 2천만 원에 거래된 박수근(1914-1965) 화백의 유화 ≪빨래터≫이다. 그런데 2007년말 『아트레이드』란 미술잡지가 그림의 '짝퉁' 의혹을 제기한 것이 계기가 되어 미술품 진위 논란에 휩싸이게 되었다. 빨래터 사건은 서울중앙지방법원 2009.11.4. 선고, 2008가합7265 판결로 일단락되었으나 의혹이 완전히 사라진 것은 아니다.[9]

7) *Ibid.* 또 민주식, "완전한 위조품과 미적 판단," 『미술사학』(제3권), 미술사학회, 1991.12, 214쪽(회화는 예술작품이라는 것 외에도 많은 기능을 수행하고 있다. 그것은 동시에 역사적 도큐멘트이기도 하다. 그리고 역사적 도큐멘트로서의 회화는 위조품으로 밝혀졌을 때 가치를 잃고 만다).

8) 기사 및 사진: 조선일보, 2005.10.8.(이규현 기자 kyuh@chosun.com). 이 사건은 2013년 1월 항소심판결이 있었고, 항소심 법원도 '위조품'이라 판단하고 몰수명령을 내렸다. 국립과학수사연구원에 그림을 의뢰해 지문 · 필적 감정, 물감 성분확인 시험, 머리카락 DNA 분석 등을 거쳐 4년 만에 내린 결론이라고 한다(국민일보 쿠키뉴스 2013.1.27, 지호일 기자).

9) 이 사건에 대해서는 후에 다시 판결내용을 게재한다.

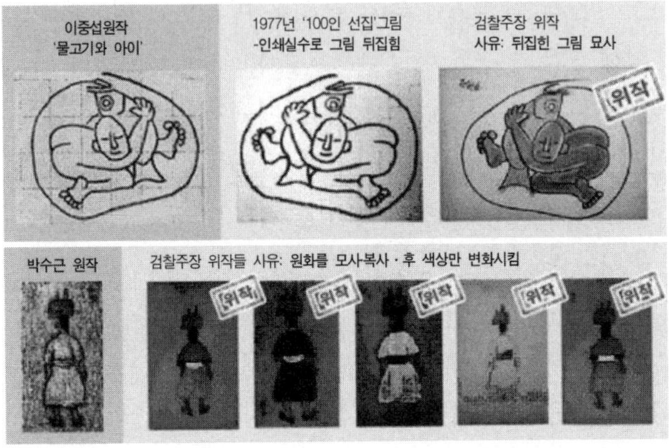

[그림 1]

[그림 2]

이하 위작의 법률문제에 대해서 살펴본다.

II. 위작의 법률문제

1. 일반론

만약 저작권 있는 미술작품을 그대로 위조하거나 모조한 경우에는 저작권자의 복제권 또는 2차적 저작물 작성권 침해가 되며, 아울러 저작자의 성명표시권, 동일성유지권 침해로 된다.[10] 그러나 이미 저작권 존속기간이 종료된 작품을 위조하거나 모조하더라도 특단의 사정이 없는 한 위조 그 자체는 별다른 문제가 발생하지 아니한다.[11] 문제는 이렇게 위조, 모조된 작품을 판매 등 유통에 두었을 때 발생한다.

또 복제나 모조한 미술작품을 복제품이나 모조품으로 팔았을 때는 별다른 문제가 없으며, 이것은 우리 주위에서 흔히 보는 일이다. 문제는 모조품을 진품이라고 속여 팔았을 때 일어나며, 민사상으로는 사기를 이유로 매매계약을 취소하고[12] 대금의 반환을 청구할 수 있다. 아울러 이러한 사기는 불법행위로서 매매대금을 반환받고도 그 밖에 경제적 또는 정신적 손해가 있을 경우에는 이러한 손해까지 배상받을 수 있다.[13] 아울러 사기행위는 형사처벌의 대상이 된다.[14]

---

10) 구체적인 저작권 문제는 본서 저작권법 해설부분 참조.

11) 현재 위조와 관련해서는 조문제목에는 9개, 조문 내용에는 118개가 있다(대법원 종합법률정보에 의함). 예컨대 형법에는 통화(형법 제207조 이하), 유가증권, 우표 및 인지(형법 제214조 이하), 문서(형법 제225조 이하), 인장(형법 제238조 이하)을 행사할 목적으로 위조하는 경우에 대해서는 처벌 규정을 두고 있다. 문서에 도화가 포함되나 학자들은 문서위조죄의 문서에는 사람의 사상 내지 관념이 화체되어 있을 것을 요하므로 순전한 미술작품으로서의 회화는 여기의 도화에는 포함되지 않는다고 한다[이재상, 『형법각론』(제5판), 569쪽]. 한편 서화에 사용된 낙관은 인장에 해당하므로 행사목적으로 위조하거나 위조한 인장을 사용하는 경우는 인장에 관한 죄로 처벌된다(보다 자세한 것은, 위의 책, 604-609쪽 참조).

12) 민법 제110조(사기, 강박에 의한 의사표시)
① 사기나 강박에 의한 의사표시는 취소할 수 있다.
② 상대방 있는 의사표시에 관하여 제3자가 사기나 강박을 행한 경우에는 상대방이 그 사실을 알았거나 알 수 있었을 경우에 한하여 그 의사표시를 취소할 수 있다.
③ 전2항의 의사표시의 취소는 선의의 제3자에게 대항하지 못한다.

13) 민법 제750조(불법행위의 내용) 고의 또는 과실로 인한 위법행위로 타인에게 손해를 가한 자는 그 손해를 배상할 책임이 있다.

14) 형법 제347조(사기) ① 사람을 기망하여 재물의 교부를 받거나 재산상의 이익을 취득한 자는 10년 이하의 징역 또는 2천만 원 이하의 벌금에 처한다.

부작위에 의한 사기

사기에 있어서 기망행위는 작위에 의한 적극적 기망행위뿐만 아니라 부작위 특히 침묵도 기망행위를 구성할 수 있다. 다만 부작위에 의한 기망은 고지의무나 설명의무가 전제되어야 한다. 예컨대 고객이 모조품인 걸 모르고 진품가격에 가까운 가격을 제시하면서 팔도록 요청하자 판매자가 그 가격을 받고 판매한 경우, 혹은 진열된 물건이 흠이 있는 골동품(骨董品)인 걸 모르고 구매하려 하자 판매자가 구매자의 이러한 부지에 편승하여 —혹은 이러한 부지를 이용하여— 고가에 판매한 경우는 사기에 해당한다고 할 것이다.[15] 고가의 서화나 도자기 등을 판매하는 매도인은 고객에게 그러한 사실을 알려줄(고지할) 의무가 있다고 할 것이다.

| 판결 | 대법원 1999.2.12.선고 98도3549

사기죄의 요건으로서의 기망은 널리 재산상의 거래관계에 있어서 서로 지켜야 할 신의와 성실의 의무를 저버리는 모든 적극적 또는 소극적 행위를 말하는 것으로서, 반드시 법률행위의 중요부분에 관한 허위표시임을 요하지 아니하고, 상대방을 착오에 빠지게 하여 행위자가 희망하는 재산적 처분행위를 하도록 하기 위한 판단의 기초가 되는 사실에 관한 것이면 충분하므로, 거래의 상대방이 일정한 사정에 관한 고지를 받았더라면 당해 거래에 임하지 아니하였을 것이라는 관계가 인정되는 경우에는 그 거래로 인하여 재물을 수취하는 자에게는 신의성실의 원칙상 사전에 상대방에게 그와 같은 사정을 고지할 의무가 있다 할 것이고, 그럼에도 불구하고 이를 고지하지 아니한 것은 고지할 사실을 묵비함으로써 상대방을 기망한 것이 되어 사기죄를 구성한다.[16]

15) 설사 사기가 성립하지 않는 경우에도 착오(민법 제109조)나 매도인의 (하자)담보책임(민법 제570조 이하)에 의해 구제받을 수 있을 것이다.

16) 이 판결에 대해서는 비판하는 견해도 있다.

2. 쌍방 모두 모조품을 진품으로 알고 거래한 경우

당사자 쌍방, 즉 판매자나 구매자 모두 모조품을 진품으로 알고 거래한 경우는 어떻게 될 것인가. 이에 대해서는 적지 않은 사례가 있을 것이나 최근 일본 법정에서 문제된 사례가 있었으므로 먼저 살펴보는 것으로 한다.

사례

甲 주식회사(이하 '甲'이라고 한다)는 미술공예품 등을 수출입·판매하는 회사이며, 乙 유한회사(이하 '乙'이라고 한다) 역시 미술공예품 등을 수출입·판매하는 회사이다. 1997년 10월 1일 甲은 乙로부터 19세기 프랑스 화가 '구스타프 모로'(Gustave Moreau)가 그린 ≪가니메데스의 약탈≫을 대금 3억 원에 매수하고 그달 17일 대금을 지급하였다.

그런데 1998년 12월경에 이 그림은 모로의 작품이 아니고, 원작을 정교하게 복제한 모조품임이 판명되었다[판명된 경위는 甲으로부터 이 그림을 산 丁으로부터 1998년 12월경에 이러한 연락이 있었기 때문이다. 즉 이 그림과 아주 똑같은 것이 런던 크리스티 경매에 출품되어 그 결과 어느 쪽이 진품인지가 문제로 되었고, 이에 모로의 그림에 관한 최고의 전문 감정가가 실제로 두 작품을 비교해 보고 화지(畵紙), 기법, 서명 등에 비추어 본건 그림이 모조품이라는 것이 판명되었다는 것이다]. 원래 이 그림은 乙이 모로의 그림으로 알고 丙으로부터 2억 7천만 원에 사서 甲에게 3억 원에 전매한 것이었다.

이에 甲은 매매계약의 무효(우리 민법 제109조는 취소로 되어 있다)를 주장하면서[17] 乙에게 받은 돈의 반환을 요구하였다. 일본 법원은 이를

인정하였다[일본 東京지방재판소 평성 14년 3월 8일(平成11年(ワ) 第24039號 손해배상사건) 판결].

원고가 착오의 법리를 주장한 이상 쟁점은 본건 회화인 모조품을 진품이라고 믿고 산 것이 매매계약의 내용에 있어서 중요부분에 관한 착오인가 하는 것과 3억 원이나 되는 작품을 구입하면서 이 방면 전문가의 감정을 거치지 않은 것은 중대한 과실이 아닌가 하는 것이었다.

(1) 모조품을 진품으로 알고 산 행위는 매매계약을 하게 된 동기(動機)는 될지언정 매매계약 그 자체의 내용은 아니다. 그러나 우리나라 다수설·판례는 내심의 의사를 형성하는 과정에서 잘못된 판단을 하여 발생한 동기의 착오는 제109조의 착오는 아니지만 동기가 표시되어 상대방이 그 동기를 알고 있는 경우에는 그 동기는 의사표시의 내용으로 되므로 그러한 경우에 동기의 착오는 고려되는 착오로 된다고 한다. 이러한 다수설·판례에 의하는 경우 본 사례에서 '모로의 진품'이니까 매매한다는 것이 표시되었다면 취소가능하다고 할 것이다. 명시적이라면 문제가 없을 것이다. 그런데 본건과 같이 진품여부에 대한 명시적 표시가 없었던 경우는 어떻게 할 것인가. 일본 법원은 다음과 이유로 동기의 표시가 있었다고 보았다. 즉 매수인은 진위(眞僞) 여부에 대한 한 마디 말도 없이 본건의 그림을 샀다. 그러나 매도인이 작품을 팔면서 그 그림은 카탈로그 레조네(catalogue raisonné: 그림의 해설이 붙은 분류 목록)에 나와 있다고 하면서 목록의 당해 개소(個所)를 가리킴과 아울러 본건 그림의 내력에 대해 설명하였고, 매수인은 감정서의 유무를 확인하였다. 또 매매계약서에는 매매 대상 그림의 특정방법으로서, 작자(作者), 제명(題名), 제작연도

---

17) 일본 민법은 우리와 달리 착오의 경우에 무효로 된다고 규정한다. 우리 민법 제109조는 다음과 같다.

제109조(착오로 인한 의사표시) ① 의사표시는 법률행위의 내용의 중요부분에 착오가 있는 때에는 취소할 수 있다. 그러나 그 착오가 표의자의 중대한 과실로 인한 때에는 취소하지 못한다. ② 전항의 의사표시의 취소는 선의의 제3자에게 대항하지 못한다.

(制作年度) 등 카탈로그 레조네와 동일한 표시가 되어 있었다. 법원은 이러한 사실들을 종합하여 매도인이 진품이라는 표시를 했다고 보는 것이 상당하며, 매수인도 진품이라는 취지의 표시가 있다는 것을 인식하고 있었다고 보는 것이 상당하다고 판시하였다. 또 매매가격도 고려되었다. 실제 크리스티 경매에서 낙찰된 진품의 가격도 약 3억 7천만 원 정도였다. 아무리 잘 그려진 모조품이라도 그 가격은 제로(zero)에 가깝다고 양 당사자 모두 진술하고 있는 점에 비추어 보면 3억 원 정도에 거래된 것은 매매 목적물이 진품이라는 것을 전제로 한 것이다.

(2) 본 사례와 같은 경우에 진품이 아니라면 당사자는 물론 일반인도 3억 원이라는 적지 않은 금액을 주고받으면서 거래를 하지 않았을 것이다. 그런 의미에서 본건 그림이 진품인 것은 본건 매매계약의 중요부분이라고 해야 할 것이며, 따라서 甲은 '법률행위 내용의 중요부분'에 관한 착오를 하였다고 할 것이다.

(3) 착오가 표의자의 중대한 과실에 기인하는 때에는 비록 법률행위 내용의 중요부분에 착오가 있더라도 표의자는 그의 의사표시를 착오를 이유로 취소하지 못한다(민법 제109조 제1항 단서). 여기서 중과실이라고 함은 표의자의 직업, 행위의 종류, 목적 등에 비추어 보통 베풀어야 할 주의를 현저하게 결여한 경우를 말한다. 판례 역시 마찬가지이다.[18]

1) 중대한 과실이 있다고 한 예

공장을 경영하는 자가 공장이 협소하여 새로운 공장을 설립할 목적으로 토지를 매수함에 있어 토지상에 공장을 건축할 수 있는지 여부를 관할관청에 알아보지 아니한 것은 '중대한 과실'에 해당한다.[19]

---

18) 대법원 1993.6.29.선고 92다38881 판결.

19) 위 판결.

2) 중대한 과실이 없다고 한 예

고려청자로 알고 매수한 도자기가 진품이 아닌 것으로 밝혀진 경우, 매수인이 도자기를 매수하면서 자신의 골동품 식별 능력과 매매를 소개한 자를 과신한 나머지 고려청자 진품이라고 믿고 소장자를 만나 그 출처를 물어보지 아니하고 전문적 감정인의 감정을 거치지 아니한 채 그 도자기를 고가로 매수하고 만일 고려청자가 아닐 경우를 대비하여 필요한 조치를 강구하지 아니한 잘못이 있다고 하더라도, 그와 같은 사정만으로는 매수인이 매매계약 체결시 요구되는 통상의 주의의무를 현저하게 결여하였다고 보기는 어렵다.[20)]

그런데 일본 판결은 본건과 같은 경우에 중과실 요건이 필요 없다고 보았다. 그 이유는 다음과 같다.

"본건에 있어서는 乙 자신이 본건 회화가 안작(贋作)인 것을 의심하지 않았다고 진술하고 있는 것으로부터도 명백한 바와 같이 매수인인 甲과 매도인인 乙이 모두 착오에 빠져서 본건 매매계약을 체결한 것이며, 그러한 경우에는 계약을 유효한 것으로 보호해야 할 이익이 乙에게 있다고는 말할 수 없기 때문에 민법 제95조 단서(우리 민법 제109조 제1항 단서)는 적용되지 아니한다고 해석하는 것이 상당하다."

그런데 만약 중과실 여부가 적용된다는 것을 전제로 甲의 중과실 유무를 검토하면 … "甲은 화상인 乙로부터 이것을 구입한 것이며, 본건 매매계약에 이르는 과정에서는 乙로부터 카탈로그 레조네에 기재된 이후의 내력(來歷)에 대해서도 일본인이 경매(auction)에서 낙찰했다는 취지의 설명이 있었고, 그 밖에 甲은 감정서의 유무에 대해서도 질문을 했으며, 진품을 전제로 한 회화(繪畫)거래에 있어서 통상 되어지는 합리적인 확인은 되어졌다고 말해야 할 것이다. 그리고 … 본건 회화는 결과적으로 모로작품 감정에 있어서 제일인자라고도 해야 할 마츄 등에 의해 상세한 조

---

20) 대법원 1997.8.22.선고 96다26657 판결. 또 이 사건에 대해서는 김민호, 『별난 법학자의 그림이야기』, 예경, 2004, 153쪽 이하 참조.

사를 한 후에 안작(贋作)이라고 판단된 것으로, … 아주 정교하게 만들어진 진작(眞作)의 복제품이며, 일견해서 명백히 안작이라고 판명할 수 있는 작품은 아니었다고 말할 수 있다. 그렇다면 甲이 프랑스 그림 거래에 경험을 가진 화상이라는 것을 고려한다고 하더라도, 甲에게 미리 모로의 제일인자인 마츄의 감정을 얻는 등, 더욱 조사를 해야 할 의무가 있었다고 하는 것은 상당하지 않기 때문에 甲에게 중과실이 있었다고는 할 수 없다."

복수의 화상(畵商)을 통해서 그림 거래가 이루어진 경우, 거래 후에 그 그림이 위작인 것이 판명된 경우에는 화상은 자신이 지급한 구입대금과 자신이 수령한 매각대금의 차액을 매수인에게 지급하면 책임을 면하는 것이 관행인가? 이 사건에서 매도인은 그러한 주장을 했으나 법원은 이러한 주장을 받아들이지 않았다.

(4) 파는 사람이나 사는 사람이나 위작임에도 진품이라고 잘못 알고 거래한 경우에 위 판결은 착오의 문제로서 피해자를 구제하고 있다. 이 밖에도 모조품을 구입한 자의 착오무효주장을 인정한 판결이 두어 개 더 있는 것 같다.[21] 미국에서도 쌍방착오(mutual mistake)를 인정하여 계약취소와 원상회복을 인정한 판결이 있다(다음 사례 1, 2 참조). 특히 판매자가 일반인이고, 구매자가 화상인 경우에 중요한 법리로 작용한다.[22] 다만 하나 유의해야 할 것은 모조품 판매가 범람하는 오늘날 무조건 착오법리에만 의존할 수는 없다는 것이다. 말하자면 파는 사람에게 사기와 같은 악의가 있다면 별론, 보통은 사는 사람이여 주의하라(caveat emptor)라는 법리가 이 경우에도 적용된다는 것이다.[23]

---

21) 예컨대 일본 최고재판소 1970년 3월 26일(藤島武二 · 古賀春江사건) 판결, 나고야지방재판소 1988년 12월 21일 판결 등이 그것이다[이들에 대해서는 山口裕博, 155-158쪽 참조].

22) Lerner-Bresler, 125쪽.

23) Weisz v. Parke-Bernet Galleries, Inc.(1974) 참조.

사례 1 Feigen & Co. v. Weil[24)]

그림 거래에 경험이 없는 비상인(non-merchant)인 피고(Y)는, 어머니로부터 증여된 "H. Matisse '47"의 서명이 있는 ≪Le Vase d'opaline≫(오팔 그래스의 花瓶)이라는 제목의 그림을 뉴욕의 유명한 화랑(X)에게 매각했다. Y는 몇 사람의 미술상에게 적정가격을 물어 10만 달러에 매각하는 것으로 했고, X는 제3자 Z에게 165,000달러에 매도해서 그중 10만 달러를 Y에게 송금했다. 거래시 X, Y 쌍방 모두 그 그림이 마티스의 진품이라고 믿고 있었다.

1년 후에 Z는 뉴욕의 다른 화랑에 그 그림을 가지고 가서, 거기서 마티스의 유산관리인에게 문의한 결과, 모조품이라고 하는 회답을 들었다. X는 Z에게 매매대금을 반환하려고 했으나 Y가 10만 달러의 반환을 거부했으므로 쌍방착오에 기해 계약의 취소를 구했다.

뉴욕주지방법원은 "계약체결에 있어서 착오가 상호적이며, 또 중대한 경우에는 계약의 필수요건인 '의사의 합치'가 없는 것이며. 취소의 형태로 구제가 인정된다"고 판시하였다. Y는 X가 적절한 형태로 당해 회화의 진품성을 확인하지 않았던 것은, 진품성에 관한 '의식적 무지'에 해당하며, 쌍방착오를 주장할 수 없다고 항변했다. 이 항변에 대해 동 법원은 X, Y 모두 그 그림이 진품이라고 믿고 있었던 것이며, 그것이 모조품인 것의 리스크를 부담하는 것은 아니며, "일방당사자가 불충분한 정보에도 불구하고 일을 진행시킨다고 하는 의식적 판단이 행해지지 않은 경우에는 쌍방(상호)착오의 의식적 무지의 예외는 적용되지 않는다"고 판시하였다.[25)]

---

24) Richard L. Feigen & Co. v. Weil, Index No.13935/90(Sup. Ct. N.Y. County, Feb. 18, 1992), aff'd, 191 A.D.2d 278, 595 N.Y.S. 2d 683(1st Dept. 1993) Lerner- Bresler, 180쪽, 주 198.

25) 山口裕博, 162-163쪽에서 재인용.

사례 2 Uptown Gallery, Inc. v. Doniger[26)]

원고(X)는 뉴욕시의 화랑이며, 피고(Y)는 미술품거래 경험이 없는 일반인이다. Y가 X화랑에서 그림을 샀고, 화랑 사장이 Y집에 그 그림을 걸어주려고 왔다가 버나드 뷔페(Bernard Buffet) 作이라고 생각되는 그림 한 점을 보았다. 그리고 이번에는 X가 망설이는 Y를 설득하여 그 그림을 55,000달러에 구입하였다. 원고가 준비하고 피고가 사인한 구입송장(purchase invoice)에는 그 그림을 Bernard Buffet 작으로 묘사하면서 양 당사자가 "동의하고 또 받아들였다"(agreed and accepted)라는 문구가 포함되어 있었다. 매매 교섭의 전 과정에서 그 그림은 Bernard Buffet작으로 언급되었고, 또 양 당사자는 그렇게 믿었다.

X가 당해 그림을 제3자에게 전매하기 위해 당해 그림의 진품성을 확인받고자 했던바, 그것이 모조품임이 밝혀졌다. 이에 X는 Y를 상대로 주로 쌍방착오를 이유로 계약을 취소하고 매매대금과 그 이자 및 비용의 반환을 청구했다. 법원은 Feigen 사건의 법리에 따라 X의 주장을 받아들였다.

(5) 그 밖에 생각할 수 있는 법리에 채무불이행책임이나 담보책임을 생각할 수 있다.[27)] 이 중 채무불이행책임에 대해서는 "본건 매매는 특정물의 현실매매라고 인정되기 때문에 매도인에게 채무불이행이 생길 여지는 없다"는 일본 최고재판소판결도 있고,[28)] 채무불이행책임은 기본적으로 과실책임으로 되어 있어, 설사 과실이 없었음에 대한 입증책임을 매도인이 부담한다고 하더라도 이 점이 장애로 남아 있다. 그렇다면 하자담보

26) Uptown Gallery, Inc. v. Marjorie Weston Doniger, Index No.17133/90(Sup. Ct. N.Y. County, Mar. 9, 1993). 이하는 Lerner-Bresler, 125-127쪽 및 山口裕博, 163-164쪽에 의함.

27) 山口裕博, 153쪽.

28) 일본 최고재판소 1962년 9월 25일[판례시보 320호 14쪽(위의 책, 154쪽에서 재인용)].

책임을 추궁하는 것은 어떤가.

1) 하자(瑕疵)의 의의

하자란 매매 목적물에 존재하는 물질적인 결점, 즉 실제 '있는' 상태와 '있어야 하는' 상태의 불일치를 말한다. 하자에 관한 객관설은 흠으로 인정할 것인지 여부는 거래 관념에 비추어 일반적으로 그 종류의 물건으로서 통상 지니고 있어야 할 품질 · 성능 등을 갖추지 못하여 그 가치나 적합성이 일정한 기준에 미달하는지 여부를 표준으로 판단한다. 이에 반해 주관설은 매매 당사자의 매매 목적을 기준으로 하여 하자 여부를 결정하자고 한다.[29] 같은 중고차의 매매라도 매수인이 그 차를 자가용으로 사용하기 위해서인가, 박물관에 진열하기 위해서인가에 따라 하자의 유무가 결정될 것이므로 주관설이 타당하다고 본다. 결국 하자란 계약적합성(契約適合性)의 결여(缺如)라고 할 것이다.

2) 모조품과 하자의 존재

우리나라 문헌 중에는 진품인 줄 알고 모조품을 받은 경우에는 착오 문제 외에 하자담보책임도 문제될 수 있다는 것을 전제로 하여 해설하고 있는 문헌이 적지 않다.[30]

독일에서도 과거에는 매수인이 매수하기로 된 물건과는 다른 종류의 물건을 매수한 경우에는(예컨대 금시계 대신 도금한 시계, 스트라디바리일가가 만든 바이올린으로 알았으나 그렇지 않은 경우) 하자담보책임의 적용을 받지 않고 착오규정의 적용을 받는다고 보았으나 오늘날은 하자 개념을 주관설의 입장에서 이해하고 있으므로 그러한 물건의 매수에도 역시 하자담보책임규정이 적용되는 것으로 보고 있다고 한다.[31]

---

29) 송덕수, 『신민법강의』, 박영사, 2009, 1232쪽.

30) 이상광, 『하자담보책임론』, 법원사, 2000, 266쪽; 김형배, 『민법연습』(신판), 신조사, 2007, 121쪽 및 128쪽.

31) 이상광, 위의 책, 269-270쪽.

일본에서는 그림을 매매했는데 후일 모조품임이 밝혀진 경우에 민법 제570조(우리 민법 제580조)의 문제로 되는가에 대해서는 학설 · 판례가 나뉘어져 있다.[32] 서화골동품의 매매에서 후일 모조품임이 밝혀져도 숨은 하자가 있었다고는 말할 수 없으며, 무릇 서화 골동품의 매매, 특히 다소 그 경험이 있는 자들의 매매에 있어서는 매도인이 진품이라는 것을 보증하는 등 이것을 매매의 요소로 하지 않는 한 진품인지 모조품인지는 매수인 자신이 책임을 져야 한다는 판례가 있다. 학설 중에는 종류가 다른 물건도 하자에 해당하며, 특정화가의 것으로 매수했는데 그것이 모조품이었던 경우에도 하자가 있었다고 보아야 한다는 견해도 있다. 이에 반해서 하자담보책임을 부정하는 견해도 있다. 예컨대 이러한 경우를 하자의 문제로 생각하는 것 자체에 의문을 품는 견해나, 미술품이 진품이라고 하는 것은 통상 의견의 진술로서 하자담보는 문제가 되지 않는다는 견해 등이 그것이다.

논란의 여지는 있으나 진품을 매수한 줄 알았는데 알고 보니 모조품이었던 경우에는 계약적합성이 없는 물건으로서 민법 제580조의 책임을 물을 수 있다고 본다.

3) 과실유무

매도인의 하자담보책임을 묻기 위해서는 "매수인이 하자 있는 것을 알았거나 과실로 인하여 이를 알지 못한 때"에 해당하지 않아야 한다. 매수인의 악의 · 과실은 매도인이 입증하여야 한다.

미국의 미술품 담보법

미술품 사기에 UCC의 warranty 법리[33]와 면책(免責)의 법리를 해석

32) 이하 일본에서의 상황은, 下森定 · 半田正夫 편집, 民法 I, 日本評論社, 1994, 29쪽 이하에 의함.

33) Warranty는 담보책임; (품질 또는 권원의) 보증; 하자담보로 번역된다. 계약의

하고 적용하는 것이 쉽지 않으므로 미국 몇몇 주는 미술품 담보법을 제정하였다.[34] 1966년 뉴욕주법은 상인이 비상인에게 미술품을 팔면서 작품설명에서 그것이 어느 작가의 것이라고 확인했다면 명시적 담보책임을 진다고 규정하고 있다(N.Y. Arts & Cult. Aff. Law §§13.01-13.21). 뉴욕법은 소비자가 판매상인의 진품선정에 대한 경험, 교육과 기술에 의존한다는 것을 인식하고, 상인의 진품여부에 대한 언급은 사실 확인이며, 단순히 그들의 판단이었을 뿐이라고 주장하는 것을 금지한다. 이 법은 진정성에 대한 진술은 매매교섭의 기초가 된다는 것을 전제로, 문제가 있는 작품을 사도록 권유하기 위하여 판매자가 선전하는 것조차도 허용하지 아니한다. 더 나아가서 진정성에 관한 명시적 보증을 부인하기 위해서는 책임부인조항이 현저하게 눈에 띄어야 하며, 서면으로 되어 있어야 하고, 보증책임조항과 별도로 "매도인은 작품의 진정성에 관한 어떠한 위험이나 책임도 지지 아니한다"는 것을 분명하고 명백하게 매수인에게 알리는 문구가 독립된 조항에 포함되어 있어야 한다. 아울러 뉴욕주법은 작품이 위조품인 경우에는 명시적 보증을 배제하는 조항은 무효라고 규정함으로써 UCC 제2-316조보다 두텁게 구매자를 보호한다. 유사한 조항이 미시간(1970년), 플로리다(1990년) 등에도 존재한다. 다만 이들 법은 일정한 제한이 있다. 즉 이들 법은 상인과 비상인 사이에서만 적용된다. 또 서면

목적물이 어떠한 품질을 가지는 것, 또는 매매계약의 매도인이 그 목적물의 정당한 권원(title)을 가지는 것을 보증하는 것이다. 매도인의 과실은 필요 없다. 매수인은 Warranty가 있었고, 제품이 보증된 내용과 일치하지 아니하며, 그 때문에 매수인이 피해를 입었다는 것만을 증명하면 된다. 영국 보통법상에서는 당사자의 약속에 기초한 것으로 구성하여 왔다. 명시의 경우(express Warranty)와 묵시적인 경우로 나뉘어진다(implied Warranty)(田中英夫, 英米法辭典, 東京大學出版會, 1991, 905쪽). Uniform Commercial Code(UCC) 제2-714조 제1항은 매수인에게 Warranty 위반으로부터 발생한 통상의 손해를 배상받을 수 있다고 규정한다. 또 UCC 제2-608조 제1항 b호는 "부적합하다는 것이 수령 전에는 발견하기 어려워 … 수령이 합리적으로 유인된 경우에는" 매수인은 계약을 해제할 수 있다고 규정한다. 그러므로 교묘한 미술품의 위조가 있었고, 그것이 발견하기 어려웠다면 그것은 UCC 제2-608조 제1항 b호의 요건을 충족한다.

34) DuBoff-King, 80쪽.

으로 작성된 경우에만 적용되며, 당해 주 내에서 행하여진 거래에만 적용된다.[35)]

프랑스의 수집품 및 예술품 거래에서의 사기방지를 위한 1981년 3월 3일 데크레

"아무리 체계적인 감정제도가 존재한다 할지라도 실제 감정행위가 정밀하게 진행되지 않거나, 감정서 작성에서 평가내용이 모호하게 작성된다면, 진본평가서에 오해의 여지가 생길 수 있고, 이로 인해 법적 분쟁이 발생할 수도 있다." 이에 "프랑스에서는 매매증명서에 반드시 설명해야 할 내용 및 감정서 작성시 설명에 활용되는 각 표현문구를 유형별로 제시하고, 해당 문구의 의미를 법규로 정함으로써 감정서를 통한 오해나 착오, 심지어는 사기방지를 위한 특별입법을 하였다."[36)]

3. 쌍방 모두 진품을 모조품으로 알고 거래한 경우

쌍방 모두 진품을 모조품으로 알고 거래한 경우에도 쌍방 착오를 이유로 계약을 취소할 수 있을 것이다. 그러나 이 경우는 매도인의 중대한 과실을 이유로, 착오의 주장이 받아들여지지 않을 가능성은 매우 높다고 할 것이다. 매도인이 당해 작품을 소지하고 있었음에도 불구하고 그 작품을 모조품으로 알고 있었고, 진품 여부에 대한 조사나 관심이 없었다면 그러한 매도인을 보호할 필요는 별로 많아 보이지 않는다. 그는 그 작품을 모조품으로 알고 그 가격에 구입했었을 수도 있다. 팔고난 후에 매수

35) 위의 책, 81쪽.

36) 남궁술/박광동,『유럽의 문화법제에 관한 비교법적 연구 I』－미술품매매에 있어서의 진본성(authenticity) 확보를 위한 유럽의 법적 대응－(현안분석 2008-47), 한국법제연구원, 2008, 88쪽. 이 보고서에는 데크레에 관한 구체적 법조문이 부록으로 첨부되어 있다.

인의 노력으로 진품성이 밝혀진 경우에 그로부터 오는 이득을 매도인에게 귀속시킬 이유도 필요도 없어 보인다. 최근의 다음 외국 사례는 시사하는 바가 적지 않다.

사례 Estate of Nelson v. Rice(2000)[37]

Edward Franz와 Kenneth Newman은 1996년 2월 사망한 Marta Nelson의 재산관리인이다. 그들은 고인의 재산정리를 위하여 인디언 미술과 문화유물(artifacts) 수집품의 감정을 의뢰하려고 MacKenzie-Larson과 인디언 미술 전문가를 고용하였다. MacKenzie-Larson은 특히 Newman에게 자신은 순수미술 감정가는 아니며, 만약 순수미술품이 발견된다면 관리인들은 또 다른 감정인을 고용해야 할 것이라고 말했다. 관리인들은 MacKenzie-Larson이 순수미술에 대한 전문지식이 없다는 이야기를 별로 귀담아듣지 않았는데, 그 이유는 값나가는 것은 집과 인디언 미술품뿐이라고 그들은 믿었기 때문이다.

MacKenzie-Larson은 관리인에게 순수미술 전문가를 고용할 필요가 있다는 이야기를 하지 않았고, 그리고 이러한 침묵에 기초하여 재산관리인들은 그 유산 속에 포함된 동산의 가격을 매기고, 또 판매하였다.

신문광고란을 보고 피고 Carl Rice는 재산 공개판매에 참석하였고, 꽃이 그려진 2점의 유화를 한 점은 그림이 마음에 들어서 또 한 점은 액자가 마음에 들어서 관리인들이 요구한 판매가격인 60달러에 샀다. 비록 Carl Rice가 과거에 몇 점의 그림을 사고팔았지만 그는 미술교육을 받은 전문 구매자는 아니었다. 집에서 미술가들의 서명에 관한 책을 찾아보면서 그는 두 점의 그림 위의 서명이 Martin Johnson Heade의 서명과 유사하다는 것을 알아차렸다. Rice와 그의 아내는 그것이 Heade 작품일지 모른다는 희망을 가지고 뉴욕 크리스티경매회사에 그 그림들을 보냈다. 크

---

37) The Estate of Martha Nelson v. Carl Rice and Ann Rice, 198 Ariz. 563, 12 P. 3rd, 238 (2000).

리스티는 Heade의 진품임을 확인하고 이어서 그들을 경매에서 107만 2000달러에 팔았다. 그리고 수수료를 제하고 911,780달러를 Rice들에게 보냈다.

1998년 1월 넬슨의 재산관리인은 Rice 등을 피고로 쌍방착오와 불공정성(unconscionability)을 이유로 그 계약은 무효로 되어야 한다고 하면서 소송을 제기하였다. Rice들은 관리인들이 착오의 위험을 부담하여야 하며, 불공정성은 계약 무효의 근거가 될 수 없다고 다퉜다. 사실심(事實審)은 양 당사자에게 그림의 가치에 대한 착오가 있었지만 그 위험은 원고가 부담해야 한다고 보았다. 또 법원은 불공정하지도 않다고 보았다. 왜냐면 Rice들은 그림 가격을 흥정한 것은 아니며, 단지 관리인들이 붙인 가격표대로 가격을 지급하고 샀을 뿐이기 때문이다. 항소심에서도 Rice들에게 약식판결을 허용하였다. 법원은 쌍방착오는 알고도 무시한 것(conscious ignorance)이므로 그 위험은 원고가 부담하여야 한다고 판시하였다. 그러한 판시를 함에 있어 법원은 「Restatement of Contract」를 인용하였다:

> 착오를 한 당사자가 위험부담에 동의하지 않는다고 하더라도 그가 계약체결 당시 착오와 관련한 사실에 대해서 그의 지식이 부족하다는 것을 알았을 수도 있다. 만약 그가 그 지식이 부족하다는 것을 알아차렸으면서도 그럼에도 불구하고 계약을 체결했다면, 그는 그 착오의 위험을 부담한다. …

항소심은 순수미술의 존재를 결정하기 위한 (그들은 순수미술을 감정할 능력이 없다는) MacKenzie-Larson의 의견에 근거하여 관리인들은 유산 속에 순수미술이 포함되어 있을 수도 있다는 사실을 의식적으로 무시했다고 보았고, 따라서 위험을 떠맡았다고 보았다. 사실심이나 항소심 모두 MacKenzie-Larson이 그녀의 전문수준을 넘어서 주의의무를 진다고 판시하지는 않았다.[38]

---

38) 이 사건에서 매도인과 감정인의 문제는 본서 [제7장 III. 3. 월스트리트 저널 기

4. 복수미술품(Multiples): 판화와 조각의 복수 제작 등

판화와 조각의 인기상승과 더불어 의심스러운 작품이 시장에 유통되고 있다. 판화 구매자를 속이는 방법은 몇 가지가 있다. 판화제작이 완성된 후, 원판이 폐기되거나 삭제되지 않으면 비양심적인 자들이 그것을 다시 사용한다. 서명이 없는 판화 위에 작가의 서명이 위조된다. 진품 판화의 복제본이 허락 없이 복제된다.[39)]

(1) 오리지널 판화에 대한 몇 가지 정의[40)]

1960년에 빈에서 개최된 제3회 국제조형미술대회에서는 단순한 용어상의 정의를 넘어서 오리지널 판화를 정의하는 기준을 다음과 같이 정리하였다.

"작가의 서명과 한정된 일련번호의 기입, 한정 매수의 인쇄 후 판면의 말소, 복제 또는 복제 판화의 명시"

그 후, 이 제안은 미국의 '판화회의'에 의해 1930년 이후의 판화에 한해 적용된다는 조건 아래 다음과 같이 수정되었다.

"제작을 의도한 작가가 새긴 판화, 작가 자신, 혹은 작가의 지시에 의해 찍힌 판화, 찍은 후에 작가가 확인한 판화"

이 수정안은 오리지널 판화에 대한 최소한의 필요조건을 지적한 것에 불과했다. 다시 1965년 프랑스의 '전국판화협회'는 오리지널 판화를 다음과 같이 정의하였다.

"판 형식의 크고 작음이나 기법에 관계없이 작가 자신에 의해 창안·제작된 인쇄물로서, 기계 제판 또는 사진 제판에 의한 것은 모두 제외한다."

이 같은 정의는 기본적으로 모순이 없으나 완벽하다고 할 만한 것도

사] 참조.

39) DuBoff-King, 82쪽.

40) 하세가와 기미유키/구자현 역, 『현대판화의 기초지식』, 시공사, 2007, 14쪽 이하.

아니다. 왜냐하면 수많은 작가와 그 제작에 협력하는 공방에 의해 끊임없이 새로운 판화에 대한 기법이 개발되고 이에 따라 매체로서의 판화의 범위가 점점 확대되어 가면서 일괄적인 정의라는 것이 곤란해졌기 때문이다. … 서명이나 한정번호 등이 기입되어 있지 않더라도 예술적으로 뛰어난 기량이 발휘된 작품이라면 오리지널 판화라고 할 수 있다.

한편 우리 관세법은 "'오리지널 판화 · 인쇄화와 석판화'라 함은 한 개 또는 수 개의 원판에 예술가의 손으로 직접 제작한 흑백 또는 원색의 판화를 말하며, 이의 제작공정 및 재질여부는 불문한다. 다만, 기계적 방법 또는 사진 제판법으로 한 것을 포함하지 아니한다"고 규정한다.

(2) 작가 표시나 한정표시의 허위에 대한 책임

확실히 서명이나 한정번호 등이 기입되어 있지 않더라도 작가가 직접 제작한 작품이라면 오리지널 판화라고 할 수 있다.[41] 스스로 이마에 땀을 흘려 제작한 것이라면 그 오리지널성을 부인할 수 없기 때문이다. 서명은 그가 자신의 작품임을 표시하는 작가의 권리는 될지언정 의무라고 할 수는 없으며, 미술계에서는 몰라도 법적으로 서명이 없으면 오리지널이 아니다라고 볼 근거는 어디에도 없기 때문이다. 한정번호 역시 관례이기는 하지만 우리의 경우에 그것을 강제하는 법이 있는 것은 아니다. 그러나 서명이나 한정번호 등이 기입되어 있다면 그에 따른 책임을 져야 할 것이다. 이것이 제3자에 의해 허위로 되어 있으면 일반법상의 사기(詐欺), 사인(私印) 등의 위조, 부정사용죄 등의 문제는 물론 부정경쟁방지

---

41) 위의 책, 15쪽은 "확실히 서명이나 한정번호 등이 기입되어 있지 않더라도 예술적으로 뛰어난 기량이 발휘된 작품이라면 오리지널 판화라고 할 수 있다"고 한다. 그러나 법에 있어서 예술적 가치 판단은 힘든 문제이다. 즉 재판관에게 미술평론가로서의 역할을 강요하는 것은 적합하지 못하다는 것이다. 이러한 생각은 *Bleisten v. Donaldson Lithographing Co.* 사건에서 Holmes 판사의 의견에서도 나타나 있다; It would be a dangerous undertaking for a person trained only to the law to constitute themselves final judges of the worth of pictorial illustrations, outside of the narrowest and most obvious limits.

법[42]상의 "상품 또는 그 광고에 상품의 품질, 내용, 제조방법, 용도 또는 수량을 오인하게 하는 선전 또는 표지를 하거나 이러한 방법이나 표지로써 상품을 판매·반포 또는 수입·수출하는 행위"(제2조 제1호 바목)로서 규제될 수 있으며, 또 「표시·광고의 공정화에 관한 법률」[43]상의 '허위·과장의 표시·광고', '기만적인 표시·광고'로서 규제의 대상이 된다. 또 작가가 처음부터 판매용[44] 수량보다 적은 표시를 하여 판매하는 것은 사기의 책임이 문제될 수 있다. 문제는 작가나 그 유족에 의한 약속위반이다. 즉 처음에는 예컨대 50매만 인쇄하고 그 이상은 인쇄하지 않을 의도 하에 그러한 표시를 하고 판매했는데 그 후에 사정이 바뀌어 작가 본인이나 유족에 의해 추가로 인쇄된 경우이다. 이러한 경우라면 사기책임을 묻기는 어렵고 경우에 따라서 최초의 구매자들에 대한 채무불이행 책임이 문제될 수 있으나, 그 효과로서 구매자들이 작가나 그 유족에게 손해배상 책임을 묻는 것은 쉽지 않다고 본다. 그런 의미에서 미국 몇몇 주에서 채택한 규제 법률은 참고가 된다(後述).

이하에서는 이러한 판화의 남발과 관련하여 미국에서 가장 악명 높은 사례의 하나인 Federal Trade Commission v. Magui Publishers(1991)에 대해 살펴본다.

판화의 남발 – 달리 스캔들

판화의 남발은 크게 2대별 할 수 있다. 하나는 위조이고, 또 하나는 발행부수의 조작이다. Federal Trade Commission v. Magui Publishers 사건[45]

42) 2016.1.27. [법률 제13844호].

43) 2014.1.28. [법률 제12380호].

44) 판화 작가는 판매본 외에도 증정본이나 보존본을 추가로 인쇄하기도 한다(자세한 것은 하세가와 기미유키/구자현 역, 위의 책, 54쪽 이하 참조).

45) Civ. No.89-3818, 1991 US Dist. Lexis 20452 (C. D. Cal. Mar. 15, 1991). 이 판결은 항소되었으나 항소심에서도 제1심 판결이 그대로 유지되었다[9 F.3d 1551 (9th Cir.)].

은 이 2가지를 모두 가지고 있는 경우였다.[46)]

【사건의 경위】

1991년, 미국 연방거래위원회(Federal Trade Commission: FTC)는 캘리포니아 연방지방법원에 Magui Publishers와 그 대표자 Pierre Marcand를 상대로 FTC법 제5조(a) 위반을 이유로 제소하였다. 캘리포니아에 주소를 둔 Magui Publishers는 미국 전역의 소매상을 상대로 판화를 판매하는 자이며, FTC는 Magui Publishers가 기만적(欺瞞的)인 방법으로 달리(Salvador Dali)에 의해 제작되었다는 석판화와 동판화를 판매하고 있다고 주장한다.

여러 번에 걸쳐 달리(Dali)는 그의 작품을 발행하는 발행자의 요구에 따라 수없이 많은 백지에 그 자신의 서명을 하였고, 발행자는 그 종이에 작품을 인쇄하여 판매할 수 있었다. 다만 1979년 초부터는 달리의 건강은 극도로 악화되었고, 종이에 서명조차도 할 수 없었다.

피고 Magui Publishers는 1982년에서 1989년에 걸쳐 적어도 달리 작품 32종(28종은 동판화이며, 4종은 석판화이다)을 발행하였고 1종당 발행부수는 1000매에 달하는 것이었다. 달리의 판화는 미국 전역에 걸쳐 팔려나갔다.

Magui는 판매원을 통해 구두로, 광고지나 전단지에는 서면으로, 그것들이 진품임을 표시한 진품인증서와 달리 작품과 함께 그것이 몇 판에 해당하는지를 그 사장인 Marcand가 서명한 서면을 발행하였다. 그 증명서에는 권리증서를 발간한 미술가는 달리이며, 그 판화는 석판화 혹은 동판화이며, 그 판화는 Dali가 서명하거나 미리 서명했던 특별한 유형의 종이에 인쇄된 것이며, 당해 판은 특별한 장소에서 생산되었고, 당해 판의 인쇄 종료 후 원판은 폐기되었다고 되어 있었다. 그 증명서에는 Magui가 인쇄한 판의 크기와 발행한 전체 분량(매수)이 표시되어 있었다. Magui-Dali 판의 평균 가격은 457달러였으며, Magui는 적어도 매출액 기준,

46) Lerner-Bresler, 466쪽.

396만 달러의 판매고를 올렸다.

FTC가 제소하고, 법원이 확인한 바에 의하면 피고가 소매상에게 달리 작품을 판매함에 있어 5가지의 부실표시를 한 것으로 드러났다.

1) 피고는 달리가 마구이판의 창작이나 제작에 참여했으며, 권한을 부여하였다고 주장했다. 증거에 의하면 마구이나 그 대표자인 Marcand는 그 작품들이 달리와 밀접하게 관련된 것으로 판매하였다. 그러나 역시 증거에 의하면 달리는 그 작품의 제작에 참여하지도 관여하지도 않았으며, 그것들은 전적으로 마구이에 의해 제작된 것들이다.

2) 피고는 Magui-Dali판은 달리에 의해 서명되거나 미리 서명된 종이 위에 제작되었다고 주장했다. 모든 마구이판 속에 달리가 서명했다는 서명과 그 작품이 한정된 부수의 하나라는 표시가 포함되어 있기는 하더라도, 증거에 의하면 마구이판 위의 달리의 서명은 위조임을 알 수 있다.

첫째 Magui-Dali판의 종이의 대부분은 아르슈(arches)나 리브(B.F.K. Rives)를 사용했는데 그들 2종류의 종이는 그 종이가 언제 제작되었는지를 알 수 있도록 워터마크(watermark)가 되어 있다. 워터마크를 조사해 보니 전부는 아닐지라도 대부분은 제지회사가 1980년 이전에 판매한 종이들은 아니었다. 더욱이 리브나 아르슈가 1982년부터 매년 부착하는 두 번째 워터마크를 조사해 보니 미리 서명된 종이의 대부분은 1982년, 1983년, 1984년, 1985년, 1986년에 제조된 것들이었다. 증거에 의하면 달리는 적어도 1979년 이후에는 미리 서명을 하지 않았다.

① BFK리브(프랑스): 리도그래프 종이로 세계적으로 널리 사용되고 있다.

② 아르슈(프랑스): 종이가 다소 두꺼우면서 질기기 때문에 삽화본과 같이 손에 들고 감상하는 판화를 찍을 때 가장 적당한 용지이다.

둘째, 달리의 서명은 마구이판의 서명과는 달리, 눈에 띄게 불규칙했고, 일정하지 않았다.

셋째, 만약 실제로 달리가 미리 서명을 하였더라면 에칭과정에서 잉크가 얼룩지지 않도록 서명은 연필로 하였을 것이다. 그런데 마구이판의 서명은 쉽게 얼룩이 지는 것이었다. 그러므로 만약 판화가 에칭과정을 거친 것이었다면, 그들은 달리에 의해 미리 서명되었을 수가 없다.

3) 피고는 특정 제호의 판화는 소규모로 제조된 것이라고 주장했다. 그러나 실제로는 피고가 주장한 것보다 대규모로 발행되었다. 그리고 증거에 의하면 적어도 3가지 제호(題號)—Last Supper, Lincoln in Dalivision, Persistence of Memory—는 마구이가 동일한 달리 이미지를 다른 시간에, 별개의 판을 통해 구매자들이 전혀 모르게 발행하였다.

4) 피고는 선전 책자에서 모든 에칭화는 손으로 제작된 것이라고 주장했다. 그러나 적어도 9개 제호의 판화에 관해서는 전부는 아닐지라도 대부분이 사진술과 손동작의 혼합에 의해 조판된 판이 만들어지고 또 인쇄되었다.

5) 피고는 선전 책자에서 Magui-Dali판은 가격의 상승이 예상되는 수집할 가치가 있는 것이며, 탁월한 투자 대상물이라고 선전하였다. 그러나 마구이판은 달리 이미지의 연출이고, 달리가 관여한 것도 아니므로 재판매의 가치가 없는 것이며, 따라서 투자할 가치도 없는 것이다. 그것은 미술관 매점(선물가게)에서 팔리고 있는 것에 상당한 것이다.

재판과정에서 대표자 Marcand의 여러 가지 사기 행각과 그에 대해 처벌을 받은 사실이 드러났다.[47] 1991년 캘리포니아 연방지방법원은 마구이가 196만 달러의 부당이득을 취득했다고 보았다. 이것은 총 매출액 396만 달러에서 비용, 200만 달러를 공제한 것이었다. 법원은 Magui-Dali판 판화의 영구 판매금지와 196만 달러의 몰수(disgorgement)[48]를 명

47) 이에 대해 자세한 것은 Lerner-Bresler, 469쪽 이하 참조.

48) 이익의 몰수(disgorgement)는 FTC에 사실상 과징금 징수(우리나라 「독점규제 및 공정거래에 관한 법률」 제6조, 제55조의3 이하 참조)와 유사한 이익의 박탈을 인정하는 것이며, 이에 대한 실정법상의 기초가 다투어졌다. FTC는 에퀴티(equity)에 기초한 권한이라고 주장했고, 법원은 이 같은 FTC의 권한을 인정하고 있다(越知保見, 日米歐 獨占禁止法, 商事法務, 2005, 986쪽 참조).

령하였다.

마찬가지 문제가 복수 제작되는 조각의 경우에도 발생한다. 무단으로 작품이 만들어지고 그렇게 다시 찍은 제품이 창작적인 작품으로 판매되고, 판이 완성된 후에도 주형이 폐기되지 않을 수도 있으며, 작가 사후에 만들어진 복제본이 작가에 의해 만들어진 작품인 양 사칭통용(詐稱通用, passing-off)된다. 이에 미국의 몇몇 주[49]에서는 판화의 복수제작을 규제하는 법률을 제정하였다. 이들 판화 및 복수제작 공개법에서는 합리적으로 예상되는 판화매수보다 다량 제작된 것이 밝혀진 경우에 이들 판화를 구매한 자를 보호하는 특별한 권리와 구제책을 규정하고 있다.[50]

모든 제정법이 복수 제작된 판화에 적용되나 뉴욕, 캘리포니아, 조지아, 미시간 주법은 복수제작된 조각품과 같이 복수제작된 것이면 판화 이외의 것에도 적용된다.

이들 모든 법은 작품판매 시에 작품과 더불어 일정한 정보가 증명서, 송장 또는 영수증에 공개되도록 요구한다. 공개되어야 할 일정한 정보란 각 주의 법률에 규정되어 있으나 일반적으로 포함된 사항은 다음과 같다: ① 작가의 성명과 인쇄되거나 주조된 연도, ② 제한된 수량만이 제작되었는지 여부, ③ 원판이나 주형의 현재 상태, ④ 하나 이상 제작된 경우라면 제작 규모 및 당해 작품이 몇 번째 인쇄된 것인지 그 내용, ⑤ 당해 판이 저자 사후에 제작되었는지 또는 다시 찍은 것인지, 만약 그렇다면 원판이나 주형이 재제작(再製作)되었는지 여부, ⑥ 당해 작품이 인쇄되거나 주조된 작업장이나 주물공장의 이름. 대부분의 법률은 재료와 사용된 방법, 예컨대 당해 판화가 에칭화(etching), 조각술(engraving), 목판화(woodcut), 석판화(lithograph)인지 또는 판매자는 모르는 것인지, 조각의 경우에는 사용된 재료가 공개되어야 한다.[51] 몇 개의 주에서는 그 밖에 공개요건에

49) 캘리포니아, 조지아, 하와이, 일리노이, 메릴랜드, 미시간, 미네소타, 뉴욕, 북 캐롤라이나, 오리건, 남 캐롤라이나.

50) DuBoff-King, 83쪽.

51) *Ibid.*

복수제품 위의 작가 이름의 출처(그것이 서명인지 스탬프를 찍은 것인지)가 포함되어 있으며, 공개가 되지 않은 경우에는 한정된 제품이라고 표시된 복제물의 숫자가 더 이상 동일한 이미지를 가진 복제품은 제작하지 아니한다는 것을 명시적으로 보증한다고 규정한다. 한정된 판인 경우는 그 밖에 발매되거나, 서명 없이 혹은 서명 후 파괴된 총 숫자, 시험적으로 인쇄한 숫자, 복수 제작된 전체 규모도 공개하도록 요구한다. 몇 개 주는 공개요건을 충족하지 않았다는 것을 알면서 판매에 제공하면 책임을 지우는 데 반해 뉴욕이나 오리건 주는 엄격책임을 부과한다. 모든 주가 공개가 요구되는 정보를 제공하지 않을 수도 있다고 하는 배제조항을 허용하나, 배제는 특정하여 그리고 범주별로 공개하지 아니하는 사항을 명시하여야 한다.52)

모든 법률이 공개요건을 위반한 자는 구매자가 지급한 대가(對價)에 대하여 책임을 진다고 규정하며, 판매일로부터의 이자를 지급하여야 한다고 규정한다. 고의적인 위반에 대해서는 구매액의 3배까지 배상받을 수 있으며, 하와이의 경우는 3배 배상이나 1,000달러 중, 그 액수가 많은 것을 배상받을 수 있다.53)

우리나라에서의 사후판화의 문제

우리나라에서 사후판화를 둘러싼 논쟁은 1996년 6월 오윤기념사업회와 학고재화랑이 판화가 오윤 씨의 10주기를 맞아 유족의 동의를 얻어 오씨가 남긴 원판들을 가지고 새롭게 작품을 찍어내면서 비롯됐다. 사업회측은 원판의 상태에 따라 작품당 60~70장의 에디션을 만들며 '사후판화'임을 나타내는 사업회의 철인, 판본의 종류 및 숫자, 유족이 대신 찍은 오윤의 낙관을 넣었었다.

한 미술잡지가 그해 7월호에 게재한 기사에서 "오윤 추모전에 출품된 판

52) DuBoff-King, 84쪽.

53) *Ibid.*

화들은 오리지널과 거리가 먼 리프로덕션"이라고 지적하면서 전시회 주최측이 작품들을 오리지널인 것처럼 홍보했다고 비판했다.

이에 대해 기념사업회와 학고재화랑은 "사후판화는 사전적 의미의 오리지널은 아니지만 판화계에서는 통상 광의의 오리지널리티를 인정하고 있다"며 그 미술잡지를 상대로 2억 원의 손해배상청구소송을 제기했다.

1998년 4월 23일 서울지법 민사합의 25부는 "사후판화는 오리지널과는 구분되지만 제3자에 의해 판을 복제하는 리프로덕션이라고 단정할 수 없다"며 "피고는 기념사업회 등 원고들에게 5천만 원을 배상하고 정정보도문을 게재하라"고 판결했다.[54)]

진위여부에 대한 법원을 통한 해결의 어려움

박수근 화백의 유화 ≪빨래터≫에 관한 위작 의혹을 제기한 것이 계기가 되어 시작된 소송에서는 「진품으로 추정」된다는 법원의 판단(다음 서울중앙지법 2009.11.4.선고 2008가합7265 판결 참조)이 있었지만 여전히 의혹은 사라지지 않은 것 같다. 이하 법원에 의해 해결하려고 했던 빨래터 사건과 리오 네로 사건의 예를 들어 경우에 따라서는 법원을 통한 해결이 얼마나 어려운지를 살펴보고자 한다.

우리사례: 빨래터 사건[55)]

(1) 사실관계

빨래터는 2007년 5월 서울옥션 경매에서 45억 2000만 원이라는 한국 미술 사상 최고가로 낙찰됐으나 미술잡지 아트레이드가 이듬해 1월호에서 위작 의혹을 제기하면서 곧바로 위작 논란에 휩싸였다. 서울옥션 측은 아트레이드 측을 상대로 "근거 없는 의혹으로 명예를 훼손했다"며 30

54) 문화일보 1998.4.28. 오애리 기자.

55) 서울중앙지법 2009.11.4.선고 2008가합7265 판결.

억 원의 손해배상 소송을 제기했다.

(2) 입증책임

원고가 이 사건 청구원인으로 허위사실의 적시에 의한 신용 및 명예의 훼손을 주장하고 있으므로 이 사건 기사 내용이 허위라는 점, 즉 이 사건 그림이 위작의 의혹이 없는 진품이라는 점에 대한 입증의 부담은 원고에게 돌아가는 반면, 피고들로서는 자신들의 의혹제기가 정당한 근거가 있다는 점에 대한 입증책임이 있다.

그런데 미술품의 진위 여부는 해당 분야 전문가들 사이에서조차 의견이 엇갈리는 경우가 많고, 해당시대에 진품으로 평가받은 작품이 후대에 위작으로 판명되는 경우도 있는 만큼 이를 가리는 작업이 쉬운 일이 아니고, 아래에서 보듯 이른바 과학감정은 본질적으로 진품이라는 점에 대한 적극적인 증거로는 부족하다.

아래에서는 이러한 점을 염두에 두고 이 사건 변론에 드러난 전문가들의 안목감정과 소장경위 등에 대한 출처감정에 더하여 적외선 분석 등을 통한 과학감정 등에 비추어 보아 당사자들의 주장의 우열을 가리고자 한다.

(3) 법원의 판단

1) 이 사건 그림의 진위 여부

(가) 과학감정

우선 과학감정이라 할 수 있는 서울대학교 기기연구원, 동경예술대학교 연구실의 분석결과 및 이를 원용한 한국미술품감정연구소의 3차 감정의 해당 부분, 감정인 김주삼, 최명윤의 각 감정결과에 대하여 본다.

(ㄱ) 서울대학교 기기연구원의 분석결과는 이 사건 그림 캔버스 천, 캔버스 틀, 액자에서 채취한 시료의 각 연대측정 결과가 1950년 전후인 것으로 되어 있고, 물감의 성분 분석상 아연의 분포도가 높은 등 박수근 그림의 특징을 보이고 있다는 취지이다. 그리고 동경예술대학교 연구실의 분석결과 역시 외견상의 여러 차이에도 불구하고 물감의 성분 분석상 박수근 그림의 특징을 보이고 있다는 취지이다. 또한 감정인 김주삼의 감정결과는 이 사건 그림에서 채취한 물감 시료의 단면을 분석한 결과 밝은

색과 어두운 색이 번갈아 중첩되어 층을 이루고 있고, 물감성분 분석 결과 그림 중 전체에 아연이 분포하고 있는 점 등을 들어 박수근 그림의 특징을 보이고 있다는 취지이다.

(ㄴ) 그런데 서울대학교 기기연구원의 분석결과에 대해서 그 원장은 2008.12.11. 위 분석결과는 최종 분석결과가 아니라면서 연대측정치가 다른 결과를 제시하고 있고(다만 상한은 1954년으로 되어 있다), 위 연구원이 분석한 시료가 이 사건 그림에서 추출된 것인지 여부에 대하여 확인하지 아니하였다는 것이어서(이 법원의 서울대학교 기초과학공동연구원에 대한 사실조회결과) 이를 그대로 받아들이기 어려운 면이 있다.

그리고 변론 전체의 취지에 의하면 박수근의 그림에서 보이는 위와 같은 특징에 대해서는 이미 알려져 있고, 그 바탕을 이루는 제작기법에 대한 연구 역시 공개되어 있음을 알 수 있는데(감정인 김주삼 역시 2000년경 그와 같은 주제로 논문을 발표하였다), 그와 같은 제작기법을 모방하여 그린 그림이라면 유사한 결과를 얻을 가능성을 배제할 수 없다. 또한 동시대의 캔버스 등을 구하여 그림을 그리는 방법 역시 가능하다. 이러한 점에서 위와 같은 과학감정방법은 진품이라는 적극증거로서보다는 진품이 아니라는 소극증거로서 보다 적절한 것이기는 하지만, 아래에서 보는 다른 감정방법을 보강하는 의미에서는 유의미한 것으로 보인다.

(ㄷ) 한편, 감정인 최명윤의 감정결과에 의하면, ① 이 사건 그림이 그려진 캔버스가 두꺼운 물감 층을 이용하여 질감을 표현하기 위하여 의도적으로 굵은 실로 직조된 캔버스에 그려진 것으로 보이는 박수근 화백의 기준작품 2점과는 달리 가는 올의 실로 직조되어 천의 조직이 얇고 작게 나타나고, 캔버스에 이용된 절연제로 당시 일반적으로 이용된 콜라겐(아교)이 아닌 불용성의 수지가 사용된 것으로 추정되는 분석결과를 보이며, ② 박수근의 다른 그림 1점에서 채취된 물감 층 단면과 이 사건 그림 중 흰색 및 살색 부분 두 곳에서 채취된 물감 층 단면을 현미경으로 비교한 결과, 전자의 경우 도드라진 질감을 표현하기 위해 계획적인 행위가 반복된 것으로 관찰되는 반면, 후자의 경우에는 물감의 층만이 겹쳐 있을 뿐

도드라진 질감을 표현하기 위한 계획된 층의 겹침이 보이지 않고, 이 사건 그림에서 채취된 같은 층, 같은 색상의 물감에서 서로 다른 원소 분포값을 보인다는 점을 위작의 근거로 삼고 있다.

그러나 박수근이 두꺼운 물감 층을 이용하여 질감을 표현하기 위하여 의도적으로 굵은 실로 직조된 캔버스에 그림을 그렸다는 것은 감정인 최명윤의 추측에 불과할 뿐만 아니라 비교대상이 되는 박수근 화백의 그림이 불과 2점에 불과하다는 점에서 이 사건 그림이 그려진 캔버스와 같이 가는 올의 실로 직조되어 천의 조직이 얇고 작은 캔버스에 그려졌다고 하여 위작의 근거로 삼는 것은 논리의 지나친 비약으로 쉽사리 받아들일 수 없다. 감정인 최명윤은 당시 박수근 화백이 두루마리 형태로 판매되던 캔버스를 이용한 것으로 확인되는데, 그렇다면 비슷한 시기에 그려진 그림들은 그 캔버스도 같은 종류일 것이라는 전제에 서서 위와 같은 감정의견을 제시한 것으로 보이나, 위와 같은 전제 하에서도 당시 박수근 화백이 오직 한 가지 종류의 캔버스만을 이용하였다는 점이 확인되지 않는 이상, 위와 같은 추론은 근거가 부족하다.

나아가, 최명윤 감정인의 감정보고서에 의하더라도 캔버스에 이용된 절연제로 당시 일반적으로 이용된 콜라겐으로 추정되는 분석결과를 보인 기준작품은 1점에 불과하고, 나머지 기준작품의 캔버스에 이용된 절연제의 분석결과에 대하여는 언급이 없으며, 감정인 김주삼에 대한 사실조회결과에 의하면 1950년대 이전부터 아교는 물론 기름이나 합성수지도 절연제로 사용되었다는 것이어서 캔버스 시료의 용출액에 대한 분석결과 또한 위작의 근거로 쉽사리 채택할 수 없다.

한편, 박수근의 다른 그림 1점에서 채취된 물감 층의 단면 시료나 이 사건 그림에서 채취된 물감 층의 단면 시료 모두 서로 다른 색의 물감이 덧칠을 통하여 층층이 겹쳐져 있다는 점에서는 동일하고, 유독 다른 그림에서 채취된 시료의 경우에만 도드라진 질감을 표현하기 위해 계획적인 행위가 반복된 반면, 이 사건 그림에서 채취된 시료의 경우에는 도드라진 질감을 표현하기 위한 계획된 층의 겹침이 보이지 않는다고 단정할 수 있는지는 의문이다. 나아가, 이 사건 그림에서 채취된 같은 층, 같은 색상의 물감이라는 것은 감정인도 감정보고서에 기술한 바와 같이 어디까지나 육안에 의존하여 구분한 것에 불과하고, 매번 서로 다른 색소를 혼합하여 칠을 한다는 점에서 오히려 같은 색상으로 보이는 물감 층이라도 충분히 서로 다른 원소 분포 값을 보일 수 있을 것으로 사료되며, 이 사건 그림이 위작이라면 오히려 같은 층, 같은 색상의 물감 중에 서로 같은 원소 분포 값을 보였어야 할 것임에도 그러하지 아니하다는 점에서도 위 분석결과를 위작의 근거로 볼 수는 없다.

㈃ 다만, 동경예술대학교 연구실의 분석 결과에 따르면 이 사건 그림의 액자로 가려진 부분과 노출된 부분이 다른 비교대상과는 달리 차이를 보이지 않는다는 것인데, 존 릭스는 이 사건 그림을 여러 나라로 돌아다니면서 항상 가지고 다녔고 유리액자 속에 보관하는 등의 특별한 조치를 취하지 않았다는 것이어서 선뜻 납득하기 어려운 점이 있기는 하나, 존 릭스는 이 사건 그림을 거의 벽에 걸어두지 아니한 채 포장한 상태로 보관하였다는 것인바, 그러하였다면 위와 같은 결과를 전혀 배제하지는 못한다고 볼 수 있다.

(나) 안목 감정

다음으로 안목감정의 측면에서 보면, 한국미술품감정연구소가 위촉한 20명의 감정인단 중 19명이 진품의견을 내었다면, 그 구성이나 감정절차 및 내용에 있어 특별히 불합리한 부분이 없는 한 이는 존중되어야 할 것인바, 위 감정단의 절반이 화랑 운영자 등 화상이기는 하나, 그것이 곧바로 감정의 공정성에 영향을 미친다고 단정하기는 어렵고(송향선은 화랑 대표로서 한국미술품감정협회 감정위원장을 맡고 있으면서 박성남과 함께 이중섭, 박수근 대량 위작 사건 때 위작을 밝혀내는 데에 공헌하였다), 2차례에 걸쳐 감정위원이나 조사방법을 보강하면서 박수근의 화풍의 변천에 따라 여러 작품을 폭넓게 비교하고 있는 등 특별히 불합리한 것으로 보이지 아니한다.

감정인 최명윤은 이 사건 그림의 물결모양이나 인물표현, 공간처리 및 운동감 등에 있어 박수근 그림과 차이를 보이거나 서투르다는 취지로 평가하고 있으나, 이는 주로 1962년작인 시공사 빨래터와 비교한 결과이고, 이 사건 그림에서와 같은 재질감이나 인물표현을 보이는 박수근의 다른 작품들도 존재한다는 점에서 감정인 최명윤의 안목감정이 앞서 본 절대 다수의 감정위원들의 안목감정보다 우위에 있다고 단정하기는 어렵다.

(다) 출처감정

끝으로 소장경위를 비롯한 출처감정의 측면에서 보건대, 원고의 주장은 1954년부터 1956년 사이에 한국에서 근무하던 존 릭스가 같은 회사 직원인 조군실을 통하여 박수근을 소개받고 일본을 오가면서 자비로 박수근에게 그림재료를 사다 주었는데, 박수근이 이에 대한 답례로 이 사건 그림을 비롯한 그림 5점을 존 릭스에게 주었고, 그는 이를 사무실과 집 등에 보관하여 오다가, 2005년경 아내가 중병을 얻고 사위가 사망하는 등으로 곤경에 처한 상황에서 마침 딸이 경매 카탈로그에서 비슷한 풍의 박수근의 그림이 비싸게 팔린 것을 발견한 후 비로소 그 가치를 알게 되어 이를 경매에 내놓게 된 것이라는 취지인바, 존 릭스는 이 사건 그림의 진위논란이 야기된 이후 2008.1.9. 한국미술품감정연구소의 2차 감정 당시 박성남과의 전화통화 이후 2008.1.31. 국내언론과의 인터뷰, 이 법정에서의 증언에 이르기까지 그와 같은 취지로 진술하고 있다.

살피건대, 갑 제17, 18, 25 내지 35, 42 내지 44호증의 각 기재에 변론 전체의 취지를 종합하여 인정되는 다음과 같은 사정 즉, 존 릭스의 당시 여권(旅券)상 그가 한국과 일본을 수시로 오갔던 기록이 나타나 있고, 박수근 화백이 그 후원자로 알려져 있는 밀러(Miller) 부인에게 보낸 편지에도 존 릭스가 홍콩으로 이사하였다는 내용과 함께 홍콩 주소가 기재되어 있으며[이는 1995년도에 시공사에서 발간한 『자료로 본 우리의 화가 박수근』에 그 전문이 인용되어 있다. 다만, 위 책에서는 'John H. Rioks'라고 표기되어 있는데, 이 법원에 현출된 편지 사본(갑 제42호증의 1, 2)에 의하면 이는 'John H. Ricks'의 오기임을 알 수 있다], 박수근 화백이 존 릭스에게 수차례 크리스마스 카드를 보냈고, 존 릭스가 1961.12.13. 박수근에게 보낸 카드에 그

답례와 함께 박수근 화백의 그림을 잘 보고 있다는 취지(we continue to have great pleasure from your paintings which we have)의 기재가 있는 점(특히 존 릭스가 박수근 화백에게 보낸 카드는 2001.4.16. 양구군립 박수근 미술관에 기증되었다), 존 릭스의 사무실이나 집에서 촬영된 사진이나 영상에 이 사건 그림과 함께 받았다는 그림이 벽에 걸린 장면이 나타나고 있는 점(갑 제25호증의 1, 제26호증의 1, 제27호증의 1, 제28호증의 1, 2, 제31호증의 1, 2, 피고들은 그중 갑 제27호증의 1, 제31호증의 1, 2가 위조된 사진이라는 취지로 주장하나, 을 제18호증의 기재 및 감정인 최명윤의 감정결과만으로는 이를 인정하기 부족하고, 달리 이를 인정할 증거가 없으며, 오히려 감정인 김진일은 위 각 사진의 액자와 주변 피사체를 입체현미경을 통하여 검사한 결과, 선예도의 차이가 없고, 부자연스러운 입자의 변화 또는 비정상적인 굴곡 또는 색상의 변화가 현출되지 않으며, 인화지의 퇴색정도 역시 정상적으로 황화, 퇴색된 것으로 현출되었고, 고의적 변형에 따른 형광반응은 현출되지 않아 지질의 퇴색이 자연적으로 이루어진 것으로 나타나 위조된 것이 아니라는 취지로 감정하고 있다. 나아가 을 제18호증의 기재 등에 의하더라도 사진 아닌 동영상에 나타난 그림에 대하여는 조작되었다고 볼 수는 없다), 박수근 화백을 존 릭스에게 소개시켜 주었다는 조군실이 실제 존 릭스와 함께 근무한 사실이 그 동생인 조성애를 통하여 확인되고 있는 점 등에 비추어 보면, 존 릭스가 1954년에서 1956년 사이 한국에서 근무하면서 박수근의 그림을 소장하게 되었다는 원고의 주장은 사실인 것으로 판단되고, 여기에 앞서의 안목감정 및 과학감정의 결과를 보태어 보면 이 사건 그림 역시 존 릭스 및 그 가족들의 사진 등에 나타난 다른 그림들과 함께 존 릭스가 박수근 화백으로부터 교부받았을 것으로 일응 추정된다.

다만, 존 릭스는 2008.1.31. 국내 언론과의 인터뷰에서부터 이 법정에 이르기까지 박수근이 두꺼운 안경을 끼고 있었다는 취지로 진술하고 있으나, 변론 전체의 취지에 의하면 『자료로 본 우리의 화가 박수근』에 기재된 연보에 박수근 화백이 1963년에 눈 수술을 받은 후에 비로소 안경을 끼게 되었다고 정리되어 있고, 위 책에 실린 박수근의 사진을 모두 살펴보아도 1963년 이전의 사진으로서 박수근 화백이 안경을 낀 사진은 한 장도 실려 있지 않은 사실을 알 수 있다. 또한 존 릭스는 2008.1.31. 국내 언론과의 인터뷰에서 액자에 흰 칠을 한 경위와 관련하여 "1970년대에 딸이 '흰 벽에는 흰 액자가 어울린다'면서 흰 칠을 하였다"는 것이나, 위 인터뷰 내용은 '이 사건 그림이 (가족들에게) 별로 인기가 없어서 1950년대 후반 LA에서 홍콩으로 가기 전에 (한 번) 벽에 걸어 놓은 적 외에는 장식용으로 걸어 놓은 적이 없다'는 취지의 이 법정에서의 증언과 배치되는 면이 있다.

그러나 50여 년 전에 5, 6회 만난 적이 있다는 박수근 화백의 외모에 대한 기억이 근래에 본 사진상의 안경 낀 모습으로 인하여 혼동을 일으켰을 수 있고, 존 릭스가 1950년대 후반에만 이 사건 그림을 벽에 걸어 놓았다는 기억이 정확하지 않을 수 있으며, 또한 이 법정에서는 딸이 언제 액자에 흰 칠을 하였는지는 기억하지 못한다고 증언한 점 등에 비추어 보면, 위와 같은 사정만으로 앞서의 주장이 깨어졌다고 단정할 수는 없다.

2) 이 사건 기사가 정당한 언론활동의 범위를 벗어났는지 여부

㈎ 이 사건 기사가 정당한 언론활동의 범위를 벗어났는지 여부는 피고들의 기사 작성의 목적, 경위, 내용과 표현방법, 의혹의 근거로 삼은 사용의 타당성, 사실조사의 용이성 및 사실조사를 위하여 기울인 노력의 정도, 이 사건 기사로 인하여 원고가 입을 손해 등을 종합적으로 고려하여 판단하여야 한다.

㈏ 먼저, 이 사건 그림은 고 이중섭 화백과 함께 우리나라의 대표적인 현대화가로 평가받고 있는 고 박수근 화백의 미공개작이라면서 미술품 경매시장에 처음으로 나와 국내 미술품 경매 사상 최고가로 낙찰되었다는 점에서 그 진위 여부에 대한 의혹이 있다면 이를 공개적으로 규명하는 것이 미술계의 당연한 과제 내지 임무이자 미술품 거래시장의 건전한 발달을 통하여 궁극적으로는 미술계의 발전을 도모한다는 측면에서 공적인 성격을 지니므로 이는 공공의 이익을 위한 것이라 할 것이다.

이와 관련하여 원고는 피고들이 아트레이드를 창간하면서 세간의

관심과 이목을 끌기 위하여 이 사건 기사를 작성·게재하였다고 주장하나, 가사 위 피고들에게 위와 같은 동기가 작용하였다 하더라도 이로써 달리 볼 것은 아니다.

㈐ 다음으로, 한국미술품감정연구소에서도 감정위원 13명으로 구성된 감정인단으로 1차 감정을 실시하였으나 판단을 유보하고 감정위원을 20명으로 보강하여 2차 감정을 실시한 점, 한국미술품감정연구소의 2차 감정에 참여한 한 감정위원도 "한 화면 속에서 기법 및 표현 방법이 여러 가지가 나왔고, 색채가 배경에 스며들지 않고 조금 떠 보이는 등, 칠한 지 오래되어 보이지 않는다"는 이유로 위작 의견을 제시하였던 점, 감정인 최명윤의 감정결과나 동경예술대학교 연구실의 분석결과에서 나타나는 외견상 표현기법의 차이 등에 비추어 보면 이 사건 기사에서 위작 의혹의 근거로 삼았던 표현기법상의 문제점은 나름 피고들이 위작 의혹을 제기할 만한 상당한 근거가 될 수 있을 것으로 보인다.

㈑ 한편, 피고들은 경매 도록에서 이 사건 그림의 출처와 관련하여 약 50년 전에 소장자가 박수근 화백에게 물감과 캔버스 등을 지원하였고, 박수근 화백이 이에 대한 감사의 표시로 이 사건 그림을 선물했다고 기술하면서 박수근 화백이 고마움의 표시로 액자에 흰색을 칠했다고 소장자가 밝힌 것처럼 덧붙였다. 그러나 앞서 본 바와 같이 여기에 소개된 소장자인 존 릭스는 그와 같은 말을 어느 누구에게도 한 바가 없고, 오히려 액자에 흰색을 칠한 것은 자신의 딸임을 분명하게 밝힌 바 있다. 이와 같은 존 릭스의 확인이 아니더라도 박수근 화백이 감사의 표시로 이 사건 그림을 선물하면서 특히 고마움의 표시로 액자에 흰색 칠해서 주었다는 것은 그와 같은 전례가 있다면 모르되, 그렇지 않다면 그 자체로 매우 어색할 뿐만 아니라 무언가 관련자들끼리 작위적으로 말을 맞춘 듯한 느낌을 준다. 피고들은 경매 도록에 "아버지께서 가장 좋아하시는 꽃이 백합입니다. 흰색의 그 꽃은 모든 것을 다 포용하는 인간의 선함과 진실함, 그리고 소박하고 깨끗한 마음과 닮았기 때문입니다. 아버지는 이러한 흰색을 프레임에 직접 칠하시면서 소장자에 대한 아버지의 진실된 마음을 다시 한

번 새겼을 것입니다"라는 박수근 화백의 장남인 박성남의 발언도 부기하였는바, 이러한 첨언으로 인하여 박수근 화백이 고마움의 표시로 액자에 흰색을 칠해서 주었다는 설정이 더욱 부자연스럽게 느껴진다.

원고의 의뢰에 의한 한국미술품감정연구소의 감정 당시 감정위원장을 맡은 오광수 전 국립현대미술관장도 인터뷰 기사에서 감정할 때 가장 중요한 것은 소장자가 누구였고 누구를 통해 유통됐는가라는 작품의 출처라고 말한 것으로 되어 있는바(갑 제7호증 2008.1.14.자 조선일보 인터뷰 기사 참조), 이와 같은 진술이 아니더라도 50년간 존재조차 알려지지 아니하였던 미공개작이 갑자기 경매시장에 출품되었고, 그 표현기법 측면에서 보더라도 박수근 화백의 전형적인 스타일에 비하여 생경하게 느껴져 위 감정위원장까지도 처음 봤을 때에는 "어? 박수근이 이렇게 그렸나?" 싶을 정도였다는 것이며, 보존 상태가 너무 완벽해서 오히려 의심을 받을 소지를 제공하기까지 하였다는 것인바, 이러한 상황에서 원고들이 경매 도록에서 제공한 작품의 출처에 관한 정보 중에서 비중 있게 다루어진 액자의 색에 관한 설명이 설득력이 없고, 오히려 반대로 작품의 출처에 대하여 의심을 살 만하였다는 점에서 피고들이 이 사건 기사에서 이 점을 집중적으로 거론하면서 그렇다면 이 사건 그림의 액자에 대하여 적외선형광분석을 실시하면 액자의 흰 칠이 어느 시기에 칠해진 것인지 알 수 있다고 하면서 분석의 필요성을 제기한 데에는 상당한 이유가 있다 할 것이다.

㈒ 나아가, 그 자체로는 작품의 진위 판정에 있어서 큰 변수가 될 수는 없지만, 경매 도록에 이 사건 그림과 가장 유사한 시공사 빨래터가 누락된 것과 관련하여 원고 측에서는 당시 담당자의 실수에 의한 것이라거나 또는 가나아트센터와 유착되어 있다는 오해를 받을 우려가 있기 때문이라고 변명하나, 원고가 우리나라 최대의 미술품 판매 내지 중개상이고, 이 사건 그림이 그동안 존재조차 알려지지 아니하였던 박수근 화백의 미공개작으로 기존의 유사한 작품과의 비교·대조의 필요성이 매우 크다는 점에서 원고의 변명은 설득력이 떨어진다.

경매 도록에 이 사건 그림의 구도와 거의 유사한 스케치 작품을 비교 자료로 올린 것과 관련하여 원고는 그 스케치 작품의 작성년도를 1954년이라고 기재하였으나, 작품 우측 하단에 적힌 작성일자는 '1934.2.27.'로 되어 있는바, 이로써 원고가 이 사건 그림의 제작년도로 추정되는 1950년에 근접한 시기로 억지로 꿰맞춘 듯한 의심을 불러일으키고 있다.

원고는 위 스케치 작품에 기재된 작성년도가 '1954년'으로도 읽힌다고 주장하나, 일견 보기에도 이는 '1934년'으로 봄이 상당하고, 경매 도록 16면에 수록된 박수근 화백의 '귀로'라는 작품의 뒷면 귀퉁이에 기재된 '1963'의 '3'과 비교하여 보더라도 위 스케치 작품의 제작년도 부분에 표시된 문제의 마지막 숫자는 박수근 화백의 '3'에 대한 전형적인 필체로 보인다.

따라서 피고들이 이 사건 기사에 경매 도록에 이 사건 그림과 가장 유사한 시공사 빨래터가 누락된 점이나 스케치 작품의 작성년도가 잘못 기재된 점을 지적한 것은 이 사건 작품의 진위 판정에 미치는 영향의 정도를 떠나서 그 자체로서는 적절하게 문제점을 지적한 것으로 보인다.

㈓ 앞서도 수차 설시한 바와 같이 이중섭 화백과 함께 우리나라의 대표적인 현대화가로 평가받고 있는 박수근 화백의 미공개작이 50년 만에 세상에 모습을 드러내어 경매시장에서 역대 최고가로 매각되었는데, 그 표현기법이 박수근 화백의 전형적인 스타일에 비하여 생경하게 느껴지고, 그동안의 시간의 경과에 비하여 보존 상태가 너무 완벽하여 오히려 의심을 불러일으키고 있음에도, 그 경매절차를 주관한 원고는 경매에 앞서 자체 감정단을 통하여 감정하였다고는 하나, 그 구체적인 감정결과에 대하여는 아무런 소개도 없이 이 사건 기사가 게재될 때까지, 비록 박수근 화백의 장남이라고는 하지만 미술품에 대한 전문감정인이 아닌 박성남이 '진작'이라고 결론만 기재하여 작성한 감정소견서를 제시하였을 뿐이고, 경매 도록에 작품의 출처와 관련하여 액자의 색에 대하여 장황하게 전개한 설명이 그 자체로 설득력이 없어 오히려 의혹을 사기에 충분하였다면, 이와 같은 상황에서 피고들이 이 사건 그림이 위작이라는 의혹을

받고 있다고 알리면서 위에서 언급된 문제점들에 대하여 구체적으로 설명을 한 다음 결론적으로 감정협회를 통한 진위 감정의 필요성을 주장한 데에는 상당한 이유가 있다는 점에서 이 사건 기사는 정당한 언론활동의 범위를 벗어난 것으로 볼 수 없다.

3) 소결론

따라서 이 사건 기사의 위법성을 들어 이로 인한 신용 및 명예훼손에 대한 손해배상을 구하는 원고의 피고 강병철, 류명학에 대한 청구는 이유 없다.

미국사례: Greenberg Gallery, Inc. v. Bauman(1993)[56]

1) 사실관계

원고는 자신이 알렉산더 칼더(Alexander Calder)의 ≪리오 네로≫(Rio Nero)라고 알고서 50만 달러에 산 「31"×65"」 크기의 "AC"라는 이니셜로 서명된 검정 모빌작품[57]이 진품이 아니라고 주장하면서 자신에게 그 제품을 판 피고(L & R Entwistle and Co. Ltd.: 이하 'Entwistle Gallery'라고 한다)를 상대로 소를 제기했다. 그 모빌작품은 금속 박판(sheet metal), 강철 철사(steel wire)와 27개의 날개 등으로 구성되어 있었다.

1962년 Klaus Perls와 펄스갤러리는 Anspach라는 사람에게 그 ≪리오 네로≫를 팔았다. 그때 펄스는 관행대로 그 ≪리오 네로≫(를 움직이지 않도록 가볍게 매어 놓은 후) 사진을 찍어 보관하여 두었다. 1967년 펄스는 Anspach로부터 ≪리오 네로≫를 다시 산 후, 이를 라이오넬 바우만(페트리사 바우만의 아버지)에게 팔았다. 1984년에 한 번 전시된 후 ≪리오 네로≫는 1987년 라이오넬 바우만이 죽을 때까지 바우만 집에 매달려 있었다. ≪리오 네로≫는 페트리사에게 유증(遺贈)되었다. 라

56) 817 F. Supp. 167(D.D.C 1993), aff'd 36 F.3d 127(D.C.Cir. 1994). 이 사례는 많은 문헌에서 주로 「사진만에 기초하여 감정한 경우」의 문제점의 예로서 거론된다.

57) 움직이는 부분이 있는 조각.

이오넬 사후 팔머 갤러리 주인인 팔머는 그것을 칼더의 작품으로 감정하였고, 페트리사의 유산관리인에 의해 ≪리오 네로≫는 페트리사에게 넘겨졌다. ≪리오 네로≫는 1989년까지 페트리사 집에 매달려 있었다. 1989년 11월부터 1990년 1월까지 ≪리오 네로≫는 위탁판매를 위하여 팔머 갤러리에서 보관하고 있었다. 팔머는 ≪리오 네로≫의 판매를 위하여 1989년 12월 LA 아트 페어에 전시하였다. 1990년 1월 Greenberg Gallery (이 사건의 원고)의 주인인 로날드 그린버그는 ≪리오 네로≫에 관심을 보였지만 팔머가 75만 달러를 요구하는 바람에 사지 못했다. 팔머가 그 작품을 보여줄 때는 그 작품의 이름은 말하지 않았으며, 그저 무명의 칼더의 작품으로 전시되었을 뿐이다. 팔머가 더 많은 정보를 요구하자 페트리사 바우만은 펄스 갤러리와 접촉하여 1967년, 자신의 부친에게 ≪리오 네로≫를 판매한 자료를 요구하였다. 덧붙여 팔머에게 ≪리오 네로≫의 사진을 찍게 하여 그 슬라이드를 펄스에게 보내 그 동일성여부를 확인하였다. 그 슬라이드로 동일성을 확인한 후 펄스는 판매를 증명하는 판매사본을 페트리사 바우만에게 송부하였다. 판매송장을 보고 페트리사 바우만은 그 작품이 ≪리오 네로≫라는 것을 비로소 알게 되었다. 이 자료가 팔머에게 보내졌고, 팔머는 위탁판매기간을 1990년 1월 31일까지 연장해 줄 것을 페트리사에게 요구했으나 페트리사는 이를 거절하였다.

1990년 1월 LA 전시중에 로버타 엔트위슬(그의 전 남편과 함께 엔트위슬 갤러리의 공동 주인)은 페트리사 바우만과 그녀의 남편을 방문하였다. 방문한 목적은 국립미술관의 제의로 페트리사 등에게 그 소장품에 대한 조언을 해주기 위함이었다. 이때 ≪리오 네로≫의 판매 이야기가 오고가게 되었다.

엔트위슬은 구매자를 물색하였고, 처음 나타난 게 원고인 도널드 모리스 갤러리 주인인 도널드 모리스였다. 엔트위슬은 모리스에게 ≪리오 네로≫의 내력을 이야기하고 판매를 권유했으나 모리스는 너무 낮은 가격만을 제의하였다. 이에 바우만은 엔트위슬에게 그 거래를 거절할 것을 지시하였다. 두 번째 물색된 구매자가 전시회에서 구매의사를 보였던 그린버그였다. 교섭과정에서 엔트위슬은 펄스의 송장(送狀, invoice)을 이야기하고, 팔머가 만든 슬라이드도 넘겨주었다. 다른 세 사람의 원고(原告)와 동등한 공동지분을 갖기로 의논한 후, 그린버그는 모빌작품을 50만 달러에 팔 것을 요구하였다. 그때 그린버그는 엔트위슬에게 그 작품을 바로 넘겨줄 것과 그가 매매대금을 지급하기 전에 작품을 검사할 수 있어야 한다는 것을 요구하였다. 그린버그는 1990년 3월 23일 작품을 넘겨받았고, 모빌작품을 조립하여 매단 후 슬라이드와 대조하였으며, 그것은 슬라이드 속에 있는 작품이며, 또한 그가 LA 전시에서 본 그 작품이라고 만족하였다. 그린버그가 그때 살펴본 것이 무엇이든 그는 그의 공동 투자자들에게 그 작품은 매우 멋있고(fabulous), 아름답다(beautiful)고 통지하였다. 공동자금을 만들어 엔트위슬에게 50만 달러를 넘겨주었고, 수고비 15,000달러를 공제한 485,000달러를 바우만 측에 넘겨주었다. 2주일 후 엔트위슬은 그린버그에게 1967년 당시의 송장을 넘겨주었는데 페트리사의 요청으로 라이오넬 바우만의 이름이 교정되었다.

1990년 3월과 11월 사이에 원고들은 그 모빌작품을 칼더 작품으로서 750,000달러에 팔기 위해 전국 순회전시를 하였다. 그린버그는 카탈로그 속에 모빌작품의 사진을 넣어 출판하면서 칼더의 ≪리오 네로≫로 소개하였다. 1990년 5월 그린버그는 자신의 다른 칼더 작품과 함께 전시와 판매를 위해 아트 페어가 열리는 시카고로 그 모빌작품을 운송하였다. 그 아트 페어에서 다른 공동 소유주(Morris, Barbara Mathes, John Stoller)는 처음으로 모빌작품을 보았다. 그리고 그들 모두는 그것의 움직임과 균형에 문제가 있고, 몇 개의 부품이 서로 부딪치는 것을 알아차렸다. 그린버그와 스톨러가 그것을 재조합하여 보다 미(美)적으로 매달려고 하였다. 그들은 틀을 벗겨내고, 모빌의 날개를 분리한 후 이곳저곳을 바꾸었다. 이러한 문제점에도 불구하고 네 사람은 모두 그 모빌이 슬라이드 및 펄스가 판매 송장에서 묘사한 그것과 일치한다는 결론을 내렸다.

1990년 5월 하순경에, 시카고 아트페어에 이어, ≪리오 네로≫를 팔기 위해서 뉴욕에 있는 Mathes의 갤러리로 옮겨졌다. 모리스의 아들은 두 번에 걸쳐, 한 번은 1시간, 또 한 번은 1시간 반을 각각 소비하면서 그 모빌작품을 슬라이드와 일치하도록 재조립하려고 했다. 이러한 노력에도 불구하고 그와 Mathes는 그 모빌작품이 제대로 움직이지 않는다는 것을 알았다. 모리스의 아들은 모리스에게 전화로 모빌에 대해 이상한 느낌(funny feeling)이 든다고 하면서 제대로 작동시킬 수 없다고 말했다. 이때 모리스는 그 모빌의 진품성에 의심을 갖게 되었다.

모빌은 1990년 10월까지 판매를 위해 Mathes의 갤러리에서 전시되었다. 10월에 디트로이트에 있는 모리스 갤러리로 옮겨졌다. 모리스와 그 아들은 이번에 재차 날개와 틀을 조작하여 그것을 재조립하려고 하였다. 이러한 의문에도 불구하고 모리스는 그 모빌이 슬라이드에 있는 작품과 동일한 것이며, 단지 잘못 걸려 있을 뿐이라고 믿었다. 그러나 모리스는 그것을 제대로 매달기 위해서 전문가의 도움을 요청하지도 않았고, 또 판매하기 위해서 그 이후에 전시하지도 않았다. 모리스가 유럽여행을 떠난 후 모리스 아들은 그것을 재조정하려고 하였다.

1990년 11월 17일 모리스는 엔트위슬을 만나 그 모빌의 진품성에 대한 자신의 우려를 표명하였다. 1990년 11월 19일 엔트위슬은 모리스에게 펄스의 판매 송장(invoice) 사본을 송부하였다. 펄스 갤러리는 그 송장이 펄스 갤러리가 대금을 청구한 사본과 동일하다고 확인하고, 자신이 보관중인 사진의 사본을 모리스에게 송부하였다. 모리스는 도착한 사진에 있는 모빌과 대조한 후 자신이 보관중인 모빌이 사진에 있는 것과 동일하지 않다는 결론을 내렸다. 원고들은 그 모빌을 펄스 갤러리가 검사할 수 있도록 뉴욕으로 보내자고 결정한 후, 약속시간을 잡기 위하여 Mathes는 펄스에게 전화하였다.

1990년 12월 3일, 펄스는 그 모빌과 보관중인 사진을 대조하였다. 기껏해서 약 10여 분간 조사한 후 펄스는 그것은 칼더의 진품이 아니며, 펄스 갤러리에 ≪리오 네로≫로 이름 붙여져, 번호 7902/p4754로 등록된 칼더 작품의 복사품이라고 말했다.

원고들은 매매계약의 취소를 요구했으나 바우만은 거절하였고, 이리하여 이 소송이 시작되었다.

사실심리에서 당사자들은 모빌의 진품성에 관한 전문가 증언을 제출하였다. 원고는 칼더 전문가로서 클라우스 펄스의 비디오 녹음테이프에 녹화된 선서증언을 제출하였다. 79세인 펄스는 1937년부터 펄스갤러리의 파트너로 있었다. 펄스 갤러리는 1955년부터 1976년 사이에 미국에서 독점적으로 칼더 작품을 취급하였다. 펄스 갤러리는 페이스 갤러리 등과 함께 세계적인 칼더 작품에 관한 전문가였다. 펄스는 그의 칼더 작품에 대한 평가는 20년 이상 칼더 작품을 취급하면서 얻은 지식과 느낌에 기초한 것이라고 말했다. 펄스는 그 모빌을 1990년 12월, 10여 분 남짓 보았고, 1991년 10월, 선서진술 전에 재차 2-3분 보았다. 두 번 다 그는 그가 보관중인 사진과 모빌의 날개 몇 개만을 비교하였다. 펄스는 "AC"로 된 서명이나 그것이 위조되었는지 여부에 대해서는 한 마디도 언급한 바가 없다.

두 번의 조사에 기초하여 펄스는 그 모빌이 칼더의 진품은 아니며—그 모빌은 감쪽같은 모조품이나— 어느 날개 하나도 진품과는 같지 않다고 결론지었다.

펄스는 23년 동안 ≪리오 네로≫를 본 바 없으므로 그의 기억력에 의존하여 결론을 내릴 수는 없었다. 대신 그는 보관용 사진과의 비교를 위하여 모빌을 붙들어 매고, 그 사진과 실물을 비교하는 그의 방법론에 의존하였다. 그것은 펄스 자신이 개발한 방법이며, 칼더의 진품성을 결정하는 데 가장 믿을 만한 방법이라는 생각을 가지고 있었다. 그러나 그는 칼더 작품을 사진 찍는 것은 아주 어려운 작업이라는 점은 인정하였다. 또 3차원적인 작품을 2차원적인 사진과 비교하는 것은 본래부터 아주 문제가 많다는 것도 시인하였다. 그럼에도 펄스는 모빌을 붙들어 매는 방법이 보관용 사진을 어떠한 사진보다 더 정확히 묘사할 수 있으며, 모든 날개의 정확한 형상이 아주 선명하다고 진술했다.

펄스는 칼더의 모조품은 칼더 진품이 주는 느낌을 주지 못하기 때문에 통상 아주 명백히 모조품이다. 그러나 이 특별한 사례에서는 그조차도 보관용 사진이 없었다면 진품여부를 결정하지 못했을 것이다. 왜냐하면 이것은 진품과 너무도 똑같기 때문이다. 이 특별한 모빌은,

> 칼더의 작품을 그렇게 정확히 복사하는 것이 가능하므로 오직 사진(증거)만이 그것이 칼더 작품인지 아닌지 하는 것을 100% 증명할 수 있음을 보여줄 수 있다.

… 펄스는 그 모빌이 어느 정도 칼더의 특징을 내포하고 있음도 증언하였다. 날개나 색채의 느낌, 틀에 날개를 부착시킨 것, 연결의 유형과 형태, 또는 부품의 간격이 그것은 칼더의 진품이 아니라는 것을 나타내는 것은 아무것도 없다. 누가 그것을 만들었든 그는 어떻게 그렇게 정확히 복제물을 만드는지를 알았다. …

그러나 보관용 사진과 그 모빌을 비교했을 때 그는 다음과 같이 증언하였다

> 진품에서 특정한 지점과 각도를 가지고 있는 이 날개는 모빌 위에서 이 날개와는 전혀 같지 않다. 이것은 지지하는 모든 날개에 보탬이 된다. …

더 나아가서 모빌의 모습에서 칼더적 특징을 보았음에도 불구하고 그는 다음과 같은 중요한 말을 하였다.

> "작동하지 않는 요소들이 있다. … 예컨대 여기에 있는 이 특별한 조각은 칼더 작품에서 보였던 방법이 아니다. 내가 손대고 있는 이 고리는 수직이었을 것이다. … 지금 저것은 사고를 당하면 일어날 수 있는 어떤 것이다. … 이 특별한 조각은 사고를 당했을 것이다. …"

펄스는 칼더 작품의 수리복구(修理復舊)가 있었다고 말했다. 예컨대 칼더 작품의 잔가지가 잘못 다루어져 구부러졌다. 원래의 사진과는 맞지 않는다. 그러나 그는 다음과 같이 말함으로써 그의 증언을 누그러뜨렸

다. 즉 칼더 작품을 수리할 필요가 있었다고 해도 "매우 드문" 일이다. 펄스에 의하면 칼더의 작품은 평생을 가도록 만들어졌다는 것이었다. 그는 비록 전문가가 수리했다고 하더라도 칼더 작품의 어떤 부분을 교체하는 것은 문제다. 칼더 작품은 페인트 칠만 다시 해도 균형을 잃을 정도로 아주 정밀하다. 왜냐면 흰 페인트 속에는 납 성분이 아주 많기 때문이다. 그러나 펄스는 또 잔가지 하나 정도, 날개 하나 정도를 바꾼다면 정상으로 보일 수도 있다. …

결국 펄스는 자기 앞의 모빌은 감쪽같은 복제품이며, 따라서 위조품이고, ≪리오 네로≫라고 부르는 별도의 동일한 모빌이 어디엔가 있을 것이라는 결론을 이끌어내는 듯 보였다.

> 칼더는 스스로가 동일한 것을 두 번 다시 만들지는 않는다. 똑같은 칼더 작품이 두 개 있을 수는 없다. 이것이 모조품 ―내가 칼더로부터 받았던 진품의 감쪽같은 모조품― 이라는 사실이 이것은 칼더에 의해 만들어진 것이 아니라는 증거이다. 날개들이 아주 똑같다고 하더라도 칼더 작품일 수 없다. 왜냐하면 칼더는 동일 작품을 두 개 만들지 않으니까. …

그럼 진품은 어디에 있냐고 질문하니까 펄스는 그것은 "우리가 바우만 씨에게 팔았다"고 대답했다. 모빌에 있는 모든 날개가 보관중인 사진의 것과 동일한 것이 아니며, 따라서 칼더 작품이 아니라고 반복적으로 증언하면서도 반대신문에서는 27개의 모든 날개를 대조해 본 것은 아니라고 인정했다. "당신은 오직 2-3개의 날개를 보고 그것이 잘못 되었다고 말한다. 그 이상 감정하지 않았다. … 원고 변호인의 요청으로 선서진술을 하는 동안 모든 날개를 2분 동안 대조해 보았다. 오직 그 사이에 모든 날개를 대조해 보았다고 하면서, 사진을 가지고 그러한 모빌의 진품성을 판단하는 데는 한 일분정도 소요된다고 말한다. … 이러한 추가적 조사에 기초하여 모든 하나하나의 날개가 칼더 작품이 아니라고 재차 확인했다."

펄스가 진품여부에 대한 증언을 하면서 보인 확신과는 아주 대조적으로 최근에 일어난 다른 사건들에 대한 기억은 상대적으로 그리 선명하지 못하다는 점이다. 예컨대 그는 1990년 11월 Mathes와 모빌에 관해서 한 대화에 대해서는 거의 기억하지 못했다. 또 펄스 갤러리로부터 팔머에게 되돌려주었던 편지 위의 필체에 대해서 그것이 그의 오랜 갤러리 파트너의 것인지에 대해서도 판단하지 못했으며, 1990년 1월 ≪리오 네로≫의 취득과 관련하여 바우만과 어떠한 대화가 있었던 것 같다는 것은 말하면서도 어떤 말이 오갔는지에 대해서는 기억해 내지 못했다. 그리고 그가 바우만에게 전화하여 왜 모빌의 판매에 관해서 펄스 갤러리에 요청하지 않았느냐고 문의했다는 점은 기억하지도 못했고, 오히려 이를 부인하였다. 1990년 1월 펄스의 판매 송장에 대해서 문의한 팔머의 편지를 보았다는 점은, 갤러리 관행상 자신이 보았을 것이라고 말하면서도, 그 편지를 기억하지 못했다. 끝으로 그는 엔트위슬에게 펄스 판매송장의 사본을 보냈었다는 것도 기억하지 못했다.

바우만은 'Linda R. Silverman Fine Art Inc.'의 소유주인 린다 실버만(Linda Silverman)의 선서진술(宣誓陳述)로써 펄스의 비디오테이프로 된 선서진술을 부인하였다. 실버만은 인상파와 20세기 작품들의 화상(art dealer)으로서 9년 반 동안 일하고 있었다. 그전에 그녀는 뉴욕 소더비 경매회사의 현대미술부에서, 처음에는 카탈로그 편집자로서(1972-1983), 그 다음에는 관리자(director)로서 일했다. 그녀는 이를 바탕으로 1978년부터 칼더 작품의 감정을 해 오고 있었다. 그녀는 소더비가 취급하는 현대 작가의 작품은 물론 칼더 작품과 칼더 서명의 전문가로 자처했다. 소더비는 매년 10여 개 정도의 칼더 작품을 판매하며, 그녀는 소더비 경매회사, 아트 갤러리, 책과 자기 집에서 칼더 작품을 수백 번 검사했다. 실버만은 칼더 작품에 대해 50여 차례 진품성 및 시가성에 관한 감정을 하였다.

실버만은 그 모빌을 1991년 10월, Mathes 갤러리에서 약 1시간 반 동안 조사하였다. 그녀는 모빌을 천정에서 내려놓았고 그래서 구성요소들을 적절히 검사할 수 있었다: 서명, 페인트 상태, 연접봉과 봉 및 날개의 형태를 검사하고, 그녀는 모든 날개, 모든 연결점과 모든 철사를 조사하였다. 그리고 그것을 매우 조심성 있게 조사하였다.

이러한 조사와 미술가로서의 그녀의 지식에 기초하여 실버만은 그 모빌이 칼더가 만든 진품이라고 증언하였다. 페인트, 봉, 날개가 완전히 칼더의 작품과 일치하며, 무엇보다도 서명이 칼더의 그것과 완전히 일치한다고 증언하였다 —서명에 관해서는 펄스에 의한 별다른 반론이 없었다. 실버만은 사진은, 조명, 카메라 각도, 거리나 움직임이 작품의 형상에 영향을 미치기 때문에 진품성을 판단함에 있어 믿을 만한 방법이 되지 못한다고 하면서 보관중인 사진에 의존하는 것을 거부했다.

모빌의 소장기록(proveance), 즉 창작한 작가부터 현재의 소장자에까지 이르는 일련의 소장기록이 작품의 진품성을 판단하는 데 있어 가장 설득력 있는 자료로서 미술계는 받아들이고 있으며 실버만의 결론도달에도 중요한 역할을 했다. 그녀는 그 부분품에 무슨 일이 일어났고, 그 부분품이 실제로 무엇에 관한 것인지를 검사하기 위하여 시간을 소비했으며, … 왜냐면 그녀는 ≪리오 네로≫에 관한 독자적인 지식을 가지고 있지 않아 그 모빌이 ≪리오 네로≫라고 증언할 수는 없지만 그때 자신의 견해에 대한 매우 강한 느낌을 받았다고 증언했다.

펄스와 마찬가지로 실버만도 모빌을 조사하면서 받은 첫 번째 느낌은 조립에 문제가 있다는 것이었다고 언급했다. 진품임에는 틀림없지만 몇 개의 부품들이 변경되거나 뒤틀리거나 우격다짐으로 맞추어졌고, 그 밖에 함부로 고쳐졌다. 그녀는 몇 개의 부품이 원래의 것이 아니라는 점에서 펄스 견해에 동의했다. 명백히 변경되고 눈에 띄게 손상을 입었기 때문에, 손상받은 현재의 상태로는 그 모빌을 칼더의 작품으로 팔수는 없다고 증언했다. 원래의 의도대로 복원된 후에는 그것은 칼더의 작품으로 팔 수 있지만 원래가격에서 25-30%는 감액되어야 한다고 말했다. 실버만은 펄스의 견해에 영향을 받지 않았다. 그녀는 펄스가 아무렇게나 그 모빌을 검사했고, 매우 서두르면서 … 사실상 그 작품에 거의 관심을 기울이지 않았다고 믿었다.

앙드레 에머리치(Andre Emmerich)는 1954년부터 자신의 갤러리를 가지고 칼더 작품이나 현대작가의 작품을 파는 화상이다. 그는 원고로부터 원고가 모조품임을 발견하고 피고에게 모조품임을 알린 시간이 합리적이었다는 것을 진술하기 위해 원고로부터 부름을 받았다. 모빌이 복잡하고 매우 정교하며, 운송을 위하여 해체되고 또 재조립되기 때문에 모빌을 매다는 것의 어려움은 상당히 상식화되어 있다고 증언했다. 이것은 현재 문제되고 있는 모빌과 같이 많은 부품으로 이루어진 모빌의 경우에는 특히 그렇다. 부품들이 때로는 서로 충돌할 수 있기 때문에 "그것을 제대로 매다는 데는 전문가의 도움을 받을 필요가 있다." …

로렌스 카스퍼(Laurence Casper)는 뉴욕에 있는 Casper Fine Arts and Appraisals, Inc.를 운영하는 자영업자이며, 통지 시간의 적정성에 관한 바우만 측의 증인이다. 그는 칼더 작품에 관한 전문가는 아니나 그것을 파는 화상으로서 "실제로 칼더 작품을 매달았던 사람에 관한 조언 없이 해체된 칼더 작품을 매다는 것은 매우 경계해야 할 일이다." … 카스퍼는 복잡하고 삼차원적인 움직이는 조각의 진품여부를 판단하는 것은 어렵고 어느 정도 주관적인 과정이라고 하는 실버만이나 펄스의 견해에 동조했다. 봉과 날개가 지속적으로 움직이므로 칼더 모빌의 사진은 실제 부품을 불완전하게 묘사할 수밖에 없다. 카스퍼는 사진이 모빌의 조립에 도움은 될지 몰라도, 2차원적 사진으로 3차원적 조각의 정확성을 판단하는 것은 매우 어렵다.

에머리치는 소장기록은 진품과 아닌 것을 구분하는 좋은 안내자이며, 소장기록은 문제의 작품이 진품이라는 데 무게를 두고 있다는 실버만의 증언을 확인하였다. 에머리치는 펄스의 판매 송장에 기초한, 모빌의 흠 없는 소장기록은, 내가 생각하기로는, 진품성에 관한 최상의 증거이다. 더 나아가서 에머리치는 그의 경험과 경력에 비추어 볼 때, 위조품에 따라다니는 위조된 소장기록은 미술세계에서는 드물지 않지만, 위조품에 위조된 소장기록 대신 진정한 소장기록이 따라다니는 것은 들어본 적이 없다고 말했다. 솔직히 말해서 칼더의 모조품이 있다는 소리는 들어본 적이 없다. 칼더의 모빌은 그 제작에 천재가 관여했기 때문에 그것을 위조하는 것은 특히 어렵다고 말했다. 위조자가 (그렇게) 뛰어난 엔지니어라는 것은 매우 믿기 어려운 일이다.

2) 결 론

나는 모빌을 둘러싼 기록과 정황증거에 비추어 그것은 칼더 진품인 ≪리오 네로≫라고 본다. 펄스의 견해나 칼더에 관한 최고의 권위자라는 무게에도 불구하고 이러한 결론을 내린다. 실버만의 말대로 미술작품의 진품성 여부를 결정하는 가장 좋은 방법은 당해 작가의 작품을 잘 아는 자나 작가의 작품을 전시하고 판매한 화상에게 당해 작품을 조사시키는 것이다. 소더비는 펄스 갤러리와 페잇 갤러리, 프랑스 Maeght 갤러리가 가장 뛰어난 칼더 전문가라고 생각하며, 실버만 자신도 칼더에 관해서는 펄스 등에게 자문을 구하였다. 그 모빌의 진품성에 관한 펄스의 평가는 그것의 시장 가치를 파괴했고, 소더비는 펄스가 승인하지 않은 작품 같은 것은 팔지 않을 것이다.

에머리치도 시장에서는 펄스가 가짜라고 말하면 그것은 가짜라는 것을 확인했다. 그 작품은 사실상 팔리지 않으며, 명예로운 자들은 손도 대려 하지 않는다.

그러나 여기는 시장이 아니며, 증거의 우월성에 의하여 판결을 내려야 하는 사실심 법정이다. 본 건에 있어서 증거를 비교 교량(較量)하는 것은 양쪽 주된 감정인의 증언에 다소 문제가 있다는 점에서 어려운 일이다. 실버만은 보관중인 사진과의 대조를 거부했다. 왜냐하면 그녀는 그것은 믿을 수 없다고 생각했기 때문이다. 그녀는 작품에 관한 자세하고 광범위한 조사, 특히 "AC"라고 하는 서명과 그의 전문적 지식에 근거하여 그 작품은 칼더의 진품이라고 결론을 내렸다. 이 방면에 있어 펄스의 권위가 실버만보다 월등하다고 하더라도 그는 서명이나 그가 견해를 표명하는 데 기초가 된, 이 방면의 경험에 따른 다른 기준을 분명히 말하지 않았다. 삼차원적 작품을 이차원적 사진으로 대조하는 데 따르는 본래적 어려움에 덧붙여, 칼더의 모빌을 사진 촬영하는 데 포함된, 모든 전문가가 인정하는 왜곡이 있다는 점을 감안하면, 이 증언으로 원고의 입증책임이 완수된 것은 아니다. 모빌은 감쪽같은 복제물이라고 하면서 어느 하나의 날개도 칼더 것이 아니라고 하는 펄스의 증언 속에 포함된 명백한 모순과 진품이 어디 있는지는 모르나 어디엔가 있을 것이라는 전제하에서 결론이 내려졌다는 사실은 원고의 증거가 너무도 모호하여 원고측 증거의 우월성을 뒷받침하지 아니한다.

나머지 기록과 그로부터 나오는 합리적 추론에 비추어 보면 작품의 진품성에 보다 무게가 실린다. 증거에 의하면 칼더 작품을 취급하는 딜러의 손을 떠나고, 그 이후 바우만 가족이 보존할 때까지는 당해 모빌은 분명히 진품이었다. 모빌의 완벽한 소장기록은 펄스 갤러리의 진정한 송장에 의해 확실시되며, 이 사건에서 모든 증인이 확인한 바와 같이 진품성을 강하게 추정하게 한다. 칼더 작품을 취급한 경험이 있는 팔머는 1989년 11월부터 1990년 1월까지 진품성에 관한 어떠한 의심 없이 모빌을 전시했고, 실패로 끝났지만 위탁판매기간을 연장하려고 했다. 펄스 자신도 1990년 1월, 슬라이드를 살펴본 후 바우만을 위하여 그 모빌을 팔아주겠다고 제의했다. 라이어널이나 페트리시아 집, 또는 팔머 갤러리에 모빌이 걸려 있을 때는 바르게 매달려 있었고, 서로 충돌하지 않았다고 보는 것이 그 반대의 경우보다 가능성이 높다. 모빌의 상태에 관해서는 원고들이 사실상 그 모빌에 손상을 주었다는 직접적인 증거는 없지만, 정황증거에 비추어 보면 다양한 결함이 판매 후, 즉 원고가 위험을 떠맡은 후에 원고의 조작 잘못 때문일 것이라는 가능성이 그 반대가능성보다 높다. 그린버그는 그가 모빌을 받아서 조사했을 때 그것은 슬라이드와 일치하며, 그것을 달았을 때 공동 소유주에게 멋있고(fabulous), 아름답다(beautiful)고 말했다고 증언했다. 그러나 일년이 지난 후에 조사했을 때 양쪽 전문가들은 그것이 손상을 입었고, 사고가 있었거나 그 밖에 손상을 입었다고 자진하여 설명하였다. 원고들이 8개월 이상 그 모빌을 점유하고 있었고, 그 동안 그들은 전국 여러 곳으로 모빌을 몇 차례나 운송하였다. 그것은 스톨러, 모리스, 모리스의 아들에 의해 조작되고, 조립되고, 반복적으로 재조립되었다. 오늘까지도 원고들은 그것을 조립하는 데 있어 전문가의 도움을 요청한 바 없다.

반면 원고들은, 그들 자신이 경험 있는 화상임에도 어떻게 이 복잡한 모빌의 감쪽같은 복제품이 만들어졌는지, 언제 그리고 어떻게 칼더 작품이 모조(복제)품으로 대체되었는지에 대한 증거를 제출한 바 없다. 또 여기에 있는 것이 감쪽같은 모조품이라면 도대체 어디에 ≪리오 네로≫ 진품이 있는지에 대한 증거도 제출한 바 없다. 기록을 보아도 칼더 모빌의 위작품이 시장에 있다거나 또 이번 것과 감쪽같이 같은 다른 모조품이 시장에 있었다는 증거는 없다. 따라서 모든 증거에 비추어 볼 때 나는 그것은 ≪리오 네로≫의 진품이며, 모조품이 아닐 가능성이 모조품일 가능성보다 높다고 결론을 내린다. 본건에서의 모빌은 잘못 조립되었으며, 조잡한 조사 때문에 그것은 원래의 사진과 그대로 닮지 않았고, 제대로 매어다는 데 필요한 섬세한 균형을 상실했기 때문에 모조품으로 매도(罵倒)되었다고 본다. 원고가 입증책임을 다하지 못했기 때문에 판결은 모든 점에서 피고에게 유리하게 판시한다.

3) 코멘트

가. Merryman의 코멘트[58)]

㉠ 이 판결에 찬성할 수 없다는 많은 코멘트가 미술계로부터 나왔다. 어떻게 칼더 작품에 관한 최고의 권위자가 위작이라고 감정했는데—따라서 시장에서 팔릴 수 없도록 된 작품을—판사가 진품이라고 판시할 수 있는가? 미술시장이 어떻게 돌아가는지를 알 수도 없고, 알려고도 하지 않은 '미술치(美術痴)'인 판사에 의한 판결이 아닌가.

㉡ 판사가 몇 번이고 칼더의 서명에 대해서 언급했다는 점을 주목해보자. 그것은 'AC'라는 간단한 것이고, 웬만한 기술자는 별 어려움 없이 복제할 수 있는 것이다. 그는 여러 번 서명에 무관심했던 펄스에 대해 언

58) Merryman, 1070쪽.

급하면서 실버맨의 의견을 채택한 이유의 하나가 그녀가 서명에 대해서 무게를 둔 것에 기인하였음을 언급한다.

ⓒ 작품의 진품 여부가 문제된 다른 사례들에서도 법원이 서명에 마음을 쏟는 것을 알 수 있다. 그래서 작품이 진정하냐는 쟁점으로부터 그 서명이 진정한가로 판사의 관심이 바뀌게 된다. 모노그램이나 서명의 기가 막힌 복제품은 무엇을 입증하는가. 작가의 서명을 위조하는 것이 쉬운가, 아니면 작가의 그림이나 조각을 위조하는 것이 쉬운가.

ⓓ 유명한 화상인 앙드레 에머리치가 칼더의 모조품이 있다는 소리를 들어본 적이 없다는 증언을 했을 때 몇몇의 화상들에게는 충격으로 다가왔다. 그들은 저자에게 칼더 작품의 위조품 시장이 점차 일반화되고 확대된다고 말했었다.

ⓔ 에머리치는 위조품에 진정한 소장기록이 따라다닌다는 것은 들어본 적이 없다고 말했다. 그러나 이러한 일이 없었던 것은 아니다. 예컨대 몇 년 전에 드 치리코(De Chirico) 작품을 위조하는 것으로 판명된 '공장'이 밀라노에서 불시에 단속을 받았다. 새로이 만들어진 몇몇 위조품에 인상적인 진품확인서가 부착되어 있음을 발견하였다: 그것은 드 치리코, 그 자신이 서명하고 공증한 진품확인서였다. 이것은 다름 아닌 작가에 의해 이런 식으로 진품 확인된 명백한 진품의 뒷면에서 제거된 것이었다. 그 공장의 다른 작품들은 작가에 의해 서명되고 공증된 진품확인서의 그럴듯한 위조문서가 부착되어 있었다.

ⓕ 칼더의 모빌이 펄스의 말대로 모조품이라고 가정해 보자. 그렇다면 리오 네로의 진품은 어디에 있는가? 언젠가 그것이 시장에 나올 것인가? 샤갈, 르노아르, 고갱, 버나드 뷔페의 진품을 구입한 후 진품은 스스로 보관한 채, 이를 복제하고, 진품증명서도 위조하여 시장에 팖으로써, 최근 유죄판결을 받은 뉴욕의 화상이자 수집가인 엘리 사카이(Ely Sakhai)를 생각해 보자. 그러나 마침내 그는 진품을 팔기 시작했고, 진품과 위조품이 동시에 시장에 나옴으로써 붙잡히게 되었다.[59]

나. Lerner-Bresler의 코멘트

이 사건에 대해서는 Lerner-Bresler의 의미 있는 코멘트도 있다.[60] 즉 이 사건의 전말을 보면 왜 미술품의 진정성 여부에 대해서 법원으로 가기 전에 가급적 법정 밖에서 화해로 해결하는 것이 좋은지를 보여 주는 좋은 예라는 것이며,[61] 원고들은 이중(二重)의 패배자라는 것이다. 그들은 소송에서 패했을 뿐만 아니라, 가짜로 의심되는 작품을 팔지도 못하게 되었다는 것이다. 아무리 법원이 진품이라고 판단했어도, 업계에서의 펄스의 명성에 비추어 그가 위조품이라고 판단했다면 팔기는 힘들다는 것이다.

예방책

DuBoff 교수 등은 모조품 구매자를 보호하기 위해 미술품 등록제도를 도입하거나, 혹은 작품 위에 서명이나 특징적 디자인을 배열하고, 그 뒤에 고성능 원자량을 가진 스펙트럼 색채로 인쇄된 특별한 코드 숫자를 뒤따르게 하는 것, 또는 화학 처리된 작가의 지문을 사용하는 방법, 혹은 진품임을 확인하고 그 부정한 사용을 처벌하는 증명표장 제도를 마련하는 것 등을 제안한다. 또 입법에 대한 대안으로서 미술계가 스스로 자율규제하는 것도 좋은 방법이라고 한다.[62]

우리나라의 경우에도 전시회(개인전이든 단체전이든)를 하려면 도록(圖錄)을 작성하고, 이때 디지털 자료가 만들어지므로 전시회에 앞서 관

---

59) *United States v. Sakhai,* No. 04 Cr. 583(SDNY 2005).

60) Lerner-Bresler, 133쪽.

61) 최근 박수근 화백의 빨래터와 관련해서 다음과 같은 기사가 눈에 띈다.
서로 엇갈린 "이들의 감정 평가를 두고 재판부는 "안목 감정의 경우 주관적인 한계를 벗어나지 못하고, 과학 감정조차 필요조건을 갖추지 못했다"며 한번 더 조정을 권고했다"(뉴시스 2009.6.17. 김미영 기자). "재판부는 이날 재판에서 "미술계에서 풀어야 할 진위 문제를 법정에서 가리기가 쉽지 않다"며 양측에 조정을 당부하기도 했다."(국민일보 2009.6.18. 양지선기자).

62) 보다 자세한 것은 DuBoff-King, 85-87쪽 참조.

리단체나 권한 있는 기관에 전송하고, 그 기관 등[63]으로부터 작품의 고유 번호를 부여받음으로써 처음부터 작품을 관리하는 방법도 생각해 볼 수 있다. 이 디지털자료를 관리하는 기관은 자동적으로 디지털 미술관이 되어 등록 작품을 일반인이 관람하도록 할 수도 있을 것이며, 이러한 작품의 관리 및 이용을 관장할 수도 있을 것이다. 이러한 디지털 작품을 감상한 디자이너가 산업에 이용할 수도 있을 것이므로 이러한 단체는 순수미술이 산업에 이용되도록 하는 가교역할을 할 수도 있을 것이다.

Coffee Break: 진품 같은 위작 : 위대한(?) 위조 작가들[64]

성공한(?) 위조작가들 중에는 스스로 자서전을 쓴 사람도 있고(예컨대 Tom Keating: The Fake's Progress), 전기(傳記)의 대상이 된 사람도 있으며(클리포드 어빙의 Fake!나 앤 매리 스타인의 Three Picassos' before Breakfast), 유명신문에 대서특필되기도 했다(예컨대 John Myatt). 경우에 따라서는 전문가라는 사람들을 바보로 만들고, 부자들을 농락한 민중의 영웅으로 취급되기도 한다.[65] 다음은 뛰어났던(?) 위조작가에 대한 일화이다.

사례 1

하나는 반 메헤렌(Hans van Meegeren: 1889-1947)에 관한 것이고 그의 반역사건은 유명하다.[66] 반 메헤렌은 네덜란드 화가이다. 이 네덜란드의 화가는 2차 세계대전 후 베르메르의 작품 ≪간음한 여인과 그리스

---

63) 현재 미술저작물은 한국문예학술저작권협회가 그 권리처리를 하고 있다. 그러나 미술작품만을 취급하는 제3 기관이나 단체를 생각해 볼 수도 있을 것이다. 1998년에 '한국미술저작권협회'가 결성되기도 했다.

64) 이하의 내용은 DuBoff-King, 59-60쪽; www.blog.daum.net/pieta999; Wikipedia에 기초함.

65) Merryman, 1054쪽.

66) 보다 자세한 것은 Edward Dolnick, *The Forger's Spell*, Hapercollins, 2008.

도≫를 독일 나치 지도자였던 괴링에게 팔아 넘겼다는 죄목으로 반역죄 처분을 받을 위기에 처했다. 이에 놀란 위작자는 그 작품은 위작이라고 주장했다. 반면 이를 재구입한 미술관의 이론가들이 진품이라는 결론을 내렸다. 양쪽간의 치열한 공방 끝에 급기야 법정에서 위작임을 증명하는 모작시연을 벌여 위작임을 증명하고 반 메헤렌은 반역혐의에서 벗어났다. 그의 사후 한편에서는 그의 유명세를 노려 메헤렌의 작품을 모사한 위작이 메헤렌 작품으로 팔리기도 하였다. 그러나 위조 작가임이 밝혀진 후에는 이류취급을 받았다고 한다.[67] 메헤렌의 작품을 두고 윌슨은 "소름끼친다"고 평했고, 존스는 "기괴하고 추한 느낌에 불쾌하기까지 한 그림인데다가 베르메르 작품과 비슷하지도 않다"고 비판했다.[68] 그러나 메헤렌에 의한 위작이라는 사실이 밝혀지기 전에는 극찬을 받았던 작품들이다.

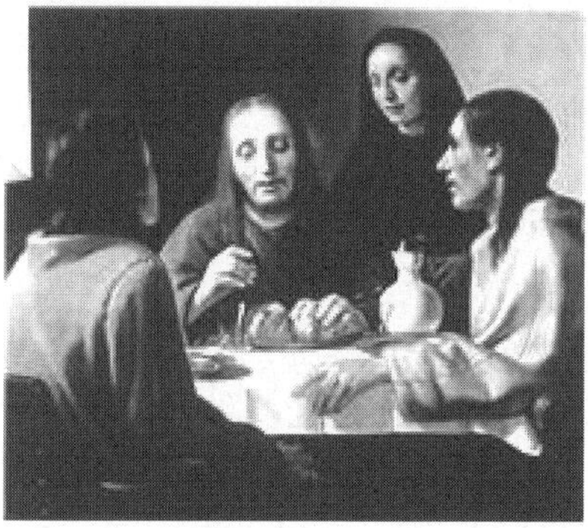

왼쪽 그림은 베르메르를 모방한 ≪엠마오의 그리스도≫이다. 당시 최고의 미술사학자인 아브라함 브레디우스(Abraham Bredius)가 "지금까지 알려지지 않은 위대한 거장의 작품을 화가의 작업실에서 방금 나온 것처럼, 원래의 캔버스가 조금도 손상되지 않은 채로, 복원되지 않은 상태로 볼 수 있다는 것은 예술을 사랑하는 사람에겐 황홀한 순간이다! 정말 대단한 작품이다! 아름다운 표현과 예수가 축복하고 있는 빵에 대한 점묘법이 아니더라도 감히 말하건대, 우리가 지금 보고 있는 것은 베르메르의 걸작임에 틀림없다고 말했다."[69]

---

67) Bruno S. Frey/주수현, 유영명, 박상현, 최성희 역, 『문화예술경제학』, 시그마프레스, 2007, 224쪽.

68) *Ibid.*

69) *Ibid.*

≪엠마오의 그리스도≫는 아브라함 브레디우스의 추천에 의해 보이만즈 미술관(Boymans Museum)이 구입하였다.

사례 2

또 하나 위조작가로 유명한 사람은 David Stein이다.[71] 그는 유명작가의 그림을 그대로 모방한 것이 아니고, 그들의 스타일을 모방하여 다른 그림을 그리고 그 위에 당해 유명작가의 서명을 위조해서 진품으로 판매하였다. 스타인의 솜씨는 너무나 뛰어났고, 그가 감옥에 있는 동안에도 그를 감옥에 보낸 판사(Judge Stone)의 배려로 매일 그림을 그릴 수 있었다. 복역 후, 프랑스로 추방되어 그곳에서도 수감되었으나 프랑스 당국의 배려로 그림을 그릴 수 있었다. 이때 그는 약 68점의 거장의 스타일을 본딴 그림을 그렸다. 물론 이번에는 그들 그림에 'Stein, D'라는 표시가 되어 있었다. 이 그림들을 뉴욕에서 "모작(模作)의 대가 스타인"(Master Forger David Stein)전을 열어 작품의 전시와 판매가 행해지려고 할 때 뉴욕 검찰은 이 전시회를 막으려고 했다. 이유는 누군가가 스타인 작품을 사서, 스타인 작품에 표시된 "스타인"이라는 표시를 제거하고 작가 서명을 추가하여 진품으로 팔 가능성이 있다는 것이었다. 법원은 불법행위가 개입할 가능성이

(스타인과 그가 그린 위작)[70]

70) 사진출처: http://www.thewrap.com/tv/blog-post/david-stein-artist-forged-extraordinary-gifts-and-flaws-30748.

71) 스타인은 1935년 이집트, 알렉산드리아에서 'Henri Haddad'라는 이름으로 태어나, 1999년 프랑스 보르도에서 생애를 마쳤다. 보다 자세한 것은 http://en.wikipedia.org/wiki/David_Stein_(art_forger) 참조.

있다는 이유만으로는 전시회 개최를 금지시킬 수 없다고 판시하였다 [State of New York v. Wright Hepburn Webster Gallery, Ltd. (1970)].[72] 스타인의 전시가 열리자 개최 첫날 작품의 반 이상이 팔렸다.

사례 3

최근 위의 두 사람과 어깨를 나란히 하는 위조 작가는 존 마이엇(John Myatt)이다.[73] 1990년대 영국인 존 마이엇과 존 드류가 8년여에 걸쳐 벌인 사기행각은 유명하다. 존 드류와 존 마이엇은 자코메티, 샤갈 등을 비롯하여 여러 작가의 작품 200여 점 이상을 위조했다. 미술대학을 나온 존 마이엇은 작품을 위조하였고, 존 드류는 테이트 미술관 등에 보관된 자료 그 자체를 위조했고, 스스로가 감정인이 되어 자신들이 위조한 작품을 진품이라고 감정하기도 하였다.

이들은 체포되어, 2002년 존 마이엇은 1년, 존 드류는 6년의 형을 선고받았다. 존 마이엇은 "위조하려는 그림이 자신에게 최면을 걸게 한다"고 할 정도로 그림에 몰두했으며, 각종 서적을 탐구해 위조대상 작가의 모든 것을 파악하려고 했다. 2006년 존 마이엇은 자신의 위조품을 런던의 한 갤러리에서 위조품으로 전시하였고, 이들 작품은 모두 매진되었다. 자신을 체포한 형사의 가족그림을 그려주기도 하였다. 이들이 한 사기행각의 최대의 폐해는 미술사 그 자체가 왜곡될지도 모른다는 점이다.

---

72) 64 Misc. 2d 423, 314 N.Y.S.2d 661(Supreme Court of New York, New York County, 1970), affirmed on appeal. State v. Wright Hepburn Webster Gallery, 323 N.Y.S. 2d 389 (App. Div. 1971).

73) 연합뉴스, 2005.12.9, 〈20세기 최고 위조그림 전문가 존 마이어트〉. 또 이 사건을 소재로 한 논픽션에, Laney Salisbury & Aly Sujo, PROVENANCE, Penguin Press, 2009. [래니 샐리스베리/앨리 수조 공저/이근애 역, 「미술품 위조사건: 20세기 미술계를 뒤흔든 충격적인 범죄 논픽션」, 소담출판사, 2012]가 있다.

제7장 감정과 감정인의 책임

"작품 감정 학습의 첫걸음은 검증(檢證)되지 않은 것은 어떤 것도 믿지 않는 것[무징불신(無徵不信)]에서 출발한다. 시대를 막론하고 위조와 사기가 가능한 이유 중 하나는 인간에게 '무조건 믿고 싶어 하는 욕구'가 있기 때문이다. 또 모든 위조나 사기는 그 목적을 위해서는 어떠한 노력도 마다하지 않는다는 것을 간과해서는 안 된다. 따라서 이러한 마음의 장애를 극복한 상태라야만 작품을 냉정하고 객관적인 눈으로 바르게 관찰할 수 있고, 작품에 관한 깊이 있는 지식을 바탕으로 그 진위를 분별할 수 있다. 그리고 더 나아가 작품에 감추어져 있는 위조자의 제작 수준과 무의식적·의식적 실수까지도 알아낼 수 있다."(이동천, 「眞相」, 동아일보사, 2008, 3면)

Ⅰ. 서 설

미술작품의 진품여부는 일반적으로 자료, 안목감정, 과학적 증명을 통해 결정된다.[1)]

---

1) Lerner-Bresler, 262쪽.

1. 자 료

(1) 소장기록(provenance)

소장자의 연속을 나타내는 역사적 기록이다. 즉 미술가로부터 현재의 소유자까지 이어진 미술품에 관한 일련의 소유권의 변화이며, 작품 이력서이다. 프라버넌스와 진품성이 같은 것은 아니지만 소유의 연속은 진품성을 추정케 하며, 설득력 있는 증거(persuasive evidence)가 된다. 그것은 마치 어음이나 수표의 소지자가 배서(背書)의 연속에 의하여 그 권리를 증명하는 때에는 이를 적법한 소지인으로 추정하는 것과 같이 소장자의 연속을 나타내는 역사적 기록이 있으면 진품추정이 가능할 것이다. 다만 위조된 미술품을 뒷받침하는 위조된 소장기록도 미술계에서는 드물지 않다고 한다.[2)]

(2) 카탈로그 레조네(Catalogue raisonné)

미술품 위작시비를 막는 방법의 하나는 '카탈로그 레조네'를 만드는 것이다. 카탈로그 레조네에 포함된 작품은 진품으로 볼 수 있으나 그렇지 않다면 진품성을 의심하게 된다.[3)]

> 외국에서는 이미 보편화했지만 국내 미술계에서는 보기 드문 것이 카탈로그 레조네다. 작가의 전작을 실은 도록 형태지만 단순히 작품 도판만 모아놓은 것이 아니다. 재료나 기법, 제작시기 등 기본 정보는 물론 소장이력, 전시이력, 참고자료 리스트, 작가의 생애, 제작 당시의 개인사, 신체조건, 정신상태 등을 집대성한 '분석적 작품총서'로 번역된다. 국내 미술시장의 '빅3' 박수근, 이중섭, 김환기는 카탈로그 레조네는커녕 제대로 된 전작도록도 없다. … 이중

---

2) Roy S. Kaufman(ed.), *Art Law Hand Book*, Aspen, 2000, 834쪽. 예컨대 존 마이엇과 함께 사기행각을 했던 존 드류(John Drewe)는 테이트 미술관에 들어가 소장기록 그 자체를 위조하였다(*ibid*).

3) 최근에 발간된 몬드리안의 카탈로그 레조네는 20파운드가 나가는 2권으로 된 것으로 모두 1151쪽으로 되어 있으며, 가격은 250달러였다. 이것은 2명의 미술사가가 30년 이상에 걸친 끈질긴 작업의 결과라고 한다(*ibid.*).

섭 위작파문 이후 국가예산을 지원받아 탄생한 한국미술품감정발전위원회(위원장 이규일)가 17일 내놓은 '한국 미술품 감정 현황과 주요실태'라는 연구보고서에는 미술품 감정의 기초근거가 되는 카탈로그 레조네의 필요성이 강조돼 있다.

보고서는 "카탈로그 레조네는 작가가 살아있을 때 작품을 정리해 두는 목적으로 만들어지지만 무엇보다 작가 사후 작품을 유통시킬 때 매우 유용하다"며 "우리도 이런 기초자료들을 제작해 작가연구를 보다 견고하게 해 작품 진위 감정에 활용하는 시스템을 갖춰야 한다"고 지적하고 있다.[4)]

다만 미술작품의 소유자나 공중에게 공개된 것과 관련된 자료는, 경우에 따라서는 위조되거나 완전히 유실되는 경우도 있으므로 때로는 쓸모가 없을 때가 많다.[5)]

그렇기는 하나 조심성 있는 매수인은 매도인에게 작가의 성명, 작품의 설명, 제작일자, 프라버넌스의 존재나 작가 서명의 진정성에 관한 질문을 반드시 하여야 하며, 작가가 생존해 있다면 매도나 양도 시에 항상 수반하는 진품이라는 인증서와 매도증서를 요구할 수 있다. 인증서에는 작가의 성명, 작품의 명칭, 완성일시와 장소, 작품에 대한 설명, 사용된 재료나 용액(물 · 기름 따위), 그리고 가능하다면 작가에게 유보된 권리에 관한 설명, 당해 작품이 진품이라는 작가의 보증서가 포함되어야 한다. 화상(畵商)으로부터 구입해서 작가의 보증서를 얻을 수 없는 경우는 판매자인 화상이 그 진품성을 보증할 수 있다.[6)]

■ 렘브란트의 예

카탈로그 레조네가 왜 중요하냐 하면 작가 작품의 진위를 판단하는 경우에 가장 강력한 근거로 되는 자료이기 때문이다. 하나의 현저한 예로서 1968년에 시작한 '렘브란트 리서치 프로젝트'(Rembrandt Research Project: RRP)를 들

---

4) "카탈로그 레조네를 아십니까," 연합뉴스, 2007.1.17.

5) Lerner-Bresler, 262쪽.

6) DuBoff-King, 61쪽.

수 있다. 그 이름 그대로 당시 진품으로 되어 있었던 렘브란트 작품을 모두 再調査하여 새로이 진위를 재평가한다고 하는 장대한 계획이다. 20세기 초기, 약 1000점이라고 확인되고 있던 렘브란트 작품이 실은 아틀리에(atelier)의 제자나 추종자들의 손으로 된 작품도 다수 있고, 그때까지는 그러한 작품이 모두 '렘브란트作'이라고 이름 붙여져 세상에 유통되고 있었던 것이다. 네덜란드의 응용과학연구소(Netherlands Organization for the Advancement of Applied Scientific Research)가 중심으로 되어 연구자들은 다양한 분야의 전문가로부터 협력을 받으면서 과학기술을 포함한 최첨단의 검증 방법으로 일을 하였다. 안료분석이나 X선, 기타 화학적 분석을 포함한 다각적인 각도로부터 작품의 검증을 되풀이한 결과, 유명한 미술관, 개인이 소장하고 있었던 렘브란트 작품 중에서 '진품이 아니다'라고 평가가 내려진 작품이 발견된다든지, 역으로 지금까지 별것 아니라고 평가를 얻던 작품이 '진품'으로 판명되는 극적인 변화도 일어났다. 예건대 이전부터 부르츠바하(Alfred von Wurzbach)의 의심을 받기는 했으나 쥴리어스 헬드(Julius Held) 등 많은 학자가 진품으로 보고 있었던 뉴욕 프릭 컬렉션(Frick Collection)의 폴란드의 기수(The Polish Rider)는 리서치 프로젝트의 중심 멤버이었던 죠수아 브뤼(Josua Bruyn) 박사에 의해 렘브란트 문하생인 드로스트(Willem Drost)의 작품으로 보인다고 주장되었다. 또 가장 유명한 렘브란트가 그린 초상화의 하나로 알려졌던 베를린 국립 미술관 소장 '황금투구를 쓴 남자'(Man with a Gilded Helmet)도 렘브란트의 진작은 아닌 것으로 되었다. 최종적으로 약 1000점의 렘브란트 작품 중에서 그의 진작이라고 인정된 작품은 약 300점으로 좁혀지게 되었다.[7]

■ 카탈로그 레조네의 작성에 국가가 관여하는 것의 당부

문제는 국가가 이러한 카탈로그 레조네의 작성에 관여해야 하는가이다. 다음은 조선일보의 기사의 일부이다.[8]

---

7) 주로 高橋明也, 「美術館の舞臺裏」, さくら新書, 2015, 139쪽 이하에 의함.

8) http://news.chosun.com/site/data/html_dir/2016/01/27/2016012700210.html (2016.3.25 방문).

"문화체육관광부가 지난주 한국 대표 작가의 전작도록(全作圖錄)을 만들기로 하고 이중섭과 박수근을 첫 대상 작가로 선정했다. 전작도록은 특정 작가의 모든 작품에 대한 연대, 크기, 상태, 이력, 소장처 변동, 비평, 전시 기록 등을 기록한 자료. 한 작가의 예술 세계를 총망라하는 아카이브인 동시에 작품의 진위를 가늠할 수 있는 자료로 가치가 크다. 미술계에선 전작도록의 필요성에는 공감하지만, 정부가 나서서 세금을 써가며 해야 할 사업이냐는 비판이 일고 있다."

2. 감 정

스스로의 지식에 기초하여 미술품을 구입할 수도 있으나[9] 고가의 미술품을 구입하려는 자는 일반적으로 미술전문가—감정인—의 도움을 받는다. 감정에는 진위에 관한 감정(authentication)과 가치에 관한 감정(appraisal)이 있다.[10] 또 감정인이 하는 감정방법은 두 부류로 크게 나눌 수 있다.하나는 안목에 기초한 감정이고, 또 하나는 과학적 분석에 기초

9) DuBoff-King 교수는 "장래 미술품의 수집가가 되려는 사람은 화풍(스타일), 시대나 작가의 특징에 정통하여야 하고, 자신이 원하는 작품과 알려진 위조품이나 또는 진품과 비교할 수 있어야 한다"고 한다(DuBoff-King).

10) 또 미술품감정에 대한 자세한 설명은 최병식, 『미술시장과 경영』, 77쪽 이하 참조. 다음 미술품 감정의 체계도는 앞의 책, 82쪽에 있는 도표이다.

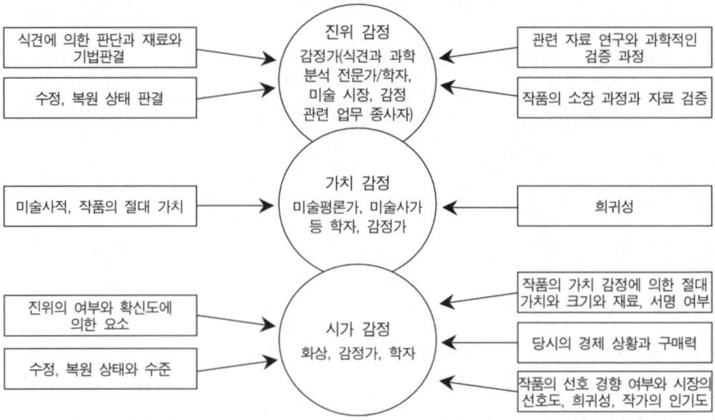

【미술품 감정의 체계도】

한 감정이다.[11] 전자는 지식, 직관, 경험에 기초하여 미술사가(美術史家) 등이 행하는 주관적 평가작업이고, 후자는 작품에 행하여진 적합한 과학적 검증결과에 기초한 객관적 평가작업이다. 양자는 상호 보완적이다.

많은 전문가들은 위작품 거래를 감소시키기 위해서 현행 미술감정 체계를 변화시켜야 한다고 말한다. 즉 "전문가들은 허술한 미술품 감정 체계가 위작을 방치하는 요인이라고 지적한다. 국내에 미술품 감정인력은 150여 명에 불과하고 작가별 전문가는 많지 않다. 영국은 왕립감정사 협회 소속 감정사만 3만 2000명에 달한다" 한다.[12] 더 나아가 미술감정인의 자격에 대해서 규정한 법률을 제정하여 공인감정인 제도를 두어야 한다고 주장한다. 또 문화예술진흥법을 개정하여 '한국미술품감정평가원'을 설립하여야 한다는 주장이 제기되기도 한다.[13]

II. 감 정

1. 안목감정

안목감정은 주관적이다. 감정인은 작품을 조사하고, 자신의 지식, 경험, 직관에 기초하여 진품여부를 결정한다. 불행히도 안목감정의 결과는 전문가에 따라 다를 수 있으며, 특정 전문가의 의견도 시간이 지나면

---

11) 미국에서는 'stylistic authentication'과 'scientific authentication'으로 분류하는 것 같다(DuBoff-King, 61쪽). 우리나라에서는 안목감정과 과학적 감정으로 분류하는 것이 일반이다[박찬숙, 대한민국 미술계, 위작근절 첫걸음: 공신력 있는 한국미술감정평가원 설립 시급하다!(대한민국 국회 국정감사 정책보고서 3 (2005), 1-3쪽].

12) 조선일보 2007.11.15.(이규현/박란희 기자).

13) 이에 대해서는, 위 박찬숙 의원의 정책보고서 참조(국회 전자도서관에서 열람가능; http://u-lib.nanet.go.kr:8080/dl/DetailView.php). 또 감정제도 개선방안에 대해서는; 최병식, "감정의 신뢰성이 미술시장 활성화한다,"『월간미술』, 1999.9.; "국내외 미술품감정의 대안들,"『월간미술』, 2007.3. 각 참조.

변하는 경우도 있다. 더욱이 전문가에 따라서는 혹시 있을지 모를 법적 책임을 회피하기 위하여 의견 그 자체의 제시를 꺼린다. 밝히는 경우에도 "이 작품은 여러 가지 자료에 비추어 볼 때, 어느 시대 누구의 작품일 가능성이 다른 어떤 가능성보다 높다" 정도로 이야기한다.[14)]

그럼에도 불구하고 안목감정은 진품여부에 대한 의미 있는 기준으로의 역할을 한다. 특히 당대의 그림의 진품 여부 판정에는 그러하다. 왜냐하면 아무리 재능 있는 위조 작가라 할지라도 위작을 하는 동안 은연중에 자신의 특성을 나타내기 때문이다.

2. 과학감정

흔히 안목감정과 더불어 동시에 사용되는 과학감정은 객관적 절차를 사용하며, 그러므로 다른 과학자에 의해 그 결과가 정확한지 여부에 대한 검증을 가능하게 한다. 그것은 객관적이고, 기술적 분석은 통상 그 미술작품의 시간경과와 구성요소와 관련된 확실한 정보를 제공하는 유일한 수단이므로, 과학적 감정은 진품인지 여부와 누구의 작품인지에 대해서 문제를 제기하는 일차적 방법이 될 수 있다. 작품의 진품여부를 확인하는 데 이용할 수 있는 가장 잘 알려진 과학적 감정 방법은 다음과 같다.[15)]

- 방사선탄소연대 측정법(Radiocarbon dating),
- 열발광 분석법(열루미네센스 분석법: Thermoluminescent Analysis)
- X-레이 촬영법(X-Ray Photography): 이에는 엑스선 사진(X-radiography), 엑스선 회절법(X-ray diffraction), 방사선사진(autoradiography)이 포함된다.

---

14) DuBoff-King, 63쪽 참조. 그런데 미술계를 경악시킨 사건에 Hahn v. Duveen (1929)가 있다. 이에 대해서는 작품비평과 명예훼손의 절에서 다루기로 한다.

15) Lerner-Bresler, 263쪽.

- 비교 분석법(Comparative Analysis)
- 화학 분석법(Chemical Analysis)
- 적외선 영상(Infrared Imaging)

■ 과학적 감정방법에 대한 간단한 설명 ■

방사선탄소연대 측정법 (Radiocarbon dating)		동식물의 생명활동을 통해 만들어진 유기물을 이용해서 시료의 연대를 측정한다. 주된 대상 시료는 목편, 목탄, 뼈, 이빨, 패각, 토양 등이다.[16]
열발광 분석법 (열루미네센스 분석법: Thermoluminescent Analysis)		토기 및 소토 등의 소성 연대를 직접 측정한다. 일반적으로 시료 중에 포함된 석영입자를 분리하여 표면을 불산으로 에칭한 후 측정장치의 시료대 위에서 500℃ 정도까지 가열하여 석영입자에서 발생하는 미약한 형광의 세기를 측정한다. 시료연대가 오래될수록 강하게 발광한다.[17]
X-레이 촬영법 (X-Ray Photography)	엑스선 투과측정법 (X-radiography)	흉부 X선 촬영과 마찬가지로 시료의 투과상을 통해 내부를 명확하게 알 수 있다. X선원을 사용하면 단기간에 비교적 고감도의 측정이 가능하고, 특히 녹이 심한 철검의 연구에서는 반드시 필요한 방법이 되었다.[18]
	엑스선 회절법 (X-ray diffraction)	고고학 시료를 분말형태로 만들어 광물과 같은 결정질 무기 화합물을 동정(同定, identifi- cation)하는 데 이용된다. 시료 분말을 1㎝×0.5㎜ 정도로 유리 시료판 위에 도포하고, X선을 조사하여 회절의 각도와 강도를 측정한다.[19]
	방사선사진 (autoradiography)	이것은 그림물감(顔料)의 동정(同定)과 검사를 가능하게 한다.[20]
비교 분석법 (Comparative Analysis)		이 방법은 전문가가 잘 알려진 샘플과 비교할 수 있는 특징적 구성 양식을 조사하는 것이며, 이를 통해 예컨대 그 작품의 제작시기와 같은, 찾고자 하는 정보를 과학자로 하여금 추론하게 한다.[21]
화학 분석법 (Chemical Analysis)		이 분석법은 18세기 유럽의 화학분석법에서 출발했지만 현재에도 사용되는 중요한 분석법 중의 하나이다. 특히 표준치를 결정하여 표준시료를 제작하는 경우, 공통법(일본공업규격법, ISO법 등)을 제정하는 경우, 형상이 특수해서 대형분석기기

	로는 분석할 수 없는 경우 등에 주로 사용된다.22)
적외선 영상 (Infrared Imaging)	먼지, 그을음, 칠 등으로 덮인 시료 표면의 문자나 회화의 밑그림을 관찰하는 데에 사용한다.23)

■ 가짜로 판명된 고어체 마가복음(archaic Mark)

학제적 연구를 통해 위조품임이 판명된 예에 고어체 마가복음이 있다. 이 복음서는 시카고 대학 도서관이 소장한 것으로 도해로 된 초기 비잔틴 필사본(44쪽의 미니어처)으로 알려져 있었으나 2009년 위조품으로 판명되었다. 한 과학자는 편광법, 에너지 분산 엑스(X)선 분석법, 주사 전자현미경 분석법, 엑스선 회절법, 프리에 변환 적외선 분광법, 라만 분광법을 통해, 복음서에 사용된 양피지 샘플, 잉크, 물감이 19세기까지는 사용된 적이 없는 것으로 동 복음서가 적어도 1874년 이후에 제작된 것임을 밝혔다. 중세 서적에 대한 전문가와 미술품 보존전문가는 위조 방법과 그것이 전통적 비잔틴 방식으로부터 벗어난 것임을 밝혀냈다. 또 다른 전문가는 1860년 그리스판(edition) 신약에 기초하여 성서 본문에 의한 비판을 행하였다. 한 사람의 전문가만으로는 해결할 수 없는 문제를 여러 전문가가 협동하여 위작임을 밝혀낸 좋은 예이다.24)

---

16) 자세한 것은 타구치 이시무/사이토 츠토무 엮음(츠치다 준코/이성진/김명진 옮김), 『고고자료분석법』, 서경문화사, 2007, 158쪽 이하 참조.
17) 위의 책, 174쪽 이하 참조.
18) 위의 책, 18쪽 이하 참조.
19) 위의 책, 69쪽 이하 참조.
20) Lerner-Bresler, 263쪽.
21) *Ibid.*
22) 다구치 이시무/사이토 스토무 엮음, 앞의 책, 36쪽 이하 참조.
23) 위의 책, 14쪽 이하 참조.
24) 보다 자세한 것은, Rhodes, *ART LAW & TRANSACTIONS*, Carolina Academic Press, 2011, 82쪽; Archaic Mark(Greg.-Aland 2427): A Story of a Modern Forgery(http://evangelicaltextualcriticism.blogspot.com/2009/11/archaic-mark

이하에서는 진위 여부나 작품의 가치를 알기 위해서 감정을 의뢰했으나 그 후 감정의견과 다른 결과가 나온 경우에 발생하는 법적인 문제에 대해서 알아본다. 즉 감정인의 주의의무 위반 여부이다.

Ⅲ. 감정인의 책임

신중한 감정인도 있지만 경우에 따라서는 그렇지 못한 경우도 있으므로 미술품 거래가 증가하면 감정인의 책임에 관한 분쟁도 증가할 것이다. 감정계약을 체결하는 의뢰인은 감정인의 전문성을 신뢰하고 감정을 의뢰했을 것이다. 미술감정에 관한 특별한 규정이 없는 현행법하에서 통상 감정계약은 위임계약이라고 본다. 위임은 당사자 일방이 상대방에 대하여 사무의 처리를 위탁하고 상대방이 이를 승낙함으로써 그 효력이 생긴다(민법 제680조). 위임계약이 성립되면 수임인(여기서는 감정인)은 위임의 본지(本旨)에 따라 선량한 관리자의 주의로써 위임사무를 처리하여야 한다(민법 제681조). 결과가 좋다면 문제가 없지만, 최종 결과가 감정인의 감정의견과 달리 판명된 경우에는 감정인의 책임이 문제된다. 예컨대 감정인이 진품이라고 감정하여 감정인의 말을 믿고 작품을 구입하였는데 그 후에 그것이 위조로 밝혀진 경우이다. 이 경우에는 감정인이 위임의 본지에 따라 선량한 관리자의 주의로써 감정사무를 처리하였는지가 문제된다. 즉 주의의무 위반=과실이 문제된다. 과실책임을 면하기 위해서는 감정인은 해당 주제에 적절한 지식을 가지고 있어야 하며, 그 지식을 적절히 활용하여야 한다.

1. 감정사무의 범위

위임계약에서 위임의 본지에 따른다는 것은 위임계약의 목적과 위

-greg-aland-2427-story-of.html).

임사무의 성질에 따른다는 의미이므로 감정계약의 경우에는 감정계약의 목적과 감정사무의 성질에 따른다는 의미이다. 결국 감정사무의 범위와 관련된다. 다음에 보는 Luxmoore-May사건에서 의뢰인은 감정인의 사무원에게 "이 그림들을 가지고 가서 당신의 상사에게 보이고, 그것들이 어느 정도 가치가 있다고 생각하는지를 알아봐 달라"고 하였고, 그때 사무원이 건네준 영수증에 '조사목적'(for research)이라고 기재하고 그림을 '화판 위의 유화 ―한쌍의 개'라고 기재했다. 법원은 피고의 임무가 "그 여우사냥개 그림들의 판매가치에 대한 신중한 의견의 표명과 이 목적을 위한 그 밖의 적절한 조언을 해주는 것"이라고 보았다.[25)]

계약은, 애매함과 입증의 부담을 피하기 위해서는 문서로 작성되어야 한다. 또 감정인은 의뢰인과 계약을 하면서 자신의 임무를 제한할 수 있다. 예컨대 '러시아제 은제(銀製) 촛대'에 대한 감정을 부탁받은 감정인은 계약서에서 "오직 안목감정만을 하며, 어떠한 기술적 시험도 하지 않는다"라고 제한할 수 있다. 이것이 의뢰인의 비용도 절약하고 또 마지막 단계에서 촛대를 문질러볼 필요도 없게 만든다. 그러나 만약 적절한 주의력을 가지고 업무를 수행하는 감정인이라면 그 촛대가 단단한 은제(銀製)라기보다는 도금된 복제품이라는 것을 알 수 있었다면, 감정인은 의뢰인에게 그 가능성과 그것이 감정가격에 미치는 효과 및 다른 적절한 곳에서 과학적 감정이 가능하다는 사실을 알려주어야 한다.[26)] 어떤 경우에는 관습이나 관행이 감정인의 업무범위를 결정하기도 한다. 미국 미술품딜러협회 실무 관행은 가치평가를 하는 감정물은 그 진위평가도 하는 것이다. 마찬가지로 미국 국세청(IRS)은 세금공제를 요청하는 모든 기증물은 가치평가는 물론 그 진위여부도 감정하도록 가치평가인(appraiser)에게 요구한다. 그러므로 미술작품의 가치평가계약에는 그와 함께 미술품의 진위감정도 해야 할 묵시적 의무가 포함될 수도 있다.[27)]

---

25) Steven Mark Levy, "Liability of the Art Expert for Professional Malpractice," *Wis. L. Rev.* (1991), 599쪽.

26) *Ibid.*

2. 전문지식 또는 능력

미술의 분야는 다양하고 광범하므로 어느 경우에 감정인으로 필요한 자격을 갖추었다고 일률적으로 말할 수는 없다. 예컨대 달리(Salvador Dali) 판화에 대한 전문가는 달리의 조각에 대한 전문가는 될 수 없다. 반면 일반인도 특정한 경우에는 감정인이 될 수 있다. 예컨대 달리의 오랜 친구는 달리 서명의 진정성에 대한 감정인이 될 수 있다.[28] 그렇기는 하나 의사나 변호사와 달리 미술감정인은 공인 자격이 있는 것이 아니므로 어느 정도의 지식이 있어야 미술감정인으로서 자격이 있는지는 매우 불명확하다. 미국 1984년 세제개혁법(The Tax Reform Act of 1984)에서는 자격 있는 감정인의 정의규정을 두고 있지만 규정이 모호하여 논자에 따라서는 이것은 "누구든 스스로 전문가라고 자처하고 고객이 믿으면 전문가가 된다"라고 규정한 것과 다름이 없다고 비판한다.[29] 그렇기는 하나 최소한의 감정인으로서의 공통적 지식이나 기술이 있으면 이 요건은 충족된다고 본다. 따라서 감정인의 인식여부에 관계없이 감정인으로서 필요한 최소한의 지식이 부족한 경우에는 과실책임이 발생할 수 있다.[30] 그러나 감정인이 감정기관이나 위원회 혹은 회사라면 이 요건은 강화되어야 할 것이다. 즉 기관 등에 소속되거나 위촉을 받아 실제 감정한 이행(보조)자가 평균적 능력을 갖지 못한 자였던 경우에는 그것만으로 선량한 관리자의 주의의무를 다한 것이 아니라고 할 것이다. 또 스스로의 능력을 과대표시한 감정인은 그 부실표시에 대해서도 책임을 져야 할 것이다.

---

27) *Ibid.*

28) Ed. Roy S. Kaufman, 앞의 책, 842쪽 참조.

29) Steven Mark Levy, 앞의 글, 600-601쪽.

30) Peter H. Karlen, "Fakes, Forgeries and Expert Opinions," *The Journal of Arts Management, Law, and Society* (Vol.16 No.5), 1986, p.9(Lerner-Bresler, 603쪽에서 재인용).

3. 전문지식의 적절한 적용

감정인은 자신의 전문지식이나 기술을 적절히 적용하여 감정결과를 도출하여야 한다. 물론 미술 감정인이 미술품의 진위나 가치를 판단함에 있어서 주의의무에 완벽함이 요구되는 것은 아니다. 아마도 완벽했다면 실제로 문제 자체가 발생하지 않았을 것이다. 그러므로 후에 다른 감정인에 의하여 반박되고 결국 잘못되었다는 것이 밝혀졌더라도 이것이 당해 전문가의 과실을 자동적으로 증명하는 것은 아니다. 다만 유사한 상황 하에서 동일 혹은 유사한 지역 내에 있는 다른 감정인이 기울였을 통상적인 주의나 기술을 다하지 못해서 실수(error)가 발생한 경우에만 과실이 인정된다.[31] 그러므로 감정인이 부주의하게 조사할 사항을 조사하지 않은 경우, 예컨대 안목감정(stylistic authentication)에 있어 감정 대상 미술품이 속하는 시기의 주요한 양식상의 관행을 고려하지 않은 경우에는 과실이 있다고 말할 수 있다. 반면 과학감정(scientific authentication)의 경우에는 양식상의 관행을 고려하지 않았다고 하더라도 통상 과실이 있다고는 말할 수 없을 것이다.[32]

사례 1 Wall St. Journal 기사(1998.12.11. W16쪽)[33]

1996년 6월, 죽은 여인의 손자가 감정인을 고용한 후 유산정리를 하였는데 그중 2점의 꽃 그림도 포함되어 있었다. 그 그림 2점은 60달러에 팔렸다. 그림을 산 매수인은 그 자신의 감정인에게 가져가 알아봤던바 그 그림들은 19세기 미국 작가 Martin Johnson Heade가 그린 것이었다. 그

---

31) Steven Mark Levy, 앞의 글, 605쪽.

32) Lerner-Bresler, 604쪽.

33) Ed. Roy S. Kaufman, 앞의 책, 870쪽. 이 사건은 앞서 소개한 Estate of Nelson v. Rice(2000)과 관련된 사례이다. 앞의 소개가 매도인과 매수인과의 관계에 관한 것이라면, 이 기사는 매도인과 감정인과의 분쟁에 관한 것이다.

그림들은 1996년 12월 크리스티 경매에서 100만 달러에 팔렸다. 말할 나위도 없이 죽은 여인의 손자는 그 그림들의 가치를 알아보지 못한 자신의 감정인에게 그 손해의 배상을 요구하였다. 사건은 화해로 종결되었다. 물론 화해금액은 공개되지 않았다. Wall St. Journal 기사제목은 다음과 같이 되어 있다: 파는 자에 주의하라: 60달러의 가격표가 붙은 그림이 110만 달러를 가져오나니.

사례 2 Luxmoore-May v. Messenger May Baverstock (1989)[34]

원고는 감정인(피고: 지방경매회사)의 감정을 거친 후 여우사냥개가 그려진 두 점의 그림을 840파운드에 팔았다. 당시 감정인은 그 그림들은 더럽고 잘못 그려진 것이며 가치가 크지 않다고 말했다. 그러나 5개월 후 원고에게는 유감스럽게도 그 그림들은 소더비 경매에서 88,000파운드에 팔렸다. 그것들은 원래 저명한 동물화가인 George Stubbs가 그린 것이었다. 원고는 피고를 상대로 전문가 책임을 물어 제소하였고, 또 제1심에서는 모든 손해를 배상받았다. 지방법원은 "자격 있는 감정인이라면 누구도 이들 그림에 내재한 가치의 징후를 놓칠 수 없었으며, 더 조사할 가치가 있다는 것을 알아차리지 않을 수 없었다"고 판시하였다. 그러나 이 판결은 항소심에서 파기되었다. 이유는 피고가 지방에 있는 조그마한 경매회사이고, 기껏해야 미술품에 대한 일반적 감정은 할 수 있을지언정 동물화에 대한 전문적 감정을 할 능력은 없기 때문이라는 것이다. 즉 항소법원은 제1심법원이 피고측에 지나치게 높은 수준의 지식과 기술을 요구했다는 것이다.[35] 그러나 항소법원은 아울러 동일한 상황에서 만약 피고가 크리스티나 소더비 또는 필립스 같은 큰 경매회사라면 과실책임을 질 수 있다고 암시하였다.

---

34) All ER 1067, CA(위의 책, 871쪽).

35) Steven Mark Levy, 앞의 글, 598쪽.

사례 3 Travis v. Sotheby Parke Barnet(1982)[36]

최근 뉴욕에서 문제된 Travis사건은 미술감정인에 의한 전문적 행동의 중요성을 잘 묘사하고 있다. 만약 감정인이 작품의 진위여부나 가치대소를 판단함에 있어 사용된 방법에 완벽하지 못했다면 실망한 작품 구매자는 전문가의 과실에 대한 책임을 물으려고 할지 모른다.[37] 반면 정직한 의견에 기초한 철저한 전문적 평가는 비록 그 의견이 그를 고용한 구매자의 믿음이나 예상에 어긋난 경우에도 책임을 지지 아니한다.

이 사건에서 구매자인 원고는 경매에서 조수아 레이놀드(Sir Joshua Reynolds) 그림으로 알고 17,000달러에 난생 처음 그림을 구입하였다. 그는 스스로 자인한 바와 같이 미술에는 문외한이다. 원고는 높은 감정가(20만 달러)를 희망했고, 그러면 메트로폴리탄 미술관에 그 그림을 기증하고, 그에 따른 세금감면을 받을 생각이었다. 그런데 경매회사의 감정인(Brenda Auslander)이 그 그림을 30,000달러 가치가 있는 것으로 감정했고, 또 레이놀드 작품이 아니라, 틸리 케틀(Tilly Kettle)의 작품이라는 것이었다. 그런데 원고(Travis)가 문의한 것은 아니지만 이전에도 이 작품은 2번 감정(그중 한번은 소더비)을 받았는데 모두 레이놀드 작품으로 감정했다. 그래서 원고는 감정인의 과실(소더비가 적어도 한 번은 잘못 감정한 것이다)[38] 및 권리비방(slander of title)[39]을 이유로 감정인을 상대로 소송을 제기하면서 감정인 때문에 재정적 피해를 받았다고 주장했다.

---

36) Index No.4290/79(N.Y. Sup. Ct. 1982(DuBoff-King, 64쪽 이하).

37) Ed. Roy S. Kaufmann, 앞의 책, 870쪽.

38) 결국 소더비가 한 번은 레이놀드 작품으로, 또 한 번은 케틀 작품으로 감정한 것이 되었다. 만약 그 그림이 레이놀드의 작품이라면 세금감면에서 손해를 보게 했고, 만약 케틀의 것이라면 구매를 오도하였다(led him astray in purchasing the painting when he did so at auction). 법원은 처음의 감정이 잘못되었다고 하더라도 당시는 원고가 감정을 의뢰한 것은 아니므로 처음 감정 당시에 소더비가 원고에게 어떠한 주의의무가 있었던 것은 아니라고 보았다.

39) a false statement, made orally or in writing, that casts doubt on another person's ownership of property.

법원은 원고가 제출한 증거만으로는 원고의 어느 주장도 뒷받침하고 있지 않다고 보고, 원고의 주장을 배척하고, 피고의 신청에 따라 (일부)약식판결을 허용했다. 재판관은 다음과 같이 말하면서 감정인이 미술품의 진위여부를 판단하고, 그 가치를 평가하면서 직면하는 어려움을 인정하였다:

> "우리가 여기서 다루려고 하는 것은 어떤 객관적 기준이 있는 것이 아니다. 전문가 각자는 자신의 개인적인 미적 고려와 경험에 기초하여 의견을 제출한다. … 간단히 말해서 우리는 감정인에게 200년 전에 일어난 것에 대해서 지식에 기초한 추정을 하도록 하는 것이다."

과실책임에 관해서 법원은 감정인이 당해 상황 하에서 기대되는 대로 적절히 감정업무를 수행했다고 보았다. 즉 감정인은 깊이 있게 조사했고, 표준적인 문헌을 참조했으며, 참조문헌에 작품이 실려 있지 않자, 다시 레이놀드 작품에 권위가 있다고 알려진 자와 상의했다. 감정인에게 더 이상 기대할 것이 없으며, 따라서 감정인의 행동에 과실이 없다고 보았다.

사례 4 Ravenna v. Christie's(2001)[40]

1999년 7월 부에이노스 아이레스에 살고 있는 프랑스 화상 Stromboni는 원고 Ravenna 집에 와서 pietà를 5만 달러에 팔 것을 제의하였다. Stromboni는 가부확답을 조속히 해줄 것을 요청했다. Ravenna는 Stromboni 방문 전부터 pietà를 팔 생각을 했으나 작가와 가치에 대해서 잘 알지 못했다. 그래서 뉴욕에 방문하여 pietà 사진을 가지고 있는 부인(Ana)에게 전화하여 Stromboni의 제의를 받아들일지, 아니면 경매에서 팔지를 결정하기 위해서 크리스티에 들러 상의하도록 지시했다. 안나는 크리스티에 들러, 과거 거장들의 그림에 대해 전문가인 크리스티의

40) N.Y. App. Div., 2001.

James Bruce-Gardyne에게 문의했다. Gardyne는 사진을 보고, 그 피에타는 17세기 이태리 화가 Nuvolone가 그린 것이며, 가격은 10,000달러에서 15,000달러 정도 나간다고 알려주었다. 안나는 남편에게 전화했고, Ravenna는 그 말을 믿고 Stromboni의 제의를 받아 들였다. 사실 그 피에타는 16세기 말에서 17세기 초의 바로크미술 거장인 이태리 Ludovico Carracci의 것이었다. 그 그림은 2000년 1월 —안나가 크리스티를 방문한 지 6개월 후— 크리스티 경매에서 뉴욕시 메트로폴리탄 미술관에 522만 7,500달러에 팔렸다. 크리스티 카탈로그에는 그 피에타를 다음과 같이 묘사하고 있다:

> 이태리 바로크 미술의 거장의 하나인 Ludovico Carracci 작품의 위대한 재발견 … 거장의 흔적이 이곳저곳에 남아 있다: 뛰어난 가시면류관의 정물적 가치, 풍부하게 그림물감을 두껍게 칠해 절정의 솜씨를 보이는 그리스도 육체의 아래 부분에 걸쳐진 수의 한 자락 … 화가가 과감하게 원근법으로 그린 마리아의 왼쪽 팔, 마리아 손의 부드러운 살과 대비되는 뚜렷한 소매 자락의 주름. 힘없이 달린 그녀의 집게손가락과 엄지손가락이 예수의 손 위에 가볍게 놓여 있다. 그러나 그녀가 손대고 있는 것은 죽은 사람의 생명이 없는 손은 아니다. 십자가에 못 박힌 예수의 탈구된 손목, 그것은 위대한 자연주의를 표현하고 있다.

분명히 그렇게 심오하고 자세한 그림의 묘사는 단지 사진만을 검사해서 나오는 것은 아니며, 작품을 실질적으로 검사해야 가능한 것이다. 그리고 피에타는 분명히 경매에 제공되는 위탁품으로서 받아들이고, 목록화하기 위한 표준적인 절차의 일부로서 철저히 검사되었음에 틀림없다. 피에타의 최종 판매가격을 고려하여 Ravenna는 크리스티를 상대로 5,187,500달러—경매가격과 Stromboni로부터 받은 가액의 차액—를 청구하는 소송을 뉴욕연방지방법원에 제기하였다. 불행히도 원고가 의거할 수 있는 법리는 과실에 의한 부실표시(negligent misrepresentation)뿐이었다. 법원은 지식이나 경고가 다른 사람에게 부주의하게 전달되었고,

그들이 그에 따라 행동했다면 그렇게 부주의하게 전달된 정보는 손해배상의 원인이 될 수 있다는 것에 주목했다. 여기서 Gardyne는 말할 나위도 없이 그가 제공한 정보를 원고가 딜러에게 그림을 팔 것인가 아니면 크리스티에 경매를 위탁할 것인가를 결정하는 데 사용할 것이라는 알았다. 그러나 법원은 아울러 과실에 의한 부실표시로 소를 제기하기 위해서는 양 당사자 간에 신뢰의 정도가 통상의 판매자와 구매자관계보다 더 가까운 신뢰를 나타내는 신탁관계나 특별한 관계가 있어야만 한다는 점도 인식했다. Ravenna와 크리스티 사이에는 그만한 정도의 신뢰관계가 있었던 것은 아니므로 법원은 원고의 청구를 기각했다.

4. 과실여부가 자주 문제될 수 있는 경우들

(1) 사진만에 기초하여 감정한 경우

실물을 보고 감정하는 것이 원칙이나 실무계에서는 사진만을 보고 감정하는 경우도 드물지 않고, 이 때문에 감정인의 과실 여부가 문제된다. 법원은 작품의 성질(nature of artwork), 감정의 목적(purpose of the examination), 사진의 질(quality of the photographs) 등을 감안하여 과실 여부를 판정한다고 한다.[41] 앞서 살펴본 Greenberg Gallery, Inc. v. Bauman 사례나 Ravenna v. Christie's 사례는 사진만을 가지고 판정하는 것은 특히 어렵다는 것을 잘 보여주고 있다.

(2) 과학적 실험을 거치지 않고 의견을 제출한 경우

건강검진에 있어서와 마찬가지로 미술감정에서도 점차 과학적 실험이 활용되고 있다. 이런 추세 때문에 과학적 실험을 거치지 않은 경우에 과실책임이 문제될 수 있다. 따라서 미술 감정인은 ① 먼저 당해 감정에 있어서 과학적 실험이 필요한지 여부를 결정하여야 한다. ② 필요한 경우

---

41) Steven Mark Levy, 앞의 글, 610-612쪽 참조.

에는 적절한 방법을 선택하여야 한다. ③ 그리고 그 실험이 충분하고 철저히 행해지도록 보증해야 한다. 모든 시험기관이 동일한 능력을 가지고 있는 것은 아니다. ④ 끝으로 그 실험결과를 정확히 해석해야 한다.[42]

(3) 감정의견을 분명히 말하지 아니하고 그 이유를 적절히 설명하지 않은 경우

미술감정인은 자신의 결론을 모호하지 않도록 분명히 말하고, 결론에 도달하게 된 사실과 이유를 적절히 설명하여야 한다. 예컨대 작가의 명성, 작품의 희소성, 작품의 주제, 화폭의 재질이나 그림물감의 용액(예컨대 캔버스 위의 유채), 물리적 형상(입체/평면), 당해 작품이나 비교 가능한 작품의 이전 가격, 작품의 현상이나 파괴(손상) 혹은 복구여부, 미적 가치, 당해 작품이 의미 있는 미술전시회에 출품된 횟수, 미술시장의 일반적 경향 등이 그것이다.[43]

IV. 감정독점의 문제점

1. 서 설

제대로 된 감정이 없으면 당해 작품을 판매하는 것이 곤란하다. 그런데 이러한 감정과 관련하여 최근 새로운 문제점이 나타나고 있다. 과거의 감정가는 대부분 판매자와는 인간적으로 무관한 사람들이었다. 그런데 최근 감정가와 판매자가 동일인 혹은 서로 밀접한 관련을 가지게 되어 감정의 독점은 판매의 독점으로 이어지는 현상이 나타났다. 그것은 보다 최근 작품에 대한 진품 감정을 특정 전문가 그룹, 보통은 작가의 친구나 가족들이 도맡아서 하는 일이 드물지 않게 되었기 때문이다.[44] 이러한

42) 위의 글, 612-614쪽 참조.
43) 위의 글, 615쪽.

관행은 유럽, 특히 프랑스에서 유래한 것으로 보인다. 즉 프랑스에서는 작품에 대한 부권(父權, right of paternity)이라는 저작인격권이 작가에게 영구적으로 귀속하고,[45] 작가의 사후에는 작가의 친구나 가족들에게 넘겨진다. 이러한 유럽에서 발생한 진품 감정의 관행은 문제를 야기하기도 한다.

2. 문제된 사례들

1) 그 하나에 Kramer v. Pollock-Krasner Foundation 사건이 있다.[46]

원고는 애리조나에서 미술품과 골동품을 판매하는 자(아트 딜러, art dealer)이다. 그는 개인적으로 폴락 작품을 15,000달러에 구입하였다. 그는 그 작품이 폴록의 진품으로 판정되면, 경매에서 1000만 달러 정도에 팔릴 수 있다고 주장한다. 피고인 Pollock-Krasner Foundation[47]은 그것을 진품으로 판정하지도 않았고, 카탈로그 레조네에 포함시키지도 않았다. 그러므로 '크리스티'도 '소더비'도 경매에 붙이려고 하지 않았다. 원고는 뉴욕주법하의 기만적 행위 외에도, 독점금지법 위반[독점 기도(企圖) 및 독점 음모(陰謀)], 보통법상의 부당이득, 유리한 영업관계에 대한 간섭을 주장하면서 제소하였다.

원고는 독점의 음모가 1956년 폴록이 사망하면서부터 시작되었다고 주장하였다. 음모의 목적은 일정한 폴록의 진품들을 그의 진짜 작품 목록에서 배제함으로써 시장에서 퇴출시키고, 이를 통해 재단이 소유하고 있는 폴록의 작품 가격을 소더비나 크리스티의 경매를 통해 올리려는 것이

44) Gerstenblith, Patty, *Art, Cultural Heritage, And The Law: Cases and Materials*, 2008, 418면.

45) 우리 구저작권법도 저작인격권은 영구히 존속하는 것으로 규정하고 있었다.

46) 890 F. Supp. (S.D.N.Y. 1995).

47) Pollock의 아내인 Lee Krasner가 설립하였고 재단은 감정을 위하여 The Pollock-Krasner Authentication Board(1990-1996)를 설립하였다.

었다. 독점금지법 위반에 대한 주장은 경매회사들이 특정한 지역의 시장 내에서 폴록 작품의 판매를 독점하고 있는지 여부에 그 성패가 달려 있었다. 그러나 독점금지법 위반 주장은 뉴욕이 되었든 미국 전역이 되었든 특정 지역시장에서 경매회사가 폴록 작품의 판매를 독점하고 있다는 증거를 제시하지 못함으로써 모두 실패하였다. 반드시 경매회사를 통하지 않더라도 딜러를 통한 사적 판매를 포함한 다른 경로를 통한 판매가 가능했기 때문이다.

2) 유사한 분쟁 사례가 작가(앤디 워홀)의 직접 감독이 없이 1960년대에 실행된 일련의 실크스크린 자화상에 대한 진품 감정을 앤디 워홀 재단이 거부했기 때문에 발생하였다. 수집가(所藏者)들은 작가 자신이 이들을 자신의 작품으로 인정하였다고 주장하면서 특히 위원회가 진품 증명을 거부하는 합당한 이유를 제시하지 못하고 있음을 다퉜다. 소장자들은 "작품이 만들어지는 방식이야말로 전통적 저작자성의 기준에 도전한 작가 특유의 제작방식"이라는 것이다.[48] 이것은 특정 그룹에 의한 진품성의 통제와 저작자성의 개념에 대한 의문을 야기시켰다. 점차 경매회사나 딜러의 책임이 가중되므로 그들이 승인된 감정기관에 의존하는 것은 이해가 된다. 그러나 이렇게 되면 적어도 소수의 간부들이 특정작가 작품의 시장을 통제할 수 있는 가능성은 있게 된다.

| 미국판례 | Simon-Whelan v. Andy Warhol Foundation for the Visual Arts, Inc.[49]

원고(Joe Simon-Whelan)는 그 자신이 워홀 작품으로 알고 있는 작품을 소유하고 있다. 그 작품이 진품감정을 거절당함으로써 당해 작품의 거래가

48) Jason Edward Kaufman, "Andy Warhol Authentication Board rejects claims of impropriety", The Artnewspaper, 2004.2.1.(Gerstenblith 앞의 책에서 재인용).

49) No.07 Civ. 6423(LTS), 2009U.S.Dist. LEXIS44242, 2009-1 Trade Cas. (CCH) ¶76,657(S.D.N.Y.2009).

제한되었고, 이로써 피해를 입었다고 주장하면서 제소하였다.

1987년 2월 Warhol이 사망했을 때, 그는 4억 달러가 채 되지 않은 유산과 대략 10,000점 정도의 자신의 작품을 가지고 있었다. Andy Warhol 재단이 창립되기 전에, 대리 유산관리인인 Vincent Fremont는 워홀 작품의 판매를 감독하였다. 비영리단체인 재단은 워홀의 유지에 따라 1987년, 워홀 사후 곧 설립되었다. 1991년 재단은 워홀의 유산으로부터 수억 달러에 달하는 워홀 작품을 인수하였다. 재단의 목적은 미술의 발전에 기여하고, 그것의 연구, 창작, 보존, 전시 및 대중의 이해력과 감상력을 향상시키는 것이었다. 재단은 작품의 이용허락은 물론 작품의 판매, 수익의 투자, 투자로부터 오는 수입의 취득을 통해 자선활동의 재원을 마련하였다. Fremont는 소송당시에는, 재단 소유 워홀 작품의 독점적 판매권자였다. 또 하나 비용이 적지 않게 드는 재단의 업무는 워홀 작품의 '카탈로그 레조네'를 발간하는 일이었다. 1995년 비영리단체로서 '앤디 워홀 작품 감정위원회'가 설립되었고, 앤디 워홀 작품의 진품 감정업무를 떠맡게 되었다. 그 일을 함으로써 위조품이 거래계에 들어오는 것을 막고, 이를 통해 진정한 워홀 작품소유자의 투자와 시장의 완전 무결성뿐만 아니라, 작가의 유산을 보호하려는 것이었다.

영화 시나리오 작가이자 제작자인 원고는 당초 작가의 자화상으로 알려진 작품을 1989년 195,000달러에 구입하였다. 원고에 따르면 워홀이 아세테이트로 스스로 창작하고 선택한 원작품으로부터 워홀의 지시하에 1965년 8월 창작된 몇 점의 작품 중의 하나였다. 원고는 이 자화상은 이전에 재단과 유산관리인으로부터 진품으로 인정받은 것이며, 각각의 소장 여부가 면밀히 확인된 몇몇의 큰 판매상을 거쳤다고 주장한다. 2001년 6월 원고가 그 작품을 팔려고 하자, Fremont은 2001년 6월에서 12월에 걸쳐, 그 작품을 감정위원회에 제출하도록 수차례 요청하였다. 원고에 의하면, 그 작품을 사려는 자에게 위원회는 당해 작품은 진품 감정을 받은 바 없으며, 마땅히 위원회에 제출되어야 한다고 말했다고 한다. 2001년 12월 20일, 원고는 필요한 판정동의서(submission agreement)와 함께 당해 자화상을 위원회에 제출하였고, 위원회는 작품 뒷면에 '진품 아님'('Denied')이라는 도장을 찍어 돌려주었다.

위원회에 의한 최초의 거절이 있은 후, 원고는 증빙자료를 보완하면 재차 감정을 받을 수 있다는 통지를 받았고, 2003년 2월 재감정을 신청했으나 위원회는 재차 작품 뒷면에 '진품 아님'('Denied')이라는 도장을 찍어주었을 뿐이다. 2004년 5월 위원회는 왜 진품이 아니라고 판정했는지를 설명하는 편지를 원고에게 보냈다. 2번이나 작품의 진품성이 거절됨으로써 결과적으로 이제는 자신이 소유하는 워홀 작품은 위원회의 진품 판정이 없으면 어느 것도 팔 수 없는 것이 되었고, 결국 제3자를 통해 매우 싼값에 팔 수 밖에 없게 되었다고 원고는 주장한다. 이에 원고는 위원회와 재단을 상대로 피고들이 셔먼 독점금지법 제1조[50]와 제2조[51] 등을 위반하였다고 주장하면서 뉴욕소재 연방지방법원에 제소하였다.

특히 원고는 워홀 작품의 진품성을 감정할 수 있는 오직 2단체인 위원회(직접적으로 진품 감정을 통하여)와 재단(카탈로그 레조네를 통하여)은, 진품으로 인정된 워홀 작품의 시장을 제한함으로써 재단이 소유한 워홀 작품의 가격을 끌어올리고, 갤러리와 미술관들이 차후에 있을지도 모르는 위원회에 의한 진품 인정의 거절을 사전에 예방하기 위해서는 오직 워홀 작품을 재단으로부터 구입하는 것이 안전하다는 확신을 가지게 하자고 서로 공모하였다고 주장하였다. 아울러 원고는 재단이 위원회를 지배하고 통제하며, 이를 통해 독점을 기도함에 있어 경쟁적인 워홀작품을 시장에서 배

---

50) 여러 주간(州間) 또는 외국과의 거래 또는 통상을 제한하는 모든 계약, 트러스트 등의 형태의 결합, 공모는 위법이다. 이 법에 의하여 위법임이 선언된 계약을 체결하거나 트러스트 등의 형태의 결합이나 공모에 관여하는 자 전원이 회사인 경우에는 1억 달러 이하의 벌금, 회사 외의 자인 경우에는 100만 달러 이하의 벌금이나 10년 이하의 징역에 처하거나 또는 법원의 재량으로 이를 병과한다.

51) 독점하거나 독점을 시도하거나 1인 이상의 다른 자들과의 결합 또는 공모를 시도하거나 여러 주간 또는 외국과의 거래 또는 통상의 일부를 독점하려고 시도하는 모든 자는 중범죄자로 간주되어 유죄판결을 받으며, 그 자가 회사인 경우에는 1억달러 이하의 벌금, 회사외의 자인 경우에는 100만달러 이하의 벌금 또는 10년 이하의 징역에 처하거나 또는 법원의 재량으로 이를 병과한다.

제하는 도구로서 위원회를 사용하고 있다고 주장하였다.

피고가 신청을 기각해 주도록 요청했지만 법원은 그러한 신청을 거절하였다. 기각신청으로부터 살아남은 최초의 사건이다.[52] 이유는 뭔가?

가) 법원은 원고의 반독금법 청구를 유지할 만한 이유를 충분히 소명하였다고 보았다. 원고는 제1조의 청구와 관련해서는 워홀 작품의 판매자로서의 재단과 워홀 작품의 감정인으로서의 위원회는 공모했다고 주장한다.; 워홀작품의 감정평가를 위해 작품의 제출을 요구한다.; 이전의 감정결정을 뒤집는다.; 재단이 구매하려고 했던 작품에 대한 감정을 거부한다.; 감정이 재단과 독립적으로 행해지지 않는다. 제2조와 관련해서는 반경쟁적 행위의 표시인 독점을 하려는 의도와 독점력을 얻을 수 있는 위험할 정도의 가능성이 있음을 충분히 주장하였다.

나) 반경쟁적 행위가 관련시장—관련 상품시장 및 관련 지역시장—내에서 이루어졌다. 관련 상품시장과 관련해서는 워홀의 작품과 다른 작가의 작품이 대체 가능한지 여부에 역점을 둔다. 원고의 주장대로 현대 및 당대의 미술시장 내에서 워홀 작품을 제공하고 판매하는 명백한 세부시장(submarket)이 존재한다. 관련 지역시장은 유효한 경쟁 지역에 역점을 둔다. 소송 중에 이 점도 법원의 기준을 통과하였다. 승소가능성 있는 소장의 제출과 관련 시장의 소명이 있었으므로 법원은 독점에 의한 피해를 성공적으로 주장하였다고 판단하였다.: 즉 그가 진품 워홀 작품을 판매하는 유리한 시장에서, 판매자로서 경쟁으로부터 배제된 것은 재단과 위원회가 이른바 독점의 공모(共謀)를 진전시키는 과정에서 그의 작품에 '진품이 아님'이라는 도장을 2번이나 찍은 데에 기인한다.

다) 법원은 또한 自畵像에 대한 위원회의 두 번째 진품 거부로부터 오는 배타적인 영향에 근거하여, 피고가 독점화 및 시장제한을 했다고 원고가 주장하는바, 그 주장은 적시에 이루어졌다고 보았다. 즉 반독점금지법에

---

52) Gareth S. Lacy, "STANDARDIZING WARHOL: ANTITRUST LIABILITY FOR DENYING THE AUTHENTICITY OF ARTWORK", *WASHINGTON JOURNAL OF LAW, TECHNOLOGY & ARTS*(VOLUME 6, ISSUE 3 WINTER 2011), p.185.

기한 시효는 4년이다. 최초의 거부는 2001년이므로 소제기를 기준으로 4년 이상이 경과하였다. 원고는 두 번째 거부를 근거로 '계속적 공모의 예외'를 주장한다. '계속적 공모의 예외'가 인정되기 위해서는 시효기간 내에 계속되고 분리된 손해가 발생했다는 것을 원고가 입증하여야 한다. 이전 행위의 단순한 확인이 아닌 새롭고 독립적인 공공연한 행위가, 그리고 원고에게 새롭고 누적적인 손해를 야기하는 행위가 있었다면 시효기간은 새롭게 진행한다. 본건에 있어서 피고가 원고에게 자료를 보충하여 다시 감정을 받아 보라고 권유한 것과, 두 번째의 거부로부터 결과적으로 발생하는 추가적인 명백한 피해는 처음에 한 거부를 단순히 확인한 것에 불과한 것은 아니다.

그러나 본 소송은 당사자 간에 2010년 11월, 사건을 종료하기로 하는 합의가 있은 후 소가 기각되었다.

라) 그럼에도 불구하고 감정위원회는 그들도 독점금지법상의 책임을 질 우려가 있다는 것을 잘 알게 되었다. 2011년 10월 워홀재단은 감정위원회를 2012년에 해체하겠다고 발표하였다. 리히텐슈타인 재단은 2011년 6월 감정업무 중단을 선언하였다.

1973년 11월 3일; 1974년 1월 23일; 1975년 11월 1일; 1995년 1월 24일 대학미술협회 (College Art Association: CAA) 이사회에서 채택

미술사가의 윤리 강령 및 직무에 관한 지침

(A Code of Ethics for Art Historians and Guidelines for the Professional Practice of Art History)[53]

서 언

미술사가 및 그 동료의 윤리강령 및 직무기준을 제정하고, 수정하고,

53) http://www.collegeart.org/guidelines/histethics.html. Merryman, 1079-1085쪽.

적절히 개정하는 것은 CAA 직무위원회의 책임이다. 위원회는 미술사적 자료를 다루는 학자, 교사, 학예사(이하 미술사가라고 한다)의 윤리적 행동에 대해 미술사 관련 직업을 가진 자가 공통적으로 이해하고 있는 것을 조문화(條文化)하는 임무를 가진다. 강령은 직업적 행동 규칙의 광범위한 틀을 규정하고, 일반적 윤리적 가치를 규정함은 물론 행위를 요구하고 지시한다. 강령은 현재 집행규정은 포함하고 있지 않다.

직무위원회는 개인적 분쟁에 있어서 이들 규범의 위반여부를 조사하거나 심판할 권한은 없으며, 질책이나 제재 또는 제명을 통해 위반행위를 비난할 권한은 없다. 그럼에도 불구하고, CAA 이사회는 직권으로, 혹은 직무위원회의 권고에 기해, 직업상 중요한 윤리적 관심사항을 조사하고, 권고하거나 옹호자로서 행동하거나 윤리적 쟁점에 관한 교육에 관해 의견을 표명하거나, 적당한 때, 적당한 방법으로 조회하거나, 윤리규정과의 조화를 꾀하기 위한 여러 가지 조치를 취할 수 있다.

직무위원회는 최선의 직업적 이익을 지키는 것이 아니라고 느끼거나 혹은 적절한 직업적 행동에 위반했다고 생각하는 상황에 관해서 이사회가 “우려의 표명”을 하도록 권고할 수 있다(이사회의 우려 표명에 관한 선례는 1973년 1월 25일 메트로폴리탄 미술관의 “매각행위”에 대해 이사회의 우려 표명을 한 바 있다).

학자들 사이의 직업적 분쟁이 발생한 경우에는, 직무위원회는 상황에 따라, 분쟁의 조정에 동의하거나 혹은 관계 당사자가 모두 동의하는 분쟁 조정자를 임명하는 것에 동의한 CAA 미술사 위원회에 문제를 회부하는 것이 적절한 절차라고 본다. 불만이 주장되거나 CAA 구성원들 사이에 직업적 분쟁이 발생한 경우에 이를 돕도록 요청받은 사람은 먼저 고정절차(苦情節次: 1978년 1월 25일 CAA 이사회에 의해 만장일치로 채택됨)에 관한 내용을 숙지(熟知)하여야 한다.

CAA는 문화재의 불법적 국제거래에 관한, 그리고 미술사연구자료에 관한 학자 및 학예사에 관한 접근권 및 문헌적 자료발간에 관한 규칙과 해결책을 채택하였다. 연구자료가 비합리적으로 혹은 일관성 없게 접근이 거부될 것으로 보이는 외국 소장품인 경우에는 학자들은 위원회의 도움을 요청할 수 있다.

CAA가 직접 윤리적 행동을 규제하지는 않는다고 하더라도, 교육을 통해 개인 구성원을 독려할 수 있으며, 규칙과 원칙을 이행하는 윤리강령의 채택을 통해 모든 구성원을 독려할 수 있다는 점을 잊어서는 안 된다.

A. 미술사가를 위한 윤리강령

학자들 단체로서 CAA의 주된 관심사의 하나는 지식을 증진시키는 것이다. 미술사가는 능력 있는 연구자이어야 한다; 그들은 직무를 완전히 이해하고, 윤리적 관행에 따라야 한다. 학자적 성실성은 개인적, 문화적 편견이 있을 수 있다는 것을 인식하도록 요구하며, 이러한 편견이 방법론이나 분석을 굴절시킬 수 있기 때문에 차이가 나는 쟁점에 대한 공개성을 요구한다.

미술사가는 자신들의 발견물을 조심스럽게 자료로 정리할 책임이 있으며, 그들의 출처, 증거 및 자료를 다른 사람이 이용할 수 있도록 하여야 한다. 그들은 증거가 왜곡되거나 표절되지 못하도록 지켜야 한다. 그들은 인터뷰에 응했던 사람들, 자료나 작품에 접근할 수 있도록 했던 사람들에게 경의를 표하는 것은 물론, 재정적 지원과 단체의 후원 및/혹은 연구자료와 원본 작품에 대한 특권적 접근에 대해 충심으로 감사해야 한다.

동료나 학생, 혹은 그 밖의 자로부터 받은 도움에 대해 충심으로 감사드리는 것도 역시 중요한 일이다. 이 자료의 다음 절은 전문적 업무의 특별한 영역에 있어서 미술사가의 책임의 개요이다. 이들 책임의 특별한 적용에 대해서는 미술사가의 전문적 업무 안내에서 논의된다.

I. 정보에 접근할 권리와 미술사가의 책임

A. CAA는 모든 자격 있는 미술사가들이 가급적 전면적으로, 자유롭게, 평등하게 그리고 차별 없이 연구자료에 접근할 수 있어야 한다고 믿

는다. 미국 내에 있거나 아니거나를 불문하고, 공적으로 후원되거나 혹은 세금이 면제되거나 비영리적 교육적 기관이 소지하고 있는 미술작품, 사진, 일기, 편지 기타의 자료들에 한정됨이 없이, 사용에 관하여 법적 제한이 없다면, 연구와 출간을 위하여 미술사가들이 자유롭고, 충분히 접근할 수 있어야 한다.

B. 미술사가들은 그들의 동료나 진지한 학생들과 더불어 그들이 발견한 주요한 원자료들을 공유할 도덕적 의무가 있다. 그(녀)는 원자료에 기초하여 행하여진 해석적 성질의 어떤 것도 공유해야 할 의무는 없다. 한편 미술사가로부터 자료나 기타 어떤 형태의 정보를 취득한 자도 발견자가 문제의 자료를 최초로 공표할 수 있는 합리적 기회를 부여하여야 한다. 발견자는 가급적 빨리 연구 결과를 공표하도록 노력하여야 한다. 그 경우 발견자는 당해 전문분야에 공헌했거나 그(녀)가 은혜를 입은 현재나 과거의 미술사가에게 존경과 감사를 표시해야 한다. (이하 생략)

C. (생략)

Ⅱ. 출처와 도움에 대한 감사

A. 미술사가들은 이전에 몰랐거나 간과했던 미술작품이나 문헌자료에 관심을 갖도록 도와준 다른 학자, 교사, 학생, 또는 그 밖의 사람들의 도움에 대해 적절히 감사를 표시하여야 한다.

B. (이하 생략)

Ⅲ. 미술작품의 불법적 거래와 미술작품의 불법적 거래를 저지시키기 위한 미술사가의 책임

미술관 운영자, 이사회 및 문화재를 거래하는 자들은 물론 미술사가가 직면하는 가장 곤란한 문제의 하나는 미술품의 불법적이며 부정한 거래이다. 오랫동안 CAA는 이 문제를 해결하기 위한 노력을 해왔다. 그리하여 1970년 CAA 이사회는 다음과 같은 해결책을 만장일치로 통과시켰다.

CAA는 세계도처에서 발생하는 문화재의 파괴적인 불법거래가 점증하고 있음을 인식하며, 비록 그들 자신의 보물을 보존할 국가의 권리를 알아차리지 못하고 있다고 하더라도 이러한 거래가 수없이 영향을 받는 문화의 보존과 연구에 해악을 끼친다는 사실을 인식한다. 이러한 거래는 아울러 생산적인 고고학과 미술사 관계에 크게 해악을 끼치고 있다.

따라서 CAA는 북미 미술관들, 화랑들 그리고 미술사가들은 최대의 주의를 기울여 중요한 목적물의 구매를 자제할 것을 촉구한다. (이하 일부 생략)

A. 미술사가들은 자연적 및 문화적 자료들의 보호와 보존을 염두에 두고 그들의 연구와 활동을 하여야 하며, 문화재, 절취된 미술품, 문화자료 및 고고자료의 불법적 거래를 저지하여야 한다.

따라서 어떠한 미술사가라도 알면서 외국으로부터의 미술품의 불법적 수출에 관여하거나 이 나라에 들어오는 불법적 수입에 관여하는 것은 비윤리적인 것으로 간주한다.

미술사가가 도난된 물품이라는 것을 알면서 또는 미국이 비준한 조약이나 국제조약에 위반되어 제거된 물품이라는 것을 알면서 또는 미국으로 불법적으로 수입된 물품이라는 것을 알면서 스스로 취득하거나 취득하도록 권고하는 것은 비윤리적인 것으로 간주한다.

B. 미술사가가 출토(出土)나, 기념건축물, 공공기관이나 개인으로부터 도난된 것으로 의심이 가는 미술품, 문화유물 또는 문화재를 사거나 파는 것은 비윤리적이라고 본다. 알면서 미술품의 불법 수출입을 돕거나 부추기는 것은 직업적 윤리에 반하며, 오히려 불법이라고 본다.

흔히 미술사가는 문화재의 국제거래에 있어서 주요한 역할을 하며, 합법적 거래와 불법적 거래를 구분하고, 후자를 억제할 책임이 있다. 만약 미술사가가 미술관으로부터 외국으로부터 온 것으로 믿어지는 미술품의 구입 여부에 관한 조언을 해주도록 요청받았다면, 그(녀)가 약탈행위에 기여하고 있지 않는지를 자문(自問)하고, 그렇지 않다는 확신을 스스로 가져야 한다. 만약 미술사가가 화상(畵商)이나 미술관으로부터 고고자료나 현존하는 문화유산자료에 관한 목록작성이나 의견제시를 요청받았다면 동일한 질문이 행하여져야 한다.

미술세계의 현실은 가끔 파는 자의 이름을 공개하지 못하도록 하곤 한다; 그러나 그러한 비밀유지는 약탈 미술품의 국제거래를 증가시키고 넘쳐나게 하는 데 기여한다. 많은 경우에 미술사가들은 화상이나 미술관의 명성을 믿는 것 같다. 그러나 명성을 믿을 수 있는지 따질 것도 없이 미술사가들은 어느 경우라도 스스로 확신을 얻기 위하여 적절한 소장기록(프로방스)에 대한 기본적인 조사를 반드시 하여야 한다.

문화재 품목이 불법적 혹은 은밀히 출토된, 또는 불법적으로 수출된 물품이라고 믿는 데 합리적 이유를 가진 미술사가는 수출국가의 동의가 있는 경우를 제외하고, 그 물건의 전시, 출처감정, 설명 또는 가치평가를 포함, 그 물건의 그 이후의 거래를 도와주어서는 안 되며, 이러한 상황하에서 문제의 작품의 발표에 기여해서도 안 된다.

Ⅳ. 이해의 충돌

미술사가는 학문과 시장의 이해가 뒤엉키게 되면 이해의 충돌가능성이 있다는 것을 인식하는 것이 특히 중요하다. 미술사가가 작품에 관한 전문적 판단을 해주도록 요청받은 경우에 자기와 판매자, 화상, 경매회사 등과 일정한 관계가 있다는 것을 합리적으로 공개하는 것이 반드시 필요하다. 둘 사이의 이해의 실제적 충돌이나 자신의 이해에 기초한 부당함이나 자신의 (금전적) 이해에 기초한 편견의 노출을 피하기 위하여 필요한 공개의 정도에 따라 어느 것이 합리적인 공개인지는 당해 전문적 판단과의 관련하에서 결정된다.

A. 이해 충돌의 상황을 피하기 위하여, CAA는 미술사가가 작품 판매가격의 일정 비율에 따라 보수를 받기보다는 제공된 서비스에 합당한 미리 결정된 고정 보수를 받고 출처감정이나 감정을 하도록 권고한다. 비율에 따른 보수는 과거에도 널리 퍼졌었고, 현재도 널리 퍼져 있으나 생계를 위하여 많은 보수에 의존하는 미술사가의 명성에 손상을 입히고 있다.

학문적인 속성과 같은 문제에 대해 상담을 할 때, 미술사가는 문제의 미술작품의 금전적 가치와 전혀 무관한, 그리고 그 밖에 미술사가에 의한 어떠한 연구조사, 의견이나 진술의 재정적 복잡함과 관계가 없는 보수를 미리 설정함으로써 자신과의 이해가 나타나는 것을 피할 수 있다.

만약 미술사가나 그(녀)가 근무하는 대학이나 고용주가 그러한 작품들의 판매, 중개나 세금감면에 관하여 금전적 이해관계를 가지고 있다면, 당해 거래와 관련하여 (통상적인 봉급이나 큐레이터로서의 보수 이외의) 개인적인 재정적 관계가 있는 미술사가에 관하여 완전히 공개하지 않고, 미술사가가 당해 작품의 속성, 출판이나 전시에 관여하는 것은 비윤리적이다.

V. 선물을 받거나 영업적 특권을 요구하는 것

A. 다른 사람이나 기관에 대한 미술사가의 유일한 직업적 부채(負債)는 지적인 기초 위에 있다. 이 부채는 미술사가가 연구를 수행하거나 출판을 준비하면서 받은 도움임이 분명하다.

B. 미술사가는 미술사가가 근무하는 대학이나 대학교에 사의를 표하고자 하는 기증자에 의해 선물을 제공받는 경우가 더러 있다. 우리는 미술사가에게 이들 문제에 대한 학교 정책에 대해서 학교 본부와 상의하는 것이 그(녀)의 첫 번째 의무라는 것을 상기시킨다. 만약 학교 정책이

이러한 선물을 허용한다면 미술사가는 다음 사항을 고려하여야 한다. 즉 이러한 선물을 받음으로써 그(녀)의 자존심, 행동의 독립성, 기증자에 대한 판단에 있어서 해악을 끼치지 않을지 여부를 고려하여야 한다. 만약 사리사욕의 가능성이나 명성에 손상이 있다고 보이면 그 선물을 거부하는 것이 보다 현명한 일임은 명백하다.

C. 더 곤란한 상황의 하나는 미술사가가 친구인 미술가로부터, 혹은 그가 평론을 썼거나 쓰고 있는 미술가로부터 그림 선물의 제의를 받는 것이다. 대부분의 경우에 미술가에 대한 미술사가의 출간은 선물받은 작품의 가치는 물론, 그(녀)의 작품의 가치를 드높이는 데 기여할 수도 있다는 점은 의문의 여지가 없다. 그렇게 되면 미술사가는 진정으로 이해의 충돌 문제가 일어날 수 있는 상황에 빠지게 된다. 미술가로부터의 선물을 세련되고 분명하게 거절하는 것이 상대방을 실망시킬지 모르나, 그러한 행위가 절차의 성실성을 보장하고, 미술가로부터 받는 존경을 감소시키지 않도록 한다. 당신 가족이 미술가로부터 선물을 받는 것 역시 이해의 충돌을 일어나게 한다.

D. 일반적으로 화상으로부터 선물을 받아서는 안 된다. 설사 오랜, 그리고 개인적 우정에 기초한 것이라도 그렇다(단, 자신이 행한 서비스에 대한 보상으로 금전 대신 선물을 받을 수는 있다). 심지어 화상으로부터의 "직업적 호의"로서 물건값을 할인받는 것도 엄밀히 말하면 비윤리적이다. 왜냐하면 이렇게 되면 미술사가는 화상에게 신세를 지게 되는 셈이기 때문이다. 만약 화상이 정기적으로 고객에 의한 할부구매(割賦購買)를 허용하고 있고, 미술사가도 동일한 조건에 구매하라는 제의를 받은 경우라면 구매한다고 하더라도 그(녀)의 성실성에 손상을 입히지는 않을 것이다. 이런 경우가 아니라면 미술사가는 비윤리적으로 행동하는 것이다. 그러한 경우에 미술사가는 화상에게 신세를 지는 것은 물론 그(녀)가 의식했건 아니건 그(녀)의 영향력을 가지고 거래하는 것이다. 미술사가가

일반고객에게 허용되는 것보다 오랜 기간동안 그(녀)를 위하여 작품의 판매를 보류하도록 요청하는 것도 역시 윤리문제를 일으킨다.

VI. 위조품과 모조품

현재 불법적으로 국내에 들어온 위조품이나 모조품을 몰수하거나 파괴하도록 규정한 법률은 없다. 위조품이나 모조품이 계속적으로 유통되면 그 미술품의 속성과 본질이 미술사가나 공중의 눈에 잘못 전달되게 되고, 이로써 진정성이나 작가의 명성, 더 오래된 문화에 대해 피해를 끼치는 것이다.

위조품은 개인 수집은 물론 공중에게는 진정한 미술품의 가치에 손상을 주며, 미술시장을 왜곡시킨다. 특정한 미술가나 문화에 대한 지식과 감식안을 통해 그(녀)의 명성을 취득한 미술사가는 만약 그 미술품이 위조품이나 모조품이라는 사실을 그(녀)의 능력의 범위 내에서 알게 되었고, 그리고 그러한 결론에 대해 합리적 의심을 할 여지가 없는 경우에는 그것들이 위조품이나 모조품임을 폭로해야 할 도의적 책임이 있다. 위조품을 발견하고 폭로하는 것은 시간이 드는 일이다. 미술사가가 스스로 시간이 없다고 이러한 행위를 외면한다면 그것은 그러한 범죄행위를 폭로할 능력이 없을지도 모를 다른 사람에게 이 일을 떠맡기는 것이며, 전문직의 질적 저하를 가져올 수 있다. 더 나아가서 미술사가는 그들의 판단의 결과로서 법적 분쟁에 휘말릴지 모른다고 우려할 수도 있다. 가장 가능한 법리는 비방이나 명예훼손이라는 불법행위이다. 제대로 이론을 세우고, 학문적 견해를 표명한 미술사가가 그러한 소송(의 방어)에서 패할 것 같지는 않다. 그러한 의견이 작품의 소유자의 요청에 기해 행하여진 경우에는 합리적 의견에 기초한 법적 소송으로부터 거의 위험을 부담하지 않을 것이다. 다른 유형의 전문가 책임보험이 없는 경우에는 미술사가는 특정한 가계보험 증권을 통해 명예훼손소송에 활용 가능한 보험을 취득할 수 있다.

Ⅶ. 가치평가와 출처감정

A. 가치평가나 출처감정을 해주도록 요청받은 미술사가는 많은 위험이 잠복해 있다는 것을 인식해야 한다. 많은 미술사가는 명백히 국익이나 공익에 관계된 경우가 아니면 감정을 하지 않으려고 한다. 목적물에 관하여 가치평가를 하는 것이 그(녀)의 기관의 규칙에 위반되는 경우나 그 목적물이 미술사가가 몸담고 있는 기관에 기증자의 세금감면이나 또는 기증자에게 이와 유사한 혜택을 줄 목적으로 기증될 예정이라면 미술사가는 그 목적물에 관한 가치평가를 해서는 안 된다. 미술사가는 그(녀)가 감정을 의뢰받은 작가 작품에 대한 공적 혹은 사적 거래에 있어서의 현재 시장가격에 완전히 정통하고 있는 경우에만 금전적 평가를 떠맡아야 한다. 미술작품의 금전적 가치를 확립할 필요성이 그것의 객관적, 학자적 판단에 영향을 주어서는 안 된다. 이해의 충돌이 나타나는 것을 막기 위하여 가치평가나 출처감정의 수수료는 고정되어야 하고, 귀속될 가치의 일정 비율에 기초하여서는 안 된다. 끝으로 감정인은 일단 감정이 행하여지면 그것이 처음에 의도했던 목적과는 다른 수많은 목적을 위해서 사용될 수도 있다는 것을 명심하여야 한다.

♣ 커피 브레이크

시카고 감정사협회의 서명진위 감정에 관한 간단한 설명은 매우 흥미롭다.[54] 감정방법으로 스타일적 측면, 구조적 측면, 과학적 측면, 역사적 측면, 심리적 측면, 예술적 측면, 시간 경과적 측면에서 진위 감정 요령을 간단히 설명한 후 다음 링컨 서명을 예로 들어 설명한다.

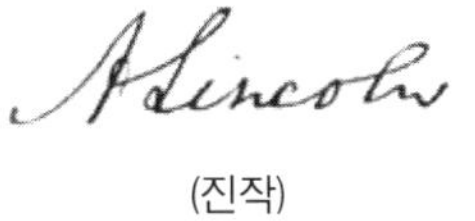

(진작)

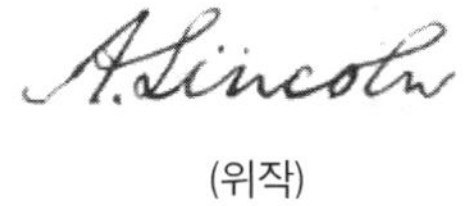

(위작)

54) www.chicagoappraisers.com.

링컨이 한 서명은 망설임이 없고, 자연스럽다. 이에 반해 위작은 “A” 부분은 망설인 것이 보이고, “c” 부분은 2번 겹쳐 썼고, “o” 부분은 조잡하고, “l” 부분에서는 위조자가 펜을 한번 멈췄다가 다시 쓰기 시작했다.

제8장 작품비방 및 명예훼손

Ⅰ. 서 설

고의나 과실로 미술가나 작품을 비방하는 경우에는 명예훼손이나 작품비방으로 되어 불법행위가 될 수 있으며, 경우에 따라서는 형법상 명예훼손죄 또는 모욕죄로 된다. 근거 없이 작품을 비방하는 경우는 주로 당해 작품의 가치저하에 따른 소유자 등의 경제적 손실이 문제라면 비평이라는 이름으로 미술가를 비난하는 경우에는 주로 미술가의 인격적 이익의 침해가 문제로 된다. 이하 작품비방부터 살펴보는 것으로 한다.

Ⅱ. 작품비방

비방이란 남을 헐뜯어 말하는 것이다. 미술품의 경우에는 특정인 소유 미술품의 품질, 혹은 진품성을 저하시켜 금전적 손해를 야기하는 의도적 행위이다. 예컨대 미술작품에 대한 잘못된 논평을 함으로써 그 작품의 시장가치를 저하시킨 경우에는 피해자는 논평자를 상대로 손해배상의 청구를 할 수 있다.

1. 작품의 비방으로 되는 경우

제3자(예컨대 전문가)가 자신 소유 작품에 대하여 비방을 함으로써 경제적 손실을 입은 경우에는 우리 민법 제750조[1]에 의거하여 손해배상을 청구할 수 있을 것이다. 그러나 인간은 누구나 일정한 경우에 자신의 의견을 표명할 수 있고, 그것이 미술품이라고 하여 금기(禁忌)시되어야 할 것은 아니다. 문제는 어느 것이 허용될 수 있는 범위 내에 있고, 어느 것이 허용의 범위를 벗어난 위법한 것인지이다. 다음은 외국 학자가 드는 예이다.[2]

사례 1

칵테일파티에서 미술 감정인이 벽에 걸려 있는 저명한 생존 작가인 갑(甲)의 그림을 보고 있다고 가정하자. 손님 중의 하나가 미술 감정인에게 자신들을 초대한 주인이 딜러로부터 그 그림을 살 것인지 말 것인지를 결정하지 못하고 있다고 알려준다. 미술 감정인은 손님들에게 둘러싸여 있는 주인에게 다가가서 그의 말이 거짓임을 알면서 시장에서 甲의 인기가 떨어지고 있으며, 그 그림에 투자하는 것은 현명한 일이 못 된다고 알려준다. 주인은 그 말을 주의 깊게 듣고 그 그림을 사지 않았다. 그 결과는? 미술 감정인은 딜러에게 작품비방에 대한 책임을 질 것이다.

사례 2

사례 1과 동일한 상황에서 이번에는 자신의 말이 거짓일 가능성이 높다는 것을 알면서 그 작품에 대한 언급을 하였다고 하자. 결과는 같다.

---

1) 제750조(불법행위의 내용) 고의 또는 과실로 인한 위법행위로 타인에게 손해를 가한 자는 그 손해를 배상할 책임이 있다.

2) Lerner-Bresler, 575쪽.

즉 책임을 진다. 과실도 고의의 경우와 마찬가지로 책임을 진다.

사례 3

사실관계는 위와 같다. 다만 이번에는 주인이 감정인에게 다가와 그 소매를 끌고 자기 방으로 가서 그 그림을 살지 말지 결정하지 못했다고 말하면서 조언을 구한다. 감정인은 자신의 말이 진실하다는 것을 믿으며, 아울러 그 말을 정당화시킬 수 있는 시장에 대한 지식을 충분히 가지고 있다고 믿고 있으면서 그 그림을 사지 말라고 조언하였다(그런데 실은 그 말은 틀린 것이었고, 제대로 알아보았더라면 자신이 틀렸다는 것을 알 수 있었다). 주인은 그 말을 믿고, 그 그림을 사지 않았다. 그 결과는? 감정인은 책임을 지지 않을 것이다. 왜냐하면 구매자의 요청으로 잠재적 구매자에게 조언하는 경우에는 우선 보호받아야 할 자는 잠재적 구매자이다. 따라서 정보제공으로 제3자인 그림 소유자의 이익에 손해를 끼치더라도 어쩔 수 없다. 이 경우 감정인은 잠재적 구매자의 이익을 극히 미세한 부분까지 신경을 써야 할 이유는 없으며, 그의 말이 거짓으로 판명됨으로써 받는 그림 소유자의 피해와 그의 말이 진실인 경우에 잠재적 구매자가 받는 피해를 비교교량(比較較量)해야 할 이유도 없다. 그렇기는 하나 만약 감정인이 거짓인 것을 알거나 진위여부에 전혀 개의치 않고(무모한 무시: reckless disregard), 논평을 했다면 책임을 져야 할 것이다.

2. 판 례

이하에서는 외국에서 문제된 사례를 들어보기로 한다.

(1) Hahn v. Duveen[3)]

작품비방과 관련하여 미술계를 뒤흔들었던 사건에 Hahn v. Duveen (1929)이 있다. 미술상(商)이자 전문가인 Sir Duveen은 실제로 작품을 본 적도 없으면서 그 작품(La Belle Ferroniere)은 레오날도 다 빈치가 그린 것이 아니며, 진품은 루브르 박물관에 있다고 주장했다.[4)]

원고 Hahn은 피고 Duveen이 New York World Reporter에 Hahn의 작품은 진품이 아니라고 악의적으로 거짓을 고함으로써 그녀의 재산권이 손상을 입었다고 주장하였다.

(루브루 소장품)

the American Leonardo

아울러 이러한 언급으로 당시 진행 중이던 캔자스시티 박물관과의 25만 달러의 매매협상이 결렬됨으로써 특별한 손해를 입었다고 주장하였다. 반면에 Duveen은 판매를 위하여 대중들 앞에 놓여지고 미국과 프랑

3) 234 N.Y.S. 185 (N. Y. Sup. Ct. 1929). 이에 대해 보다 당시 상황에 관한 것은, http://blogs.getty.edu/iris/treasures-from-the-vault-the-man-of-la-belle-ferroniere(2016.4.1. 방문). Hahn이 소유했던, 일명 "the American Leonardo,"로 불리는 작품은 2010년 소더비에서 1,538,500달러에 판매되었다. 카탈로그에는 "follower of Leonardo da Vinci, probably before 1750"라고 적혀 있었다.

4) "이것과 레오날도의 다른 작품은 수백 개 복제되고, 그리고 진품으로 시장에서 거래된다. —레오날도 다빈치의 La Belle Ferroniere는 루브르에 있다. 만약 정말로 캔자스시티 미술관과 관련되어 있다면 George Sortais 인증서는 가치가 없는 것이다. 그는 전혀 레오날도 작품의 전문가가 아니다."(Lerner-Bresler, 574쪽).

스 신문기사의 주제가 되었던 작품에 관한 의견의 표명이 선의(in good faith)로 되어질 수 없다면 수정헌법 제1조가 자신에게 보장한 표현의 자유가 침해된다고 주장하였다. 말하자면 "fair comment"의 항변을 하였다.

미술품의 진위에 대한 전문가 증언이 엇갈리는 가운데 배심이 합의에 도달하지 못하자 법원은 재심사를 명했다. 그러나 재심사 전에 피고 Duveen은 원고 Hahn에게 소송비용과 60,000달러를 배상하면서 화해로 사건을 종결시켰다.[5)]

공정논평(fair comment)의 법리[6)]

Hahn 사건 이후에 공정 논평의 항변은 확대되었다. 공공(公共)의 이익과 관련된 문제에 공정한 비평(criticism) 내지는 논평(comment)을 하는 것은 당해 논평이 악의적으로 된 것이 아닌 한 책임을 지지 않는다는 것이다. 공공의 입장에서 보면 의견의 자유로운 교환에 내재하는 사회적 가치가 그러한 논의로 입을지도 모를 개인의 상처보다 훨씬 값진 것이다. 다만 공정논평이 되려면 ① 공표한 것이 논평자의 의견에 관한 것이고, ② 개인 자체에 관련된 것이 아니라 그의 행위에 관한 것이어야 하며, ③ 그것이 공정해야 한다. 즉 그것을 읽는 사람이 그 논평이 나오게 된 배경사실을 알고, 독자들도 자신의 판단을 내릴 수 있어야 하며, ④ 공표는 공익적 사항에 관련되어야 한다. 즉 책이라든지, 미술전시회, 음악연주회와 같이 공중에게 제공된 것과 관련되어야 한다. 따라서 있을지도 모를 명예훼손 소송으로부터 자신을 지키기 위해서는 신중한 판단을 하여야 한다. 논평은 사실적으로 정확해야 하고, 논평은 평가를 받는 자의 인격, 성격, 미술가로서의 직업적 능력에 관한 것이 아니라 작품 그 자체에 대한 논평이어야 한다. 그러한 논평이라면 결과적으로 평가를 받는 자의 직업적 명

5) 그로부터 60여 년이 흐른 1993년 3월, 다 빈치 전문가인 영국 마틴 캠프 교수에 의해 Hahn의 소유 작품은 모조품임이 밝혀졌다(Lerner-Bresler, 575쪽).

6) DuBoff-King, 63쪽.

성에 흠이 가거나 그 자에게 금전적 손실이 발생했다고 하더라도 평가자는 보호를 받아야 할 것이다.

(2) Kirby v. Wildenstein[7)]

이 사건에서 법원은 작품비방이 성립하기 위한 필요요건의 하나인 특별한 금전상의 손해에 대하여 입증하지 못했다는 이유로 원고의 청구를 인정하지 않았다. 이 사건의 원고는 19세기 프랑스 화가인 쟝 베로(Jean Beraud)의 ≪평화의 거리≫(La Rue de la Paix)라는 그림의 소유자이다. 원고는 이 작품을 1988년 5월 경매를 위하여 크리스티에 1988년 3월에 위탁하였고 최저 경매가는 약 16만 달러였다. 위탁계약에는 그 그림이 곧 출간될 베로의 카탈로그 레조네에 포함될 것이고, 베로에 관한 전문가인 오펜슈타트의 증명서가 크리스티 판매 카탈로그에 포함되며, 이 증명서 없이는 그림은 판매될 수 없다는 조건이었다. 크리스티는 미술 카탈로그 레조네의 출판에 관여하고 있는 빌덴슈타인 재단의 직원인 오펜슈타트에게 작품이 카탈로그 레조네에 실리는지를 확인받고자 하였다. 이에 오펜슈타트는 재단이사이자 저명한 19세기 미술전문가인 다니엘 빌덴슈타인을 뉴욕에 보내 그림의 진위를 알아오게 하였고, 빌덴슈타인은 이 일을 뉴욕 갤러리에서 1988년 4월에 부탁하였다. 면밀한 조사 후 빌덴슈타인은 그것이 위작이거나 아니면 과도한 세척으로 손상되었다는 결론을 얻었다.

1988년 5월 초, 오펜슈타트는 그 그림이 카탈로그 레조네에 포함되지 않을 것을 크리스티에 알려주었고, 빌덴슈타인 뉴욕갤러리 직원인 죠세프 베일리오는 빌덴슈타인은 그 그림을 좋아하지 않으며 진품임을 믿지 않는다고 알려주었다. 크리스티는 1988년 5월 경매에서 그 그림을 배제하였다.

그러나 아직도 진품이라고 믿고 있던 크리스티는 1988년 6월, 다시

---

7) 784 F. Supp. 1112 (S. D. N. Y. 1992).

재단에 문의하였다. 재단은 그달 늦게 그 그림의 진위에 대한 이전의 견해를 수정하고, 곧 나오는 카탈로그 레조네에 베로의 진품으로 게재될 것이지만, 잘못된 복원과 세척으로 작품이 손상되었다는 점도 표기할 것이라고 알려주었다. 이에 따라 크리스티는 1988년 10월 경매에 그 그림을 포함시켰다. 경매에 붙임에 있어 크리스티는 그 그림이 곧 나올 카탈로그 레조네에 실릴 것이라는 것을 밝히면서도 그 그림의 상태에 대해서는 언급하지 아니하였다. 1988년 10월 경매에서 신청자가 없었고, 그 그림은 팔리지 않은 채로 남아 있었다. 원고는 다시 팔기 위한 노력은 하지 않은 채, 1989년 3월 피고를 상대로 25만 달러(후에는 20만 달러로 축소)의 배상을 요구하는 소를 제기하였다.

뉴욕 연방지방법원은 소를 기각함에 있어 작품비방으로 인한 배상을 받기 위해서는 특별한 손해가 있었음을 증명하여야 하는데 원고는 이 사실을 입증하지 못했다고 판시하였다. 법원은 특별한 손해란 금전적이거나 경제적 가치를 가진 손해에 한정되고, … 실질적 손해가 인정될 수 있도록 충분하고 상세히 기술되어야 하며, 그 손해가 작품비방으로부터 자연적이고 직접적으로 일어난 것이어야 한다고 보았다.

법원은 원고가 처음에는 25만 달러에서 나중에는 20만 달러라는 배상을 청구하면서, 그 액수의 근거가 되는 손해를 특정하지 못했을 뿐만 아니라 작품비방이 없었더라면 경매신청에 참가하였을 사람도 특정하지 못했다고 보았다.[8)]

더 나아가서 피고가 작품상태에 대해서 오직 크리스티, 오펜슈타트, 베일리오, 기타 카탈로그 레조네 작성에 관여한 한 명에게 알려주었고, 이것이 법해석상 공표에 해당한다고 하더라도 이들은 잠재적 고객이 아니며, 또한 이들이 외부인에게 이 사실을 알려주었다는 증거도 없다고 보았다. 따라서 원고의 청구를 기각하였다.

---

8) 특별한 손해가 실기(失機)한 매매라면 놓쳐버린 고객이 누구인지를 특정하는 것은 잘 확립된 원칙이며, 앞으로도 지켜져야 할 원칙이다.

III. 명예훼손

명예훼손의 법익은 사람의 사회적 평가인 직업적 또는 인격적 명성을 보호하는 것이다. 그러므로 명예훼손이라고 하는 것은 사람의 사회적 평가를 고의 또는 과실에 의해 위법하게 저하시키는 것을 말한다. 형법상의 명예훼손죄가 고의범인 데 반해 민사의 경우에는 고의뿐만 아니라 과실에 의한 경우에도 책임을 진다. 미술가와 미술가 사이의 명예훼손과 관련된 Silberman v. Georges 사건에 대해서는 이미 살펴보았다. 동 사건 판결에서는 명예훼손이 부정되었다. 여기서는 명예훼손이 인정된 사례에 대해서 살펴본다.[9]

| 판례 | FITZGERALD V. HOPKINS[10]

사실관계: Pacific Northwest의 지도적 조각가의 하나인 A가 'Rock Totem'이라는 제명을 가진 13피트짜리 조각을 제작하여 1962년 시애틀 월드 페어(Seattle World Fair)에서 전시하였다. 석사과정에서 조각을 전공하는 젊은 조각가 B가 은행으로부터 작품 하나를 주문받아 8피트 크기의 'Transcending'이라는 작품을 제작하였다. B는 'Rock Totem'을 본 바 있다. A는 건축주에게 가서 Transcending'은 'Rock Totem'의 복제품이라고 말했다. 은행에서 A는 B를 도둑놈이라고 불렀다. 젊은 조각가를 저작권침해로 소제기하기 전에 A는 은행에 다음과 같은 편지를 보냈다: "도둑이 창작적 영혼을 공개적으로 강탈했을 때 법적 테이블에서 한두 마디로 이 문제를 조용히 끝낼 수는 없는 것이다. 돈에 대한 욕망으로 그가 표절의 길로 들어섰다는 것을 알아차리게 하는 것이 더 중요한 것 아닌가."

법원의 판단: 법원은 표절이 없었다고 결론 내리고, 저작권을 침해했다는

---

9) Tad Crawford, *Legal Guide for the Visual Artist*(5th ed.), Allworth Press, 2010, 94쪽.

10) 70 Wn.2d 924 (Wash. 1967).

원고청구를 기각하였다. 소송 과정에서 B는 명예훼손으로 인한 손해배상을 청구하는 반소를 제기하였다. 법원은 누군가를 도둑놈이라고 부르고 표절자라고 부르는 것은 비평도 아니고 보호받는 형태의 의견표명도 아니라고 결론 내렸다. 이것들은 인격에 대한 공격이며, 공정 비평의 범위를 넘어서고, 따라서 B는 그로 인해 발생한 손해를 배상받을 수 있다고 판시하였다.

1. 형법상 명예훼손

우선 형법 제307조 제1항은 "공연히 사실을 적시하여 사람의 명예를 훼손한 자는 2년 이하의 징역이나 금고 또는 500만 원 이하의 벌금에 처한다"고 규정하며, 제2항은 "공연히 허위의 사실을 적시하여 사람의 명예를 훼손한 자는 5년 이하의 징역, 10년 이하의 자격정지 또는 1천만 원 이하의 벌금에 처한다"고 규정한다. 또 제310조는 "제307조 제1항의 행위가 진실한 사실로서 오로지 공공의 이익에 관한 때에는 처벌하지 아니한다"고 규정한다. 이른바 위법성(違法性)의 조각(阻却)에 대해서 규정한다. 위법성 조각과 관련된 중요한 사항에 대해서 우리 판례의 태도를 알아보면 다음과 같다.

(1) 진실한 사실

형법 제310조의 규정은 인격권으로서의 개인의 명예의 보호와 헌법 제21조에 의한 정당한 표현의 자유의 보장이라는 상충되는 두 법익의 조화를 꾀한 것이라고 보아야 할 것이므로, 두 법익 간의 조화와 균형을 고려한다면 적시된 사실이 진실한 것이라는 증명이 없더라도 행위자가 진실한 것으로 믿었고 또 그렇게 믿을 만한 상당한 이유가 있는 경우[11]에는

11) 그 표현 내용이 진실이라고 믿을 만한 상당한 이유가 있는지의 여부는 적시된 사실의 내용, 진실이라고 믿게 된 근거나 자료의 확실성과 신빙성, 사실 확인의 용이성, 피해자의 피해 정도 등 여러 사정을 종합하여 행위자가 적시 내용의 진위

위법성이 없다(대법원 1993.6.22.선고 92도3160 판결; 대법원 2008.1.24.선고 2005다58823 판결 등).

(2) 공공의 이익

행위자의 주요한 목적이나 동기가 공공의 이익을 위한 것이라면 부수적으로 다른 사익적 동기가 내포되어 있었다고 하더라도 행위자의 주요한 목적이나 동기가 공공의 이익을 위한 것으로 보아야 한다(대법원 1993.6.22.선고 92도3160 판결; 대법원 2008.1.24.선고 2005다58823 판결 등).

2. 민법상 명예훼손

민법 제750조는 고의 또는 과실로 인한 위법행위로 타인에게 손해를 가한 자는 그 손해를 배상할 책임이 있다고 규정한다.

(1) 위법성

어느 경우에 타인의 작품에 대한 논평 등이 위법한가. 우리 대법원 판결은 다음과 같이 판시하고 있다.[12)]

> "민사상 타인에 대한 명예훼손, 즉 사람의 품성, 덕행, 명성, 신용 등의 인격적 가치에 관하여 사회로부터 받는 객관적인 평가를 저하시키는 것은 사실을 적시하는 표현행위뿐만 아니라 의견 또는 논평을 표명하는 표현행위에 의하여도 성립할 수 있을 것인바, 어떤 사실을 기초로 하여 의견 또는 논평을 표명함으로써 타인의 명예를 훼손하는 경우에는 그 행위가 공공의 이해에 관한 사항에 관계되고, 그 목적이 공익을 도모하기 위한 것일 때에는 그와 같은 의

여부를 확인하기 위하여 적절하고도 충분한 조사를 다하였는가, 그 진실성이 객관적이고도 합리적인 자료나 근거에 의하여 뒷받침되는가 하는 점에 비추어 판단하여야 한다.

12) 대법원 1999.2.9.선고 98다31356 판결.

견 또는 논평의 전제가 되는 사실이 중요한 부분에 있어서 진실이라는 증명이 있거나 그 전제가 되는 사실이 중요한 부분에 있어서 진실이라는 증명이 없더라도 표현행위를 한 사람이 그 전제가 되는 사실이 중요한 부분에 있어서 진실이라고 믿을 만한 상당한 이유가 있는 경우에는 위법성이 없다."

한편 일본 최고재판소 1998년 7월 17일 판결은 의견·논평이 타인의 저작물에 관한 경우에 대해 다음과 같이 판시하고 있다.

"타인의 언동, 창작 등에 대해서 의견 내지 논평을 표명하는 행위가 그 자의 객관적인 사회적 평가를 저하시키는 것이라고 하더라도 그 행위가 공공의 이해에 관한 사실에 대해서 오로지 공익을 도모할 목적으로 나온 것이며, 또 의견 내지 논평의 전제로 되어 있는 사실의 주요한 점에 대해 진실인 것의 증명이 있는 때는 인신공격에 이르는 등 의견 내지 논평으로서의 영역을 일탈(逸脫)하는 것이 아닌 한 명예훼손으로서의 위법성을 결여하는 것은 당심(當審)의 판례로 하는 바이다. 그리고 의견 내지 논평이 타인의 저작물에 관한 것인 경우에는 그 저작물의 내용 자체가 의견 내지 논평의 전제로 되어 있는 사실에 해당하기 때문에 당해 의견 내지 논평에 있어서 타인의 저작물의 인용소개가 전체로서 정확성을 결여한 것이 아니면 전제로 되어 있는 사실이 진실이 아니라는 이유로 당해 의견 내지 논평이 위법으로 되는 것은 아니라고 해석해야 할 것이다."[13]

(2) 손해발생

명예훼손을 이유로 민사소송을 제기하기 위해서는 원고에게 손해가 발생하여야 한다. 일반적으로 명예침해를 받으면 정신적 손해가 발생하는 것은 어렵지 않게 생각할 수 있고, 그에 따른 위자료 청구는 가능하다.

민법 제764조는 명예훼손 경우의 특칙으로서 타인의 명예를 훼손한 자에 대하여는 법원은 피해자의 청구에 의하여 손해배상에 갈음하거나 손해배상과 함께 명예회복에 적당한 처분을 명할 수 있다고 규정한다. 다만 적당한 처분에서 사죄광고는 제외된다.[14]

---

13) 山口裕博, 212쪽에서 재인용.

명예훼손으로 인한 재산적 손해는 진품으로 작품을 팔고 있는 상인의 경우와 같이 특별한 경우에만 발생한다.

3. 진작(眞作)이라는 사실에 대한 입증책임

문제는 위작이라는 의견으로 명예가 훼손되었다고 하여 소송을 제기하는 경우 누가 진작이라는 입증을 하여야 하는가이다. 三越茶杓展示卽賣眞贋記事事件에서 일본 동경고등법원 판결은 다음과 같이 판시하고 있다.[15]

> "불특정 다수의 자에 대해 다종다양한 상품을 판매하는 법인인 백화점이 특정한 자의 작품으로서 판매하고, 그를 위해 상품으로서 진열하고 있는 고미술품에 대해 위 작자의 진작이 아니고 안작(贋作)의 의심이 간다는 취지의 언명(言明)이 매스미디어에 의해 공표된 경우에 백화점이 위 언명의 공표자에 대해 그것에 의해 명예 또는 신용이 훼손된 것으로서 손해배상 또는 민법 제723조 소정의 적당한 처분을 구하는 유형의 소송에 있어서는 그 미술품이 당해 작자의 진작인 것에 대해서 백화점에 입증책임이 있는 것이라고 해석하는 것이 상당하다."

4. 판 례

(1) 우리나라

최근 한 신문은 공익적 목적을 가지고 미술작품 감정위원이 작품에 대한 위작 의혹을 제기하는 것은 미술 작품을 소장한 사람에 대한 명예를 훼손하는 위법적 행위가 아니라는 판결이 나왔다고 보도한 바 있다.[16]

---

14) 민법 제764조(1958.2.22. 법률 제471호)의 "명예회복에 적당한 처분"에 사죄광고를 포함시키는 것은 헌법에 위반된다(헌법재판소 1991.4.1, 89헌마160 결정).

15) 일본 東京고등재판소 1993년 9월 22일.

16) 법률신문 2007.8.7.(최소영 기자).

사실관계: 원고가 소장한 고 이중섭 · 박수근 작가의 미발표 작품은 SBS의 협조를 얻어 전시회를 준비했고 일부 작품은 서울옥션에서 경매됐다. 원고의 소장 작품이 외부에 알려지면서 작품의 위작여부를 두고 논란이 생기자 한국미술품감정협회에 소속된 감정위원인 피고 등은 작품이 위조된 것이라는 의견과 함께 위와 같은 사실을 알리는 인쇄물을 배포했다. 원고는 피고의 의견은 거짓이라며 소송을 냈다.

서울중앙지법 민사 13부는 고 이중섭 · 박수근 작가의 미발표 작품을 소장하고 있던 김모 씨(69세)가 자신의 소장 작품을 위작으로 평가한 감정협회 위원 등을 상대로 "허위 사실을 유포해 명예를 훼손했다"며 낸 손해배상청구소송에서 원고 패소판결을 내렸다.[17]

재판부는 판결문에서 "한국미술품을 감정하는 위원들이 작품을 판매하는 서울옥션으로부터 감정의뢰를 받고 위작 판정을 한 것은 원고의 명예를 훼손할 만한 사실 적시가 아니다"라며 "위작이라는 의견을 표명한 인쇄물과 발표 내용은 진실여부를 불문하고 소장자의 명예를 훼손하는 행위이지만 작품의 진위여부에 관한 사회적 논란을 해소코자 의견을 표명한 공익적 목적이 인정돼 위법성이 없다"고 밝혔다.[18]

재판부는 또한 "감정위원들이 위작이라고 적시한 사실은 제출된 증거와 진술에 따라 진실일 개연성이 높다"며 "설령 적시된 사실이 진실이 아니더라도 피고들이 진실이라고 생각할 정도의 합리적 자료와 근거가 인정된다"고 덧붙였다.

(2) 일 본

일본에서는 佐伯祐三贋作事件이 유명하다.[19] 이 사건은 다음과 같다.

---

17) 서울중앙지법 2007.7.19. 선고 2005가합81835 판결.

18) 모조품이 진품으로 둔갑하여 판매되고, 전시되고, 연구되는 경우에는 일반인에게 피해를 주므로 일반에게 공개된 작품의 진품성을 밝히는 것은 공공의 이해와도 관계된다고 할 것이다.

19) 山口裕博, 172쪽.

1) 사실관계

원고는 요절(夭折)한 저명한 화가 佐伯祐三(さえき ゆうぞう, 사에키 유조) 작이라는 그림을 부친으로부터 상속해서 다수 소유하고 있고, 그 안에서 미공개작 38점을 福井縣 武生市에 기증하는 것으로 했던바, 위작 의혹이 일어났다. 武生市는 K씨를 좌장으로 하여 일본 근대 미술사에 조예가 깊은 4명의 위원으로 구성된 선정위원회를 설치하여 기증작품 중 5점이 진작인지 위작인지의 판단(眞贋判斷)을 맡겼던바, 동 위원회는 진작이라고 발표하였다. 그러나 곧 미술상으로 구성된 동경미술구락부 미술감정위원회가 위 그림 중 1점이 위작이라고 발표했고, 그 후 武生市 조사위원회는 1994년 보고서에서 기증예정 그림 38점 및 관련 자료에 대해서 의혹투성이인 점은 부정할 수 없다고 보고했다.

피고는 이 소동에 대해서 자신의 저서『骨董의 眞贋』에서 다음과 같은 표현을 했던바 원고는 피고와 그 책을 출판한 출판사(공동 피고)를 상대로 명예훼손에 의한 손해배상(600만 円)의 소송을 제기하였다. 문제가 된 구절은 다음과 같다.

> 유화의 세계에서 말한다면 최근 佐伯祐三의 안작사건이 있다. 이것은 岩手縣 原野 근처에서, 佐伯祐三의 그림이 대량으로 발견되었다는 것으로부터 시작된 사건이다. 그러한 달콤한 이야기가 있을 까닭이 없으나, 河北倫明(카와키타미치아키)이라는 위대한 분이 "그 그림은 진짜다"라고 보증을 해버리신 것이다. 그래서 그 정보를 들은 어느 지방단체의 장이 공금으로 그 그림을 구입하고자 하셨으나 많은 화상(畵商)이 佐伯祐三의 유화인 것을 인정하지 않았기 때문에 옥신각신 소동으로 되었던 것이다. 그렇더라도 냉정히 생각하면 그런 장소에서 佐伯祐三의 그림이 대량으로 있을 까닭이 없는 것이다. 그러한 것은 초보적인 상식이며, 그것을 몰랐다고 하면 구제할 길이 없는 것이다. 허황된 이야기는 허세만큼이나 빠져들기 쉬운 것이다.

2) 법원의 판단[20)]

(가) 본건 기술(記述)의 명예훼손성

우선 명예훼손적인 표현이 존재하는가 아닌가는 당해 기술에 대한 일반 독자의 보통의 주의와 문장 내용의 이해하기를 기준으로 해서 판단해야 할 것이다.[21)] 피고가 본 기술에서 어디에도 안작의 소지자가 누구인지 나와 있지는 않지만 그 사이의 매스컴 보도 등을 통해 본 기술이 누구에 관한 것이지를 일반 독자의 보통의 주의와 문장 내용의 이해하기를 기준으로 해서 판단하면 원고라는 것을 알 수 있다. 그 사이의 보도로 원고 소유의 佐伯祐三 작품이 안작이라고 명백히 굳어졌던 것은 아닌데 본 기술을 통해 안작으로 굳어지게 됨으로써 원고의 사회적 평가를 저하시키는 결과로 되었다.

(나) 본건 기술(記述)과 명예훼손 성립 조각(阻却)사유 유무

법원은 본건 기술이 공공의 이해에 관한 사항이며(공공성), 오로지 공익을 도모할 목적(공익성)이 있었고, 원고 소장품의 위작 가능성에 비추어 볼 때 본건 기술(記述)은 그 의견 내지 논평이 전제로 하고 있는 사실의 중요 부분이 진실이라고 인정하였다. 또 본건 기술(記述)은 의견 내지 논평의 한계를 넘고 있는 것도 아니라고 판단하였다. 결국 원고 패소로 돌아갔다. 그러나 6년이나 걸린 이 판결에 대해서는 많은 문제가 있다고 한다. 역으로 생각하면 원고측은 재판의 장기화를 도모하는 것에 의해 최종적으로는 패소했다 해도 (피고의 부담을 생각하면) 그것만으로도 명예훼손의 소를 제기할 가치가 있다고 생각할 수도 있다는 것이다.[22)]

---

20) 일본 東京지방재판소 平成 14년 7월 30일.

21) 우리 판례는 “당해 표현의 객관적인 내용과 아울러 일반인이 보통의 주의로 그 표현을 접하는 방법을 전제로 거기에 사용된 어휘의 통상적인 의미, 전체적인 흐름, 문구의 연결 방법 등을 기준으로 판단하여야 하고, 여기에다가 당해 표현이 게재된 보다 넓은 문맥이나 배경이 되는 사회적 흐름 등도 함께 고려하여야 하는 것”이라고 한다(대법원 2008.1.24.선고, 2005다58823 판결).

22) 자세한 것은 山口裕博, 220쪽 참조.

(3) 영국: Whistler v. Ruskin[23)]

휘슬러는 어두운 공원 위에서 일어나는 불꽃놀이를 묘사한 ≪Nocturne in Black and Gold≫라는 그림을 그려, Coutts Lindsay경 소유인 그로베너 화랑(Grosvenor Gallery) 개막전에 출품하였다. 라파엘 전파(Pre-Raphaelite)를 지지하는 러스킨(옥스포드 대학 스레이드 기금교수)은 자신이 발간하는 『Fors Clavigera』에 다음과 같은 비평의 글을 게재하였다.

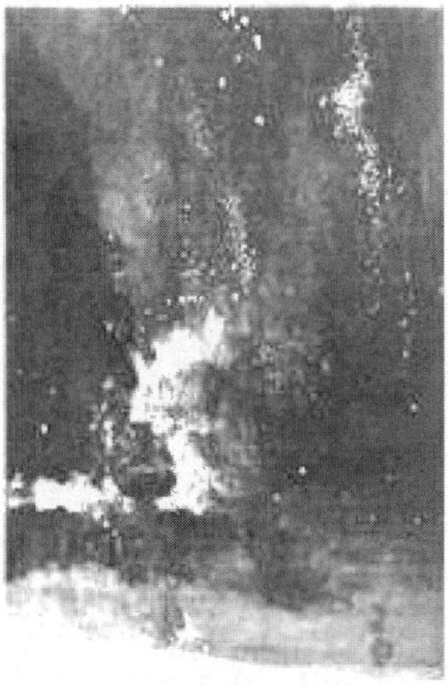

– Nocturne in Black and Gold: The Falling Rocks –

구매자 보호 못지않게, 휘슬러 씨 자신을 위하여, 구쓰 린세이(Coutts Lindsay) 경은, 갤러리에 작품을 전시하도록 허용해서는 안 된다. 그곳에서는 교육받지 못한 화가의 독단이 거의 계획적 사기극에 가까운 양상을 보인다. 나는 지금 많은 런던내기(cockney)들의 건방진 행위를 보고 듣는다. 그러나 나는 공중의 얼굴에 물감통을 던지면서 200기니(guineas)를 요구하는 잘난 체하는 사람(coxcomb)을 예상해 본 적은 없다.

휘슬러는 이러한 혹평으로 자신의 명예가 실추되었다는 이유로 러스킨을 상대로 1877년 7월 28일, 1000파운드의 배상을 요구하는 소송을 제기하였다. 배심에 의한 심리는 1878년 2월에 예정되어 있었으나 러스킨의 정신적 병을 이유로 소제기로부터 1년 정도 지난 1878년 11월 25일과 26일 양일간에 걸쳐 진행되었다. 많은 원·피고를 위한 감정의견을 들은 후 재판장은 배심에게 러스킨의 비평이 공정하고 선의에 의한 것인지를 질문하였다. 약간의 논의를 거친 후 배심은 그 비평은 정직하다는 답을 주었다. 그러자 재차 재판장은 그 비평이 공정하고 선의에 의한 것

23) http://blogs.princeton.edu/wri152-3/rpower/archives/001951.html; http://www.loyno.edu/~history/journal/Landry.htm.

인가를 질문하였다. 10여분의 논의 끝에 배심은 원고 승소의 평결을 내렸고 손해배상을 인정했으나 그 액수는 동전 한 닢(1 farthing)이었다. 아울러 소송비용도 각자 부담이었다. 휘슬러는 승소했으나 파산에 직면하였고, 러스킨은 비평할 수 없는 비평가가 무슨 의미가 있는가라고 자탄하면서 옥스퍼드 대학을 떠났다. 붓과 펜의 싸움에서 모두 상처만을 입었다.[24]

(4) 미국: Boule v. Hutton[25]

1) 사실관계

원고인 Claude Boule 및 Rene Boule(이하 'Boule'로 표시한다)은 파리에 사는 미술품 수집가이다. 이 소송 당시 서류상으로 161점의 작품과 한 점의 유화를 소유하고 있었다. 그 작품들은 모두 Lazar Khidekel의 작품이었다.

Khidekel 작품의 하나

Lazar Khidekel(1904-1986)은 20세기 초에 러시아에서 태어난 슈프리마티스트[1913년 러시아에서 일어난 슈프리마티즘(suprematism)작가]의 한 사람이었다. 그는 슈프리마티즘 운동의 지도적 인물인 Kazimir Malevich의 제자였다. 그러나 1930년부터 죽을 때까지 그는 레닌그라드에 있는 토목공학원에서 건축을 가르쳤다.

Boule은 서류상의 161점의 작품을 1984년부터 4년간에 걸쳐 수집한 것으로 되어 있다. 또 모두 블라디미르 짤렌코프라는 사람으로부터 150만 프랑스 프랑을 주고, 사적 거래를 통해서 수집한 것이어서 작품 이력에 관한 증명서(provenance)는 전혀 가지고 있지 않으며, 거래 당시 권위

24) 그러나 이 소송에 대해 미술사적으로 많은 의미를 부여하는 글들이 많다.
25) U.S. Court of Appeals, 2nd Circuit, 2003 (328 F.3d 84).

있는 감정가로부터 진정성 여부에 대한 감정도 받지 않았다. 유화는 소더비 경매에서 2800파운드를 주고 구입하였다.

1988년 여름, 프랑스 미술사가인 Jean-Claude Marcade는 Lazar Khidekel의 아들인 Mark Khidekel(러시아인)을 파리에 있는 Boule집에 데려와 작품 몇 점의 감정을 의뢰했다. 그 자신 아버지 작품의 수집가였던 Mark Khidekel은 그 당시에는 그 작품들의 진정성에 대하여 어떠한 의문도 표시하지 않았다.

1989년, 서점 및 화랑 주인인 Helene Larroche는 Boule과 Mark Khidekel 두 사람의 연합 전시회를 열면 어떻겠냐는 제의를 했고, 둘 모두 동의하였다. 그러나 Mark Khidekel이 기일 내에 출품하지 못함으로써 전시회는 무산되었다.

1989년, 1990년, 1991년을 통해 Mark Khidekel은 그의 아내 Regina Khidekel을 데리고 Boule집을 방문하여 자신이 수집한 작품의 슬라이드도 보여주고, 몇 점의 선물도 가져왔다. 이러는 동안 Khidekel은 Boule이 캐나다 몬트리올에 있는 Joliette 미술관에 작품을 대여하려는 계획이 있다는 것을 알게 되었고, 당시에도 작품의 진정성에 대해서는 일언반구도 없었다. 오히려 그 전시회에 참여해서 강연도 하고 자신의 수집품의 슬라이드도 보여주고자 하였다.

1991년 7월 Boule집을 방문한 Khidekel은 점당 2500프랑을 받으면서 모두 16점(모두 40,000프랑 지급)에 대해 그들이 모두 진정하다는 서명을 하였다. 1991년과 1992년 봄에 두 Khidekel은 전시회에 방문하려고 하였으나 무산되었다. 1992년 8월부터 1993년 8월 사이에 Boule 수집품은 캐나다 이곳저곳 갤러리에서 전시되었고, 그 후에는 프랑스에서 전시되었다. 1994년 10월, 파리에서 개최되었던 세계현대미술박람회(FIAC)에서 전직 화랑지배인이자 아직도 미술계에 몸담고 있는 Yvette Moch가 뉴욕에 근거를 두고 있는 러시아 전위예술작품의 대판매상(大販賣商)으로 평판이 있는 Leonard Hutton Gallery의 주인, 피고 Ingrid Hutton에게 다가와 Moch가 큐레이터였던 때의 전시회 카탈로그를 그녀에게 보여 주었다. 카탈로그를 휙휙 넘기면서 Boule의 수집품을 본 Hutton은 "좋지 않군"이라고 말했다. Moch는 이것이 작품의 진정성에 대한 언급이라고 이해하였다. 1995년 하반기에 Hutton은 Boule 수집품의 상태에 대하여 또 다른 미술 판매상인 Sloga Kogan으로부터 의뢰를 받았고, 이번에는 분명한 어조로 Boule의 수집품은 위작이며, Mark Khidekel의 사인도 위조된 것이라고 말했다.

얼마 후에 Boule은 Hutton 화랑이 앞의 1994년 FIAC에서 Khidekel 수집품을 전시하고 판매하려고 했다는 사실을 알게 되었고, 자신도 자신의 수집품 중 4점을 판매하려고 20세기 작품을 전문적으로 판매하는 파리의 화랑 주인인 Edith and Roland Flak에게 위탁하였다. 이 작품들은 1995년 4월의 프랑크푸르트 미술시장에 내놓았지만 팔리지 않았다. 1995년 12월 Flak은 Boule에게 수집품들을 2-3년 내에 점당 4만 프랑에 사주겠다는 구두합의를 했지만 구체적 절차는 합의하지 못했다. 1995년 2-3월에 Hutton 갤러리는 Khidekel의 수집품을 수십 점 전시하고 점당 1,800달러에 판매하려고 했지만 겨우 4점이 팔렸을 뿐이다. 1994년 10월부터 1996년 2월에 걸쳐 Hutton과 Khidekel은 Boule의 수집품의 진정성에 흠집을 내는 언급을 하였다.

㈎ Hutton의 언급(1995년 3월)

1995년 2-3월에 Hutton 갤러리에서 개최된 Khidekel 부부 수집품의 전시회 카탈로그에는 다음과 같은 내용이 들어 있다.

> 우리는 처음으로 Lazar Khidekel 작품을 제공하는 것이며, … 그 생전에 한 번도 개인전을 가진 적이 없으며, 그나 그 가족이 그의 작품을 단 한 점도 판 적도 내준 적도 없다.

㈏ Khidekel과 Hutton의 언급(1996년 1월)

Hutton 갤러리 이름으로 세계 각지에 있는 25개의 화랑에 Joliette미술관 발행 카탈로그를 전면 부정하는 편지(repudiation letter)를 보냈다:

우리는 이 카탈로그가 Khidekel 가족이나 Hutton 화랑에서 나온 Lazar Khidekel 작품과 관련해서 인용되는 것을 불허(不許)하며, 이 카탈로그는 참고자료나 기타 여하한 방법으로도 Lazar Khidekel 작품과 관련하여 인용되어서는 안 된다.

(다) Mark Khidekel과 Regina Khidekel의 언급(1996년)

Khidekel은 영국에 살고 있는 미술사가 패트리샤 레일링이 그들의 뉴욕 아파트를 방문했을 때, Boule 수집품이 자신의 아버지 작품이 아니며, 위조품이라고 말했다. 아트 뉴스(ART news)는 1996년 2월자 발간호에서 "러시아 전위예술의 배반"이라는 제목의 글에서 거짓 작가와 위조품이 널리 퍼져 있다고 기술하면서 Regina말을 인용하고 있다.

> 마크와 내가 마침내 파리에 살고 있는 수집가인 Boule 부부의 수집품을 보았을 때, … 그것들은 나를 당혹스럽게 했다. 나는 그들이 위작품인지 혹은 어떤 작가의 작품인지 나는 모른다. 다만 나는 그들이 Khidekel과 전혀 관계가 없다는 것만은 안다. 처음 Boule의 파리 저택에서 그 작품들을 보았을 때 우리는 Boule에게 "그것들은 Khidekel 작품이 아니다"라고 말했다.

1996년 2월 23일 Le Devoir지에는 "나는 단언한다. 이것들은 Khidekel의 작품이 아니다"라고 말했다고 보도하고 있다. 아울러 "나나 내 남편은 한 번도 진품 인정을 한 바가 없으며, 진품이라는 인증서는 위조된 것이다"라고 말했다고 보도하고 있다. 1996년 2월 22-28일자 Voir지도 유사한 내용을 담고 있다.

아트 뉴스 등이 보도되자 Boule의 수집품의 진품성이 문제로 되었고, Frak은 Boule의 수집품을 구매하겠다는 약속을 취소하였다. Boule부부는 1997년 Khidekel 부부와 Hutton을 상대로 제소하였다. 제소 이유는 여러 가지이다: 위의 1995년 3월의 카탈로그에서 피고의 논평, 1996년 1월의 부정하는 편지, 아트 뉴스 및 Le Devoir지에서의 화랑이나 신문기자들에 대한 논평은 미국 상표법(랜함법: Lanham Act)[26] 위반이며, 더 나아가서 피고들의 언급은 뉴욕일반상사법(New York General Business

Law)을 위반하였고, 주법(작품비방, 명예훼손, 거래관계에 불법적 개입, 부정경쟁, 부당이득, 계약위반, 보통법상의 사기, 불법행위 등)에 위반하였다는 것이었다.

이상과 같이 여러 가지 이유가 있으나 이를 대별하면 두 가지이다. 하나는 Boule과 Khidekel은 모두 Lazar Khidekel의 작품 수집가이자 판매자로서 미술시장에서 경쟁자인데 Khidekel 수집품의 판매증대를 위하여 Hutton이 Boule 수집품을 위작품이라고 허위사실을 유포하는 부정한 경쟁행위를 하였다는 것이다. 또 하나는 피고들이 Boule 수집품을 위작품이라고 비하함으로써 원고의 명예를 훼손하였다는 것이다.

2) 법원의 판단

㈎ 상표법, 뉴욕일반상사법, 작품비방, 부정경쟁에 기초한 청구

뉴욕연방지방법원은 처음부터 상표법, 뉴욕일반상사법, 작품비방, 부정경쟁에 기초한 청구가 인용되기 위해서는 원고가 믿을 만한 증거의 우월에 의해 피고측의 논평이 허위라는 것을 입증할 책임이 있다고 보았다. 즉 Boule은 자신의 수집품이 Lazar Khidekel 작품이라는 것을 입증해야만 했다. 그러나 법원은 작품의 진품성에 관하여 Boule이 제출한 증거가 불충분하다고 보았고, 따라서 증거의 우월을 통해 피고 진술의 허위성을 증명하는 책임을 다하지 못했다고 보았다.

㈏ 명예훼손에 기초한 청구

a) 명예훼손적 진술

피고들이 예술계나 신문 리포터에게 행한 이러한 진술은 Boule 부부가 사기적으로 예술작품을 구입하고, 전시하고 판매하고자 하였다는 것으로 이것은 Boule 수집품에 대한 비방일 뿐만 아니라 Boule 부부의 명예도 훼손시키는 것이다.

b) 명예훼손적인 진술의 허위성

만약 논평 속에 '공적 관심사'에 관한 문제가 포함되어 있다면 원고

26) 미국 상표법에는 부정경쟁을 금지하는 내용도 들어 있다[동법 §43(a)].

는 피고의 명예훼손적인 논평이 허위임을 입증하여야 한다. Boule의 수집품이 세계 각 곳에서 전시되고, 일부는 판매에 제공되었으므로 그것은 공적 관심사에 속한다. 따라서 Boule이 증거의 우월에 의해 그들의 수집품의 진품성을 입증할 수 없었으므로 Boule 수집품의 진품성을 비난하는 각 논평의 허위성을 입증할 수 없었다고 보았다. 그러나 법원은 아트뉴스에서 말한 Mark Khidekel과 Regina Khidekel의 논평의 허위성은 믿을 만한 증거의 우월에 의해 입증되었다고 보았다. 즉 아트 뉴스에서 "처음 Boule의 파리 저택에서 그 작품들을 보았을 때 우리는 Boule에게 '그것들은 Khidekel 작품이 아니다'라고 말했다"는 것과 Le Devoir지에는 "나나 내 남편은 한 번도 진품인정을 한 바가 없으며, 진품이라는 인증서는 위조된 것이다"라고 한 것은 믿을 만한 증거에 비추어 허위성이 인정된다고 보았다.

c) 피고의 과실

또 공적 인물이 명예훼손을 이유로 제소하기 위해서는 상대방이 명예훼손적인 자료의 공표를 사실상 악의로 하였어야 한다. 즉 허위라는 것을 알면서 또는 진위여부에 전혀 개의치 않고(무모한 무시: reckless disregard) 공표하였어야 한다. 그러나 공적 인물이 아니면 보다 가벼운 입증책임을 진다. 즉 피고가 크게 무책임하게(gross irresponsibility) 행동하였다는 것을 입증하면 된다. 만약 공적 인물도 아니고, 공적 관심사도 아니라면 상대방이 과실로 허위의 사실을 공표하였다는 것을 입증하면 된다. 본건에 있어서 원고에게 어떠한 과실 기준을 적용하더라도 피고의 과실에 관한 입증은 다한 것이 된다. 마크와 레기나는 Art news와 Le Devoir지에 허위의 명예훼손적인 진술이 되어지는 시점에 있어서 허위라는 것을 알고 있었음에 틀림없다. 마크와 레기나는 Boule 부부에게 그것이 진품이 아니라는 것을 말하지 않은 것을 알고 있었고, 그들은 또 마크가 Boule 부부를 위하여 진품증명서에 서명했다는 사실을 알고 있었다.

d) 손해의 입증

명예훼손 소송을 제기하기 위해서는 명예훼손적인 진술에 의해 특별한 손해가 발생했거나 혹은 그 진술 자체가 명예훼손적인 것이어야 한다. 아트뉴스나 Le Devoir지에 진술한 내용 자체가 명예훼손적인 것이 아니라면 명예훼손적인 진술에 의해 특별한 손해가 발생했어야 한다. 특별손해는 명예훼손에 의해 야기된 명예의 침해로부터 직접 발생한 경제적 또는 금전적 가치를 가진 어떤 것의 상실이다. 그런데 Boule 부부는 아트뉴스나 Le Devoir지에 대한 피고의 진술로부터 발생한 손실을 입증하지 못했다. 그러면 문제는 아트뉴스나 Le Devoir지에 진술한 내용 자체가 원고부부에게 명예훼손적인 것이냐이다. 우선 남편 Rene Boule은 미술사에 관한 석사학위를 가지고 있다고 하더라도 그의 직업은 치과의사이고, 치과의사가 자신의 수집품이 설사 모조품이라는 것을 몰랐다고 하더라도 그의 직업적 명예에 손상이 갈 것 같지는 않다. 그러나 Claude Boule은 미술사가이자, 강사이며, 러시아 전위예술에 관하여 글을 쓰는 집필자이다. 만약 아트 뉴스의 기사를 읽은 독자가 Claude Boule이 존경받는 미술사가라는 것을 알았다면 Claude Boule의 명성에 흠집이 날지도 모른다. 일간지인 Le Devoir지의 독자는 Claude Boule의 전문성을 몰랐었을 것이나 전문지인 아트뉴스 독자는 Claude Boule의 직업을 알았을 것이다. 따라서 아트뉴스 기사는 Claude Boule에게 그 자체 명예훼손적일 수 있다. 본건에서 증오, 해의, 악의에 관한 입증이 없었으므로 징벌적 배상은 인정되지 않았다. 따라서 실제 손해에 대한 배상(전보적 배상)만이 인정되나 Claude Boule은 자신이 입은 손해가 얼마인지에 대한 입증 자료를 거의 제출하지 않았다(예컨대 이 기사 때문에 전직의 기회를 잃었다는 등). 따라서 명목적 배상(10달러)만이 인정되었다.[27]

27) 다만 계약위반을 이유로 Boule이 Khidekel에게 감정료로 준(40,000프랑에 해당하는) 7,089달러(플러스 이자)의 반환이 인정되었고, 그 밖의 부당이득, 보통법상 사기, 거래관계에 대한 부당한 간섭 등에 의한 청구는 모두 기각되었다(보다 자세한 것은 Lerner-Bresler, 642쪽, 주 113 참조).

제9장 미술품과 보험

Ⅰ. 서 설

1. 보험의 의의 및 우리의 현실

보험은 같은 위험에 놓여 있는 사람들이 하나의 위험단체를 구성하여 통계적 기초에 의하여 산출된 금액(보험료)을 내어 기금을 마련하고, 그 우연한 사고를 당한 사람에게 재산적 급여를 함으로써 경제생활의 불안을 없애거나 덜게 하고자 하는 제도이다.[1]

미술품도 화재, 수재, 도난 등 많은 위험에 노출되어 있다. 특히 미술품 절도는 마약범죄에 이어 세계에서 두 번째로 큰 범죄라고 한다. 그리고 도난당한 미술품의 약 10%만이 회수된다고 한다.[2]

이에 따라 외국에서는 미술품에 대한 보험의 수요가 증가하고 있다.[3]

---

1) 양승규, 『보험법』(제4판), 삼영사, 2002, 22쪽.

2) 따라서 한번 잃어버리면 다시 찾는다는 것은 거의 무망하다. 다만 "도난당한 작품이 유명화가의 잘 알려진 작품이라면 돌아올 가능성은 50퍼센트로 높아진다." [구치키 유리코 지음/장민주 옮김, 도둑맞은 베르메르, (주)눌와, 2006, 109쪽].

3) "Demand for insurance on Art Insurance," *The Wall Street Journal*, 2008.6.5. 또 "Swiss art theft triggers demand for art insurance"(http://www.allianz.com/

우리나라에서도 미술품 보험에 대한 수요가 증가하고 있으나 현재 우리나라는 미국손해보험회사인 CHUBB 그룹이 개발한 '박물관 및 문화재단 종합보험'[4]을 그대로 들여와 적용하고 있다고 한다.[5] "작품 한 건당 이루어지는 보험계약이 원칙이지만 사실상 개인 화랑이나 작가 개인·소장자 등의 경우는 원활하게 계약이 이루어지지 않고 있다." 이렇게 된 가장 큰 이유로 미술품 진위 및 가치 감정체계가 제대로 확립되지 않은 점을 꼽고 있다.[6]

이에 비추어 보면 우리나라에서는 개별보험보다는 '미술관이나 박물관종합보험'에 드는 것을 선호하는 것으로 보인다.[7]

2. 보험에 들 것인지 여부의 판단

미술품에 관한 보험료가 다른 보험료에 비해 상대적으로 저렴하다고 해도 보관하는 미술 작품이 많으면 많을수록 부가(附加) 보험료가 추가되고, 도난의 위험이 증대할수록 보험료가 증대하므로 소유자나 보관자가 보험에 들어야 할지 여부를 결정하는 것은 쉬운 일은 아니다.[8]

많은 경우에 보험은 비용만큼 가치가 있는 것이 아니다. 그래서 미술품 수집가가 모든 미술품에 보험을 드는 경우는 드물다. 왜냐하면 모든

---

en/press/news/business_news/insurance/news_2008-08-13.html).

4) 박물관 및 문화재단 종합보험은 미술관·박물관의 전시회 등을 비롯한 각종 문화예술행사에서 예기치 못한 돌발적인 사고로 인해 전시 또는 소장 중인 예술품에 발생하는 손해, 전시를 위한 운송·보관 중의 위험을 포괄적으로 일괄 담보하는 종합보험이다.

5) 최병식, 『미술시장과 경영』, 99쪽. 한 사건과 관련해 보험관계자는 "대부분의 미술품 보험은 경제적 가치 산정이 곤란한 점 등 때문에 개별적인 보험 계약은 많지 않다"며 "대부분 박물관종합보험 등 대형 단체보험을 들고 있다"고 설명했다(헤럴드 경제 2008.1.24).

6) 이에 대해 보다 자세한 것은 최병식, 위의 책, 99-100쪽 참조.

7) 한 보고서에 의하면 현재 미술품과 관련해서 개발된 보험방법은 6가지라고 한다(양현미, 한국형 미술품 경매제도 도입방안 연구, 한국 문화정책개발원, 2000, 206-207쪽).

미술품이 도난을 당하거나 수집품이 한 점도 남김없이 불타버리는 경우는 거의 없기 때문이다. 또 미술품가치는 급격하게 변동하므로 미술작품을 주기적으로 조사하고, 감정하고, 보험범위를 재평가하는 것은 어렵고 비용도 많이 들기 때문이다.[9] 미국의 대부분의 대형 박물관은 도난이나 재난에 대한 보험을 들고 있으나 많은 미술관, 특히 유럽의 미술관은 수재나 화재에 대해서는 보험을 들지만 도난에 대해서는 보험을 들지 않는

박물관 및 각종 문화재단 종합보험	업계 공통상품으로 1년간 정기적으로 하고 있는 박물관 및 전시장의 보호, 관리 전시품의 각종 도난, 파손, 화재 손실 등의 위험을 담보해 준다.
동산 종합보험	전시품 및 전시상품의 보관 중, 사용 중 또는 운송 중임을 불문하고 화재, 도난, 파손, 폭발 등의 위험을 담보하기 위해 개발된 상품이다.
행사관련 종합보험	1년 중 일정기간 동안 이벤트성 사업으로 전시하는 상품 및 행사를 담보하는 것으로 행사장의 건물 및 관련 인적, 물적 배상책임까지도 담보한다.
재산종합보험	종전의 화재보험, 기계보험, 기업유지, 배상책임 등을 하나의 재산종합보험으로 묶음으로써 다양하고 거대한 위험을 한꺼번에 담보하기 위해 만들어진 상품이다.
소장품 보험	미술품 및 예술품에 대하여 포괄적인 위험담보를 제공하는 소장품 종합보험은 소장품 특유의 위험에 대비한 전문화된 보험상품으로서, 예기치 못한 각종 위험으로 인하여 문화, 예술적인 가치가 상실되었을 경우 이를 보전할 수 있는 수단으로서, 급격하고 우연한 사고로 인하여 보관 중에 발생한 손해뿐만 아니라 운송과정 또는 전시 중에 발생될 수 있는 모든 위험을 포괄적으로 담보할 수 있는 보험상품이다.
패키지 보험	종전의 재산종합보험과는 달리 계약자의 요구에 따라 담보범위를 확장, 축소시킬 수 있는 주문형 보험으로서 해외 재보험사를 통한 구득료율을 사용한다.

8) 어떤 사람들 예컨대, 수탁자나 보관자의 상당수는 보험을 유지하느냐 마느냐의 선택의 여지가 없다. 상당수의 신탁문서는 보험의 가입을 명시하고 있고, 상당수의 법원은 수입을 창출하도록 설계된 신탁이 사고 때문에 파괴되는 경우 보험에 들지 않은 것은 신탁계약 위반이라고 본다. 그 경우 보험에 들지 않은 수탁자는 개인배상책임을 진다.

9) DuBoff-King, 89쪽.

경우가 많다고 한다.[10]

보험에 들기로 결정했으면 어느 정도를 담보하는 보험에 들지를 결정해야 한다.

II. 보험계약

1. 일반론

보험계약은 법률이나 공서양속에 어긋나지 않은 한 보험회사와 가입자 사이의 협상을 통해 그 내용을 자유롭게 결정할 수 있으나 이렇게 개별적으로 그 내용을 결정하는 경우는 드물다. 대신 일반적인 경우에 사용될 수 있는 표준약관을 개발해 놓고, 거기에 구체적인 상황에 맞도록 약간의 부가적인 사항만을 포함시킨다. 그런데 일반적으로 사업자가 마련한 약관에는 자신에게만 유리한 내용을 담고 있어 소비자에게 생각지 못한 불이익을 줄 수도 있다. 이에 우리나라는 약관규제법을 제정하여, 보험사업자가 그 거래상의 지위를 남용하여 불공정한 약관을 작성·통용하는 것을 방지하고, 불공정한 내용의 약관을 규제하여 건전한 거래질서를 확립함으로써 소비자의 보호를 꾀하고 있다. 이에 따라 보통보험약관도 이 법의 규제를 받게 된다. 아울러 보험업법은 보험사업의 사회성·단체성 등에 비추어 정부에 강력한 감독권을 부여하고, 또한 보통보험약관의 내용을 공정하게 하여 보험계약자 쪽의 이익을 보호하기 위하여 그 약관의 작성·변경·사용에 있어서 보험감독기관의 인가를 받도록 요구하고 있다.[11]

한편 상법 제638조의3 및 약관규제법 제3조는 약관의 명시·설명의무와 관련하여 다음과 같이 규정하고 있다.

---

10) *Ibid*.

11) 양승규, 앞의 책, 67쪽.

상법 제638조의3 (보험약관의 교부 · 설명의무) ① 보험자는 보험계약을 체결할 때에 보험계약자에게 보험약관을 교부하고 그 약관의 중요한 내용을 설명하여야 한다. ② 보험자가 제1항을 위반한 경우 보험계약자는 보험계약이 성립한 날부터 3개월 이내에 그 계약을 취소할 수 있다.

약관규제법 제3조 (약관의 작성 및 설명의무 등) ① 사업자는 고객이 약관의 내용을 쉽게 알 수 있도록 한글로 작성하고, 표준화 · 체계화된 용어를 사용하며, 약관의 중요한 내용을 부호, 색채, 굵고 큰 문자 등으로 명확하게 표시하여 알아보기 쉽게 약관을 작성하여야 한다. ② 사업자는 계약을 체결할 때에는 고객에게 약관의 내용을 계약의 종류에 따라 일반적으로 예상되는 방법으로 분명하게 밝히고, 고객이 요구할 경우 그 약관의 사본을 고객에게 내주어 고객이 약관의 내용을 알 수 있게 하여야 한다. 다만, 다음 각 호의 어느 하나에 해당하는 업종의 약관에 대하여는 그러하지 아니하다. 1. 여객운송업 2. 전기 · 가스 및 수도사업 3. 우편업 4. 공중전화 서비스 제공 통신업 ③ 사업자는 약관에 정하여져 있는 중요한 내용을 고객이 이해할 수 있도록 설명하여야 한다. 다만, 계약의 성질상 설명하는 것이 현저하게 곤란한 경우에는 그러하지 아니하다. ④ 사업자가 제2항 및 제3항을 위반하여 계약을 체결한 경우에는 해당 약관을 계약의 내용으로 주장할 수 없다.

두 법의 차이는 약관규제법은 약관의 명시 · 설명의무를 다하지 않으면 그러한 약관은 계약의 내용으로 주장할 수 없다고 규정하고 있음에 반하여 상법은 "보험계약자는 보험계약이 성립한 날부터 3개월 이내에 그 계약을 취소할 수 있다"고만 규정하고 있다. 상법대로라면 계약 성립 후 3개월이 지나면 더 이상 취소할 수 없고, 그 약관 규정은 계약의 내용으로 된다.

두 법의 관계에 대해서는 상법의 규정이 약관규제법에 우선하여 적용된다는 견해가 있다.[12] 그러나 다수의 견해와 판례는 약관규제법이 보험계약에도 그대로 적용된다고 본다.[13]

2. 피보험이익

공공정책에 비추어 보험의 목적에 대하여 피보험이익(insurable interest)이 없는 자는 보험에 가입할 수 없다. "이익 없으면 보험도 없다"는 말은 이것을 가리킨다.

피보험이익을 필요로 하는 이유는 도박보험을 방지하고, 인위적 위험 초래를 방지하기 위해서이다.

작품의 소유자, 보관자, 전시자는 피보험이익이 있다. 박물관종합보험은 보험계약자로 박물관, 화랑, 옥션하우스, 문화재단, 예술품을 소유하고 있는 법인, 예술품을 보유한 개인을 열거하고 있다.

3. 보험계약의 해석

보험계약을 해석함에 있어 많은 표준적인 해석규범(canons of construction)에 의존한다. 우선 약관은 신의성실의 원칙에 따라 공정하게 해석되어야 하며 고객에 따라 다르게 해석되어서는 아니 된다(신의성실의 원칙, 객관적 해석의 원칙). 약관의 뜻이 명백하지 아니한 경우에는 고객에게 유리하게 해석되어야 한다(작성자 불이익의 원칙). 특별조항은 일반조항에 우선하며, 타이핑되거나 손으로 쓰거나(手書) 스탬프로 찍은 조항은 표준약관조항보다 우선한다(개별약정우선의 원칙).

---

12) 양승규, 위의 책, 67쪽.

13) 대법원 1999.3.9.선고 98다43342, 43359 판결(상법 제638조의3 제2항에 의하여 보험자가 약관의 명시 · 설명의무를 위반한 때에는 보험계약자가 보험계약 성립일로부터 1월* 내에 행사할 수 있는 취소권은 보험계약자에게 주어진 권리일 뿐 의무가 아님이 그 법문상 명백하고, 상법 제638조의3 제2항은 약관의 규제에 관한 법률 제3조 제3항과의 관계에서는 그 적용을 배제하는 특별규정이라고 할 수 없으므로, 보험계약자가 보험계약을 취소하지 않았다고 하더라도 보험자의 설명의무 위반의 법률효과가 소멸되어 이로써 보험계약자가 보험자의 설명의무 위반의 법률효과를 주장할 수 없다거나 보험자의 설명의무 위반의 하자가 치유되는 것이 아니다). * 당시 법에서는 1월로 되어 있었음. 3개월로 개정은 2014.3.11.

보험계약에 제외나 제한의 범위가 존재하는 경우에는 다양한 해석이 나올 우려가 있다.[14] 이하에서 주로 미국에서 보험계약과 관련하여 문제되었던 사례들을 중심으로 간단히 살펴보는 것으로 한다.

(1) 보험자의 책임의 범위

예컨대 가(재도)구에 관한 보험증권에는 보험가입자의 영업에 관계된 재산은 일반적으로 제외된다. 많은 컬렉터들에게 이것은 예상치 못한 문제를 일으킨다. 그 자신의 수집품의 일부를 판매하는 화상이나 컬렉터들에게 나머지 모든 작품들이 영업에 관계된 것이며, 따라서 개인의 가구보험으로는 담보될 수 없다. 아울러 컬렉터들이 행한 특별한 유형의 사용이 보험으로부터 제외될 수도 있다. 예컨대 Swanstrom v. Insurance Co. of North America(1951) 사건에서 법원은 보험가입자가 상당히 오랜 기간 동안 자신이 운영하는 레스토랑에 작품을 전시한 경우에는 그의 개인적 미술품 보험으로는 보상을 받을 수 없다고 판시하였다.[15]

반면 실내장식가가 그의 고객에게 자신이 제안하는 실내장식의 모형을 실제로 보여주기 위하여 자신의 수집품 몇 점을 고객에게 빌려주려고, 자신의 그림을 가지고 가는 도중 그의 차 안에서 작품을 도난당한 경우에는 보험가입자의 개인보험으로 보상받을 수 있다고 판시하였다[Singer v. National Fire Insurance Co. of Hartford(1970)].[16]

또 보험계약에서 명백히 언급하지 않은 한 일정한 유형의 손해보험으로는 미술작품을 보험사고로부터 담보할 수 없는 경우도 있다. 따라서 명시하여야 한다. 예컨대 동산을 화재보험에 붙인 경우에는 통화, 유가증권, 인지, 우표, 귀금속, 보석, 서화, 골동품, 조각 등의 동산은 보험증권에 기재하여야만 보험의 목적이 된다(화재보험약관 제5조 제1항 제1호~제4호).[17] 이렇게 화재보험계약에서 보험의 목적을 보험증권에 명시하도록

14) DuBoff-King, 93쪽.
15) *Ibid.*
16) DuBoff-King, 94쪽.

하는 것은 보험의 목적에 포함되었느냐의 여부를 놓고 생길 수 있는 당사자 사이의 다툼을 막고 또 도덕적 위험을 방지하기 위한 것이다.[18]

한편 포괄적인, 즉 모든 위험을 인수하는 보험은 일반적으로 어떤 형태의 손실이나 피해를 담보할 수 있으나 이것에도 역시 예외는 존재한다. 그래서 거대한 금속 조각(彫刻)이 붕괴되었던 Plaza Equities Corp. v. Aetna Casualty and Surety Co.(1974) 사건에서는 보험금을 지급받지 못했다.[19] 그 보험증권에는 모든 위험이 담보된다고 쓰여 있었으나 "직접적으로 디자인이나 시방서(specification), 작업자나 재료의 하자나 생략 또는 흠결에서 기인한" 손실은 제외한다고 명시되어 있었다. 그러나 이러한 명시적 예외조항이 없더라도 우리 상법 제678조가 "보험의 목적의 성질, 하자 또는 자연소모로 인한 손해는 보험자가 이를 보상할 책임이 없다"고 규정하고 있는 점에 비추어 보상할 필요가 없을 것이다. 보험사고는 그 발생이 우연한 것이어야 하는데, 보험의 목적의 성질, 하자 또는 자연소모로 인하여 생긴 손해는 필연적인 현상으로 생겨나는 것이라 할 수 있으므로 보험사고의 요소인 불확정성을 결하여 이를 보험사고로 다룰 수 없기 때문이다.[20]

미술품의 화재: 좋은 불과 나쁜 불(적대적 화재)

화재보험은 화재로 인하여 생긴 손해를 보상하기 위한 손해보험이므로 보험사고는 화재이다. 화재가 무엇을 뜻하느냐는 일률적으로 설명할 수는 없으나 일반적으로 화재라 함은 보통의 용법에 의하지 아니하고 독립적 연소력을 가진 연소작용으로 인한 재해 또는 사회통념상 화재라고 볼 수 있는 성질과 규모를 가진 화력의 연소작용이라고 풀이하고 있

17) 양승규, 『보험법』, 270쪽.
18) 위의 책, 271쪽.
19) DuBoff-King, 94쪽.
20) 양승규, 앞의 책, 219쪽.

다.[21] 英美에 있어서는 흔히 좋은 불과 나쁜 불을 구분한다.[22] 난로나 등잔(램프)에서 타고 있는 불은 좋은 불이다. 관리과실에 의해 이러한 불로부터 발생한 손해는 보험의 범위 밖이며, 보험금을 받을 수 없는 것으로 간주된다. 예건대 손해가 램프의 불꽃을 지나치게 세게 하여 그을음으로부터 발생했거나 결함 있는 난로나 화로의 연기로부터 발생한 경우로서 그 불이 다른 곳으로 더 이상 번지지 않은 경우—불이 원래 머물 곳[불터(Herd)]에서 벗어나지 아니한 경우—에는 보험금을 받을 수 없다.[23] 불이 번진 경우—원래의 불터를 벗어난 경우—에는 좋은 불이 나쁜 불로 바뀔 수 있다. 좋은 불이 걷잡을 수 없게 된 경우에는 역시 나쁜 불로 될 수 있다.[24]

(2) 배상책임의 제한과 확대

보험자의 배상책임은 보험사고로 인하여 발생된 모든 결과에 대해서 배상해야 할 책임을 부담하는 것은 아니다. 보험자는 오직 직접적이고, 보험계약의 범위 내에 있는 결과에 대해서만 책임을 진다. 개인이 자신의 집과 가재도구에 대해서 화재보험을 들었다면 화재발생시 그 집과

---

21) 위의 책, 269쪽. 독일에서는 화재라 함은 일정한 불터(Herd) 없이 또는 그 불터를 벗어나 생겨난 독자적인 연소력을 가지고 있는 불이라고 정의한다[*ibid.*, 주 2) 참조].

22) "좋은 불이라 함은 아궁이 · 난로 · 소각로 기타 이와 유사한 통상적인 소각장소에서 점화되어 그 안에서만 발화하고 난방 · 취사 · 제조 기타의 일상적인 목적을 위하여 사용되는 것을 가리킨다. 나쁜 불이라 함은 의도되지 아니한 장소에서 예기치 않게 발생하였거나 통상의 의미를 벗어난(escaped) 불을 말한다. 따라서 본래 좋은 불도 예정된 장소를 이탈함으로써 나쁜 화재가 되며, 그로 인한 손실에 대해서는 보상청구가 가능하다 할 것이다"(양승규, 『판례교재 보험법 · 해상법』, 법문사, 1982, 266쪽에서 재인용).

23) 프랑스보험법 122-1조는 "보험자는 다른 약정이 없는 한 화재 또는 진정한 화재로 번질 화재의 개시가 없는 단순한 열의 작용이나 불 또는 백열물질과의 직접적인 접촉으로 말미암아 생긴 손해에 대해서는 책임지지 아니한다"라고 규정하고 있다(양승규, 『보험법』, 269쪽에서 재인용).

24) DuBoff-King, 95쪽. 이러한 법리는 위의 판례교재, 264쪽 이하, 미국 Youse v. Employers Fire Ins. Co. 판결 참조.

가구에 대한 손해만을 배상하면 족하며, 그 불로 인하여 이웃집이 불탔다고 하더라도 그 이웃에 대해서까지 배상책임을 지는 것은 아니다.

그러나 화재보험의 경우에 우리 상법은 "소방 또는 손해의 감소에 필요한 조치로 인하여 생긴 손해"에 대해서도 보험자의 보상책임을 인정하고 있다.[25] 이러한 손해는 불의 연소로 생긴 것은 아니나, 불을 끄기 위하여 물을 뿌릴 때에 흐른 검정물로 보험의 목적이 오손되거나 또는 불이 번지는 것을 막기 위하여 보험의 목적의 파괴로 생긴 손해와 목적물의 대피를 위하여 운반 중에 생긴 손해 등에 대하여 보험자의 보상책임을 규정한 것이다.[26]

또 Gowans v. Northwestern Pacific Indemnity Co. 사건(1971)에서 미국법원은 도난보험은 도둑맞은 재산을 찾도록 한 현상금(reward)에 대해서도 배상을 해야 한다고 판시하였다.[27] Kraut v. Morgan & Brother Manhattan Storage Co. 사건(1976)에서는 몸값(ransom)을 치르고 풀려난 것과 같이 배상금을 치르고 되찾았다면 그 배상금도 보상해야 한다고 판시하였다.[28] 그러나 보험가입자와 이른바 도둑놈의 공모를 방지하기 위하여 많은 보험증권에는 어떤 배상금이라도 제공하려면 먼저 보험회사의 승낙을 받도록 요구한다. 덧붙여 몇몇 보험증권에는 보험계약자가 몸값의 범위를 밝히는 것은 보험계약의 해제원인으로 규정하고 있다. 왜냐면 몸값의 범위가 밝혀지면 보험회사는 협상 등에서 매우 불리한 입장에 놓이기 때문이다.

AB Recur Finans v. Nordstern Ins. Co. of North America 사건(2001)은 수탁운송인이 그림을 잘못 배달한 경우에 관한 것이다. 법원은 잘못 배달된 결과 그림이 망실되어 위탁자에게 손실을 끼쳤다면 이 경우도 배상하여야 한다고 판시하였다.[29]

---

25) 상법 제684조 참조.

26) 양승규, 『보험법』, 277쪽.

27) DuBoff-King, 95쪽.

28) *Ibid.*

배상에서 제외되는 그 밖의 경우

작품이 불가사의하게 사라지거나, 같이 거주하던 부정직한 종업원이 훔쳐간 경우에는 배상을 받지 못할 수가 있으므로 보험증권을 잘 살펴보아야 한다. 우리나라 도난보험특별약관에는 "피보험자의 가족, 친족, 피고용인, 동거인, 숙박인, 감수인 또는 당직자가 일으킨 행위 또는 이들이 가담하거나 묵인 하에 생긴 도난사고에는 책임을 지지 않는다"는 내용이 있다.

Ⅲ. 배상과 구제

1. 일반론

손실이 발생하면 배상액은 기본적으로 보험계약의 내용에 달려 있다. 기평가보험(valued policy)[30]의 경우에는 배상금은 미리 결정되고, 사기나 착오가 아니라면 당사자를 구속한다. Art Masters Associates, Ltd. v. United Parcel Service 사건(1990)에서 갤러리는 6개의 진품 Erte 그림을 UPS를 통해 Art Masters에게 배송하였다. 갤러리는 UPS가 그 그림들의 가치를 999.99달러로 하여 보험에 들기 위해 추가로 2.25달러를 지급하였다.[31] 미술품들이 실종되었고, Art Masters는 그림들의 실제가치인 27,000달러의 배상을 요구하였다. 그러나 법원은 UPS는 표시된 가격을

29) 위의 책, 96쪽.

30) 상법 (제670조) 당사자 간에 보험가액을 정한 때에는 그 가액은 사고발생 시의 가액으로 정한 것으로 추정한다. 그러나 그 가액이 사고발생 시의 가액을 현저하게 초과할 때에는 사고발생 시의 가액을 보험가액으로 한다.

31) UPS 보험료표에 의하면 100달러까지는 기본료이며, 100달러를 초과하는 경우 100달러당 추가보험료는 25센트이다. 따라서 갤러리는 기본료+2달러 25센트를 추가로 지급하였다[(999.99-100)*25센트].

초과하는 범위에 대해서는 Art Masters에게 배상할 필요가 없다고 판시하였다. 미평가보험(open or unvalued policy)[32]의 경우에는 보험한도액까지 일실된 재산의 모든 현실적 가치를 배상해 주어야 한다.

보험목적의 현실적 가치를 산정함에 있어서는 많은 다툼이 있다. 보험에 가입할 때 보험회사는 흔히 당해 보험목적물의 감정을 요구한다. 그러나 이것은 보험자가 그 액수만큼 보상해야 한다는 것을 의미하는 것은 아니다. 왜냐하면 감정인은 보험가입자의 수임인에 불과하며, 그 가액은 하나의 제안일 뿐이기 때문이다.[33]

또 그림이 손상을 입었으나 파괴된 것은 아닌 경우와 같이 손실이 일부분에 그친 경우에는 보험회사는 표준공식을 적용한다. 여기서는 수선이나 가치감소를 보전하기 위해 감소된 재산의 비율에 따라 균일한 비율로 계산된 보상액이 제공된다.[34] 그러나 그러한 보상액은 피해자에게 적절한 보상이 되지 않을 수도 있다. 왜냐하면 동일한 양의 손상이라도 각각의 미술품에 따라 가치에 미치는 영향은 천차만별일 수 있기 때문이다. 유일한 작품인 경우에는 시장가치의 손상 없이 수선할 수도 있으나 피해 미술품이 진품이 아니거나 유일한 것이 아니라면 조금만 손상되어도 그것은 쓸모없게 된다.[35]

2. 특수한 경우

(1) 모조품을 진품으로 잘못 알고 보험에 든 경우

만약 보험목적이 모조품인 것을 알았음에도 진품으로 기재하여 보험가액을 부당하게 평가한 때에는 사기보험으로 그 보험계약을 무효로

---

32) 상법 (제671조) 당사자 간에 보험가액을 정하지 아니한 때에는 사고발생 시의 가액을 보험가액으로 한다.

33) DuBoff-King, 97쪽.

34) 위의 책, 98쪽.

35) *Ibid.*

돌릴 수 있다(상법 제669조 제4항 참조).[36] 그러나 수집가가 모조품인지 모르고 보험에 들었으나 그 사실이 보험사고가 발생한 후에야 밝혀진 경우, 즉 모조품으로 밝혀진 미술작품을 보험에 든 경우, 그래서 발견의 결과 낮은 보상만을 받은 경우에는 보험가입자는 고가품인 줄 알고 보험에 들면서 지급한 초과 보험료를 되돌려받을 수 있다. 그러나 만약 사고가 발생하기 전에 착오에 빠진 전문감정가나 혹은 판매자와 짜고 행동한 전문감정가에 의해 감정을 받은 경우에는 보험가입자는 보험회사가 아니라 당해 감정인에게 배상을 청구해야 한다.[37]

(2) 부실표시

보험에 든 목적물의 진정한 가치를 잘못 표시한 당사자는 전혀 배상을 받지 못할 수도 있다. 그러한 경우에 보험계약은 해제된다. Merchants Fire Assurance Corp. v. Lattimore 사건에서 Lattimore는 그녀의 보험목적물이 실제로 36,500달러짜리라는 것을 알고 있었으나 가입 시에는 9,950달러짜리라고 밝혔다. 법원은 신의칙 위반—보험계약에서 당사자는 선의를 가지고 모든 실질적인 사실을 상대방에게 통지하여야 한다—을 이유로 그 보험증권은 무효라고 판시하였다.[38]

(3) 추가보험이 가능했던 경우

운송인이 보험한도를 제한한 경우라도 나머지 가치에 대해 제3보험자로부터의 추가보험이 가능했다면 제한을 벗어난 부분에 대한 보상을 받을 수 없다.[39]

---

36) 양승규, 『보험법』, 272쪽.

37) 감정인의 책임과 관련된 보험으로 최근 개발된 것에 Fine Art Risk Management, Inc.(FARM) 보험프로그램(insurance program)이 있다. 이것은 감정 도중에 발생한 감정인의 실수를 보상해주는 것이다. 그러나 고의의 허위감정 등 정직하지 못한 행위까지 보상해주는 것은 아니다.

38) 263 F.2d 232(9th Cir. 1959)(DuBoff-King, 99쪽).

39) 이에 대해서는 Kesel v. United Parcel Service, Inc.(2003) 사건 및 Kemper Ins.

(4) 도난품을 회수한 경우와 관련된 문제

작품이 도난을 맞은 경우에는 보험자는 보험사고 당시의 작품의 가격을 배상받을 것이다. 그 경우 그 작품의 소유권은 이제는 보험자에게 이전된다. 즉 우리 상법 제682조는 "손해가 제3자의 행위로 인하여 발생한 경우에 보험금액을 지급한 보험자는 그 지급한 금액의 한도에서 그 제3자에 대한 보험계약자 또는 피보험자의 권리를 취득한다"고 규정한다. 이를 전제로 도난보험약관 제26조 제2항은 "회사가 손해를 보상한 후에 보험의 목적이 발견, 회수된 때에는 그 소유권이 회사에 귀속된 것으로 합니다. 이 경우 회사는 이를 타당한 값으로 매각하고, 그 대금이 보험의 목적에 대하여 보상한 금액과 회수 또는 매각에 소요된 필요비용을 합한 금액을 넘을 때에는 그 초과액을 피보험자에게 돌려드립니다. 그러나 손해보상 후 1년 이내에 보험의 목적이 발견, 회수된 경우에는 1월 이내에 피보험자는 보험의 목적에 대한 보상금액을 회사에 돌려주고 그 목적물을 찾아갈 수 있습니다"고 규정한다. 그러므로 1년이 지난 후에 발견, 회수된 경우에는 원칙대로 그 목적물의 소유권은 보험자의 것이 된다. 그러나 대작의 경우에는 원소유자는 그대로 되찾아 보관하는 것을 바랄지도 모른다. 그 경우 특약으로 1년이 지난 후에도 목적물을 되돌려받을 수 있다고 합의하지 못할 바 아니다. 다만 손해보상금의 반환과 그에 대한 합당한 이자도 되돌려주어야 할 것이다.[40]

■ 미술품 손해보상제도

유사 이래 인류는 테러 등 무수한 인재와 지진이나 폭풍 등 천재에 시달려 왔다. 이러한 인재나 천재는 미술품의 교류에 적지 않게 악영향을 끼친다. 만약의 사태에 대비해서 보험제도라는 것이 있지만 원칙적으로 보험사고가 전쟁이나 지진 등으로 인하여 생긴 때에는 보험자는 보험금을 지급하지 아니한다.

Cos. v. Federal Express Corp.(2001) 사건 참조.

40) Lerner-Bresler, 1458-1459쪽 참조. 또 작품을 찾았을 경우의 문제점에 대해서는, 구치키 유리코 지음/장민주 옮김, 앞의 책, 92쪽 참조.

물론 특별 약정을 통해서는 가능하다. 그러나 그 경우에 보험료가 올라가는 것은 물론이다.

최근 작품 값의 상승으로 해외작품을 우리나라에 들여오려면 보험료만도 적지 않다고 한다. 그것은 그대로 관람자가 부담해야 할 몫이다. 특히 우리는 남북이 분단되어 북한 변수가 항상 작용한다. 외국의 미술관 등 소유주들은 한국이 전쟁의 위험이 높은 나라라는 인식을 가지고 있어 작품을 아예 내놓지 않든지, 내놓더라도 아주 높은 수준의 보험 가입을 요구한다고 한다.

우리나라가 지진에는 비교적 안전하다고 하지만 최근에는 낮은 단계의 지진은 상당수 발생하고 있다. 또 집중호우로 인한 홍수피해도 드물지 않다. 이러한 모든 상황은 미술품을 빌려오려는 우리의 입장을 약화시킨다. 반면에 우리의 문화적 욕구는 점차 상승하고 있다.

이러한 모순을 어느 정도 해결할 수 있는 방안이 국가의 미술품 손해보상제도이다. 말하자면 빌려온 미술품이 만일의 사태로 피해를 입었으면 그 손해를 국가가 보상해 주는 것이다. 다행히 사고가 나지 않으면 보험료로 냈어야 하는 부분만큼 절약하게 된다.

1978년 유네스코는 「동산문화재의 보호를 위한 권고」를 한 바 있고, 그 하나로 정부보증에 대해서 언급하고 있다. 즉 국가가 손해의 일부를 떠맡거나 또는 일정부분을 초과하는 손해를 국가가 책임지는 것이다. 어찌 보면 이 제도가 있다는 것만으로 해외 미술품을 빌려오는 데 큰 도움이 된다.

이에 일본은 2011년 3월의 대지진 직후, 「전람회에 있어서 미술품 손해의 보상에 관한 법률」을 제정하였다. 현재 이 법의 대상이 되는 전시회는 개최 예정 기간이 20일을 넘어야 하고, 전시를 예정한 미술품 중 주요한 것이 해외로부터 빌려오는 것이어야 하며, 대상 미술품의 약정평가총액이 50억 엔을 넘는 것이어야 한다. 또 영리를 주된 목적으로 하지 않아야 하며, 이익이 생긴 경우에는 당해 이익을 문화진흥 기타 공익을 목적으로 하는 사업에 사용하는 것이어야 한다.

보상 내용은 기본적으로 민간보험과 유사하나 정부에 의한 보상은 손해가 일정액(통상의 경우는 50억 엔, 지진이나 테러의 경우는 1억 엔)을 넘어야 발생하며, 상한은 950억 엔까지로 되어 있다. 그러므로 개최자는 50억 엔에 대해서만 보험에 들어두면 안심하고 전시회를 개최할 수 있다.

국가 손해보상제도는 1974년 스웨덴, 1975년 미국에서 도입된 이래, 그 내용은 조금씩 다르나 현재 G8국가 중 러시아를 제외한 모든 국가가, EU의 경우는 6할 정도가 이 제도를 도입하고 있다고 한다. 미국은 그사이 약 1000여 회의 전시회를 지원했으며, 이를 통해 주최자가 보험료를 지급하지 않음으로써 절약한 비용이 약 3억 3500만 달러에 이른 것으로 알려졌다. 아마도 이 제도가 없었다면 상당수의 전시회는 개최되지 못했을 것이다.

또 하나 특기할 것은 그사이 실제로 국가가 부담했던 액수는 그리 많지 않았다는 것이다. 미국은 도입한 이래 약 30년간 모두 2건의 사고가 발생했으며, 보상금은 약 10만 달러로 되어 있다. 우리도 이러한 제도를 우리의 실정에 맞게 도입하여, 보다 많은 해외 미술품을 감상할 수 있는 기회가 마련되고, 이로써 문화복지가 향상되기를 기대해 본다.

제10장 미술품과 세법

Tax complexity itself is a kind of tax.
세금이 복잡한 것 그 자체가 일종의 세금이다.

- Max Baucus -

Ⅰ. 세 법

1. 서 설

우리나라 세제는 크게 국세와 지방세로 구분하고 있다.

국세에는 ① 소득세, ② 법인세, ③ 상속세와 증여세, ④ 종합부동산세, ⑤ 부가가치세, ⑥ 개별소비세, ⑦ 교통 · 에너지 · 환경세, ⑧ 주세, ⑨ 인지세, ⑩ 증권거래세, ⑪ 교육세, ⑫ 농어촌특별세가 있다.[1)]

지방세는 다시 보통세와 목적세로 나뉜다.

지방세 중 보통세의 세목은 ① 취득세, ② 등록세, ③ 레저세, ④ 면

1) 국세기본법 제2조 제1호.

허세, ⑤ 주민세, ⑥ 재산세, ⑦ 자동차세, ⑧ 주행세, ⑨ 농업소득세, ⑩ 담배소비세, ⑪ 도축세가 있으며, 목적세의 세목은 ① 도시계획세, ② 공동시설세, ③ 사업소세, ④ 지역개발세, ⑤ 지방교육세가 있다.

미술품의 취득이나 재산으로서의 미술품에 대해서는 지방세인 취득세나 재산세가 부과되지 아니한다.[2] 따라서 미술품의 경우는 국세만이 관련되며, 이 중 미술품과 관련된 국세로서는 소득세, 법인세, 상속세와 증여세, 부가가치세를 들 수 있을 것이다.

2. 소득세

(1) 미술작품 판매 · 이용과 소득세

소득세는 개인의 소득을 과세물건으로 하여 소득의 크기에 따라 부과하는 조세이다. 소득세의 대상인 소득은 반드시 일정한 원천에서 발생하는 반복적이고, 계속적인 소득에 한정되는 것은 아니며, 일시적, 우발적, 은혜적 소득도 법률에 규정되어 있는 한 과세대상에 포함된다. 하여 우리 소득세법 제3조는 "소득세는 거주자에 있어서는 이 법에 규정하는 모든 소득에 대하여 과세하며, 비거주자에 있어서는 제119조에 규정하는 국내원천소득에 대하여만 과세한다"고 규정한다. 거주자가 세금을 납부하는 소득에는 ① 종합소득(당해 연도에 발생하는 이자소득 · 배당소득 · 부동산임대소득 · 사업소득 · 근로소득 · 연금소득과 기타소득을 합산한 것), ② 퇴직소득, ③ 양도소득(자산의 양도로 인하여 발생하는 소득)이 있다.

미술작품이 이러한 소득세와 관련하여 문제되는 경우는 우선 창작자가 이를 제작 · 양도하여 받는 대가, 혹은 정기간행물 등에 게재를 허락

---

2) 취득세는 부동산 · 차량 · 기계장비 · 입목 · 항공기 · 선박 · 광업권 · 어업권 · 골프회원권 · 승마회원권 · 콘도미니엄회원권 또는 종합체육시설이용회원권의 취득에 대하여 부과되며, 재산세는 토지, 건축물, 주택, 선박 및 항공기에 대해서 부과된다. 또 미술품은 일반적으로 동산이므로 인도에 의해 소유권이 이전되고, 등기나 등록이 필요한 것은 아니다.

하고 받는 대가, 미술품을 구입한 자가 이를 전매하여 얻은 이익에 대하여 과세하는 것 등을 생각할 수 있다.

(2) 사업소득으로 보는 경우

사업소득이란 사업에서 발생하는 소득이다. 사업이란 '자기의 위험과 계산 아래 독립적 · 계속적으로 행하는 영리활동'이다. 사업이라고 하려면 어느 정도의 계속성이 필요한가? 판례는 사회통념에 따라 결정한다고 한다.[3] 국세청은 미술품의 매매업을 영위하는 사업자(화랑) 또는 자영예술가인 화가가 미술품의 판매로 인하여 얻은 소득은 소득세법 제19조 제1항 제7호 또는 제17호의 규정에 의한 사업소득에 해당한다고 본다.[4] 그러므로 예컨대 특정 인테리어 업자나 직물회사와 계약을 체결하여 지속적으로 자신이 창작한 그림이나 디자인을 공급하는 경우와 같이 개인화가나 개인 디자이너의 창작 활동이 용역의 제공으로서 사업단계에 이른 경우에는 사업소득으로 과세하고, 그림이나 골동품의 판매 · 양도도 이미 사업단계에 이른 경우에는 사업소득으로 과세한다.[5] 또 자영예술가인 조각가가 독립된 자격으로 작품을 제작하고 지급받는 대가는 인적용역으로서 소득세법 제19조 규정의 사업소득(제17호)에 해당한다. 당해 사업소득의 수입 시기는 같은 법 시행령 제48조 제8호 규정에 의하여 용역대가를 지급받기로 한 날 또는 용역제공을 완료한 날 중 빠른 날이 된다는 것이 국세청의 견해이다.[6]

다음은 국세청 질의를 통해 밝혀진 사업소득의 예이다.

---

3) 이창희, 『세법강의』(제5판), 박영사, 2006, 360쪽 및 같은 쪽, 주 3)[대법원 2001. 4.24. 선고 2000두520 참조. 그러므로 공모전에 참가하여 받은 상금 등은 계속성이 없으므로 기타소득은 될지언정 사업소득은 아니다.

4) 국세청 소득 46011-827, 2000.10.13.

5) 이창희, 위의 책, 420쪽 참조. 또 국심 2001서1383(2001.9.19.) 참조. 그러므로 사업단계에 이르지 아니한 경우, 예컨대 화가 A가 애호가에게 자신의 그림을 100만 원에 한 점 팔았다면 그것은 기타소득은 될지언정 사업소득은 아니다.

6) 국세청 서면인터넷방문상담1팀-1268(2004.9.14).

예 1

고용관계 없이 만화용역을 제공받고 그 대가를 지급한 경우 취업규칙 등의 적용사실이 입증되지 않는다면 그 대가는 근로소득이 아니라 원천징수대상 사업소득에 해당한다.[7)]

예 2

독립된 자격으로 원천징수대상 사업소득에 해당하는 용역을 제공받고 그에 대한 대가를 지급하는 경우에는 지급하는 금액의 명칭(해외작품제작비 · 여비 · 전시회개최비용 등)에 관계없이 당해 지급금액 전체에 대하여 사업소득세를 원천징수하여야 하는 것이고, 법인이 판매촉진 등 법인의 사업을 위하여 전시회 등을 개최하면서 지출하는 비용이 당해 법인의 필요에 의하여 실시하는 것으로, 그 비용이 사회통념상 전속작가에게 부담시킬 수 없는 성격의 것으로 일반적으로 타당하다고 인정되는 범위인 경우에는 이를 당해 법인의 소득금액 계산상 손금에 산입할 수 있는 것이나, 그 지출하는 비용이 전속작가가 부담하여야 하는 성격인 경우는 사업소득세를 원천징수하여야 하는 것이다.[8)]

예 3

甲은 미술대학의 교수로 재직하면서 같은 대학 부설 미술연구소의 책임연구원으로서 乙에게 상징조형물(예술작품) 1점과 丙에게 조각품(예술작품) 1점을 각 제작공급하고 위 연구소로부터 1994년에 110,700,000원, 1995년에 258,300,000원과 1996년에 101,200,000원을 받은 경우라면 갑의 미술장식품 제작공급에 따른 1994년부터 1996년까지 귀속 수입금

7) 국심 2000서0784(2000.8.25).

8) 국세청 서면인터넷방문상담1팀-779(2005.7.1).

액은 자영예술가의 사업소득에 해당한다.[9)]

예 4

[사실관계] 처분청은 2009년 4월 청구인에 대하여 조사한 결과, 청구인이 2004년~2008년 기간동안 135회에 걸쳐 794,931,204원(이하 "쟁점금액"이라 한다)을 OOO으로부터 송금받고, 이에 대한 종합소득세를 무신고하였는바, 쟁점금액을 「소득세법」 제19조 제1항 제15호 사회 및 개인서비스업의 사업소득으로 판단하여 2004년~2007년 귀속 소득금액을 추계결정하고, 2009.7.20. 청구인에게 종합소득세 2004년 귀속 579,640원, 2005년 귀속 971,080원, 2006년 귀속 70,704,920원, 2007년 귀속 97,516,060원을 각각 결정·고지하였다. 청구인은 이에 불복하여 2009. 10.8. 이의신청을 거쳐 2010.2.16. 심판청구를 제기하였다.

[청구인 주장] 처분청은 청구인이 독립적인 자격으로 계속적·반복적으로 미술품을 판매하여 소득을 얻은 것으로 보아 「소득세법」 제19조 제1항 제15호에 규정된 사회 및 개인서비스업의 사업소득으로 판단하여 이 건 처분을 하였으나, 청구인은 미술품 매매업에 종사한 사실도 없고, 「소득세법」 제21조에 미술창작품에 대한 대가는 기타소득으로 규정하여 필요경비 80%를 인정하고 있다. 따라서 처분청은 창작미술품을 장려하려는 세법의 취지를 무시하고 거래의 횟수나 기간 등 형식에만 의존하여 쟁점금액을 사업소득으로 보아 과세한 이 건 처분은 부당하다.

[처분청 의견] 화가인 청구인이 독립된 자격에서 용역을 제공하고 받는 소득이 기타소득에 해당하는지 또는 사업소득에 해당하는지 여부는 당사자 사이에 맺은 거래의 형식·명칭 및 외관에 구애될 것이 아니라, 그 거래의 양쪽 당사자 사이에 맺은 거래의 한쪽 당사자인 당해 납세자의 직업, 활동의 내용, 그 활동기간, 횟수, 태양, 상대방 등에 비추어 그 활동이

---

9) 감사원 감심-2000-0068(2000.5.2.) 및 감심-2000-0070(2000.5.2.) 참조.

수익을 목적으로 하고 있는지 여부 등 그 실질에 따라 결정되어야 한다.

청구인의 경우 인지도 있는 화가이고, OOO에서 판매하고 미술품 판매대가로 청구인에게 송금한 횟수가 135회이며, OOO가 불특정 다수인을 상대로 청구인의 미술품에 대하여 카운슬링하면서 미술품을 판매한 점 등에 비추어 볼 때, 청구인의 미술품 판매대금인 쟁점금액은 사업소득에 해당한다고 보는 것이 타당하다.

[조세심판원 결정] 청구인의 미술품 판매소득이 미술창작에 대한 대가에 해당한다고 하더라도, 그 규모, 계속성 및 반복성 등을 감안하여 사업성이 인정되는 경우에는 먼저 사업소득으로 과세하고 사업성이 없는 경우에만 기타소득으로 과세하여야 할 것인바, 청구인은 그동안 다른 업종에 종사한 사실이 없는 전문화가이고, 2004년~2008년 기간 동안 청구인의 미술품을 OOO를 통해 OOO에서 판매하고 135회에 걸쳐 쟁점금액을 송금받은 양태 등에 비추어 볼 때, 쟁점금액은 사업소득에 해당한다고 봄이 타당하다고 할 것이므로 처분청의 이 건 처분에는 잘못이 없는 것으로 판단된다.[10)]

예 5

[사실관계] 청구인은 A대학교 미술학과 교수로 재직 중인 자로서, 2008년 B주식회사(이하 "B"라 한다) 및 주식회사 C(이하 "C"라 한다)로부터 미술장식품을 제작 · 설치한 대가로 수령한 100,000,000원 및 12,000,000원 합계 112,000,000원(이하 "쟁점금액"이라 한다)을 기타소득으로 보아 종합소득세 과세표준 확정신고를 하였다.

그러나 처분청은 쟁점금액을 계속적 · 반복적으로 발생한 사업소득으로 보아 2010.2.3. 청구인에게 2008년 귀속 종합소득세 4,293,790원을 경정 · 고지하였다. 청구인은 이에 불복하여 2010.2.22. 이의신청을 거쳐

10) 조심 2010서0813(2010.6.23.).

2010.4.29. 심판청구를 제기하였다.

[청구인 주장] 청구인은 A대학교 교수로 재직하고 있으므로 자영업을 영위할 수 없는바, 수요처에서 작품의뢰가 있을 경우에 한하여 조각작품을 제작하여 납품하고 있고, 2001년에 2건, 2004년에 1건, 2008년에 2건으로 8년 동안 총 5건에 불과한 바, 위와 같은 청구인의 미술장식품 제작·설치에 대한 거래태양을 볼 때, 쟁점금액은 일시적인 소득에 해당하므로 이 건 종합소득세 과세처분은 취소되어야 한다.

[처분청 의견] 청구인은 2008.4.3.부터 2008.8.31.까지 OOO 미술장식품을 제작·설치하였고, 2008년 5월부터 2008.10.22.까지 OOO 근린공원 내 조각품을 제작·설치하여 2회 이상 계속적·반복적으로 미술품을 제작·설치하였고, 2001년 및 2004년에도 미술장식품 또는 조각품을 제작·설치하고 관련 대가를 받은 내역이 나타날 뿐만 아니라, 2004년 미술장식품 제작·설치와 관련된 소득 80,000,000원을 사업소득으로 종합소득세 신고·납부한 사실이 확인되며, 2009년에도 OOO 지방경찰청으로부터 미술장식품 제작·설치의 대가를 받은 내역이 나타나는바, 청구인의 미술장식품 제작·설치에 대한 거래태양이 일시적·우발적으로 발생한 문예·창작소득인 기타소득으로 보기 어렵다.

[조세심판원 결정] 청구인은 2001년부터 2008년까지 8년 동안 미술장식품을 제작·설치한 건이 총 5건에 불과하므로 쟁점금액은 일시적인 소득에 해당하므로 기타소득으로 보아야 한다는 주장이나, 청구인이 독립된 자격으로 용역을 제공하고 받은 쟁점금액이 사업소득에 해당하는지, 또는 기타소득에 해당하는지의 여부는 당사자 사이에 맺은 거래의 형식·명칭 및 외관에 구애될 것이 아니라 그 실질에 따라 평가한 다음, 그 거래의 일방 당사자인 당해 납세자의 직업활동의 내용, 그 활동기간, 횟수, 태양, 상대방 등에 비추어 그 활동이 수익을 목적으로 하고 있는지 여부와 사업활동으로 볼 수 있을 정도의 계속성과 반복성이 있는지 여부를 고려하여 사회통념에 따라 판단하여야 하는 것인바, 이 건의 경우 청구인은 2001년에 2차례에 걸쳐 80,000,000원, 2004년에 1차례에 걸쳐 80,000,000원,

2008년에 2차례에 걸쳐 112,000,000원 상당의 미술장식품 및 조각품을 제작·설치한 점으로 보아 그 거래태양이 우발적·일시적으로 발생하는 문예·창작소득인 기타소득으로 보기는 어려운 점, 2004년에는 미술장식품 제작·설치와 관련하여 수령한 80,000,000원을 사업소득으로 신고·납부한 점, 청구인이 2008년에 미술장식품 및 조각품의 제작·설치의 대가로 받은 쟁점금액 112,000,000원은 같은 해 청구인의 근로소득인 50,358,420원의 2배 이상인 점, 미술장식품 한 작품을 제작·설치하는 데 5개월 이상의 기간이 소요되는 점 등을 감안할 때, 청구인이 한 미술장식품 등의 제작·설치에 대한 거래가 사업성이 없다고 보기는 어려운 측면이 있는바, 쟁점금액을 사업소득으로 보아 이 건 종합소득세를 과세한 처분은 잘못이 없다고 판단된다.[11)]

예 6

[사실관계] 가. 청구인은 2009.12.28. OOO지역본부(이하 "OOO"라 한다)에서 시행한 OOO(공동주택단지) 지구 미술장식품 공모전에 "OOO"(이하 "이 건 조형물"이라 한다)라는 작품이 당선되어 2010.4.30. OOO와 이 건 조형물을 제작·설치하는 계약을 체결하고 2010.6.16. 이 건 조형물을 제작하여 설치한 후, OOO로부터 OOO원(이하 "쟁점금액"이라 한다)을 수령하였으며, OOO는 청구인에게 쟁점금액을 지급한 후, 청구인의 사업소득으로 보아 종합소득세를 원천징수하여 신고·납부하였다.

나. 청구인은 이 건 조형물과 유사한 형태의 "OOO"이라는 작품을 OOO지역본부(이하 "OOO"라 한다)에서 시행한 OOO지구 환경조형예술 공모전에 출품하여 당선됨에 따라 조형물 OOO을 제작·설치한 후, 2011년 1월 OOO로부터 OOO원을 수령하였으며, OOO는 청구인에게 OOO원을 지급하면서 동 금액을 기타소득으로 보아 종합소득세를 원천

11) 조심 2010전1454(2010.10.4.).

징수하여 신고 · 납부하였다.

다. 청구인은 2010년 귀속 종합소득세 신고 시 쟁점금액을 기타소득으로 보아 종합소득세를 신고하였으나, 처분청은 청구인이 사업자등록을 한 사업자이고, 이 건 조형물의 당선과 비슷한 시기에 OOO가 시행한 공모전에서도 'OOO'이라는 조형물이 당선되어 OOO원을 받은 사실이 있으므로 청구인의 공모전 참가는 계속 · 반복성이 있다고 보아 공모전 당선에 따라 청구인이 받은 쟁점금액을 청구인의 사업소득으로 하여 2014.4.16. 청구인에게 2010년 귀속 종합소득세 OOO원(이하 "이 건 종합소득세"라 한다)을 경정 · 고지하였다.

라. 청구인은 이에 불복하여 2014.4.16. 심판청구를 제기하였다.

[청구인 주장] 처분청은 청구인이 사업자등록을 하고 2차례에 걸쳐 공모전 당선 사례가 있으므로 청구인의 공모전 참가는 계속성 · 반복성이 있다고 보아 쟁점금액을 사업소득으로 판단하였으나, 청구인의 사업자등록증상 업종과 업태는 기념품 및 책자 디자인, 캐드작업, 목공예 등으로서 조형물 제작과는 직접적인 관련이 없으며, 이 건 조형물과 OOO은 재료와 작품명만 다를 뿐 사실상 동일한 작품이므로 청구인은 한 작품을 두 군데의 공모전에 출품한 것으로서 이를 근거로 청구인의 공모전 참가가 계속 · 반복적으로 이루어졌다고 볼 수는 없다고 할 것인바, 쟁점금액은 사업소득이 아니라 기타소득에 해당된다.

[처분청 주장] 청구인이 제작한 조형물이 2건에 불과하고 용역제공이 단기간에 이루어졌다 할지라도 청구인은 공모전에 참가하여 당선된 후 조형물 제작자의 자격으로 OOO 등과 작품 설치 계약을 체결하고 자신의 계산과 책임 하에 이 건 조형물과 'OOO'을 제작 · 설치하였으므로 이는 청구인이 계속적 · 반복적 의사를 가지고 공동주택 단지 설치용 조형물을 제작한 것이라고 볼 수 있으며, 청구인은 OOO로부터 쟁점금액을 지급받고 자신이 운영하는 'OOO'의 사업자등록번호를 기재하여 OOO에 매출계산서를 발급하였고 OOO가 쟁점금액을 사업소득으로 보아 소득세를 원천징수하여 납부한 사실을 볼 때, 처분청이 쟁점금액을 사업소득으로 하

여 이 건 종합소득세를 과세한 처분은 적법하다.

[조세심판원 결정] 청구인은 2008년부터 OOO이라는 상호로 가구관련 업체를 운영하면서 2010년과 2011년에 OOO 등과 공동주택 단지 내 조형물의 제작 · 설치 계약을 체결한 후 2차례에 걸쳐 총 OOO원 상당의 대가를 받고 이 건 조형물 등을 제작 · 설치한 것으로 보아 그 거래태양이 우발적 · 일시적이라고 보기 어려운 점, OOO가 쟁점금액을 청구인의 사업소득으로 보아 소득세를 원천징수하여 납부한 점, 청구인은 OOO로부터 쟁점금액을 수령한 후 이를 정상적인 거래로 보아 OOO 명의의 매출계산서를 발급한 점 등에 비추어 이 건 조형물의 제작 · 설치는 청구인이 영리를 목적으로 자기의 계산과 책임 하에 계속적 · 반복적으로 행하는 활동에 해당된다고 할 것이므로 처분청이 쟁점금액을 청구인의 사업소득으로 보아 이 건 종합소득세를 부과한 처분은 달리 잘못이 없다고 할 것이다.

■ 미술관에 작품을 판매한 경우

서화 · 골동품을 박물관 또는 미술관에 양도함으로써 발생하는 소득은 비과세 소득이다(소득세법 제12조 5호 사목). 또 문화재보호법에 따라 국가지정문화재로 지정된 서화 · 골동품의 양도로 발생하는 소득도 비과세 소득이다(동조 동호 바목).

(3) 미술품 양도와 과세문제

비사업자가 자신이 소장하고 있는 미술품의 개별 판매와 관련해서는 과거에는 비과세 대상으로 되어 있었으나 2013년부터는 과세하고 있다.

과세대상은 6천만 원 이상의 미술품이며, 국내 생존 작가의 작품은 제외된다.[12] 이러한 미술품의 양도로 인한 소득은 기타소득이며, 분리

---

12) 소득세법 시행령 제41조 ⑩ 법 제21조 제1항 제25호에서 "대통령령으로 정하는 서화 · 골동품"이란 다음 각 호의 어느 하나에 해당하는 것으로서 개당 · 점당 또는 조(2개 이상이 함께 사용되는 물품으로서 통상 짝을 이루어 거래되는 것을 말

과세한다.[13] 또 미술품(조각작품은 제외[14])을 구매한 양수자가 원천징수 하여 세금을 납부하게 된다.[15] "그러나 세수 확보 차원에서 보자면 미술

한다)당 양도가액이 6천만 원 이상인 것을 말한다. 다만, 양도일 현재 생존해 있는 국내 원작자의 작품은 제외한다.

1. 서화 · 골동품 중 다음 각 목의 어느 하나에 해당하는 것
가. 회화, 데생, 파스텔[손으로 그린 것에 한정하며, 도안과 장식한 가공품은 제외한다] 및 콜라주와 이와 유사한 장식판
나. 오리지널 판화 · 인쇄화 및 석판화
다. 골동품(제작 후 100년을 넘은 것에 한정한다)
2. 제1호의 서화 · 골동품 외에 역사상 · 예술상 가치가 있는 서화 · 골동품으로서 기획재정부장관이 문화체육관광부장관과 협의하여 기획재정부령으로 정하는 것.

소득세법 시행령 제87조 【기타소득의 필요경비계산】

② 법 제21조 제1항 제25호의 기타소득에 대하여는 거주자가 받은 금액의 100분의 80(서화 · 골동품의 보유기간이 10년 이상인 경우에는 100분의 90)에 상당하는 금액을 필요경비로 한다. 다만, 실제 소요된 필요경비가 100분의 80(서화 · 골동품의 보유기간이 10년 이상인 경우에는 100분의 90)에 상당하는 금액을 초과하면 그 초과하는 금액도 필요경비에 산입한다.

(예) 7000만 원에 팔았다.

● 취득가격 불명 등 : 소득세 : 7000*0.04[(7000-(7000*0.8))*0.2]=280
주민세 : 280*0.1=28 ∴ 308만 원

● 6000만 원에 산 경우 : 소득세 : 1000만원*0.2=200
주민세 : 20만원 ∴ 220만 원

13) 분리과세기타소득(소득세법 제14조 제3항 7호 다목).

14) 원천-385(2013.7.2.).

15) K옥션 경매약관 [2015.4.1.현재] 제7조 (위탁자의 의무와 위탁 수수료 및 대금지급)

⑤ 서화(書畵) · 골동품 양도에 대한 과세

1. 서화(書畵) · 골동품의 양도가액이 6천만 원 이상인 경우 기타소득세가 원천징수 됩니다. 다만, 양도가액이 6천만 원 이상이더라도 양도일 현재 생존해 있는 국내 원작자의 작품 양도로 발생하는 소득, 문화재보호법에 따라 국가 지정문화재로 지정된 서화(書畵) · 골동품의 양도로 발생하는 소득, 박물관 또는 미술관에 양도함으로써 발행하는 소득에 대하여는 기타소득세가 과세되지 않습니다.
2. 서화(書畵) · 골동품 양도에 따른 기타소득세의 신고 및 납부의무자는 양도대금을 지급하는 자(원천징수의무자)이며 세율은 양도소득의 20%(지방소득세: 기타소득세의 10%)입니다.

품 양도차익에 대해 양수자가 원천징수 후 납부하도록 한 현행규정은 미술품이 등기 · 등록 자산이 아닌 상황 하에서 양수자가 원천징수를 하지 않을 경우 이를 과세당국이 포착하기가 어렵다는 문제점이 있다. 아마도 현재 상황 하에서는 공개 경매 시장에서 거래가 이루어지는 미술품에 대해서만 세원포착과 평가가 이루어질 것으로 보인다."[16]

(4) 미술품의 이용과 기타소득

소득세법은 "미술 또는 사진에 속하는 창작품(정기간행물에 게재하는 삽화 및 만화를 포함한다)에 대한 원작자가 창작품에 대하여 받는 대가"는 기타소득의 대상이라고 규정한다(제21조 제1항 제15호). 그러므로 특정 화가가 정기간행물에 자신이 창작한 그림의 게재를 허락하고 그 대가를 받았다면, 이 경우에는 기타소득으로서 원천징수 된다. 기타소득금액은 당해 연도의 총수입금액에서 이에 소요된 필요경비를 공제한 금액으로 한다(소득세법 제21조 제2항). 기타소득의 필요경비는 원칙적으로 실제 입증되는 경비에 한하지만, 제15호의 기타소득에 대하여는 거주자가 받은 금액의 100분의 80에 상당하는 금액을 필요경비로 한다.

3. 부가가치세

부가가치세란 기업 등이 재화나 용역의 생산 · 유통 과정에서 재화나 용역에 부가하는 가치에 대해 정부가 부과하는 조세이다.[17] 우리나라의 현행 부가가치세법의 주요내용을 살펴보면, 부가가치세가 부과되는 과세의 대상은 사업자에 의해 국내에서 공급되는 재화 또는 용역과 재화

---

3. 서화(書畵) · 골동품의 보유기간이 10년 미만인 경우 양도가액의 80%, 10년 이상인 경우에는 양도가액의 90%를 필요경비로 인정합니다. 필요경비란 소득의 계산상 공제되는 경비로 서화(書畵).골동품의 구입가를 말합니다.

16) 명순구/김기영, 「미술품의 거래법과 세금」, 고려대학교 출판부, 2012, 95면.

17) 부가가치세법[법률 제12851호, 2014.12.23., 일부개정(시행 2015.1.1)]. 부가가치세법은 2013.6.7. 전부 개정되었다.

의 수입이다(부가가치세법 제4조). 납세의무자는 영리목적의 유무에 불구하고 사업상 독립적으로 재화 또는 용역을 공급하는 자(사업자)와 재화를 수입하는 자이다(동법 제2조).[18] 여기서 재화라 함은 재산적 가치가 있는 모든 유체물과 무체물을 말하며, 용역이라 함은 재화 이외의 재산적 가치가 있는 모든 역무 및 기타 행위를 말한다. 부가가치 세율은 현재 10%이다(동법 제30조).

법은 기초생활필수품과 국민의 후생영역, 문화관련 재화, 기타 부가가치의 생산요소에 대해서는 납세의 의무를 배제하고 있다. 즉 동법 제26조 제1항은 "다음 각호의 재화 또는 용역의 공급에 대하여는 부가가치세를 면제한다"고 규정한 후 다음의 경우를 열거하고 있다.[19]

(1) 도서(도서대여용역을 포함한다) · 신문 · 잡지 · 관보 · 『뉴스통신 진흥에 관한 법률』의 규정에 의한 뉴스통신 및 방송으로서 대통령령이 정하는 것. 다만, 광고는 제외한다(제8호).

(2) 저술가 · 작곡가 기타 대통령령이 정하는 자가 직업상 제공하는 인적 용역(제15호).

본호에 규정하는 인적 용역은 물적 시설 없이 근로자를 고용하지 아니하고 독립된 사업으로 서화를 제작하여 공급하는 경우가 이에 해당한다(시행령 제42조 참조).

(3) 예술창작품 · 예술행사 · 문화행사와 아마추어 운동경기로서 대통령령이 정하는 것(제16호)

① 예술창작품: 미술, 음악, 사진, 연극 또는 무용에 속하는 창작품. 다만, 골동품(「관세법」 별표 관세율표 번호 제9706호의 것을 말한다)은 제외한다(시행령 제43조 제1호).

② 예술행사: 영리를 목적으로 하지 아니하는 발표회, 연구회, 경

---

18) 부가가치에 과세하며, 납세의무자가 공급자로 되어 있으나 궁극적 부담자(담세자)는 부가가치세를 전가시킬 대상이 없는 소비자이다. 즉 소비에 과세하려는 의도를 가지고 있는 세금이다.

19) 미술과 관련된 것만 살펴본다.

연대회 또는 그 밖에 이와 유사한 행사(시행령 제43조 제2호).

③ 문화행사: 영리를 목적으로 하지 아니하는 전시회, 박람회, 공공행사 또는 그 밖에 이와 유사한 행사(시행령 제43조 제3호).

(4) 도서관 · 과학관 · 박물관 · 미술관 · 동물원 또는 식물원에의 입장(제17호)

대관한 미술관의 입장료 면세여부(서면인터넷방문상담 3팀-1221 2006-6-23)[20] [질의] 일정기간동안 미술관을 대관하는 계약을 체결하고 미술품 전시회를 하는 경우 당사가 받는 미술관 입장료는 부가가치세법 제12조 제1항 제15호의 미술관 입장료에 해당되어 부가가치세가 면제되는지 여부 [답변] 사업자가 미술관을 대관하여 미술품을 전시하고 당해 전시회의 입장료를 받는 경우가 영리를 목적으로 하지 아니하는 문화 · 예술행사인 경우에는 부가가치세법 제12조 제1항 제14호의 규정에 의하여 부가가치세가 면제되는 것이나, 귀 질의의 미술품 전시회가 영리를 목적으로 하지 아니하였는지 여부는 부가가치세법 기본통칙 12-35-7의 규정을 참고하여 사실판단할 사항입니다.[21]

한편 부가가치세법 제27조는 다음 각 호의 재화의 수입에 대하여는 부가가치세를 면제한다고 규정한다.

(1) 학술연구단체, 교육기관, 「한국교육방송공사법」에 따른 한국교육방송공사 또는 문화단체가 과학용 · 교육용 · 문화용으로 수입하는 재화로서 대통령령으로 정하는 것(제3호)

(2) 국내에서 열리는 박람회, 전시회, 품평회, 영화제 또는 이와 유사한 행사에 출품하기 위하여 무상으로 수입하는 물품으로서 관세가 면제되는 재화(제10호)

---

20) 세정신문(http://www.taxtimes.co.kr/db_1.htm?mode=view&no=10433).

21) 이러한 해석에 대한 비판은, 명순구 외, 앞의 책, 137-138면 참조.

이하는 국세청 질의를 통해 밝혀진 부가가치세가 면제되는 구체적인 예이다.

예 1

개인이 독립된 자격으로 초상화를 그려주고 대가를 받는 경우에는 부가가치세법 시행령 제35조 제1호 ㈎목*의 규정에 의하여 부가가치세가 면제된다.[22]

예 2

별도의 사업장과 직원이 없이 자택에서 저술 및 삽화를 독립된 자격으로 출판사 등에 용역을 제공하는 자가 작업절차상 부득불 작업의 일부를 다른 저술가 등에게 외주(하도급)에 의하여 용역을 제공하는 경우에도 부가가치세법 제12조 제1항* 및 같은 법 시행령 제35조 제1호**의 규정에 의하여 부가가치세가 면제된다.[23]

예 3

미술품을 판매하는 화랑업을 운영하는 사업자가 판매목적으로 사진작품을 수입하는 경우 동 재화가 관세가 무세이거나 감면되는 경우에는 부가가치세법 제12조 제2항 제14호*의 규정에 의하여 수입시 부가가치세가 면제된다. 다만, 관세가 경감되는 경우에는 경감되는 분에 한하여 부가가치세가 면제된다.[24]

---

22) 국세청 간세1235-2488(1977.8.11.). * 현 시행령 제42조 1호 ㈎목.
23) 국세청 상담3팀-1879(2004.9.13.). *현행법 제26조, **현 시행령 제42조 1호.
24) 국세청 서면인터넷방문상담3팀-1971(2004.9.24.). *현행법 제27조 15호.

예 4

타인으로부터 공급받은 원료로 물상의 제작을 의뢰받아 개인이 독립된 자격으로 직업상 공급한 조각용역은 부가가치세법 시행령 제35조 제1호 ㈎목*의 규정에 의하여 부가가치세가 면제되는 인적 용역에 해당된다.[25)]

예 5

도자기 공예 예술가가 창작활동을 통하여 완성한 자기의 창작품을 창작품 발표전시장에서 판매하는 것은 부가가치세가 면제된다. 다만, 예술창작품인지의 여부는 창작자, 제조과정, 제조시설 등의 사실에 따라 판단한다.[26)] 따라서 도자기를 시장판매의 목적으로 대량 제작하는 사업자가 자기가 생산한 도자기의 전시회를 개최하여 판매하는 경우에는 부가가치세가 과세된다.[27)]

예 6

창작품인 그림은 부가가치세법 제12조 제1항 제14*호에 규정하는 예술창작품으로서 부가가치세가 면제된다. 다만, 사업자인 화랑이 화가 또는 예술창작품의 소유자로부터 당해 예술창작품의 위탁판매 의뢰를 받아 판매하고 수수료를 받는 경우에는 그 판매수수료에 대하여는 부가가치세가 과세된다.

따라서 미술품 경매의 경우 위탁자와 구매자는 수수료 외에 수수료에 대한 10%의 부가가치세를 납부하여야 한다. 낙찰자의 입장에서 보면

---

25) 국세청 간세 1265. 1-3157, 1979.8.27. 참조. *현 시행령 제42조 1호 ㈎목.
26) 국세청 부가 1265. 1-451, 1980.3.11. 참조.
27) 국세청 부가 1265. 1-903, 1983.5.12. 참조.

낙찰금액과 구매수수료 및 구매수수료에 대한 부가가치세를 동시에 합산하여 경매회사에 그 금액을 지급하여야 한다.[28]

예) 수수료 (㈜서울옥션 약관)
제9조(수수료) ① (위탁수수료) 위탁수수료는 낙찰가 300만원까지는 낙찰가의 15%(부가세 별도)를 적용하고, 300만원 초과인 경우에는 300만원 초과액×10%(부가세 별도)로 적용하여 합산합니다. 예1) 낙찰가가 2,500,000원일 경우 2,500,000×15%=375,000원의 위탁수수료와 부가세 37,500원을 합산한 412,500원이 총 위탁수수료입니다. 따라서 위탁자에게 지불되는 금액은 2,500,000원(낙찰가)-412,500원(위탁수수료)=2,087,500원이 됩니다. 예2) 낙찰가가 12,000,000원일 경우 (3,000,000×15%)+(9,000,000×10%)=1,350,000원의 위탁수수료와 부가세 135,000원을 합산한 1,485,000원이 총 위탁수수료입니다. 따라서 위탁자에게 지불되는 금액은 12,000,000원(낙찰가)-1,485,000원(위탁수수료)=10,515,000원이 됩니다. ② (낙찰수수료) 낙찰수수료는 낙찰가의 10%(부가세 별도)를 적용합니다.

4. 상속 · 증여세

상속세는 상속 · 유증 · 사인증여에 의해 재산을 취득한 경우에 상속인 기타의 자에 대해 취득한 재산의 가격을 기준으로 과세되는 국세를 말한다.

증여세는 재산의 수증을 과세물건으로 하여 부과되는 국세이다. 우리나라는 「상속세 및 증여세법」[29](이하 '상속세법'이라 한다)이라 하여 하나의 법

28) 국세청 간세 1235-2711, 1977.8.24. 참조. 또 국세청 부가 46015-1004, 1994.5.20. 참조. *현행법 제26조 제1항 16호.

29) 제정 1950.3.22. 법률 114호, 일부개정 2015.12.15. 법률 제13557호.

률에서 상속세와 증여세를 같이 다루고 있다.

상속세나 증여세를 부과하는 경우, 그에 부과되는 재산의 가액은 상속개시일 또는 증여일(이하 "평가기준일"이라 한다) 현재의 시가(時價)에 따른다(상속세법 제60조 제1항). 시가는 불특정 다수인 사이에 자유롭게 거래가 이루어지는 경우에 통상적으로 성립된다고 인정되는 가액으로 하고 수용가격 · 공매가격 및 감정가격 등 대통령령으로 정하는 바에 따라 시가로 인정되는 것을 포함한다(동법 동조 제2항). 시가를 산정하기 어려운 경우에는 해당 재산의 종류, 규모, 거래 상황 등을 고려하여 상속세법 제61조부터 제65조까지에 규정된 방법으로 평가한 가액을 시가로 본다(동법 동조 제3항).

미술품의 경우에도 시가에 의하되, 만일 시가를 산정하기 어려운 경우에는 상속세법 제62조 제2항에서 규정한 바와 같이 해당 재산의 종류, 규모, 거래 상황 등을 고려하여 대통령령[30]으로 정하는 방법으로 평가한다. 즉, 판매용인 미술품 등은 처분할 때에 취득할 수 있다고 예상되는 가액(재취득가액)으로 하되, 만약 그 가액이 확인되지 아니하는 경우에는 장부가액으로 한다.[31] 판매용이 아닌 경우는 감정에 의하여 산정한다.

---

30) [시행령 제52조 제2항] 법 제62조 제2항의 규정에 의한 평가는 다음 각 호의 어느 하나에 의한다.

1. 상품 · 제품 · 반제품 · 재공품 · 원재료 기타 이에 준하는 동산 및 소유권의 대상이 되는 동산의 평가는 그것을 처분할 때에 취득할 수 있다고 예상되는 가액. 다만, 그 가액이 확인되지 아니하는 경우에는 장부가액으로 한다.
2. 판매용이 아닌 서화 · 골동품 등 예술적 가치가 있는 유형재산의 평가는 다음 각목의 구분에 의한 전문분야별로 2인 이상의 전문가가 감정한 가액의 평균액. 다만, 그 가액이 국세청장이 위촉한 3인 이상의 전문가로 구성된 감정평가심의회에서 감정한 감정가액에 미달하는 경우에는 그 감정가액에 의한다.

가. 서화 · 전적 (이하 생략).

31) 장부가액이 약 17억 원에 해당하는 서화류에 대해 상속인은 전문감정기관에 의뢰하여 소급감정을 통해 약 900만 원으로 평가한 금액을 기초로 상속세를 납부하였다. 그러나 국세청은 장부가액으로 과세하였고, 이에 상속인이 불복하였다. 그러나 감사원은 국세청 처분을 정당하다고 보았다[감사원 심사결정 감심 2003-0036(2003.5.6)]. 자세한 것은 명순구 외, 앞의 책, 110-111면 참조.

또 상속세법은 제74조[32]와 제75조[33]에서 문화재 자료 등의 징수유예제도를 두고 있다.

한편 상속세법은 부동산과 유가증권에 한하여 물납(物納)을 허가할 수 있도록 하고 있어 미술품은 물납을 허용하지 않고 있다. 이에 미술품의 경우도 물납이 가능하도록 미술품 세금대납제도를 도입하여야 한다는 주장이 제기되고 있다.[34] 일본의 경우는 『미술품의 미술관에 있어서 공

32) 제74조(문화재자료 등의 징수유예) ① 납세지관할세무서장은 상속재산 중 다음 각 호의 1에 해당하는 재산이 포함되어 있는 경우에는 대통령령이 정하는 바에 의하여 계산한 그 재산가액에 상당하는 상속세액의 징수를 유예한다.

1. 「문화재보호법」 제2조 제2항 제3호의 규정에 의한 문화재자료 및 동법 제47조 제2항의 규정에 의한 등록문화재(이하 이 조에서 "문화재자료 등"이라 한다)와 동법 제9조 제1항의 규정에 의한 보호구역 안의 토지로서 대통령령이 정하는 토지
2. 「박물관 및 미술관 진흥법」의 규정에 의하여 등록한 박물관자료 또는 미술관자료로서 「박물관 및 미술관 진흥법」의 규정에 의한 박물관 또는 미술관(사립박물관 또는 사립미술관에 대하여는 공익법인 등에 해당하는 경우에 한한다)에 전시 또는 보존중에 있는 재산(이하 이 조에서 "박물관자료"라 한다)

② 문화재자료 등 또는 박물관자료를 상속받은 상속인 또는 수유자가 이를 유상으로 양도하거나 기타 대통령령이 정하는 사유로 박물관자료를 인출하는 경우에는 납세지관할세무서장은 즉시 그 징수를 유예한 상속세를 징수하여야 한다.

③ 제1항의 규정에 의한 징수유예의 기간중에 문화재자료 등 또는 박물관자료를 소유하고 있는 상속인 또는 수유자의 사망으로 다시 상속이 개시되는 경우에는 납세지관할세무서장은 그 징수유예한 상속세액의 부과결정을 철회하고 그 철회한 상속세액을 다시 부과하지 아니한다.

④ 제1항의 규정에 의한 징수유예를 받고자 하는 자는 그 유예한 상속세액에 상당하는 담보를 제공하여야 한다. 이 경우 담보의 제공에 대하여는 제71조의 규정을 준용한다.

⑤ 제1항의 규정을 적용함에 있어서는 상속인이 상속재산 중 박물관자료 또는 미술관자료를 제67조의 규정에 의한 신고기한(박물관 또는 미술관을 설립하는 경우로서 부득이한 사유가 있는 경우에는 그 사유가 종료된 날부터 6월을 말한다) 이내에 대통령령이 정하는 방법에 따라 『박물관 및 미술관 진흥법』의 규정에 의한 박물관 또는 미술관에 전시 또는 보존하는 경우를 포함한다.

33) 제75조(준용규정) 제74조 제1항 제2호 · 제2항 내지 제4항의 규정은 증여세에 관하여 이를 준용한다. (이하 생략)

개의 촉진에 관한 법률』의 시행에 수반하여 조세특별조치법 제70조의11이 신설되어 상속세법 제41조 제3항에도 불구하고 특정등록미술품의 상속에 대해 물납을 용이하게 하는 제도가 도입되어 있다.[35]

5. 법인세

법인세는 법인의 소득에 대해서 과하여지는 조세이다. 현재 법인세법은 각 사업연도의 소득과 청산소득에 대한 법인세를 규정하고 있으나 중요한 것은 각 사업연도의 소득이다. 내국법인의 각 사업연도의 소득은 그 사업연도에 속하는 익금(益金)의 총액에서 그 사업연도에 속하는 손금(損金)의 총액을 공제한 금액으로 한다. 손금으로 인정을 받는다는 것은 그만큼 세금을 덜 내게 되므로 법은 업무와 관련 없는 비용의 손금불산입을 규정한다.[36] 따라서 서화 및 골동품의 취득은 손금으로 인정하지 아니한다. 다만, 장식·환경미화 등의 목적으로 사무실·복도 등 여러 사람이 볼 수 있는 공간에 상시 비치하는 것을 제외하도록 하고 있다. 이 경우 취득가액이 거래단위별로 5백만 원 이하인 것에 한한다.[37] 예컨대 여객

34) 최병식, 『미술시장과 경영』, 174쪽 이하 참조. "피카소는 자신의 작품을 거의 팔지 않고 직접 소장했다. 당연히 그의 상속인들에게 소유권이 넘겨졌을 것이다. 그러나 피카소의 작품은 워낙 고가였기 때문에 상속인들이 상속세를 당장에 현금으로 납부할 수가 없었다. 이에 프랑스 정부는 상속세를 미술품으로 대납(물납)할 수 있도록 조치하였다. 이렇게 상속세 대신에 거두어들인 피카소의 작품이 회화 203점, 조각 158점, 부조회화 29점, 도자기 88점, 드로잉 1,500점, 판화 1,600점에 이르렀다. 프랑스 정부는 이들을 모아서 피카소 미술관을 설립하였다"(김민호, 『별난 법학자의 그림이야기』, 예경, 2004, 50-51쪽).

35) 山口裕博, 6쪽. 다음은 중앙일보 2008년 11월 24일자에 게재된 알프레드 파크망(Pacquement: 당시 프랑스 국립현대미술관장)의 이야기이다.
"센터 전체 예산은 약 10억 유로(1조 8800억원)이다. 이 중 대부분은 국비 지원이고 25% 정도가 입장료·식당운영 등 자체 수익에서 나온다. 미술관 예산이나 소장품 구입 예산을 별도로 말할 수는 없다. 다만 국가에서 세금 대신 미술품을 받는 경우가 많아 소장품 구입에 많은 예산을 책정하지 않아도 되는 이점이 있다."

36) 법인세법 제27조 제1호.

37) 법인세법시행령 제19조 제17호. 제49조 제1항 제2호 가목 단서.

화물터미널 부속토지 내에 이용객 및 시민에게 휴식공간을 제공할 목적으로 설치한 조각품 등은 업무와 관련 있는 자산으로 본다.[38]

아울러 법인세법 제24조, 시행규칙 제18조에서는 「박물관 및 미술관 진흥법」에 의하여 등록한 박물관 또는 미술관에 한 기부금은 손금산입한도액(損金算入限度額)의 범위에서 이를 손금으로 인정한다. 결국 세제를 통해 간접적으로 미술관을 지원하고 있는 셈이다.

■ 법인 22601-1633(1991.8.26.)

【질의】 콘도사업영위법인의 미화조성(실내장식)용 유화미술품(고 미술품이 아님)이 ① 유형고정자산에 해당되는지, ② 유형고정자산인 경우 즉시상각가능여부, ③ 유형고정자산인 경우 내용연수는?

【회신】 로비 및 객실 등의 장식용으로 다량으로 보유하는 회화는 유형고정자산에는 해당하는 것이나, 그 회화가 시간의 경과에 따라 감가되지 아니하는 경우에는 법인세법시행령 제54조에 규정하는 감가상각자산으로 볼 수 없는 것이므로 동령 제56조의 규정을 적용하지 아니하는 것임.

■ 서면2팀-644(2004.3.30.)

【질의】 사업용 고정자산인 건물 신축 시 건축허가조건에 의해 의무적으로 설치한 고가의 미술조형물(조각물)을 옥외에 설치한 경우 법인세법상 회계처리에 대해, 건물의 부속물로 보아 건물과 동일한 기준내용연수를 적용 감가상각한다는 설과 미술조형물은 독립된 기준내용연수를 가진다는 설이 있어 질의함.

【회신】 귀 질의의 경우 미술조형물이 건축물의 허가조건에 따라 불가피하게 취득한 자산이라 할지라도 건축물과 구별되고 자체적인 자산가치를 가지는 한 별도의 자산으로 구분하여야 하며 해당 자산이 예술적 가치를 지닌 것으로 시간의 경과에 따라 그 가치가 감소된다고 볼 수 없는 경우 감가상각 대상 자산에 해당하지 않는 것임.

---

38) 국세청 법인46012-792(1998.4.1).

♣ 커피 브레이크: 세금과 관련한 말 말 말

필요한 것이기는 하나 세금을 내는 것을 좋아할 사람은 많지 않으므로 또 체계가 복잡하므로 세금과 관련해서는 많은 말들이 있다. 본장 제일 앞에 기재한 미국 상원의원 Max Baucus의 말 외에도 수없이 많은 말들이 있다. 몇 개만 본다.

아인슈타인(Albert Einstein): The hardest thing in the world to understand is the income tax(세상에서 가장 이해하기 힘든 것은 소득세다).

코헨(Vanya Cohen): When there's a single thief, it's robbery. When there are a thousand thieves, it's taxation(하나의 도둑이 있을 때 그것은 강도다. 수천 명의 도둑이 있을 때 그것은 세금이다).

무명씨(Author Unknown): A fine is a tax for doing something wrong. A tax is a fine for doing something right(벌금은 무언가 잘못을 했을 때 내는 세금이다. 세금은 무언가 좋은 일을 했을 때 내는 벌금이다).

II. 관세법

1. 관세의 의의 및 기능

관세란 국가가 관세영역(또는 관세선)(customs territory, customs boundary)을 출입하는 물품에 대하여 법률이나 조약에 의하여 반대급부 없이 강제적으로 징수하는 금전적 급부이다. 이러한 관세는 국가재정수입을 확보하고, 국내산업을 보호하며, 소비를 억제하며, 수입대체 및 국제수지를 개선하고, 수출촉진 및 교역조건을 개선하기 위한 것으로 되어 있다.[39)]

---

39) 자세한 것은, 윤주한, 『신관세법』, 조선대학교 출판부, 2005, 7-8쪽 참조.

2. 예술품 · 수집품과 골동품의 관세율

예술품 · 수집품과 골동품의 관세율은 다음에서 보는 바와 같이 관세를 부과하지 않는 것으로 되어 있다(관세율표[40] 제21부 제97류).

제21부 예술품 · 수집품과 골동품			
제97류 예술품 · 수집품과 골동품			
번호 호	번호 소호	품 명	세율(%)
9701		회화 · 데생과 파스텔(육필한 것에 한하며, 제4906호의 도안과 손으로 그렸거나 장식한 가공품을 제외한다) 및 콜라주와 이와 유사한 장식판	
9701	10	회화 · 데생과 파스텔	
		1. 회 화	무세
		2. 데 생	무세
		3. 파스텔	무세
9701	90	기 타	무세
9702	00	오리지널 판화 · 인쇄화 및 석판화	
		1. 판 화	무세
		2. 인쇄화	무세
		3. 석판화	무세
9703	00	오리지널 조각과 조상(재료의 종류를 불문한다)	
		1. 조 각	무세
		2. 조 상	무세
9706	00	골동품(제작 후 100년을 초과한 것에 한한다)	
		1. 도자기류	무세
		2. 악기류	무세
		3. 기 타	무세

40) 관세율표란 수입물품에 대하여 개별적으로 부과한 관세율을 정한 표를 말한다. 우리나라 관세율표는 조화제도(Harmonized System: HS)에 따라 품목분류는 21부 97류로 되어 있고, 우리의 관심사인 예술품 · 수집품과 골동품은 제21부 제97류로서 맨 끝에 규정되어 있다. 관세율표에 대해 보다 자세한 것은, 위의 책, 116쪽 이하 참조.

주 :

1. 이 류에서는 다음의 것을 제외한다.
   가. 제4907호의 사용하지 아니한 우표·수입인지·우편엽서 또는 기타 이와 유사한 것
   나. 극장용·스튜디오용의 배경막 또는 이와 유사한 것에 그림을 그린 직물류(제5907호). 다만, 제9706호에 분류되는 것을 제외한다.
   다. 천연 또는 양식진주·귀석 또는 반귀석(제7101호 내지 제7103호)
2. 제9702호에서 "오리지널 판화·인쇄화와 석판화"라 함은 한 개 또는 수 개의 원판에 예술가의 손으로 직접 제작한 흑백 또는 원색의 판화를 말하며, 이의 제작공정 및 재질여부는 불문한다. 다만, 기계적 방법 또는 사진 제판법으로 한 것을 포함하지 아니한다.
3. 제9703호에는 비록 이들 작품이 예술가가 디자인하였거나 창작하였다 하더라도 대량생산에 따른 복제품 또는 상업적 성격을 지닌 관에 박힌 기교의 작품은 분류하지 아니한다.
4. 가. 이 류 및 이 표의 다른 류에 동시에 분류될 수 있는 물품은 주 제1호 내지 주 제3호에서 정한 경우를 제외하고는 전부 이 류에 분류한다.
   나. 제9706호는 이 류의 다른 호에 분류되는 물품에 대하여는 적용하지 아니한다.
5. 회화·데생·파스텔·콜라주 또는 이와 유사한 장식판·판화·인쇄화 및 석판화 등의 틀은 이들 작품과 같이 분류한다(이들의 틀은 상기 물품에 비추어 가격이나 종류에 있어서 적정하여야 한다). 이 주에서 언급된 작품에 비하여 가격이나 종류에 있어서 적정하지 아니한 틀은 별도로 분류한다.

■ 우리나라 사례: 바늘여인 사건

쟁점물품은 한국의 설치미술 작가인 김수자에 의하여 1999년에서 2000년 사이에 동경, 상하이, 델리, 뉴욕 등 4개 도시의 번화가에서 비디오 카메라를 길 한복판에 설치하고 그 앞에 한참동안 서서 퍼포먼스를 벌이는 모습을 실시간 그대로 촬영하여 DVD로 제작한 "바늘여인(Needle Woman)"이란 작품으로, TV 모니터 4대와 DVD Player 4대에 의하여 일반인에게 보여지는 작품이다.

관세청 역시 예술작품으로 인정한 것에 대하여는 이의가 없다고 하면서도 관세법 제16조에 "관세는 수입신고를 하는 때의 물품의 성질과 그 수량에 의하여 부과한다"고 규정하고 있는바, 수입물품이 HS 97류의 예술작품으로 분류될 수 있는지 여부에 대하여는 수입신고 시 제시된 수입물품의 성상에 따라 판단하여야 할 것이라고 하면서 "쟁점물품은 수입 시 예술가에 의해 조각되거나 성형된 오

리지널 조각 또는 조상의 형태로 제시되지 않았고, 완성품의 구성내용 중 일부만이 수입신고 되었으며, TV 모니터와, DVD Player, Disk 등 각각의 물품이 개별 포장되어 수입신고서상에 각기 다른 란으로 분류하여 제시된 점으로 비추어 보아, 쟁점물품을 HS 97류로 분류하기는 어렵고, 각각의 구성품이 해당하는 호에 분류하는 것이 타당하다고 판단"하였다.[41] 그러나 서울 행정법원 행정4부는 현대 미술에서는 작품의 표현방법과 매체가 다양화되고 있어 이와 관련한 세법도 탄력적으로 해석할 필요가 있으며, '바늘여인'은 현행 관세율표로는 예술품으로 분류하기 어렵지만 비디오 아트 분야의 예술품으로 인정할 수 있고, 여러 소재를 현장에 설치-조립해 완성하는 설치미술은 전시공간을 환경화하는 방법으로 조형한다는 점에서 관세율표상 '조각'에 가깝다고 할 수 있다고 판시하였다.[42]

■ EU 사례 : 빌 비올라(Viola)와 댄 플래빈(Flavin)의 빛 설치 작품 사건

헌치 오브 베니슨 갤러리가 6개의 해체된 빌 비올라의 설치물과 댄 플래빈의 빛 설치 작품을 영국으로 수입하려고 하자 영국 세관은 작품이 아닌 조명장비로 분류하여 과세하였으나, 영국 조세심판소는 2008년 헌치의 주장을 받아들였다.[43] 그러나 EC 위원회는 2010년 8월 이러한 결정을 뒤집고, 비올라 등의 장치는 미술품이 아니라고 결정하였다(European Commission Regulation 731/2010). 즉 EU 밖에서 EU 내로 당해 장치를 수입하려면 (감액된 것이 아닌) 완전한 부가세와 관세를 지급하라는 것이었다. 이러한 결정을 한 근거는 다음과 같다.

"그 분류가 조각에서 배제되는 것과 같이, 미술품을 구성하는 것은 설치물이 아니라 그것에 의해 수행되는 작용(빛의 효과)이다. —그것은 조명장치로서의 특징을 가지고 있다.— 그러므로 그 물건은 벽의 조명장치로서 분류되어야 한다."[44]

---

41) 관세청 결정 제2002-33호(2002.8.27.).

42) 보다 자세한 것은, 김형진, 「김형진의 미술법이야기」, 메이문화, 2012, 136-137면.

43) *Haunch of Venison and Partners v. Her Majesty's Revenue & Customs*, London Tribunal Centre, 8 to 11 Sept. 2008.

44) Molly Torsen Stech, *Artist's Right*, Institute of Art & Law, 2015, 5면에서 재인용.

제11장 박물관 및 미술관

그리스에 있어서 '하이어로포에이'(hieropoei)라고 불리는 사원(寺院) 수집품의 관리자는 사원을 수호하고 보물을 관리할 책임이 있었다. 매년 재고조사 목록에는 한 관리위원회로부터 다음 관리위원회로 사원의 재산이 넘겨지는 것이 기록되었다. 보물의 기록을 보관하는 것 외에도 '하이어로포에이'는 반드시 수집품들이 적절히 수집되고 전시되며, 그들이 쾌적한 상태로 보관되도록 하여야만 하였다. 책임자가 바뀌면 수집품은 점검을 받았다. '하이어로포에이'의 지위에는 신과 국가와 그리고 공중에 대한 의무를 포함하고 있었다.

그리스에서의 수집품의 보관에 대한 고도의 윤리적 기준을 수반하는, 수집품의 공공적 성격에 대한 강조는 로마로 오면서 바뀌었다. 로마제국에서의 경향은 점차 종교적 성격은 사라지고 개인에 의한 세속품의 수집으로 되었다. 수집품은 사회적 명성을 나타내는 수단이었다. 개인과 애호가들이 많은 수집품을 모았으며, 판매하고 거래하였다. 미술품에 대한 투자도 활발하였다. 속주의 관리들과 군대의 지휘관들은 통상 그들이 관리하는 종교적 혹은 세속적인 보물을 마음대로 사용하였다. 미술품, 골동품, 그리고 모조품이 비할 데 없이 터무니없는 가격에 거래되었다. 라틴어 'Museum'은 원래의 의미에서—(원래의 그리스어 'mouseion'은 뮤즈의 聖地이며, 처음에는 명상(瞑想)의 장소였으나, 마침내 인간의 문화적 유산과 최고의 창작 예술품의 보관장소로 발전되었다.)—개인의 수집품을 수용하는 시골의 저택(villa)을 의미하게 되었다. 자신의 저택에서 로마 사람들은 친구들이나 다른 수집가를 위하여 예술품이나 자신의 기호를 만족시켜주는 진기한 물건들을 전시하였다.

그러나 이러한 관행은 비판을 받게 되었다. 줄리어스 시저는 자신의 수집품을 사원으로 기증함으로써 선례를 세웠고, 아우구스투스의 사위인 아그리파는 원로원에서 행한 연설에서 "압수된 그림이나 조각들을 자신들의 시골 저택으로 쫓아낼 것이 아니라 로마시민들에게 되돌려주어야 한다"고 역설하였다. 키케로 같은 사람들에 의한 이것과 유사한 권고가 약탈품을 공중에게 대규모로 돌려주는 것을 촉진시켰다. 마침내 개인 소장품과 도서관들조차도 공중에게 개방되었다.

[Alan Ullberg 등, A Short History of the Museum 중에서]

Ⅰ. 서 설

1. '박물관 등'의 의의

박물관이란 동서고금의 고고학 자료와 미술품, 역사적 유물, 그 밖의 학술적 자료를 널리 수집·보존·진열하고 일반에게 전시하는 곳이며, 미술관이란 회화·조각 등의 미술품을 수집·진열하여, 일반의 관람과 연구에 이바지하는 시설이다.[1)]

우리 「박물관 및 미술관 진흥법」[2)]은 '박물관'이란 문화·예술·학문

1) 이희승 감수, 『에센스국어사전』, 민중서림, 1997, 859쪽, 886쪽. 영어 표현인 'museum'은 박물관과 미술관을 포함하는 광의의 개념으로 사용되는 용어이다(서상우, 『뮤지엄건축』, 살림, 2005, 3쪽). 원래 museum은 그리스어 mouseion에서 나온 말이며, 예술과 과학을 관장하는 아홉 여신들, 즉 뮤즈에게 바쳐진 신전을 의미했다(Merryman, 1153쪽). 또 museum의 정의에 대해서는 국제박물관협의회(ICOM) 규정 제3조 제1항 참조.

2) 1991.11.30. 제정(법률 제4410호), 2016.2.3. 일부개정(법률 제13966호). 이하 박물관법 혹은 미술관법으로 약칭한다. "이 법은 자료관, 사료관, 유물관, 전시장, 전시관, 향토관, 교육관, 문서관, 기념관, 보존소, 민속관, 민속촌, 문화관, 예술관, 문화의 집, 야외 전시 공원 및 이와 유사한 명칭과 기능을 갖는 문화시설 중 대통

의 발전과 일반 공중의 문화향유 및 평생교육 증진에 이바지하기 위하여 역사 · 고고(考古) · 인류 · 민속 · 예술 · 동물 · 식물 · 광물 · 과학 · 기술 · 산업 등에 관한 자료를 수집 · 관리 · 보존 · 조사 · 연구 · 전시 · 교육하는 시설을 말하며, '미술관'이란 문화 · 예술의 발전과 일반 공중의 문화향유 및 평생교육 증진에 이바지하기 위하여 박물관 중에서 특히 서화 · 조각 · 공예 · 건축 · 사진 등 미술에 관한 자료를 수집 · 관리 · 보존 · 조사 · 연구 · 전시 · 교육하는 시설을 말한다고 규정한다.

2. 미술관의 역할과 기능

미술관은 최대의 미술품 수집기관이며, 미술품과 문화재의 최대의 보관자이다. 미술시장에서 가장 투명한 참가자인 미술관은 다른 수집가의 행동에 지대한 영향을 미치며, 최대의 미술품 보관자로서 일반 공중에게 중요한 자산이 된다. 그러므로 「미술관법」 제1조는 "이 법은 박물관과 미술관의 설립과 운영에 필요한 사항을 규정하여 박물관과 미술관을 건전하게 육성함으로써 문화 · 예술 · 학문의 발전과 일반 공중의 문화향유 및 평생교육 증진에 이바지함을 목적으로 한다"고 규정한다. 한편 제1조는 법의 목적을 규정한 것이기는 하지만 제1조를 통해 박물관이나 미술관의 목적이 문화 · 예술 · 학문의 발전과 일반 공중의 문화향유(文化享有) 및 평생교육 증진에 이바지하는 것임을 알 수 있다. 또 제4조에 규정된 7종의 사업을 통해서도 박물관이나 미술관의 기능을 엿볼 수 있다. 즉 자료의 수집 · 관리 · 보존 · 전시, 교육 및 전문적 · 학술적인 조사 · 연구 등이다. 「국립현대미술관 기본운영규정」 제3조는 미술관은 미술작품과 미술자료의 수집 · 보존 · 전시 · 조사연구와 이에 관한 국내외 교류 및 미술활동의 보급 · 교육을 통한 미술문화의식 향상에 관한 사무를 관장한다고 규정한다.[3)]

령령으로 정하는 바에 따라 문화체육관광부장관이 인정하는 시설에 대하여도 적용한다. 다만, 다른 법률에 따라 등록한 시설은 제외한다."(미술관법 제5조).

3. 미술관의 종류 및 등록

(1) 종 류

우리 미술관법은 미술관을 그 운영주체에 따라 다음의 네 종류로 분류한다.[4)]

1) 국립 미술관: 국가가 설립 · 운영하는 미술관
2) 공립 미술관: 지방자치단체가 설립 · 운영하는 미술관
3) 사립 미술관: 「민법」, 「상법」, 그 밖의 특별법에 따라 설립된 법인 · 단체 또는 개인이 설립 · 운영하는 미술관
4) 대학 미술관: 「고등교육법」에 따라 설립된 학교나 다른 법률에 따라 설립된 대학 교육과정의 교육기관이 설립 · 운영하는 미술관.

(2) 등 록

박물관과 미술관을 설립 · 운영하려는 자는 그 설립 목적을 달성하기 위하여 필요한 학예사와 박물관자료 또는 미술관자료 및 시설을 갖추어 대통령령으로 정하는 바에 따라 국립 박물관 및 미술관은 문화체육관광부장관에게, 공립 · 사립 · 대학 박물관 및 미술관은 특별시장 · 광역시

---

3) 미술관의 기능과 역할은 당해 미술관의 성격이나 운영자의 철학에 따라 조금씩 다를 수 있다. 알프레드 파크망(Pacquement) 프랑스 국립현대미술관장은 "전시 · 수집 · 보존 등 미술관의 여러 가지 역할 중 절대로 빼놓을 수 없는 것은 교육기능이다. 연 12회 이상의 기획전이나 상설전을 통한 관객 교육만을 말하는 게 아니다. 미술계 사람으로서 지금 이 순간의 획기적 미술에 눈길은 가지만 미술관은 이를 객관적으로 볼 필요가 있다. 미술관 큐레이터들은 소장품을 연구해 작품에 담긴 이야기를 알아내고 전체 미술사에서의 중요성을 말할 수 있어야 한다"고 한다(중앙일보 2008년 11월 24일). 또 간송미술관 최완수 실장은 "박물관의 기능은 세 가지이다. 첫째는 수집 · 보존, 둘째는 연구, 셋째는 전시다. 우리는 보존과 연구에 힘쓴다." "전시도 중요하지만 학술적 연구가 핵심"이라고 본다(중앙일보, 2008.11.27.자 「이은주, (노트북을 열며)열린 간송미술관을 볼 순 없을까」에서 재인용). 이에 대한 비판은 이은주 위의 글 참조.

4) 미술관법 제3조.

장 · 도지사 · 특별자치도지사에게 등록할 수 있다(법 제16조 1항). 이러한 등록을 한 자가 그 등록 사항을 변경하려면 변경 등록을 하여야 한다(동조 제2항). 학예사와 박물관자료 또는 미술관자료 및 시설에 관한 등록 요건과 등록 및 변경 등록에 필요한 사항은 대통령령으로 정한다(동조 제3항).

【박물관 및 미술관 진흥법 시행령】

제8조(등록신청 등) ① 법 제16조 제1항에 따라 박물관이나 미술관을 등록하려는 자는 등록신청서에 다음 각 호의 서류를 첨부하여 국립 박물관 및 미술관은 문화체육관광부장관에게, 공립 · 사립 · 대학 박물관 및 미술관은 관할 특별시장 · 광역시장 · 도지사 또는 특별자치도지사(이하 "시 · 도지사"라 한다)에게 제출(전자문서에 의한 제출을 포함한다)하여야 한다.

1. 시설명세서
2. 박물관 자료 또는 미술관 자료의 목록
3. 학예사 명단
4. 관람료 및 자료의 이용료

② 문화체육관광부장관 또는 시 · 도지사는 제1항에 따라 등록을 하면 법 제17조 제1항에 따라 문화체육관광부령으로 정하는 등록증을 내주어야 한다.

제9조(변경등록) ① 법 제16조 제2항에 따라 등록사항을 변경하려는 자는 그 등록사항이 변경된 날부터 14일 이내에 변경등록 신청서에 문화체육관광부령으로 정하는 구비서류를 첨부하여 문화체육관광부장관 또는 시 · 도지사에게 제출(전자문서에 의한 제출을 포함한다)하여야 한다.

② 문화체육관광부장관 또는 시 · 도지사는 제1항에 따라 변경등록을 하면 변경된 등록증을 내주어야 한다.

제10조(등록요건) 법 제16조 제3항에 따른 박물관 또는 미술관의 등록은 박물관 또는 미술관의 소장자료, 시설규모 등에 따라 제1종 박물관 또는 미술관, 제2종 박물관 또는 미술관으로 구분하여 등록하되, 각각의 등록요건은 별표 2와 같다.

제11조(등록표시) 제8조 제2항에 따라 등록증을 받은 박물관과 미술관은 법 제17조 제2항에 따라 옥외간판 등에 "문화체육관광부장관 또는 ㅇㅇ시 · 도 등록 제ㅇㅇ호"를 표시하여야 한다.

4. 미술관의 사업

가. 기본사업

미술관법은 미술관 사업으로 다음 7종을 열거하고 있다.

1) 미술관자료의 수집 · 관리 · 보존 · 전시
2) 미술관자료에 관한 교육 및 전문적 학술적인 조사 · 연구
3) 미술관자료의 보존과 전시 등에 관한 기술적인 조사 · 연구
4) 미술관자료에 관한 강연회 · 강습회 · 영사회(映寫會) · 연구회 · 전람회 · 전시회 · 발표회 · 감상회 · 탐사회 · 답사 등 각종 행사의 개최
5) 미술관자료에 관한 복제와 각종 간행물의 제작과 배포
6) 국내외 다른 미술관과의 미술관자료 · 간행물 · 프로그램과 정보의 교환, 미술관 학예사 교류 등의 유기적인 협력
7) 그 밖에 미술관의 설립 목적을 달성하기 위하여 필요한 사업 등.

나. 추가사업

미술관법은 국립중앙박물관과 대학박물관에 대하여 동법 제4조 제1항의 사업 외에 다음 업무를 추가로 수행하도록 규정한다.

1) 국립박물관: ① 국내외 문화재의 보존 · 관리, ② 국내외 박물관자료의 체계적인 보존 · 관리, ③ 국내 다른 박물관에 대한 지도 · 지원 및 업무 협조, ④ 국내 박물관 협력망의 구성 및 운영, ⑤ 그 밖에 국가를 대표하는 박물관으로서의 기능 수행에 필요한 업무.[5)]

2) 대학박물관: ① 교수와 학생의 연구와 교육 활동에 필요한 박물관자료나 미술관자료의 수집 · 정리 · 관리 · 보존 및 전시, ② 박물관자료나 미술관자료의 학술적인 조사 · 연구, ③ 교육과정에 대한 효율적 지원, ④

5) 미술관법 제10조 제3항.

지역 문화 활동과 사회 문화 교육에 대한 지원, ⑤ 국·공립 박물관 및 미술관, 다른 박물관 및 미술관과의 교류·협조, ⑥ 박물관 및 미술관 이용의 체계적 지도, ⑦ 그 밖에 교육 지원 시설로서의 기능 수행에 필요한 업무.[6)]

디지털 미술관의 구축

미술관이 가지고 있는 작품들을 대상으로 인터넷상에서 디지털 미술관을 구축하여 비영리적으로 서비스하려고 하는 경우에는 어떤 법적 문제가 있는가. 우선 당해 미술저작물의 저작권 존속기간이 끝나지 않은 경우에는 저작권자의 허락을 얻어야 한다. 디지털 미술관에서의 전시는 저작권법상의 전시가 아니라 디지털 복제 및 전송에 해당한다. 현행 저작권법은 미술작품 소유자에 의한 '원본'에 의한 전시 및 일정한 요건 하에 비영리 공연·방송은 허용하나(저작권법 제29조, 제35조 참조), 디지털복제물에 의한 전시나 비영리 전송을 허용하는 규정은 없다. 따라서 소유자라고 하더라도 저작권이 존속하는 미술저작물을 이용하여 디지털 미술관을 운영하려면 저작권자의 허락을 얻어야 한다.[7)]

물론 썸네일이미지로 이미지를 제공("Thumbnail" Digital Images in Museum Online)하는 등, 일정한 경우에는 공정사용으로 허용되는 경우도 있다.[8)] 그러나 썸네일이미지 정도로 디지털미술관을 운영할 수는 없을 것이다.

---

6) 미술관법 제15조.

7) 그런 의미에서 전송을 포함하는 공중송신권(저작권법 제18조)은 매우 중요하다.

8) 대법원 2006.2.9.선고 2005도7793 판결 참조. 미국에서의 관행에 대해서는, http://www.collegeart.org/pdf/fair-use/best-practices-fair-use-visual-arts.pdf (2016.3.25. 방문) 참조.

[참고판례] 서울고법 2005.7.26.선고 2004나76598 판결

원래의 이미지를 축소한 썸네일 이미지는 원이미지들의 단순환 목록화에 불과하다는 점, 이 사건 사진은 고도의 예술성을 가진 예술사진으로 보는 사람에게 정보를 제공한다기보다는 예술작품으로서의 심미감을 제공하는 기능이 중시된다 할 것인데 썸네일 이미지만으로는 원래의 사진이 갖는 심미감을 제대로 표현할 수 없는 점, 이용자가 검색된 썸네일 이미지를 선택하면 그 이미지를 수집한 웹사이트 주소를 출처로 나타내는 점 등을 고려하여 보면 피고가 이미지 검색 서비스를 통하여 이 사건 사진을 썸네일 이미지 형태로 축소하여 게시하는 것이 이 사건 사진에 대한 복제, 전시행위에 해당한다고 하더라도 이는 공표된 저작물을 정당한 범위 안에서 공정한 관행에 합치되게 인용하는 것으로 볼 수 있다.

한편 큰 이미지(예컨대 388×226 픽셀, 용량 40KB 등)는 인용된 내용과 분량이라는 측면에서 볼 때 상당한 내용과 분량일 뿐만 아니라 원래의 사진작품이 가지는 심미감을 상당 정도 충족시킬 수 있어 그 수요를 대체할 가능성이 있는 점, 인터넷서비스의 공공적인 목적을 위해서는 목록화된 썸네일 이미지만으로도 충분한 점을 고려하면 큰 이미지의 게시는 그 공공적 목적을 위한 정당한 범위를 넘는 것으로 저작권법 제25조에 해당한다고 할 수 없다.[9)]

한편 미술관이 디지털 미술관을 구축하는 과정에서 작품의 디지털화를 한 경우에[10)] 미술관 자체에는 어떠한 권리가 없는가. 이른바 디지

---

9) 평석: 백창훈, 「정보법판례백선(1)」, 587면. 원심판결: 서울중앙지법 2004.9.23. 선고 2003가합78361 판결.

10) 최근 문화재청은 외규장각 의궤(조선시대에 왕실이나 국가의 주요행사의 내용을 정리한 기록) 유일본 30권, 비단표지 24면, 반차도(임금님 행차도 그림 등) 50면 등을 원문에 가까운 고화질로 만드는 작업을 끝내고 국가기록유산포털사이트에서 공개하고 있다(http://www.memorykorea.go.kr:7779/webs/ arGyujang/ Books/BookMain.html). 개정 박물관법은 디지털시대를 맞이하여 디지털형식의 문화재도 문화재로 수용하기 위하여 2009년 법을 개정, 박물관자료에 "무형적 중

털화권의 문제이다. 디지털화권이란 저작물 등의 정보를 디지털 방식에 의해 독자적으로 전자매체에 고정한 자에게 주어지는 권리이며, 저작권법에 규정된 저작인접권에 유사한 권리이다. 정보는 일단 디지털화되면 그 후의 이용은 극히 용이하고 다양하게 된다. 그런 의미에서 정보의 디지털화는 정보의 경제적 가치를 높이는 행위이며, 또 디지털화에는 통상 많은 노력과 노하우를 필요로 한다. 반면 그 모방·도용은 극히 용이하다. 이에 멀티미디어 산업의 발전을 위하여 처음에 디지털화한 사업자에게 일정한 권리를 부여할 필요가 있고, 그것이 디지털화권이다. 2002년부터 시행된 「온라인디지털콘텐츠산업발전법」[11)]은 디지털화한 자의 보호를 위한 규정을 두고 있었으며,[12)13)] 저작권법은 데이터베이스제작자[14)]를 보호한다.

II. 미술관의 진흥

1. 행정기관 등에서 시책 수립

미술관법 제9조는 행정기관장에게 다음과 같이 미술관 진흥 시책을 수립하도록 하고 있다.

거물로서 학문적·예술적 가치가 있는 자료 중 대통령령으로 정하는 기준에 부합하는 것"을 포함시켰다.

11) 제정 2002.1.14. 법률 제6603호. 이 법은 2010년 「콘텐츠산업 진흥법」으로 변경되었다.

12) 동법 제18조(금지행위 등) ① 누구든지 정당한 권한 없이 타인이 상당한 노력으로 제작하여 표시한 온라인콘텐츠의 전부 또는 상당한 부분을 복제 또는 전송하는 방법으로 경쟁사업자의 영업에 관한 이익을 침해하여서는 아니 된다. 다만, 온라인콘텐츠를 최초로 제작한 다음 해부터 5년이 경과한 때에는 그러하지 아니하다.

13) 현재는 「콘텐츠산업 진흥법」 제37조.

14) 저작권법 제4장(91조~98조) 참조.

(1) 문화체육관광부장관은 국 · 공 · 사립 미술관의 확충, 지역의 핵심 문화시설로서의 지원 · 육성, 학예사 양성 등 미술관 진흥을 위한 기본 시책을 수립 · 시행하여야 한다.

(2) 국립 미술관을 설립 · 운영하는 중앙 행정기관의 장은 제9조 제1항에 따른 기본 시책에 따라 소관 미술관 진흥 계획을 수립 · 시행하여야 한다.

(3) 지방자치단체의 장은 제9조 제1항에 따른 기본 시책에 따라 해당 지방자치단체의 미술관 진흥 계획을 수립 · 시행하여야 한다.

2. 세제 및 운영의 지원

(1) 세제지원

「사회기반시설에 대한 민간투자법」 제2조는 '「박물관 및 미술관진흥법」 제2조 제1호 및 제2호의 규정에 의한 미술관'을 '사회기반시설'[15]로 보며, 이에 대해서는 각종 혜택을 부여한다. 이 중 하나는 조세특례제한법에 의한 조세의 감면이다. 동법 제74조는 「박물관 및 미술관진흥법」에 의하여 등록한 미술관을 운영하는 법인에 대해서는 2016년 12월 31일 이전에 종료하는 사업연도까지 「법인세법」 제29조의 규정을 적용하는 경우 동법 동조 제1항 제4호의 규정에 불구하고 당해 법인의 수익사업(이 항 제4호 및 제5호의 경우에는 해당 사업과 해당 사업 시설 안에서 동 시설을 이용하는 자를 대상으로 하는 수익사업만 해당한다)에서 발생한 소득을 고유목적사업준비금으로 손금에 산입할 수 있다고 규정한다.[16] 아울러 부가가치세의 면제 및 상속세법에 있어서 미술관자료에 대한 징수유예제도

15) '사회기반시설'이라 함은 각종 생산활동의 기반이 되는 시설, 당해 시설의 효용을 증진시키거나 이용자의 편의를 도모하는 시설 및 국민생활의 편익을 증진시키는 시설이다.

16) 준비금을 설정하여 손금산입하고, 그 뒤 5년 안에 고유목적사업에 쓰게 한다. 5년 안에 실제로 쓰지 않으면 깎아 준 세금에 대한 이자를 추징한다(법인세법 제29조 제3항, 제4항 참조).

에 대해서는 이미 설명한 바와 같다.

그 밖에도 도시교통정비촉진법 제18조에 의해 교통유발부담금을 면제하고 있으며, 전기공급규정 제64조에 의해 전기료를 할인하고 있다.

(2) 운영지원

등록미술관에 대해서는 학예인력을 지원하고 있으며, 프로그램 운영을 지원하고 있다.

현행 「박물관 및 미술관 진흥에 관한 법률」상 등록시설에 대한 지원 현황을 표로 요약하면 다음과 같다.[17]

구분	내용	비고
세제혜택등	등록박물관에 출연하는 재산에 대한 상속세 · 증여세 면제	상속세 및 증여세법 제12조
	등록자료의 상속세 · 증여세 유예	상속세 및 증여세법 제74조
	서화 · 골동품을 박물관 또는 미술관에 양도함으로써 발생하는 소득에 대한 비과세	소득세법 제12조 5호 사목
	박물관에의 기부금에 대한 손비처리	소득세법 제34조 법인세법 제24조, 동법 시행령 제36조 제1항
	전기료 할인	전기공급규정 제64조
	등록박물관을 운영하는 법인이 당해 수익사업에서 발생한 소득을 박물관 사업에 사용시 전액 손비처리	조세특례제한법 제74조
	교통유발부담금 면제	도시교통정비촉진법 제18조
운영지원	등록박물관 학예인력 지원	박물관 진흥사업
	등록미술관 학예인력 지원	등록미술관 운영지원사업
	등록박물관 · 미술관 프로그램 운영 지원	문화소외계층대상문화나눔사업(소외계층 대상 프로그램 운영지원)

17) 국회문화체육관광방송통신위원회 전문위원 문병철, "박물관 및 미술관 진흥법 일부개정법률안(정부제출안) 검토보고서," 2009.1, 8쪽에서 인용.

♣ 커피 브레이크: 여우와 두루미

이솝우화의 여우와 두루미 이야기는 우리 모두가 잘 알고 있다. 그런데 그런 유사한 예가 미술관 관련 제도에도 존재한다. 미술관이 제대로 운영되려면 일차적으로 중요한 것은 말할 것도 없이 좋은 미술품이 많아야 한다. 좋은 미술품을 보유하는 방법은 매수(買受)와 수증(受贈)이다. 미술관 예산이 풍족하다면 매수하면 되므로 문제가 없다. 그러나 우리나라 미술관 사정은 그렇지 못하다. 해서 기증을 받는 방법이 최선이고, 이를 위해서는 자본주의 사회에서 기증자에게 일정한 혜택을 부여하는 것이 현실적이다. 법제도적으로 보면 예컨대 국립박물관이나 미술관에 기부하는 경우는 법정기부금에 해당하여 개인의 경우에는 일정액의 세액공제를 받을 수 있다.[18] 문제는 기부금(현금)을 내면 기부자는 세액공제를 받을 수는 있으나 이 돈은 국고에 모두 귀속되어 미술관은 사용할 수 없다는 것이다. 그러므로 이것은 미술관 그 자체에 거의 보탬이 되지 않는다. 한편 미술품(현물)을 기부하면 그 미술품이 미술관의 자산이 되는 것은 틀림없는데 문제는 그 미술품의 가치를 제대로 책임지고 평가할 기관이 없어 객관적인 가격산정이 어렵다는 것이다. 그러므로 기부자가 제대로 세제 혜택을 받지 못하고 있다. 그런 면에서 법정기부금으로의 인정은 유명무실한 것이 된다. 이것이야말로 한국판 여우와 두루미 아니겠는가.

---

18) 2013년까지는 개인기부자는 기부금액의 100%를 소득공제 받았으나, 2014년부터는 3000만원까지는 15%, 3000만원 초과하는 경우에는 25%의 세액공제로 변경되었다(법인기부자는 변동 없음). 이로써 고소득자의 기부요인이 크게 감소되었다. 아래 표는 http://news.joins.com/article/18458079(2016.3.29.방문)에 기초함. [예시]

종합소득		갑 [5000만원]	을 [1억원]
기부액		240만원	600만원
기부하지 않을 경우 세금		5000×소득세율 24% = 1200만원	10000×소득세율 35%=3500만원
기부가 있는 경우 세금	기부금 소득공제시	(5000-240)×0.24= 1142만원 [공제액 57.6만원]	(10000-600)×0.35= 3290만원 [공제액 210만원]
	기부금 세액공제시	세액 1,200-(240×0.15)= 1164만원 [공제액 36만원]	세액 3500-(600×0.15)= 3410만원 [공제액 90만원]
공제금액 감소분		21.6만원	120만원

Ⅲ. 미술관의 운영

1. 작품의 취득 · 대여와 처분

(1) 작품의 취득

작품의 취득에는 구입하는 경우와 기증(증여)받는 경우가 있다.

1) 구 입

미술관에서 작품의 취득의 1차적인 방법은 작품을 구입하는 것이다. 문제는 불법한 미술작품의 구입이다. 어떤 의미에서 장물아비가 없어지면 절도 그 자체가 거의 사라질지도 모른다. 그러므로 불법 미술품의 시장이 사라질 경우에만 불법 미술품의 거래도 사라질 것이다. 그러나 현실은 미술관은 불법취득 미술품의 온상이 되는 경우가 많다. 그리하여 미술관에서 미술품 취득과 관련된 법, 윤리 규정이 다수 존재한다.[19] 미국 190여 개의 주요 미술관장으로 구성된 AAMD(the Association of Art Museum Directors)[20]가 합의한 미술관자료 취득에 관한 공동직무방침 또는 외국기원(起源) 문화재 취득에 관한 해결은 좋은 예이다.

■ 어떤 사례

게티 미술관(Getty Museum of Art)은 세계에서 가장 부유한 미술관이다. 해서 돈 때문에 약탈미술품과 위조미술품 스캔들의 중심에 서 있다. 작품 구입비용으로 1년에 약 1억 달러 정도를 사용한다. 새로운 작품을 빗으로 쓸듯 너무 많이, 때로는 너무 빨리 그리고 충분한 조사도 없이 구입하기도 한다. 때로는 알면서도 또는 어렴풋이 알고 있으면서도 이들 흥분되는 작품들을 취득하면서 의심스러운 특성에 대해서 눈감아 버린다.[21]

---

19) DuBoff-King, 270쪽.

20) http://www.aamd.org.

1) 마리온 트루(Marion True)의 경우

■ 마리온 트루는 Getty 박물관의 큐레이터로 활동했다(1986-2005). 그녀가 재임하는 동안 취득한 '게티 아프로디테', '금으로 된 장례식 화관'(BC 4세기) 등은 소유의 이력이 분명치 않은 것이었다. 그녀는 이탈리아 현지에서 고가의 유물을 불법적인 방법으로 취득하려 한 혐의로 로마 검찰에 의해 기소되었으나 공소시효가 만료되어 처벌을 받지는 않았다.[22] '금으로 된 장례식 화관'의 취득과 관련하여 그리스에서 문제되었으나 역시 공소시효가 만료되어 처벌받지는 않았다.

■ 게티는 시효의 완성 여부를 불문하고 훔쳤다거나 불법으로 유출되었다는 믿을 만한 증거가 있으면 자신이 취득한 유물을 원래의 국가로 되돌려준다는 원칙을 가지고 있다. 이러한 원칙을 세우는 데 공헌한 것도 앞의 마리온 트루이다. 게티 센터는 1999년 3점,[23] 2005년에는 3점,[24] 2007년에는 40점의 유물을 이태리에 되돌려 주었다.[25]

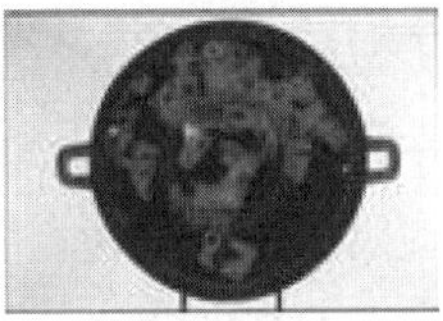
(1999년 반환품 중 하나)

(2005년 반환품 중 하나)

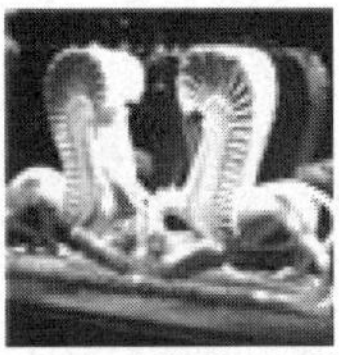
(2007년 반환품 중 하나)

2013년 반환품[26]

21) Noah Charney, *Art of Forgery*, Phaidon, 2015, 80-82쪽.

22) https://en.wikipedia.org/wiki/Marion_True. 또 http://traffickingculture.org/case_note/marion-true 참조.

23) http://traffickingculture.org/encyclopedia/case-studies/j-paul-getty-museum-returns-to-italy-1999.

24) http://traffickingculture.org/encyclopedia/case-studies/j-paul-getty-museum-returns-to-italy-2005.

25) http://traffickingculture.org/encyclopedia/case-studies/j-paul-getty-museum-returns-to-italy-2007.

26) http://traffickingculture.org/encyclopedia/case-studies/j-paul-getty-returns-to-italy-2013.

2) 쿠로스의 경우[27)]

게티미술관이 위작을 수없이 구입했으나 그중에서도 특기할 만한 것에 'kouros'(그리스어, youth의 의미)의 구입이 있다. 'kouros'는 무덤 표지석으로 사용하는, 이상화된, 실물대 크기의 젊은 남성 누드 입상(立像)이다. 대리석으로 되어 있고, 왼발이 약간 앞으로 나와 있으며, 고졸한 미소(archaic smile)를 띠고 있다. 약 BC 500년경에 제작된 것으로 추정된다. 현재 11개만이 존재하며, 만약 게티의 것이 진품이라면 12번째 것이 되는 셈이다. 처음 게티가 7백만 달러에 구입했을 때는 7조각으로 나뉘어져 있었고, 1930년대 제네바에 근거를 둔 수집가가 구입한 것으로 되어 있는 '프로버넌스'도 가지고 있었다. 1930년은 불법문화재의 수출입을 엄격히 규제하는 1970년 UNESCO 조약 성립 전이므로 미술관에서 구입하기 좋은 대상이었다. '프로버넌스'에는 그사이의 자료가 있었는데 그중 1952년 편지에는 1972년에 비로소 사용하기 시작한 '우편번호'(postcode)가 있었고, 1955년 자료에는 1963년에야 비로소 문을 연 은행 계좌번호도 있었다. 이 두 자료가 그 자체로서는 그 조각품이 위조되었다는 것을 증명하는 것은 아닐지라도, 관계자들은 의심을 했어야만 했다. 또 게티의 'kouros'는 그 자체의 여러 상례(常例)에 벗어나는 특징 때문에 학자들은 이상스럽게 생각했다. 땋아 내린 머리도 현존하는 11개의 다른 'kouros'들과 달랐고, 서로 다른 시대와 지역의 특징이 혼재되어 있었다. 그러나 과학적 감정을 거쳐, 진품성을 획득한 후 게티가 구입하였다. 그 후 세월의 흔적이라고 생각했던 돌로부터 마그네슘이 걸러지는 탈돌로마이트화(de-dolomitization)작용도 실험실에서 조작이 가능하다는 것이 밝혀졌다. 또 조각이 공개되는 순간 많은 전문가들은 '뭔가 잘못됐다', '위작이다'는 느낌을 받았다. 현재 게티 미술관에는 그 'kouros' 옆에 붙어 있는 표지판에 'Circa 530 BC or Modern Forgery'(BC 530년경 작품 또는 현대의 위작)이라는 설명이 달려 있다.

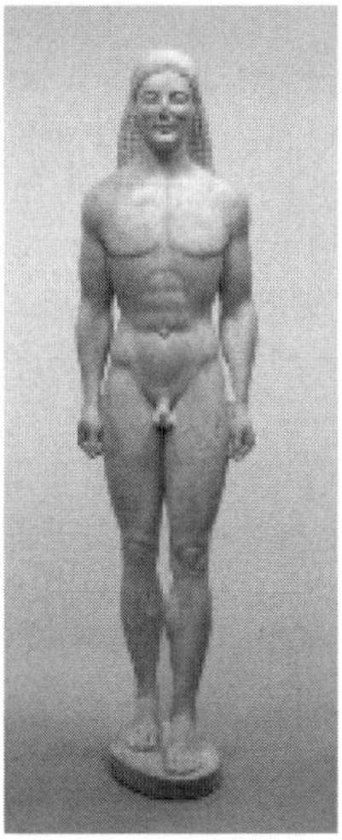

27) Noah Charney, 앞의 책, 80-82쪽.

2) 기증(증여)

미술관에서 작품의 취득의 2차적인 방법은 작품의 기증을 받는 것이다. 그러나 여기에도 적지 않은 법률문제가 내재되어 있다.

㈎ 기증의 유효성

기증은 유효하여야 한다. 그러나 기증의 유효성을 조사하는 것은 쉬운 일이 아니다. 특히 유증과 관련된 경우에는 그렇다.[28)]

㈏ 조건부 기증의 경우

기증의 유효성에 관한 다툼 외에도 미술관은 기증에 붙은 조건을 충족시켜야 한다. 만약 조건이 충족되지 못하면 기증받은 물건을 되돌려주어야 할 경우도 있고, 경우에 따라서는 손해배상을 하여야 할 경우도 있다. 통상 기증의 경우에는 기증자의 이름을 명기하여 일정기간 또는 영구히 당해 미술관의 소장품으로서 보존되도록 한다거나 항상 전시되어야 한다는 조건이 붙는다. 이 조건들은 법적 효력을 가질 수도 있으며, 단순한 탄원, 권고, 제안인 경우도 있다.[29)]

---

28) 이와 관련된 미국 사례는 Redmond v. New Jersey Historical Society, 28 A.2d 189 (N.J. Err. & App. 1942) 참조. Redmond 사건은 대략 다음과 같다. 고인의 유언에는 "만약 내가 이야기한 아들(Preston)에게 후손이 없다면, Stuart*(가 그린) 초상화**는 'New Jersey Historical Society'에게 보내져 이 문서에 의하여 동 Society에 유증하는 것으로 한다."고 기재되어 있었다. 고인 사망 당시에 Preston은 14세 였으므로 유언집행자는 1888년, 그 초상화를 Society에 보냈다. 그런데 1938년, Preston의 사후, 그의 후손이 그 초상화의 가치와 Society[피고]의 권원에 문제가 있다는 것을 알아차리고 그 초상화의 반환을 요구했다. 법원은 유언장을 검토한 후에 그 초상화의 반환을 명령하였다. 피고는 원고가 원래의 소유자임을 인정하면서도 자신은 초상화를 시효취득했으며, 아울러 원고가 오랫동안 권리행사를 하지 않음으로써 반환을 청구할 권리가 실효했다고 주장했다. 그러나 법원은 이를 인정하지 않았다.

* 'Gilbert Stuart'(1755-1828): 현재 1달러짜리 미국 지폐에 사용되고 있는 워싱턴의 초상화를 그린 화가.

** 'Captain James Lawrence'[(1781-1813), 미국 해군. "Dont Give Up The Ship"이라는 말을 남겼고, 이 말은 유명하게 되었다.]의 초상임.

29) DuBoff-King, 273쪽.

(다) 설립목적에 의한 제한

증여라고 해서 어느 경우나 다 수락할 수 있는 것은 아니다. 특정 미술관, 예컨대 특정 목적을 위해 설립된 폐쇄적인 미술관인 경우에는 그들의 설립 목적에 비추어 특정 기증품을 합법적으로 증여받을 수 있는지 여부가 문제될 수 있다.[30]

♣ 커피 브레이크: 우피치 미술관(Galleria degli Uffizi)

이태리 피렌체에는 많은 미술관이 있는데 그중에서도 가장 유명한 것이 우피치 미술관이다. 건물은 1560년 저명한 '바사리'의 설계로 시작되었는데 원래는 메디치 가(家)의 궁전으로 사용되었다. 컬렉션은 주로 메디치가 약 3세기에 걸쳐 대대로 수집한 미술품 등으로 구성되어 있는바, 이것은 메디치가의 최후의 상속인인 Anna Maria Luisa de' Medici가 죽으면서 토스카나 공국에 메디치가가 수집한 미술품들을 모두 기증했기 때문이다. 일반에게 공개는 그녀 사망 16년 후에 되었다. 소장품 중에는 보티첼리의 〈봄의 우화〉, 〈비너스의 탄생〉, 미켈란젤로의 〈성가족(Holy Family)〉, 라파엘로의 〈방울새의 성모〉, 티치아노의 〈우르비노의 비너스〉 등, 명작 중의 명작으로 알려진 것들이 있다.

보티첼리 〈the Allegory of Spring〉

보티첼리 〈Birth of Venus〉

미켈란젤로 〈Holy Family〉

30) 이와 관련된 다툼은 Frick Collection v. Goldstein, 83 N.Y.S.2d 142(N. Y.Supp. 1948), affirmed 274 A.D. 1053, 86 N.Y.S.2d 464 (N.Y.A.D. 1 Dept. 1949), appeal denied 275 A.D. 709, 88 N.Y.S.2d 249 (N.Y.A.D. 1 Dept. 1949) 참조.

라파엘 〈Madonna of the goldfinch〉

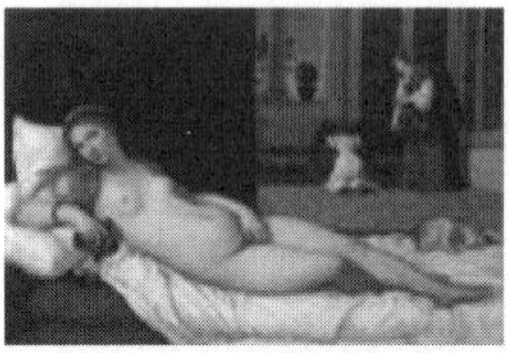
티치아노 〈Venus of Urbino〉

카리바조 〈Bacchus〉

(2) 대 여

전시를 위하여 특정 미술관이나 개인으로부터 작품의 대여를 받는 경우는 통상 임대차(대가가 있는 경우). 혹은 사용대차(대가가 없는 경우)이다. 또 작품 보관의 방편으로 특정 미술관에 장기간 작품을 위탁하는 경우도 생각할 수 있다(이 경우라면 임치에 해당한다). 어느 경우나 작품을 보관하고 있으면 그에 따른 책임이 따른다.[31] 보험료 문제 등 대여와 관련된 문제는 모두 당사자의 계약으로 해결할 수 있고, 해야 할 것이나 그렇지 못한 경우는 구체적 상황에 따라 임대차, 사용대차, 임치 등의 법리를 활용하여 해결해야 할 것이다. 다음은 대여계약에 포함될 내용이다.[32]

31) 박물관 및 미술관 진흥법 23조는 미술관은 상호간에 미술관자료를 교환 · 양여(讓與) 또는 대여하거나 그 자료의 보관을 위탁할 수 있으며(제1항), 대여받거나 보관을 위탁받은 경우에는 선량한 관리자의 주의 의무를 다하여야 한다(제3항)고 규정한다. 2011년 '광주비엔날레'에서 '아이웨이웨이 작품'을 전시하기 위하여 스위스에서 운반해 왔으나 상자를 개봉하여 보니 파손이 확인되었다. 이에 소유주는 광주비엔날레 측에 손해배상을 청구했으나, 2015년 1월 13일, 서울고등법원은 운송 전 상태를 입증하지 못한 원고의 청구를 인정하지 아니하지 아니하였다. 즉 '한국으로 운송되기 전 작품의 상태가 온전했다는 것을 증명할 자료'가 없으며, 그럼에도 '작품의 운송 전 상태를 증명하지 못하는 원고가 피고에게 손상책임을 돌리는 것은 공평하지 않다'는 것이었다(2015.2.1. 연합뉴스).

32) Lerner-Bresler, 1876쪽. 또 대여 계약에 관해서는, 최정환, "미술품 대여계약", 『지적재산권법연구』(제6권), 한국지적재산권학회, 2002, 87면 이하 참조.

1. 전시기간
2. 대여자: 이름, 주소, 전화번호
3. 대여작품: 작가, 제호, 재료, 제작연월일, 사인, 크기
4. 보험: 미술관은 빌려주는 사람에 의해 제시된 가액을 담보하는 보험료를 부담한다. 그 자체의 결함, 정부행위, 전쟁, 침략, 교전, 폭동, 봉기, 핵으로부터의 피해 등을 제외한[33] 모든 손실을 담보하여야 한다. 만약 대여자가 보험에 드는 경우는 미술관을 공동 피보험자로 하거나 미술관에 대해서는 보험자대위권을 포기하도록 규정해 두는 것이 바람직하다.[34]
5. 카탈로그 제작 및 배포, 슬라이드 제작 및 배포
6. 액자: 전시를 위해 액자를 새로이 제작하는 경우 그 허용여부
7. 운송: 작품의 인도일 및 인수일, 운송수단, 운송비용의 부담에 관한 협의
8. 기타 부대조건: 작품에 대한 주의의무의 정도, 대여자 주소변경의 경우에 통지의무, 전시기간중 소유자가 변경된 경우의 통지의무, 전시기간이 확정되지 않은 경우는 최종 대여기간 등
9. 작품을 돌려줄 수 없게 된 경우: 대여기간 종료 후 미술관이 작품을 돌려주려고 했으나 돌려줄 수 없게 되는 경우를 대비하여 미술관들은 다음과 유사한 조항을 대여계약에 명기하는 것이 바람직하다.

"작품을 되돌려줄 미술관의 권리는 대여기간의 종료일에 절대적으로 발생한다. 만약 미술관이 작품을 되돌려주려고 합리적인 노력을 기울였으나 실패로 돌아간 경우, 그 이후의 보관에 따른 보관비용이나 보험료는 대여자가 부담한다. 미술관은 보관비용과 보험료에 대한 유치권을 가지며, 유치권 실행에 따른 비용은 대여자가 부담한다. 만약 대여일로부터 3년 내에 작품의 반환청구가 없는 경우에는 본 작품에 관한 모든 권리는 조건, 부담, 대가 없이 미술관에 양도하는 것으로 한다."

---

33) 9 · 11 테러 이후에는 테러위험으로부터 오는 손실도 보험에 들어주지 않으면 작품을 빌려주지 않게 되었다고 한다.

34) 이렇게 하는 것은 보험회사가 미술관에 대하여 구상(求償)을 할 수 없도록 하기 위한 것이다. 예컨대 미술관의 관리자가 그 관리 부실로 손해가 발생한 경우, 보

대여기간이 끝나면 반환하여야 한다. 문제는 장기간의 대여로 원래의 소유자가 사망하거나 소재가 불명하여 작품을 누구에게 반환하여야 하는지가 불분명한 경우가 있다. 즉 작품의 소유권이 누구에게 있는지 분명하지 않게 된 경우도 발생할 수 있다.[35] 이러한 경우라면 시효로 당해 작품을 취득하기 위한 절차를 진행하는 것이 온당하다고 본다.

시효로 작품을 취득하기 위해서는 민법 제246조의 요건을 갖추어야 한다. 즉 10년간 소유의 의사로 평온, 공연하게 동산을 점유하여야 한다. 이 경우 작품이 전시되어 있는 경우라면 평온, 공연하게 점유하는 것으로 되나 원래는 대여해 온 것이므로 소유의 의사가 있었다고 보기 힘들다. 즉 자주점유가 아닌 타주점유이다. 이제 이러한 타주점유로부터 자주점유로 전환되어야 한다. 통상 타주점유가 자주점유로 전환되기 위해서는 ① 타주점유자가 새로운 권원에 의하여 소유의 의사를 가지고 점유를 시작하거나 ② 타주점유자가 그로 하여금 타주점유를 하게 한 자에 대하여 소유의 의사가 있음을 표시하여야 한다. 그러나 권리자가 불명해졌으므로 이제는 타주점유를 하게 한 자에 대하여 소유의 의사가 있음을 표시할 수 없다. 그러므로 표시했다고 볼 수 있는 방법을 찾아야 한다(constructive notice). 이를 위해서는 "소유자불명으로 이제부터는 당해 작품을 동 미술관이 소유의 의사로 보유하겠다"는 공고를 하는 것도 한 방법이라고 본다.[36] 우리 학자들은 간접점유자(소유자)가 없는 경우에는 소유의 의사를 객관적으로 인식할 수 있는 것으로 충분하다고 한다. 이렇게 해석하더라도 공고가 그 한 방법이라고 본다.

험회사는 대여자에게 배상한 후 미술관에 구상하려고 할 것이다. 공동 피보험자로 하거나 보험자대위권을 포기하도록 하면 이러한 사태를 막을 수 있다. 그렇기는 하나 대부분의 대여계약에서, 설사 공동 피보험자로 하거나 보험자대위권을 포기하도록 하는 규정을 두지 않았더라도, 대여자는 대여와 관련하여 발생하는 손해에 대해서는 미술관측에 책임이 없는 것으로 본다고 한다(Lerner-Bresler, 1877쪽).

35) 만약 앞서 본 계약의 내용대로 이에 대한 대비책이 마련되어 있다면 이에 따르면 될 것이다.

36) DuBoff-King, 275쪽.

한편 상속재산에 대한 상속인이 존재하지 아니하다는 점이 입증되거나 민법 제1053조-제1058조의 절차를 거친 경우에는 국유로 된다.[37] 이러한 경우에는 다음과 같은 방법이 가능하다고 본다. 즉 민법상 상속인의 부존재와 관련된 절차가 가정법원에서 진행되고, 상속인 수색의 공고를 하였으나 상속을 주장하는 자가 없는 경우에는 미술관은 특별연고자로서 가정법원에 당해작품의 양여(讓與)를 청구할 수 있다고 본다. 또 설사 국유재산이 되었다 하더라도 일반재산[38]인 경우(즉 행정재산이 아닌 경우)는 시효취득이 가능하다.

(3) 작품의 매각 등 처분

여러 가지 이유에서 소장자료가 처분된다. 예컨대 소장품의 보험료나 보관비용을 절감하기 위해서 소장품을 처분할 수 있다. 혹은 소장할 수 있는 공간이 비좁아서 부득이 처분하는 경우도 있다. 또 소장품이 중복될 수도 있다. 또는 특별한 주제로 한정하여 소장하기로 하는 정책을 세우고 이러한 범위에 포함되지 않은 소장품을 처분할 수도 있다. 혹은 더 필요하다고 느끼는, 혹은 공중에게 더 인기 있는 작품을 구입하기 위한 자금을 마련하기 위하여 처분할 수도 있다.[39]

처분 그 자체가 위법하거나 윤리에 어긋나는 것은 아닐지라도 어떤 이유에 의한 처분이든 처분은 신중한 고려와 면밀한 검토가 필요하다. 처분과 관련된 법규정이나 정관의 규정이 있다면 그에 따라야 할 것이다.

---

37) 대법원 1999.2.23.선고 98다59132 판결(특정인 명의로 사정된 토지는 특별한 사정이 없는 한 사정명의자나 그 상속인의 소유로 추정되고, 토지의 소유자가 행방불명되어 생사 여부를 알 수 없다 하더라도 그가 사망하고 상속인도 없다는 점이 입증되거나 그 토지에 대하여 민법 제1053조 내지 제1058조에 의한 국가귀속 절차가 이루어지지 아니한 이상 그 토지가 바로 무주부동산이 되어 국가 소유로 귀속되는 것이 아니며, 무주부동산이 아닌 한 국유재산법 제8조에 의한 무주부동산의 처리절차를 밟아 국유재산으로 등록되었다 하여 국가 소유로 되는 것도 아니다) 참조.

38) (구) 잡종재산.

39) DuBoff-King, 275쪽 참조.

만약 그런 규정이 없다면 어떻게 할 것인가. 혹자는 소장품을 다른 미술관에 처분하는 경우에만 정당하다고 한다. 그 이유는 처분된 후라도 의연 일반 공중이 이용할 수 있기 때문이다. 그러나 소장품을 구입한 자가 미술관에 전시를 위해 빌려줄 수도 있으므로 이렇게 좁게만 해석할 것은 아니다. 또 환매조건부 판매도 가능하다. 이 경우라면 일시적으로 필요한 자금을 얻고, 그 후에 되살 수 있을 것이다. 또 정기적으로 일정기간 전시하는 것을 허용한다는 조건부로 판매할 수도 있다.[40)]

그러나 처분은 항상 조심해서 행하여야 한다. 유행은 변하는 것이다. 1930년대 인상파 화가의 그림은 상대적으로 신작(新作)이었고, 수요도 많지 않았다. 그러나 그 후에는 비싼 가격에 팔리는 가장 인기 있는 작품이 되었다. 자신이 판 작품을 그 후에 판 가격보다 훨씬 높은 가격에 되살 수밖에 없는 처지에 놓이는 경우도 있다.[41)]

모조품이라고 무조건 버릴 것은 더욱 아니다. 시간이 흐르면 모조품이 진품보다 값질 경우도 있으며, 또 모조품이라고 생각했던 것이 그 후에 진품으로 밝혀진 경우도 있다.[42)]

기증품을 처분하는 경우는 기증한 사람의 의도를 살펴서 행동하여야 한다. 기증자의 의사가 법적 구속력이 없다고 하더라도 기증자의 의사에 반하는 처분은 관계자들의 비난을 피하기 힘들다.[43)]

처분과 관련하여 의견대립이 있는 문제의 하나는 처분대금의 용도와 관련된 것이다. 논자에 따라서는 처분대금은 오로지 다른 작품의 구입에만 사용하여야 한다고 하는가 하면, 혹자는 다른 작품의 구입 이외의 용도로도 사용할 수 있다고 한다. ICOM 미술관 윤리강령은 "미술관 소장품에서 처분되는 미술관자료로부터 발생한 현금이나 보상은 전적으로 소장품을 위해 사용되어야 하고 대개 동일한 종류의 소장품 취득에 사용되

---

40) 위의 책, 276쪽.

41) *Ibid.*

42) 위의 책, 277쪽: 예컨대 메트로폴리탄미술관에 소장된 Etruscan Horse.

43) 위의 책, 278쪽.

어야 한다"고 규정한다.[44] 1996년 8월에 제정된 뉴욕주법[45]은 다음과 같이 되어 있다.[46]

> 미술관 소장품의 매각대금은 오직 소장을 위한 작품의 구입, 혹은 소장품의 보존, 보호, 관리를 위해서만 사용되어야 하며, 미술관의 운영비용으로 사용해서는 안 된다. 주 회계감사관은 일반기금으로부터 분리된 처분매각대금만을 위한 별도기금을 만들어야 한다.

1999-2000년에 구겐하임박물관은 15,000만 달러 상당의 미술품을 처분하고 그 매각대금의 대부분을 기본재산상의 제한된 미술기금으로 적립하였다.[47]

2. 미술관의 운영

(1) 관장 및 이사의 책임

미국에서 생각보다 도덕적 해이가 심한 곳이 미술관이라고 한다.[48] 미술관은 미술품의 수집, 보관, 전시, 연구하는 곳이며, 아울러 사업체로 운영되는 조직이다. 미술품을 사고, 팔고, 직원에게 봉급을 주며, 이용자를 상대로 관련 물품을 팔기도 한다. 현재 우리나라 국립현대미술관은 책임운영기관으로 되어 있고, 그 책임자는 「책임운영기관의 설치 · 운영에 관한 법률」 제8조에 의거 "소속 중앙행정기관의 장과 체결한 채용계약의 내용을 성실히 이행하여야 하며, 기관운영의 공익성 및 효율성 향상, 재정의 경제성 제고 및 서비스의 질적 개선을 위하여 노력하여야 한다"고

44) AAM 윤리규정도 대체로 비슷하다.

45) Act of Aug. 8, 1996, chap. 505, §233-a, 1996 N.Y. Laws 1132.

46) Lerner-Bresler, 1882쪽. 이 법은 오직 Albany에 있는 뉴욕주립미술관만을 구속한다. 이 규정은 옥상옥(屋上屋)이라는 비난을 받고 있다.

47) DuBoff-King, 278쪽.

48) 위의 책, 261쪽.

규정한다. 또 「국립현대미술관 기본운영규정」 제40조는 "소속 공무원의 복무관리는 이 규정 및 국가공무원 복무관련 법령에 의한다"고 규정한다. 한편 사립 미술관의 운영자는 선량한 관리자의 주의의무로써 충실하게 그의 직무를 수행할 의무가 있다(민법 제681조 참조). 그러므로 미술관의 운영자들은 미술관의 자산과 업무를 적절히 운영할 충실의무를 진다. 그런데 미술관 운영자들은 미술관운영을 법적 책임을 진 전문가로서 운영하기보다는 취미수준에서 미술관을 운영하기도 한다.[49] 이것은 많은 법적 책임을 일으킨다.

(2) 잘못된 경영의 예

1) 부실경영(Mismanagement) 및 경영회피(Nonmanagement)

운영자는 사기나 불성실에 대해서뿐만 아니라 과실이나 태만에 대해서도 책임을 진다. 그는 위임된 관리인으로서 자신의 책임을 타인에게 함부로 위임할 수 없다. 다만 부득이한 사유가 있는 경우에는 가능하나 그의 선임 · 감독에 관하여 책임을 진다. 즉 부적임자를 선임하거나 그 감독을 게을리하여 미술관에 손해를 준 경우에는 그에 대한 책임을 진다(민법 제682조, 민법 제121조 참조). 또 제3자(이행보조자)를 자신의 손발로서 이용할 수 있으나 미술관 운영자는 제3자(이행보조자)가 한 행위에 대해서 책임을 진다(민법 제391조 참조).

2) 이익충돌/이해상반행위

미술관의 비용으로 자신의 이익을 챙겨서는 안 된다. 미술관에 자신의 작품을 사고 팔 때에는 특별한 주의를 요한다. 간접적인 경우, 예컨대 배우자나 대리인 등 제3자를 내세우는 경우에도 충실의무 위반이다. 미술관의 재산이나 정보를 이용하여서도 안 되며, 미술관과 거래하는 자로부터 이익(뇌물)공여를 받아서도 안 된다.

---

49) *Ibid.*

3. 미술관의 폐관

등록한 미술관을 운영하는 자가 박물관이나 미술관을 폐관하려면 대통령령으로 정하는 바에 따라 문화체육관광부장관 또는 시 · 도지사에게 신고하여야 하며, 신고를 받은 문화체육관광부장관 또는 시 · 도지사는 미술관 등록을 취소하여야 한다(법 22조).

Ⅳ. 윤리규정

국제박물관협의회(International Council of Museums: ICOM) 박물관 윤리강령은 윤리규정의 좋은 예이다.

국제박물관협의회(ICOM) 박물관 윤리강령[50)]

원 칙

박물관은 자연, 문화, 과학 유산 보호에 기여하기 위하여 소장품을 수집, 보존, 장려할 의무가 있다. 소장품은 중요한 공공 유산임과 동시에 법적으로 특별한 지위를 가지며 국제적 법령에 의해 보호받는다. 정당한 소유권, 영속성, 문서 및 정보 관리, 접근성 그리고 책임 있는 처분 등을 포함하는 책무는 이와 같은 공적인 의무에 내재되어 있다.

50) http://icom.museum/codes. 국제박물관협의회(ICOM) 전문직 윤리강령은 1986년 11월 4일 아르헨티나 부에노스아이레스에서 개최된 제15차 총회에서 만장일치로 채택되었다. 2001년 7월 6일 스페인 바르셀로나에서 개최된 제20차 총회에서 국제박물관협의회(ICOM) 박물관 윤리강령으로 개명되어 수정되었으며, 2004년 10월 8일 대한민국 서울에서 개최된 제21차 총회에서 개정되었다.

소장품의 취득

1. 소장품 정책

박물관의 관리주체는 소장품의 취득, 관리, 이용 등을 명시하는 문서화된 소장품 정책을 채택하여 공표해야 한다. 본 정책은 소장품 목록에 수록되지 않거나, 보존 처리 또는 전시되지 않는 박물관자료의 기준을 명확히 해야 한다.

2. 합법적 소유권

박물관이 합법적 소유권을 가진다는 요건이 충족되지 않는 경우, 어떠한 박물관자료도 구입, 기증, 대여, 유증 또는 교류를 통해 수집될 수 없다. 일정한 국가 내에서 법률상 소유자임을 증명하는 자료가 반드시 합법적인 소유권을 의미하는 것은 아니다.

3. 출처와 주의의무

박물관자료를 취득하는 경우에는 구입, 기증, 대여, 유증, 교류 등을 목적으로 제공된 해당 자료들이 불법적인 소유에 기인한 것이 아니며, 또는 (박물관 소재국을 포함하여) 합법적으로 소유되었던 출처지 국가나 제2의 국가에서 불법적으로 유출되지 않았음을 사전에 확인하기 위한 모든 노력이 기울여져야 한다. 이와 같은 주의 의무를 통하여 박물관자료의 발굴이나 제작 시점 이후의 모든 내력을 입증해야 한다.

4. 인가받지 않았거나 비학리적인 현지 조사에서 기인한 박물관자료

박물관은 인가받지 않았거나 비학리적인 현지 조사, 기념물, 고고학 또는 지질학적 유적지, 생물종 또는 자연 서식지에 대한 의도적인 파괴 혹은 훼손이 수반되어 얻어졌다고 믿을 만한 합리적인 이유가 있는 박물관자료를 취득하지 않아야 한다. 이와 마찬가지로, 해당 토지의 소유자 또는 점유자, 적법한 관계당국이나 정부 기관에 박물관 자료의 발견에 대한 보고가 이행되지 않았다면 그것을 취득할 수 없다.

5-7. (생략)

8. 활용을 위한 소장품

박물관자료가 유형물로서의 기능보다 문화, 과학 또는 기술적 과정의 보전에 중점이 주어지거나, 통상적인 이용 혹은 교육 목적으로 구성된 경우 박물관의 소장품 정책에는 활용을 위한 소장품유형에 대한 특별한 고려 사항이 포함될 수 있다.

9. 소장품 정책 범주 이외의 취득

박물관의 문서화된 소장품 정책 이외의 범주에 속하는 박물관자료의 취득은 예외적인 상황 하에서만 허용된다. 관리주체는 이에 대한 전문적인 견해와 모든 이해 당사자들의 의견을 참작해야 한다. 여기에는 문화 및 자연 유산의 맥락을 포함한 박물관자료의 중요성, 다른 박물관이 이러한 박물관자료를 취득하는 것에 대한 특정한 이해관계 등이 고려되어야 한다. 그러나 이러한 조건하에서도 합법적 소유권을 갖지 않은 박물관 자료는 취득되어서는 안 된다.

10. 관리주체 임원 또는 박물관직원의 제공에 의한 취득

관리주체의 임원, 박물관 직원 혹은 그들의 가족 친지나 동료들이 제공하고자 하는 박물관자료에 대해서는 그것이 판매, 기증 또는 세금수혜와 관련한 기증인지 등에 관계없이, 특별한 주의가 필요하다.

11. 최후의 보관소

본 윤리강령의 어떠한 조항도 박물관이, 법적 책임 관할지역 내에서 출처가 불분명하거나 부정하게 수집 혹은 발견된 박물관자료에 대한, 인가된 보관소의 역할을 하는 것을 제한할 수 없다.

소장품의 처분

12. 처분에 대한 법적 혹은 기타 권한

박물관이 처분을 허가하는 법적 권한을 가졌거나 혹은 처분 조건에 해당할 수도 있는 박물관자료를 취득하였다면, 이와 관련한 법적 또는 기타 준수 사항과 절차가 완전하게 이행되어야 한다. 박물관자료의 취득이 의무 사항이었거나 다른 규제 사항이 있는 경우, 그러한 규제 사항을 준수하는 것이 불가능하거나 이러한 준수 행위가 기관에 불리하다는 것이 명백하지 않는 한 그러한 조건들은 지켜져야 한다. 적절한 경우, 법적 절차를 통해 조건변경을 요청할 수 있다.

13. 박물관 소장품에서의 처분

박물관 소장품에서 박물관자료를 처분할 때에는 박물관자료의 중요도, 특성(새롭게 구할 수 있는 것인지 아닌지), 법적 지위 그리고 처분 행위로 인해 잃을 수도 있는 공적 신인도 등에 대한 충분한 이해가 반드시 있어야만 처분이 가능하다.

14. 처분에 대한 책임

관장 및 해당 소장품의 담당 학예직원이 실무를 담당하는 박물관에서의 처분에 관한 결정은 관리주체의 책임하에 이루어져야 한다. 활용을 위한 소장품에 대해서는 특별한 절차가 적용될 수 있다.

15. 소장품에서 처분된 박물관자료의 처리

각 박물관은 기증, 양도, 교환, 매각, 반환 혹은 훼손 등으로 인해 박물관자료를 영구적으로 처분하기 위한 인가된 방법이 정의된 정책을 마련해야 하며, 수령기관에는 제한 없는 소유권을 양도하도록 해야 한다. 박물관은 모든 처분 결정, 관련 박물관자료, 박물관자료의 처분에 대한 일체의 정보를 갖고 있어야 한다. 필수적인 전제로서, 처분된 박물관자료가 우선적으로 다른 박물관에 제공되어야 한다.

16. 소장품 처분에 따른 수입박물관 소장품은 공적 위탁 상태에 있으므로 현금 변환이 가능한 자산으로 다루어서는 안 된다. 박물관 소장품에서 처분되는 박물관자료로부터 발생한 현금이나 보상은 전적으로 소장품을 위해 사용되어야 하고 대개 동일한 종류의 소장품 취득에 사용되어야 한다.

17. 처분된 소장품의 구입

박물관 직원, 관리주체 혹은 그들의 가족 친지나 동료들은 그들이 책임지고 있던 소장품에서 처분한 박물관자료를 구매할 수 없다.

소장품의 관리

18. 소장품의 영속성

박물관은 소장품(영구 및 임시 모두)과 적절히 기록된 관련 정보가 현재 활용이 가능한지 그리고 실제적으로 안전한 조건하에 현재의 지식과 자원을 고려하여 다음 세대에 물려줄 수 있는지를 확인할 수 있는 정책을 수립하여 실행해야 한다.

19. 소장품에 대한 책임의 위임

소장품 관리에 관한 직업적 책임은 적절한 지식과 기술을 겸비한 직원 혹은 충분히 지도받은 직원에게 맡겨져야 한다.

20. 소장품에 관한 문서 및 정보

관리박물관 소장품은 인정된 업무 기준에 따라 문서화되어 관리되어야 한다. 작성된 자료에는 박물관자료의 감정, 설명, 관련 자료, 출처, 상태, 취급방법 및 현재의 위치 등이 포함되어야 한다. 이러한 정보는 안전한 환경에서 보관되어야 하며, 박물관 직원이나 적법한 이용자가 사용할 수 있는 정보검색 시스템에 의해 지원되어야 한다.

21. 재난 대비 보호

무력 충돌 및 전쟁, 기타 인재 또는 자연 재해가 발생할 경우 소장품을 보호하기 위한 정책 개발에 세심한 주의를 기울여야 한다.

22. 소장품 및 관련 정보 자료의 보안

박물관은 소장품 정보 자료가 일반인에게 공개될 경우, 민감한 개인 신상관련 정보나 기밀 사안들이 노출되는 것을 방지하기 위해 관리 감독권을 행사해야 한다.

23. 예방 보존

예방 보존은 박물관 정책과 소장품보호에 있어서 중요한 요소이다. 소장품이 수장고 및 전시실 내에 있거나 운송 중인 경우에 보호를 위해 안전한 환경을 조성하고 유지하는 것은 박물관직 종사자의 필수적인 임무이다.

24. 소장품 보존과 수복

박물관은 박물관자료가 언제 보존 · 수복 처리 및 보존전문가 · 수복전문가의 작업이 필요한지를 정하기 위해 소장품의 상태를 세심하게 관찰해야 한다. 주된 목적은 박물관자료의 안정화이어야 한다. 모든 보존처리 절차는 상세히 기록되어야 하며, 처리 절차는 가능한 한 역으로 복원될 수 있어야 한다. 그리고 모든 변경 작업 결과는 원래의 박물관자료와 명백하게 구별 가능하여야 한다.

25. (생략)

26. 박물관 소장품의 사적 이용

박물관 직원, 관리주체, 그들의 가족친지나 동료 및 그 외 사람들은 박물관소장품을 한시적일지라도 사적인 용도로 사용할 수 없다.

Coffee Break: 슈퍼스타 미술관의 특징

전 세계에 다양한 종류의 미술관이 많다. 그러한 미술관 중에서 대중에게 잘 알려진, 세계적으로 잘 알려진 소위 슈퍼스타 미술관의 특징은 무엇인가. Bruno S. Frey 교수가 드는 5가지 특징은 다음과 같다.[51)]

① 관광객의 필수 방문지: 슈퍼스타 미술관은 여행안내서에서 중요한 소재로 다루어진다. 여행안내서는 독자들에게 꼭 그곳을 방문할 것을 권한다. 슈퍼스타 미술관은 확실히 들러 볼 가치가 있는 곳이다.

② 수많은 관람객: 슈퍼스타 미술관의 한 특징은 수많은 관람객이 찾는다는 것이다. 1990년대의 경우 수백만 명의 관람객이 슈퍼스타 미술관을 찾았다. 예를 들어 뉴욕의 메트로폴리탄미술관에는 400만 명, 런던의 영국국립미술관에는 300만 명, 파리의 루브르에는 600만 명의 관광객이 다녀갔다.[52)]

③ 세계적인 작가와 세계적인 명작: 슈퍼스타 미술관의 또 다른 특징 중 한 가지는 이들이 누구나 알고 있는 유명화가의 작품을 전시하

---

51) 보다 자세한 것은, Bruno S. Frey 지음/주수현, 유영명, 박상현, 최성희 옮김, 『문화예술경제학』, 시그마프레스, 2007, 59-64쪽 참조.

52) 루브르박물관이 2013년에도 세계에서 가장 인기 있는 미술관으로 선정됐다. 아시아에서는 대만국립고궁박물원이 상승세를 보이고 있는 가운데, 한국에서는 세 곳의 박물관이 이름을 올렸다. 영국 미술전문지 《아트뉴스페이퍼》가 발표한 2013 연간 미술관 관람객 수 통계에 따르면 파리의 루브르박물관이 933만명으로 1위를 차지했다. 루브르박물관의 관람객 수는 지난해보다 50만명이 감소했지만 2위인 영국박물관(670만명)을 한참 앞서며 선두 자리를 지켰다. 이 매체가 미술관별 관람객 수 조사를 시작한 이래 루브르박물관은 매년 1위를 놓치지 않고 있다. 2위와 3위는 런던 영국박물관과 뉴욕 메트로폴리탄미술관이 자리를 바꿨다. 2012년에 3위였던 영국박물관은 670만명으로 2위를 차지했으며, 메트로폴리탄미술관은 623만명으로 한 계단 내려앉았다. 이 매체는 영국박물관이 무료 관람을 실시하는 데 반해 메트로폴리탄미술관은 25달러의 자발적인 입장료를 받고 있다고 덧붙였다[보다 자세한 것은 http://gamjung.net/news/art/view?id=784 참조(2016.3.25. 방문)].

고 있다는 점이다.

④ 미술관 건물: 슈퍼스타 미술관들은 대개 예술성을 띠는 건물로 유명하다.

⑤ 상업화: 슈퍼스타 미술관은 미술관 수입 중 상당부분이 미술관 서점과 식당 매출로부터 발생하며, 지역경제에 적잖은 영향력을 미친다.

제12장 미술작품의 보호

Ⅰ. 서 설

미술작품을 보호하는 기본적인 법률은 저작권법이다. 저작권법의 보호대상인 미술저작물이란 형상 또는 색채에 의해 미적으로 표현되어 있는 저작물이다. 우리 저작권법은 "회화 · 서예 · 조각 · 판화 · 공예 · 응용미술저작물 그 밖의 미술저작물"을 미술저작물로서 예시하나 그 외에도 무대장치 · 만화 · 삽화 등도 미술저작물에 포함된다. 일반적으로 미술을 순수미술[1]과 응용미술로 구분하고 보호법제에도 차이가 있으므로 본서에서도 나누어 설명하기로 한다. 아울러 사진저작물이나 건축저작물도 크게 보면 미술저작물 속에 포함되고 우리 저작권법도 많은 경우에 이들 셋을 같이 취급하기도 하나 본서에서는 건축저작물에 관한 부분은 제외하는 것으로 한다.

---

1) 순수미술이라는 용어는 법령에서도 보인다. 예컨대 국립현대미술관 대관규칙(문화관광부령 34호) 제2조(대관)는 "국립현대미술관장은 미술관의 자체 전시에 지장이 없을 때에는 현대미술 발전에 기여할 수 있는 순수 미술작품전시를 위하여 전시실을 대관할 수 있다"고 규정한다.

프랑스에서 미술작품의 저작권 보호[2)]

프랑스혁명 후인 1791년 3월 1일, 화가나 조각가들은 미술가 권리의 보호를 호소하기 위하여 헌법제정의회에 건의서를 제출하고 다음과 같이 호소했다.

> "복제에 관한 우리들의 권리는 소유권이다. 이 소유권은 사회질서에 있어서 개인에게 선천적 또는 후천적 권능의 향유와 이익을 보증하는 실정법(實定法)에 의한 것이다. 그런데 소유권을 보증하는 법률은 우리들에게 충분한 것이라고는 말할 수 없다. 왜냐하면 우리들의 소유권은 특수한 성격을 가지고 있기 때문이다. …."
>
> "우리들 소유권이 특수한 것이라고 하는 것은 본다든지, 느낀다든지, 표현한다든지 하는 것에 개인적인 독특한 개성이 있기 때문이다. 표현의 구성 혹은 방식에 의한 것이다. 이것이 미술가의 자격을 구성하고, 미술가의 소유권의 근거로 되어 있는 것이다."

1793년 7월 19-24일 법이 제정되어 제1조에서 "회화 또는 도안을 판각하는 화가 및 도안가"는 "모든 종류의 문서 저작자, 음악 작곡가"와 같이 저작물을 판매하고 반포하는 권리가 인정되었다.

II. 순수미술 등의 보호: 저작권법(1)

서양화, 동양화, 조각 등 순수미술은 응용미술과 대비하여 사용하는 개념이다. 순수미술은 작가의 사상이나 감정을 그림이나 조각으로 형상화시킨 것이고 그 자체의 감상을 목적으로 한다.

---

2) 宮澤溥明,『著作權の誕生』, 太田出版, 1998, 2-33쪽.

1. 보호받기 위한 요건=창작성

(1) 일반론

이러한 회화 · 서예 · 조각과 같은 순수미술작품은 창작성이 있으면 저작권법에 의해 보호된다.

1) 이러한 창작성이란 극히 상대적 개념이다. 타인의 저작물에 직접 의거(依據)한 것이 아니고 저작자 스스로의 능력과 노력에 의해 만든 것이면 창작성이 있다고 본다.[3] 무릇 인간의 사상이나 감정은 선인(先人)의 문화를 기초로 하여 또는 그 영향을 받아서 성립하는 것이므로 완전한 독창성이라고 하는 것은 있을 수 없다. 그러므로 저작권법에서 요구되는 창작성이란 특허법에서 요구되는 신규성(novelty)[4]과는 다른 개념이다. 유사한 작품이 그 전에 수없이 존재한다 하더라도 창작성을 인정하는 데는 조금도 지장이 없으며, 심지어는 똑같은 작품이 이미 존재한다 하더라도 마찬가지이다.

2) 또 저작권법의 보호를 받는 저작물이 되기 위해서는 특허법이 요구하는 것과 같은 진보성이 필요한 것도 아니다. 그러므로 표현물의 학문적 가치 혹은 예술적 가치의 고저는 문제가 아니다. 유치원생이나 초등학생의 작품이라도 그것이 남의 것을 베낀 것이 아니라면 저작권법으로 보호받는 데 지장이 없다.[5]

---

3) 결국 창작성(originality)이란, 당해 저작물의 기원이 저작자에게 있으며(have originated with him) 타인의 것을 베낀 것은 아니다(have not copied it from another)라는 의미이다[Miller and Davis, *Intellectual Property*, West Publishing Co. (1990), 289면 참조].

4) 신규성이라 함은 발명의 내용인 기술적 사항이 종래의 기술적 지식, 선행기술(先行技術)에 비추어 알려져 있지 않은 새로운 것임을 의미한다.

5) 통상 이러한 것은 시장가치가 없어 저작권 문제가 발생하는 경우가 거의 없을 것이다.

| 판례 | '구름 이미지'사건(서울남부지법 2013.2.21.선고 2012고정1314 판결)

[Vol. 11. Cloud Image] CU-0053

이 사건 구름 이미지는 피해자가 1998. 3.1.경 직접 타블렛 도구 등을 이용하여 그린 그림으로서, 2001.3.1. 공표되고 2012.1.26. 한국저작권위원회에 저작권등록을 마친 미술저작물인바, 타인의 구름 사진을 단순히 편집한 것에 불과한 것이 아니라 피해자가 직접 타블렛에 구름 형상을 그리고 색채 및 명암을 가미하여 자신만의 창조적 개성을 표현한 것이라 할 것이므로 저작물이라 보는 것이 옳다.

다만 미국 판례와 영국 판례는 다음과 같은 경우는 저작물성이 없다고 보았다.

[영국의 예] Merchandising Corporation of America v. Harpbond 사건[6]에서 얼굴화장이 미술저작물에 해당하는지가 문제되었다. 항소법원의 Lawton 판사는 미술저작물은 관념의 세계에만 머물러 있어서는 안되며, 구체적 객체의 표면 위에 표현되어야 한다고 본 후 얼굴은 미술저작물을 구현할 수 있는 표면(surface)이 되지 못한다고 보았다.[7]

[미국의 예] John Muller & Inc. v. New York Arrows Soccer Team, Inc. 사건[8]에서 애로우팀을 위해 디자인한 화살 모양 로고의 저작물성을 부인하였다. 저작권청은 등록을 거부하였으며, 제8항소법

6) [1983] FSR 32.
7) 학자들은 미술(저작물)이 아니라기보다는 미술저작물로서 저작권법의 보호를 받기에는 그 창작성의 정도가 너무 사소하거나 미미하기 때문이라고 본다 [Bently/Sherman, Intellectual property Law(3d), 2009, 98면 참조].
8) 802 F.2d 989 (8th Cir. 1986).

원은 이를 지지하였다. 법원은 만약 창작자가 당해 로고를 미술저작물로서 등록받고자 한다면 로고의 도형이나 형태 속에 최소한도의 창작성(creativity)이 있어야 하는바, 본 로고에서는 그러한 창작성을 찾을 수 없다고 보았다.

(2) 미술저작물

미술저작물 중에서 순수미술의 경우에는 남의 것을 베낀 것만 아니라면 창작성 인정에 지장이 없다.

| 미국판례 | Alfred Bell & Co. v. Catalda Fine Arts, Inc. [191 F. 2d 99 (2d Cir. 1951)]

사실관계〉 원고 Alfred Bell은 박물관에 독점적으로 접근을 허락받은 자로서 18-19세기 거장들의 작품을 동판화로 복제하였다. 피고는 원고가 제작한 게인스보로(Thomas Gainsborough)의 블루보이(Blue Boy)의 동판화를 그대로 복제하였다.[9] 이에 원고가 피고를 상대로 저작권침해소송을 제기하였다. 문제는 이미 퍼블릭 도메인(public domain)된 거장의 작품을 동판화로 복제한 작품에 창작성을 인정할 수 있느냐이다.

판결요지〉 "저작권을 획득하기 위한 창작성의 요건은 신규성을 요구하는 특허와 달리 매우 낮은 정도라는 것은 잘 확립되어 있는 점이다. … 저작권의 목적을

9) 이 사건에서 문제된 미술품에 대해서는 〈http://www.coolcopyright.com/cases/chp2/bellcatalda.htm〉 참조. 위 사이트에서 원래 Thomas Gainsborough가 창작한 ≪Blue Boy≫와 Alfred Bell의 동판화(Mezzotint)를 볼 수 있다.

위한 창작성은 사실상 복제를 금지하는 정도(little more than a prohibition of actual copying)보다 약간 높은 정도에 불과하다. … 작가가 아무리 보잘것없는 부가를 하였다고 하더라도 그 스스로 한 것이라면 그것으로 충분하다."

(3) 사진저작물

사진저작물이란 일정한 영상에 의해 표현된 저작물이다. 사진은 빛의 물리적 · 화학적 작용을 이용해서 피사체를 필름 등에 재현하는 방법으로 제작하는 것이나, 이러한 사진의 제작방법과 유사한 방법에 의해 제작된 저작물도 사진저작물에 포함된다. 사진유사의 저작물에는, 예컨대 청사진, 전송사진 기타 인쇄술에 이용하는 Collotype, 사진요철(gravure) 등등 수없이 많다.

사진저작물이 탄생된 당초에는 그 저작물성이 문제되었으나 "어떠한 사진이 아무리 단순한 것일지라도 사진작가의 개인적인 영향력에 관계되는 것이어서 사진작가에 의하여 주관적으로 행하여지는 피사체의 선택, 사진 찍는 위치, 조도 및 촬영속도를 선택함으로써 저작권이 인정되기 위한 독창성이라는 요건을 충족"하므로 저작물로 인정하는 것은 당연하다 할 것이다.[10] 이러한 견해는 미국에서는 사진의 저작물성을 최초로 다룬 Burrow-Giles Lithographic Co. v. Sarony 판결 이래 일관된 것이다. 이에 반해 우리나라 판례는 다음의 햄제품 판결에서 보다시피 사진의 저작물성 인정에 보다 엄격한 것으로 보인다. 한 견해는[11] 우리 법상 다음의 경우에는 저작물성을 인정할 수 없다고 한다.

① 사진이나 기타 인쇄물의 단순한 복제에 지나지 않는 것, 예컨대 서화집이나 사진첩 등을 그대로 평면적으로 복제한 경우, ② 실용만을 목

10) Time Inc. v. Bernard Geis Associations, 293 F. Supp. 130 (S.D.N.Y. 1968).

11) 권택수, "사진저작물이 저작권법에 의하여 보호되는 저작물에 해당하기 위한 요건," 『대법원판례해설』 37호, 2001(권영준, 『저작권침해판단론』, 박영사, 2007, 207쪽에서 재인용).

적으로 제작된 사진, 예컨대 주민등록증, 운전면허증, 여권 등 각종 증명사진, 속도단속용 자동사진, ③ 기계의 부품 등의 카탈로그 사진 등.

| 미국판례 | Burrow-Giles Lithographic Co. v. Sarony[12)]

원고인 Sarony는 저명한 극작가인 오스카 와일드의 사진을 촬영하였는바, 피고 Burrow-Giles사가 원고의 사진 중 하나(Oscar Wilde No.18)를 대량으로 무단 복제하여 판매하였다. 피고는 원고의 사진은 피사체를 단순히 기계적인 방법으로 촬영한 것이므로 저작권법이 요구하는 창작성이 없다고 주장하였다. 이에 대해 연방대법원은 원고가 피사체를 단순히 기계적인 방법으로 촬영한 것이 아니라 피사체의 선택, 의상, 포즈, 배경, 조명 등에 있어서 창작성이 있음이 인정된다고 판시하였다.

| 우리판례 1 | 저작물성이 인정된 경우: 광고용 책자 사건[13)]

광고용책자에 게재된 광고사진 중 음식점의 내부 공간을 촬영한 사진은 누가 찍어도 비슷한 결과가 나올 수밖에 없는 사진으로서 사진저작물에 해당한다고 보기 어려우나, 다음과 같은 찜질방 내부 전경 사진은 촬영자의 개성과 창조성을 인정할 수 있는 사진저작물에 해당할 수 있다. 즉 'ㅇㅇㅇ텔' 내부 전경 사진은 목욕을 즐기면서 해운대의 바깥 풍경을 바라볼 수 있다는 'ㅇㅇㅇ텔' 업소만의 장점을 부각하기 위하여 피해자 소속 촬영담당자가 유리창을 통하여 저녁 해와 바다가 동시에 보이는 시간대와 각도를 선택하여 촬영하고 그 옆에 편한 자세로 찜질방에 눕거나 앉아 있는 손님의 모습을 촬영한 사진을 배치함으로써 해운대 바닷가를 조망하면서 휴식

12) 111 U.S. 53 (1884).
13) 대법원 2006.12.8.선고, 2005도3130 판결.

을 취할 수 있는 최상의 공간이라는 이미지를 창출시키기 위한 촬영자의 창작적인 고려가 나타나 있다고 볼 수 있고, 또한 'ㅇㅇㅇ텔'의 내부공간은 어떤 부분을 어떤 각도에서 촬영하는가에 따라 전혀 다른 느낌의 분위기를 나타낼 수 있으므로 누가 촬영하여도 같거나 비슷한 결과가 나올 수밖에 없는 경우에 해당한다고도 보기 어렵다. 그렇다면 'ㅇㅇㅇ텔' 사진은 그 촬영의 목적 자체가 피사체의 충실한 재현에 있다거나 촬영자의 고려 역시 피사체의 충실한 재현을 위한 기술적인 측면에서만 행하여졌다고 할 수 없고, 광고대상의 이미지를 부각시켜 광고의 효과를 극대화하고자 하는 촬영자의 개성과 창조성이 있다고 볼 수 있다.

| 우리판례 2 | 저작물성이 인정되지 아니한 경우: 햄 제품사진 사건[14)]

촬영하기로 한 사진은 피고 회사가 제작, 판매하는 햄제품 자체를 촬영하는 사진(이하 '제품사진'이라 한다)과, 이러한 햄제품을 다른 장식물이나 과일, 술병 등과 조화롭게 배치하여 촬영함으로써 제품의 이미지를 부각시켜 광고의 효과를 극대화하기 위한 사진(이하 '이미지사진'이라 한다)으로 대별된다. 그 중 제품사진은 비록 광고사진작가인 원고의 기술에 의하여 촬영되었다고 하더라도, 그 목적은 그 피사체인 햄제품 자체만을 충실하게 표현하여 광고라는 실용적인 목적을 달성하기 위한 것이고, 다만 이때 그와 같은 목적에 부응하기 위하여 그 분야의 고도의 기술을 가지고 있는 원고의 사진기술을 이용한 것에 불과하며(바로 그와 같은 광고사진의 기술을 이용하기 위하여 광고대행업을 하는 피고보조참가인이 촬영료를 지급하고 광고사진작가인 원고를 이용하여 그와 같은 촬영을 한 것으로 보아야 할 것이다), 거기에 저작권법에 의하여 보호할 만한 원고의 어떤 창작적 노력 내지 개성을 인정하기 어렵다 할 것이다.[15)]

---

14) 대법원 2001.5.8.선고, 98다43366 판결. 또 썸네일 이미지 사진과 관련해서는 대법원 2006.2.9.선고, 2005도7793 판결 참조.

15) 평석: 최정환, 『정보법판례백선(1)』, 391쪽.

그러나 저작물성이 부인된 경우에도 불법행위 성립가능성은 있다. 불법행위가 성립되면 그러한 불법행위로 인하여 발생한 손해의 배상을 하여야 한다(민법 제750조 참조).

| 우리판례 3 | 성형외과 사건[16)]

성형외과 병원 홈페이지에 게시한 모발이식 전후의 환자 사진과 온라인 상담내용은 모두 작성자의 개성이나 창조성이 있다고 보기 어려워 저작물성이 인정되지 않으나, 다른 성형외과 원장이 이를 무단으로 도용해 자신의 홈페이지에 게시한 것은 법적으로 보호할 가치 있는 영업활동상의 신용 등의 무형의 이익을 위법하게 침해하는 것이 되어 불법행위를 구성한다.

(4) 2차적 저작물의 경우

외국소설을 우리말로 번역한다든지, 클래식 음악을 경음악화한다든지, 소설을 각본화하거나 또는 이를 영화화한다든지 하는 것은 아주 흔한 일이다. 이렇듯 기존의 저작물을 토대로 이것에 새로운 창작성이 가하여져 새로운 저작물이 작성된 경우 이 새로운 저작물을 2차적 저작물이라 한다. 이러한 2차적 저작물은 기존의 저작물(원저작물)과는 별도로 저작권법에 의해 보호된다. 법은 원저작물을 번역 · 편곡 · 변형 · 각색 · 영상제작 그 밖의 방법으로 작성한 창작물(이하 '2차적 저작물'이라 한다)은 독자적 저작물로서 보호된다고 규정하고 있다. 따라서 2차적 저작물로 보호받기 위해서는 원저작물과는 별도로 새로운 창작성이 가하여져 있어야 하며, 기존 저작물에 다소의 수정 · 증감을 가한 데 불과한 것(예컨대 구두점, 용어의 변경 등)은 기존 저작물의 복제물에 불과하며, 2차적 저작물이 아니다.

원 저작물	→ (창 작 성) →	2차적 저작물

16) 서울중앙지법 2007.6.21.선고 2007가합16095 판결.

미국 판례상 2차적 저작물성이 부정된 경우

2차적 저작물성이 인정된 예는 앞의 Alfred Bell 판결이 있다. 여기서는 부정된 예를 들어 본다.

1) L. Baltin & Son, Inc. v. Snyder[17)]

Snyder는 이미 공유로 된 금속제 Uncle Sam 자동 저금통(태엽장치의 장난감 저금통)을 본 떠 플라스틱제 저금통으로 만들어 저작권청에 등록하였다. 플라스틱 저금통은 금속제에 비해 길이가 2인치 줄고 받침대가 축소되었으며, 손가방과 Uncle Sam의 얼굴이 조금 변경되었고, 우산이 Uncle Sam의 몸에 붙어 있었다. 이러한 변화는 주로 금속제 저금통을 플라스틱제로 보다 쉽게 만들기 위한 것이었다.

뉴욕 남부지방법원과 제2항소법원은 Snyder의 플라스틱제 저금통은 2차적 저작물이 될 수 있는 실질적인 변화가 없어 저작권보호를 받을 수 없다고 판시하였다.

2) Gracen v. Bradford Exchange[18)]

앞의 Baltin 판결과 연장선상에 있는 것이 Gracen v. Bradford Exchange 판결이다. 1939년에 MGM이 만든 오즈의 마법사(The Wizard of OZ)는 1966년 저작권이 갱신되었다. 1976년 MGM은 Bradford에게 영화 오즈의 마법사의 등장인물과 영화장면을 이용해도 좋다는 허락을 하였다. Bradford는 몇몇 화가를 초대하여 쥬디 갈란드가 역을 맡은 도로시

---

17) U.S. Court of Appeals, Second Circuit, 536 F. 2d 486 (1976).

18) U.S. Court of Appeals, Seventh Circuit, 698 F. 2d 300 (1983).

사진을 주면서 그 사진을 그려 줄 것을 부탁하였다.

Gracen 그림

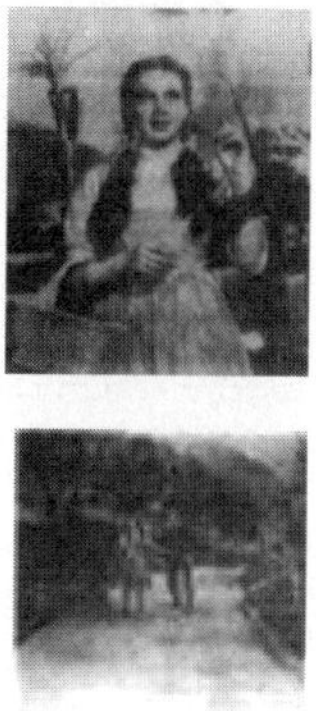

영화 장면

그중 가장 잘 그리는 화가와 계약을 체결하고 앞으로 관련 그림을 계속하여 그리게 할 예정이었다. 그중 최고작으로 뽑힌 것은 Jorie Gracen이었다. 그러나 그녀는 계약조건이 맞지 않아 계약을 포기하였다. Bradford는 그 후 James Auckland와 계약을 체결하여 관련 그림을 그리게 하면서 도로시 그림을 그리는 데 도움이 되도록 Gracen이 그린 그림을 Auckland에게 넘겨주었다. Auckland 그림이 완성되어 팔리게 되자 Gracen은 저작권침해소송을 제기하였다. 쟁점은 사진에서 도로시를 그린 Gracen 그림이 2차적 저작물로서 보호받을 수 있는 창작성이 있는지 여부이었다. 지방법원은 Gracen 그림이 저작권으로 보호받을 만큼 충분하게 독창적이지 않다고 보았다. 즉 사진의 복제품에 불과하다고 보았다. 제7항소법원 역시 같이 보았다.

다만 최근 제7항소법원이 Schrock, Daniel v. Learning Curve International, Inc., No. 08-1296(7th Cir. 2009) 판결에서 광고 선전을 위한 제품사진도 충분히 저작권으로 보호받을 수 있다고 판시하였다.

설사 이러한 제품사진을 2차적 저작물로 본다고 하더라도 2차적 저작물에 요구되는 상당한 변화요건을 다른 저작물에 요구되는 창작성보다 고도의 창작성을 요구하는 것으로 이해되어서는 아니 되며, 다른 저작물과 동일한 창작성(originality)으로 충분하다고 판시하였다. 학자들은 이 판결을 통해 Gracen 판결의 실질적 내용을 변경하였다고 본다.[19)]

(5) 공서양속과 저작권

저작물의 내용이 공서양속에 위반되어 저작자가 설사 형사상 처벌을 받은 경우라 하더라도 그 저작물의 저작권 보호에 어떤 영향을 미치는 것은 아니다. SM사진의 2차 사용에 관한 일본 판결은 "사진저작물이 설사 공서양속에 반하는 경우라 하더라도 저작권으로 보호받는 데 지장이 없다"고 판시하였다.[20)]

| 판례 | 누드사진 전재 사건(대법원 1990.10.23.선고, 90다카8845 판결)

저작권법의 보호대상인 저작물이라 함은 사상 또는 감정을 창작적으로 표현한 것으로서 문학·학술 또는 예술의 범위에 속하는 것이면 되고 윤리성 여하는 문제되지 아니하므로 그 내용 중에 부도덕하거나 위법한 부분이 포함되어 있더라도 저작물로 보호된다.

| 판례 | 음란물의 저작물성(대법원 2015.6.11. 선고 2011도10872 판결)

원심이 음란한 내용이 담긴 영상저작물도 저작권법상의 저작물로 보호될 수 있음을 전제로 하여 이 사건 공소사실을 모두 유죄로 인정한 제1심판결을 유지한 것은 정당하다.

---

19) Marcus Hall, "Copyright Law—Seventh Circuit Holds Product Photography Sufficiently Creative for Copyright as Derivative Works—Schrock v. Learning Curve Int., Inc., 586 F.3d 513 (7th Cir. 2009)", 44 *Suffolk U. L. Rev.* 605 2011.
20) 일본 東京지방재판소 1986.6.20, 1983(ワ)929.

Coffee Break: 뒤샹의 기성품과 피카소 ≪황소의 머리≫의 저작물성

이 책의 맨 처음에 살펴본 뒤샹의 기성품 ≪샘≫(Fountain)은 저작물인가. 아무리 그가 기성화단에 반기를 들고, 그 작품을 통해 미술사적으로 뛰어난 업적을 남겼다고 하더라도 ≪샘≫을 저작물이라고 할 수는 없을 것이다. 그 작품을 통해 뒤샹은 자신이 하고 싶은 말은 했지만 ≪샘≫ 그 자체에 이름을 새긴 것 외에는 어떠한 기여도 한 바 없다. 그렇다면 그 변기를 디자인한 사람이 저작자인가. 이것은 이른바 저작권에 의한 디자인 보호 또는 응용미술보호와 관련된 것이고, 적어도 우리 현행법 하에서 저작자 대우를 받을 것 같지는 않다. ≪샘≫이 저작권법에 의한 보호를 받지 못한다고 하더라도 지하에 있는 뒤샹은 서러워할 필요가 없다. 모방금지권인 저작권으로 보호받지 못한다고 하더라도 뒤샹의 미술사적 업적은 어느 누구도 모방하지 못할 테니까.

다음은 잰슨이 그다지도 감탄한 피카소의 ≪황소의 머리≫는 어떤가. 자전거 안장과 손잡이의 단순한 결합이라고 하더라도, 이를 통해 표현한 피카소의 ≪황소의 머리≫는 저작물이라고 아니할 수 없다. 다만 피카소의 ≪황소의 머리≫에 대한 저작물은 쉽게 모방할 수 있고, 이렇게 모방한 작품을 자신의 거실에 달아 놓고 감상하더라도 그것은 사적 이용을 위한 복제로서 피카소의 저작권이 미치는 것은 아니다. 그러나 역시 지하의 피카소는 서러워할 필요가 없다. 어느 누구도 그러한 복제물을 자신의 ≪황소의 머리≫만큼 고가(高價)로 사지는 않을 테니까.[21)]

그렇기는 하나 결과적으로 보면 이른바 '현대 미술'과 저작권은 그다지 친한 것 같지 않다. 종래 미술작품은 개념과 이를 표현하는 소재 및 작가의 기량으로 완성되나 현대 미술의 대부분은 개념과 소재로 구성되고 작가의 기량은 생략되거나 미미하기 때문이다. 즉 아이디어와 소재가 핵심을 이루게 된다. 그러나 이것은 저작권법에 의해 보호되는 요소는 아니다.[22)]

---

21) 소년한국일보 2008.10.28. [조각의 세계]에는 "최근 한 미술품 경매에서 이 작품에 약 300억 원이라는 상상을 뛰어넘는 가격이 매겨졌다"는 기사가 있다.

2. 누구를 보호하는가

저작권법은 미술저작물을 창작한 미술저작자를 보호한다. 저작자란 저작물을 창작한 자이다(법 2조 2호). 그 결과,

1) 창작에 동인(動因)을 준 데 불과한 자는 저작자는 아니다. 따라서 소설가나 화가에게 힌트나 테마를 준 자를 저작자라고 말할 수 없다.

2) 저작자의 조수는 저작자가 아니다. 저작물을 작성할 때 저작자의 지휘감독 하에 그의 손발이 되어 작업에 종사한 자는 저작자의 창작활동을 돕는 데 불과하고 스스로의 창의에 기해서 저작에 힘쓰는 자는 아니므로 저작자로는 될 수 없다.

3) 의뢰자는 저작자가 아니다. 그림의 주문자, 건축주 등 저작기회의 제공자는 저작자라고 말할 수 없다. 문제가 되는 것은 종업원 등이 그의 의무이행으로 저작한 경우이다. 다만 법인 등의 명의로 공표되는 업무상저작물의 저작자는 계약 또는 근무규칙 등에 다른 정함이 없는 때에는 그 법인 등이 된다(법 9조). 여기서 업무상저작물이라 함은 법인·단체 그 밖의 사용자(이하 "법인 등"이라 한다)의 기획하에 법인 등의 업무에 종사하는 자가 업무상 작성하는 저작물을 말한다(법 2조 31호).

| 일본 판례 | 「곤충삽화」 사건(동경지재 1961.10.25.)

곤충삽화를 제작함에 있어 출판사에서 상세한 편집방침 등의 지시가 있었다고 하더라도 미술저작물의 경우는 화가로서 감각과 기술을 구사하여 사실적으로 그린 것이 인정되기 때문에 저작자는 당해 삽화를 그린 화가이다.

| 일본 판례 | 「고속도로 파노라마」 사건(동경지재 1964.12.26.)

제작의뢰자가 지도에 넣어야 할 주요 도로, 기타를 지시하고 숲이나 강을

---

22) 이와 관련하여, 河島伸子, "現代美術と著作權法", 『知的財産法の挑戰』, 弘文堂, 2013, 95쪽 이하; Anne Barron, "Copyright Law and the Claims of Art", *Intellectual Property Quarterly*, Vol. 4, 2002, 368쪽 이하 등 참조.

채색하도록 지시 주문하였다고 하더라도 그 저작자는 도형, 무늬에 의하여 구체적으로 표현·제작한 화가이며, 제작주문자는 아니다.

| 미국 판례 | Johannsen v. Brown, 797 F.Supp. 835 (D.Or. 1992)

사실관계: 이 사건은 다음 [그림 1]인 "American Relix"가 Steve Johannsen의 단독 작품인지, 아니면 피고인 Relix magazine의 전 소유주인 Kippel 등과의 공동 작품인지가 문제된 사례이다. Relix magazine은 록 밴드 'Grateful Dead'의 기념호 표지에 사용하기 위하여 표지 그림을 Johannsen에게 의뢰하였다. 그림을 의뢰함에 있어 Kippel은 그림의 제목[23]과 그림의 구체적 내용을 주문하였다. 즉 당시 유명한 그림인 Grant Wood의 "American Gothic"[그림 2]을 패러디하되, 해골의 사용, 색깔, 헤어스타일, 보석, 갈퀴 대신에 기타를 사용할 것 등등을 주문하였다. 이러한 주문에 따라 Johannsen은 자신의 화실에서 "American Relix"를 완성하였다. (그런데 이 그림을 잡지 표지에만 사용했으면 문제가 없었는데, Relix는 Johannsen의 허락도, Johannsen이 작가라는 표시도 없이 포스터 등에 사용하여 문제가 되었다.)

법원의 판단: 법원은 당해 그림에 관한 Kippel 등의 기여만으로는 공동저작자가 되기에 부족하다고 판시하였다. 그것은 아이디어에 불과하다는 것이다. 법원은 "저작자란 저작물을 창작한 자이다. 저작자란 저작권보호를 받을 수 있을 만큼, 아이디어를 고정적이고, 유형적인 표현으로 옮겨 놓은 자"라고 판시하였다. 단순한 주문이나 제안만으로는 불충분하다.

그림 1

그림 2

23) 그림의 제목인 "American Relix"는 "American Relics"(미국의 유산)를 연상시킨다.

♣ 기노 대 르누아르 사건: 미술적 아이디어 제공과 실제 제작

류머티즘이나 안면 신경통에 의해 스스로 조각을 할 수 없었던 만년의 르누아르(Auguste Renoir, 1841-1919)는 저작물에 대한 구상을 제자 기노(Richard Guino, 1890-1973)에게 말하고, 기노로 하여금 조각을 하게 하면서 옆에서 감독을 하였다. 이렇게 제작된 24점의 조각 작품에 대해 르누아르의 단독저작물인지 아니면 르루아르와 기노의 공동저작물인지가 다투어진 사건에서 프랑스 법원은 1973년 공동저작물성을 인정하였다.

3. 보호의 시작

미술저작물은 창작과 더불어 저작권이 발생하며 어떠한 절차나 형식의 이행을 필요로 하지 아니한다(저작권법 제10조 제2항). 즉 저작의 사실로부터 저작권이 발생하며, 특별한 절차를 밟거나 형식을 요하지 아니한다는 것이다. 이러한 입법주의를 무방식주의라 하며 우리나라, 일본, 독일, 프랑스 등과 베른협약이 취하는 바이다. 그러므로 저작권법에 의해 보호받기 위해서 한국저작권위원회에 등록할 필요도 없다.

저작권법상의 등록

등록은 저작권의 발생과는 관계가 없으나 등록을 하면 다음과 같은 좋은 점이 있다.

(1) 저작자 관련 등록

저작자는 자신의 實名·異名(공표 당시에 異名을 사용한 경우에 한한다)·국적·주소 또는 거소를 등록할 수 있다(법 제53조 제1항 제1호). 저작자등록의 효과는 다음과 같다.

1) 추정력

저작자로 실명이 등록된 자는 그 등록저작물의 저작자로 추정된다. 실명등록이 되어 있는 자는 저작자로 추정되므로 저작자가 아니라고 하는 입증책임은 그것을 다투는 상대방이 부담하게 된다.[24]

2) 저작권 보호기간의 연장

무명, 이명저작물의 보호기간에는 공표시 기산주의가 채택되어 그 기간은 공표 후 70년으로 되어 있으나(법 제40조 제1항), 실명등록이 되면 사망시 기산주의로 되어 저작자 사후 70년까지 보호된다(법 제40조 제2항 제2호). 이로써 보호기간을 연장하는 효과가 있다.

(2) 저작물 관련 등록

저작자나 저작재산권자는 저작물의 제호 · 종류 · 창작연월일을 등록할 수 있다(법 제53조 제1항 제2호). 창작연월일이 등록되면 등록된 저작물은 등록된 연월일에 창작된 것으로 추정한다(법 제53조 제3항).

(3) 최초 발행 · 공표일의 등록

저작자나 저작재산권자는 저작물의 공표의 여부 및 저작물의 맨 처음 공표된 국가 · 공표연월일을 등록할 수 있다(법 제53조 제1항 제3호). 최초의 공표연월일이 등록되면 등록된 연월일에 맨 처음 공표가 있었던 것으로 추정한다(법 제53조 제3항).

(4) 기타 대통령령이 정하는 사항의 등록

이상의 세 경우 외에도 대통령령으로 정하는 사항은 등록할 수 있다.

---

24) 그러므로 우리법상 저작자로 추정되는 경우는 본조, 즉 저작권법 제53조 제1항의 경우와 제8조 제1항(저작자 추정)의 경우이다. 본조에 의하여 추정을 받는 자와 제8조에 의해 추정을 받는 자가 같으면 별문제 없으나 다르면 어느 쪽에 우위를 둘 것인지 문제이다. 이 경우는 어느 쪽도 우위에 둘 수 없고 증거판단의 일반원칙으로 돌아가 법관의 자유심증에 따라 누가 진정한 저작자인지를 판단하여야 한다는 견해가 있다(오승종, 『저작권법』, 박영사, 2007, 903쪽).

시행령은 다음 세 경우를 규정한다(시행령 제24조).

① 2차적 저작물의 경우 원저작물의 제호 및 저작자

② 저작물이 공표된 경우에는 그 저작물이 공표된 매체에 관한 정보

③ 등록권리자가 2명 이상인 경우 각자의 지분에 관한 사항

등록되어 있는 저작권을 침해한 자는 그 침해행위에 과실이 있는 것으로 추정한다(저작권법 제125조 제4항). 원래는 침해자에게 과실이 있다는 것을 권리자가 입증하여야 하나 등록된 저작권의 경우는 입증책임이 전환되어 침해자가 과실 없었음을 입증하지 못하는 한 과실이 있었던 것으로 된다. 또 저작물이 등록되면 당해 저작물이 침해된 경우 법정손해배상을 청구할 수 있다. 즉 등록은 법정손해배상청구를 위한 전제요건이다(법 125조의2 3항). 어쨌든 최근에는 과거에 비해 등록 저작물의 수가 크게 증가하고 있다.[25] 그 밖에도 저작재산권의 양도 또는 처분의 제한 혹은 저작재산권을 목적으로 하는 질권의 설정 · 이전 · 변경 · 소멸 또는 처분제한은 이를 등록할 수 있으며, 등록하지 아니하면 제3자에게 대항할 수 없다(저작권법 제54조).

등록은 한국저작권위원회[26] 등록실에 직접 가서 하여도 되나 온라인을 통해서도 가능하다.[27]

---

25) 1999년 338건이었으나 위원회가 지난 2000년 8월 문화관광부로부터 등록업무를 이관받은 이후 등록건수는 2001년 3,615건, 2002년 4,595건, 2003년 6,508건 등 매년 40-50%의 급격한 증가세를 보였으며, 2005년에는 1만 건(10,553건)을 돌파한 데 이어, 2006년에는 12,241건의 등록이 이루어졌다. 미술저작물의 경우 2006년 3,779건이던 것이 2010년 4,632건, 2011년 5,179건, 2012년 7,092건, 2013년 7,938건, 2014년 8,195건, 2015년 10,519건이 등록되었다(보다 자세한 것은 http://www.copyright.or.kr/information-materials/statistics/registration/index.do 참조).

26) http://www.copyright.or.kr.

27) 저작권법 시행령 제35조: 제24조부터 제34조까지의 규정에 따른 등록 및 이와 관련된 업무는 전산정보처리시스템으로 처리할 수 있다.

4. 보호의 내용

저작권법은 저작자에게 다음과 같은 권리를 인정한다.

(1) 개 관

저작권법은 저작자에게 크게 2가지 권리를 부여한다. 하나는 재산권이고, 또 하나는 인격권이다. 저작재산권은 저작자의 경제적 이익을 보호하는 권리이며, 작가 사후(死後) 70년까지 존속한다. 저작인격권은 저작자의 인격적 이익을 보호하는 권리이며, 저작자 생존중에만 존속하나 법은 사후의 인격적 이익보호에 관한 특별규정을 두고 있다.[28)]

저작재산권에는 복제권, 공연권, 공중송신권, 전시권, 배포권, 대여권, 2차적 저작물 작성권이 있으며, 미술저작물의 경우에는 복제권, 공중송신권, 전시권, 배포권이 특히 중요하다.

저작권	저작재산권	복제권, 공연권, 공중송신권, 전시권, 배포권, 대여권, 2차적 저작물 작성권
	저작인격권	공표권, 성명표시권, 동일성유지권

(2) 저작인격권

우리 저작권법은 저작자의 인격적 이익을 보호하기 위하여 공표권, 성명표시권, 동일성유지권을 인정한다. 그것은 저작자의 저작물에 대한 관계를 보호하는 것이다.

---

28) 제14조(저작인격권의 일신전속성) ① 저작인격권은 저작자 일신에 전속한다. ② 저작자의 사망 후에 그의 저작물을 이용하는 자는 저작자가 생존하였더라면 그 저작인격권의 침해가 될 행위를 하여서는 아니 된다. 다만, 그 행위의 성질 및 정도에 비추어 사회통념상 그 저작자의 명예를 훼손하는 것이 아니라고 인정되는 경우에는 그러하지 아니하다.

세 개의 사례: 프랑스의 경우29)

① 프랑스 미술가 Bernard Buffet는 자선경매에 출품되는 냉장고를 장식하기 위해 초대받았다. 그는 6개의 패널로 구성된 패널화를 그렸다: 냉장고 앞면에 3개, 윗면에 하나, 양쪽 벽면에 하나씩 2개. 그는 6면 모두를 하나의 그림으로 생각하였고, 서명도 패널 하나에만 하였다. 그 냉장고는 다른 9개—그들 모두 각기 다른 9명의 화가가 장식화를 그렸다—와 함께 Galerie Charpentier에서 행하여진 경매에서 판매되었다. 6개월 후 다른 경매의 목록(catalog)에 Bernard Buffet 作 '사과가 있는 정물화'가 포함되어 있었고, 금속 위의 그림으로 묘사되고 설명되어 있었다. 조사해 보니 그 그림은 냉장고 앞면에 그린 패널화 중 하나였다. 화가는 소유자(판매 위탁자)를 상대로 패널을 분리해서 판매해서는 안 된다는 소송을 제기하였고, 법원은 화가의 손을 들어주었다[Buffet v. Fersing, (1962) Recueil Dalloz (D. Jur.) 570, 571(Cour d'appel, Paris)].

② 화가인 Guille는 판매상인 Colmant에게 10년 동안 그가 장래 제작하는 모든 작품을 적어도 월 12점씩 넘겨주기로 계약을 맺었다. 그 계약에는 판매상에게 공급하는 작품에는 필명(pseudonym)으로 서명하기로 하며, 그의 점유하에 있는 이전 작품에 대해서는 서명하지 아니한다는 조항이 포함되어 있었다. 그가 강박상태에서 계약을 체결하였다거나 혹은 계약을 할 능력이 없었다는 어떠한 증거도 없다. 필명으로 서명하기로 하였음에도 실명으로 서명하자 분쟁이 발생했고, 계약위반을 이유로 판매상은 화가를 상대로 소송을 제기하였다. 파리 항소법원은 판매상은 계약조항에도 불구하고 화가가 자신의 창작품에 자신의 실명을 표시하는 것을 금지할 수 없다고 판시하였다[Guille v. Colmant, (1967) Recueil Dalloz- Sirey (D.S. Jur.) 284, (1967) Gazette du Palais(Gaz. Pal.) 1.17(Cour d'appel, Paris)].

---

29) John Henry Merryman, "The Refrigerator of Bernard Buffet," *Hastings L.J.*(27권), 1976, 1023쪽 이하.

③ 1893년 Eden경은 당시 파리에 살고 있던 미국 화가인 James McNeill Whistler에게 Eden경 부인의 초상화를 그려달라는 부탁을 하였다. 중개인을 통해 보수는 '100에서 150기니 사이'에서 지급한다는 합의를 하였다. 마침내 Whistler는 초상화를 완성하였고, Eden경의 승낙하에 'Salon du Champs de Mars'에서 ≪Brown and Gold, Portrait of Lady E.≫라는 제목으로 전시하였다. 그 후 곧 Eden경은 Whistler에게 100기니 수표를 보냈고, 이것을 Whistler는 모욕으로 받아들였다(비록 그가 수표를 현금화했지만). 초상화가 전시 후에 자신의 작업실로 돌아오자 Whistler는 Eden경 부인의 머리 부분을 뭉개버리고, 다른 사람의 초상을 그린 후 Eden경에게 그림의 인도를 거절하였다. 이에 Eden경은 초상을 다시 원래대로 복원한 후 자신에게 인도하여야 하며, 손해를 배상하라는 소송을 제기하였다. 제1심은 Eden경의 청구를 모두 인용했으나 항소심은 복원 후 인도하라는 부분은 파기하였다. Eden경은 그가 지급한 100기니를 돌려받고 계약 위반에 따른 손해는 배상받았지만 초상화를 복원하거나 인도받을 수는 없었다. 파기원 역시 항소심 판결을 인용(認容)하였다[Eden v. Whistler, (1900)(D.P.) l. 497, (1900) Recueil Sirey(S. Jur.) l. 490 (Cass. Civ.)].

1) 공표권(저작권법 제11조)

미공표저작물에 대해서 공표여부를 결정할 권리, 즉 저작물을 공표할 것인가 말 것인가, 공표한다면 언제 어떠한 방법으로 할 것인가를 결정할 수 있는 저작자의 권리를 공표권이라 한다. 공표권은 저작자와 저작권자가 동일인인 경우에는 크게 문제가 없으나 저작자와 저작재산권자 내지는 저작물 소유자가 분리되어 있는 경우에는 저작자가 갖는 공표권과 저작재산권이나 소유권 행사와의 사이에 조정이 필요하므로 법은 다음과 같은 추정 및 간주규정을 두고 있다.

㈎ 저작자가 공표되지 아니한 저작물의 저작재산권을 제45조의 규정에 의한 양도 또는 제46조의 규정에 의한 이용허락, 제57조에 따른

배타적 발행권을 설정 또는 제63조에 따른 출판권을 설정한 경우에는 그 상대방에게 저작물의 공표를 동의한 것으로 추정한다.

(나) 저작자가 공표되지 아니한 미술저작물 · 건축저작물 또는 사진저작물(이하 '미술저작물 등'이라 한다)의 원본을 양도한 경우에는 그 상대방에게 저작물의 원본의 전시방법에 의한 공표를 동의한 것으로 추정한다.

(다) 원저작자의 동의를 얻어 작성된 2차적 저작물 또는 편집저작물이 공표된 경우에는 그 원저작물도 공표된 것으로 본다.

(라) 공표하지 아니한 저작물을 저작자가 제31조의 도서관 등에 기증한 경우 별도의 의사를 표시하지 않는 한 기증한 때에 공표에 동의한 것으로 추정한다.

| 판례 | 건축설계도 사건(대법원 2000.6.13.고지, 99마7466 결정)

저작자가 일단 저작물의 공표에 동의하였거나 저작자가 미공표 저작물의 저작재산권을 양도하거나 저작물의 이용 허락을 하여 저작권법 제11조 제2항에 의하여 그 상대방에게 저작물의 공표를 동의한 것으로 추정되는 이상 비록 그 저작물이 완전히 공표되지 않았다 하더라도 그 동의를 철회할 수는 없다.

| 판례 | Carco v. Camoin 사건[30]

본건에서 미술가 샤를 카무엥(Charles Camoin)은 그대로 공표하면 자신의 명성에 피해를 줄지도 모르는 그림들을 여러 점 버렸다. 작가인 Francis Carco는 그 캔버스들을 주웠고 이를 복원시켜서 자신의 다른 소장품과 함

30) Judgement of 6 mars 1931(Carco c. Camoin), Cour d'appel Paris, 1931 Recueil Pe'riodique et Critique[D.P.]II.88. (Cheryl Swack, "Safeguarding Artistic Creation and The Cultural Heritage: A Comparison of Droit Moral between France and the United States". *Columbia Journal of Law & the Arts*. (No.22) 1998, 375면에서 재인용.

께 1925년에 경매장에서 판매하였다. 카무엥은 그 작품들을 회수하여 파기할 것을 요구했다. 파리항소법원은 카무엥은 카르코가 마음대로 복원한 작품들을 시장에서 회수하여 파괴할 권리가 있다고 판시하였다. 법원은 버려진 작품을 주워 모아 점유를 통해 명백히 소유자가 된, 이른바 무주물 선점자라고 하더라도 저작자의 인격권을 박탈하지는 못한다고 판시하였다.

2) **성명표시권**(저작권법 제12조)

저작물의 창작자인 것을 주장할 수 있는 권리, 즉 저작물의 원본이나 그 복제물에 또는 저작물의 공표 매체에 그의 실명 또는 이명(펜네임, 예명)을 표시할 수 있는 저작자의 권리를 성명표시권이라 한다. 저작자는 자기 자신의 저작물에 대하여 저작자임을 주장할 수 있고, 그 저작물에 이름을 붙일 수도 안 붙일 수도 있으며, 실명을 표시하거나 가명이나 이명을 표시하거나 자유롭게 결정할 권리가 있다(법 제12조 제1항). 타인의 저작물을 이용하는 자는 저작자가 실명으로 하였으면 실명으로, 이명으로 하였으면 이명으로 그대로 표시를 하여야 한다(법 제12조 제2항 참조). 다만, 저작물의 성질이나 그 이용목적 및 형태 등에 비추어 부득이하다고 인정되는 경우에는 그러하지 아니하다(법 제12조 제2항 단서).

일반적으로 미술작가는 작품을 완성한 후 자신의 작품이라는 사인(sign)을 한다. 일종의 성명표시이다. 따라서 미술작품을 구입한 자가 성명부분을 고의적으로 파손했다면 성명표시권 침해로 될 것이다. 또 모작을 그린 자가 그 모작에 진품 작가의 성명을 표시하였다면 이것 또한 성명표시권 침해이다.

| 판례 | 화가의 서명(대법원 2000.4.21.선고 97후860, 877, 884 판결)

화가가 그의 미술저작물에 표시한 서명은 그 저작물이 자신의 작품임을 표시하는 수단에 불과하여 특별한 사정이 없는 한 그 자체가 예술적 감정이나 사상의 표현을 위한 것이라고는 할 수 없어 저작권법상의 독립된 저작물이라고 보기 어려우나, 이러한 서명은 저작자인 화가가 저작권법 제12

조 제1항에 의한 성명표시권에 의하여 자기 저작물의 내용에 대한 책임의 귀속을 명백히 함과 동시에 저작물에 대하여 주어지는 사회적 평가를 저작자 자신에게 귀속시키려는 의도로 표시하는 것이다.

♣ 피에타 – 이것은 피렌체의 미켈란젤로 부오나로티 작품이다.

미켈란젤로가 피에타를 완성하고, 어느 날 아침 전시된 자신의 작품을 보기 위해 나갔다. 피에타 주위에는 롬바르디로부터 온 많은 사람들이 그 작품을 큰소리로 칭찬하면서 서 있었다. 그중 한 사람이 다른 사람에게 물었다. 누가 저 조각품을 만들었지? 옆 사람이 대답했다. 그야 우리 밀라노 사람 고보(Gobo)[31]지. 미켈란젤로는 가만히 있었지만 자신의 작품이 타인의 것으로 이야기되는 것에 화가 났다. 그날 저녁 미켈란젤로는 어둠을 밝힐 불과 끌을 가지고 성당으로 가, 조각품 위에 자신의 이름을 새겨 넣었다. – MICHAELA[N] GELUS BONAROTUS FLORENTIN[US] FACIEBA[T].[32]

3) 동일성유지권(저작권법 제13조)

저작자는 그 저작물의 내용·형식 및 제호의 동일성을 유지할 권리를 가진다(제1항). 그러나 저작자는 다음 각호의 1에 해당하는 변경에 대하여는 이의할 수 없다. 다만, 본질적인 내용의 변경은 그러하지 아니하다(제2항).

(가) 저작권법 제25조의 규정에 의하여 저작물을 이용하는 경우에 학교교육목적상 부득이하다고 인정되는 범위 안에서의 표현의 변경

(나) 건축물의 증축·개축 그 밖의 변형

(다) 그 밖에 저작물의 성질이나 그 이용의 목적 및 형태에 비추어 부득

---

31) 미켈란젤로의 라이벌 조각가였던 크리스토포로 솔라리(Christoforo Solari)의 별명이라고 한다.

32) Cheryl Swack, 앞의 글, 368-369면 및 http://en.wikipedia.org/wiki/Piet%C3%A0_ (Michelangelo). 서명(sign) 후 미켈란젤로는 자신의 지나친 자부심에 후회를 했고, 이 후에는 어느 작품에도 서명을 하지 않았다고 한다.

이하다고 인정되는 범위 안에서의 변경

예컨대 그림을 사진복제하는 경우 기술적 제약 때문에 원색대로의 색이 나오지 아니한 경우라면 부득이하다고 인정되는 범위 안에서의 개변으로서 허용된다. 그러나 나체화에 옷을 입은 것과 같은 효과를 얻기 위하여 그림의 소유자가 그림 위에 색을 칠하는 것('바위섬의 사이렌' 사건)은 동일성 유지권을 침해하는 행위이다.

| 판례 | 제호의 변경이 아니라고 한 예: 누드사진 전재 사건(대법원 1990.10.23.선고, 90다카8845 판결)

사실관계〉 일본의 시사주간지에 "한국으로부터의 누드 · 비장의 사진 일거에 대공개"라는 제호로 게재된 한국 여인의 누드를 국내잡지가 게재하면서 "사진예술작품들 일본으로 건너가 포르노성 기획으로 둔갑"이라는 제호로 전재하였다. 이에 제호변경이 동일성 유지권 침해라고 제소하였다.

판결요지〉 사진저작물을 인용 · 게재한 잡지의 기사 제호들에 대하여는 사진저작물의 제호를 개변함으로써 제호에 대한 동일성 유지권을 침해한 것이라기보다는 위 잡지들에 게재한 인용저작물의 제호라고 보아야 할 것이기 때문에 제호의 변경이나 개변이 있었다고 볼 수 없다.

| 판례 | 동일성유지권의 침해를 인정한 예: 바위섬의 사이렌 사건(독일 RGZ, 79, 397-Freskogemälde)

저작자가 가지는 동일성유지권이 모두 유체물의 소유자에게 양도되는 것이 아님은 물론이다. 그 전형적인 예가 변경이다. 원작품의 소유자가 원작품에 변경을 가하는 것은 동일성유지권 침해이다. 좋은 예에 독일의 1912년 '바위섬의 사이렌'(Feleneiland mit Sirenen) 사건이 있다. 사건은 그림(나체화)의 소유자가 나체의 사이렌에 옷을 입히는 덧칠을 가한 것이다.[33]

파괴로부터 보호받을 권리

종래 우리 법은 그림의 소유자가 당해 그림을 파괴하는 것은 소유자의 영역에 남겨 두었고, 이러한 해석에 기초하여 소유자가 자신이 소유한 미술작품을 파괴하는 것은 자유라고 보았다. 매우 안일한 판단이었다고 본다. 이 점은 '도라산역 벽화사건'에서 이미 본 바와 같다. 그렇다고 파괴가 어느 경우나 저작자의 권리 침해로 이어진다고 볼 수도 없다. 소유자의 권리 역시 헌법이 보장하는 재산권이기 때문이다.[34] 모든 파괴를 금지하는 것은 본질적 내용의 침해요, 온 세상이 미술품으로 넘쳐날 것이다. 결국 순수미술작품의 파괴의 경우에는 저작자와 소유자 사이의 이익의 조화, 형량이 필요하다. 또 이러한 내용이 저작권법 등에 반영될 필요가 있다.

i) 스위스의 경우

스위스 저작권법은 저작물의 소유자가 원저작물을 파괴하는 것을 제한하는 규정이 있다: 원작품의 소유자는 그 작품의 별도의 복제물이 존재하지 아니하고 또 저작자가 보존에 관하여 정당한 이익을 가진다고 추정할 만한 상당한 사유가 있는 경우에는 먼저 저작자에 대한 반환의 제의를 하여야 하며, 이러한 제의를 하지 아니하고는 파괴하지 못한다. 소유자는 저작자의 반환 제의시 당해 작품의 재료비 이상을 청구할 수 없다. 그리고 소유자는 원작품을 되돌려주는 것이 불가능할 경우에는 적당한 방법으로 원저작품의 복제를 가능하게 하여야 한다. 다만, 건축저작물인 경우에는 저작자는 저작물을 사진을 찍거나 자기 자신의 비용으로 설계도의 복제물을 요구할 권리만을 가진다.[35]

---

33) 보다 자세한 것은 계승균, "저작권과 소유권," 『계간저작권』(제65호), 저작권위원회, 2004년 봄호, 2쪽 주 2 및 3쪽 참조.

34) 소유권과 저작권의 관계에 대해서는, 계승균, 『저작권과 소유권』, 부산대학교 출판부, 2015; 이상정, "소유자의 작품 파괴와 저작인격권," 『계간 저작권』(제97호), 한국저작권위원회, 2012 봄호(2012.3), 43면 이하 참조.

35) 계승균, 위의 논문, 4-5쪽; 이상정, "스위스저작권법의 개요," 『계간 저작권』(제31

ii) 미국

미국 저작권법 제106조의 A(3)는 "그의 명예나 명성을 손상하는 저작물의 고의적 왜곡, 삭제 기타 변경을 금지할 권리와 '인정된 지위'(recognized stature)를 가진 작품을 고의 또는 중과실로 파괴하는 것을 금지할 권리를 가진다"고 규정한다. 명시적으로 작품 파괴를 금지하고 있는 것이다. 그러나 '인정된 지위'(recognized stature)를 가진 작품으로 인정받는 것은 입법과정에서의 논의와 달리 쉽지 않다.[36)]

| 판례 | **Martin v. City of Indianapolis, 192 F.3d 608(7th Cir. 1999)**

원고는 1984년부터 약 2년간 사진과 같은 가로 12미터 세로 6미터의 조각을 설치하였는데 원고를 고용한 회사와 피고 간에 "원고의 조각을 제거할 경우 도시개발부서장이 서명한 문서에 의한 통지를 원고에게 하기로 약정"하였다. 1992년에 도시 재개발 계획에 따라 피고는 원고의 조각이 설치된 부지를 매입하고 원고의 작품을 제거하기를 원하였는데, 원고는 피고에 대해서 원고가 원하는 장소에 피고의 비용으로 작품을 이전하여 설치할 수 있다면 작품을 기증하겠다고 제안하였다. 이에 대하여 피고는 원고에게 만약 원고의 작품이 이전되어야 한다면 사전에 통지하겠다고 하였다. 그러나 피고는 원고에 대한 통지 없이 원고의 작품을 제거하였다. 문제는 원고

호), 1995년 가을호, 8쪽.

36) '인정된 지위'를 가진 작품이라는 것은 피카소나 샤갈 정도의 작품이라는 것을 의미하는 것이 아니라 이는 단지 5살 난 아이가 손가락으로 그린 그림 같은 것을 반 친구가 찢었다고 하여 소송을 제기하는 것 같은 남소(濫訴)사태를 막기 위한 것에 불과하다고 설명되었다(박준우, "미국 연방저작권법의 저작인격권의 보호," 『계간 저작권』(제84호), 2008년 겨울호, 69쪽). "인정된 지위"에 관한 보다 자세한 것은, 위의 글, 69-70쪽 참조.

작품이 '인정된 지위'(recognized stature)를 얻었느냐이다. 이 건에서 법원은 원고가 제출한 증거를 기초로 인정된 지위를 인정하고 저작인격권 침해를 인정하였다.

4) 저작인격권의 일신전속성

(가) 저작인격권은 저작자 일신에 전속한다. 따라서 제3자에게 양도할 수 없다.

(나) 저작인격권은 저작자의 사망과 더불어 소멸하나 저작자 사후 인격적 이익보호를 위해 다음과 같은 규정을 두고 있다. 즉 저작자의 사망 후에 그의 저작물을 이용하는 자는 저작자가 생존하였더라면 그 저작인격권의 침해가 될 행위를 하여서는 아니 된다. 다만, 그 행위의 성질 및 정도에 비추어 사회통념상 그 저작자의 명예를 훼손하는 것이 아니라고 인정되는 경우에는 그러하지 아니하다.

(3) 저작재산권

우리 저작권법은 저작자의 경제적 이익을 위하여 복제권, 배포권, 대여권, 공연권, 전시권, 공중송신권, 2차적 저작물 작성권을 인정한다. 이 중 대여권은 판매용 음반 및 컴퓨터프로그램에 대해서만 인정되는 권리이므로 미술저작물과는 무관하며, 공연권[37] 역시 관계가 크지 않다. 대신 법은 전시권을 인정한다. 이하 복제권, 배포권, 전시권에 대해서 차례로 본다.

1) 복제권

'복제'는 인쇄 · 사진촬영 · 복사 · 녹음 · 녹화 그 밖의 방법에 의하여

---

37) "공연"은 저작물 또는 실연 · 음반 · 방송을 상연 · 연주 · 가창 · 구연 · 낭독 · 상영 · 재생 그 밖의 방법으로 공중에게 공개하는 것을 말하며, 동일인의 점유에 속하는 연결된 장소 안에서 이루어지는 송신(전송을 제외한다)을 포함한다(저작권법 제2조 제3호).

유형물에 고정하거나 유형물로 다시 제작하는 것을 말하며, 건축물의 경우에는 그 건축을 위한 모형 또는 설계도서에 따라 이를 시공하는 것을 포함한다(법 제2조 제22호). 법은 복제방법으로 인쇄 · 사진촬영 · 복사 · 녹음 · 녹화를 예시하고 있으나 그 밖의 방법, 예컨대 필사의 경우에도 복제로 된다. 따라서 타인이 촬영한 사진 작품을 보고 그대로 그림을 그리는 것은 촬영자의 허락을 받지 않는 한 복제권 침해로 된다.[38] 다만 많은 습작의 경우에는 저작권법 제30조의 사적 이용을 위한 복제가 될 것이다.[39]

한편 작품의 소유권자라고 하더라도 복제권을 양도받지 않은 한 자신이 소유하는 작품의 복제를 통한 이용은 저작권침해임은 물론이다. 또 소유자는 소유물의 무체적 이용을 통제할 수 없다. 예컨대 그림을 판 화가가 그 그림을 달력에 이용하도록 허락한 경우라도 소유자는 이에 대하여 이의를 제기할 수 없다. 반대로 소유자가 그 그림을 달력에 이용하도록 허락하는 것은 저작권침해이다.

위작(僞作), 표절(剽竊)과 복제권

위작이란 "딴 사람이 그 작가가 만든 것처럼 비슷하게 만듦. 또는 그 작품"이다.[40] 이러한 위작은 위작 대상이 된 작품의 저작권이 존속하는 경우라면 복제권 및 성명표시권 침해로 된다. 한편 표절이란 남의 작품을 몰래 가져다가 자기 것으로 발표하는 것이다.[41] 남의 것을 자기 것으로 발표함으로 성명표시권 침해도 되겠지만 그대로 복제한 경우는 복제권 침해, 남의 것에 창작성이 가미된 경우는 2차적 저작물 작성권 침해로 된다.[42]

38) 많은 경우 '차용미술'로 되어 복잡한 법률문제를 일으킨다.

39) 제30조(사적 이용을 위한 복제) 공표된 저작물을 영리를 목적으로 하지 아니하고 개인적으로 이용하거나 가정 및 이에 준하는 한정된 범위 안에서 이용하는 경우에는 그 이용자는 이를 복제할 수 있다.

40) 이희승 감수, 민중 에센스 국어사전, 1750쪽.

41) 위의 사전, 2413쪽 참조.

2) 배포권

저작자는 저작물의 원본이나 그 복제물을 배포할 권리를 가진다(법 제20조). 배포란 저작물의 원본 또는 그 복제물을 공중에게 대가를 받거나 받지 아니하고 양도 또는 대여하는 것을 말한다(법 제2조 제23호). 우리 법은 배포권을 인정하되 다만, "저작물의 원본이나 그 복제물이 배포권자의 허락을 받아 판매 등의 방법으로 거래에 제공된 경우에는 그러하지 아니하다"는 단서 규정을 두어 소위 최초판매의 법리(first sale doctrine)를 인정하고 있다. 즉 저작권자가 일단 타인에게 양도한 원본 또는 복제물은 그 원본이나 복제물을 취득한 자가 마음대로 처분할 수 있다. 따라서 그림을 매수한 자는 저작권자의 허락 없이도 그 그림을 제3자에게 다시 팔 수 있다.

3) 전시권

우리 저작권법 제19조는 "저작자는 미술저작물 등의 원작품이나 그 복제물을 전시할 권리를 가진다"고 규정하여 미술저작물 저작자에게 전시권을 인정하고 있다.[43] 또 일본저작권법과 달리 원작품뿐만 아니라 복제물에 대해서도 전시권을 인정한다.

우리법상 전시권 규정의 문제점

우리 저작권법은 미술저작물·건축저작물 또는 사진저작물(이하 '미술저작물 등'이라 한다)에 대해서 전시권을 인정한 후 동법 제35조에서 미술저작물 등의 전시 또는 복제에 대한 제한 규정을 두고 있다. 그러나 우리법상 전시권 규정은 세계에서 유례 없는 입법일 뿐만 아니라 이러한 규

42) 그러나 스타일이나 화풍이 유사하다는 것만으로는 저작권재산권침해로 되는 것은 아니다(후술『저작권침해』부분 참조).

43) 우리 법상 展示에 대한 정의규정은 없다. 이것은 입법자들이 통상의 사전적 의미(즉 물품 따위를 펴서 봄. 또는 보임)로 사용한 것으로 보인다.

정대로 법을 운용하면 지나치게 권리자에게 유리하게 되어 저작권법의 또 하나의 축인 공공의 이익은 무시되고 만다.[44] 다음 표는 주요국의 전시권과 관련된 내용이다.

국가	권리 내용	제한 내용	비 고
우리나라	원작품 및 복제물의 전시	소유자 등에 의한 원작품의 전시	* 복제물의 전시에 대한 제한 규정 없다.
영국	미술저작물 등에 대한 전시권 규정 없다.		
미국	원작품 및 복제물의 전시	일단 판매되면 권리 소진	
일본	미술저작물의 원작품 및 미공표 사진저작물	소유자 등에 의한 원작품 전시	
독일	미공표 미술저작물 및 사진저작물		* 공표되면 전시권 없다.

위 표와 같이 우리법 제정에 참고가 된 일본 저작권법(동법 제25조)도 전시권을 인정하나 미술저작물 또는 아직 발행되지 아니한 사진저작물의 원작품에 대해서만 인정하므로 원작품이 아닌 것에 의한 전시는 언제나 자유이다. 이에 반해 우리의 경우는 원작품이 아닌 것에 의한 전시는 언제나 권리자의 허락을 얻도록 되어 있다.

추구권(추급권)

미술저작물의 원작품과 작가 및 작곡가의 원고에 대해서는 그 저작자는 저작자가 그 원작품 및 원고를 양도한 후에 행하여지는 그 원작품 및 원고의 매매이익에 관여하는 양도불능의 권리(inalienable right)를 가진다. 이를 추구권이라 한다. 그러므로 추구권이란 저작자에게 최초판매(first sale) 후에 가치가 증대된 저작물의 원작품의 재공매수입(再公賣收入)으로부터 나온 이익을 분배해 주기 위한 제도이다. 전통적으로 저작권

44) 보다 자세한 내용은, 이상정, "우리 저작권법상의 전시권의 문제점," 『경희법학』(41권 2호), 경희법학연구소, 2006.12, 225쪽 이하 참조.

법은 문학작가를 대상으로 그 복제를 통제할 수 있는 권리를 주는 것을 목적으로 한 것이다. 그러나 미술가들은 자기의 저작물에 대한 복제로부터의 수입이 주가 아니라 저작물의 판매에서 주로 수입을 얻는다. 이 때문에 작품을 일단 타인에게 양도한 후에는 미술가의 저작권은 실제로 유명무실하게 된다. 또 미술작품의 가격은 작가의 명성이 상승함에 따라 상승하는 것이 상례인데 그러한 상승된 이익에 작가가 전혀 참여치 못한다는 것은 불공평하다. 이러한 불합리를 구제하기 위하여 인정된 것이 추구권이다(최초의 인정국은 프랑스). 이를 일명 저작자 배당권이라고도 한다. EU의 경우는 추구권에 관한 지침[45]이 성립되어 있어 각 회원국은 이에 따른 입법을 하였다. 과거 한국과 EU의 자유무역협정(FTA)에 있어서 저작권관련 중요한 주제 중의 하나[46]이었으나 현재는 별다른 논의가 없는 상태에 있다. 현재 추구권제도를 도입한 국가는 50개국 이상으로 보인다.[47]

♣ EU의 추구권 지침

유럽연합(EU)은 2001년 추구권지침을 마련하였다. 이 지침에 의하면 3000유로

---

45) Directive 2001/84/EC of the European Parliament and of the Council on the resale right for the benefit of the author of an original work of art.

46) 미술 원작품의 저작자 이익을 위한 재판매권에 관한 유럽의회 및 유럽이사회의 2001/EC 지침, 『계간 저작권』(제564호), 저작권심의조정위원회, 2001.12.

47) 추구권에 대해서는 다음 문헌 참조: 안경환, "미술저작물 저작자의 추급권,"「계간저작권」(통권 4호), 한국저작권위원회 1988.10; 김원오, "EU 및 그 주요 회권국의 추급권 입법 동향,"「계간저작권」(통권 79호), 한국저작권위원회, 2007.9; 박성호, "미술저작물의 추급권 문제",「창작과 법」(제1권 제1호), 홍익대학교 창작과 법 연구센터, 2007, 91면 이하; 계승균, "독일저작권법상 추급권에 관한 연구,"「창작과 권리」(통권 48호), 세창출판사, 2007.9; 이동기/김솔하, "유럽의 추급권 제도 운영과 우리나라에의 도입 여부에 관한 연구,"「계간저작권」(통권 85호), 한국저작권위원회, 2009.3; 이윤정, "미술저작물 저작자의 권리에 대한 고찰: 추급권을 중심으로," 인하대 대학원(석사학위논문), 2008.2; 박은정, "예술저작품의 추급권에 대한 비교법적 고찰," 숙명여대 대학원(석사학위논문), 2009.6; 권안젤라, "미술저작자의 추급권 도입방안에 관한 연구," 경희대학교(박사학위논문), 2011.8.

이상으로 거래된 작품에 한하여 추구권이 인정되며, 판매가격에 따라 요율이 조정된다. 예컨대 5만 유로까지는 판매가격의 4%, 20만 유로까지는 3% 식이다.[48] 그러므로 33만 유로에 작품이 팔렸다면 5만 유로까지의 4%(2000유로), 5만 유로에서 20만 유로까지 15만 유로의 3%(4500유로), 그리고 20만 유로 초과분인 13만 유로의 1%(1300유로)를 배당해야 하므로 모두 7800유로가 추구권료가 된다. 흥미로운 것은 이러한 추구권이 도입되기 전에도 프랑스에서는 증대된 이익의 일부를 작가에게 배당한 사례가 있었다는 사실이다. 세계 최초의 미술품 투자 펀드였던 '곰의 가죽(La peau de l'ours)' 펀드 이야기다. '곰의 가죽' 펀드는 프랑스인 앙드레 르벨이 1904년 그의 가족 및 친구 등 12명으로 구성하였는데, 10년 후인 1914년 놀랄 만한 성공을 거두었다. 이렇게 수익을 올린 르벨은 거두어들인 수익의 15%를 작가들에게 나누어 주었다.

♣ coffee break: 고흐의 '농부'

일본에서의 이야기이다. 2003년 2월 8일, 서양화가 中川一政 씨의 컬렉션이 긴자의 갤러리에서 경매에 부쳐졌고, 그중 유채화 [농부]가 당초는 '작자미상'으로 예상낙찰가 1만円이었으나 경매 직전에 조사한 결과, 그 그림은 고흐의 그림으로 밝혀져 최종적으로 6600만円에 낙찰되었다. 이 뉴스는 고흐 그림이 처음에는 1만円의 가격으로 매겨진 것, 도대체 그림 가격이란 무엇인가, 일본인은 고흐를 좋아한다는 등 여러 가지 뒷말을 남겼다. 아마도 이 경우, 당초는 1만円이라도 팔리면 좋다고 생각하고 경매에 붙였던바 뜻밖에도 거금이 들어와 판매자도 기뻤을 것이고, 또 고흐 그림을 구입한 구매자도 고흐 그림을 수중에 넣게 되어 기뻤을 것이다. 아마도 모두에게 만족스러운 결과가 된 것같이 보인다. 그러나 과연 그럴까. 당초 1만円이 6600만円으로 된 것은 누구의 덕일까. 성명에 대

48)

Portion of the net sale price	Royalty rate (Art. 4)
〈€50,000	4%
€50,000 - €200,000	3%
€200,000 - €350,000	1%
€350,000 - €500,000	0.5%
〉€500,000	0.25%

한 퍼블리시티권이 인정되듯 순수미술작품에 대한 추구권도 인정되어야 한다.

(4) 저작재산권의 제한

1) 서 언

우리 저작권법은 제23조에서 제38조까지 저작재산권 제한규정을 두고 있다. 그 내용은 다음과 같다.

제23조: 재판절차 등에서의 복제	제24조: 정치적 연설 등의 이용
제24조의2: 공공저작물의 자유이용	제25조: 학교교육목적 등에의 이용
제26조: 시사보도를 위한 이용	제27조: 시사적인 기사 및 논설의 복제 등
제28조: 공표된 저작물의 인용	제29조: 영리를 목적으로 하지 아니하는 공연·방송
제30조: 사적 이용을 위한 복제	제31조: 도서관 등에서의 복제 등
제32조: 시험문제로서의 복제	제33조: 시각장애인 등을 위한 복제 등
제33조의 2: 청각장애인 등을 위한 복제 등	제34조: 방송사업자의 일시적 녹음·녹화
제35조: 미술저작물 등의 전시 또는 복제	제35조의2: 저작물 이용과정에서의 일시적 복제
제35조의3: 저작물의 공정한 이용	제36조: 번역 등에 의한 이용
제37조: 출처의 명시	제37조의2: 적용 제외
제38조: 저작인격권과의 관계	

본서에서는 이 중 미술저작물과 관련해서 의미가 있는 조항에 대해서만 살펴보는 것으로 한다.

2) 학교교육목적 등에의 이용

저작권자의 보호도 중요하지만 자라나는 2세의 교육도 매우 중요하다. 이에 우리 저작권법은 공표된 저작물을 학교교육목적을 위하여 사용하는 경우에는 저작재산권을 제한하고 있다. 법 제25조는 허락도 대가도 없이 자유로이 이용할 수 있는 경우(free use)와 허락은 필요 없으나 대가는 지급하여야 하는 법정허락(statutory licences)의 일종이라고 볼 수 있는 경우를 동일한 조문에서 규정하고 있다.

㈎ 고등학교 및 이에 준하는 학교 이하의 학교의 교육목적상 필요한 교과용 도서에는 공표된 저작물을 게재할 수 있되(법 제25조 제1항) 문화체육관광부장관이 정하여 고시하는 기준에 의한 보상금을 저작재산권자에게 지급하여야 한다. 본조는 교과용 도서라고 규정하고 있으므로 소위 학습참고서류는 포함하지 아니한다.

문화체육관광부 고시 제2014-0052호

〈교과용도서 보상금 기준〉

저작권법 제25조 제4항에 의거 교과용도서 보상금 기준을 다음과 같이 고시합니다.

2014년 12월 16일

문화체육관광부 장관

1. 적용기간: 2015년 1월 1일~차기개정일
2. 보상 대상: 교과용 도서에 관한 규정(대통령령 제22143호) 제2조에서 규정한 교과서 및 지도서로서 전자저작물 포함
3. 보상 기준
 1) 교과서와 지도서별로 각각 보상
 2) (생략)
 3) 원저작물을 번역 · 변형 · 각색 등의 방법으로 작성한 2차적 저작물을 게재한 경우에는 다음과 같이 보상
  ㅇ 원저작권자와 2차적 저작물 저작권자가 사전에 협의한 경우에는 그 비율로 보상
  ㅇ 협의가 이루어지지 않을 경우에는 원저작권자와 2차적 저작물 저작권자에게 각 50/100씩 지급하고, 음악저작물을 편곡한 경우 원저작권자에게 70/100, 편곡자에게 30/100을 각각 지급
 4) 컴퓨터 화면 캡처의 경우에는 해당 화면을 구성하는 각 저작물에 대하여 보상기준에 따라 각각 지급
4. 저작물별 보상 기준 및 보상금액(1천부 또는 1천명 기준)

저작물별	보 상 기 준	보상금액		비고
		기준1	기준2	
어문저작물	(생략)	(생략)		
음악저작물	(생략)	(생략)		
미술·사진저작물	1/2쪽 이상 1쪽 이하 크기	1,004원	1,205원	
	1/4쪽 이상 1/2쪽 미만 크기	501원	601원	
	1/4쪽 미만 크기	298원	358원	

※ 1천부(또는 1천명) 이하는 1천부로 하고 1천부를 초과하는 경우에는 발행 부수에 비례함

※ 서책으로만 또는 전자저작물로만 교과용도서를 발행할 경우 "기준 1"을, 서책형과 전자저작물을 동시 발행할 경우 "기준 2"를 적용

※ 교과용도서 보상금은 사단법인 한국복제전송저작권협회(저작권법 제25조 제5항에 의거 문화체육관광부장관에 의해 지정된 보상금 수령단체)에서 수령하여 저작권자에게 분배함

5. 재검토기한: 「훈령·예규 등의 발령 및 관리에 관한 규정」(대통령훈령 제248호)에 따라 2017년 12월 31일까지 이 고시의 폐지, 개정 등의 조치를 취하여야 함

(나) 특별법[49]에 의하여 설립되었거나 교육법에 의한 교육기관 또는 국가나 지방자치단체가 운영하는 교육기관은 그 수업목적상 필요하다고 인정되는 경우에는 공표된 저작물의 일부분을 복제·배포·공연·전시 또는 공중송신할 수 있다. 다만, 저작물의 성질이나 그 이용의 목적 및 형태 등에 비추어 저작물의 전부를 이용하는 것이 부득이한 경우에는 전부를 이용할 수 있다(법 제25조 제2항). 이 경우 당해 교육기관이 고등학교 및 이에 준하는 학교 이하의 학교라면 자유사용할 수 있되 대학이나 그 이상의 교육기관이라면 문화체육관광부장관이 정하여 고시하는 기준에 의한 보상금을 지급하여야 한다. 또 교육을 받는 자는 수업목적상 필요하다고 인정되는 경우에는 제2항의 범위 내에서 공표된 저작물을 복제하거나 전송할 수 있다. 이것은 교사뿐만 아니라 학생도 복제하거나 전송할 수 있다는 의미이며, 수업이 교사로부터 학생에게 일방적으로 행해지는 것이 아니라 학생도 교사에게 쌍방향으로 이루어지는 소통과정임을 고려

49) 「평생교육법」, 「직업교육훈련촉진법」, 「산업교육 및 산학협력촉진에 관한 법률」, 「특수교육진흥법」 등. 그러나 「학원의 설립·운영 및 과외교습에 관한 법률」에 의한 학원이나 교습소는 제외된다.

한 것이다.[50]

2006년 개정에서 전송까지 포함시킨 것은 인터넷 환경하에서 원격교육에 대비하기 위한 것이다. 다만 교육기관이 전송을 하는 경우에는 저작권 그 밖에 이 법에 의하여 보호되는 권리의 침해를 방지하기 위하여 복제방지조치 등 대통령령이 정하는 필요한 조치를 하여야 한다. 여기서 말하는 "대통령령이 정하는 필요한 조치"란 다음 각 호의 조치를 말한다(시행령 제9조).

1. 불법 이용을 방지하기 위하여 필요한 다음 각 목에 해당하는 기 술적 조치
   가. 전송하는 저작물을 수업을 받는 자 외에는 이용할 수 없도록 하는 접근제한조치
   나. 전송하는 저작물을 수업을 받는 자 외에는 복제할 수 없도록 하는 복제방지조치
2. 저작물에 저작권 보호 관련 경고문구의 표시
3. 전송과 관련한 보상금을 산정하기 위한 장치의 설치

한편 공표된 저작물을 교육목적 등을 위하여 이용하는 경우에는 부득이한 범위 안에서 표현의 변경은 가능하나(법 제13조 참조), 출처는 명시하여야 한다(법 제37조 참조).

(다) 교과용 도서에 게재하거나 대학 등에서 복제·공연·방송 또는 전송하는 경우에는 보상금을 지급하여야 하나 저작권자가 가지는 보상을 받을 권리는 문화체육관광부장관이 지정하는 단체를 통하여 행사되어야 한다(법 제25조 제5항). 지정받은 단체[51]는 그 구성원이 아니라도 보상권리자로부터 신청이 있을 때에는 그자를 위하여 그 권리행사를 거부할 수 없다. 이 경우 그 단체는 자기의 명의로 그 권리에 관한 재판상 또는 재판

50) 임원선, 『실무자를 위한 저작권법』, 저작권심의조정위원회, 2006.12, 189쪽.
51) 현재 지정받은 단체는 "한국복사전송권관리센터"이다.

외의 행위를 할 권한을 가진다.

㈑ 지정받은 단체는 보상금 분배 공고를 한 날부터 3년이 경과한 미분배 보상금에 대하여 문화체육관광부장관의 승인을 얻어 공익목적을 위하여 사용할 수 있다. 법 제25조 제8항에서 "공익목적"이란 다음 각 호의 목적을 말한다(시행령 제8조 제1항).

1. 저작권 교육 · 홍보 및 연구
2. 저작권 정보의 관리 및 제공
3. 저작물 창작 활동의 지원
4. 저작권 보호 사업
5. 창작자 권익옹호 사업
6. 저작물 이용 활성화 및 공정한 이용을 도모하기 위한 사업

3) 공표된 저작물의 인용(법 28조)

공표된 저작물은 보도 · 비평 · 교육 · 연구 등을 위하여는 정당한 범위 안에서 공정한 관행에 합치되게 이를 인용할 수 있다. 허용될 수 있는 인용인지의 여부는 그 목적이나 관행에 의하여 정당화될 수 있는 범위 내인지에 달려 있다. 어느 정도가 정당화될 수 있는 범위 내인지에 대해서는 일정한 기준이 정해져 있는 것은 아니다. 일반적으로는 짧은 인용으로 충분하겠지만 경우에 따라서는 미술저작물이나 시에 대한 비평을 하는 경우처럼 저작물 전체를 인용해야 할 필요가 있는 경우도 있을 것이다.[52)]

| 판례 | 'Be The Reds!'사건(대법원 2014.8.26. 선고 2012도10786 판결)

저작권법 제28조는 공표된 저작물은 보도 · 비평 · 교육 · 연구 등을 위하

---

52) 해서 베른협약에서도 '짧은'(short)이라는 수식어를 인용 앞에 넣자는 제안이 받아들여지지 않았다고 한다(임원선, 위의 책, 258면 주328)).

여는 정당한 범위 안에서 공정한 관행에 합치되게 이를 인용할 수 있다고 규정하고 있는데, —이 경우 반드시 비영리적인 이용이어야만 하는 것은 아니지만 영리적인 목적을 위한 이용은 비영리적인 목적을 위한 이용의 경우에 비하여 자유이용이 허용되는 범위가 상당히 좁아진다.

◈ 인용 규정을 확대 적용한 일본 판례

공정이용 규정이 없는 일본에서는 미술감정서 작성시 원그림을 축소 복사하여 감정서의 뒷면에 첨부하는 것은 적법한 인용에 해당한다고 판시하였다[일본 지적재산고등재판소 평성 22.10.13.(평성 22(ネ)10052)].

"본건 각 감정증서에 본건 각 회화를 복제한 본건 각 카피를 첨부한 것이 저작권법 제32조에서 말하는 인용으로서의 이용으로서 허용되는가 아닌가에 대해서 검토하면, 본건 각 감정증서는 여기에 본건 각 카피가 첨부되어 있는 본건 각 회화가 眞作인 것을 증명하는 감정서이며, 본건 각 감정증서에 본건 각 카피를 첨부한 것은 그 감정대상인 회화를 특정하고, 또 당해 감정증서의 위조를 방지하기 위한 것인바, 이를 위해서는 일반적으로 보아도 감정대상인 회화의 컬러 카피를 첨부하는 것이 확실하며, 첨부의 필요성, 유용성도 인정되는 것 외에, 저작물의 감정업무가 적정하게 행하여지는 것은, 贋作(안작: 僞作)의 존재를 배제하고, 저작물의 가치를 높이며, 저작권자 등의 권리의 보호를 도모하는 것에도 연결되는 것 등을 아울러 고려하면, 저작물의 감정을 위하여 당해 저작물의 복제를 이용하는 것은, 저작권법이 규정하는 인용의 목적에 포함된다고 말하지 않으면 안 된다.

그리고 본건 각 카피는 모두 홀로그램 실(seal)을 첩부한 표면 감정증서의 뒷면(裏面)에 첨부되어 表裏一體의 것으로서 파우치* 래미네이트(pouch laminated) 가공되어 있고, 본건 각 카피 부분만이 분리해서 이용에 제공되는 것은 생각하기 어려운 점, 본건 각 감정증서는 본건 각 회화의 소유자의 직접 또는 간접의 의뢰에 기해서 1부씩 제작되는 것이며, 본건 회화와 그 소재를 같이하는 것이 예정되어 있고, 본건 각 회화와 별도로 유통하는 것도 생각하기 어려운 것에 비추어 보면, 본건 각 감정증서를 제작함에 있어, 본건 각 회화를 복제한 본건 각 카피를 첨부하는 것은, 그 방법 내지 태양에 비추어 보아도 사회 통념상 합리적인 범위 내에 그치는 것이라고 할 수 있다.

더욱이 이상의 방법 내지 태양이라면 본건 각 회화의 저작권을 상속한 피항소인 등의 허락 없이 본건 각 회화를 복제한 컬러 카피가 미술서 등에 첨부되어 배포되는 경우 등과는 달리, 피항소인 등이 본건 각 회화의 복제권을 이용해서 경제적 이익을 얻을 기회가 상실된다는 하는 것 등도 생각하기 어려우며, 이상을 종합적으로 고려하면, 항소인이 본건 각 감정증서를 제작함에 있어 그 뒷면에 본건 각 카피를 첨부한 것은 저작물을 인용해서 감정하는 방법 내지 태양에 있어서 그 감정에 요구되는 공정한 관행에 합치한 것이라고 말할 수 있고, 또 그 인용의 목적상으로도 정당한 범위 내의 것이라고 말할 수 있다고 해야 할 것이다.

* 파우치: 인쇄물(印刷物)에 대한 래미네이트 가공의 속칭(俗称).

4) 미술저작물 등의 전시 또는 복제

㈎ 미술저작물 등의 소유자 등에 의한 전시(법 제35조 제1항)

그림이나 사진저작물 등의 저작권자는 그 원작품을 타인에게 양도한 후라도 전시권을 의연히 보유하고 있으나(법 제19조), 양수인이 취득한 소유권과의 조정상 법은 소유자나 그의 동의를 얻은 자는 저작권자의 허락이 없더라도 그 저작물을 원작품에 의하여 자유로이 전시할 수 있다고 규정한다. 다만, 가로 · 공원 · 건축물의 외벽 그 밖의 일반공중에게 개방된 장소에 항시 전시하는 경우에는 그 저작권자의 허락을 받아야 한다. 여기서 가로 · 공원 · 건축물의 외벽 그 밖의 일반공중에게 개방된 장소에 항시 전시하는 경우란 붙박이 전시, 즉 "항시 계속하여 일반 공중의 관람에 제공하는 상태에 두는 것을 말하며, 예컨대 이 충무공의 동상과 같이 용이하게 분리할 수 없는 형태로 토지상에 고정되어 있거나 벽화가 건축물 자체와 일체로 되어 있는 경우, 혹은 건축물의 외벽에 끼워 넣어서 고정한 경우 등이며, 계절에 따라 대체가 가능한 경우에는 여기에 해당하지 않는다. 아울러 구내 내지 경계선과의 관계에서 예컨대 국립현대미술관의 야외전시장에는 각종의 조각 작품들이 전시되어 있으며, 이들 전시작품은 외부인이 관람하려고 한다면 얼마든지 관람할 수 있으나, 이곳은 본항 단서에서 말하는 공개된 장소라고 할 수 없다. 왜냐하면 현대미술관의 야외전시장은 동관(同館)의 정원이라고 할 것이며, 또한 울타리 밖에서 관람하는 것을 전제로 한 것이 아니므로 미술관의 구내라고 보아야 하기 때문이다.[53]

㈏ 공개미술저작물 등의 이용(법 제35조 제2항)

가로 · 공원 · 건축물의 외벽 그 밖의 일반 공중에게 개방된 장소에 항시 전시되어 있는 동상이나 건축물 등을 사진촬영 한다든지 TV방영 한다든지 하는 것은 원칙적으로 자유이다. 다만, 건축물을 건축물로 복제하는 경우, 조각 또는 회화를 조각 또는 회화로 복제하는 경우, 가로 · 공원 등 개방된 장소 등에 항시 전시하기 위하여 복제하는 경우, 판매목적으로 복제하는 경우는 저작권자의 허락을 필요로 한다.

| 판례 | 호텔라운지에 전시된 미술저작물을 저작권자의 허락을 받지 않고 광고에 사용한 광고회사와 광고주의 책임[54]

사실관계〉 원고는 미술작가로서 2002.1. 무렵 서울 소재 甲 호텔 1층 라운지의 한쪽 벽면에 평원을 질주하는 말의 군상을 형상화한 설치 작품을 제작하였다. 원고 작품에는 원고의 성명이나 작품의 제목이 표시되어 있지 않았다.

피고 건설회사는 자사의 아파트 브랜드를 홍보하기 위하여 피고 (광고)기획 주식회사에게 위 아파트에 관한 동영상 광고제작을 의뢰하였고, 피고 (광고)기획 주식회사는 위와 같은 피고 건설회사로부터 아파트 방송광고의 대행을 의뢰받은 후 시장조사 등을 거쳐 광고전략을 수립하고, 광고전략에 부합하는 광고시안을 준비하여 광고주인 피고 건설회사에 이를 제시, 설명하고, 피고 건설회사가 최종적으로 광고안을 결정하였고, 이에 따라

---

53) 허희성, 『2000 신저작권법축조개설(상)』, 저작권아카데미, 337쪽.

54) 서울중앙지법 2007.5.17.선고 2006가합104292 판결. 이 판결에 대한 평석은, 하동철, "공중에 개방된 장소의 범위와 저작권의 제한," 『계간 저작권』(제82호), 2008.6, 57-76쪽.

피고 (광고)기획 주식회사는 광고제작사인 프로덕션 A에게 구체적인 광고 제작을 위탁하였다.
프로덕션 A의 프로듀서인 乙은 2006.2.9. 원고의 작품이 설치되어 있는 甲 호텔 1층 라운지에서 TV광고 작품을 촬영하였다. 완성된 광고작품의 처음 부분 10초간 원고 작품이 광고출연자의 뒷부분 배경화면으로 나오며, 원고 작품에 대한 저작자의 표시가 되어 있지는 않았다.
피고 건설회사는 위 광고작품을 2006.3.1.부터 TV를 통하여 방영하였고, 인터넷 홈페이지 서버에 올렸다. 그런데 원고로부터 저작권 침해 주장이 제기되자 피고들은 TV 광고는 2006.5.24.부터, 인터넷 홈페이지에 올려진 동영상광고는 2006.5.22.부터 그 배경에서 이 사건 작품이 보이지 않도록 삭제하였다.
판결 요지〉 a) 원고의 작품에는 비록 그 저작자나 작품의 제목이 표시되어 있지 않았지만, 그 표현 기법, 예술성, 조형미 등에 의하여 외관상 일반 인테리어 장식이 아닌 미술저작물임을 쉽게 알 수 있었다. 광고주와 광고대행회사인 피고들은 동영상광고를 제작함에 있어서는 광고내용이 다른 사람의 저작권을 침해하는 일이 없도록 해야 할 주의의무가 있는데, 광고의 배경으로 나오는 원고 작품이 미술저작물에 해당하는지 여부와 이를 그대로 동영상광고의 배경으로 사용함으로써 원고의 저작권을 침해하는지 여부를 고려하지 않고, 만연히 원고의 미술저작물을 단순히 벽면에 설치된 인테리어라고 단정하고 이를 배경으로 하여 동영상광고를 제작하여 방송 내지 전송하였으므로 피고들에게는 위와 같은 주의의무를 다하지 않은 과실이 있다.
b) 저작권법 제32조[55]의 입법취지와 조문의 형식과 구조 등을 고려할 때 저작권법 제32조 제2항에 정해진 '일반 공중에게 개방된 장소'라고 함은 도로나 공원 기타 일반 공중이 자유롭게 출입할 수 있는 '옥외의 장소'와 건조물의 외벽 기타 일반 공중이 보기 쉬운 '옥외의 장소'를 말하는 것이고,

55) 현행법 제35조에 해당.

'옥내의 장소'는 비록 일반 공중이 자유롭게 출입할 수 있다고 하더라도 일반 공중이 쉽게 볼 수 있는 곳이라고 볼 수 없으므로 이에 해당하지 않는다고 봄이 상당하다. 이와 달리 옥내장소도 일반 공중이 자유롭게 출입할 수 있으면 개방된 장소에 포함된다고 해석하게 되면 미술저작물의 소유자가 일반 공중의 출입이 자유로운 건축물 내부의 장소에서 그 미술저작물을 전시하는 경우에도 항상 저작권자의 동의가 필요하다는 불합리한 결과가 초래된다.

이 사건에서 보면, 호텔 1층 라운지는 일반 공중의 출입이 제한되지 아니하여 누구든지 자유롭게 출입할 수 있는 장소에 해당하지만 호텔의 내부공간으로서 저작권법 제32조 제2항의 '일반 공중에게 개방된 장소'에 해당하지 않는다.

| 일본 판례 | '버스車体繪畵게재' 사건[동경지재 평성13(2001).7.25. 평성13(ワ)56]

사실관계: 원고는 화가이며, A시 도심부를 달리는 순환버스의 차체에 그림을 그렸다. 피고는 서적을 출판하면서 그 서적의 표지 및 본문 14면에 위 원고의 그림이 묘사된 버스의 사진을 게재하였다. 원고는 피고의 이러한 행위가 원고의 저작재산권 및 저작인격권을 침해하는 행위라고 주장하면서 손해배상을 청구하였다.

법원의 판단: '일반공중에게 개방된 옥외의 장소' 또는 '일반공중이 보기 쉬운 옥외의 장소'란 불특정 다수의 자가 보려고만 하면 자유로이 볼 수 있는 개방된 장소를 가리킨다고 해석하는 것이 상당하다. 항상적으로 설치되었다란 사회통념상 어느 정도 장기에 걸쳐 계속해서 불특정 다수인에게 관람이 제공된 상태를 가리킨다고 보는 것이 상당하다. 그러므로 버스 차체에 묘사된 원고의 그림은 공중에 의한 감상이 가능한 옥외에 항상적으로 설치된 미술 원작품이다. 널리 미술저작물 일반에 대해서 보안상 등의 이유나 야간에 일반인의 입장이나 관람을 금지하는 것은 통상 있을 수 있는 것이며, 이러한 관람에 대한 제한을 두고 있다고 해서 '항상성'의 요건을 충족

시키지 못했다고 해서 동 규정의 적용을 배척하는 것은 비합리적이다. 아울러 원고 작품이 피고 서적에 표지 및 14면에, 원고 그림의 창작성을 감득할 수 있는 형태로 게재되어 있지만 동 서적의 성격이나 목적에 비추어 볼 때, 즉 피고 서적은 유아들에게 사진을 통해서 시내를 달리는 각종 자동차를 해설할 목적으로 만들어진 서적이며, 합계 24종의 자동차에 대해서 그 외관 및 역할 등을 설명하고 있는 것, 각종 자동차의 사진을 유아들이 보는 것을 통해서 관찰력을 키우고, 공부의 기초로 되는 호기심을 높인다고 하는 유아교육의 관점에서 監修되고 있다고 해석되는 것, 표지 및 본문 14면의 게재방법은 이러한 목적에 비추어 특별히 부자연한 모습이라고는 말할 수 없으므로 본건 서적을 보는 자는 본문에서 소개된 각종 자동차의 하나로서 본건 버스가 게재되었다고 생각할 것이라는 점 등의 사정을 종합하면, 원고 그림이 묘사된 본건 버스의 사진을 피고의 서적에 게재하고 이것을 판매하는 것을, 「오로지」[56] 미술저작물의 '복제물의 판매를 목적'으로 복제하였다거나 또는 그 복제물을 판매하는 행위에는 해당하지 않는다고 판시하였다.[57]

■ 사진 등의 촬영에 수반하여 부수적으로 삽입된 저작물(附随對象著作物)에 관한 특례: 일본은 2012년 6월 개정을 통해 다음과 같은 내용의 조문을 신설하였다.

---

56) 일본법은 우리법과 달리 「오로지」라는 제한을 두고 있다. 그러나 우리법의 해석도 저작자의 이익을 크게 해치지 않는 한, 일반인의 자유이용의 가치를 중시하여 일본법과 동일하게 해석하는 것도 가능하다고 본다. 또 우리는 엄격하게 해석한 후 그 외의 것은 제35조의3(저작물의 공정한 이용)의 적용도 생각해 볼 수 있다.

57) 자세한 것은, 中山信弘 외, 「著作權判例百選」(제4판), 67번 판례(136-137면) 참조.

제30조의2(부수대상저작물의 이용) ① 사진 촬영・녹음 또는 녹화(이하 이 항에 있어서 「사진의 촬영 등」이라고 한다.)의 방법에 의해 저작물을 창작함에 있어 당해 저작물(이하 본조에 있어서 「사진 등 저작물」이라고 한다.)에 관한 사진의 촬영 등의 대상으로 되는 사물 또는 음(音)으로부터 분리하는 것이 곤란하기 때문에 부수해서 대상으로 된 사물 또는 음에 관계된 다른 저작물(당해 사진 등 저작물에 있어서 경미한 구성부분으로 되는 것에 한한다. 이하 본조에 있어서 「부수대상저작물」이라고 한다.)은, 당해 창작에 수반해서 복제 또는 번안할 수 있다. 다만 당해 부수대상저작물의 종류 및 용도와 아울러 당해 복제 또는 번안의 모습에 비추어 보아 저작권자의 이익을 부당하게 해칠 수 있는 경우는 그러하지 아니하다. ② 전항의 규정에 의해 복제 또는 번안된 부수대상저작물은 동항에 규정한 사진 등 저작물의 이용에 수반해서 이용할 수 있다. 다만 당해 부수대상저작물의 종류 및 용도와 아울러 당해 이용의 모습에 비추어 저작권자의 이익을 부당하게 해칠 수 있는 경우는 그러하지 아니하다.[58]

이러한 조항이 나오게 된 배경에는 여러 사건들이 있었으며, 앞에서 본 '버스車体繪畵게재' 사건도 그중 하나이며, 다음의 '설월화' 사건 역시 마찬가지이다.

| 일본 판례 | '雪月花' 사건(동경지재 1999.10.27./동경고재 2002.2.28)

사실관계: 조명기구의 카탈로그에 매물인 조명기구가 찍혀 있고, 그 조명이 비치고 있는 배경에 "설월화"라고 쓰인 족자가 찍혀 있었다. 원고는 이에 저작권, 저작인격권이 침해되었다고 하여 손해배상을 청구하였다.

법원의 판단: 書의 사진촬영이 서의 복제로 되기 위해서는, 사진에 있어서 당해 서의 字体나 서체가 재현되는 데 머물지 아니하고, 문자 형태의 독창성, 선의 아름다움과 미묘함, 文字群과 여백의 構成美, 운필의 완급과 억양, 먹(묵, 墨) 색깔의 선명함과 변화, 筆勢라고 하는 미적 요소를 직접 감득할 수 있을 정도로 재현되어 있을 필요가 있으나 본건에서는 그 정도로 재현되어 있는 것은 아니다. 따라서 저작권 침해가 되지 아니한다.

58) 아래의 "Be the Reds" 판결(대법원 2014.8.26.선고 2012도10786 판결) 참조.

또 원고의 성명표시권 침해 및 동일성유지권 침해의 주장에 대해서는 앞에서 본대로, 피고들의 원고 각 작품의 이용의 태양이, 원저작물의 내용 및 형식의 특징적 부분을 알아차릴 수 있을 정도가 아닌 이상, 원고의 성명표시권 침해 및 동일성유지권에 의한 이익을 손상시키는 것이라고 해석하는 것은 될 수 없고, 결국 원고의 위 주장은 타당하지 않다.

| 비교 판례 | 'Be the Reds' 판결(대법원 2014.8.26. 선고 2012도10786 판결)

이 사건은 「포토 라이브러리 업체인 갑 주식회사의 대표이사인 피고인이 을의 미술저작물인 ' ' (Be The Reds!)가 사용된 의류 등을 입은 모델들을 촬영한 다수 사진을 을의 허락 없이 웹페이지에 게시함으로써 무단복제 등의 방법으로 을의 저작권을 침해하였다는 내용으로 기소된 사안이다. 제1심(서울서부지법 2012.2.22.선고 2011고정2144 판결)과 항소심(서울서부지방법원 2012.8.23.선고 2012노260 판결)[59]은 위 도안은 응용미술

59) 항소심은 "이 사건 도안(Be The Reds!)은 응용미술저작물(저작권법 제2조 제15호)이지만, 이 사건 도안이 갖는 표현력 중 상당 부분은 불특정 다수의 공중에 의해서 부여된 것으로서 자유이용이 가능한 공중의 영역 내에 있거나 그에 근접해 있는 점, 역사적이고 사회 · 문화적 의미내용을 갖는 월드컵에 대한 이미지와 기억을 효과적이고 구체적으로 되살려 표현하기 위해서는 당시에 널리 사용된 도안이 인쇄된 티셔츠와 두건 등의 사물을 이용하는 것이 부득이하거나 필수적인 점, 이 사건 도안이 이용된 모든 경우에 이용허락을 받을 것을 요구하게 되면 2002년 당시 공중이 집단적으로 형성한 월드컵 이미지를 표현할 자유 내지 표현방법 선택의 자유가 부당하게 제한될 우려가 있는 점, 이 사건 도안을 이 사건 사진에서 이용한 것은 이 사건 도안의 보호범위 밖에 있는 점, 이 사건 사진은 이 사건 도안을 이용하였으나 이를 완전히 소화하여 작품화함으로써 이 사건 도안과의 실질적 유사성이나 종속적 관계를 인정할 수 없는 별개의 완전히 독립적인 새로운 저작물이 창작된 것인 점 등에 비추어 보면 이 사건 사진은 이 사건 도안에 관한 저작권을 침해하였다고 볼 수 없다"고 판시하였다.

저작물에 해당하지만, 제반 사정에 비추어 피고인이 사진을 게시한 행위로 인하여 도안에 관한 저작권이 침해되었다고 보기 어렵다는 이유로, 무죄를 선고하였다. 그러나 대법원은 달리 보았다. 즉 "사진촬영이나 녹화 등의 과정에서 원저작물이 그대로 복제된 경우, 새로운 저작물의 성질, 내용, 전체적인 구도 등에 비추어 볼 때, 원저작물이 새로운 저작물 속에서 주된 표현력을 발휘하는 대상물의 사진촬영이나 녹화 등에 종속적으로 수반되거나 우연히 배경으로 포함되는 경우 등과 같이 부수적으로 이용되어 그 양적·질적 비중이나 중요성이 경미한 정도에 그치는 것이 아니라 새로운 저작물에서 원저작물의 창작적인 표현형식이 그대로 느껴진다면 이들 사이에 실질적 유사성이 있다고 보아야 한다"는 것이다(밑줄: 필자).

㈐ 미술저작물 등의 전시에 수반하는 복제(법 제35조 제3항)

회화나 조각·사진 등을 전시하는 원작품 소유자나 그의 동의를 얻어 전시하는 자 또는 미술저작물 등의 원작품을 판매하고자 하는 자는 그 저작물의 해설이나 소개를 목적으로 하는 목록형태의 책자에 이를 복제하여 배포할 수 있다.

| 판례 | 경매를 위한 미술저작물의 홈페이지 게시와 공중송신권 침해[60)]

사실관계〉 이 사건의 원고 5인은 미술저작물인 회화 작품의 작가들이며, 피고 4인은 미술품의 판매와 전자상거래를 목적으로 하는 2개의 회사와 그 대표이사들이다.

피고들은 원고들의 위탁을 받아 해당 작품의 경매를 위하여 작품의 축소 이미지와 함께 경매정보를 그들이 운영하는 홈페이지에 게시하고, 유료회원들에게는 경매정보가 수록된 도록을 제공하고 있었으며, 해당 작품이 경매된 후에도 그 이미지를 제거하지 않고 계속 게시하자 원고들이 피고들에게 저작권법상 공중송신권의 침해를 이유로 손해배상을 청구하였다.

---

60) 서울중앙지법 2008.10.17.선고, 2008가합21261 판결.

판결요지〉 저작권법 제35조 제3항에는 미술저작물 등의 원작품을 판매하고자 하는 자는 그 저작물의 해설이나 소개를 목적으로 하는 목록형태의 책자에 이를 복제하여 배포할 수 있다고 규정하고 있으므로 소유자 등에게 일정 범위의 복제권을 허용하고 있다. 공중송신권은 1986년법 개정당시에는 미처 고려하지 못했던 것으로 보이나, 위 조항의 의미 등을 종합할 때 위 조항은 미술저작물 등의 공중송신에 유추 적용할 수 있으므로 홈페이지에 게시하는 것도 저작권법 제35조 제3항으로 허용되는 것이다.

그러나 인터넷에 게시하는 전송행위는 1회의 제작으로 종료되는 서적 형태의 도록에 비하여, 상당히 지속적이고 전파가능성도 훨씬 커, 판매가 완료된 이후에도 계속 게시하는 것은, 저작물 판매를 위하여 그 저작물의 해설이나 소개를 목적으로 하는 경우에만 허용되는 위 규정에 비추어 허용될 수 없고, 또한 고도의 해상도나 크기를 갖는 파일을 제공하는 것은 원저작물에 관한 정보제공이라는 목적을 넘어서는 결과에 이르는 것으로 허용될 수 없다.

* 법원은 경매가 종료된 다음 날부터는 이미지를 홈페이지에 게시해서는 안 된다고 보았다.[61]

♣ 2009년 일본법 개정

일본은 2009년 저작권법을 개정하여 인터넷 옥션 등의 사이트에서 당해 작품의 섬네일 이미지를 게시하여 공중송신하는 것 등은 적법한 것으로 명확히 되었다.[62] 우리도 이와 유사한 법개정이 필요하다고 본다.

【제47조의2(미술저작물 등의 양도 등의 신청에 수반하는 복제 등)】

미술저작물 또는 사진저작물의 원작품 또는 복제물의 소유자 기타

---

61) 이 판결에 대한 해설은, 허희성, "경매를 위한 미술저작물의 홈페이지 게시와 공중송신권 침해," 『저작권 문화』(제173호), 저작권위원회, 2009.1, 28-29쪽.

62) 보다 자세한 것은, 作花文雄, 『詳解 著作權法』(제4판), ぎょうせい, 2010, 388면 이하 참조.

이들의 양도 또는 대여의 권원을 가지는 자가 제26조의2 제1항 또는 제26조의3에 규정하는 권리를 해하지 아니하고 그 원작품 또는 복제물을 양도하거나 대여하고자 하는 경우에는, 당해 권원을 가지는 자 또는 그 위탁을 받은 자는, 그 신청용으로 제공하기 위해 이들 저작물에 대하여 복제 또는 공중송신(자동공중송신의 경우에는 송신가능화를 포함한다)(당해 복제에 의하여 작성되는 복제물을 이용하여 행하는 이들 저작물의 복제 또는 당해 공중송신을 수신하여 하는 이들 저작물의 복제를 방지 또는 억지하기 위한 조치 기타 저작권자의 이익을 부당하게 해하지 아니하기 위한 조치로서 정령으로 정하는 조치를 강구하여 행하는 것에 한한다)할 수 있다.

㈑ 예외(법 제35조 제4항)

위탁에 의한 초상화 또는 이와 유사한 사진저작물의 경우에는 위탁자의 동의가 없는 때에는 이를 이용할 수 없다. 이것은 위탁자의 인격권 보호를 위한 규정이다.

【제35조의 문제점 1】 복제물에 대한 제한규정의 미비

우리 저작권법에는 복제물의 전시에 대한 제한규정이 없어 원작품이 아닌 것에 의한 전시는 언제나 권리자의 허락을 얻도록 되어 있다. 예컨대 달력의 사진부분만을 오려낸 후 이를 액자에 넣어 전시한 행위는 형식상은 전시권의 침해로 된다. 이러한 과도한 규제는 전 세계적으로도 유례가 없다고 할 것이다.

【제35조의 문제점 2】 초상사진의 저작권 귀속

구저작권법 제13조는 “타인의 촉탁에 의하여 저작된 사진·초상의 저작권은 그 촉탁자에게 속한다”고 규정하여 초상 본인의 인격권 문제를 저작권 귀속의 특례를 통해서 해결하고자 하였다. 그러나 초상 본인의 인격권 보호라고 하는 저작권과는 전혀 별도의 요청을 저작권 귀속 특례규정으로 해결한다는 것은 입법기술로서는 문제가 있었다. 여기에서 현행

법은 이 특례규정을 삭제하고 저작권법 원칙으로 돌아가 저작권은 저작자인 사진작가에게 귀속하는 것으로 변경한 후 초상 본인의 인격권은 제32조 제4항을 신설하여 보호하고 있다.[63] 그러나 이로써 문제가 모두 해결된 것은 아니다. 즉 촉탁사진이란 원래 촉탁자가 그 사진을 이용하기 위해서 작가에게 부탁한 것인데 저작권이 사진작가에게 있다면 이를 자유로이 이용할 수 없기 때문이다. 결국 구법과 같이 "타인의 촉탁에 의하여 저작된 사진 · 초상의 저작권은 그 촉탁자에게 속한다"라는 규정으로 되돌아가거나 혹은 촉탁사진의 경우에는 촉탁자가 마음대로 사진저작물을 이용할 수 있다고 규정하여야 할 것이나 저작권 원리와의 조화상 현행 규정은 그대로 두고 그에 따른 제한규정을 두어야 할 것이다. 참고로 독일 저작권법 제60조 제1항을 본다.

> "제60조(초상) ① 초상의 주문자 또는 그 승계인은 초상을 사진에 의하여 복제하거나 복제시킬 수 있다. 초상에 관하여 사진저작물이 관계되는 때에는 사진 이외의 방법에 의한 복제도 허용된다. 복제본은 무상으로 배포될 수 있다."

5) 공정한 이용(법 35조의3)

2011년 개정법은 미국 저작권법과 마찬가지로 공정이용제도를 명문화하였다. 본 조에는 "저작물의 통상적인 이용 방법과 충돌하지 아니하고 저작자의 정당한 이익을 부당하게 해치지 아니하는 경우에는 … 저작물을 이용할 수 있다"는 제1항이 있어 미국 저작권법과 차이가 나는 것 같지만, 동 조항은 국제조약에 규정된 3단계 테스트를 명문화한 것으로 명문의 유무를 불문하고, 당연히 준수해야 할 규정이므로 우리법과 미국법은 실질적으로 동일하다고 할 것이다.

결국 우리 법은 제일 끝에 규정된 공정이용규정이 일반조항이 되고,

---

63) 저작권법 제32조 제4항: 촉탁에 의한 초상화 또는 이와 유사한 사진저작물의 경우에는 촉탁자의 동의가 없는 때에는 이를 이용할 수 없다.

그 사이 제한규정으로 작용했던 제23-제35조가 개별조항으로 작용할 것이다. 어느 것이 공정이용이고, 어느 것이 아닌지는 궁극적으로는 법원이 판단할 사항이다. 법원은 공정이용인지 여부를 판단함에 있어서 다음 사항을 고려한다.

(가) 이용의 목적 및 성격

(나) 저작물의 종류 및 용도

(다) 이용된 부분이 저작물 전체에서 차지하는 비중과 그 중요성

(라) 저작물의 이용이 그 저작물의 현재 시장 또는 가치나 잠재적인 시장 또는 가치에 미치는 영향

| 미국 판례 | Time Inc. v. Bernard Geis Associates, 293 F. Supp. 130(S.D.N.Y. 1968)

톰슨이라는 사람이 케네디 대통령 암살에 대한 책을 써서 Bernard Geis Associates사를 통해서 발행 배포하고 있었다. 그 책(*Six Seconds in Dallas*)에는 Time사 발행 Life 잡지에 실린 암살장면 사진이 실려 있었다. 원래 피고는 원고의 허락을 얻어 사용하려고 했으나 원고가 허락하지 않자, 원고 사진을 목탄화로 묘사하여 이용하였다. 이에 Time사가 Bernard Geis Associates사를 상대로 저작권 침해소송을 제기한 것이 이 사건이다. 법원은 피고의 fair use 항변을 인정하였다. 즉 케네디 대통령의 암살에 대하여 가능한 한 많은 정보를 얻고자 하는 공공의 관심이 있는데, 톰슨은 그

[원고의 사진]

[피고의 목탄화]

사건의 인과관계에 관해서 공공의 주목을 끌기에 충분한 추론을 하여 책으로 내어놓았다. 피고는 각개의 사진을 실제로 카피한 사진이 피고의 책을 보다 이해하기 쉬운 것으로 하였고, 또 공중은 그 암살의 진면목을 볼 수 있었기 때문에 피고의 카핑은 공정사용에 해당한다. 또 톰슨의 책은 사진이 실려서 팔리는 것이 아니라 사진에 의해서 보조되는 톰슨의 추론 내지 설명 때문에 팔리며, 원고와 피고는 경쟁관계에 있는 것도 아니므로 사진의 저작권자인 원고에게 손해를 주었다고 보기도 힘들다. 즉 원고 사진의 시장성에 영향을 주었다고 보기 힘들다. 설사 앞으로 원고가 사진첩을 발행하려는 계획이 있더라도 몇 개의 사진을 카피했다고 하여 그 계획에 영향을 미칠지도 의문이며, 경우에 따라서는 톰슨의 책이 원고 사진의 가치를 높여 줄지도 모른다. 결국 피고의 카핑은 공정사용에 해당한다.

| 미국 판례 | 한국전참전기념우표 사건[Gaylord v. U.S. 595 F.3d 1364, 2010 WL 653272, No. 2009-5044 (Fed. Cir., Feb. 25, 2010)]

미국연방항소법원은 정부가 위탁하여 제작한 조각에 대한 사진을 우표에 사용하는 것은 저작권침해라고 판시하였다. 이것은 공정사용도 아니며, 또 정부가 공동저작자가 되는 것도 아니라고 보았다. 법원은 설사 미국정부가 조각제작을 의뢰했다고 하더라도 조각가 Frank Gaylord가 조각한 한국전 참전용사묘에 세워진 기념물을 우표에 묘사할 법적 권리가 없다고 판시하였다. 비록 우표에서 보이는 이미지는 조각위에 눈이 덮힌 기념사진이고, 또 사진작가로부터 그 사진에 관한 권리를 구매하였다고 하더라도 우표 위의 이미지는 공정사용이라고 볼 수 있을 만큼 충분히 변형되었다(not sufficiently transformative)고 볼 수 없다고 판시하였다.

(5) 저작권 침해

저작권 침해라 함은 권원 없이 권리목적물을 이용해서 타인의 권리를 해하는 것이다. 권원 없이 이용한다는 것은 저작권자 등의 승낙 기타 정당한 권한 없이 이용한다는 의미이며, 저작권 제한규정에 의해 자유이용이 인정되는 경우나 법정허락규정에 의해 권한 있는 기관의 허락을 받은 경우 등은 권원 있는 이용이고 저작권 침해를 구성하지 아니한다.

1) 그림의 제호는 보호받지 못한다.

다음은 ≪the judgment of Paris≫라는 작품이다. 모두 제목이 같다. 그러나 같은 제목을 쓰더라도 저작권법상 전혀 문제가 되지 않는다. 우리법상 제목은 저작권법으로 보호받지 못하기 때문이다.

그러므로 다른 사람 그림의 제목과 같더라도 저작권법상은 문제가 없다.

그러나 예컨대 출판자가 두 번째나 네 번째 그림의 제목을 ≪나체의 향연≫이라고 바꿨다면 저작(인격)권 침해로 된다. 우리 저작권법 제13조(동일성유지권)는 "저작자는 그 저작물의 내용 · 형식 및 제호의 동일성을 유지할 권리를 가진다"고 규정하고 있으므로 오직 저자만이 제호를 변경할 수 있다. 즉 그 그림의 제목을 바꾸는 것은 당해 그림의 저자만이 할 수 있으며, 제3자가 저작자의 허락 없이 제목을 변경할 수 없기 때문이다.

제호의 저작물성

저작물의 제호는 저작물의 일부가 아니고 그 저작물의 내용을 나타내는 것이다. 제호를 저작권법으로 보호할 것인지 여부에 대해서는 입법례가 나누어진다.

a) 일본, 독일, 미국, 영국: 제호의 저작물성을 인정하지 않는다.

b) 프랑스, 이탈리아, 오스트리아, 스위스: 제호를 저작권으로 보호한다. 프랑스에서는 독창성이 있는 제호를 저작물로서 보호하고 보호기간이 종료한 후에도 혼동의 우려가 있는 동 종류의 다른 저작물에 사용하는 것을 금지한다.[64)]

우리나라 판례는 종래부터 제호를 저작물로 인정하지 아니한다.

| 판례 | 「또복이」 사건(대법원 1977.7.12.선고 77다90 판결)

만화제명 「또복이」는 사상 또는 감정의 표현이라고 볼 수 없어 저작물로서 보호받을 수 없다. 따라서 빵에 「또복이」라는 만화제명을 사용한 것은 저작권 침해가 아니다.

■ '예술의 전당'이라는 명칭

지방자치단체에서도 '예술의 전당'이라는 명칭을 사용하자 이것이 부정경쟁방지법 위반 아닌가 하는 논란이 있었다. 대법원 판결을 본다.[65)]

[1] 부정경쟁방지 및 영업비밀보호에 관한 법률 제2조 제1호 나목에서 정하는 "타인의 영업상의 시설 또는 활동과 혼동을 하게 한다"는 것은 영업표지 자체가 동일하다고 오인하게 하는 경우뿐만 아니라 국내에 널리 인식된 타인의 영업표지와 동일 또는 유사한 표지를 사용함으로써 일반수요자나 거래자로 하

64) 프랑스 저작권법 제112조의4 제1항 및 제2항.
65) 대법원 2009.4.23.선고 2007다4899 판결.

여금 당해 영업표지의 주체와 동일·유사한 표지의 사용자 간에 자본, 조직 등에 밀접한 관계가 있다고 잘못 믿게 하는 경우도 포함한다. 그리고 그와 같이 타인의 영업표지와 혼동을 하게 하는 행위에 해당하는지 여부는 영업표지의 주지성, 식별력의 정도, 표지의 유사 정도, 영업 실태, 고객층의 중복 등으로 인한 경업·경합관계의 존부 그리고 모방자의 악의(사용의도) 유무 등을 종합하여 판단하여야 한다.

[2] 지방자치단체가 "예술의전당"이라는 문구가 포함된 영업표지를 사용하여 문화예술작품의 공연 및 전시 등의 행위를 한 사안에서, 그 영업표지는 통상적으로 지방자치단체 내에 거주하는 사람들이 주로 이용하는 그 지역의 문화예술의 중심장소로 이해된다는 사정 등에 비추어 공법인인 예술의전당의 영업상의 시설 및 활동과 혼동할 우려가 있다고 보기 어렵다.

■ '백남준미술관' 이라는 명칭

백남준의 처 등이 별도로 '백남준 미술관'의 건립을 고려하자, 백남준 성명의 명성에 편승하여 백남준 성명이 포함된 상표등을 독점적으로 사용할 의도로 무단으로 등록상표서비스표인 "백남준 미술관 Nam-June Paik Museum"을 출원·등록한 사안에서, 이러한 행위는 저명한 비디오 아트 예술가로서의 백남준의 명성을 떨어뜨려 그의 명예를 훼손시킬 우려가 있어 사회 일반인의 도덕관념인 선량한 풍속에 반할 뿐만 아니라, 저명한 백남준 성명의 명성에 편승하여 수요자의 구매를 불공정하게 흡인하고자 하는 것으로서 공정한 상품유통질서나 상도덕 등 선량한 풍속을 문란하게 할 염려가 있으므로, 위 등록상표서비스표는 구 상표법(2007.1.3. 법률 제8190호로 개정되기 전의 것) 제7조 제1항 제4호에 해당하여 그 등록이 무효라고 판시하였다.[66]

2) 아이디어는 보호받지 못하며, 표현만이 보호된다.

이를 아이디어/표현 2분법이라고 한다. 보호받지 못하는 아이디어

66) 대법원 2010.7.22.선고 2010후456 판결.

와 보호받는 표현을 구분하는 것은 쉽지 않다. 하나의 저작물에서 아이디어와 표현이 물과 기름과 같이 분명히 구분되어져 있는 것은 아니며, 하나의 작품 속에서 보호받지 못하는 아이디어와 보호받는 표현이 뒤엉켜 있으므로 이를 구분하여 보호받지 못하는 아이디어를 제거하고 보호받는 표현을 추출해 내어야 한다.

이하 구체적인 예를 들어 설명한다.

예 1

다음 그림 (1)은 마티스의 ≪춤≫(dance)이고, 그림 (2)는 이중섭의 ≪춤추는 가족≫이다.

(1)

(2)

두 그림이 유사하게 보여도 두 그림 사이에는 저작권 문제가 발생하지 아니한다. 유사하게 보이는 이유가 몇 사람이 모여 원무(圓舞)를 추는 장면에서 유래하며, 이것은 우리가 흔히 목격하는 장면이다. 누군가가 원무를 추는 장면을 작품화하였다고 하여 그에게 원무를 추는 장면 모두에 대해 저작권을 인정할 수는 없다. 원무를 추는 장면을 작품화하겠다는 것은 아이디어이며, 이 아이디어에 기해 구체적인 작품(표현)이 되었을 때 우리는 그 작품을 저작권법으로 보호하는 것이다. 아이디어에까지 저작권이 미치는 것은 아니다. 두 작품에서 이러한 아이디어부분을 제외하면 공통된 부분은 하나도 없는 것 같다.

예 2

다음 그림(1)은 마르칸토니오(Marcantonio Raimondi)의 ≪the judgment of Paris, 1515≫의 일부분이며,[67] 그림(2)는 마네, ≪풀밭위의 점심, 1863≫이다. 마네의 그림에 있는 인물 포즈와 배치는 마르칸토니오 라이몬디 作, 동판화와 유사하다. 만약 동시대의 작품으로 마르칸토니오 작품이 저작권으로 보호된다면 마네의 그림은 저작권침해로 되는가.

(1)

(2)

기본적인 구도 그 자체를 저작권으로 보호할 수는 없다. 이러한 구도에 의한 그림을 설사 마르칸토니오가 최초로 작품화했다고 하더라도 이러한 구도 자체가 전혀 새로운 것은 아니다. 친구 셋이 아랫목이나 풀밭 위에 앉거나 비스듬히 누워 있는 장면 혹은 누워 이야기하는 장면은 결코 마르칸토니오가 창작한 것은 아니다. 마르칸토니오 작품 이전에도 이런 유사한 모습은 아마도 적지 않게 있었을 것이다. 또 설사 이것을 마르칸토니오가 처음 생각했다고 하더라도 저작권법의 목적에 비추어 볼 때 여기까지 보호범위가 미칠 수는 없다. 즉 저작권법의 목적은 창작을 장려하는 데 있다. 그런데 이러한 구도 그 자체까지 저작권으로 보호하면 더 이상 이런 구도를 이용한 다른 표현은 불가능할 것이다. 마네의 ≪풀

67) 라파엘로의 ≪파리스의 심판≫을 이탈리아의 판화가 Marcantonio Raimondi (1480-1534)가 복제한 판화. 라파엘로 작품은 남아 있지 않다고 한다.

밭위의 점심≫이 이 세상에 나오도록 하는 것이 바람직한 것인가. 아니면 마르칸토니오 작품으로 충분한가. 답은 자명해진다. 미국 저작권법 제102조 (b)는 "어떠한 경우에 있어서도, 창작성 있는 저작물에 대한 저작권 보호는 그 형태 여하를 불문하고, 당해 저작물에 기술, 설명, 예시 또는 그것에 포함되는 아이디어, 절차, 공정, 체제, 조작 방법, 개념(concept), 원칙 또는 발견에 대하여는 적용하지 아니한다"고 규정한다. 이러한 것은 우리 법이라고 다를 바 없다.

| 두 그림에 대한 잰슨의 평가68) |

에두아르 마네(Edouard Manet)의 유명한 그림 ≪풀밭위의 점심≫은 약 100년 전에 처음으로 출품되었을 때는 너무나 혁명적 작품으로 보여 물의를 일으킨 바 있는데, 그 하나의 이유는 화가가 대담하게도 유행의 복장을 한 두 남자 곁에 발가벗은 젊은 여인을 그려 놓았기 때문이었다. 실제의 생활에서 이러한 파티를 했다면 경찰의 단속을 받았을 것이고, 또한 사람들은 마네가 실제로 일어난 사건을 묘사하려 했다고 상상했던 것이다. 몇 년이 지나서야 비로소 어떤 미술사가가 이들 인물의 출처, 즉 라파엘로 작품을 모사한 어떤 판화에 나타난 일단의 그리스 신들을 발견했다. 일단 지적이 되면 양자의 관련은 이렇게 뚜렷해지지만, 이 관련을 사람들은 미처 주목하지 못했다. 마네는 이 라파엘로의 구도를 '모사'하거나 '재현'하지 않고, 오직 인물을 근대풍으로 바꾸어 그리면서, 원화의 주요한 윤곽을 '차용'했을 뿐이기 때문이다. 만약 그 당시의 사람들이 이것을 알고 있었다면 ≪풀밭위의 점심≫은 오히려 훌륭한 소풍 그림으로 보였을 것이다. 이제는 라파엘로의 신성한 그림자가 일종의 보호자로서 그 곁을 떠다니고 있는 듯이 보일 수 있기 때문이다(아마 마네는 최초의 충격이 지나가면 그가 그린 이 '소문 나쁜' 인물들의 배후에 잘 숨겨진 인용을 누군가가 알아차릴 것을 기대하면서, 당시의 보수적인 대중을 조롱하려고 했던 것 같다). 우

68) H.W. 잰슨/김윤수 외 역, 『미술의 역사』, 삼성출판사, 1986, 16쪽.

리에게 있어서, 이 양자를 비교하는 주요한 취지는, 마네의 인물의 냉정성과 형식성을 더욱 확실히 하기 위함이다. 그런데 그것이 그의 독창성에 대한 우리의 존경심을 떨어뜨리는 것일까? 사실 그는 라파엘로에게 '신세를 지고' 있다. 그러나 잊혀지고 있던 낡은 구도에 생명을 주어 되살아나게 하는 방법은 그것만으로 독창적이고, 창조적이며, 그는 빚을 갚는 이상의 것을 했다고 해도 좋을 것이다. 실은 라파엘로의 이 인물화도 마네의 그것과 마찬가지로 '파생적인' 것이다. 양자는 고대 로마의 예술 내지는 그 이전의 예술에까지 거슬러 올라가는 오랜 전거(典據)에서 유래한다. 그리하여 마네, 라파엘로 및 로마의 하신(河神)들은 아득한 먼 과거에서 일어나서 미래로 계속되는 ―≪풀밭위의 점심≫은 이번엔 입장이 바뀌어 최근의 예술작품의 전거로서 이바지하므로― 연쇄적인 세 개의 고리를 만들고 있다. 이것은 결코 특수한 예는 아니다. 어느 곳에 있는 어떤 예술작품이라도 ―피카소의 ≪황소의 머리≫와 같은 작품조차도― 각기 그 이전 작품에 연결되는 비슷한 고리의 일부분이다. "어떤 사람도 고도(孤島)는 아니다"라는 말이 진실이라고 한다면 예술작품에 관해서도 마찬가지로 말할 수 있다. 이들 고리의 합계가 그물을 만들고, 그 그물 안에서 각각의 예술 작품을 그 나름의 특수한 위치를 차지한다. 그리고 그 그물을 우리는 '전통'이라고 부른다. 전통―이 말은 '우리 시대까지 전해진 것'을 뜻한다―이 없이는 독창성이란 있을 수 없다. 전통은 말하자면 예술가가 그의 상상력을 비약시킬 견고한 무대를 제공하는 것이다.

예 3

다음은 모두 ≪워싱톤 델라웨어강을 건너다≫라는 제호의 작품이다. 이름이 동일 유사하다는 것만으로 저작권침해가 아니라는 것은 이미 설명하였다.

(1)

(2)

(3)

그림 (1)은 뉴욕 현대미술관에 보관중인 Larry Rivers 작 ≪George Washington Crossing the Delaware≫, 그림 (2)는 Henry Mosler 작인 ≪George Washington Crossing the Delaware River≫, 그림 (3)은 Emanuel Leutze 작[69] ≪Washington Crossing the Delaware≫이다. 이 중 Leutze 작이 가장 유명하므로 이를 가지고 설명한다. 다음의 3작품은 모두 Leutze 작에 기초한 것이며, 이에 대해서는 Leutze의 저작권이 미친다. 이들은 모두 Leutze 작의 2차적 저작물들이다.

---

69) 이 작품에 대해서는 http://www.metmuseum.org/explore/gw/el_gw_sub1.htm, 참조.

(George Washington Crossing The Delaware On Some Other Planet)

그러나 다음 Peter Saul의 작품은 상호 구도나 스타일이 다른 것으로 Leutze 저작권이 미치지 않는다. 또 Robert Colescott은 구도가 유사하다고 하더라도 표현이 다른 것이며, 다음에 설명하는 패러디로서 허용되어야 할 것이다. 이들이 Leutze의 작품으로부터 힌트를 얻었거나 또는 Leutze의 작품을 도약대로 이용했다고 하더라도 Leutze 저작권은 미치지 않는다.

≪George Washington Crossing the Delaware≫ by Peter Saul

≪George Washington Carver Crossing the Delaware≫ by Robert Colescott

예 4

소재가 같아 결과적으로 유사하게 되더라도 선행저작물의 저작권을 침해하는 것이 아니다.

제1작품

제2작품

옆의 제1작품은 자신이 창작했으나 이미 저작권을 타인에게 양도하였다. 그런데 그 후 양도한 작품과 유사한 작품을 (원래의) 작가가 제작하였다. 그 후에 제작한 제2작품이 제1작품 양수인의 저작권을 침해했는지가 문제로 되었다[Franklin Mint Corp. v. National Wildlife Art Exchange 575 F.2d 62(3d Cir. 1978)]. 법원은 작가에게 유리한 판결을 하여 저작권침해를 부정하였다. 그 근거는 아이디어/표현 2분법이었다. 그런데 이것과 대비되는 것에 Gross v. Seligman[212 F. 930 (2d Cir. 1914)] 판결이 있다.

제1작품

제2작품

사진작가가 젊은 여성에게 포즈를 취하도록 해서 ≪젊음의 우아함≫(Grace of Youth)이라는 제목의 사진을 촬영했다. 그는 이 사진에 관한 모든 권리를 원고에게 양도했다. 이 작가는 2년 후 동일한 모델을 써서 ≪성숙한 체리≫(Cherry Ripe)라는 제목의 사진작품을 제작했다. 이것은 배경부분이 조금 달랐고, 모델도 2년이 경과했기 때문에 체형에 약간의 변화가 있었는지 모르나 제1작품과 거의 동일했다. 유일한 차이점이라면 처음 작품의 얼굴에는 표정이 없는데 두 번째 작품은 미소를 지으면서 체리를 물고 있다는 점이다. 법원은 두 작품 모두 작가, 모델, 포즈, 빛과 그림자가 같다는 점에 비추어 제2작품이 제1작품의 단순한 복제임을 매우 강하게 나타낸다고 보고 있다. 제1작품을 저작권법으로 보호되는 저작물로 만든 작가의 재능이, 제2작품의 제작에도 사용되고 있으나, 그것은 독자적인 저작권 능력 있는 제2작품을 창작하는 데 사용된 것이 아니라 제1작품을 복제하는 데 사용되었다. 따라서 침해가 인정된다. 반면에 법원은 다른 사진

작가가 동일한 모델을 기용해서 동일한 포즈의 사진작품을 만들었고, 결과적으로 두 작품이 놀라울 정도로 유사하다고 하더라도 제2작가는 제1작가의 작품의 저작권을 침해한 것은 아니라고 보고 있다. 그러나 본건에 있어서 원래의 작가는 새로운 사진작품을 창작한 것이 아니라 원래 작품을 복제한 것이라고 보았다.[70]

예 5

동일 또는 근접한 장소에서 촬영하여 결과적으로 유사하게 되더라도 저작권침해가 아니다.

| 판례 | 솔섬 사진 사건(서울중앙지법 2014.3.27. 선고 2013가합527718 판결)[71]

사실관계: 원고(영국 사진작가 마이클 케나 측)는 피고(우리나라 A항공사)가 자신의 모방사진을 광고에 이용했다는 이유로 소를 제기하였다. 피고가 사용한 사진은 피고가 주최한 여행 사진전에 출품되어 입선한 사진이었다.

법원의 판단: ① 동일한 피사체를 촬영하는 경우 이미 존재하고 있는 자연물이나 풍경을 어느 계절의 어느 시간에 어느 장소에서 어떠한 앵글로 촬영하느냐의 선택은 일종의 아이디어로서 저작권의 보호대상이 될 수 없는 점, ② 비록 이 사건 사진저작물과 이 사건 공모전 사진이 모두 같은 촬영지점에서 '물에 비친 솔섬을 통하여 물과 하늘과 나무가 조화를 이루고 있는 모습'을 표현하고 있어 전체적인 콘셉트(Concept)나 느낌이 유사하다 하더라도 그 자체만으로는 저작권의 보호대상이 된다고 보기 어려운 점

70) 유사한 두 사례에서 결론이 다르게 된 이유는 어디 있는가? 이에 대한 간단한 논의는, Goreman/Ginsburg, *Copyright* (6th ed.), Foundation Press, 2002, 496-498쪽 참조.

71) 이 판결과 관련해서는, 박준우, "모방풍경사진의 저작권침해에 관한 연구," 「계간 저작권」(제106호), 한국저작권위원회, 2014.6, 31면 이하 참조.

원고의 사진: 흑백

피고의 사진: 컬러

(자연 경관은 만인에게 공유되는 창작의 소재로서 촬영자가 피사체에 어떠한 변경을 가하는 것이 사실상 불가능하다는 점을 고려할 때 다양한 표현 가능성이 있다고 보기 어려우므로, 전체적인 콘셉트나 느낌에 의하여 저작물로서의 창작성을 인정하는 것은 다른 저작자나 예술가의 창작의 기회 및 자유를 심하게 박탈하는 결과를 초래할 것이다), ③ 이 사건 사진저작물은 솔섬을 사진의 중앙 부분보다 다소 좌측으로 치우친 지점에 위치시킨 정방형의 사진인 데 반하여, 이 사건 공모전 사진은 솔섬을 사진의 중앙 부분보다 다수 우측으로 치우친 지점에 위치시킨 장방형의 사진으로, 두 사진의 구도 설정이 동일하다고 보기도 어려운 점, ④ 빛의 방향은 자연물인 솔섬을 찍은 계절과 시각에 따라 달라지는데 이는 선택의 문제로서 역시 그 자체만으로는 저작권의 보호대상이 되기 어려울 뿐만 아니라, 이 사건 사진저작물과 이 사건 공모전 사진은 각기 다른 계절과 시각에 촬영된 것으로 보이는 점(이 사건 사진저작물은 늦겨울 저녁 무렵에, 이 사건 공모전 사진은 한여름 새벽에 촬영된 것으로 보인다), ⑤ 나아가 이 사건 사진저작물의 경우 솔섬의 좌측 수평선 부근이 가장 밝은 데 반하여, 이 사건 공모전 사진은 솔섬의 우측 수평선 부근에 밝은 빛이 비치고 있어 빛의 방향이 다르고, 달리 두 저작물에 있어 빛의 방향이나 양의 조절이 유사하다고 볼 만한 자료가 없는 점, ⑥ 비록 두 사진 모두 장노출 기법을 사용하기는 하였으나, 이 사건 사진저작물의 경우 솔섬의 정적인 모습을 마치 수묵화와 같이 담담하게 표현한 데 반하여, 이 사건 공모전 사진의 경우 새벽녘 일출 직전의 다양한 빛과 구름의 모습, 그리고 이와 조화를 이루는 솔섬의 모습을 역동적으로 표현하고 있어 위와 같은 촬영방법을 통해 표현하고자 하는 바가 상이한 점, ⑦ 그 밖에 카메라 셔터의 속도, 기타 촬영 방법, 현상 및 인화 등의 과

정에 유사점을 인정할 만한 자료가 없는 점 등에 비추어 보면, 원고가 들고 있는 증거만으로는 이 사건 사진저작물과 이 사건 공모전 사진이 실질적으로 유사하다고 보기 어렵다.

■ 이 사건 항소심(서울고법 2014.12.4.선고 2014나2011480 판결)도 제1심 판결을 인용하였다. 항소심은 "이 사건 사진저작물과 이 사건 공모전 사진은 창작성이 없거나 미약한 부분에서만 동일·유사할 뿐, 창작적인 표현형식에 해당하여 반드시 대비 대상으로 삼아야 하는 부분에서는 오히려 분명한 차이를 나타내고 있다"고 보았다. 또 전체적인 관념과 느낌이 유사하다는 주장에 대해서도, "전체적 대비를 위해서는 우선 두 저작물 전체를 각 요소가 결합된 그대로 관찰하여 그 인상이나 느낌을 대비하여야 하며, 특별한 사정이 없다면 각 요소를 동등한 비중으로 관찰하는 것이 바람직하다. 이러한 방법에 의할 때, 두 저작물은 그 촬영 대상이 동일함에도, 전체적으로 보아 이 사건 사진저작물이 가지는 수묵화와 같은 정적인 인상 또는 느낌과 이 사건 공모전 사진이 가지는 일출시의 역동적인 인상 또는 느낌에 명백한 차이가 드러나므로, 유사하지 않은 것으로 판단된다."고 판시하였다.

예 6

주제가 같은 것만으로는 저작권침해가 아니다.

아래 사진은 일본 사진작가가 제작한 폐허에 관련된 사진이다. 사진작가 丸田祥三이 1992년 '機械室'이라는 제호의 작품을 발표하자 2001년 小林伸一郎이 '廢墟漂流'라는 제호의 유사한 작품을 발표하였다. 2009년 丸田은 小林을 저작권침해로 제소하였으나 제1심, 항소심, 상고심(2012년 2

'機械室'

'廢墟漂流'

월 26일 일본 최고재판소) 모두 저작권침해가 아니라고 판단하였다.

반면 다음의 '수박사진'사건(동경고등재판소 2001.6.21.)에서는 저작권침해가 인정되었다. 이 사건은 수박을 쪼개어 옆으로 나란히 한 것을 특징으로 하는 사진의 실질적 유사 여부가 문제로 된 사건이다. 제1심[72]은 원고 청구를 기각하였다. 그러나 항소심인 동경고등재판소는 사진저작물에 있어서 창작성은 최종적으로 사진으로서 나타나 있는 것이 무엇을 가지고 있는가에 의해 판단되어야 할 것이기 때문에 피사체의 선택, 조합, 배치 등에 관한 표현의 창작성도 아울러 고려하지 않으면 안 된다고 판시하였다. 결국 원고(항소인)의 청구를 인용하였다. 사진저작물의 보호범위와 관련하여 피사체도 포함시킬 것인가, 아니면 피사체를 별개로 생각할 것인가의 견해의 대립이 있다.[73] 이미 존재하는 피사체라면 별론(앞의 '솔섬 사진' 사건이나 폐허사진 사건), 사진작가가 창작한 피사체라면 이것도 포함시켜야 할 것이다.[74]

원고 사진

피고 사진

72) 동경지방재판소 1999年12月15日(平成11(ワ)8996).

73) 자세한 것은, 中山信弘 저/윤선희 편역, 『저작권법』, 83-85면 참조.

74) 荒竹純一, 『ビジネス著作權法』, 產經新聞出版, 2006, 431면. 또 作花文雄, 앞의 책, 102면은 "제1로는 피사체를 촬영하는 기술적 측면, 제2로는 피사체 자체의 선택·구성에 관한 창의연구에 착안할 수 있다. 예컨대 풍경사진이면, 촬영대상물의 선택이나 촬영을 통해 잘라낸 화면의 선택, 계절, 天候, 일시 등 사진의 성과에 영향을 주는 촬영조건의 선택 등에 창작성이 인정되며, 또 인물 모델 사진에 대해서도 배경이나 인물의 의상, 표정이나 포즈의 선택, 물건의 사진에 대해서도 어떠한 배경에, 어떻게 배치하며, 빛을 어떠한 각도에서 비출 것인지 등 다양한 창작연구를 해서 화면을 구성하는 바에 창작성이 인정된다"고 한다.

3) 스타일이나 화풍은 보호받지 못한다.

다음에 보는 반 메헤렌의 ≪악보를 읽는 여인≫은 베르메르의 ≪편지를 읽는 여인≫과 스타일이나 구도의 일부분이 같아 유사하게 보일지라도 두 그림은 서로 다른 그림이며, 설사 베르메르 작품에 저작권이 존속한다고 하더라도 복제권 침해도 2차적저작물작성권 침해도 아니다. 다만 서명을 위조했다면 성명표시권 침해로 될 수 있다.

베르메르, ≪편지를 읽는 여인≫

반 메헤렌, ≪악보를 읽는 여인≫

다음은 사진에 관하여 미국 법원이 저작권 침해를 인정한 경우와 부인한 경우이다.

인정한 경우[75]

인정하지 아니한 경우[76]

결국 어느 부분이 창작적이고, 그 부분을 타인이 모방했는지 여부가 관건이라고 할 것이다.

■ 다른 법을 통한 화풍 등의 보호

문제는 저작권법으로 보호하지 않는 화풍 등을 다른 법으로 보호할 수 있는지 여부이다. 상반되는 미국의 판결을 본다.

Romm Art Creations, Ltd. v. Simcha Int'l, 786 F.Supp. 1126(E.D.N.Y. 1992)에서는 Tarkay의 화풍과 닮은 Patricia의 판화와 포스터가 Tarkay의 트레이드 드레스를 침해한 것 아니냐가 문제되었다. 법원은 미술작품에 대해서도 트레이드 드레스(trade dress)[77] 보호를 인정하였다. 그러나 Galerie Furstenberg v. Coffaro, 697 F.Supp. 1282(S.D.N.Y. 1988)에서는 이를 인정하지 아니하였다. 그 침해 여부는 오로지 저작권법이 판단할 문제라고 보았다.

4) 표현이라고 하더라도 아이디어와 합일(융합, 혼동)된 경우에는 보호받지 못한다.

이를 Merger Doctrine(융합의 법리, 혼동이론)이라고 한다. Merger Doctrine이란 아이디어를 표현하는 경우에 유일 또는 한정된 범위에서밖에 표현할 수 없는 경우에 아이디어와 표현이 혼동(융합: merge)되고 있어 당해 표현은 저작권의 보호를 받을 수 없다는 이론이다.

---

75) Kisch v. Ammirati & Puris Inc., 657 F.Supp. 380 (S.D.N.Y. 1987).

76) Harney v. Sony Pictures Television, Inc., 2013 WL 68568 (1st Cir.).

77) '트레이드 드레스'를 '상장'으로 번역하기도 하나(김형진, 『미술법』, 168쪽), 본서에서는 그대로 '트레이드 드레스'로 사용한다. '트레이드 드레스' 법리에 의해 보호되기 위해서는 ① 상표라고 말할 수 있을 만큼 대중에게 널리 알려진 스타일이고, ② 소비자가 후속작을 당해 화풍을 확립한 작가의 작품이라고 혼동할 가능성이 있고(여기서는 Patricia의 판화 등을 Tarkay의 것으로), ③ 당해 스타일을 사용하는 것이 당해 제품의 기능을 수행하는데 반드시 필요한 것이 아니어야 한다. '트레이드 드레스'에 관해서는, 송영식/이상정/김병일, 『지적재산법』(제14판), 세창출판사, 2015, 382쪽 참조.

이 점을 설명하기 위하여 미국 BUC Int'l Corp v. Int'l Yacht Council Ltd. 판결[78]에서는 다음과 같은 예를 들어 설명한다.

> 공중에게 무엇인가를 표시하기 위하여 자주 사용되는 심벌을 상상해 보라. 그 심벌은 그 안에 대각선 줄이 있는 원이다. 예컨대 담배 이미지가 가운데 있으면 이 시각적 표시는 금연표시이다. 동일한 심벌은 무엇인가를 금지시키려고 할 때, 예컨대 수영금지, 음식물 반입금지, 휴대폰 사용금지 등을 표시하기 위하여 다양한 상황 하에서 사용된다.

어떤 행동을 금지시킨다는 아이디어를 시각적으로 효과적으로 나타내는 방법은 오직 몇 개밖에 없으므로 이러한 사례에서의 표현, 즉 대각선을 가진 원을 저작권법으로 보호할 수는 없다. 다음의 두 작품의 하나는 기존의 자전거 안장과 손잡이를 결합한 것이고, 하나는 종래 한국의 엿장수의 엿가위를 분해·조합한 것이다. 간단하기는 하나 모두 소를 표현한 것이며, 이 경우에는 아이디어와 표현이 혼동된 것은 아니며, 각각 소를 표현한 것으로 저작권법의 보호를 받는다.

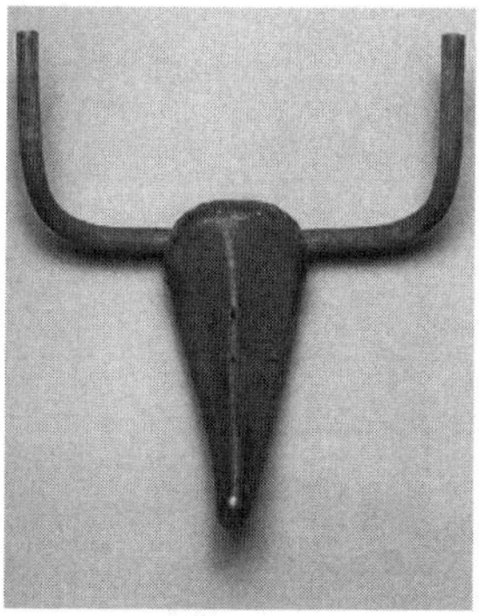

(1) 피카소 작, ≪황소의 머리≫(1943)

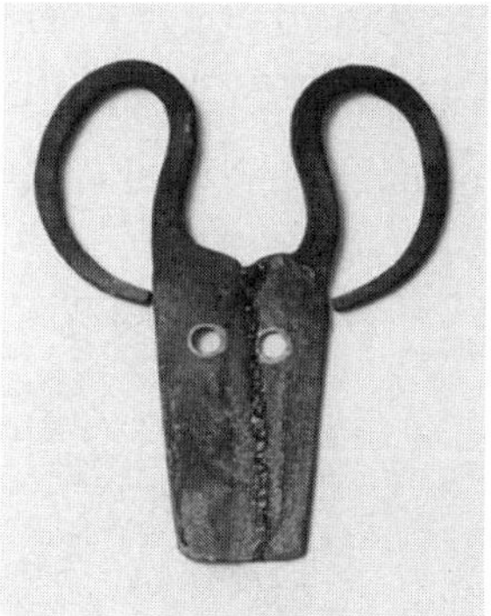

(2) 이영학 작, ≪소≫

78) 489 F.3d 1129, 1143(11th Cir. 2007).

이하에서는 저작권침해가 인정된 경우와 아닌 경우를 실제 판례를 통해 보기로 한다.

(가) 미국판례

a) 유사성이 부인된 예: Kerr v. New Yorker Magazine[79)]

이 사건에서 법원은 두 디자인이 유사하지 않다는 이유로 원고 청구를 기각하였다.

비록 두 개의 이미지가 스카이라인을 가진 모호크 머리의 남성을 묘사하고 있지만 이러한 아이디어의 표현은 완전히 다르다. Kerr의 흑백이미지는 펜과 잉크와 그물눈의 음영으로 이루어졌다. 그의 형상은 두 눈이 보이는 4분의 3 정도의 옆모습이며, 보는 이의 눈과 마주치고 있다. 그의 가죽 재킷과 염소수염은 그가 공격적이고 세상물정에 밝은 것 같은 인상을 준다. 이와 대조적으로 Kunz의 이미지는 매우 부드러운 선과 둥근 윤곽을 가지고 있다. 스카이라인을 만들고 있는 빌딩은 서로 다른 배열로 되어 있고, Kerr의 빌딩보다 차별화되어 있다. Kunz의 그림은 완연한 배경을 가진 컬러로 되어 있다. 그녀의 형상은 눈 하나가 보이는 완전한 옆모습이며, 시선은 아래를 쳐다보고 있다. 더욱이 Kunz의 형상은 4개의 귀걸이와 코를 뚫어 귀까지 뻗친 사슬을 가지고 있고, 벗고 있으며, 비현실적으로 경사진 어깨를 가지고 있다. … 두 형상은 완전히 다른 "개념과 느낌"(concept and feel)을 가지고 있다.

New York Hairline

Manhattan Mohawk

79) 63 F.Supp. 2d 320(S.D.N.Y. 1999).

b) 유사성이 긍정된 예: Steinberg v. Columbia Pictures, Inc.[80)]

이 사건은 잡지 "The New Yorker"의 표지를 장식한 원고 Steinberg의 그림과 비슷한 포스터가 로빈 윌리암스 주연의 "허드슨강 위의 모스크바"(Moscow on the Hudson)의 포스터로 사용된 사안에서 두 그림의 실질적 유사성이 문제로 되었다.

원고의 삽화는 뉴욕사람들이 뉴욕을 중심으로 어떻게 세계를 보는가라고 하는 잘 알려진 관념을 주제로 한 것이다. 피고 영화는 뉴욕에 망명한 모스크바 시민의 모험을 묘사한 것이다. 이 포스터를 그리기 위하여 원고 삽화를 참고한 점은 피고도 자인하고 있다. 두 그림 모두 뉴욕시를 기점(起點)으로 해서 유라시아 대륙에 도달할 때까지의 광경을 조감적으로 묘사한 것이며, 건물의 묘사방법이나 자체(字體)도 아주 비슷하고 표현의 스타일도 매우 흡사하다.

다만 영화포스터는 로빈 윌리암스 외 2인의 배우가 포함되어 있고, 또 원고 삽화는 태평양을 넘어 일본을 중심으로 중국과 러시아를 바라보고 있는데 영화 포스터는 대서양을 넘어 유럽 쪽의 모스크바를 바라보고 있다.

원고의 삽화

피고의 포스터

80) 663 F.Supp. 706(S.D.N.Y. 1987).

법원은 실질적 유사성의 판단은 평균적 일반인의 입장에서 관찰해서 저작물이 도용되었다고 말할 수 있는가 아닌가에 있으며, 또 본건에서 두 그림은 일견해서 스타일상의 현저한 관련성이 있는바, 스타일은 표현의 한 요소인 이상, 이 관련성은 유사성 판단에 있어서 중요한 요소이다. 또 뉴욕시의 묘사에 있어서 유사성이 강하게 보이는바, 상세부분의 묘사가 동일하지는 않더라도 건물의 형상, 창, 배치 등도 실질적으로 유사하다고 보았다. 가장 강한 유사성은 뉴욕시의 블록을 묘사할 때에 가장 잘 나타난다. 두 작가 모두 도로가 잘 보이는 곳을 선택하여 아래를 바라보면서 넓은 양 방향의 통행 도로(street)가 강에 다다를 때까지 대로(avenue)를 횡단하여 네 블록으로 나누고 있는 형상을 묘사하고 있다. 피고의 항변에도 불구하고 이것은 바둑판 모양의 도시를 묘사하는 데 필연적인 방법은 아니다. 특히 뉴욕은 대부분 일방통행으로 되어 있다.

(나) 일본 판례 — 유사성이 긍정된 예와 부정된 예

a) 안작(贋作)회화 수입사건: 오사카 지방재판소 1996년 1월 31일 판결

본 판결에서 다음 ≪그림 2≫는 ≪그림 1≫의 복제권 침해라고 판시하였다.

그림 1

그림 2

그림 1

그림 2

그림 1

그림 2

b) 어라운드 더 월드 사건: 동경 지방재판소 2003년 11월 12일 판결

본 판결에서 다음 ≪그림 2≫는 ≪그림 1≫의 복제권 침해라고 판시하였다.

그림 1

그림 2

c) 여배우 일러스트 사건: 동경지방재판소 1999년 7월 23일 판결

그림 1

그림 2

본 판결에서는 ≪그림 2≫가 ≪그림 1≫의 복제권 침해가 아니라고 판시했다. 이에 대해 적어도 2차적 저작물작성권 침해는 된다는 반론이 있다.[81] 그러나 표현을 이용한 바 없으므로 2차적 저작물이라고도 보기 힘들다. 이하 동 사건에서 법원의 판단 내용을 살펴본다.

(1) 유사점　　피고 일러스트레이션(그림 2)은 본건 저작물(그림 1)과는 얼굴 윤곽의 상단부가 원형인 것, 눈의 형상이 은행 알과 같은 형상으로 눈동자가 크게 묘사되어 있는 것, 코가 입에 가까운 위치에 배치되어 있는 것, 한쪽 손을 앞으로, 또 한쪽 손을 뒤로 하고 발은 이것과 좌우가 반대인 것, 가방을 어깨로부터 뒤로 향해서 걸치고 있는 것이 유사하다.

(2) 차이점

1) 얼굴의 윤곽　　본건 저작물(그림 1)의 얼굴 윤곽은 상반부는 대략 반원이나 하반부는 조금 작고, 위아래(세로)가 긴 타원의 圓弧 모양이기 때문에 뺨부터 턱에 걸친 부분이 조금 뾰족한 인상을 주고 전체로서도 위아래가 긴 얼굴로 보이는 데 반해, 피고 일러스트레이션(그림 2)의 윤곽은 원에 가까워 전체로서도 가로가 넓은 얼굴로 보인다.

2) 눈, 눈썹　　본건 저작물의 눈과 피고 일러스트레이션의 눈을 대비하면 눈의 형상이 은행알과 같은 형상으로 눈동자가 크게 묘사된 점이 공통되나

---

81) 荒竹純一, 『ビジネス著作權法』, 産經新聞出版, 2006, 390쪽.

눈의 상반부의 윤곽은 본건 저작물과 피고 일러스트레이션은 서로 다르게 되어 있고, 눈동자의 색도 본건 저작물의 색이 차색(茶色)인 데 대해, 피고 일러스트레이션에서는 자주색에 가깝게 되어 있다. 또 피고 일러스트레이션의 눈은 본건 저작물보다도 얼굴이 차지하는 면적이 크고, 본건 저작물만큼 양 눈이 떨어져 있지 않다. 더욱이 속눈썹의 형상 및 개수, 눈썹의 길이 및 크기, 눈썹과 눈과의 위치관계 등 어느 것에 있어서도 본건 저작물과 피고 일러스트레이션과는 차이가 있다.

3) 코　본건 저작물의 코와 피고 일러스트레이션의 코를 대비하면 입에 가까운 위치에 배치되어 있는 점은 공통하나, 본건 저작물의 코는 입체적으로 콧구멍이 조금 보이는 것 같은 형상인 데 비해, 피고 일러스트레이션의 코는 콧구멍이 보이도록 표현되어 있지도 않고, 전체 형상도 다르다.

4) 입과 입술　본건 저작물과 피고 일러스트레이션은 입의 형상이 명백히 다르고, 상하 입술이 합쳐진 선도 본건 저작물에서는 대략 직선인 데 대해, 피고 일러스트레이션에서는 둥근 타원형 형태로 되어 있다.

5) 뺨　본건 저작물의 뺨은 핑크색으로 하이라이트가 존재하나 피고 일러스트레이션의 뺨은 짙은 적색으로 하이라이트가 없다.

6) 귀　본건 저작물은 귀가 묘사되어 있지 않으나 피고 일러스트레이션에서는 비교적 큰 귀가 묘사되어 있다.

7) 머리 모양　본건 저작물의 머리 모양이 쇼트 헤어인 데 대해, 피고 일러스트레이션의 머리 모양은 롱헤어로서 머리 모양도 전혀 다르다.

8) 손, 팔, 발　본건 저작물과 피고 일러스트레이션은 한 손을 앞으로 또 한 손을 뒤로 하고, 발은 이것과 반대인 점은 공통하나 팔의 움직이는 방향 및 각도, 발이 벌어진 형편, 앞발의 무릎의 각도, 뒷발의 무릎아래의 뛰어오르는 방향이 다르다.

9) 가 방　본건 저작물의 가방과 피고 일러스트레이션의 가방을 비교하면 가방을 어깨로부터 후방으로 걸친 것은 유사하나 가방의 색깔, 형태, 가방끈의 형상은 다르다.

(3) 결 론　일부 유사한 점이 있으나 본건 저작물(그림 1)과 피고 일러스트레이션(그림 2)은 얼굴 중, 그 동일성을 좌우하는 주요한 부분에 대해서 위 1) 내지 7) 인정대로 차이가 있기 때문에 위와 같은 공통점이 있다고 하더라도 얼굴에 대해서 동일성을 인정할 수가 없고, 또 얼굴 이외의 부분에도 위 8), 9) 인정대로 차이가 있다. 따라서 본건 저작물과 피고 일러스트레이션의

동일성을 인정할 수가 없다. 피고 일러스트레이션이 본건 저작물의 복제물이 라고 볼 수 없다.

d) '명동정동극장'사건(서울중앙지법 2014.2.20.선고 2012가합106749 판결)

원고 디자인

피고 디자인

이 사건 원고 디자인과 이 사건 피고들 디자인은 그 배경과 구체적 표현은 다소 차이가 있지만, ① 모두 여인의 몸짓 또는 의복 등의 표현은 구성에서 제외한 채 단지 얼굴 표현 및 머리 모양을 중심으로 그 이미지를 나타내는 점, ② 얼굴에서 그 윤곽선, 코, 입, 아랫눈썹의 선을 생략하여 배경공간과 구분되지 않게 표현한 점, ③ 눈매와 눈썹에서 눈의 끝이 강하게 처리되어 있고 선과 면의 강조와 과장으로 미려하면서 청순한 느낌을 주는 점, ④ 앞가르마와 옆머리는 모두 톱니 모양으로 표현되어 있고, 가르마와 옆머리의 기울어진 방향과 각도가 같은 점, ⑤ 양자는 아랫눈썹 윤곽선이 생략된 눈을 포함하는 좌, 우 눈의 비례와 모양, 눈과 눈 사이의 거리 등이 거의 동일하게 배열되어 거의 중첩되는 점, ⑥ 얼굴의 각도 및 배치에 대하여 보더라도 얼굴이 보이는 우측 회전투시 각도는 정면과 우측면 중간인 약 45°를 유지하고, 머리를 앞으로 숙인 각도는 약 20°, 눈 경사각은 약 19°로 두 디자인에서 동일하게 나타나는 점, ⑦ 양자는 얼굴색과 배경색을 통일하고 검은 머리색을 표현하여 색상을 두 가지로 함축시켰을 뿐만 아니라 난색(暖色)과 검은색의 두 가지 색상에 의한 강한 명도 대비를 활용한 점, ⑧ 이 사건 원고 디자인은 배경 부분에 바위산, 비녀, 구름, 꽃 등이 있고, 이 사건 피고들 디자인은 "MISO"라는 영문표기와 단색의 배경만이 있어 차이가 있으나 이러한 배경 부분은 여인의 얼굴 부분의 이미지를 전달하는 보조적 역할을 하고 있는 것에 불과한 점 등에 비추어 보면, 이 사건 원고 디자인과 이 사건 피고들 디자인은 그 구체적 표현 형식에서 약간의 차이가 있지만, 생략된 윤곽선, 눈매와 눈썹의 모양, 앞가르마와 옆머리의 모양, 얼굴 형상의 크기 및 비례, 눈의 각도 및 배치, 얼굴과 머리색의 구분 등의 측면에서 거의 동일하여 실질적으로 유사하다고 봄이 상당하다.

패러디

1. 의 의

저작재산권, 저작인격권 특히 동일성유지권, 저작재산권의 제한, 2차적 저작물 작성권 등과 관련하여 특히 문제로 되는 것은 parody 문제이다.[82] 패러디란 그리스語 '*parodeia*'에서 유래한 말로 본래 "다른 사람의 곡조(ode)에 따라(para) 부르는 노래"라는 뜻이다. 사전적으로는 "우스꽝스러운 효과를 내기 위하여 원작품의 특징적 스타일을 모방하는 문학적 · 예술적 작품"을 말한다. 국어사전에 보면 ① 흉내, ② 엄숙한 작품의 장중한 스타일을 기교로써 모방하면서 그것을 경쾌하고 익살스러운 작품으로 꾸며 야유 풍자하는 것으로 되어 있다. 패러디는 오늘날 특수한 예술형식의 하나로 보고 있다. 저작권법에서 패러디를 논하는 이유는 저작권침해의 예외로서 패러디를 인정할 수 있는가이다. 그 예외를 인정하여야 하는 이유는 다음과 같다.

첫째, 패러디는 기존의 작품에 비평이나 논평, 풍자 등 새로운 창작을 가미함으로써 인류의 문화유산을 풍부하게 하고, 따라서 문화의 향상발전이라는 저작권법의 목적달성에 기여한다.

---

82) 패러디와 저작권과 관련하여 우리나라에서 발표된 글로는, 박성호, "포스트모던 시대의 예술과 저작권," 『계간 저작권』, 1993년 봄호, 28쪽 이하/여름호, 35쪽 이하; 허희성, "패러디와 저작권," 『계간저작권』, 1998년 봄호, 47쪽 이하; 엄동섭, "패러디와 저작물의 자유이용," 『창작과 권리』 제10호, 1998년 봄호, 58쪽 이하 참조.

둘째, 패러디에 그와 같은 이로운 점이 있음에도 불구하고 보통 패러디라는 것은 엄숙하고 진지한 작품에 대한 풍자 · 비평 · 비꼼 등에서 시작하므로 원저작자로서는 자신의 저작물에 대해서 스스로 패러디를 작성한다거나 아니면 다른 사람에게 자신의 저작물에 대한 패러디를 작성하도록 허락해줄 가능성이 적다.

셋째, 패러디는 원작의 시장적 가치를 침해할 가능성이 거의 없다는 점이다. 원작과 패러디는 전혀 다른 효용가치를 가지는 것이므로 패러디 작품을 감상하였다고 해서 원작소설에 대한 수요가 감소된다고는 생각하기 어렵기 때문이다.

2. 패러디에 관한 각국의 태도

패러디에 관하여 영국 · 미국 등 앵글로색슨 계통의 법제(法制)에서는 패러디가 fair use나 fair dealing에 해당하는지 어떤지를 중심으로 논하고 있으며, 독일 등에서는 그것이 자유이용(freie Benutzung)인가 개작(Bearbeitung)인가가 논의된다. 이에 대해 프랑스 저작권법은 명문(明文)으로 일정한 요건하에 자유이용에 해당한다고 규정하고 있다(동법 122조의5 제4호).[83] 이하에서는 미국 판례와 일본 판례를 각각 하나씩 살펴보는 것으로 한다.

| 일본판례 | 이른바 '몽타주 사진' 사건[84]

이 사건은 오스트리아 티롤산맥에서 스키를 타는 장면을 촬영하여 자연의 아름다움을 표현한 사진(원작품)을 패러디한 것이다. 패러디 작품은 원작품의 일부를 절제한 후 절제된 부분에 타이어사진을 합성한 후 이를 몽타주로 작성하여 흑백화(黑白化)한 것(패러디 작품)이다. 원작이 자연의 아

---

83) 프랑스 지적재산법 제1부 문학 · 예술적 소유권 제1권 저작권 제122조의 5 (4) 장르상의 규칙에 따른 패러디, 혼성모방 및 풍자화.

84) 일본 최고재판소 1980년 3월 28일 판결[昭和51年(オ)第923號 損害賠償請求事件] ―有斐閣 발간, 「著作權判例百選」(제4판, 2009) 58번 사례.

SKI '67
白川義員

패러디사진
天野正之

름다움을 표현하려고 했다면 패러디 작품은 일종의 자연파괴를 나타내는 메시지로 변경한 경우이다.

일본 대법원은 "본건 사진의 본질적 특징은, 본건 사진부분이 본건 몽타주 사진 중에 일체적으로 혼입되어 이용되고 있는 상태에 있어서도 그 자체를 직접 감득할 수 있는 것이 명백하기 때문에, 피상고인이 한 前記와 같은 본건 사진이용은 … 동일성유지권을 침해한 改變이다"라고 판시하였다. 즉 단순한 물리적 결합으로서 원저작물의 특징이 그대로 나타나 있다면 저작재산권의 침해가 됨과 아울러 동일성유지권의 침해가 된다고 보았다. 반면 고등법원에서는 이 사진은 피상고인(Y)이 패러디로 이용하기 위하여 작성한 것이라는 주장을 받아들였다. 고등법원은 패러디로서 X의 작품과는 별개의 Y의 저작물이라고 할 수 있으므로, 설사 "X(원고, 피항소인, 상고인)의 사진 일부를 개변하였다고 하더라도 동일성유지권을 침해한 것이 아니다"라고 판시하였다(이 사건은 소제기로부터 16년 후 제3차 항소심에서 화해로 종료되었다).

| 미국판례 | Rogers v. Koons, 960 F. 2d 301 (2nd Cir. 1992)

사실관계〉 원고 Rogers는 미국에서 상당히 알려진 전문사진작가이다. 캘리포니아에 살고 있지만 사진전을 캘리포니아는 물론 메인, 플로리다, 뉴욕 등지에서 개최하였다. 그의 작품은 샌프란시스코 현대미술관 등에서 영구 소장품으로 소장하고 있다.

1980년 아는 사람인 Jim Scanlon으로부터 그의 새로운 독일산 셰퍼드 강아지 8마리를 찍어달라는 부탁을 받고, 1980년 9월 21일 Scanlon집으로 갔다. 그러나 강아지만 성공적으로 찍는 것은 어렵다고 판단하고 Scanlon 부부에게 그 강아지들을 붙들고 있어 달라고 부탁했다. 흑백사진인 강아지들("Puppies")이란 작품의 구성과 제작에는 적지 않은 창작적 노력이 투입되었다. 사진을 찍는 동안이나 그의 작업실에서 다년간에 걸친 예술적 경험이 활용되었다. 그는 빛, 위치, Scanlon 부부가 앉은 의자, 강아지들의 위치를 선택하였다. 그는 아울러 카메라와 관련된 기술적 문제와 자연광의 사용과 관련하여 창작적 판단을 하였다. 그는 50가지 다른 이미지를 가진 일련의 밀착인화지("contact sheets")를 준비하였고, 그중에서 하나를 선택하였다. 그 후 Scanlon 부부에게 200달러를 받고 이 사진을 넘겼다. "Puppies"는 그 후 작가의 사진목록에 들어갔고, 여러 번 전시되었다. 서명된 사진이 개인수집가에게 팔렸고, 1989년에는 "Dog Days"라는 사진집에 실리도록 사용허락도 하였다. 1984년 Museum Graphics라는 회사에 다른 작품과 함께 "Puppies"의 사용을 허락하였고, 그 회사는 카드를 제작하여 판매하고 있다.

피고 Jeff Koons는 뉴욕에 살고 있는 미술가이자 조각가이다. 그는 증권브로커 등 적지 않은 직업을 가지고 있지만 주로 뉴욕 현대미술관에서 그 회원으로 활동하여 왔다. 1980~1990년 10년 동안 그는 그의 작품을 그룹전 등에 출품하였다. 뉴욕에서는 Sonnabend 화랑이 그를 대리한다. 그의 작품은 10만 달러 이상으로 팔리고 있다. 그에 대해서는 평가가 엇갈린다. 혹자는 현대판 미켈란젤로("modern Michelangelo")라고 하는가 하면 혹자는 그의 작품은 참으로 저속하다("truly offensive")고 한다.[85)]

1986년 Sonnabend 화랑에서 작품전시회가 성공적으로 끝나자 1988년 같은 화랑에서 일상생활의 평범성을 주제로 한 바날리티 전시회("Banality Show")를 위하여 20개의 조각품을 제작하기 시작했다. Koons는 강아지 소대("String of Puppies")를 Museum Graphics가 판매하는 "Puppies" 카드로부터 복제한 사실을 인정하고 있다. 그는 1987년 카드를 사서 Rogers' copyright of "Puppies" 부분을 뜯어냈다. Koons는 그것이 작업 소재가 될 수 있으며, 그것은 전형적이고, 일상적이며, 친근한 것으로 보았다. 그것은 그가 모았던 동물을 품고 있는 사람들의 다른 이미지와 유사했다. 그래서

85) 법률 논문에서는 "Jeff Koons는 예술가인가 도둑놈인가"(Jeff Koons, artist or thief?)라는 논문이 보인다(Copyright Law Symposium 41권 99쪽 이하).

그는 사람들이 실제로 그 카드를 보았는지 여부에 관계없이 그 그림은 사람들의 집단적 잠재의식 속에 들어 있는 대중문화의 일부분이라고 생각했다. 그는 그의 기술공들(artisans)에게 Rogers' notecards를 하나 주면서 그것을 복제하라고 시켰다. 2차원적 사진을 3차원적 조각으로 제작하기 위하여 그는 Demetz Studio와 심도 있는 의견교환을 하였으며, 기술공들이 작업하는 동안 일주일에 한 번씩 작업장에 들려 작업지시서를 주면서 가급적 "Puppies"가 조각에서 충실히 복제되기를 강조했다. 예컨대 그는 기술공들에게 작품이 사진과 똑같아야 하며, 사진의 특성이 포착되어야 한다고 말했다. 후에는 강아지들의 털이 사진과 같이 정교해야 한다는 등등을 지시했다.

이런 식으로 4점의 조각품이 완성된 후 "String of Puppies"는 Sonnabend 화랑에 전시되었고, 4점 중 3점이 367,000 달러에 팔렸다. 네 번째 것은 Koons가 보관하였다. 물론 원고는 피고 Koons가 "Puppies"를 이용하여 "String of Puppies"를 제작하도록 허락하지는 않았다. Rogers는 Scanlon을 통해 이 사실을 알게 되었다. Rogers는 Koons와 Sonnabend 화랑을 상대로 저작권침해, 상표법 제43조(a) 위반, 주법 위반을 이유로 1989년 10월 11일 소송을 제기하였다.

법원의 판단〉 법원은 피고의 공정사용 등의 항변을 받아들이지 않았으며, 지방법원, 항소법원 모두 저작권침해를 인정하였다.

원고의 사진 ≪Puppies≫

피고의 조각 ≪String of Puppies≫

여기서는 공정사용 항변에 대해서 보다 자세히 살펴보자. 우선 미국 저작권법 제107조에는 공정사용(fair use)의 법리에 대해서 규정하고 있다.

제107조 배타적 권리에 대한 제한: 공정사용
제106조 및 제106조의 A의 규정에도 불구하고 비평, 논평, 시사보도, 교수(학습용으로 다수 복제하는 경우를 포함), 학문, 또는 연구 등과 같은 목적을 위하여 저작권으로 보호되는 저작물을 복제물이나 음반으로 제작하거나 또는 기타 제106조 및 제106조의 A에서 규정한 방법으로 사용하는 경우를 포함하여 공정사용하는 행위는 저작권 침해가 되지 아니한다. 구체적인 경우에 저작물의 사용이 공정사용이냐의 여부를 결정함에 있어서 다음을 참작하여야 한다. (1) 그러한 사용이 상업적 성질의 것인지 또는 비영리적 교육목적을 위한 것인지 등 그 사용의 목적 및 성격 (2) 저작권으로 보호되는 저작물의 성격 (3) 사용된 부분이 저작권으로 보호되는 저작물 전체에서 차지하는 양과 상당성, 그리고 (4) 이러한 사용이 저작권으로 보호되는 저작물의 잠재적 시장이나 가치에 미치는 영향. 위의 모든 사항을 참작하여 내려지는 결정인 경우에, 저작물이 미발행되었다는 사실 자체는 공정사용의 결정을 방해하지 못한다.

피고의 사용은 패러디로서 공정사용에 해당하는가.

(1) 사용의 목적과 성격

Koons가 의도적으로 Rogers의 작품을 이용하여 실질적인 이익을 얻은 것은 공정사용의 인정에 불리한 영향을 미치지만 원래의 사용목적은 사회적인 논평을 위한 것이라는 그의 주장을 검토해 본다. Koons는 그의 조각이 전체적으로 사회에 대한 패러디 혹은 풍자라고 주장하고 있다. 우리 판례들은 패러디나 풍자는 비평의 형태로 평가하고 있고, 이러한 종류의 비평 그 자체는 저작권법이 보호하는 창작성을 촉진하기(fosters the creativity) 때문에 장려된다고 하였다. 풍자가 원작품만을 대상으로 한 것일 필요는 없고, 현대사회를 패러디한 것일 수도 있지만 복제된 작품은 반드시, 적어도 일부분이라도 패러디의 대상이 되어야 한다. 우리는 단지 복제된 작품이 패러디의 대상이 되어야 한다는 것을 요구함으로써 패러디의 바탕에는 다른 예술가의 원래, 다른 표현이 있음을 알아차려야(aware) 한다는 것을 역설하는 것이다. 이러한 알아차림은 복제된 작품이 세상에 널리 알려져 있다는 것으로부터 올 수도 있고, 혹은 패러디한 자가 패러디와 관련하여 자인(自認)한 방법에 의한 것(in some manner acknowledged by the parodist)일 수도 있다.

이 사건의 문제는 "String of Puppies"가 우리의 물질사회에 대한 풍자적인 비평이라고 할지라도 사진 "Puppies" 그 자체에 대한 패러디인지를 분간하기가 어렵다는 것이다. 이 사건의 상황들은 Koons가 "Puppies"를 베낀 것은 주로 이득을 얻기 위한 동기로, 악의에 의한 것이며, 원작품의 패러디를 구성하지 않는다는 것을 가리키고 있다.

(2) 저작물의 성격

원작품이 사실적인 경우가 가공적인 경우보다 공정사용의 범위가 더 넓다. 그런데 이 작품은 전화번호부와 같은 사실적인 것이 아니라 가공적인 요소를 보다 많이 가지고 있다. "Puppies"는 창작적이고, 가공적인 것이며, Rogers는 직업사진작가로서 사진과 관련된 그의 노력에 대한 금전적 보답을 원하는 자이므로 이 점도 공정사용의 인정에 불리하다.

(3) 사용된 작품의 양과 상당성

패러디를 위해서 타인의 작품을 전부 사용할 수도 있지만 거기에도 한계는 있다. 여기서는 Rogers 사진의 핵심이 거의 전부(in toto)가 복제되었고, 조각이 원고 작품의 패러디라 할지라도 필요한 것 이상을 사용하였다.

(4) 사용으로 인한 원작품의 시장가치에 대한 영향

공정사용으로 인정될 수 있는지 여부를 판단하는 네 번째 요소는 무단사용이 원고 작품의 시장가치에 어떠한 영향을 미쳤는지 여부이다. 그리고 이 네 번째 요소가 공정사용 여부를 판단하는 데 있어 가장 중요하다. 이 점은 저작권법의 목적이 부정한 복제가 저작자의 경제적 손실을 가져와 결과적으로 창작의욕에 찬물을 끼얹지 못하도록 하는 데 있기 때문이다. 손실은 본래적 시장에 대한 영향뿐만 아니라 파생적 시장에 대한 영향도 평가하여야 한다.

Rogers로부터 권리를 사서 Rogers의 사진과 같은 조각을 만들려는 다른 예술가와 Koons의 작품이 현존한다면, 그러한 시장이 축소될 것이라는 것은 믿기 어렵지 않다. 마찬가지로 피고가 "String of Puppies"의 사진을 찍어 팔면 "Puppies"(원고 저작물)의 카드 판매를 위한 (잠재적인) 시장수요를 해치게 될 것이다. 그 밖에도 원고가 기획하고 있는 다른 시장이 위축될 것이다. 더 나아가서 저작권법의 저명한 학자는 이 네 번째 요소를 분석하면서 이 사건의 사실관계와 극히 유사한 예를 사용하여 다른 매체[86]에 복제하는 것도 부적절하다는 것을 설명한다(3 Nimmer §13.05[B]): 책을 각색하여 영화를 만든 것이다. 이 경우 영화는 책의 판매를 부추길지 모르나 2차적 저작권의 잠재적 시장에 대한 영향 때문에 그것은 부정한 사용이다. 본건에서는 피고 Koons가 보다 높은 가격으로 자신의 작품을 판매하는 것 이외의 목적으로 작품을 만들었다는 것을 뒷받침하는 증거는 어디에도 없다.

결국 법원은 공정사용이라는 주장을 받아들이지 않았다.

| 미국판례 | Leibovitz v. Paramount Pictures Corp.[87]

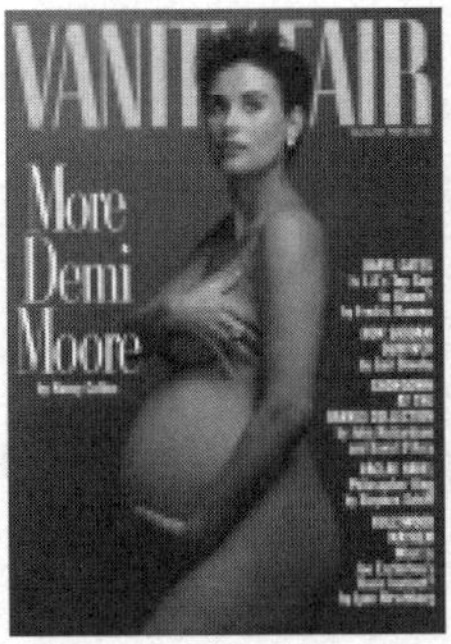

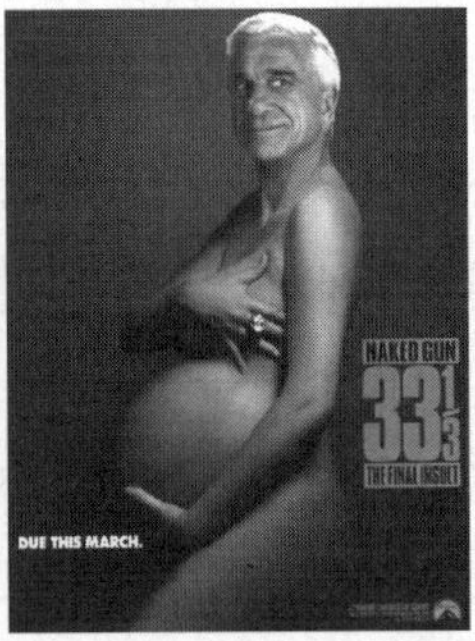

라이보비츠(Annie Leibovitz)는 임신 7개월 된 데미무어(Demi Moore)의 사진을 찍은 전문 사진작가이다. 무어의 사진은 배니티 페어(Vanity Fair) 1991년 8월호 표지사진으로 실렸고, 유명세를 타게 되었다.

파라마운트 영화사(Paramount Pictures)는 1993년 새로운 영화인 'Naked

---

86) 원작품은 사진이고 문제된 작품은 3차원적 조각으로서 매체가 다르다.

87) 137 F.3d 109 (2d Cir. 1998): http://en.wikipedia.org/wiki/Leibovitz_v._Paramount_Pictures_Corp.

Gun 33⅓'을 선전할 목적으로 임신중인 여자를 고용, 사진 촬영하였고, 이를 데미 무어를 닮도록 디지털 작업을 한 후 얼굴은 Leslie Nielsen의 것으로 대체하였다. 그 후 이를 전국적으로 선전하자, 라이보비츠가 저작권침해소송을 제기하였다.

제1심(the Southern District of New York)은 이러한 사용은 공정사용이라고 보았다. 항소심(the United States Court of Appeals for the Second Circuit)도 공정사용의 네 요소를 검토한 후 이것은 공정사용에 해당한다고 보았다. 닐슨의 억지웃음은 라이보비츠 작품의 엄숙함에 대한 코멘트이며, 라이보비츠 작품의 잠재적 시장을 위협할 것 같지 않다는 것이다.

커피 브레이크: 뒤샹의 ≪L.H.O.O.Q≫

L.H.O.O.Q.

옆 그림은 뒤샹의 ≪L.H.O.O.Q≫이다. 수염을 단 모나리자이다. 프랑스식으로 읽으면 '엘. 아쉬. 오. 오. 퀴.'이며, 이것을 붙여서 읽으면 '엘라쇼퀼(Ella chaud au cul)', 즉 '그녀의 엉덩이는 뜨겁다, 그녀는 달아올라 있다'는 뜻이 된다는 거다. 이 그림에 대해서는 다음과 같은 해설이 있다.[88]

"- 그러면 단지 ≪모나리자≫를 풍자한 것인가요?

- 풍자는 풍자지만 뒤샹에게는 조금 더 깊은 뜻이 있었겠지. …

- 뒤샹은 도대체 예술 어쩌고 하는 짓거리를 비웃고 있어. 예술에 무슨 영원한 가치라도 있는 듯이 숭배하는 것이 우스운 노릇이라는 거야. …

- 그럼 뒤샹은 예술을 인정하지 않았나요?

- 예술 그 자체를 인정하지 않았다기보다는 예술의 영원성을 인정하지 않았다고 해야겠지. 예술작품의 가치란 길어야 수십 년이고 시대가 변하면

88) 긴시로 지음/박이엽 옮김, 『두 시간 만에 읽는 명화의 수수께끼』, 현암사, 2007, 166쪽 이하.

작품의 의미나 가치는 달라진다는 거야. 예술의 개념이 변하는 게 당연한 데도 과거의 망령 같은 예술작품을 언제까지나 신주 모시듯 하는 건 바보 짓이라고 했어. ≪모나리자≫에 수염을 그려 붙인 것도 과거의 예술작품을 매도하는 행위이자 동시에 거금을 투자해 예술작품을 투기의 대상으로 삼는 자들에 대한 조롱과 풍자이기도 하지. 그런 풍조에 대한 일종의 쇼크 요법이기도 하고…. 그런데 여기서 그치지 않았어.

- 그러면요?"[89]

차용미술

차용이란 실제의 사물 혹은 기존 예술 작품의 소재를 자기 작품 안에 들여오는 행위이다. 일상용품이나 광고, 잡지에서부터 사진 등 이미 있는 것을 이용하여 다양한 방식으로 재구성하는 방법이 포스트모던 미술의 한 형태로서 널리 이용되고 있다.[90]

우리나라에서 논란이 되었던 차용의 예는 1991년 대한민국 미술대전 대상수상작이었던 조원강씨의 〈또 다른 꿈〉이다. 이 작품이 표절이냐, 혼성모방이냐를 두고 논란을 빚었다.[91] 이 작품은 일본 조일출판사가 매년 발행하는 사진집 ≪누드≫의 88년판 1백8쪽에 실린 프랑스의 사진작가 프레데릭 아슈도의 흑백사진 작품에서 형태를, 89판 1백38쪽에 실린 이탈리아 사진작가 파올로 지올리의 컬러사진작품에서 색채와 표현 기법을 가져온 것이라는 것이다.[92] 이 작품에 대한 법학계의 눈길 역시

89) 이하의 내용은, 위의 책 참조.

90) 저명한 차용미술가의 예는 위키피디아 차용미술 항목 참조(http://en.wikipedia.org/wiki/Appropriation_(art)).

91) 잘 알려진 명화나 민화의 이미지를 빌어와 이를 작가 자신의 독창적 방식으로 인용, 모자이크하는 이른바 혼성모방(패스티쉬) 기법은 종종 표절시비를 불러오기도 한다. 프랑스, 스페인, 벨기에 저작권법은 패러디에 대한 명시적 규정을 두고 있다(Simon Stokes, *Art & Copyright*, Hart, 2001, 136면).

92) 고명희(기자), "표절시비 계속, 화단 양분 가속", 「시사저널」(제127호), 1992.4.2. 82-83면.

곱지 않았다.93)

이렇듯 주로 타인의 사진작품을 이용하여 그림을 그린다든지 조각을 한다든지 함으로써 미술계 자체에서도 논란을 일으키지만 이러한 이용은 저작권법으로부터도 자유로울 수 없다. 다음은 차용으로 인한 여러 외국에서의 분쟁 사례이다.

> [사례 1] 2000년에 터너상을 수상한 Glenn Brown의 「셰퍼드의 사랑 2000」(The Loves of Shepherds 2000)은 '영감'이나 '도용'이 어느 정도에 이를 때 저작권 침해가 되는지에 대한 사회적 논란을 불러일으켰다. 이 작품은 Robert A. Heinlein의 소설 『두개의 별(Double Star)』에 대한 Anthony Robert의 책 재킷을 차용한 것이 틀림없었다. 그러나 많은 미술 평론가들은 이 작품은 재킷에 영감을 얻었지만 상당한 재주와 독창성으로 작품을 만들었다고 보았다. Glenn Brown은 더 타임즈와의 인터뷰에서 "나는 Robert의 작품을 규모와 색에 있어서 근본적으로 변화시켰다."고 주장했다.94)

93) 「또 다른 꿈」을 언급한 한 저작권 논문은, "이상 살펴본 바와 같이, 저작권법 제25조(당시 해당 조문, 현재는 저작권법 제28조: 필자 주) 소정의 요건을 갖추지 아니한 타인의 저작물의 이용은 법적으로 보호되는 「인용」이 아닌 것이다. 예술기법이 「패러디」 또는 「패스티쉬」 그 밖에 그 명칭이 어떠한 미학적 범주에 속하는 것이든 간에, 타인의 저작물을 이용하는 해당 예술행위가 법적으로 비난받지 않으려면, 관련 법규 특히 저작권법이 정하고 있는 각종 요건과 절차를 충족시키는 것이어야 할 것이다.—이 글에서 검토의 대상으로 삼은 미술작품 『또 다른 꿈』이나 소설 『내가 누구인지—』는 포스트모더니즘 예술기법인 「패스티쉬」에 대한 사회 일반의 주의를 환기시킨 사건이었다. 그러나 이들 작품의 작가들이 차용 또는 이용한 것으로 밝혀진 원작이나 그 소재가 된 작품들은 잘 알려진 작품도 이미지도 아니었다고 생각된다. 오히려 이들 사건은 「패스티쉬」라는 개념 자체를 잘못 이해함으로써 빚어진 하나의 해프닝이었다고 보는 것이 옳을지도 모르겠다."(박성호, "포스트모던 시대의 예술과 저작권(後)," 「계간 저작권」(제22호), 저작권심의조정위원회, 1993년 여름호, 42-43면).

94) Simon Stroke, p.134.

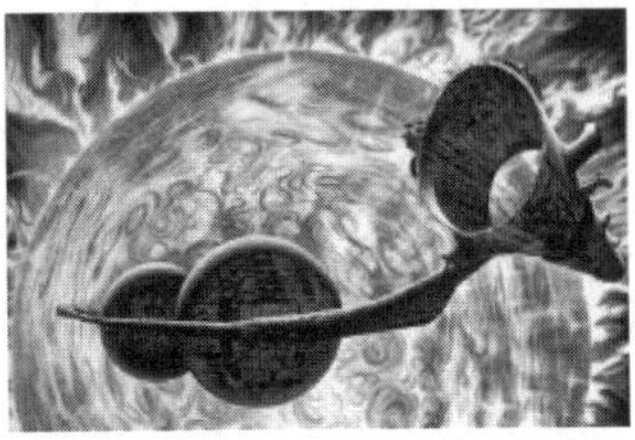

(The Loves of Shepherds 2000)

[사례 2] 2000년 5월에는 유명한 영국 미술가 데미안 허스트(Damien Hirst)가 1백만 파운드에 팔리는 「찬송가(Hymn)」라는 그의 20미터짜리 동상이 장난감 회사인 Humbrol의 14.99 파운드짜리 "젊은 과학자의 해부 세트"를 그대로 베꼈다는 주장에 대해 확인되지 않은 금액을 주고 해결하였다고 보도되었다.[95]

[사례 3] 1976년 11월 샌프란시스코의 사진작가 Morton Beebe는 타임지에 실린 작가 Robert Rauschenberg의 작품전시 기사를 보고 깜작 놀랐다. Rauschenberg의 작품 중의 하나에 자신의 사진 작품(작품명 "Diver")을 자신의 허락 없이 그대로 이용한 작품(작품명 "Pull")이 있었기 때문이다. 특히 Rauschenberg는 미술작가의 권익보호에 앞장을 서 왔던 작가였기에 더욱 놀랐다. Beebe는 Rauschenberg에게 편지를 썼으나 "많은 사진작가들이 Rauschenberg 작품에 자신의 사진이 이용되고 변용된 것에 행복과 자부심을 느끼고 있다"는 Rauschenberg의 답장을 받았다. 1977년 6월, Rauschenberg의 전시회 오픈 파티에서 둘이 만났으나 말이 통하지 않자 Beebe는 소를 제기하였다. 소장에서 Beebe는 최소 1만 달러의 손해배상금, 변호사 비용 및 소송비용, "Pull"의 판매로부터 나오는 이익의 반환을 요구하였다. "Pull"은 29개의 복제본이 만들어졌고, 1만 달러 상당의 가치가 있었다.

95) 구본진, 「미술가의 저작인격권」(서울대학교 대학원 법학박사 학위논문), 2010. 2, 40면. 또 http://www.guardian.co.kr/uk/2000/may/19/claredyer1.

(Morton Beebe의 "Diver")

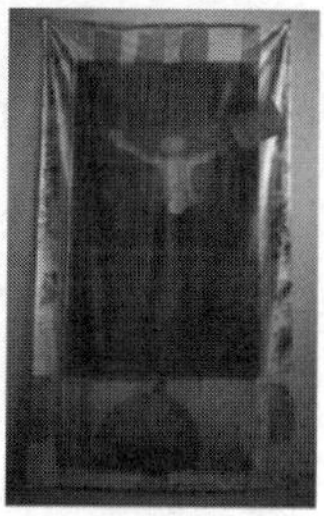

(Rauschenberg의 "Pull")

1980년 9월, Rauschenberg가 Beebe에게 3,000 달러와 "Pull" 복제본 1매를 지급하고, 전시회 카탈로그에 "'Pull' 속의 다이버의 이미지는 Morton Beebe 사진에서 빌려 왔음"이라는 문구를 표기하기로 하고 화해하였다.[96]

[사례 4] Lauren Greenfield v. Damian Loeb

Damian Loeb가 1998년 자신의 사진작품인 Sunlight Mildness를 제작하면서 1997년에 발표된 Greenfield의 Mijanou and Friends라는 사진작품을 이용하였다. 그런데 Sunlight Mildnes는 Mijanou and Friends와는 전혀 다른 의미로 제작된 사진이었다. Loeb는 1998년 6월, Greenfield에게 사진의 사용을 요청했지만 실은 그 해 5월 이미 사용하여 발표한 후였다. Greenfield는 이를 거절하였다. 거절에도 불구하고 Loeb는 이 작품을 계속 사용하였다. Greenfield

Lauren Greenfield

Damian Loeb

96) Gay Morris, "When Artist Use Photographs: Is It Fair Use, Legitimate Transformation, or Rip-off?" *ARTnews,* January 1981, at 102 (John Henry Merryman/Albert E. Elsen/Stephen K. Urice, *Law, Ethics and the Visual Arts*, Kluwer, 2007. pp.564-566에서 재인용).

는 Loeb가 자신의 허락도 받지 않고, 고의적으로 자신의 작품을 복제하여 2차적 저작물을 작성하였다는 이유로 Loeb를 제소하였다. 이 사건은 2001년 화해로 종결되었다. 배상금을 지급하고, 두 작품의 연관성을 승인하며, 작품 뒷면이 이 사실을 명기한다는 조건이었다.

[사례 5] Fairey v. Associated Press[97]

Shepard Fairey는 오바마 대통령 선거 캠페인 중에 많이 사용했던 유명한 포스터 'hope'를 제작하였다. AP 사진을 사용하여 포스터를 제작했으므로 AP의 저작권을 침해하였다는 비난이 일자, 자신은 생각에 잠겨 위를 쳐다보는 오바마 사진을 사용하였고, 그것은 저작권법상 공정이용이라고 주장하면서 AP를 제소하였다. 소송 중 AP 사진을 사용하였다는 것이 판명되었다. 그 경우 저작권 침해라는 AP의 주장과 공정이용으로 허용된다는 Fairey의 주장이 맞섰으나 장래를 위하여, 당해 포스터의 상품화에 따른 저작권과 이익의 공유를 조건으로 화해함으로써 양 당사자 간의 분쟁은 종결되었다. 그러나 Fairey는 증거인멸과 날조를 이유로 형사처벌을 받았다.

그 밖에도 적지 않은 사례들이 있으나[98] 이들 대부분은 법정 밖에서 화해로 종결되었다. 그런데 차용미술작가 중에서도 끝까지 법정에서 자신의 주장을 굽히지 않은 자도 있었다. 그 중 하나가 Jeff Koons이다.[99] Rogers v. Koons,[100] Campbell v. Koons,[101] United Features Syndicate

97) No. 09-01123 (S.D.N.Y. 2010).

98) 이들에 대해서는 E. Kenly Ames "Beyond Rogers v Koons: A Fair Use Standard For Appropriation", *Columbia Law Review* (Vol. 93), 1993, pp.1484-1485 참조.

99) Julie Alane Arthur, Koons: artist or thief?, *Copyright Law Symposium* (vol 41), p.108.

v. Koons,[102] Blanch v. Koons 등이 그것이다.[103] 여기서는 Koons의 사건 중 공정이용을 인정한 Blanch v. Koons 사건과 최근 해결을 본 Cariou 대 Prince 사건에 대해 살펴본다.

| 미국판례 | Blanch v. Koons[104]

1) 사실관계 이 사건 원고 Blanch는 "Silk Sandals by Gucci"라는 제목의 사진의 저작권자로서 자신의 사진을 미국 전역에 배포되는 잡지인 "Allure Magazine" 2000년 8월호에 게재하였다. 그 사진은 비행기 내부를 배경으로 남성의 무릎 위에 놓인 구찌 샌들을 신은 여성의 다리 부분을 찍은 것이다. 피고 Koons는 원고 사진의 내용 중 비행기 내부 배경을 제외한 모델의 다리, 발, 구찌 샌들만을 회화로 복제하였다.

이용한 다리모양은 "Niagara"의 두 번째 것으로 각도를 변경했으며, 네 쌍의 다리는 나이아가라 폭포의 떨어지는 모습에 초점을 맞춘 모양을 형성하였다.

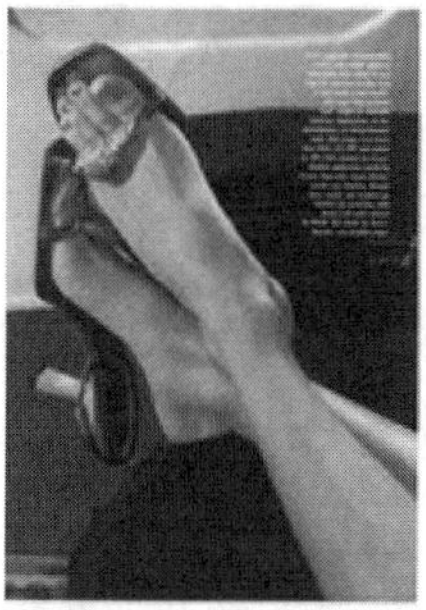

(Andrea Blanch-"Silk Sandals by Gucci")

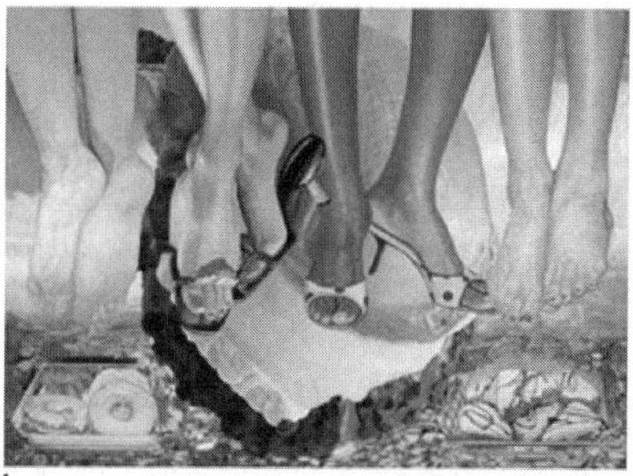

(Jeff Koons-"Niagara")

100) 960 F. 2d 301 (2nd Cir. 1992).

101) No. 91CIV.6055(RO), 1993 WL 97381(SDNY Apr. 1, 1993).

102) 817 F.Supp. 370(SDNY 1993).

103) Rogers v. Koons에 대해서는 이미 살펴보았다. 나머지 사건들에 대해서는, 이상정, "차용미술(appropriation art)과 저작권," 「서울법학」(제18권 제1호), 서울시립대학교 법학연구소, 2010.5, 333쪽 이하 참조.

104) 467 F.3d 244 (2d Cir. 2006).

2) 법원의 판단 본 판결은 연방대법원의 Campbell v. Acuff-Rose Music, Inc.[105] 판결 이후에 나온 것으로 동 판결에 영향을 받았음은 물론이다. 동 판결에서 연방대법원은 다음과 같이 판시하였다.

"저작권법이 육성하고자 하는 창작성이 때로는 동법의 엄격한 적용으로 인하여 억제될 경우에 법원은 공정사용 법리에 의하여 동법의 엄격한 적용을 회피할 수 있다.—그러한 작업은 명백한 법준칙으로 단순화될 수 없다. 왜냐하면 저작권법이 수용한 그 법리처럼 동법은 사례별 분석(case-by-case analysis)을 요건으로 하기 때문이다.—그 법조문은 규정된 예가 열거적이고 비제한적이라는 점을 표현하기 위하여 서두 부분에서 "포함하는(including)"과 "와 같은(such as)"이라는 용어를 사용한다.—저작권법에 규정된 네 요소들은 각기 별개로 취급할 수 없다. 저작권의 목적에 비추어 보아 모든 요인을 검토하여야 하고 그 결과를 함께 비교형량하여야 한다."[106]

이상 본 바와 같이 공정사용인지를 결정하는 궁극적인 기준은 저작권법의 목적인 과학과 유용한 학문의 발전을 촉진하는 데 있어 사용을 억제하는 것보다 허용하는 것이 이러한 목적 달성에 보다 도움을 줄 수 있는지 여부에 있다.

(1) 이용 목적 및 성격

법원은 첫 번째 공정사용 요소에서 가장 중요한 것은 피고의 이용이 변형적인 것이냐에 달려 있다고 보았다. 법원은 원고와 피고의 이미지는 확연히 다른 목적을 가지고 있다는 피고의 주장을 인정하였다. 법원은 피고가 원고의 사진에 있는 실크 샌들을 재포장한 것이 아니라 새로운 정보, 새로운 미감, 새로운 통찰력과 이해를 창조하는 데 이용하였다고 보았다. 피고 자신의 그림에 원고의 사진을 이용한 것은 사진에 나타난 창작적이고 상상력이 표현된 부분이 아니라 원고가 선택한 아이템들이라고 하면서 피고의

105) 510 U.S. 569; 114 S.Ct. 1164; 본 판결은, 송영식 · 이상정, 『저작권법개설』(제9판), 371쪽 이하에 소개되어 있고, 저작권심의조정위원회, 「저작권에 관한 외국판례선[5]」(2001), 76면 이하에 완역되어 있다.

106) 위의 책, 82-83면.

이용행위를 변형적으로 보았다. 더 나아가서 법원은 상업적 이용이 공정사용 판단에 어떠한 영향을 미치는지를 검토하였다. 분명히 피고는 그의 작품 '나이아가라'를 유료로 판매하였다. 그러나 그 못지않게 '나이아가라'의 전시를 통해 더 커더란 공익에 봉사하였다. 그 밖에도 법원은 패러디 여부, 악의(bad faith) 여부에 대해서도 검토하였으나 제1요소는 피고에게 아주 유리하게 작용한다고 보았다.

(2) 저작물의 성격

두 요소가 고려되어야 한다. 하나는 당해 저작물이 픽션과 같이 표현되어 있고, 창작적인지 여부를 고려하여야 한다. 사실적이나 정보 전달적이면 공정사용의 주장을 보다 용이하게 한다. 또 공표된 저작물은 비공표저작물보다 공정사용을 보다 용이하게 인정할 수 있다.

법원은 원고의 사진이 충분히 창작적이므로 저작권의 보호를 받는다고 전제한 후, 그렇다고 하더라도 변형적 사용에 대해서는 그 효과가 제한적일 수밖에 없다고 보았다. 결국 두 번째 요소도 공정사용의 인정에 장애가 되지 않는다고 판단했다.

(3) 저작물 전체에서 차지하는 분량과 상당성

이용된 복제의 量이 상당한지 여부는 이용의 목적과 상관관계 하에서 판단되어야 한다. 본건에서 이용목적에 비추어 원고저작물을 과다하게 이용한 것은 아니다. 원고의 (주장에 의하면) 창작적인 부분은 비행기 객실을 배경으로 이용했고, 여자 모델의 발을 남자 모델의 무릎에 올려놓은 것이다. 그런데 피고는 이 창작적인 부분을 이용한 것이 아니다. 피고가 이용한 것이 다리, 발, 샌들만이라는 점에 비추어 피고는 매스컴의 특정 스타일을 환기시키는 데 필요한 분량만을 복제하였다. 제1심 법원이 피고가 이용한 '발목을 교차한 모델의 다리 모양'은 원고 저작물에서 주요부분을 차지하는 것이므로 원고에게 유리하게 작용할 수 있다고 하면서도, 구찌 샌들을 빼면 그 다리 모양은 저작권의 보호를 받는 창작적인 것으로 볼 수 없으므로 세 번째 요인은 원고나 피고 어느 쪽에도 유리하거나 불리하게 작용하지 않는다고, 즉 중립적으로 판단했으나 항소법원은 피고에게 유리하게 판단하였다.

(4) 시장이나 가치에 미치는 영향

제1심 법원은 피고의 그림이 장악하고 있는 시장을 원고의 사진으로 대체할 수 없고, 원고와 피고의 시장이 경쟁적이지도 않다고 하면서 네 번째 요인은 공정사용에 유리하게 작용한다고 판단했다. 항소법원 역시 "Silk Sandals by Gucci"의 발표 후의 상황에 비추어 볼 때 "나이아가라"가 원고의 잠재적 시장을 잠식하는 효과가 있다고는 보지 않았다.

결론적으로 항소법원은 공정사용의 네 요소를 검토한 후 제1심과 마찬가지로 피고의 이용행위를 공정한 것으로 판단했다.[107)]

| 미국판례 | Cariou v. Prince[108)]

1) 사실관계 사진작가 Patrick Cariou가 다음 그림에서 보는 바와 같이 자신의 사진을 이용하여 작품을 제작한 Richard Prince 및 이를 전시한 가고시안 화랑(Gagosian Gallery) 등을 상대로 뉴욕남부연방지방법원(S.D.N.Y.)에 소를 제기하였다.[109)]

차용된 작품은 '카리우'가 자메이카의 오지 산악지대에 사는 라스파타리안(Rastafarian) 부족을 촬영한 사진들을 수록하여 2000년 출판한 사진집 'Yes Rasta'의 이미지들이다. '프린스'는 타인이 창작한 기존의 작품을 이용하여 새로운 작품을 창작하다고 하는 「appropriation」 방법으로 현대 아트(art) 작품을 제작하는 것으로 유명한 예술가이다. 프린스는 카리우 작품을 스캔하고, 확대하고, 그리고 절단한 후 이들을 합성하고, 그 위에 채색하는 방법으로 'Canal Zone'이라는 시리즈 작품을 발표하여 4만 달러에서 243만 달러라는 가격으로 판매하였다. 카리우도 원래는 'Yes Rasta'에 실린 작

107) 소송종료 후 쿤스는 원고를 상대로 변호사비용의 상환을 요구하는 신청을 하였으나 받아들여지지 아니하였다(S.D.N.Y. 2007.5.9).

108) 714 F.3d 694(2d Cir. 2013)

109) 2008,12.30. 소제기. Patrick Cariou (plaintiff) against Richard Prince, Gagosian Gallery, Inc., Lawrence Gagosian, and Rizzoli International Publications, Inc.(defendants).

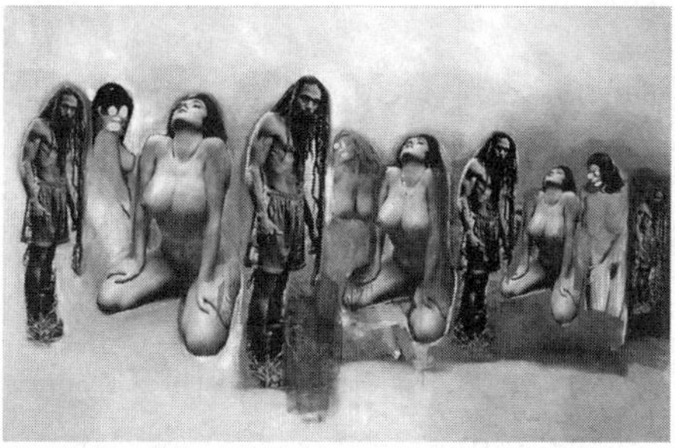

("Takes of Brave Ulysses" by Richard Prince)

(Photograph by Patrick Cariou)

(Collage by Richard Prince)

품 중 30~40점을 선택하여 전시회를 열어 작품의 크기에 따라 3000~20000달러에 판매할 예정이었으나 프린스의 전시에 영향을 받아 이를 중지하였다.

2) 법원의 판단 제1심에서 Prince는 공정이용의 항변을 하였으나 받아들여지지 않았다. 제1심은 공정이용 여부를 판단하는 데 가장 중요한 요소인 타인 '저작물의 사용 목적 및 성질'에 있어서 변형적 이용이 되기 위해서는 프린스의 작품이 원작품에 대해서 논평하거나, 원작품의 역사적 맥락과 관련이 있거나, 비평적으로 원작품을 언급해야 된다고 보았다. 또 피고의 이용이 전시회를 통해 문화가치를 달성하는 측면이 있더라도 원고 사진을 이용해서 매각을 통해 이익을 올리는 것은 기본적으로 상업적 이용이라고 보

았다.

그러나 항소법원은 "원작품에 대해서 논평하거나, 원작품의 역사적 맥락과 관련이 있거나, 비평적으로 원 작품을 언급해야 된다"라기보다는 새로운 표현, 새로운 의미나 메시지를 가지고 원작품을 변형하였는지 여부라고 보았다. 법 제107조의 '비평, 논평, 시사보도, 교수(학습용으로 다수 복제하는 경우를 포함), 학문, 또는 연구'는 예시에 불과하고 그 밖의 목적에 이용되었더라도 공정이용은 성립할 수 있다. 항소심은 25개 프린스 작품은 구성, 표현, 크기, 색채, 미디어가 다르다는 점에서 카리우 사진과 완전히 다른 심미성을 가지고 있으며, 근본적으로 다르며, 새롭다고 보았다.[110] 항소심은 이러한 측면에서 피고의 공정이용의 항변을 받아들여 30개의 작품 중 25개는 공정이용에 해당하고 5개[111]는 해당 여부를 재차 판단하기 위하여 2013년 4월, 제1심에 환송하였다. 카리우가 상고허가를 신청했으나 미국 연방대법원은 이를 받아들이지 않았다. 2014년 3월 18일, 프린스와 Cariou는 화해를 통해 분쟁을 종결시켰다고 발표하였다.

Graduation	Meditation	Canal Zone (2007)	Canal Zone (2007)	Charlie Company

110) 이 판결과 관련하여 보다 자세한 것은, 박경신, "차용미술과 저작권의 충돌의 해결방안에 관한 재고,"「정보법학」(제18권 제2호), 한국정보법학회, 2014.9, 67면 이하 참조.

111) 5점은 ①「Graduation」, ②「Meditation」, ③「Canal Zone (2007)」, ④「Canal Zone (2008)」, ⑤「Charlie Company」이다. 5점 사진은 ユアサハラ特許法律事務所, "現代アートと向き合う米国著作権法~アプロプリエーションアートを正当化するフェア・ユースの新基準~,「企業法務ニュース」(2013.11.12. No.54), 2쪽에서 재인용.

【코멘트】 차용작가들의 종래의 견해를 그대로 수용한 듯한 기준을 통해 프린스의 손을 들어준 본 판결은 차용작가들에게는 복음이요, 원작가들(주로 사진작가들)에게는 청천벽력과 같았을지 모른다. 변형이라는 이유로 원작품 저작자의 권리인 2차적 저작물 작성권이 형해화된다면 저작권자가 서야 할 자리는 어디인가. 근본적으로 차용미술에 있어서 공정이용 법리를 이용하여 가부를 결정하는 것이 과연 타당한 것인가. 이 사례를 비롯한 많은 사례에서는 판결에도 불구하고 화해로 분쟁을 끝내고 있다. 즉 전부냐 아니면 전무냐 하는 해결보다는 원작가의 노력에도 일정한 보답을 하는 것, 그리고 일정한 조건하에 차용을 허용하여 새로운 작품을 창작하도록 허용하는 것이 문화발전을 위하여 바람직한 것 아닐 것인가. 그런 의미에서 Bresler가 제안한 「The Fine Art License」는 음미할 만한 제안이라고 본다.[112)]

Ⅲ. 응용미술의 보호: 저작권법(2)

1. 응용미술은 저작권법으로 보호되는가 ―우리 저작권법의 입장

응용미술(applied arts)이란 용어는 산업혁명 이후 수공예제품(크래프트 제품)이나 공업제품과 미술과의 관계를 설명하는 것으로서 순수미술에 대립하는 개념으로서 등장한 것이다. 현재는 널리 실용품에 응용된 미술을 가리키는 말로서 쓰인다.[113)] 이에는 미술공예품, 장신구 등 실용품 자체인 미적 창작물, 가구의 조각 등 실용품과 결합된 미적 창작물, 양산되는 실용품의 모형으로 사용되는 것을 목적으로 하는 미적 창작물, 염색도안 등 실용품의 모양으로 이용되는 것을 목적으로 하는 미적 창작물 등이

112) Ralph E. Lerner/Judith Bresler, *Art Law*, Practising Law Institute, 2005, 1168면 이하.

113) 베른협약 로마규정에서는 '산업에 응용된 미술적 저작물'이라고 정의하고 있다.

이에 속한다. 건축저작물도 용어의 의의에 비추어 본다면 응용미술 저작물에 속하나 일찍부터 별도의 유형으로서 저작권법의 보호를 받고 있다.

WIPO 용어사전에 의하면 응용미술이란 '수공예품이건 공업적 생산품이건' 묻지 않고 '실용품'에 응용된 '미술저작물'이라고 정의한다.[114] 그러므로 응용미술이 되기 위해서는 두 가지 요소가 있어야 한다. 하나는 그러한 저작물이 미적이어야 하며, 다른 하나는 실용품에 응용되어야 한다는 것이다. 그러한 실용품이 공업적 규모로 생산되는 한 응용미술 저작물을 산업디자인으로 볼 수도 있다.[115] 종래 우리나라에는 산업디자인을 보호하는 법으로서 『디자인보호법』[116]이 있다. 이에 우리나라에서는 일품제작의 공예품은 저작권법으로, 대량생산에 이용되는 산업디자인은 디자인보호법으로 보호하여 왔다. 그러나 1986년 저작권법부터는 미술공예품 이외에도 응용미술작품을 저작물로 명시함으로써 두 법의 중복 내지는 충돌문제를 어떻게 조정할 것인지가 과제였다.

현행법은 2000년 개정을 통해 응용미술 저작물을 "물품에 동일한 형상으로 복제될 수 있는 미술저작물로서 그 이용된 물품과 구분되어 독자성이 인정될 수 있는 것을 말하며, 디자인 등을 포함한다"고 정의함으로써 미국 저작권법의 내용과 유사하게 되었다. 이하 판례의 경향을 알아본다.

(1) 우리나라

1) 패션 및 섬유 디자인의 경우

패션 및 직물디자인이 저작권법의 보호를 받을 수 있는지 여부에 대

---

114) WIPO Glossary 1981, p.9.

115) "Generally speaking, an industrial design is the ornamental and aesthetic aspect of a useful article. … The article must be reproducible by industrial means; this is why the design is called industrial."(WIPO, *BACKGROUND READING MATERIAL ON INTELLECTUAL PROPERTY*, p.189.)

다만, 산업디자인이란 용어가 장식미술에서 출발은 하고 있으나 오늘날의 산업디자인은 종래의 장식미술적 측면과는 질적인 차이가 있는 것 같다(명승수, 『현대 디자인학의 지평』, 도서출판 디자인하우스, 1986, 69쪽 참조).

116) 종래의 의장법(意匠法)이다.

해서 논란이 있을 수 있으나 우리 판례는 대체로 평면적인 무늬 내지는 평면적 · 2차원적 디자인은 저작권의 보호를 받을 수 있으나 전체적인 형상, 즉 입체적 · 3차원적 디자인은 저작권에 의한 보호를 인정하지 않는다고 보는 것이 온당하다고 본다. 이하 연대순으로 살펴본다.

㈎ 한복문양 사건(대법원 1991.8.13.선고 91다1642 판결)

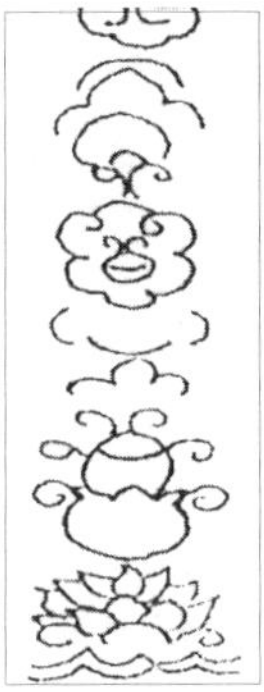
그림 1

그림 2

사실관계〉

원고와 피고 모두 한복의 제작 · 판매에 종사하는 자들이다. 원고는 1985년 8월 한복의 치마폭 사이에 수직으로 치마 바탕색과 배색을 이루는 가는 띠 모양의 사다리꼴의 천을 대고, 그 배색천 안에 연꽃, 나비, 추상적 문양 등으로 구성된 장식문양을 수 또는 금박으로 삽입한 치마를 제작하여 동년 9월의 한복 패션쇼에 출품하고, 1986년 12월 여성동아 등 잡지에도 발표하였고, 문화부에 「사다리 줄무늬와 장식문양」이라는 제명하에 등록하였다(등록번호 제880063호: 그림 1).

한편 피고는 1989년 2월 가정조선에 한복의 치마폭 사이에 수직으로 치마 바탕색과 배색을 이루는 가는 띠 모양의 직사각형의 천을 대고 그 배색천 안에 덩굴줄 꽃무늬를 삽입한 치마를 피고 이름으로 발표하고, 이를 고객에게 판매하여 오다가 문화부에 「덩굴줄 꽃무늬」로 등록하였다(등록번호 제890045호: 그림 2).

원고는 한복의 치마폭마다 수직으로 일정한 넓이의 배색천을 대고 그 배색천 안에 문양을 삽입하는 디자인 기법은 원고가 최초로 창작하여 한복 패션쇼 및 잡지 등에 발표하여 피고가 잘 알고 있음에도, 피고와 원고의 매장이 가까이에 있어 피고가 원고 작품을 잘 살펴볼 수 있음을 기화로 배색천 안의 문양을 장식문양에서 덩굴줄 꽃무늬로 바꾸었을 뿐 원고의 줄무늬치마의 제작기법을 모방하여 만든 피고의 줄무늬치마를 가정조선 1989년 2월호에 마치 피고의 창작품인 양 발표하였으므로 피고의 위 행위는 저작권 침해, 부정경쟁방지법 제2조 제5호 위반 및 민법상의 불법행위를 구성하는 것이라고 주장하였다.

상고심 판결요지〉

i) 한복디자인이란 종래의 문화적 유산인 복식에 기초를 두고 이에 변형을 가해 가는 것이므로 그 디자인 중 저작권에 의해서 보호되는 것은 저작자의 독창성이 나타난 개인적인 부분에 한하고 옛부터 전해 내려오는 제작기법이나 표현형식은 누구나 자유롭게 이용할 수 있는 것이어서 저작권 보호대상이 되지 않는다고 할 것이므로 저작권의 침해여부를 가리기 위해 두 저작물 사이에 실질적 유사성이 있는가 여부를 판단함에 있어서는 위 독창적인 부분을 가지고 대비를 해야 할 것이다.

ii) 원고가 제작한 한복치마는 치마폭 이음새마다 바탕색과는 다른 색의 사다리꼴 띠를 덧대고 그 띠 안에 꽃, 나비, 추상적 문양 등의 장식무늬를 일정한 간격으로 혼합배치하여 넣은 것이고, 피고가 제작한 치마는 치마폭 이음새마다 바탕색과 다른 색의 직사각형 띠를 덧대고 그 띠 안에 덩굴줄 꽃무늬를 연속적으로 배치하여 넣은 것인바, 어머니 저고리의 깃, 섶, 소매, 단, 바탕 등에 바탕천과 다른 색의 띠나 일정한 문양을 넣은 띠를 수직 또는 수평으로 덧대어 실용성과 심미감을 더하는 의복제작기법은 삼국시대 이전부터 사용되어 오던 것임을 인정할 수 있으므로 원고의 위 저작물 중 치마폭 이음새마다 바탕색과 다른 색 띠를 수직으로 덧대거나 띠 안에 무늬를 넣는 방법 자체는 종래의 문화적 유산에 속하는 것이고, 다만 띠 모양을 사다리꼴로 하고 띠 안에 꽃, 나비, 추상적 문양 등을 소재로 한 무늬를 일정한 간격으로 혼합배치한 점에서 기법상의 독창성이 인정되므로 이 부분이 저작권 보호의 대상이 된다고 할 것이다.

이 독창성이 인정되는 부분을 피고의 그것과 대비하여 보면 치마를 착용하였을 때 치마 상단의 주름으로 인해 피고의 띠도 윗부분이 좁고 아랫부분이 넓게 보인다는 점에서 원고의 것과 유사하기는 하나 전체적인 띠의 모양과 넓이가 원고의 것과 다를 뿐만 아니라 그 안에 무늬의 소재, 배열방법 등에 있어서 양자는 차이가 있어 띠 부분의 전체적인 미감이 유사하다고 보기는 어렵다.

(나) 대한방직 사건(형사판결)(대법원 1996.2.23.선고, 94도3266 판결)

Le Desire

사실관계〉

이 사건은 미국 직물생산공급자협회(TPSA: Textile Producers and Suppliers Association)와 코빙톤(Covington Fabrics Corp.)이 대한방직을 상대로 코빙톤 회사가 저작권을 가지고 있는 Le Desire와 Le Basket을 무단사용했다는 이유로 1992년 고발하였고, 검사의 약식기소와 300만 원의 벌금형이 선고되었다.[117] 그러나 피고인이 이에 불복 항소하였고, 항소심에서는 무죄가 선고되었다.[118] 본 판결은 대법원 판결이다.

판결요지〉

i) 저작권법 제4조 제1항 제4호에 의하면, 저작물의 예시로서 '응용미술작품'을 들고 있으나 저작권법에 의하여 보호되는 저작물이기 위하여는 어디까지나 문학 · 학술 또는 예술의 범위에 속하는 창작물이어야 하고(같은 법 제2조 제1호), 본래 산업상의 대량생산에의 이용을 목적으로 하여 창작되는 응용미술품 등에 대하여 의장법 외에 저작권법에 의한 중첩적 보호가 일반적으로 인정되게 되면 신규성 요건이나 등록요건, 단기의 존

117) 서울형사지법 1994.5.26.선고, 93고단11575 판결.
118) 서울형사지법 1994.11.10.선고, 94노2571 판결.

속기간 등 의장법의 여러 가지 제한규정의 취지가 몰각되고 기본적으로 의장법에 의한 보호에 익숙한 산업계에 많은 혼란이 우려되는 점 등을 고려하면, 이러한 응용미술작품에 대하여는 원칙적으로 의장법에 의한 보호로써 충분하고 예외적으로 저작권법에 의한 보호가 중첩적으로 주어진다고 보는 것이 의장법 및 저작권법의 입법취지라 할 것이므로 산업상의 대량생산에의 이용을 목적으로 하여 창작되는 모든 응용미술작품이 곧바로 저작권법상의 저작물로 보호된다고 할 수는 없고, 그 중에서도 그 자체가 하나의 독립적인 예술적 특성이나 가치를 가지고 있어 위에서 말하는 예술의 범위에 속하는 창작물에 해당하여야만 저작물로서 보호된다.

ii) 피해자 코빙톤 파브릭스 코포레이션이 미국에서 저작권 등록을 마친 염직도안인 '르데지레(LE DESIRE)'와 '르바스켓(LE BASKET)'은 직물의 염직에 사용하기 위한 것으로서 응용미술품의 일종이긴 하나 저작권법의 보호대상이 되는 저작물에는 해당하지 않는다는 원심의 판단은 옳고 거기에 소론과 같은 저작물의 개념에 관한 법리오해의 위법 등이 있다고 할 수 없다.

㈐ 생활한복 사건(대법원 2000.3.28.선고, 2000도79 판결)

응용미술작품이 상업적인 대량생산에의 이용 또는 실용적인 기능을 주된 목적으로 하여 창작된 경우 그 모두가 바로 저작권법상의 저작물로 보호될 수는 없고, 그 중에서도 그 자체가 하나의 독립적인 예술적 특성이나 가치를 가지고 있어 예술의 범위에 속하는 창작물에 해당하는 것만이 저작물로 보호된다 할 것인바, 이 사건 생활한복은 그 제작경위와 목적, 외관 및 기능상의 특성 등 제반 사정에 비추어 볼 때 저작권법의 보호대상이 되는 저작물에 해당하지 않는다.

㈑ 히딩크 넥타이 사건(대법원 2004.7.22. 선고 2003도7572 판결)

일명 '히딩크 넥타이'의 도안이 우리 민족 전래의 태극문양 및 팔괘문양을 상하 좌우 연속 반복한 넥타이 도안으로서 응용미술작품의 일종이라면 위 도안은 '물품에 동일한 형상으로 복제될 수 있는 미술저작물' 에 해당한다고 할 것이며, 또한 그 이용된 물품과 구분되어 독자성을 인정할 수 있는 것이라면 저작권법 제2조 제11의2호에서 정하는 응용미술저작물에 해당한다.

* 원심(서울지법 2003.11.19.선고, 2003노7459 판결)은 저작물성을 부인했으나 대법원은 저작물성을 인정하였다.

2) 서체 디자인의 경우

(가) 의 의

타이프 페이스란 다음 각호에서 정한 한 벌의 디자인을 말한다.[119]

① 액센트 기호나 구두점과 같은 부속물을 포함하는 문자 및 그들을 포함하는 문자로서의 알파벳

② 숫자 및 관용적인 기호나 심벌이나 과학기호 등의 도형적 기호

③ 테두리 장식, 꽃무늬 장식 및 책의 장식모양 등의 장식(ornament)

한 벌의 서체 디자인은 인쇄기술에 의해 문장을 구성하는 수단으로서 의도된 것일 것. 다만, 순수히 기술적인 요구에 의해 형태가 결정되는 것을 제외한다.

위 정의에서 보는 바와 같이 보호대상으로 되는 것은 어디까지나 한 벌의 디자인에 대해서이며 개개의 디자인은 아니다. 현재 많은 한글의 글자꼴이 상용화되고 있다.

(나) 보호법

우리법 하에서 글자꼴은 저작권법상의 미술저작물로서 보호될 수 없는가. 찬반이 팽팽히 맞서는 가운데[120] 우리 판결은 저작권에 의한 보

119) 1973년 『타이프 페이스(type-face)의 보호 및 그 국제기탁에 관한 빈(Wien)협정』 제2조.

120) 저작물성에 반대하는 견해에는 이호흥[저작권심의조정위원회 간, 『타이프 페이스의 법적 보호에 관한 연구보고서』(1991), 45쪽], 박문석["저작권과 글자꼴의 법

호를 거부하였다. 그러나 디지털폰트는 컴퓨터프로그램저작물로서 간접적으로 보호된다고 말할 수 있다. 즉 서체구현 프로그램의 저작물성을 인정하여 복제행위를 (컴퓨터프로그램)저작권침해로 판단하는 것이 우리 판례의 태도이다. 그러나 서체 그 자체를 보호하는 것이 아니므로 특정 글자꼴을 출력하여 그 출력물을 스캐너 등으로 복사하여 글꼴파일을 독자적으로 만드는 것은 아무리 결과가 동일 · 유사하더라도 (컴퓨터프로그램)저작권 침해로 되지 않는다. 이렇게 저작권법에 의한 보호가 사실상 무망하게 되자 2004년 의장법(디자인보호법)을 개정하여 2005년 7월 1일부터는 디자인보호법을 통해 보호하기로 하였다.[121]

| 판례 | 타이프 페이스(글자꼴)의 저작물성(대법원 1996.8.23.선고 94누5632 판결)

사실관계〉 안상수 교수 등 4명은 1993년 7월 문화체육부에 각자 개발한 글자꼴의 저작권 등록을 신청했으나 문체부가 "저작권법상 글자꼴은 저작권의 대상에 포함되지 않는다"며 이를 반려하자[122] 1993년 10월 9일, 서울고등법원에 저작권등록 반려처분 취소청구소송을 제기하였고, 패소하자[123] 대법원에 상고하였다.

원고의 주장내용은 "글자꼴은 엄청난 노력이 필요한 미적인 창작품인데도 정부가 이에 대한 저작권을 인정하지 않는 바람에 한글 글자꼴 개발에 차질이 빚어지고 있다"는 것이었다.

판결요지〉 이 사건 서체도안들은 우리 민족의 문화유산으로서 누구나 자

적 보호(3)," 『인쇄신문』(1991.11.22), 4쪽] 등이 있고, 찬성하는 견해에는 장인숙("타이프 페이스의 보호," 『저작권학회보』 제30호, 1990.5, 1쪽 이하), 한승헌("Typefaces의 보호와 저작권," 『한글 글자꼴 기초연구』, 394쪽), 박성호(『출판저널』 제148호, 1994.5, 14쪽 이하) 등이 있다.

121) 보호요건 등 자세한 것은 디자인보호법 참조.

122) 본건과는 달리 1988년 3월 12일 문화공보부장관은 '구고딕 도안서체 1012자'에 대해 글자꼴 저작등록증(등록번호 제880010호)을 교부한 바 있다(『월간 지적재산』, 1994.9, 39쪽).

123) 서울고법 1994.4.6.선고, 93구25075 판결.

유롭게 사용하여야 할 문자인 한글 자모의 모양을 기본으로 삼아 인쇄기술에 의해 사상이나 정보 등을 전달한다는 실용적인 기능을 주된 목적으로 하여 만들어진 것임이 분명한바, 위와 같은 인쇄용 서체도안에 대하여는 일부 외국의 입법례에서 특별입법을 통하거나 저작권법에 명문의 규정을 둠으로써 법률상의 보호대상임을 명시하는 한편 보호의 내용에 관하여도 일반 저작물보다는 제한된 권리를 부여하고 있는 경우가 있다.

그러나 우리 저작권법은 서체도안의 저작물성이나 보호의 내용에 관하여 명시적인 규정을 두고 있지 아니하며, 이 사건 서체도안과 같이 실용적인 기능을 주된 목적으로 하여 창작된 응용미술작품은 거기에 미적인 요소가 가미되어 있다고 하더라도 그 자체가 실용적인 기능과 별도로 하나의 독립적인 예술적 특성이나 가치를 가지고 있어서 예술의 범위에 속하는 창작물에 해당하는 경우에만 저작물로서 보호된다고 해석되는 점(대법원 1996. 2.23.선고, 94도3266 판결) 등에 비추어 볼 때, 이 사건 서체도안은 신청서 및 제출된 물품 자체에 의한 심사만으로도 저작권법에 의한 보호대상인 저작물에는 해당하지 아니함이 명백하다(일부 다른 설시부분이 있기는 하나 원심의 결론은 정당하다).

이와 같이 서체디자인은 현재 저작권법으로 보호되지 아니하나 새로운 글자꼴을 그대로 모방하여 이용하는 것은 적어도 민법상의 불법행위는 성립한다고 본다. 일본에 있어서도 처음에는 타인이 창작한 타이프페이스의 혹사(酷似)한 모방행위에 대해서 본래 서체의 사유화는 인정될 수 없다는 이유로 불법행위법에 의한 보호를 인정하지 않았으나[124] 사식기용문자반사건(寫植機用文字盤事件)[125]에서 불법행위 성립 가능성을 인정하였다. 본건은 사식기용문자서체를 기계적으로 복사한 후 그 일부에 약간의 변경을 가해 자사의 전산사식시스템에 탑재하여 판매한 사건이다. 이 사건에서도 본 서체는 실용성이 강하고 평균적 일반인의 심미감을

124) 일본 東京고등재판소 1982.4.28.

125) 일본 大坂지방재판소 1989.3.8.

만족시킬 정도의 미적 창작성을 가지고 있지 않다는 이유로 저작물성은 부정되었다. 그러나 방론에서 "실용적인 문자서체에 대해서도 … 창의 · 연구를 하여 새로운 서체를 제작하거나, 개량하는 … 작업은 많은 노력과 시간 그리고 비용을 요하는 것 … 사식업계 등에서는 타인이 제작한 서체의 문자를 사용하는 경우에는 그 제작자 내지 보유자에 대해서 사용에 대한 허락을 구하고 더 나아가서 대가를 지급하는 것도 상당히 널리 행해지고 있는 것 … 을 참작하면 … 저작물성이 인정될 수 없는 서체라고 하더라도 그대로(そつくりそのまま) 무단사용하고 있는 것과 같은 경우에는 이에 대해서 불법행위의 법리를 적용해서 보호할 여지는 있다"고 판시하였다.

3) 캐릭터(character)의 경우

원래 캐릭터라 함은 소설이나 연극, 영화, 만화 등의 인물 · 역할을 뜻하며, 일종의 아이디어이지만 여기에서 문제로 되는 것은 이러한 캐릭터가 구현된 형태가 저작권으로 보호되는지 여부이다. 원래 만화, 영화, 소설, 스포츠 등에 등장하는 가공적 또는 실재하는 인물의 형상 · 명칭 등(예컨대 미키마우스, ET, 배트맨, 영심이)은 매스컴의 비상한 발달로 대중에게 극히 친숙한 존재이므로 이를 상품, 특히 의류품, 문방품, 장난감 등 일반 대중을 구매자층으로 삼는 상품에 사용하는 경우에는 현저한 고객흡인력을 발휘하게 된다.

따라서 캐릭터는 상표와 마찬가지로 상품에 사용되기는 하나 상품의 식별표지로서가 아니고 상품의 선전력 · 고객흡인력을 강화하기 위하여 사용된다.

이러한 캐릭터 디자인은 창작성이 있는 경우에는 저작권법의 보호대상이 된다.

㈎ 달마시안 사건(대법원 2003.10.23.선고, 2002도446 판결)

원심은, 이 사건 공소사실 중, 피고인들이 미국 디즈니 엔터프라이즈

인크(Disney Enterprises Inc.)가 창작한 저작물인 "101마리 달마시안(Dalmatian)"에 등장하는 달마시안과 동일 내지 극히 유사한 개 모양을 부착한 원단을 저작권자인 위 회사로부터 저작물의 복제에 관한 허락을 받음이 없이 생산, 판매하거나 소지하는 등으로 위 회사의 위 저작물에 대한 저작재산권을 침해하였다는 요지의 공소사실에 대하여, 달마시안 종의 개 101마리라는 설정과 이에 따른 101이라는 숫자 및 달마시안 무늬로 만든 디자인으로 표현된 위 회사의 저작물은 자연계에 존재하는 달마시안 종 일반을 연상시키는 것이 아니라 오로지 위 회사가 창작한 만화영화 속 주인공인 101마리의 달마시안 종의 개만을 연상하게 하며, 달마시안 종의 개가 원래 자연계에 존재한다고는 하지만 위 회사는 달마시안 종의 개에게 만화주인공으로서만이 가질 수 있는 독특한 사랑스러움과 친숙함 등을 느낄 수 있도록 도안함으로써 저작권법에서 요구하는 창작성의 요건을 갖추었으므로, 이는 창작성이 있는 저작물로서 저작권법의 보호대상이 되고, 제1심이 채용한 증거들에 의하면 피고인들이 만화영화 속의 달마시안과 실질적으로 유사한 개의 모양을 각 섬유직물의 원단 등에 복제하여 판매 등을 한 사실을 인정할 수 있으므로, 피고인들의 이러한 행위는 저작재산권 침해행위에 해당된다 하여, 피고인들에 대한 위 공소사실 부분에 대하여 유죄를 선고하였는바, 위 법리와 기록에 의하여 살펴보면, 원심의 위와 같은 판단은 정당하다.

(나) 탑 블레이드 사건(대법원 2005.4.29.선고, 2005도70 판결)

특정 회사가 저작권을 갖고 있는 저작물인 만화영화에 등장하는 캐릭터가 부착된 팽이를 수입한 행위는 저작권 침해행위에 해당한다.

(2) 미 국

미국에서 응용미술이 저작권보호를 받을 수 있다고 판시한 최초의 연방대법원 판결은 Mazer v. Stein 판결이다. 이에 대해서 먼저 알아본다.

1) Mazer v. Stein 판결[126)]

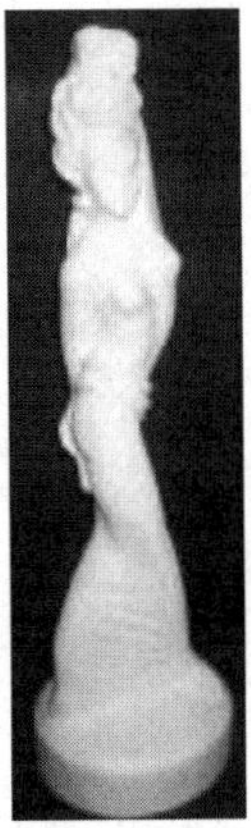

사진 1

사진 2

사실관계〉 원고 Stein은 춤추는 무희의 모습을 조각(사진 1 참조)으로 만들어 이를 著作權局에 등록한 후, 이 소상에 램프의 갓, 전기배선, 전구소켓을 붙여 테이블 램프를 만들어 이를 대량 생산·판매하였다(사진 2 참조). 피고 Mazer 등은 같은 모양의 램프를 만들어 판매하고 있었다(노예적 모방). 이에 Stein은 Mazer 등을 상대로 저작권침해를 이유로 소를 제기하였다. 이 사건 이외에도 Stein은 3건의 소를 더 제기하였으나 결과는 제각각이었다.[127)] 한편 본건에 있어서도 제1심은 원고의 소를

126) 1954.3.8, 74 S. Ct. 460, 347 U.S. 201.

127) (1) Stein v. Expert Lamp Co., 96 F. Supp 97 (N.D.Ill.), aff'd, 188 F. 2d 611 (7th Cir.), cert. denied, 342 U.S. 829 (1951). 이 경우는 1, 2심 모두 저작권법은 순수미술작품만을 보호하므로 Stein 씨의 저작권등록은 무효이고, 따라서 침해는 생길 수 없다고 판시하였다.

(2) Stein v. Rosenthal, 103 F. Supp. 227 (S.D.Cal.1952), aff'd, 205 F. 2d 633 (9th Cir. 1953). 이 경우는 1, 2심 모두 미술저작물을 실용품에 이용하였다고 하더라도 저작권의 효력은 소멸하지 아니한다고 판시하였다.

(3) Stein v. Benaderet, 109 F. Supp. 364 (D.Mich.1952), vacated, 214 F. 2d 822 (6th Cir. 1954). 미시간 주의 연방지방법원은 소상의 제작자가 그 소상을 미술품으로 보았다면 저작권등록을 하여야 하고, 실용품으로 보았다면 디자인특허등록을 하여야 했다. 램프대로서 실용에 제공된 경우에는 디자인특허권의 등록이 필요하고, 따라서 저작권침해는 발생하지 아니한다.

기각하였다(111 F. Supp. 359). 제2심은 1심 판결을 취소하였다(204 F. 2d 359). 결국 연방대법원의 상고허가를 받아 이 사건이 마침내 최고법원에서 다루어지게 되었다.

피고측의 주장은 다음의 2점으로 요약된다.

i) Stein의 저작권 등록은 조각 미술품(fine art)에 대해서 된 것이므로, 실용품인 램프대에 사용된 경우에는 저작권의 효력이 미치지 아니한다.

ii) 저작권의 효력과 디자인특허권의 효력은 중첩적으로는 미칠 수 없다. 어느 것인가를 선택하여야 한다. 디자인특허권의 보호대상은 공업제품인 실용품이며, 램프대는 실용품이므로 디자인특허권의 등록이 없는 한 권리침해는 일어나지 아니한다.

결국 쟁점은 저작권의 신청자가 대량으로 제조되어 판매되는 램프대의 형상에 그 조각을 쓰려고 처음부터 의도하고 있었고, 또 그 의도를 실행에 옮긴 경우에 그 조각이 미국에서 저작권에 의해 보호를 받을 수 있는가 하는 것이었다.

판결내용〉 최고법원은 선행법률과 1909년 법의 입법경위, 저작권국의 실무를 검토한 후에 대량생산·판매할 의도로 제작되고 또 실제로 판매된 조각도 저작권법의 보호를 받을 수 있으며, 미술과 산업은 상호 배타적이 아니라고 판시하였다. 즉 미술저작물이 기능적 물품에 구체화되어 있다는 이유만으로 미술저작물로서 보호되는 자격을 잃는 것은 아니며, 또 디자인특허를 받을 수 있는 가능성은 저작권보호의 장애가 되지는 않는다고 한 것이다.

이러한 메이저 판결이 있은 약 20여 년 후 미국 저작권법(현행법)은 다음과 같이 개정되었다. 즉 1976년법은 1909년 법의 '미술저작물'이라는 용어 대신 제102조 a (5)에서 '회화 · 도화 및 조각저작물'(pictorial, graphic and sculptural works)을 저작물로 예시하고, 제101조에 다음과 같은 정의를 두고 있다.

"회화 · 그래픽 및 조각저작물(pictorial, graphic and sculptural works)은 평면적 및 입체적인 순수, 그래픽 및 응용미술의 저작물(works of fine, graphic, and applied art) … 을 포함한다. 이들 저작물에는 기계적 또는 실용적인 측면은 아니고 표현형식에 관한 한 미술공예품(artistic craftsmanship)을 포함하는 것으로 한다. 이 조에서 정의하는 실용품(useful article)의 디자인은 그것이 물품의 실용적인 면으로부터 분리해서 확인할 수 있는 한 또 그것과는 독립해서 존재할 수 있는 회화, 그래픽 또는 조각의 특징을 가지는 한, 또는 그 한도에 있어서만, 회화, 그래픽, 조각저작물로 본다."

입법취지(立法趣旨)

하원보고서(下院報告書)는 다음과 같이 그 입법취지를 설명하고 있다.[128]

제101조에서 정의하는 바와 같은 수정된 어구를 채택함에 있어 위원회는 저작권으로 보호되는 응용미술저작물과 저작권으로 보호받지 못하는 산업디자인작품을 구별하는 명백한 기준을 찾고자 노력했다. 평면적인 회화나 도화는 직물, 벽지, 용기와 같은 실용품에 인쇄(print)되거나 이용(apply)되어도 의연 회화나 도화로서 인식될 수 있다. 또 조각이 공업제품의 장식으로 사용되거나 또는 Mazer 사건에서와 같이 미술저작물로서의 독립성을 잃지 않고서 물품 속에 합체되는 경우도 마찬가지이다. 반면에 공업제품의 형상은 미적인 만족과 가치를 가지고 있는 경우에도 본법에 의한 보호를 하지 않으려는 것이 위원회의 의도이다. 자동차, 비행기, 부인의복, 조리기, 텔레비전 수상기, 기타의 공업제품의 형상은, 제품의 실용적 측면으로부터 분리해서 물리적으로나 관념적으로 존재를 확인할 수 없는 한 그 디자인은 본법에 의한 저작권의 보호를 받을 수 없다. 물품의 실용적 측면으로부터의 분리가능성 여부나 독립성 여부는 디자인 그 자체의 성질에 의존하는 것은 아니다. 즉 물품의 외관이 미적 고려하에 결정되었다 하더라도(반대로 기능적 고려하에 결정되었다 하더라도) 오직 실용품으로부터 분리하여 그 자체가 확인될 수 있

128) The House Report on the Copyright Act of 1976. Rep. No.94-1476, 94th Cong., 2d Sess. [55].

> 는 요소(만약 그런 요소가 있다고 한다면)만이 저작권법의 보호를 받을 수 있다. 그리고 예컨대 의자 뒷면의 조각이나 은식기의 꽃무늬의 양각 디자인과 같이 입체적 디자인이 그러한 요소를 포함하고 있는 경우에는 저작권의 보호는 오직 그러한 요소에만 미치며, 실용품 그 자체의 전반적인 형상에는 미치지 아니한다.

이렇듯 보고서는 위원회의 의도가 미적 만족을 주는 디자인이라 하더라도 일반적으로 공업제품의 디자인은 보호하지 않으려고 했다는 점을 강조한다. 보고서에서 가장 주목되는 점은 물리적으로가 아니라 관념적으로만 실용품으로부터 분리하여 확인할 수 있는 요소라면 저작권보호를 받을 가능성이 있다고 언급한 점이다. 이 문구(文句)는 미술과 비미술의 경계선을 희석시키면서 새로운 보호의 가능성을 제공한다. 이하 이에 대한 판례의 태도를 살펴보기로 한다.

2) 미국 판례상 저작권법에 의한 보호의 인정 여부

㈎ 인정된 경우

미국 판례상 저작권법에 의한 보호의 인정된 경우로는 Kieselstein-Cord v. Accessories by Pearl, Inc. 판결,[129] Gay Toys, Inc. v. Buddy L Corporation 판결,[130] Poe v. Missing Persons 판결,[131] Pivot Point International, Inc. v. Charlene Products, Inc.,[132] Novelty Textile Mills v. Joan Fabrics Corp.[133] 등이 있다. 여기서는 Pivot Point International, Inc. v. Charlene Products, Inc. 사례에 대해서 살펴본다.

---

129) 632 F. 2d 989 (2d Cir. 1980).
130) 703 F. 2d 970 (6th Cir. 1983).
131) 745 F. 2d 1238 (9th Cir. 1984).
132) 372 F. 3d 918 (7th Cir. 2004).
133) 558 F. 2d 1090 (2d Cir. 1977).

■ Pivot Point International, Inc. v. Charlene Products, Inc.

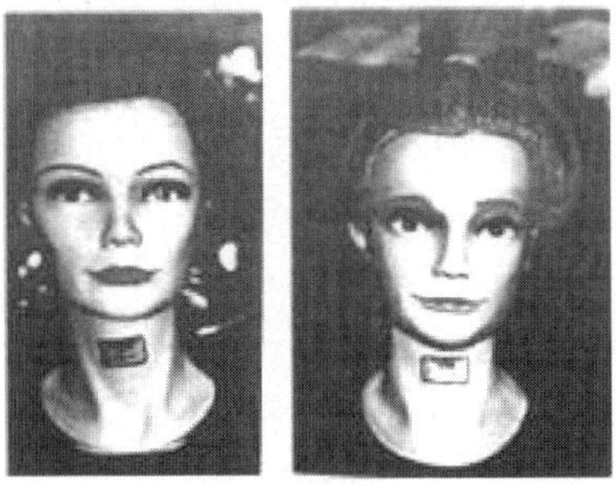

Mara Liza

피고(Charlene)는 원고(Pivot Point)가 제작한 가발 마네킹(Mara)과 얼굴표정이 지나치게 유사한 마네킹(Liza)을 제작하여 판매하자 원고가 저작권침해소송을 제기하였다. 원고의 마네킹은 미국 저작권청에 등록되어 있었다.

제1심은 본건 마네킹은 저작권법으로 보호되는 저작물이 아니라는 이유로 원고의 청구를 기각하였다. 원고는 항소하였고, 항소심은 제1심 판결을 파기하였다.

항소심은 Mara 마네킹의 얼굴이 저작권법으로 보호되는 저작물인지 여부를 검토하였다.

i) 실용성 마라 마네킹의 얼굴은 실용품인가. 원고(Pivot Point)는 실용품이란 그 물품의 속성이 단순히 그 물품의 외관을 나타내거나 정보를 전달함에 그치지 않고, 본질적으로 실용적 기능을 가지는 물품을 말하는데 마라 마네킹은 런웨이 모델(runway models)의 외관을 묘사한 데 그친 것이므로 실용품이 아니라고 주장하였다. 이에 반해 피고는 마라 마네킹은 미용교육의 교재로 사용되는 것으로서 실용품에 해당한다고 다퉜다. 이 점에 관해 법원은 마라 마네킹의 얼굴은 실용품에 해당한다고 보았다.

ii) 분리가능성 Kieselstein-Cord 판결에서는 기본적으로 장식적이며, 부수적으로 실용적으로 보았고, 장식성은 관념적으로 실용적 기능과 분리가 가능하다고 보았다. 반면 Carol Barnhart 판결에서는 Barnhart 형상에 있어 미적 혹은 미술적이라고 주장하는 실물대의 가슴형태나 어깨넓이는, 옷의 전시라는 기능적 형태 속에 뒤엉켜져 있다고 보았다. Kieselstein- Cord에서 장식적인 것은 실용적 기능을 수행하는 데 불필요한 것인 데 반해 Carol Barnhart에서 실물대의 가슴형태나 어깨넓이는, 옷의 전시라는 기능을 수행하는 데 필요한 것이다. 따라서 인체의 몸통(토르소: torso)을 만드는 디자이너는 실용적 목적에 지배당하지 않을 수 없으며, 이것은 저작권 보호를 받기 힘들게 한다. 이렇게 디자인과정에 초점을 맞춰 저작권보호 여부를 결정하는 것은 뒤의 Brandir 판결 역시 마찬가지이다.

이러한 원칙들을 마라 마네킹에 적용하면 마라 마네킹은 저작권보호를 받을 수 있다는 결론에 도달한다. 머리거치대(hair stand)와 미용 모델로서 실용적 기능에 봉사하는 마라의 특징적 표현—눈의 모양, 위로 향한 코, 각진 볼과 턱의 형상 등—을 제거하더라도 사람의 얼굴을 관념화하는 것은 어렵지 않다. 사람들은 마라 마네킹이 묘사하려고 했던 것과 다른 얼굴을 생각해 낼 수 있을 뿐만 아니라 헝그리 룩(hungry look)을 묘사하는 다른 표정도 생각해 낼 수 있다. 바비 인형은 사람의 형상을 한 모형이지만 그 특징적 표현 때문에 보호를 받는다.[134] 마라 마네킹도 헝그리 룩(hungry look)이라는 그 특징적 표현은 복제로부터 보호받을 수 있다. 마라 마네킹은 제작자의 미적 판단의 산물이며, 그 실용적 기능으로부터 독립한 존재로서 관념할 수 있다. 제작자의 미적 판단이 실용적 기능에 의해 제약을 받았다는 어떠한 증거도 없다. 결론적으로 마라 마네킹은 저작권법의 보호를 받을 수 있다[본 판결에는 KANNE 판사의 반대(제1심 지지)의견이 있다].

㈏ 인정되지 아니한 경우

미국 판례상 저작권법에 의한 보호의 인정되지 아니한 경우로는 Esquire v. Ringer 판결,[135] Norris Industries, Inc. v. International Telephone and Telegraph Corp. 판결,[136] Carol Barnhart Inc. v. Economy Cover Corp. 판결,[137] Brandir International, Inc. v. Cascade Pacific Lumber Co. 판결[138] 등이 있다. 여기서는 Carol Barnhart Inc. v. Economy Cover

134) In Mattel, Inc. v. Goldberger Doll Manufacturing Co., 365 F. 3d 133(2d Cir. 2004).

135) 591 F. 2d 796 (D.C. Cir. 1978), cert. denied, 440 U.S. 908 (1979).

136) 696 F. 2d 918 (11th Cir.), cert. denied, 464 U.S. 818 (1983).

137) 773 F. 2d 411 (2nd Cir. 1985).

138) 834 F. 2d 1142 (2d Cir. 1987).

Corp. 사례에 대해서 살펴본다.

■ Carol Barnhart Inc. v. Economy Cover Corp.

Kieselstein-Cord 판결이 있은 5년 후에 Carol Barnhart Inc. v. Economy Cover Corp. 판결이 내려졌다. Carol Barnhart 작품은 폴리에틸렌으로 만든 4개의 實物大의 사람 몸통 마네킹(다음 그림 참조)이다. 둘은 누드이고 둘은 옷을 입었으며, 상점에서 옷을 전시하기 위하여 만들어진 것들이다.

제2순회항소법원은 저작권적격이 없다고 판시하였다. 법원은 본건과 Kieselstein-Cord 사건이 다음과 같이 다르다고 판시하였다.

"벨트 버클의 장식적 표면은 실용적 기능을 위해서 필요한 것은 아니다. 따라서 미술적 혹은 미적 형상은 실용품에 부가된 것이거나 첨가된 것으로 생각할 수 있다. 독특한 미적 디자인은 실용적 기능을 수행하는 데 있어 전혀 불필요한 것이다. 반면 Barnhart(本件) 형상에 있어 미적 혹은 미술적이라고 주장하는 실물대의 가슴형태나 어깨넓이는, 옷의 전시라는 기능적 형태 속에 뒤엉켜져 있다.

실용적 기능에 봉사하기 위하여 사람 몸통의 모형은 가슴이라든가 일정한 어깨넓이를 가지고 있어야 함에 반하여 벨트 버클은 Kieselstein-Cord의 버클을 특징적으로 만든 장식이 없다고 하더라도 만족스럽게 그 기능을 수행할 수 있다."

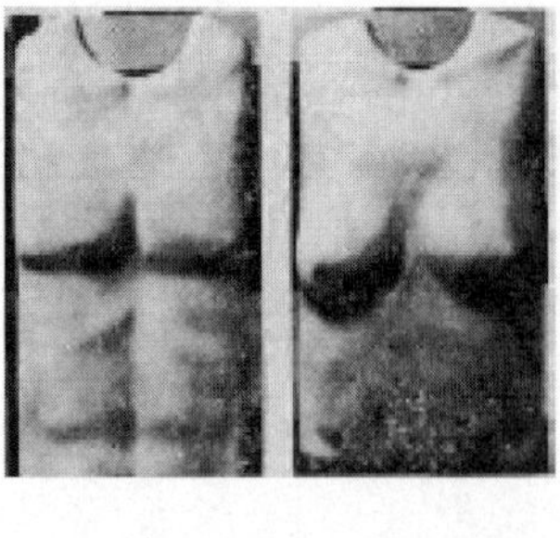

한편 Barnhart 판결에는 Newman 판사의 소수의견이 있다. Newman 판사는 물리적 분리가능성과 관념적 분리가능성은 서로 다르다는 기본 전제에 서서

관념적 분리가능성의 의미를 분석하고 있다. 그는 "디자인을 구현하고 있는 실용품의 기능적 측면으로부터 관념적으로 분리되었다고 하기 위해서는 관찰자의 마음속에 그 실용적 기능이 불러일으킨 개념과는 별도의 개념을 자극시켜야만 한다"고 주장하였다.

Newman 판사는 두 개념이 독립적이고 상호 배타적인 경우, 예컨대 평균적 관찰자의 마음속에서 동시에 실용적 기능을 생각하지 아니하고도 비실용적 개념을 향유할 수 있는 경우에만 '분리'가 존재한다고 보았다. 이 기준에 의거하여 Newman 판사는 두 개의 누드 형태는 관념적 분리가능성 요건을 충족시킬 수 있다고 보았다. 왜냐하면 그 경우는 마네킹의 형태라고 전혀 인식함이 없이 미적 목적물로 별도로 생각할 수 있기 때문이다.

2. 응용미술과 저작권

(1) 서 설

응용미술이라고 하더라도 일단 저작권법으로 보호되면 다른 저작물과 같이 저작권법상의 모든 권리를 향유(享有)할 수 있다. 저작재산권과 저작인격권 모두를 인정한다. 그러나 순수미술 편에서 설명한 바와 같이 전시권은 역시 문제이다. 이 경우 일단 판매를 한 후에는 배포권이나 전시권 등은 소진(消盡)된다고 해석하여야 할 것이며, 더 이상 권리가 미치지 않는다고 해석하여야 할 것이다. 본서에서는 종래 문제되었던 동일성유지권에 대한 판례만을 살펴보는 것으로 한다.

(2) 판례의 태도

1) 동일성유지권의 침해를 인정하지 아니한 예: 동일성 유지권 포기의 묵시적 동의를 인정한 판례에 로티사건판결이 있다.

| 판례 | 로티 사건(대법원 1992.12.24.선고, 92다31309 판결)

사실관계〉

이 사건의 피신청인인 '주식회사 호텔 롯데'는 산하 사업장의 개점에 앞서 주고객층인 어린이의 관심을 끌기 위하여, 피신청인의 계열사인 광고대행사를 통해 마스코트 도안을 모집, 이 건의 신청인이 너구리를 주제로 로티라는 이름으로 출품한 작품을 당선작으로 선정하고, 당선료를 지급하였다.

그 후 위 도안을 수정·보완하여 기본도안으로 하고 이를 기초로 한 응용도안 개발계약을 체결하면서 피신청인은 그에 따른 작품료를 지급하고, 신청인은 위 응용도안의 저작권 등 모든 권리를 피신청인측에 넘겨주기로 약정하였다.

신청인은 위 계약에 따라 수차례의 수정을 거쳐 기본도안(그림 1)을 확정하고 이를 바탕으로 한 응용도안을 피신청인측에 제출하였으나 피신청인이 불만을 표시, 재차 수정을 요구하여 오자 이를 거부하였다.

이에 피신청인측은 만화영화 제작자 이항재 씨에게 새로운 캐릭터 개발을 의뢰, 개발된 캐릭터(그림 2)에 로티라는 이름을 붙여 이를 이용하면서 상표등록도 마쳤다.

이에 신청인은 저작재산권이 양도되었다 하더라도 신청인이 여전히 보유하고 있는 저작인격권 중 동일성 유지권을 침해한 것이므로 그 사용을 금하는 가처분을 서울 민사지방법원에 신청하였다.

제1심에서는 너구리의 특징이 나타나 있는 중요한 부분에 차이가 있으며, 다른 부분에 유사한 점이 있다 하더라도 이는 디자인에서 일반적으로 이용

그림 1

그림 2

되고 있는 방식을 채택함에 기인한 것으로서 새로운 도안(그림 2)은 이항재 씨의 창작이라고 인정, 신청인의 신청을 기각하였다.[139]

이에 신청인은 항고를 제기, 제2심에서는 두 도안 사이에 미세한 차이가 있더라도 이는 신청외 이항재 씨가 "신청인의 도안을 보지 아니하고 독자적으로 개발하였다고 보기는 어렵고, 오히려 신청인의 도안을 바탕으로 하여 위에서 본 미세한 차이점이 있는 부분과 같이 임의로 변경·변형한 것으로 봄이 상당하다"고 하여 가처분 신청을 인정하였다.[140]

이에 피신청인이 가처분 결정에 대한 이의신청을 하였고, 이에 대해 법원은 본건 도안은 피신청인의 발의에 기한 점에 비추어 저작자가 다름 아닌 피신청인이라고 판단하였다.[141] 따라서 저작인격권 침해여부는 저작자가 피신청인인 이상 처음부터 문제될 수 없다고 판단하였다.

이에 신청인이 상고하였고, 이 상고에 대해 대법원은 다음과 같이 판시하였다.[142]

판결내용〉

ⅰ) 누가 저작자인지에 대한 판단

'단체명의 저작물의 저작자에 관한 저작권법 제9조'는 저작물을 창작한 자가 저작자라는 원칙에 대한 예외규정인 만큼 이를 제한적으로 해석하여야 하고, 확대 내지 유추해석하여 저작물의 제작에 관한 도급계약에까지 적용할 수는 없다.

원심이 확정한 사실에 의하더라도, 신청인이 제작한 롯데월드 상징도안(캐릭터)인 너구리 도안의 기본도안과 응용도안은 그 소재의 선정뿐 아니라 그 제작에 있어서도 전적으로 제작자인 신청인의 재량과 예술적인 감각 및 기술에 의하였음을 알 수 있으므로 위 너구리 도안의 저작자는 제작자인 신청인이다.

---

139) 서울민사지법 1989.5.2.고지 89카2956 결정.

140) 서울고등법원 1990.6.25.고지 89라55 결정.

141) 서울고등법원 1992.6.26.선고 91카98 판결.

142) 대법원 1992.12.24.선고 92다31309 판결.

ⅱ) 응용미술작품에도 저작인격권이 발생하는지 여부에 대한 판단
신청인이 제작한 너구리 도안과 같이 상업성이 강하고 주문자의 의도에 따라 상황에 맞도록 변형되어야 할 필요성이 큰 저작물의 경우에는 재산적 가치가 중요시되는 반면, 인격적 가치는 비교적 가볍게 평가될 것임은 원심이 판시한 바와 같지만, 이러한 저작물도 제작자의 인격이 표현된 것이고 제작자가 저작물에 대하여 상당한 애착을 가질 것임은 다른 순수미술작품의 경우와 다르지 않을 것이다.

ⅲ) 본건에서 저작인격권 침해가 있다고 볼 수 있는지 여부에 대한 판단
신청인이 제작한 너구리 도안은 순수미술작품과는 달리 그 성질상 주문자인 피신청인의 기업활동을 위하여 필요한 경우 변경되어야 할 필요성이 있었고, 위 캐릭터 제작계약에 의하여 피신청인 측에서 도안에 관한 소유권이나 저작권 등의 모든 권리는 물론 도안을 변경할 권리까지 유보하고 있었음을 알 수 있었을 뿐 아니라 신청인이 피신청인 측의 수정요구에 대해서 몇 차례 수정을 하다가 자기로서는 수정을 하여도 같은 도안밖에 나오지 않는다면서 더 이상의 수정을 거절한 사실까지 보태어 보면, 신청인은 그의 의무인 위 도안의 수정을 거절함으로써 피신청인이 위 도안을 변경하더라도 이의하지 아니하겠다는 취지의 묵시적인 동의를 하였다고 인정함이 상당하다 할 것이다. 따라서 피신청인 측이 신청외 이항재로 하여금 신청인이 제작한 너구리 도안을 일부 변경하게 한 다음 변경된 기본도안과 응용도안을 그 기업목적에 따라 사용하고 있다고 하더라도 위 변경은 신청인의 묵시적 동의에 의한 것이므로 저작권법 제13조 제1항에 규정된 동일성 유지권 침해에는 해당되지 아니한다.

2) 동일성유지권 침해를 인정한 예: 동일성유지권 침해를 인정한 예에 일본 포스터의 색채변경사건 판결이 있다.

| 판례 | 포스터의 색채변경사건(일본 동경지방재판소 1973년 7월 27일)

사실관계〉 일러스트레이터 X가 광고회사 Y로부터 해변레저(sea side

leisure)시설의 종합 팸플릿의 제작을 의뢰받았다. 광고회사 Y는 스폰서인 Z상사 해양개발실로부터 의뢰받은 것이다. X는 Y의 주문에 맞춰 팸플릿을 제작하여 올렸으나 완성된 원판 일러스트를 본 Z는 “바다색이 지나치게 거칠고 장치가 표시되어 있지 않다”고 불만을 토로하였다. Y는 그 취지를 X에게 말했으나 X가 받아들이려 하지 않고 시간도 촉박했으므로 Y는 자기의 책임으로 색을 변경하고 탈락개소에 가필을 하여 인쇄하였다. X는 격노하여 저작인격권침해로 Y를 상대로 100만円의 위자료를 요구했던바 Y는 하청을 맡긴 일러스트에 대해서 급한 경우에는 가필할 수 있는 관행이 있다고 주장함과 아울러 저작권법 제20조 2항 3호(우리법 제13조 2항 5호: 역자 주)의 “저작물의 성질이나 그 이용 목적 및 태양에 비추어 부득이한” 변경이라고 주장하였다.

판결요지〉 법원은 맡긴 일러스트에 대해서 급한 경우에는 가필할 수 있는 관행이 있다는 주장을 부정하였다. 또 “저작물의 성질이나 그 이용 목적 및 태양에 비추어 부득이한” 변경인지 여부에 대해서는 본건 일러스트의 이용 목적 및 태양에 비추어 보아도 도저히 부득이한 변경이라고는 할 수 없기 때문에 이에 대한 피고의 주장도 채택할 수 없다고 판시한 후, “그렇다면 피고의 개변행위는 원고의 본건 일러스트에 대해서 갖는 동일성유지권을 침해”하는 행위이며, 피고는 이에 의해 원고가 입은 정신적 손해를 배상할 책임이 있다고 판시하였다.

3. 저작권침해

(1) 서 설

응용미술도 저작권법으로 보호되는 한 순수미술과 다를 바 없다. 즉 보호받는 표현을 무단이용하면 저작권침해로 되나 아이디어 부분을 이용하면 저작권 침해로 되지 아니한다. 광고 포스터가 저작권침해가 안 된다는 일본 하급심 판결을 하나 살펴보는 것으로 한다.

(2) 일본 판례[143]

사실관계〉

원고는 피고 광고업자 재팬 · 트레이드 · 서비스에 오사카상공회의소가 발행하는 해외용「OSAKA BUSINESS DIRECTORY 1978-1979」에 게재할 광고제작을 위탁하고 후자의 광고디자이너에게 소재의 대부분을 제공하고, 환상(環狀)의 쇄(鎖)의 디자인이나 파도 내지 해양을 나타내는 암색(暗色)을 지시하였다. 피고 광고회사는 환상의 쇄에는 녹색으로 칠하고, 그 외측을 따라서 18개의 공업부품의 사진을 나열하고, 쇄의 내측에 "LIFTING GEAR FOR MARINE, OIL & ALLIED INDUSTRY"라는 문자를 3행에 걸쳐 기재하고, 그 아래쪽에 정면에서 보아 실루엣 상태의 석유채취설비의 도안을 배치하고, 그 아래에 파도 또는 해양을 묘사하고, 취급상품의 영문명을 병기하고, 쇄 내측 최하방에 "SANWA INDUSTRY CO., INC."라는 문자를 표시한 광고를 제작하였다(그림 1).

원고의 동업자인 피고 극동기연(極東技硏)은 2년 후에 피고 광고회사에「OSAKA BUSINESS DIRECTORY 1980-1981」에 게재하는 광고제작을 위탁하여 후자는 화면의 우상으로 부터 좌하에 걸쳐 비스듬한 길고 가느다란 환상으로된 쇄를 배치하여 그 내측에 17개의 공구부품의 사진을 나열하고 같은 영문자 타이틀과 영어 상품명을 기재한 광고를 제작하였다(그림 2).

원고는 피고 광고회사와 극동기연에 대해 저작권침해의 소를 제기하였다.

판결요지〉

본건 그림(1)은 표현하고자 하는 사항의 내용면으로부터 보면 단순히 원고가 제공하는 서비스 및 상품을 표시하는 데 그치나 그 표현형식에 눈을 돌리면 전체로서 하나의 정리된 그래픽(회화적) 표현물로서 보는 자

143) 일본 大坂지방재판소 1985.3.29.

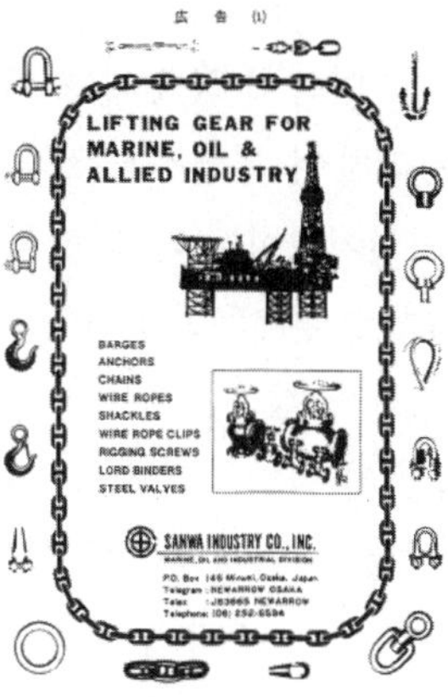

그림 1

그림 2

의 심미적 감정(미감)에 호소하는 것이며 또 그 구성에 있어서 작자의 창작성이 나타나 있다고 보여지기 때문에 이 같은 그래픽 작품으로서 법 제10조 1항 4호가 예시하는 회화의 범주에 속하는 미술저작물이라고 인정할 수 있다. 다만 본건 그림(1)은 미술공예품에 속하지 않은 것은 명백하며, 이로부터 상업광고와 같은 것은 이것을 기타의 응용미술로서 법의 보호범위에 받아들일 수 없는 것은 아닌가라는 문제가 존재하나 … 현행법 제정의 경과에 비추어 보면 앞서 인정한 바와 같은 그래픽 작품은 상업광고라 하더라도 저작물로서 법의 보호범위에 속하는 것이라고 해석하여야 할 것이다. … 위 사실에 의하면 본건 그림(1)의 소재의 대부분은 원고 영업부장인 中川이 제공하였고, 환상의 쇠사슬의 디자인이나 파도 내지는 해양을 나타내는 암색도 中川의 지시에 의한 것이며, 그 소재의 배치에 대해서도 中川의 의사가 커다란 역할을 하고 있으나 광고디자이너 宮田도 광고디자이너로서의 예술적 감각과 기술을 구사해서 쇠사슬의 도안을 스스로 디자인하고, 소재를 확대한다든지 축소한다든지 하여 보는 자의 시각에 호소할 수 있는 위치에 효과적으로 배치하여 본건 그림(1)을 완성시킨 것이며, 그렇기 때문에 宮田은 재팬 트레이드를 통해서 원고로부터 디자인료로서 1만여 円을 받고 있다. 그러므로 본건 그림(1)은 中川과 宮田의 공동창작행위에 의해서 작성된 것이며, 더욱이 양자의 기여분이 저작물 중에 완전히 통합일체화되어 있어 분리하여 개별적으로 이용할 수 없으므로 본건 저작물은 원고(법 15조의 법인저작이다)와 宮田의 공동저작물(법 2조 1항 12호)이다. … 전(前) 설시대로 본건 그림(1)이 저작물로서 인정되는 것은 본건 그림(1)이 앞서 인정한 구성·소재를 모두 어울리도록 배치구성하여 보는 자로 하여금 전체로서 하나의 정리된 그래픽 작품으로 보여지는 점에 있기 때문에 그 저작물로서의 표현형식상의 본질적 특징부분을 형성하는 개성적 표현부분은 위 구체적 구성과 결부되어 있는 특징 있는 표현 형태로부터 직접 파악되는 부분에 한정되고 전기(前記) 개개의 구성·소재를 받아들인 아이디어나 구성소재의 단순한 조합으로부터 생기는 이미지 등의 추상적인 부분에까지는 미치지 않는 것으로 인정하는 것이 상당하다. 그러한 견지에서 본건 그림(1)과 본건 그림(2)의 표현형식상의 본질적인 특징부분을 추출하여 보면 … 위에서 비교한 바와 같이 그 표현형식상의 본질적인 특징부분이 상당히 달라 본건 그림(2)가 본건 그림(1)로부터 어느 정도 시사를 받아 작성하였다 하더라도 본건 그림(1)의 저작물로서의 표현형식상의 본질적 특징은 본건 그림(2)의 독자적 창작성의 배후에 숨어 직접 감득할 수 없게 되어 있는 것이라고 하여야 하고 본건 그림(2)는 본건 그림(1)의 단순한 복제도 번안도 아니며, 본건 그림(1)의 저작자가 갖는 저작자인격권이나 저작권을 침해하지 아니한다.

IV. 디자인의 보호: 디자인보호법

1. 서 설

디자인보호법은 디자인을 특허권적으로, 즉 독점권을 부여하여 보호하는 법이다. 저작권법으로 보호받지 못하는 대다수 산업디자인은 디자인보호법으로 보호된다. 이 점은 디자인보호법의 탄생에 비추어 보아도 잘 알 수 있다.

디자인보호법의 탄생

프랑스 대혁명에 의해 무정부상태가 되었으나 1793년에는 저작권법(1793년 7월 19-24일 법)이 제정되었다. 저작권법은 미술저작물을 보호하고 있었고, 따라서 공업적 도안도 동법에 의해 충분히 보호될 수 있었으나 혁명 13년 판결은 이를 거부하였다. 결국 공업적 도안을 보호하는 법이 없게 되었다. 이에 리옹 견직물업자들은 1806년에 나폴레옹 황제가 리옹에 왔을 때 그들의 애로사항을 호소하였고, 그의 선처에 의하여 리옹 견직물디자인이 보호받게 되었다. 그 후 이 제도는 여러 도시로 확장되었다. 이것이 디자인보호법의 시작이다.

| 디자인을 특허권적으로 보호하는 경우와 저작권적으로 보호하는 경우의 차이

디자인을 저작권적으로 보호하는 경우에는 독창적인 것이면 충분하고 저작권처럼 우연의 일치에는 디자인권의 효력이 미치지 아니한다. 디자인을 특허권적으로 보호하는 경우에는 창작적인 것 또는 신규의 것으로 인정받아 등록만 되면 이후의 제3자의 개발노력은 무시되고 동일 유사한 디자인을 독창적으로 고안해 내었더라도 사용을 단념하여야 한다(이른바 차단효).

2. 디자인과 디자인의 등록

(1) 디자인

'디자인'이라 함은 물품[144]의 형상 · 모양 · 색채 또는 이들을 결합한

---

144) 우리 법상 물품에는 물품의 부분 및 글자체를 포함한다.

것으로서 시각을 통하여 미감을 일으키게 하는 것을 말한다(디자인보호법 제2조).[145] 따라서 디자인보호법상의 디자인이기 위해서는 물품성, 형태성, 시각성, 심미성의 요건이 필요한 것으로 해석된다.

이러한 디자인은 그 자체가 공업상의 생산품 또는 기계의 기능(기술적 효과)을 높이기 위한 것이 아니고 단순히 공업상의 물품 또는 물체의 형상, 모양, 색채 또는 외관의 장식미를 높이기 위한 전체적 효과(ensemble)에 관한 것이라는 점에서 특허나 상표와는 구별된다. 또 물품에 대한 창작인 점에서 실용신안과 공통의 기반을 가지지만 디자인은 미적 과제의 해결을 목적으로 하므로 기술적 과제의 해결을 목적으로 하는 실용신안과 구별된다. 그러나 하나의 물품이 실용신안권과 디자인권을 동시에 취득할 수도 있음은 물론이다. 예컨대 컵에 손잡이를 붙임으로써 뜨거운 물을 붓더라도 쉽게 들 수 있도록 고안한 컵이 아름답게 디자인되었다면, 이 컵은 실용적인 면에서 실용신안권을, 심미적인 면에서 디자인권을 취득할 수 있다.

1) 물품성

디자인보호법상의 디자인이란 물품과 불가분의 관계에 있으며 물품을 떠나서는 존재하지 않는다. 이를 물품성이라 하며 디자인의 본질적 성립요소의 하나이다. 여기서 물품이란 독립성이 있는 구체적인 물품으로

---

145) EU 지침 및 규정은 " i) '디자인'이란, 당해 제품 자체나 또는 그 장식의 특징, 특히 선, 윤곽, 색채, 형상, 감촉(texture)이나 또는 제품의 소재 그 자체(materials of the product itself)로부터 유래하는 제품의 전체 혹은 부분의 외관을 의미한다. ii) '제품'이란, 공업제품 또는 수공예품을 말하며, 조립제품의 부품, 포장, 표장(表裝), 그래픽 심볼 및 인쇄서체를 포함한다. 컴퓨터 프로그램은 포함되지 아니한다"고 규정하여 그사이 많은 나라에서 보호의 사각지대에 있었던 글자체의 디자인을 보호할 뿐만 아니라 현재의 디지털 상황도 포섭하고 있다. 또 우리의 시각에 의한 판단요소뿐만 아니라 촉각 등 인간의 감각을 통하여 인식할 수 있는 물품의 외관을 보호한다. Mario Franzosi 편, *European Design Protection*, Kluwer Law International, 36면; 이상정, 『산업디자인과 지적소유권법』, 세창출판사, 1995, 331쪽 주 3) 참조.

서 유체동산을 말한다. 디자인보호법상 물품은 물품의 형상, 모양, 색채 등이 화체될 수 있어야 하며, 대량생산, 운반이 가능하여야 하고, 육안으로 식별가능하고 일정한 형태가 있어야 할 뿐만 아니라 수요증대 기능을 위해 독립거래의 대상이 되어야 한다. 따라서 부동산, 열, 기체, 액체, 전기 등과 같이 형체가 없는 것과 설탕 등과 같은 분상물, 미상물은 디자인보호법상 물품이 될 수 없다.

한편, 2001년 7월 1일부터는 디자인보호법에 의한 부분디자인제도의 시행으로 양말의 뒷굽, 병의 주둥이, 커피잔의 손잡이 등과 같이 물품의 부분에 관한 디자인도 디자인으로 등록받을 수 있다. 다만, 디자인의 대상이 되는 물품명은 양말, 포장용 병, 커피잔과 같이 기재하여야 된다.

2) 형태성(형상, 모양, 색채)

디자인은 형상, 모양, 색채 또는 이들의 결합에 의한 것으로서 그 각각의 구성요소의 의미는 다음과 같다. 형상이란 유형적 존재인 물품이 공간을 점유하고 있는 윤곽을 말한다. 물품은 반드시 형상을 지니므로 형상이 없는 디자인은 존재할 수 없다. 디자인보호법상 물품의 형상은 3차원의 공간적 넓이를 가지는 입체적 형상과 2차원의 넓이만 가지는 평면적 형상으로 나눌 수 있다. 모양이란 물품을 장식하기 위하여 그 표면에 나타나는 선도, 색구분 또는 색흐름을 말한다. 선도란 선으로 그린 도형을 말하며, 색구분이란 색과 색을 선으로써 구분하는 것이 아닌 색칠로써 구분하는 것을 말하며, 색흐림(선염)이란 색과 색의 경계를 흐리게 하여 색이 자연스럽게 옮아가는 것같이 보이게 한 것을 말한다. 모양은 형상과 달리 모든 물품이 반드시 갖추어야 하는 요소는 아니므로(2차적 요소) 물품종류에 따라 모양이 없는 디자인도 존재한다. 색채란 시각을 통하여 식별할 수 있도록 물품에 채색된 빛깔을 말한다. 한편, 형상 · 모양 · 색채의 결합은 디자인의 특성상 형상, 형상과 모양의 결합, 형상 및 색채의 결합 및 형상·모양·색채의 결합의 4가지 태양만 존재한다.

3) 시각성

디자인보호법 제2조 제1호의 정의는 "시각을 통하여"라고 하여 인간의 육안으로 식별할 수 있고 외부에서 파악할 수 있는 디자인을 대상으로 하고 있음을 분명히 하고 있다. 따라서 시각 이외의 감각에 의하여 인식 가능한 것, 육안으로는 식별할 수 없는 것, 외부에서 볼 수 없는 것은 디자인보호의 대상이 될 수 없다.

4) 심미성

디자인보호법상의 심미성이란 형상, 모양, 색채를 통하여 구체화된 디자인이 시각을 통하여 미감을 일으키게 하는 것을 말한다. 디자인은 이러한 심미성을 요구하는 점에서 발명·고안·상표와 구분된다. 그러나 미감의 의미는 주관적인 가치판단이 개입되므로 명확한 판단기준을 세우기는 어렵다. 따라서 심사 실무에 있어서는 고도의 심미성에 대한 판단보다는 아름다움을 느낄 수 있을 정도의 형태적 처리가 된 것이면 심미감이 있는 것으로 보고 있다.

부분디자인제도

2001년 개정 전까지는 물품 전체의 외관에 관한 디자인에 대해서만 디자인등록을 받을 수 있지만, 2001년 7월부터는 디자인의 정의 규정에 물품의 부분의 형상·모양·색채 또는 이들의 결합도 디자인임을 명확히 하여 물품의 부분에 관한 디자인도 출원하여 등록받을 수 있도록 하였다.[146] 이러한 부분디자인제도의 도입 전에는 디자인권이 있는 등록디자인과 전체적 심미감이 동일·유사한 디자인을 정당한 권원이 없이 실시하는 경우에만 디자인권의 침해가 인정되었다. 따라서 등록디자인의 일부분을 도용하더라도 전체적으로 유사하지 않다면 침해로는 되지 않았

146) 디자인보호법 제2조 제1호.

다. 그러나 부분디자인제도가 시행된 2001년 7월 1일부터는 부분디자인으로 등록받은 디자인을 타인이 전체디자인의 일부로 도용하는 경우에도 침해를 구성하게 된다. ※ 부분디자인의 예: 커피 잔의 손잡이, 병의 주둥이, 오토바이의 본체, 안경테의 귀걸이부 등.

(2) 디자인 등록

1) 등록요건

디자인은 물품의 형상 · 모양 · 색채 등이므로 우리 법은 다음 표에서 보는 바와 같이 물품별로 구분하여 등록을 받고 등록된 디자인에 대하여 독점 배타적인 권리를 부여한다. 그런데 등록이 되기 위해서는 공업상 이용가능성, 신규성, 창작비용이성(創作非容易性)과 같은 요건이 필요하다. 이들을 간단히 설명하면 다음과 같다.

① 공업상 이용가능성

공업상 이용가능성이란 공업적 생산방법에 의하여 동일한 디자인물품이 대량생산 가능한 것을 말한다.

② 신규성

새롭다고 하기 위해서는, 즉 신규성이 있다고 하기 위해서는 다음 내용을 충족시켜야 한다.

첫째, 디자인등록출원 전에 국내 또는 국외에서 공지되었거나 공연히 실시된 디자인이 아닐 것.

둘째, 디자인등록출원 전에 국내 또는 국외에서 반포된 간행물에 게재된 디자인 또는 전기통신회선을 통하여 공중이 이용가능하게 된 디자인이 아닐 것.

셋째, 첫 번째와 두 번째에서 제시된 디자인에 유사한 디자인이 아닐 것.

③ 창작비용이성

국내에서 널리 알려진 형상, 모양, 색채 또는 이들의 결합에 의하여 용이하게 창작할 수 있는 디자인은 디자인등록을 받을 수 없다.

2) 디자인심사등록제도와 디자인일부심사등록제도

당초는 이들 등록요건 모두를 심사하여, 요건을 모두 갖춘 디자인만을 등록하여 주었으나 1998년 3월 1일부터는 '디자인심사등록제도'와 '디자인무심사등록제도(현 디자인일부심사등록제도)'로 2분하여 운영하고 있다.

디자인심사등록이라 함은 디자인등록출원이 디자인등록요건의 전부를 갖추고 있는지를 심사하여 행하는 디자인등록을 말한다(디자인보호법 제2조 제5호).

디자인일부심사등록이라 함은 디자인등록출원이 디자인등록출원에 필요한 방식을 갖추고 있는지와 당해 디자인이 공공의 질서나 선량한 풍속을 문란하게 할 염려가 있는지 등 디자인등록요건의 일부사항만을 심사하여 행하는 디자인등록을 말한다(동법 제2조 제6호). 어떠한 디자인이 '디자인심사등록'의 대상이냐 혹은 '디자인일부심사등록'의 대상이냐는 산업통상자원부령으로 정한다. 즉 디자인일부심사등록출원할 수 있는 디자인은 산업통상자원부령[147]이 정하는 물품의 구분상 지정된 것에 한한다(동법 제37조 제4항).

일부심사등록 대상품의 변화			
도입(98.3)	1차 확대 (2008.1)	2차 확대 (2010.1)	3차 확대 (2011.4)
5개 대분류 (의복, 직물지 등)	6개 대분류 (식료품 추가)	10개 대분류 (사무용품 등 추가)	18개 대분류 (가방 등 추가)
전체 출원의 18%	전체 출원의 20%	전체 출원의 25%	전체 출원의 35%

147) 시행규칙 제38조 제3항 ③ 법 제37조 제4항 전단에서 "산업통상자원부령으로 정하는 물품"이란 별표 4 중 제2류(의류 및 패션잡화 용품), 제5류(섬유제품, 인조 및 천연 시트직물류) 및 제19류(문방구, 사무용품, 미술재료, 교재)에 속하는 물품을 말한다.

Ⅴ. 디자인의 보호: 부정경쟁방지법

디자인을 등록을 통해 보호하면 등록까지의 기간이 아무리 짧아도 유행성이 강한 디자인 보호에는 무력한 경우가 있다. 여기서 디자인 보호 제도와 관련하여 주목되는 것은 2004년 개정된 부정경쟁방지 및 영업비밀보호에 관한 법률(이하 '부정경쟁방지법'이라 함)이다. 동법 제2조 제1호 자목은 "타인이 제작한 상품의 형태(형상 · 모양 · 색채 · 광택 또는 이들을 결합한 것을 말하며, 시제품 또는 상품소개서상의 형태를 포함한다)를 모방한 상품을 양도 · 대여 또는 이를 위한 전시를 하거나 수입 · 수출하는 행위"를 부정경쟁행위로 규정한다. 상품의 시제품 제작 등 상품의 형태가 갖추어진 날부터 3년 동안, 그리고 실질적으로 동일한 모방[148]만을 금지하나 디자인 보호와 관련하여 매우 주목되는 법률이다.

	디자인보호법	저작권법	부정경쟁방지법	
			혼동야기행위(2①가)	형태모방행위(2①자)
등록여부	필요	불필요	불필요	불필요
보호요건	공업상이용가능성, 신규성, 창작비용이성	창작성	국내에 널리 인식되었을 것 (주지성)	동종의 상품(동종의 상품이 없는 경우에는 그 상품과 기능 및 효용이 동일 또는 유사한 상품을 말한다)이 통상적으로 갖는 형태가 아닐 것
보호기간	출원일 후 20년이 되는 날까지 존속	저작자 생존 중 및 사후 70년	제한 없다.	상품의 시제품 제작 등 상품의 형태가 갖추어진 날부터 3년

148) 디자인보호법은 유사범위까지 보호하나 상품형태모방금지는 동일한 상품형태의 모방에 한정된다. 즉, 모방이 있었다고 하기 위해서는 상품의 형태가 실질적으로 동일하여야 한다. 형태가 실질적으로 동일하지 않으면 그것은 모방은 아니고 시사(示唆)를 받았다고 말할 수 있을 뿐이다. 시사를 받은 것만으로는 성과의 모용이 있었다고까지는 말할 수 없기 때문에 행위의 부정경쟁성을 긍정하기에는 불충분하다. 다만 모방과 시사의 경계는 미묘하며, 모방개념을 어느 정도까지 엄격하게 해석할 것인가에 대해서로 해석의 대립이 있다(澁谷達紀, 知的財産法講義 Ⅲ, 有斐閣, 2005, 95면).

VI. 글자체 디자인 제도[149)]

1. 서 설

글자체는 그 개발에는 적지 않은 노력이 들어감에도 그 모방이나 복제는 극히 용이하다. 특히 디지털폰트는 더욱 그렇다. 그러나 종래 이러한 글자체를 보호할 만한 적합한 보호법제가 우리나라에는 마련되어 있지 않았다. 저작권법으로 보호하면 좋으나 우리나 일본 · 미국 판례는 지속적으로 이를 거부하여 왔다.[150)] 최근 디지털폰트는 컴퓨터프로그램으로 이를 보호하기 시작했으나[151)] 이것은 프로그램보호이지 디자인 그 자체의 보호는 아니며, 간접적인 것에 불과하다.

한편 물품성을 전제로 하는 우리나라의 구(舊)의장법이나 일본의 의장법[152)]은 글자체보호를 거부해 왔다. 이에 비해 미국의 경우에는 디자인특허로 다수 등록되고 있고,[153)] 로카르노 협정에서도 타이프페이스가

149) 디자인보호법 전체를 해설하는 것은 본서의 범위를 벗어난다. 또 이미 디자인보호법 해설서는 우리나라에도 다수 출간되어 있다. 따라서 전체적 해설은 그들 책에 미루고 본서에서는 글자체디자인보호제도만을 설명하는 것으로 한다[간단히는 송영식 외, 『송영식지적소유권법』, 육법사, 2008, 835-1020쪽 참조].

150) 우리나라에서 저작물성을 부정한 판례: 대법원 1996.8.23.선고 94누5632 판결.
일본에서 저작물성을 부정한 판례: 일본 최고재판소 2000년 9월 7일 판결[平成10년(受)제332호].
미국에서 저작물성을 부정한 판례: Eltra Corp. v. Ringer 사건[579 F. 2d 294 (4th. Cir. 1978)].

151) 대법원 2001.6.29.선고, 99다23246 판결 등.

152) 일본은 일찍이(明治 21년 意匠條例) 타이프페이스를 의장법으로 보호했고 실제로 등록된 예도 있으나 1930년대에 문자는 모양으로 보지 않는다는 취급이 행해진 이래 현재까지도 의장법으로 보호하지 않고 있다(보다 자세한 것은, 大家重夫, タイプフェイスの法的保護と著作權, 成文堂, 2000, 104면 이하). 또 문자가 한자한자 독립해서 사용되면 모양으로 보는 경우에 대해서는 심사기준 [3-1209]가 있다(ibid.).

153) 최근의 등록상황은 다음과 같다.

물품분류에 포함되어 있다.

이에 우리 개정 디자인보호법[154]은 제2조 제1호에서 물품성에 관한 문제를 입법적으로 해결하고, 제1의2호에서 글자체에 관한 정의 규정을 신설한 후, 글자체보호 후에 예상되는 문제점을 감안하여 제44조 제2항에 효력제한 규정을 신설하였다.[155]

2. 출 원

글자체가 디자인권으로 보호받기 위해서는 출원등록되어야 한다. 글자체디자인의 출원은 [별지 제5호의 서식]에 따라 작성하여야 하며, 글

---

1. 디자인특허 등록번호 D 486,177 Type font
2. 디자인특허 등록번호 D 483,397 Type font
3. 디자인특허 등록번호 D 482,057 Animal type font
4. 디자인특허 등록번호 D 478,931 Type font
5. 디자인특허 등록번호 D 477,630 Type font
6. 디자인특허 등록번호 D 477,356 Type font
7. 디자인특허 등록번호 D 477,355 Type font
8. 디자인특허 등록번호 D 477,354 Type font
9. 디자인특허 등록번호 D 477,353 Type font
10. 디자인특허 등록번호 D 476,371 Address number

……

154) 2004.12.31, 법률 제7289호.

155) 제2조(정의) 법에서 사용하는 용어의 정의는 다음과 같다.

1. "디자인"이라 함은 물품[물품의 부분(제42조는 제외한다) 및 글자체를 포함한다. 이하 같다]의 형상ㆍ모양ㆍ색채 또는 이들을 결합한 것으로서 시각을 통하여 미감을 일으키게 하는 것을 말한다.
2. "글자체"란 기록이나 표시 또는 인쇄 등에 사용하기 위하여 공통적인 특징을 가진 형태로 만들어진 한 벌의 글자꼴(숫자, 문장부호 및 기호 등의 형태를 포함한다)을 말한다.

제94조(디자인권의 효력이 미치지 아니하는 범위) ① (생략)

② 글자체가 디자인권으로 설정등록된 경우 그 디자인권의 효력은 다음 각호의 어느 하나에 해당하는 경우에는 미치지 아니한다.

1. 타자ㆍ조판 또는 인쇄 등의 통상적인 과정에서 글자체를 사용하는 경우
2. 제1호에 따른 글자체의 사용으로 생산된 결과물인 경우.

자체 디자인의 도면은 별표 1과 같다.

[별표 1] 〈개정 2015.12.30.〉

글자체 디자인의 도면(시행규칙 제35조 제3항 관련)

1. 한글 글자체 도면: 지정글자 500자, 보기문장, 대표글자

【지정글자 도면 1】

가각간갈감갔강갖같
개갯거건걸겁것게겠
겨격겪견결겼경계고
골곳공과관교구국군
굴궁귀그극근글금급
기길김깁깃까깎깔깡
깨꾸꾼꿈꿔꿨끄끗끝
끼낀낌나난날남났낭
낮낯낱내낸낼냄냅냇
냈너넌널넘넛넣네녀
년녕노논놀놓누눈눌
느는늘니닌님닙다닥

【지정글자 도면 2】

단달닭담답닷당대댁
더던덩데도독돈돋돌
동돼되된될됩두둑둘
둥뒤뒷드득든들듭등
디따땀때떤떨떻또똑
뚝뛰뜨뜻라란랄람랑
래러럭런럼럽럿렀렇
레력련렴렸례로록롱
루류르른를리린림릿
마막만많말맑맙망맞
매맺머먹먼멍며면명
몇모목몸못묘무묶문

【지정글자 도면 3】

묻물뭐미민믿밀바박
밖반받발밝밤밥방배
뱀버번벌법벙베벽변
별병보복본볼봄봅봉
부분불붕붙비빈빠빨
뿐쁘쁜쁨사산살상새
색생서석선설섬섰성
세셔셨소속손솔송수
숙순술숨숲쉬쉴스슨
슬슴습슷승시식신실
싫심십싱싶싹써쎄쓰
씀씨씩씬아안앉않알

【지정글자 도면 4】

았앞애야약양어억언
얻얼엄업없엇었엉에
엣여연열엽였영예옛
오옥온올옴와완왜외
요욕용우욱운울움웃
원월위유으은을음읍
의읜이익인일읽임입
있잊자작잔잘잠잡장
재저적전절점정제조
족좀종좋죄죠주죽준
줄줌중즐지직진짐집
짓짜짝째쪽찡차착찬

【지정글자 도면 5】

참창찾채책처천철첫
초촌추춤충치친침칸
커컴켜코콩크큰큼큽
키킬타태터테토통투
특틈파판퍼퍽편표푸
피하학한함합해햇향
헤혀현호혼화확활획
후훈훌흐히

〈이하 생략〉

3. 글자체의 동일 · 유사: 유사판단의 어려움

글자체의 경우도 다른 디자인과 마찬가지로 디자인의 동일은 별로 문제가 되지 아니한다. 문제는 어디까지를 디자인의 유사로 판단할 것인지이다. 디자인보호법에서 유사라 함은 물품의 형태적 가치가 공통됨을 의미하는 것으로[156] 그 디자인을 구성하는 물품의 형상 · 모양 · 색채 또는 이들의 결합이 공통적인 동질성을 가지고 있어서 시각을 통하여 유사한 미감을 일으키는 것을 말한다.[157] 여기서 공통적인 동질성은 의장의 물품적 본질과 형태적 본질에 있어서 공통적인 동질성을 말한다.[158] 종래의 판례는 다음과 같다. 즉

> "의장의 유사 여부는 이를 구성하는 각 요소를 분리하여 개별적으로 대비할 것이 아니라 그 외관을 전체적으로 대비 관찰하여 보는 사람으로 하여금 상이한 심미감을 느끼게 하는지의 여부에 따라 판단하여야 하므로 그 지배적인 특징이 유사하다면 세부적인 점에 다소 차이가 있을지라도 유사하다고 보아야 하고, 또한 의장법이 요구하는 객관적 창작성이란 고도의 창작성, 즉 과거 또는 현존의 모든 것과 유사하지 아니한 독특함은 아니므로 과거 및 현존의 것을 기초로 하여 거기에 새로운 미감을 주는 미적 고안이 결합되어 그 전체에서 종전의 의장과는 다른 미감적 가치가 인정되는 정도면 의장법에 의한 의장등록을 받을 수 있으나, 부분적으로는 창작성이 인정된다고 하여도 전체적으로 보아서 과거 및 현재의 의장들과 다른 미감적 가치가 인정되지 아니한다면 그것은 단지 공지된 고안의 상업적, 기능적 변형에 불과하여 창작성을 인정할 수 없다."[159]

---

156) 齋藤瞭二 저/정태련 역, 『의장법』, 세창출판사, 1993, 216쪽.

157) 대법원 1992.3.21.선고, 91후1595 판결.

158) 조국현, 『의장법』, 법경사, 2002, 268쪽.

159) 대법원 1996.11.12.선고, 96후443 판결; 대법원 1998.12.22.선고, 97후2828 판결; 대법원 1999.10.8.선고, 97후3586 판결; 대법원 1999.11.26.선고, 98후706 판결; 대법원 2001.6.29.선고, 2000후3388 판결.

그러나 이러한 일반론에도 불구하고 글자체의 유사 여부를 판정하는 것은 쉽지 않다. 예컨대 만약 a)가 디자인등록되었다면 b)나 c)는 유사하다고 볼 수 있는가?

a) 나는 지재법이 좋다.(굵은 안상수체)	a) 나는 지재법이 좋다.(신명조)
b) 나는 지재법이 좋다.(휴먼굵은팸체)	b) 나는 지재법이 좋다.(명조)
c) 나는 지재법이 좋다.(휴먼굵은샘체)	c) 나는 지재법이 좋다.(궁서)

아울러 왼쪽그림의 윗부분 글자체와 아랫부분 글자체는 유사한가? 윗부분 글자체는 '아르데코'(Art Deco) 시대[160]의 알파벳이고, 아랫부분 글자체는 Christine Charlton에 의한 현대적 알파벳이다. 글자체의 이름 역시 "Deckchair"(갑판의자)로서 많은 승객을 태운 증기선시대를 연상시킨다.[161]

현재의 글자꼴 디자인이 컴퓨터프로그램으로 보호되어도 그 보호의 실효성이 크지 않다는 것은 간단한 조작만으로도 프로그램의 저작권을 침해하지 않으면서 동일 · 유사한 결과물을 만들 수 있다는 데 있다.

그렇다면 글자체가 디자인보호법으로 보호되는 경우에도 이러한 간단한 변경만으로 자신이 창작한 글자꼴 디자인으로 주장하고 보호될 여지가 있다면 이 역시 실효성 있는 보호는 되지 못할 것이다.

반대로 디자인권은 차단효 있는 독점권이어서 유사범위를 넓게 인정하면 오히려 글자꼴 개발을 저해한다. 무엇보다도 한글은 그 창제로부터 500년 이상 되었고, 그 사이 다양한 글자꼴이 개발되었다.[162] 또 한글

160) "아르 데코"란 1920-30년대의 장식적 디자인으로 1960년대에 부활함.

161) 자료: Jehoram, *Design Protection*, Sijthoff, 1976, 157쪽.

162) 한글글꼴개발원의 1999-2002 〈글꼴 개발 현황 연구〉에 의하면 개발현황은 다

의 경우는 자음과 모음, 곧 초성, 중성 그리고 종성을 조합하여 사용하는 문자라는 점에서 라틴 알파벳처럼 a에서 z까지 나열하여 사용하는 문자의 유사성을 판단하는 방법이나 소리마디 단위의 표음문자인 일본의 문자인 '가나'보다 한글 글자꼴 간의 유사성은 매우 복잡하다.

다음은 한 보고서[163]에서 제안한 한글 글자꼴의 유사성 판단기준(안) 중 "유사성을 판단함에 있어서 숙고해야 할 사항"이다.[164]

대표 항목	세부 항목
낱글자 구조	글자의 내부공간 형태
	닿자, 홀자, 받침의 조합과 비례감
	닿자, 홀자, 받침 사이의 간격
	닿자, 홀자, 받침의 높낮이(위치)
	활자의 너비(비례너비, 고정너비)
	시각적 무게 중심
	밀도와 여백(성긴 정도)
낱글자 표현	줄기의 방향
	줄기의 굵기

음과 같다(동 보고서, 38쪽에서 재인용).

1998년	1200여 종	2001년	81종
1999년	230여 종	2002년	357종
2000년	165종	2003년	200여 종

163) 홍익대학교 미술디자인공학연구소, 『한글 활자꼴 보호범위와 유사성 판단기준에 관한 연구』, 2003.

164) 위의 보고서 80면. 아울러 위 보고서는 비교대상조건과 비교환경조건을 다음과 같이 제시하고 있다(동 81쪽).

- 비교대상조건

(1) 낱글자는 같은 글자크기로 비교해야 한다.

(2) 판짜기한 상태의 조건은 문장의 상하 좌우의 여백이 동일해야 한다.

(3) 인쇄된 상태는 동일한 프린터에 의해 출력된 것이어야 한다. 곧 인쇄된 상태의 조건이 동일해야 한다.

(4) 비교대상의 활자 크기, 글자 사이, 낱말 사이, 글줄 사이 등 판짜기 조건을 꼭 같게 해야 한다.

- 비교환경조건

(1) 평가시간, 빛 등 평가자의 주변환경이 동일해야 한다.

(2) 평가자가 소신껏 평가할 수 있는 안정된 환경에서 평가해야 한다.

	모짐과 둥긂
	굽음과 곧음
	줄기의 이음
낱글자 구성요소	부리, 귀와 맺음
	굴림과 꺾임
	보와 기둥의 기울기와 형태
	삐침과 내리짐
	상투와 꼭지
활자의 전체적인 인상 (판짜기 표정)	글자와 낱말 사이, 글줄 사이 질감과 농도, 균형과 조화 등

위 보고서는 "위의 평가 기준은 활자꼴의 유사성을 판단하기 위한 요소로서, 이 기준은 본문용 활자와 같이 활자꼴 간의 유사정도가 클 때를 대비하여 꼼꼼하게 살펴보아야 할 항목으로 제시된 기준이다. 따라서 제목용과 같은 이미지 위주의 활자꼴에서는 위의 기준이 모두 비교되지 않을 수 있으며, 본문용 활자 간의 유사성 판단은 제목용 활자보다 유사범위를 좁게 해석해야 한다는 이유를 가진다"고 한다.[165] 즉 바탕체는 가독성이라는 기능적인 면을 강조하기 때문에 장식적이며, 디자인이 현란한 것보다는 읽는 습성이나 관습에 그 바탕을 두어 디자인해야 한다고 한다. 그래서 바탕체에 대한 디자인이란 읽힘성을 기준으로 제작되기 때문에 동서양을 구분하지 않고 그 디자인의 변천이 일반 사람이 보기에는 별반 변화가 없는 것 같으나 그 변혁을 갖기 위해 많은 노력이 소요되는 매우 어려운 창작과정이다.[166] 언뜻 보면 비슷해도 서로 다른 창작성이 내재해 있는 것이다. 그러므로 글자체 디자인에 대한 유사여부 판단은 한계적인 사례로 되면 전문가의 도움을 받아야 하고 또한 매우 좁게 판단되어야 할 것이다.[167]

165) 위의 보고서 95쪽.

166) 윤영기, 『글자꼴에 있어서 창작성이란?』, 윤디자인연구소, 1998, 5쪽.

167) 즉 신종의 탄생물품 등과 같이 기존에는 없었던 참신한 물품에 관한 디자인일수록 등록디자인의 효력범위가 미치는 유사의 폭을 넓게 판단하여 권리를 두텁게 보호하고, 동종의 물품이 많이 나올수록 유사의 폭을 좁게 판단한다. 유사의 폭이 비교적 좁은 것으로는 직물, 칼, 식기 등과 같이 옛날부터 흔히 사용되고 다양한

| 판례 | 디자인의 유사 여부에 관한 대법원 판결(2012.6.14. 2012후597)

갑이 출원디자인 (가), (다)를 출원하였으나 특허청이 출원 전에 인터넷에 공지된 비교대상디자인 (나), (라)와 유사하다는 이유로 디자인보호법 제5조[168] 제1항 제3호에 따라 등록거절결정을 한 사안에서, 두 디자인은 모두 고딕체로서 선의 굵기가 세로에 비해 가로가 약간 가늘고, 대문자와 소문자인 'H, R, S, a, e' 는 각 가운데를 경계로 상하로 동일한 분배와 무게중심을 가지며, 글자의 너비와 곡선 기울기, 형태 등이 유사한 점 등에서 지배적인 특징이 유사하고, 다만 소문자 'g'의 경우 출원디자인은 '**g**', 비교대상디자인은 'g'와 같아서 원형 부분과 아래의 꼬리 획 부분의 공간을 차지하는 비중에 약간의 차이가 있고 전체적으로 출원디자인이 비교대상디자인보다 글자가 굵게 표현된 차이는 있으나 심미감의 차이를 유발할 정도는 아니라는 이유로, 두 디자인은 전체적으로 볼 때 유사한 디자인에 해당한다고 본 원심판단이 정당하다.

가	나	다	라
Ha Re Sg	Ha Re Sg	The quick brown fox jumped over the lazy dog	The quick brown fox jumped over the lazy dog

4. 효력의 제한

디자인보호법 제94조 제2항은 글자체 디자인권의 효력은 ① 타자·

디자인이 많이 창작된 것, 젓가락, 편지지 등과 같이 단순한 형태의 것으로서 오래전부터 사용되어 오던 것, 자전거, 쌍안경, 운동화 등과 같이 구조적으로 그 디자인을 크게 변화시킬 수 없는 것, 신사복, 한복 등과 같이 유행의 변화에 한도가 있는 것 등이 있다. 반면에 새로운 물품, 동 종류의 물품에서 지금까지보다 특히 새로운 부분, 특이한 형상에 첨가되는 모양 등은 유사의 폭을 비교적 넓게 판단하여야 한다(심사기준 §4④라).

168) 현행법 제33조.

조판 또는 인쇄 등의 통상적인 과정에서 글자체를 사용하는 경우, ② 제1호에 따른 글자체의 사용으로 생산된 결과물인 경우에는 미치지 아니한다고 규정한다.

일반적으로 적법하게 판매된 폰트를 사용하는 것은 허용된다고 본다. 그 이론 구성이 문제이나 판매행위 속에 묵시적으로 사용허락에 관한 합의가 포함되어 있다고 보거나 혹은 권리자가 일단 판매한 파이프페이스에 대해서는 디자인권이 소진(소모)되었다고 보아야 할 것이다.[169] 문제는 위법하게 제작된 폰트를 사용하는 것을 어떻게 취급할 것인가이다. 이를 위법하게 취급하여 디자인권이 미치도록 하면 인쇄 등을 위하여 폰트를 소지하는 자는 소지하는 폰트의 판매경로를 추적해야 하는 등 우리 문자 생활에 불편을 끼치게 된다. 이에 우리 개정법은 별도로 제94조 제2항을 두고 있다. 따라서 통상의 인쇄과정에서 글자체를 사용하거나 글자체의 사용으로 생산된 결과물을 사용하는 것은 디자인권을 침해하는 것이 아니다.

심사기준 제4조(공지 · 공용의 디자인) 제7항(글자체 부분)

법 제2조 제2호의 규정에 의해 등록출원된 글자체디자인이 다음 각 호의 1에 해당되는 경우에는 기존 글자체디자인과 동일 · 유사하다고 판단하며, 출원된 글자체디자인의 유사여부에 대하여 심사관은 디자인심사자문위원회에 자문을 의뢰할 수 있다.

---

169) 소진이론이란 산업재산권자가 특허품 등 산업재산물품을 타인에게 양도하는 등 산업재산권을 정당하게 행사함으로써 산업재산권은 이미 사용되어 버린 것(erchöpft, exhausted, used up)이며, 더 이상 권리행사를 할 수 없다고 하는 이론이다. 저작권의 경우에는 저작권자의 허락을 얻어 판매에 제공된 저작물은 자유롭게 판매될 수 있다. 이를 최초판매의 원칙(first sale doctrine)이라고 한다(저작권법 제20조 참조).

1. 기존 글자체의 복사나 기계적 복제에 해당되는 경우

가. 복사: 어떠한 가감도 없이 그대로 다시 만드는 것

나. 기계적 복제(모양 · 굵기): 장체(長體), 평체(平體), 사체(斜體), 혹은 굵기 변화 등에 의한 글자체의 복사 생성

다. 기계적 복제(장식): 윤곽선, 음영 혹은 색구분 · 색흐림 처리 등에 의한 글자체의 복사생성

2. 기존 글자체의 부분적 변경에 해당되는 경우

가. 부분적 변경: 구성요소의 모양을 변경하거나 곡선 · 기울기를 변경하는 처리 등에 의한 글자체의 모사 · 변경

※ 상세설명: 『愛』는 점(點)을 둥글게 했다. 『한』은 선을 절제해서 떼어 냈다. 『A』는 바(bar)의 右側을 절제했다.

나. 파생글자체용 변경: 점글자체 등 출력기의 특성에 맞춰 기존의 글자체디자인을 충실히 재현하는 변경

3. 기존 글자체의 자족(字族, 패밀리 글자체)에 해당되는 경우

가. 자족(굵기): 기존 글자체를 기초로 굵기가 다른 글자체를 제작하는 것

나. 자족(모양): 자족을 기초로 장체 · 평체 · 사체 등 모양이 다른 글자체를 제작하는 것

다. 자족(장식): 자족을 기초로 윤곽선, 음영, 윤곽선 응용(내선) 등 장식이 다른 글자체를 제작하는 것

제13장 문화재의 보호

Ⅰ. 서 설

1. 문화재보호법

현재 문화재 보호 관련 법률은 문화재보호법을 필두로 '문화재수리 등에 관한 법률'(약칭: 문화재수리법),[1] 「매장문화재 보호 및 조사에 관한 법률」(약칭: 매장문화재법), 「무형문화재 보전 및 진흥에 관한 법률」(약칭: 무형문화재법)[2] 「문화재보호기금법」 등이 있다. 그중 가장 기본이 되는 법은 문화재보호법이다.[3] 문화재보호법[4]은 문화재를 보존하여 민족문

---

1) 법률 제9999호(2010.2.4., 제정, 2011.2.5. 시행).

2) 법률 제13248호(2015.3.27., 제정, 2016.3.28. 시행).

3) 문화재수리법, 매장문화재법, 무형문화재법은 모두 문화재보호법에서 파생된 법이다. 본서에서는 매장문화재법만 살펴보고 나머지 2법은 생략한다. 다만 제정취지는 다음과 같다. [모두 법제처 발표 제정취지에 의함].

[문화재수리법]

문화재수리에 관한 사항은 「문화재보호법」에 통합되어 규정하고 있으나 문화재수리에 필요한 관련규정이 세부적으로 규정되어 있지 않기 때문에 「건설산업기본법」을 원용하고 있었다. 그러나 「건설산업기본법」에서는 문화재수리공사에 관한 사항을 배제하고 있어 문화재수리공사 수행과정에서 혼선이 발생하거나 이해관계자 간에 분쟁이 발생하고 있는 실정이었다. 이러한 문제점을 해결하기 위

화를 계승하고, 이를 활용할 수 있도록 함으로써 국민의 문화적 향상을 도모함과 아울러 인류문화의 발전에 기여함을 목적으로 한다(동법 제1조). 문화재의 보존 · 관리 및 활용은 원형 유지를 기본 원칙으로 한다(동법 제3조). 문화재보호법은 제1장 총칙에서 제12장 벌칙에 이르기까지 모두 12장, 104개 조문과 부칙으로 구성되어 있다.

하여 문화재수리 등에 관한 사항을 별도 법률로 규정하여 문화재수리의 전문성을 확보하고, 문화재수리의 품질을 높일 수 있도록 하는 한편, 문화재수리에 있어 의무감리제도를 도입하고 과도한 하도급을 제한할 수 있도록 하는 등 현행 제도의 운영과정에서 나타난 미비점을 개선 · 보완하여 문화재수리 분야의 행정적 · 제도적 기반을 마련하려는 것이다.

[무형문화재법]

2003년 10월 17일 유네스코 「무형문화유산 보호협약」이 제정됨에 따라 회원국으로 가입한 우리나라의 무형문화재 보호 제도 및 정책의 틀을 새롭게 마련해야 할 필요성이 제기되던 중에 2011년 5월 중국이 조선족의 '아리랑'을 자국의 무형문화유산으로 지정하여 발표하는 등 대외적으로 무형문화재를 둘러싼 치열한 국제적 경쟁에 직면하였다. 1962년 1월 10일 「문화재보호법」이 제정된 이래 한민족의 전통생활 방식에 녹아 있는 무형문화재를 보호하기 위한 각종 정책을 시행한 결과, 도시화 · 산업화의 격랑 속에 사라질 위기에 처한 우리 전통문화를 보호하는 데에 일정한 성과를 거두었다. 그러나 무형문화재 범위의 협소화와 무형문화재 원형유지 원칙으로 인한 창조적 계승 · 발전 저해, 전통공예품의 사회적 수요 저하로 인한 공예기술의 전승단절 위기 고조, 사회환경 변화로 인한 도제식 전수교육의 효용성 부족, 지식재산권을 둘러싼 무형문화재 분야의 사회적 갈등 발생 등 무형문화재의 보전 및 진흥을 위한 새로운 제도적 · 법적 뒷받침이 절실히 요구되는 상황이었다. 이에 무형문화재 보전 및 진흥의 원칙을 전통과 현대의 조화를 꾀하는 방향으로 변경하는 한편, 대학을 통한 무형문화재 전수교육 제도를 도입하여 전통 기술은 물론 현대적 디자인, 경영기법, 지식재산권 등에 관한 지식을 함께 학습함으로써 전통문화의 창조적 계승 · 발전이라는 법 제정의 목적을 달성할 수 있을 것으로 기대된다. 또한 전통공예품 인증 · 은행제 도입, 전승자의 창업 · 제작 · 유통 지원, 해외 전시 · 공연 등 국제교류 지원, 지식재산권의 적극적 보호 등 무형문화재의 사회적 수요를 진작시킬 수 있는 각종 진흥 정책을 마련함으로써 무형문화재 전승자의 전승 의욕을 고취시키고, 전통문화의 자생력을 높이는 한편 세계무형문화유산의 등재 확대를 통하여 우리의 우수한 전통문화를 세계 속에 널리 알리는 기반을 공고히 하기 위하여 이 법을 제정하려는 것이다.

4) 제정 1962.1.10. 법률 961호, 전부개정 2010.2.4. 법률 제10000호. 최근(2016.2.3) 법률 제13964호로 일부개정이 있었고, 동 개정법은 2016.8.4. 시행된다.

문화재보호법의 제정과 개정[5)]

(1) 제 정

우리나라 문화재보호법은 "문화재를 보존하여 이를 활용함으로써 국민의 문화수준 향상을 도모하는 동시에 인류문화의 발전에 기여하기 위하여" 1962년 1월 10일 "법률 제961호"로 제정되었다. 이로써 조선보물고적명승천연기념물보존령(1933.8.9, 제령 제6호)은 폐지되었다. 주된 내용은 다음과 같다.

① 문교부에 문화재위원회를 두도록 함.

② 문화재를 유형문화재, 무형문화재, 기념물 및 민속자료의 4종으로 구분하고 이 중 중요한 것은 지정문화재로 지정하게 함.

③ 지정 또는 가지정된 문화재의 관리보호상 필요할 때에는 그 소유자, 점유자 또는 관리자에 대하여 일정한 행위를 금지 또는 제한할 수 있게 함.

④ 지정문화재의 소유자 또는 관리자는 그가 소유 또는 관리하는 지정문화재를 일반에게 공개할 의무를 지게 함.

⑤ 토지 기타 물건의 소유자, 관리자 또는 점유자가 소유 또는 관리하는 토지 기타 물건에 포장된 문화재를 발견한 때에는 신고하게 하고 매장문화재를 발굴하고자 할 때에는 허가를 받게 함.

⑥ 국유에 속하는 지정 또는 가지정문화재는 양도하거나 사권을 설정하지 못하게 함.

⑦ 문화재에 관한 특정한 행위에 대하여는 형벌이나 과태료를 과하게 함.

(2) 개 정

우리 문화재보호법은 1962년 제정된 이래 현재까지 30번 이상 개정

---

5) 문화재보호법의 연혁과 관련하여 자세한 것은, 오세탁(吳世卓), 『문화재보호법원론』, 주류성, 2005, 73-178쪽 참조.

되었다. 이 중에는 다른 법이 개정됨에 따른 자구 수정도 있으나 종전법의 미비점을 수정하기 위한 개정도 있었다. 그중 1982년[6]과 2007년,[7] 2010년[8]에는 전부개정이 있었다.

2. 문화재

문화재보호법에서 "문화재"란 인위적이거나 자연적으로 형성된 국가적 · 민족적 · 세계적 유산으로서 역사적 · 예술적 · 학술적 · 경관적 가치가 큰 ① 유형문화재, ② 무형문화재, ③ 기념물, ④ 민속문화재를 말한다.[9] 우리나라 "문화재보호법은 제정 당초부터 문화유산 · 자연유산 · 무형문화유산을 포괄하는 개념으로 문화재를 정의함과 동시에 문화재의 가치를 50년 이상으로 규정하고 있다. 이에 대하여 서구사회 및 서구국가들은 전통적으로 자연유산 및 무형문화유산을 배제한 채, 인간의 정신활동과 인공작용을 통하여 건설 · 제작 · 생산된 유형의 물질 위주로 문화재를 정의

---

6) 시행 1983.7.1.(법률 제3644호, 1982.12.31. 전부개정). 전문개정이유는 "문화재에 관한 효율적인 관리체제를 확립하고, 동산문화재의 등록제도를 폐지하는 등 비현실적인 규정을 현실에 맞게 정비 · 보완하려는 것"이었다. 자세한 것은 http://www.law.go.kr/LSW/RvsDocNRsnP.do?lsiSeq=58776 참조.

7) 시행 2007.4.11.(법률 제8346호, 2007.4.11. 전부개정). 본 전부개정의 목적은 주로 법률의 한글화, 어려운 법령 용어의 순화(醇化), 한글맞춤법 등 어문규범의 준수 등에 있었다.

8) 전부개정 2010.2.4. 법률 제10000호, 시행 2011.2.5.

9) 문화재보호법 제2조 제1항. 또 국어사전에 의하면 문화재란 "문화의 소산으로 역사상 · 예술상 가치가 높은 유형문화재 · 무형문화재의 총칭"이라고 정의하고 있다(에센스 국어사전, 839쪽). 또 문화재의 개념에 대해서는, 박동석, 『문화재보호법』, 민속원, 2005, 13-14쪽; 김창규, 『문화재보호법개론』, 동방문화사, 2008, 73쪽 이하 참조. 현행 이태리 문화재 및 경관재법에서는 "문화재는 제10조 및 제11조에 있는 예술적, 역사적, 고고학적, 민족인류학적, 자료 및 문헌적 가치를 가지는 부동산 및 동산 또는 문화적 가치를 가지는 증거로서 법률 또는 법률에 따라 정해지는 기타의 물건을 말한다."(제2조 제2항)고 '문화재'에 대한 일반적인 정의를 규정하고 있다(김민동, "이탈리아 문화재 및 경관재법에서의 '문화재'개념", 「일감법학」(제33호), 건국대학교 법학연구소, 2016, 322쪽에서 재인용).

함과 동시에 문화재의 가치를 100년 이상으로 규정하여 왔다."[10]

유형문화재	건조물, 전적(典籍), 서적(書跡), 고문서, 회화, 조각, 공예품 등 유형의 문화적 소산으로서 역사적 · 예술적 또는 학술적 가치가 큰 것과 이에 준하는 고고자료(考古資料).[11]
무형문화재	연극, 음악, 무용, 공예기술 등 무형의 문화적 소산으로서 역사적 · 예술적 또는 학술적 가치가 큰 것.
기념물	가. 절터, 옛무덤, 조개 무덤, 성터, 궁터, 가마터, 유물포함층 등의 사적지(史蹟地)와 특별히 기념이 될 만한 시설물로서 역사적 · 학술적 가치가 큰 것. 나. 경치 좋은 곳으로서 예술적 가치가 크고 경관이 뛰어난 것. 다. 동물, 식물, 광물, 동굴, 지질, 생물학적 생성물 및 특별한 자연현상으로서 역사적 · 경관적 또는 학술적 가치가 큰 것.
민속자료	의식주, 생업, 신앙, 연중행사 등에 관한 풍속이나 관습과 이에 사용되는 의복, 기구, 가옥 등으로서 국민생활의 변화를 이해하는 데 반드시 필요한 것.

■ 1970년 문화재의 불법적인 반출입 및 소유권 양도의 금지와 예방수단에 관한 협약(Convention on the Means of Prohibiting and Preventing the Illicit Import, Export and Transfer of Ownership of Cultural Property) 상의 문화재

동 조약 제1조는 문화재를 다음과 같이 정의한다.

> 본 협약에서 "문화재"라 함은 고고학, 선사학, 역사학, 문학, 예술 또는 과학적으로 중요함으로써 종교적 또는 세속적 근거에서 각국에 의하여 특별

10) 김창규, 위의 책, 73쪽. 또 다음 「문화재의 불법적인 반출입 및 소유권 양도의 금지와 예방수단에 관한 협약」상의 문화재 개념 참조.

11) 해저에서 발굴된 중국산 자기가 매장된 유형문화재에 해당하는지 여부: 문화재보호법 제2조 제1항 제1호에 구 문화재보호법(1970.8.10. 법률 제2233호) 제2조 제1호 소정의 유형문화재의 정의 중에서 "우리나라"가 삭제되었고 또 제43조의 매장문화재 발견신고규정에 구법에 없었던 "해저"가 첨가되었다 하더라도 피고인이 구법시행 당시에 해저에서 건져낸 14세기 중국(송, 원대)산 청자주름 문유개호와 청백자 소주자는 위 구 문화재보호법 소정의 매장된 유형문화재에 해당한다 할 것이다(대법원 1983.7.26.선고 83도706 판결).

히 지정된 재산으로, 다음 범주에 속하는 재산을 의미한다.
(가) 진귀한 수집품과 동물군, 식물군, 광물군, 해부체의 표본 및 고생물학적으로 중요한 물체
(나) 과학, 기술 및 군사의 역사와 사회사를 포함하여 역사와 관련되고 민족적 지도자, 사상가, 과학자 및 예술가의 생애와 관련되며, 국가적으로 중대한 사건과 관련된 재산
(다) (정규적 또는 비밀리의) 고고학적 발굴 또는 고고학적 발견의 산물
(라) 해체된 예술적 또는 역사적 기념물 또는 고고학적 유적의 일부분
(마) 비문, 화폐, 판각된 인장 같은 것으로 백 년 이상의 골동품
(바) 인종학적으로 중요한 물건
(사) 미술적으로 중요한 재산으로 다음과 같은 것.
(1) 어떤 보조물의 사용 또한 어떤 재료를 불문하고 전적으로 손으로 제작된 회화, 유화 및 도화(손으로 장식한 공업용 의장과 공산품은 제외)
(2) 재료 여하를 불문한 조상 및 조각물의 원작
(3) 목판화, 동판화, 석판화의 원작
(4) 재료 여하를 불문한 미술적인 조립품 및 몽타아지의 원작
(아) 단일 또는 집합체를 불문하고(역사적, 예술적, 과학적 및 문학적 등으로) 특별히 중요한 진귀한 고판본, 필사본과 고서적, 고문서 및 고출판물
(자) 단일 또는 집합체를 불문하고 우표, 수입인지 또는 유사 인지물
(차) 녹음, 사진, 영화로 된 기록물을 포함한 고문서
(카) 백 년 이상된 가구와 오래된 악기

| 문화재보호법 제2조 제1항 제2호 중 "유형의 문화적 소산으로서 역사상 또는 예술상 가치가 큰 것과 이에 준하는 고고자료"부분이 불명확하여 형벌법규의 명확성의 원칙에 위배되는지 여부(헌법재판소 전원재판부 2000.6.29, 98헌바67)

1. "유형의 문화적 소산으로서 역사상 또는 예술상 가치가 큰 것"이라 함은 이 법률조항의 입법목적에 비추어 볼 때, '보존하고 활용할 가치가 있는 것'을 가리키고, 그와 같은 가치가 있는지 여부는 그 물건이 지닌 시대성, 희귀성, 예술성 및 화폐단위로 환산된 가치 등을 종합적으로 고려하여 건전한 상식과

통상적인 법감정을 통하여 판단할 수 있으며, 구체적인 사건에서는 법관의 합리적인 해석에 의하여 판단할 수 있다. 또한 법 제76조 제1항의 비지정동산유형문화재는 시행령과 시행규칙에 구체적인 범위가 규정되어 있고, 법 제76조 제2항은 문화재로 오인될 우려가 있는 동산을 국외로 수출 또는 반출하고자 하는 경우에는 미리 문화체육부장관의 확인을 받도록 규정하여 문화재의 개념을 오인한 자로 하여금 형사처벌을 받을 위험을 제거하는 제도적 장치를 하고 있으므로, 이 법률조항은 입법목적과 다른 조항과의 연관성, 합리적인 해석가능성, 입법기술상의 한계 등을 고려할 때, 어떤 행위가 이에 해당하는지 의심을 가질 정도로 불명확한 개념이라고 볼 수 없으므로 형벌법규의 명확성의 원칙에 반하지 아니한다.12)

2. 문화재를 보존하여 활용하는 데 있어서 굳이 지정여부를 고집하여 그에 따른 차이를 둘 합리적인 이유가 없으며, "지정되지 아니한 유형문화재 중 동산에 속하는 문화재"의 무허가 국외 수출 또는 반출을 금지하는 것은 문화재를 보존 · 활용하기 위한 적정한 방법으로서, 이를 위반하는 행위에 형사벌을 과하는 것은 금지규정의 실효성을 보장하는 차원에서 보면 합리성이 인정되고, 법익의 균형성의 원칙에도 어긋나지 아니하므로 이 법률조항은 과잉금지의 원칙에 위반되는 것도 아니다.

미술품과 문화재와의 관계

미술품은 모두 문화재의 후보이다. 이들이 일정한 요건을 갖추면 문화재로 된다. 그러므로 문화재 자체의 파괴를 막아야 하는 것만큼 미술품

---

12) 다음과 같은 재판관 김용준, 재판관 김문희, 재판관 고중석, 재판관 신창언의 반대의견이 있었다.

"'역사상 또는 예술상 가치가 큰 것'이라는 용어는 처벌법규의 구성요건으로는 그 내용이 지나치게 추상적이고 모호할 뿐만 아니라, 어떤 물건이 역사상 또는 예술상 가치가 있는 것인지, 또 어느 정도로 가치가 큰 것이 비지정문화재에 해당하는 것인지를 판별할 수 있는 기준이 전혀 없어 건전한 상식과 통상의 법감정을 가진 사람도 어떤 물건이 처벌대상의 비지정문화재인지를 도저히 알 수가 없고, 법관의 해석을 통하여서도 그것을 명확히 판별하기가 쉽지 않다. 따라서 비지정동산유형문화재를 국외로 수출 또는 반출하는 자를 처벌하도록 규정한 법 제80조 제2항은 죄형법정주의에 위반된다."

도 역시 파괴로부터 보호되어야 한다. 이에 나라에 따라서는 저작자에게 일정한 권리를 주어 미술품을 파괴로부터 간접적으로 보호한다. 또 문화재보호법은 다음의 어느 하나에 해당하는 문화재의 매매 등 거래행위에 관해서는 민법 제249조의 선의취득에 관한 규정을 적용하지 아니한다(동법 제87조 제5항).[13]

– 문화재청장이나 시 · 도지사가 지정한 문화재
– 도난물품 또는 유실물인 사실이 공고된[14] 문화재
– 그 출처를 알 수 있는 중요한 부분이나 기록을 인위적으로 훼손한 문화재

미 술 품	국가적 · 민족적 · 세계적 유산으로서 역사적 · 예술적 · 학술적 가치가 큰 것	문 화 재
문화재 후보	일정한 시간의 경과	
파괴로부터 보호 받을 권리(저작권법)[15]	→	파괴 금지(문화재보호법, 국제조약)
거래 · 처분의 자유		거래 · 처분의 제한
선의취득 인정		선의취득 불인정

전통지식 · 민간전승물의 보호

'전통지식'(Traditional Knowledge: TK)이란 전통에 기반을 둔 지적

13) 다만 민법과 같이 양수인이 경매나 문화재 매매업자 등으로부터 선의로 이를 매수한 경우에는 피해자 또는 유실자는 양수인이 지급한 대가를 변상하고 반환을 청구할 수 있다(문화재보호법 제87조 제5항 단서).

14) 도난물품 등의 공고방법: 공고는 해당 문화재가 도난물품 또는 유실물이라는 사실(문화재의 식별이 가능한 사진을 포함한다)을 문화재청장이 문화재청 홈페이지에 게재하는 방법으로 한다(문화재보호법 시행규칙 제90조).

15) 우리나라 저작권법은 아직 이러한 권리를 명문으로 인정하지 아니한다. 그러나 대법원 2015.8.27. 선고 2012다204587 판결 참조(본서 제4장 III.).

활동의 산물로서 파생되는 산업, 예술 또는 문학적인 결과물을 총칭한다. 강원도 어느 산골에서 행해지고 있는 민간치료요법, 인도벽화의 문양, 아프리카 토인의 음악 등이 모두 전통지식으로 분류될 수 있다. 우리의 한의학도 이러한 전통지식의 하나이다. 한편 '민간전승물'이란 넓은 의미로는 전통지식과 동일한 개념이나 협의로는 전통지식 중에서 주로 저작권과 관련되는 전통문학, 음악, 무용, 미술, 종교행사 등을 의미한다. 영어로 포크로(folklore)라고 한다.

그런데 이러한 전통지식이나 민간전승물은 인류의 공동유산(common heritage)으로 취급되어 자유로운 이용과 그 '보전'에 초점이 맞추어져 왔다. 그러다 보니 민간전승물이 기원한(originated) 사회공동체 또는 이의 계승발전에 기여한 개인에게 아무런 보상도 돌아가지 않고 있으며, 심지어는 이용 과정에서 민간전승물의 정체성이 왜곡되기도 한다. 이에 민간전승물을 보호하고, 아울러 그러한 전통적 표현물이 기원한 원주민 내지는 토착사회에 일정한 혜택을 주어야 한다는 움직임이 국제적으로 있었다. 우선 베른조약 제15조 제4항 (a)[16]가 그것이다. 이 조항은 개발도상국의 요청으로 국제적으로 논의를 거친 후 규정된 것으로, 문제를 처리하는 당국을 설치하는 것을 각국의 입법에 맡기고 있다. 또 1982년 WIPO와 유네스코는 「불법이용 및 기타의 침해로부터 민간전승물의 표현을 보호하는 각국 국내(입)법을 위한 모델규정」을 마련하였다. 특히 WIPO는 2000년, 「유전자원, 전통적 지식 및 민간전승물에 관한 정부간위원회(IGC)」를 설치하였고, 현재 논의가 진행 중에 있다.[17] 우리 문화재보호법

16) "저작자의 신원이 밝혀지지 아니하였으나 그가 동맹국의 국민임을 추정할 근거가 있는 미발행 저작물에 있어서, 저작자를 대신하고 또한 그 동맹국에서 그의 권리를 보호하고 행사할 수 있는 권한 있는 기관을 지정하는 것은 그 국가의 입법에 맡긴다."

17) 이에 대해서는 http://www.wipo.int/tk/en 참조(Home〉Program Activities〉Traditional Knowledge, Genetic Resources, Traditional Cultural Expressions/Folklore). 또, 이호흥, 『포크로의 법적 보호에 관한 연구: 이론적 검토를 중심으로』, 저작권심의조정위원회(현 한국저작권위원회), 2000; 오기석, 『전통문화표현물(TCEs/EoF)의 보호에 관한 국제동향연구』, 저작권위원회(현 한국저작권위원회),

은 이들을 무형문화재로 정의하고 있다.[18]

II. 지정문화재

1. 의 의

문화재보호법에서 "지정문화재"란 ① 국가지정문화재, ② 시 · 도지정문화재, ③ 문화재자료를 말한다. 이 중 국가지정문화재에는 ① 보물 및 국보, ② 국가무형문화재, ③ 사적, 명승, 천연기념물, ④ 중요민속문화재가 있다.

국가지정문화재	문화재청장이 문화재보호법 제23조부터 제26조까지의 규정에 따라 지정한 문화재: 보물 및 국보, 국가무형문화재, 사적, 명승, 천연기념물, 중요민속문화재
시 · 도지정문화재	특별시장 · 광역시장 · 특별자치시장 · 도지사 또는 특별자치도지사(이하 "시 · 도지사"라 한다)가 문화재보호법 제70조 제1항에 따라 지정한 문화재
문화재자료	국가지정문화재나 시 · 도지정문화재가 아닌 문화재 중 시 · 도지사가 문화재보호법 제70조 제2항에 따라 지정한 문화재

2. 국가지정문화재

(1) 보물 및 국보의 지정

문화재청장은 문화재위원회의 심의를 거쳐 유형문화재 중 중요한 것을 보물로 지정할 수 있으며, 보물에 해당하는 문화재 중 인류문화의 관점에서 볼 때 그 가치가 크고 유례가 드문 것을 문화재위원회의 심의를 거쳐 국보로 지정할 수 있다(제23조). 이러한 지정에 의한 중점보호주의

2007. 참조.

18) 문화재보호법 제2조 제1항 제2호.

가 우리 문화재 보호의 기본적 정책으로 되어 있다.[19] 지정에 의한 중점 보호주의는 지정된 것에 대해서는 실태도 파악하기 쉽고 시책을 세우기도 쉬운 장점이 있지만, 다른 한편 문화재의 가치판단을 피할 수 없고, 어느 시점에서의 판단에 의하여 지정의 대상이 되지 않았던 것(비지정문화재)에 대해서는 보호가 거의 미치지 않는다는 단점이 있다.[20]

보물지정기준	
건조물	가. 목조건축물류 당탑 · 궁전 · 성문 · 전랑 · 사우 · 서원 · 누정 · 향교 · 관아 · 객사 · 민가 등으로서 역사적, 학술적, 예술적, 기술적 가치가 큰 것 나. 석조건축물류 석굴 · 석탑 · 전탑 · 부도 및 석종 · 비갈 · 석등 · 석교 · 석계 · 석단 · 석빙고 · 첨성대 · 당간지주 · 석표 · 석정 등으로서 역사적, 학술적, 예술적, 기술적 가치가 큰 것 다. 분묘(墳墓) 분묘 등의 유구(遺構) 또는 건조물, 부속물로서 역사적, 학술적, 예술적, 기술적 가치가 큰 것 라. 조적조(組積造) 및 콘크리트조 건축물류 청사(廳舍), 학교, 병원, 역사(驛舍), 성당, 교회 등으로서 역사적, 학술적, 예술적, 기술적 가치가 큰 것
전적 · 서적 · 문서	가. 전적류 1) 사본류(寫本類): 한글서적, 한자서적, 저술고본(著述古本), 종교서적 등의 원본이나 우수한 고사본(古寫本) 또는 이를 계통적, 역사적으로 정리한 중요한 것 2) 판본류: 판본(版本) 또는 판목(版木)으로서 역사적 또는 판본학적 가치가 큰 것 3) 활자본류(活字本類): 활자본 또는 활자로서 역사적 또는 인쇄사적 가치가 큰 것 나. 서적류 사경(寫經), 어필(御筆), 명가필적(名家筆跡), 고필(古筆), 묵적(墨跡), 현판(懸板), 주련(柱聯) 등으로서 서예사상 대표적인 것이거나 금석학적 또는 사

19) 오세탁, 앞의 책, 40쪽.
20) 위의 책, 41쪽. 또 이 단점의 보완책으로서 등록주의는 후술.

	료적 가치가 큰 것 다. 문서류 역사적 가치 또는 사료적 가치가 큰 것
회화·조각	가. 형태·품질·기법·제작 등에 현저한 특이성이 있는 것 나. 우리나라 문화사상 각 시대의 귀중한 유물로서 그 제작이 우수한 것 다. 우리나라 회화사상 또는 조각사상 특히 귀중한 자료가 될 수 있는 것 라. 특수한 작가 또는 유파를 대표한 중요한 것 마. 외래품으로서 우리나라 문화에 중요한 의의를 가진 것
공예품	가. 형태·품질·기법 또는 용도에 현저한 특성이 있는 것 나. 우리나라 문화사상 또는 공예사상 각 시대의 귀중한 유물로서 그 제작이 우수한 것 다. 외래품으로서 우리나라 공예사상 중요한 의의를 가진 것
고고자료	가. 선사시대 유물로서 특히 학술적 가치가 큰 것 나. 고분(지석묘 등을 포함한다)·패총(貝塚) 또는 사지(寺址)·유적 등의 출토품으로서 학술적으로 중요한 자료가 될 수 있는 것 다. 전세품(傳世品)으로서 학술적 가치가 큰 것 라. 종교·교육·학예·산업·정치·군사·생활 등의 유적 출토품 또는 유물로서 역사적 의의가 크거나 학술적 자료로서 중요하거나 제작상 가치가 큰 것
무구(武具)	가. 우리나라 전사상(戰史上) 사용된 무기로서 희귀하고 대표적인 것 나. 역사적인 명장(名將)이 사용하였던 무구류로서 군사적으로 그 의의가 큰 것
국보	1. 보물에 해당하는 문화재 중 특히 역사적, 학술적, 예술적 가치가 큰 것 2. 보물에 해당하는 문화재 중 제작 연대가 오래되었으며, 그 시대의 대표적인 것으로서, 특히 보존가치가 큰 것 3. 보물에 해당하는 문화재 중 제작의장(製作意匠)이나 제작기술이 특히 우수하여 그 유례가 적은 것 4. 보물에 해당하는 문화재 중 형태·품질·제재(製材)·용도가 현저히 특이한 것 5. 보물에 해당하는 문화재 중 특히 저명한 인물과 관련이 깊거나 그가 제작한 것

(2) 보물 및 국보의 지정의 해제

문화재청장은 제23조·제25조 또는 제26조에 따라 지정된 문화재가 국가지정문화재로서의 가치를 상실하거나 가치평가를 통하여 지정을 해제할 필요가 있을 때에는 문화재위원회의 심의를 거쳐 그 지정을 해제할 수 있다(제31조).

(3) 관리 및 보호

㈎ 원칙: 소유자관리의 원칙(제33조)

① 국가지정문화재의 소유자는 선량한 관리자의 주의로써 해당 문화재를 관리 · 보호하여야 한다.

② 국가지정문화재의 소유자는 필요에 따라 그에 대리하여 그 문화재를 관리 · 보호할 관리자를 선임할 수 있다.

㈏ 관리단체에 의한 관리(제34조)

① 문화재청장은 국가지정문화재의 소유자가 분명하지 아니하거나 그 소유자 또는 관리자에 의한 관리가 곤란하거나 적당하지 아니하다고 인정하면 해당 국가지정문화재 관리를 위하여 지방자치단체나 그 문화재를 관리하기에 적당한 법인 또는 단체를 관리단체로 지정할 수 있다. 이 경우 국유에 속하는 국가지정문화재 중 국가가 직접 관리하지 아니하는 문화재의 관리단체는 관할 특별자치시, 특별자치도 또는 시 · 군 · 구(자치구를 말한다. 이하 같다)가 된다. 다만, 문화재가 2개 이상의 시 · 군 · 구에 걸쳐 있는 경우에는 관할 특별시 · 광역시 · 도(특별자치시와 특별자치도는 제외한다)가 관리단체가 된다.

② 관리단체로 지정된 지방자치단체는 문화재청장과 협의하여 그 문화재를 관리하기에 적당한 법인 또는 단체에 해당 문화재의 관리 업무를 위탁할 수 있다.

③ 문화재청장은 제1항 전단에 따라 관리단체를 지정할 경우에 그 문화재의 소유자나 지정하려는 지방자치단체, 법인 또는 단체의 의견을 들어야 한다.

④ 문화재청장이 제1항에 따라 관리단체를 지정하면 지체 없이 그 취지를 관보에 고시하고, 국가지정문화재의 소유자 또는 관리자와 해당

관리단체에 이를 알려야 한다.

⑤ 누구든지 제1항에 따라 지정된 관리단체의 관리행위를 방해하여서는 아니 된다.

㈐ 국가에 의한 특별관리(제34조의2)

① 문화재청장은 국가지정문화재에 대하여 제34조 제1항에도 불구하고 소유자 · 관리자 또는 관리단체에 의한 관리가 곤란하거나 적당하지 아니하다고 인정하면 문화재위원회의 심의를 거쳐 해당 문화재를 특별히 직접 관리 · 보호할 수 있다.

② 제1항에 따른 국가지정문화재의 관리 · 보호에 필요한 경비는 국가가 부담한다.

(4) 행위의 제한: 문화재청장의 허가

국가지정문화재에 대해서는 일정한 제한이 있다. 즉 국가지정문화재에 대하여 다음 각 호의 어느 하나에 해당하는 행위를 하려는 자는 대통령령으로 정하는 바에 따라 문화재청장의 허가를 받아야 한다. 허가 사항을 변경하려는 경우에도 또한 같다(법 제35조).

① 국가지정문화재(보호물 · 보호구역과 천연기념물 중 죽은 것을 포함한다)의 현상을 변경[천연기념물을 표본(標本)하거나 박제(剝製)하는 행위를 포함한다]하는 행위로서 대통령령으로 정하는 행위

> 시행령 제21조의2(국가지정문화재 등의 현상변경 등의 행위)
> ① 법 제35조 제1항 제1호에서 "대통령령으로 정하는 행위"란 다음 각 호의 행위를 말한다.
> 1. 국가지정문화재, 보호물 또는 보호구역을 수리, 정비, 복구, 보존처리 또는 철거하는 행위
> 2. 국가지정문화재(천연기념물 중 죽은 것을 포함한다)를 포획 · 채취 · 사육하거나 표본 · 박제 · 매장 · 소각하는 행위
> 3. 국가지정문화재, 보호물 또는 보호구역 안에서 하는 다음 각 목의 행위

가. 건축물 또는 도로·관로·전선·공작물·지하구조물 등 각종 시설물을 신축, 증축, 개축, 이축(移築) 또는 용도변경하는 행위
나. 수목을 심거나 제거하는 행위
다. 토지 및 수면의 매립·간척·굴착·천공(穿孔), 절토, 성토(盛土) 등 지형이나 지질의 변경을 가져오는 행위
라. 수로, 수질 및 수량에 변경을 가져오는 행위
마. 소음·진동 등을 유발하거나 대기오염물질·화학물질·먼지 또는 열 등을 방출하는 행위
바. 오수(汚水)·분뇨·폐수 등을 살포, 배출, 투기하는 행위
사. 동물을 사육하거나 번식하는 등의 행위
아. 토석, 골재 및 광물과 그 부산물 또는 가공물을 채취, 반입, 반출, 제거하는 행위
자. 광고물 등을 설치, 부착하거나 각종 물건을 야적하는 행위

② 국가지정문화재(동산에 속하는 문화재는 제외한다)의 보존에 영향을 미칠 우려가 있는 행위로서 대통령령으로 정하는 행위

시행령 제21조의2(국가지정문화재 등의 현상변경 등의 행위)
② 법 제35조 제1항 제2호에서 "대통령령으로 정하는 행위"란 다음 각 호의 행위를 말한다.
1. 역사문화환경 보존지역에서 하는 다음 각 목의 행위
가. 해당 국가지정문화재의 경관을 저해할 우려가 있는 건축물 또는 시설물을 설치·증설하는 행위
나. 해당 국가지정문화재의 보존에 영향을 줄 수 있는 소음·진동 등을 유발하거나 대기오염물질·화학물질·먼지 또는 열 등을 방출하는 행위
다. 해당 국가지정문화재의 보존에 영향을 줄 수 있는 지하 50미터 이상의 굴착행위
라. 해당 국가지정문화재의 보존에 영향을 미칠 수 있는 토지·임야의 형질을 변경하는 행위
2. 국가지정문화재가 소재하는 지역의 수로의 수질과 수량에 영향을 줄 수 있는 수계에서 하는 건설공사 등의 행위
3. 국가지정문화재와 연결된 유적지를 훼손함으로써 국가지정문화재 보존에 영향을 미칠 우려가 있는 행위
4. 천연기념물이 서식·번식하는 지역에서 천연기념물의 둥지나 알에 표시를 하거나, 그 둥지나 알을 채취하거나 손상시키는 행위
5. 그 밖에 국가지정문화재 외곽 경계의 외부 지역에서 하는 행위로서 문화재청장 또는 해당 지방자치단체의 장이 국가지정문화재의 역사적·예술적·학술적·경관적 가치에 영향을 미칠 우려가 있다고 인정하여 고시하는 행위

③ 국가지정문화재를 탁본 또는 영인(影印)하거나 그 보존에 영향을 미칠 우려가 있는 촬영을 하는 행위

④ 명승이나 천연기념물로 지정되거나 가지정된 구역 또는 그 보호구역 안에서 동물, 식물, 광물을 포획(捕獲)·채취(採取)하거나 이를 그 구역 밖으로 반출하는 행위

(5) 수출 등의 금지(법 제39조)

(가) 수출의 금지

① 서 언

많은 나라들은 문화재의 자국영토 내로의 반입과 반출에 관심을 가지고 이를 규제하는 법률을 마련하고 있다. 대체적인 경향은 현재 살아 있는 작가의 미술품의 수출은 장려하는 반면 문화재의 수출은 제한한다. 몇몇 나라는 문화재의 수출에 어떠한 제한도 두지 아니한다. 수출을 제한하는 나라 중에는 문화재를 선별하여 선별적으로 허용하기도 한다. 영국법에 의하면 100년 이상 되거나 8000파운드 이상의 문화재로서 영국에서 만들어졌거나 혹은 수출일 기준 50년 전에 수입된 것을 수출하려면 허가를 얻도록 하고 있다.[21] 수출 허용여부는 영국의 역사나 영국 국민들의 삶과 밀접한 관련이 있는 것인지, 미적으로 중요한 것인지 또는 학문적 연구에 중요한 것인지 여부를 가지고 개별적으로 판단한다. 선별적으로 허용된 미술품은 국제시장에서 당해 국가의 미술품을 대표한다. 이 제도는 국가 간의 문화교류를 장려하며, 불법 거래를 단념시키는 효과를 가진다. 그러나 수출을 일체 금지시키는 제도는 그다지 성공적이지 못하다. 예컨대 멕시코는 1972년에 법률을 제정하여 콜럼버스시대 이전 문화재는 전혀 수출을 허용하지 아니한다. 그 결과 암시장의 활동을 비약적으로 증가시켰다. 합법적 통로가 막히면 거래는 비밀리에 행해질 수밖에 없고, 결국 시장에서의 법적 통제를 완전히 상실한다.

---

21) DuBoff-King, 14쪽.

■ 미술품과 달리 개인 소유 문화재의 수출을 금지하는 것이 과연 타당한가에 관해서는 입장에 따라 다음과 같은 견해가 있다.[22)]

국제적 자유무역론자의 입장	수출 찬성
수집가, 미술관 측의 입장	수출 찬성
문화국제주의자의 입장	수출 찬성
문화재 출처국의 입장	수출 반대
고고학자들의 입장	수출 반대

② 우리 법의 원칙

국보, 보물, 천연기념물 또는 중요민속자료는 국외로 수출하거나 반출할 수 없다.

③ 예 외

㉠ 국제적 문화교류

문화재의 국외전시 등 국제적 문화교류를 목적으로 반출하되, 그 반출한 날부터 2년 이내에 다시 반입할 것을 조건으로 문화재청장의 허가를 받으면 반출이 허용된다(제39조). 반출을 허가받은 자가 그 반출 기간의 연장을 신청하면 부득이한 사유가 인정되는 경우에 한정하여 2년의 범위에서 그 반출 기간의 연장을 허가할 수 있다. 국외 반출 또는 반출 기간의 연장을 허가하기 위한 구체적 심사기준은 문화체육관광부령으로 정한다.

㉡ 표본 · 박제 등으로 제작한 경우

문화재청장의 허가를 받아 천연기념물을 표본 · 박제 등으로 제작한 경우나 특정한 시설에서 연구 또는 관람목적으로 증식된 천연기념물의 경우에는 문화재청장의 허가를 받아 수출할 수 있다.

---

22) 자세한 것은, Gerstenblith, Patty, *Art, Cultural Heritage, And The Law: Cases and Materials*, 2008, 597쪽 이하 참조.

원칙의 확대

문화재보호법에 따라 지정되지 아니한 문화재 중 동산에 속하는 문화재에 관하여는 수출이 금지된다(법 제60조 참조). 다만, 문화재의 국외전시 등 국제적 문화교류를 목적으로 다음 각 호의 어느 하나에 해당하는 사항으로서 문화재청장의 허가를 받은 경우에는 그러하지 아니하다.

㉠ 「박물관 및 미술관 진흥법」에 따라 설립된 박물관 등이 외국의 박물관 등에 일반동산문화재를 반출한 날부터 10년 이내에 다시 반입하는 경우

㉡ 외국 정부가 인증하는 박물관이나 문화재 관련 단체가 자국의 박물관 등에서 전시할 목적으로 국내에서 일반동산문화재를 구입 또는 기증받아 반출하는 경우

| 지정되지 아니한 유형문화재 중 동산에 속하는 문화재에 관하여 국외전시 등의 예외적인 경우에만 일시적인 국외 반출을 허용하고 그 외에는 국외 수출이나 반출을 금지하는 것이 과잉금지의 원칙에 위반되는지 여부(헌법재판소 전원재판부 2000.6.29, 98헌바67)

"문화재는 그 사회의 문화적 풍토와 역사적 전통을 배경으로 하여 형성되는 것이어서 원래의 장소에 있을 때에 역사적 · 문화적 · 예술적 가치가 더 높게 평가되는 것이고, 그 장소를 떠나서는 의미와 가치가 반감되는 것이다. 그런데 문화재가 국외로 수출 또는 반출되면 국가의 주권이 미치지 아니하여 이를 보존 · 활용할 수 없게 되고 일단 수출 또는 반출된 것은 사실상 반입이 어려운 것이므로, 대부분의 국가들도 그 보호의 대상 및 정도에서는 차이가 있으나 문화재의 국외반출을 엄격히 제한하는 것이 현실이다. 따라서 '비지정동산유형문화재'의 무허가 국외 수출 또는 반출을 금지하는 것은 문화재를 보존 · 활용하기 위한 적정한 방법으로서, 이를 위반하는 행위에 형사벌을 과하는 것은 금지규정의 실효성을 보장하는 차원에서 보면 합리성이 인정되는 것이다."

(나) 문화재청장에 대한 신고

국가지정문화재의 소유자, 관리자 또는 관리단체는 해당 문화재에

다음 각 호의 어느 하나에 해당하는 사유가 발생하면 대통령령으로 정하는 바에 따라 그 사실과 경위(經緯)를 문화재청장에게 신고하여야 한다(제40조).

i) 관리자를 선임하거나 해임한 경우
ii) 국가지정문화재의 소유자가 변경된 경우
iii) 소유자 또는 관리자의 성명이나 주소가 변경된 경우
iv) 국가지정문화재의 소재지의 지명, 지번(地番), 지목(地目), 면적 등이 변경된 경우
v) 보관 장소가 변경된 경우
vi) 국가지정문화재의 전부 또는 일부가 멸실, 유실, 도난 또는 훼손된 경우
vii) 문화재보호법 제35조 제1호에 따라 허가(변경허가를 포함한다)를 받고 그 문화재의 현상변경(現狀變更)을 착수하거나 완료한 경우
viii) 제35조 제1항 제4호나 또는 제39조 제1항에 따라 허가된 문화재를 반출한 후 이를 다시 반입한 경우
ix) 동식물의 종(種)이 천연기념물로 지정되는 경우 그 지정일 이전에 표본이나 박제를 소유하고 있는 경우

(다) 국가지정문화재의 공개 등

i) 국가지정문화재(국가무형문화재는 제외)는 특별한 사유가 없으면 이를 공개하여야 한다(제48조). 다만 문화재청장은 국가지정문화재의 보존과 훼손 방지를 위하여 필요하면 해당 문화재의 전부나 일부에 대하여 공개를 제한할 수 있다.

ii) 국가지정문화재의 소유자는 그 문화재를 공개하는 경우 관람자로부터 관람료를 징수할 수 있다. 다만, 관리단체가 지정된 경우에는 관리단체가 징수권자가 된다(제49조). 관람료는 해당 문화재의 소유자 또는 관리단체가 정한다.

3. 시 · 도지정문화재

(1) 시 · 도지사는 그 관할구역에 있는 문화재로서 국가지정문화재로 지정되지 아니한 문화재 중 보존가치가 있다고 인정되는 것을 시 · 도지정문화재로 지정할 수 있다(제70조 제1항). 시 · 도지사는 시 · 도지정문화재로 지정되지 아니한 문화재 중 향토문화보존상 필요하다고 인정하는 것을 문화재자료로 지정할 수 있다(동조 제2항).

(2) 문화재청장은 문화재위원회의 심의를 거쳐 필요하다고 인정되는 문화재에 대하여 시 · 도지사에게 시 · 도지정문화재나 문화재자료(보호물이나 보호구역을 포함한다. 이하 같다)로 지정 · 보존할 것을 권고할 수 있다. 이 경우 시 · 도지사는 특별한 사유가 있는 경우를 제외하고는 문화재 지정절차를 이행하고 그 결과를 문화재청장에게 보고하여야 한다.

(3) 시 · 도지정문화재와 문화재자료의 지정 및 해제절차, 관리, 보호 · 육성, 공개 등에 필요한 사항은 해당 지방자치단체의 조례로 정한다.

Ⅲ. 국가등록문화재

1. 문화재의 등록

문화재청장은 문화재위원회의 심의를 거쳐 제2조 제2항에 따른 지정문화재가 아닌 문화재 중에서 보존과 활용을 위한 조치가 특별히 필요한 것을 등록문화재로 등록할 수 있다.

등록주의의 도입

문화재보호법은 1962년 제정 이래로 지정제도를 중심으로 하는 문화재보호제도를 채택하여 왔다. 이것은 문화재 중 극히 가치가 높은 것을 선정, 국가의 강한 규제와 지원을 통하여 영구적으로 보존하고자 하는 제도인 것이다. 그러나 21세기 문화환경의 변화는 지정제도만으로 문화재를 보호하는 데 한계가 있었고, 이에 문화재보호방법에 대한 다양화가 요구되었다. 이러한 상황을 반영하여 2001년 3월 28일 문화재보호법을 개정하여, 지정제도의 보완으로서 등록제도를 도입하였다. 2001년 법은 등록대상을 「건조물 또는 기념이 될 만한 시설물 형태의 문화재」로 한정하였으나, 2005년 법을 개정하여 이외에도 지정문화재로 보호되기 어려운 「동산문화재」(動産文化財) 등 모든 문화재를 등록할 수 있도록 하기 위하여 "지정문화재가 아닌 문화재 중에서 보존과 활용을 위한 조치가 특별히 필요한 것을 등록할 수 있다"고 규정하기에 이르렀다.[23]

2. 등록문화재의 관리

등록문화재의 소유자, 관리자 등 등록문화재를 관리하는 자는 등록문화재의 원형 보존에 노력하여야 한다(제54조).

Ⅳ. 일반동산문화재

1. 의 의

일반동산문화재란 문화재보호법에 따라 지정 또는 등록되지 아니한 문화재 중 동산에 속하는 문화재(이하 "일반동산문화재"라 한다)를 말한다. 일반동산문화재에 관하여는 문화재보호법 제39조(수출 등의 금지) 제1항과 제3항을 준용한다. 다만, 일반동산문화재의 국외전시 등 국제적 문화교류를 목적으로 다음 각 호의 어느 하나에 해당하는 사항으로서 문화재

---

23) 등록문화재제도의 도입배경과 특징에 대해 보다 자세한 것은, 김창규, 앞의 책, 209쪽 이하 참조.

청장의 허가를 받은 경우에는 그러하지 아니하다.

(1) 「박물관 및 미술관 진흥법」에 따라 설립된 박물관 등이 외국의 박물관 등에 일반동산문화재를 반출한 날부터 10년 이내에 다시 반입하는 경우

(2) 외국 정부가 인증하는 박물관이나 문화재 관련 단체가 자국의 박물관 등에서 전시할 목적으로 국내에서 일반동산문화재를 구입 또는 기증받아 반출하는 경우

2. 일반동산문화재에 관한 조사(제61조)

문화재청장은 필요하다고 인정하면 그 소속 공무원으로 하여금 국가기관 또는 지방자치단체가 소장하고 있는 일반동산문화재에 관한 현상, 관리, 수리, 그 밖의 보전상황에 관하여 조사하게 할 수 있다. 이 경우 해당 국가기관 또는 지방자치단체의 장은 조사에 협조하여야 한다.

Ⅴ. 국외소재문화재

1. 서 설

"국외소재문화재"란 국외로 반출되어 현재 대한민국의 영토 밖에 소재하는 문화재를 말한다(제2조 제8항). 그사이 수없이 많은 우리 문화재가 해외로 유출되었다. '국외소재문화재재단'에 의하면 국외소재 한국문화재는 지금까지 파악된 것만 모두 16만여 점(2015년 1월 현재)에 달한다고 한다. 이에 2010년 전부 개정법은 국외소재문화재의 보호·환수 및 활용 등을 위하여 '제8장 국외소재문화재' 항목을 신설하였다. 향후 국외소재문화재는 보다 조직적이고, 체계적으로 조사·연구되고, 보호·환수되리라고 본다. 이러한 업무를 수행하기 위하여 국가는 문화재청 산하에

국외소재문화재재단(이하 "국외문화재재단"이라 한다)을 설립하였다.

2. 국외문화재재단의 업무

(1) 국외소재문화재의 현황, 반출 경위 등에 대한 조사 · 연구

(2) 국외소재문화재 환수 및 보호 · 활용에 관한 연구

(3) 국외소재문화재의 취득 및 보전 · 관리

(4) 국외소재문화재의 환수 및 활용 관련 단체에 대한 지원 · 교류 및 국제연대 강화

(5) 국외소재문화재 환수 및 활용 관련 홍보 · 교육 · 출판 및 보급

(6) 외국박물관 한국실 운영 지원

(7) 한국담당 학예사의 파견 및 교육 훈련

(8) 국외소재문화재의 보존처리 및 홍보 지원

(9) 국외문화재재단의 설립목적을 달성하기 위한 수익사업. 이 경우 수익사업은 문화재청장의 사전승인을 받아야 한다.

(10) 그 밖에 국외문화재재단의 설립 목적을 달성하는 데 필요한 사업

3. 국외소재 한국문화재 국가별 현황: 20개국 164,454점(2016.3.1 기준)[24]

소장국	소장처	수량(%)	소장국	소장처	수량(%)
일본	동경국립박물관 등	71,375 (43.40)	덴마크	국립박물관	1,278 (0.78)
미국	메트로폴리탄 박물관 등	45,234 (27.50)	네덜란드	라이덴 국립민속박물관 등	1,174 (0.71)
독일	쾰른동아시아박물관 등	10,940 (6.67)	카자흐스탄	국립도서관	1,024 (0.62)
중국	북경고궁박물원 등	9,806 (6.00)	헝가리	훼렌쯔호프 동양미술박물관	341 (0.21)

24) 국외소재문화재재단(http://www.overseaschf.or.kr/site/homepage/menu/viewMenu?menuid=001002001).

영국	영국박물관 등	7,909 (4.80)	바티칸	민족박물관	298 (0.18)
러시아	모스크바 국립동양박물관 등	5,303 (3.22)	스위스	민족학박물관 등	119 (0.07)
프랑스	국립기메박물관 등	2,896 (1.76)	벨기에	왕립예술역사박물관 등	56 (0.03)
대만	국립고궁박물원 등	2,881 (1.75)	스웨덴	동아시아박물관 등	51 (0.03)
캐나다	로얄온타리오박물관 등	2,200 (1.33)	호주	뉴사우스웨일즈 박물관 등	41 (0.02)
오스트리아	빈민속박물관 등	1,511 (0.92)	이탈리아	국립동양예술박물관	17 (0.01)

4. 시대별 문화재 환수 현황[25]

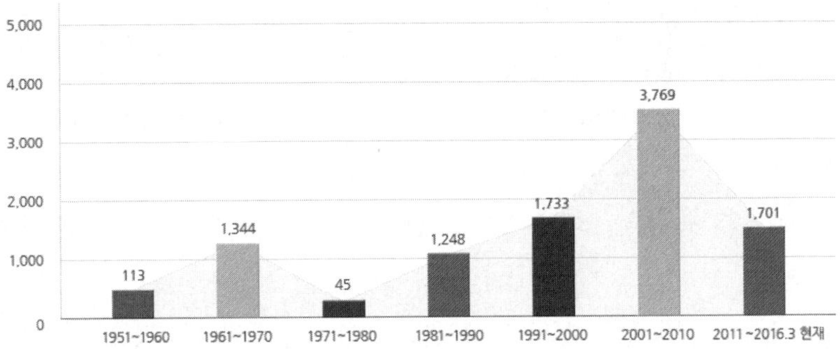

* 반환 유형 : 소장자 기증, 구입, 국가간 협상에 의한 반환, 대여 등 포함.

VI. 매장문화재

1. 서 설

"매장문화재"란 ① 토지 또는 수중에 매장되거나 분포되어 있는 유

25) *ibid.*

형의 문화재,[26] ② 건조물 등에 포장(包藏)되어 있는 유형의 문화재, ③ 지표 · 지중 · 수중(바다 · 호수 · 하천을 포함한다) 등에 생성 · 퇴적되어 있는 천연동굴 · 화석, 그 밖에 대통령령으로 정하는 지질학적인 가치가 큰 것을 말한다. 종래 매장문화재도 문화재보호법에서 규율하고 있었으나 2010년 이를 분리하여 「매장문화재 보호 및 조사에 관한 법률」[27]을 제정하여 이를 통해 규율하기에 이르렀다. 이렇듯 새로이 법률을 제정한 이유는 종래 「문화재보호법」에 규정된 매장문화재의 보호 및 조사와 관련된 사항에 수중문화재의 정의, 매장문화재조사기관의 등록 등의 규정을 추가 · 보완하여 따로 법률로 규정함으로써 매장문화재의 보호 및 조사의 전문성과 효율성을 확보하는 한편, 매장문화재의 조사 · 발굴은 공신력 있는 전문기관만이 할 수 있도록 하는 등 매장문화재의 보호 · 조사 및 관리와 관련된 행정적 · 제도적 기반을 마련하려는 것"이다.

2. 매장문화재의 보호원칙(법 제4조 및 제5조)

매장문화재는 조사 · 발굴보다는 보존 · 보호를 우선하도록 하도록 하고 있다. 그러므로 대통령령으로 정하는 바에 따라 매장문화재가 존재하는 것으로 인정되는 지역(이하 "매장문화재 유존지역"이라 한다)은 원형이 훼손되지 아니하도록 보호되어야 하며, 누구든지 이 법에서 정하는 바에 따르지 아니하고는 매장문화재 유존지역을 조사 · 발굴하여서는 아니된다. 또 국가와 지방자치단체 등 개발사업을 계획 · 시행하고자 하는 자는 매장문화재가 훼손되지 아니하도록 하여야 하며, 개발사업 시행자는

26) 제2조 제1호에서 "수중에 매장되거나 분포되어 있는 유형의 문화재"란 다음 각 호의 어느 하나에 해당하는 것을 말한다.

1. 「내수면어업법」 제2조 제1호에 따른 내수면, 「영해 및 접속수역법」 제1조에 따른 영해와 「배타적 경제수역법」 제2조에 따른 배타적경제수역에 존재하는 유형의 문화재
2. 공해에 존재하는 대한민국 기원 유형문화재

27) 법률 제10001호, 2010.2.4, 제정. 2011.2.5. 시행. 약칭: 매장문화재법.

공사 중 매장문화재를 발견한 때에는 즉시 해당 공사를 중지하여야 한다.

3. 매장문화재의 지표조사(법 제6조부터 제10조까지)

건설공사 등의 시행에 따라 훼손될 우려가 있는 매장문화재를 보호할 필요가 있다. 이에 법은 건설공사의 시행자는 해당 건설공사지역의 문화재 매장 및 분포에 관하여 전문기관[28]으로 하여금 조사하게 하여 이를 문화재청장에게 제출하고, 문화재청장은 문화재 보호를 위한 필요한 조치를 명할 수 있도록 하였다. 지표조사에 필요한 비용은 해당 건설공사의 시행자가 부담한다. 지방자치단체의 장은 매장문화재 유존지역에서 건설공사의 인가·허가 등을 할 경우에는 미리 그 보호방안을 대통령령으로 정하는 바에 따라 검토하여야 하며, 매장문화재와 그 주변의 경관 보호를 위하여 필요하다고 인정하면 해당 건설공사의 인가·허가 등을 하지 아니할 수 있다.

4. 매장문화재의 발굴 및 조사(법 제11조부터 제16조까지)

매장문화재 유존지역은 발굴할 수 없다. 다만, 다음 각 호의 어느 하나에 해당하는 경우로서 대통령령으로 정하는 바에 따라 문화재청장의 허가를 받은 때에는 발굴할 수 있다.

① 연구 목적으로 발굴하는 경우

② 유적(遺蹟)의 정비사업을 목적으로 발굴하는 경우

③ 토목공사, 토지의 형질변경 또는 그 밖에 건설공사를 위하여 대통령령으로 정하는 바에 따라 부득이 발굴할 필요가 있는 경우

④ 멸실·훼손 등의 우려가 있는 유적을 긴급하게 발굴할 필요가 있는 경우

---

28) 본법 제5장 '매장문화재 조사기관' 참조.

5. 발견신고된 매장문화재의 처리(법 제17조부터 제23조까지)

매장문화재를 발견한 때에는 그 발견자나 매장문화재 유존지역의 소유자 · 점유자 또는 관리자는 그 현상을 변경하지 말고 대통령령으로 정하는 바에 따라 그 발견된 사실을 문화재청장에게 신고하여야 한다. 발견 또는 발굴된 매장문화재는 공고 등을 통하여 소유자를 확인하도록 하고, 정당한 소유자가 없는 경우에는 국가에 귀속한다.

■ 국가 귀속과 보상금

매장문화재법 제18조 제2항과 제19조 제1항에 따라 공고한 후 90일 이내에 해당 문화재의 소유자임을 주장하는 자가 있으면 문화재청장은 대통령령으로 정하는 소유권 판정 절차를 거쳐 정당한 소유자에게 반환하고, 정당한 소유자가 없으면 국가에서 직접 보존할 필요가 있는 해당 문화재는 『민법』 제253조와 제254조에도 불구하고 국가에 귀속하며, 국가귀속 대상 문화재의 범위, 귀속절차, 보관 · 관리에 관하여 필요한 사항은 대통령령으로 정한다. 문화재를 국가에 귀속시키는 경우 문화재청장은 해당 문화재의 발견자, 습득자(拾得者) 및 발견된 토지나 건조물 등의 소유자에게 『유실물법』 제13조에 따라 보상금을 지급한다. 이 경우 발견자나 습득자가 토지나 건조물 등의 소유자와 동일인이 아니면 보상금을 균등하게 분할하여 지급한다. 다만, 발견하거나 습득할 때 경비를 지출한 경우에는 대통령령으로 정하는 바에 따라 그 지급액에 차등을 둘 수 있다. 보상금이나 포상금을 지급하는 경우 문화재청장은 「문화재보호법」 제8조에 따른 문화재위원회의 심의를 거쳐 그 지급액을 결정할 수 있으며 보상금 또는 포상금의 지급 절차나 지급에 관하여 필요한 사항은 대통령령으로 정한다(제21조).

사례

어부가 바다 속에서 유물을 발견한 이후 국가의 발굴 작업으로 보물선과 유물을 무더기 인양했다면 보상금으로 받을 수 있는 범위는 어디까

지인가.[29)]

사실관계〉 2002년 4월 전북 군산시 비안도 앞바다에서 소라를 채취하던 어부 조모씨 등 3명은 바닷속에 묻혀 있던 고려청자를 발견했다. 이들은 243점을 인양해 부안군청에 신고했다.

문화재청장은 어부들이 건진 문화재를 국가 소유로 귀속시키고, 이들이 발견한 청자의 가치를 7460만원으로 평가한 후 청자 가치의 절반에 해당하는 3730만원을 지급하였다.

국가는 조씨의 신고를 받은 지 1주일 뒤 이들이 표시해둔 지점을 중심으로 긴급탐사를 벌여 고려청자 211점을 추가로 발견했다. 탐사 결과 인근 해역에 12세기쯤 침몰한 것으로 추정되는 배와 배에 실려 있던 고려청자가 광범위하게 묻혀 있다는 사실이 확인됐다.

이후 문화재청은 2002년 5월~2003년 9월 5차례에 걸쳐 수중 발굴조사를 벌여 선박 잔해와 고려청자 등 유물 2720여 점을 더 찾아냈다.

발견자의 주장	법원의 판단
국가가 유물을 환수하면서 보상금도 나누어 가지는 것은 부당하다.	유물의 가액에서 발굴 비용을 공제한 뒤 이를 반분해 보상금을 나누어 갖도록 한 것은 발견지 소유자가 국가냐 개인이냐에 상관없이 문화재보호법의 관련 규정상 위법이 없다.
발견자의 주장	**법원의 판단**
조씨 등은 자신들이 인양한 최초 유물 외에도 수중 발굴조사로 인양된 유물도 자신들이 발견한 것과 다름이 없으므로 1인당 4000만 원씩의 추가 보상금을 달라.	1·2심 법원은 긴급탐사로 발견된 211점은 조씨 등이 위치를 알려줘 탐사가 이뤄졌고 특별한 발굴과정 없이 쉽게 인양된 점을 고려할 때 조씨 일행이 발견한 유물로 볼 수 있다고 인정했다. 그러나 1~5차 발굴을 벌여 발견한 유물 2720점은 3300㎡의 넓은 해역을 파헤치는 등 대규모 조사가 이뤄진 점으로 볼 때 조씨 일행을 발견자로 보기 어렵다고 판단, 1인당 긴급탐사 유물 보상금 160만여 원만 주라고 판결했다. 대법원도 "원고들이 최초 발견신고한 유물과 그에 따라 이루어진 긴급탐사에 의하여 발굴한 유물 외에, 제1차 내지 제5차 수중발굴조사에 의하여 발굴한 유물은, … 원고들의 최

29) 대법원 2008.5.15.선고 2006다76057 판결(원심판결 서울고등법원 2006.10.13. 선고, 2005나112040 판결); 참고자료: 경향신문 2008.5.21, 노컷뉴스 2008.5.21.

	초 발견신고에 직접적으로 연관되어 찾아낸 유물이라고 보기 어렵다"고 판시했다.

Ⅶ. 비상시의 문화재보호

1. 안전조치

문화재청장은 전시 · 사변 또는 이에 준하는 비상사태 시 문화재의 보호에 필요하다고 인정되면 국유문화재와 국유 외의 지정문화재 및 가지정문화재를 안전한 지역으로 이동 · 매몰 또는 그 밖에 필요한 조치를 하거나 해당 문화재의 소유자, 보유자, 점유자, 관리자 또는 관리단체(이하 "문화재의 소유자 등"이라 한다)에 대하여 그 문화재를 안전한 지역으로 이동 · 매몰 또는 그 밖에 필요한 조치를 하도록 명할 수 있다(제21조).

2. 지원 요청

문화재청장이나 그 명령을 받은 공무원은 문화재보호법 제21조 제1항의 조치를 위하여 필요하면 관계기관의 장에게 필요한 지원을 요청할 수 있다(제22조).

3. 화재예방 등

화재예방의 중요성은 2005년 4월 5일의 낙산사 화재나 2008년 2월 10일 숭례문 화재를 보면 잘 알 수 있다. 이에 2010년 법은 문화재청장이나 시 · 도지사는 지정문화재의 화재 및 재난방지, 도난예방을 위하여 필요한 시책을 수립하고 이를 시행하여야 하며, 문화재청장 및 시 · 도지사는 문화재별 특성에 따른 화재대응 지침서(이하 "지침서"라 한다)를 마련하고 이를 지정문화재의 소유자, 관리자 또는 관리단체가 사용할 수 있도록 조치하여야 한다고 규정한다(제14조).

아울러 문화재를 화재 등의 재해로부터 안전하게 보존하고 국민의 문화재에 대한 안전관리의식을 높이기 위하여 매년 2월 10일을 문화재 방재의 날로 정하였다. 이에 따라 국가 및 지방자치단체는 문화재 방재의 날 취지에 맞도록 문화재에 대한 안전점검, 방재훈련 등의 사업 및 행사를 실시한다고 규정한다(제85조).

Ⅷ. 외국문화재의 보호

국제협력차원에서 우리 문화재보호법은 외국문화재의 보호에 관한 규정도 두고 있다. 즉 문화재보호법 제20조는 "인류의 문화유산을 보존하고 국가 간의 우의를 증진하기 위하여 대한민국이 가입한 「문화재 보호에 관한 국제조약」에 가입된 외국의 법령에 따라 문화재로 지정·보호되는 문화재(이하 "외국문화재"라 한다)는 조약과 이 법에서 정하는 바에 따라 보호되어야 한다"고 규정한다. 불법반출된 외국문화재에 대해서는 다음과 같은 조치를 취한다.

1. 문화재 유치 및 보관

문화재청장은 국내로 반입하려 하거나 이미 반입된 외국문화재가 해당 반출국으로부터 불법반출된 것으로 인정할 만한 상당한 이유가 있으면 그 문화재를 유치할 수 있다(제20조 제2항). 유치된 외국문화재는 박물관 등에 보관·관리하여야 한다(제20조 제3항).

2. 소유자나 점유자에게 반환

문화재청장은 보관 중인 외국문화재가 그 반출국으로부터 적법하게 반출된 것임이 확인되면 지체 없이 이를 그 소유자나 점유자에게 반환하여야 한다. 그 외국문화재가 불법반출된 것임이 확인되었으나 해당 반출국이 그 문화재를 회수하려는 의사가 없는 것이 분명한 경우에도 또한 같다(제20조 제4항).

3. 반출국에 반환

문화재청장은 외국문화재의 반출국으로부터 대한민국에 반입된 외국문화재가 자국에서 불법반출된 것임을 증명하고 조약에 따른 정당한 절차에 따라 그 반환을 요청하는 경우 또는 조약에 따른 반환 의무를 이행하는 경우에는 관계 기관의 협조를 받아 조약이 정하는 바에 따라 해당 문화재가 반출국에 반환될 수 있도록 필요한 조치를 하여야 한다(제20조 제5항).

♣ 커피 브레이크: 이른바 '서산 부석사 불상 반입' 사건[30)]

한국 절도단이 일본에서 두 점의 불상을 훔쳐 왔다. 두 점의 불상이란 일본 가이진(海神) 신사와 간논지(觀音寺)에서 2012년 10월에 도난당한 뒤 2013년 1월 한국에서 발견된 '동조여래입상'과 '관음보살좌상'이다. 그런데 그중 한 점인 '관음보살좌상'의 경우는 1330년에 주조한 것으로 그 복장유물에서 '관음존상을 주조해 부석사에 봉안하고 영원토록 공양하고자 서원한다'는 묵서 명문이 나왔다. 그 조성자가 서산 부석사의 당주임이 분명하기 때문에, 명문에 나타난 부석사

30) 이 사건과 관련하여 필자는 2번 글을 발표하였다. 모두 돌려주는 것이 타당하다는 취지였다.; 국민일보 2013.5.13.[청사초롱], 한국일보 2013.10.9.[이슈논쟁] 각 참조.

측이 정부를 상대로 낸 금동관음보살좌상 반환금지 가처분 신청에서 법원은 이를 받아들였다. 즉 채무자(우리나라)는 부석사 금동관음보살상에 대한 점유를 풀고 부석사에서 위임하는 집행관에게 인도하라고 결정하였다. 현재 좌상과 관련하여 우리나라에서도 반환반대 위원회가 결성되는 등 한일 사이의 현안으로 되어 있다. 나머지 한 점인 동조여래입상은 2015년 7월 도난 당시 점유지인 가이진(海神) 신사로 돌아갔다.

■ 문화재보호기금법 ■

문화재보호기금법이 2009년 4월 국회를 통과하여 2009년 12월부터 시행되었다.[31] 이 법은 문화재를 효율적으로 보존 · 관리하는 데 필요한 자금을 조성하기 위하여 문화재보호기금을 설치하고 그 관리 · 운용에 관하여 필요한 사항을 규정하는 것을 목적으로 한다(제1조).

(1) 기금의 조성

기금은 다음 각 호의 재원으로 조성한다(제4조).

1) 정부로부터의 출연금
2) 정부 외의 자가 출연 또는 기부하는 현금, 물품, 그 밖의 재산
3) 『복권 및 복권기금법』에 따른 복권기금으로부터의 전입금
4) 제2항[32]에 따른 납부금
5) 기금의 운용수익금
6) 그 밖에 대통령령으로 정하는 수입금

(2) 기금의 용도

기금은 다음 각 호의 어느 하나에 해당하는 용도에 사용한다(제5조).

---

31) 제정 2009.6.9. 법률 제9756호, 시행일 2009.12.10.
32) 『문화재보호법』 제49조 및 제74조에 따라 지정문화재 관람료를 징수하는 국가와 지방자치단체는 징수금액의 100분의 10을 기금에 납부하여야 한다.

1) 문화재 보존을 위한 예방적 관리
2) 훼손 · 유실 등으로 인한 문화재의 긴급 보수 또는 복원
3) 매장문화재의 소규모 또는 긴급 발굴
4) 제1호 및 제3호에 따른 손실보상
5) 민간의 문화재 보호활동 육성, 지원
6) 문화재 보존 · 관리 및 안전 정책을 연구하는 단체의 운영경비 지원
7) 그 밖에 문화재보존관리를 목적으로 하는 것으로서 대통령령으로 정하는 사업이나 활동의 지원

문화유산 헌장

문화유산은 우리 겨레의 삶의 예지와 숨결이 깃들어 있는 소중한 보배이자 인류 문화의 자산이다. 유형의 문화재와 함께 무형의 문화재는 모두 민족 문화의 정수이며 그 기반이다. 더욱이 우리의 문화유산은 오랜 역사 속에서 많은 재난을 견디어 오늘에 이르고 있다. 그러므로 문화유산을 알고 찾고 가꾸는 일은 곧 나라 사랑의 근본이 되며 겨레 사랑의 바탕이 된다.

따라서 온 국민은 유적과 그 주위 환경이 파괴 · 훼손되지 않도록 노력하여야 한다. 문화유산은 한번 손상되면 다시는 원상태로 돌이킬 수 없으므로 선조들이 우리에게 물려준 그대로 우리도 후손에게 물려줄 것을 다짐하면서 문화유산 헌장을 제정한다.

- 문화유산은 원래의 모습대로 보존되어야 한다.
- 문화유산은 주위 환경과 함께 무분별한 개발로부터 보호되어야 한다.
- 문화유산은 그 가치를 재화로 따질 수 없는 것이므로 결코 파괴 · 도굴되거나 불법으로 거래되어서는 안 된다.

— 문화유산 보존의 중요성은 가정 · 학교 · 사회 교육을 통해 널리 일깨워져야 한다.
— 모든 국민은 자랑스러운 문화유산을 바탕으로 찬란한 민족 문화를 계승 발전시켜야 한다.

1997년 12월 8일

제14장 문화재 등의 도난·약탈과 파괴

Ⅰ. 서 설

미술품이나 문화재의 도난[1]이나 약탈, 혹은 파괴의 경우에 가해자가 개인이라면 그 반환이나 손해배상의 문제는 민법이, 그 처벌은 형법이나 문화재보호법이 규정한다. 그러나 미술품의 도난이나 약탈, 혹은 파괴는 개인과 개인 사이의 문제인 경우도 많으나 경우에 따라서는 개인과 국가 혹은 국가와 국가 사이의 문제인 경우도 적지 않다. 이하 나누어 살펴보는 것으로 한다.

최초의 약탈품: 함무라비법전

함무라비법전(Code of Hammurabi)은 원문이 그대로 남아 있는 세계

1) 미술품 도난의 사례는 헤아릴 수 없이 많다. 1911년 루브르 미술관에서 레오나르도 다빈치의 ≪모나리자≫가 도난당했다가 우여곡절 끝에 돌아온 것이 가장 유명한 도난사건이지만 1985년 모네의 ≪인상-해돋이≫, 1994년 뭉크의 ≪절규≫, 2003년 다빈치의 ≪마돈나≫, 2004년 뭉크의 또 다른 ≪절규≫ 등, 도난당했던 명화는 헤아릴 수 없이 많다. 한국에서도 1993년 운보 김기창 화백의 그림을 도난당하거나 2002년 국립공주박물관에서 국보 247호 '금동보살입상'을 도난당하는 등 적지 않은 도난 사례가 보도되고 있다.

최초의 법전으로, 모세의 10계명보다 5백여 년 앞서 반포되었다. 282개조로 구성된 이 법전은 고대 바빌로니아 왕조(지금의 이라크)의 제6대 왕인 함무라비가 공포했는데, 모든 백성들이 볼 수 있도록 거대한 비석에 새겨져 바빌론의 한 신전에 세워졌다. 그런데 이 비문은 6백 년 후인 기원전 1158년에 엘람 왕국(지금의 이란)에 약탈당함으로써 세계 최초의 약탈 문화재로 기록되었다. 이 비석은 이란에 3천 년 동안 머물다가 1901년에 이란에서 유적을 발굴하고 있던 프랑스 발굴팀에 의해 발견되어 곧바로 프랑스로 옮겨졌고, 오늘날 루브르 박물관이 소장하고 있는 최고의 보물 중 하나가 되었다.[2)]

II. 개인 미술품의 절취나 약탈

당해 미술품이 도품이라도 개인이 이 사실을 모르고 선의로 (과실 없이 평온, 공연하게) 취득한 경우에는 선의취득 규정에 의해 매수인은 당해 미술품의 소유권을 취득한다.[3)] 다만 피해자는 도난당한 날로부터 2년 내

2) 김경임, 『클레오파트라의 바늘』, 홍익출판사, 2009, 5-6쪽.

3) 민법 제249조는 "평온, 공연하게 동산을 양수한 자가 선의이며 과실 없이 그 동산을 점유한 경우에는 양도인이 정당한 소유자가 아닌 때에도 즉시 그 동산의 소유권을 취득한다"고 하여 선의취득을 규정한다. 다만 문화재인 경우에는 선의취득이 인정되지 아니한다(문화재보호법 제87조 제5항 참조). 한편 우리나라나 일본은 도품인 경우에도 2년이라는 반환기간이 설정되어 있기는 하나 선의취득을 인정한다. 이것이 일본을 미술품 도난의 천국으로 만들었다고 보는 미술품 전문가도 있다고 한다[구치키 유리코 지음/장민주 옮김, 도둑맞은 베르메르, (주)눌와, 2006, 79-80쪽 참조]. 그러나 선의뿐만 아니라 공연하고 과실이 없는 것이 선의취득의 요건이고 보면 그리 쉬운 일만은 아니다.

에 그 물건의 반환을 청구할 수 있다.[4] 만약 현 소유자가 그 도난미술품을 경매 등을 통해 취득한 경우에는 피해자는 대가를 변상하고 돌려받을 수 있다.[5]

한편 강박에 의하여 공포심에 사로잡혀 그림을 매매하거나 양도했다면 그 양도행위는 취소할 수 있다.[6] 그러나 어떤 자가 항거할 수 없는 물리적인 힘(절대적 폭력)에 의하여 전혀 의사결정의 자유가 없는 상태에서 겉으로 보기에만 미술품의 양도행위가 있었다면 그러한 양도행위는 무효이다. 이 경우에는 의사표시 자체가 없는 것이다. 예컨대 유대인의 그림을 나치스가 징발하거나 압수했다면 당시의 그림소유자는 양도여부를 결정할 자유가 전혀 없었고, 따라서 그러한 그림들은 되돌려받아야 할 것이다. 그러나 그 그림을 이미 제3자가 선의로 소유하고 있는 경우에는 문제가 간단하지 않다. 최근의 외국 사례를 소개한다.

사례 1 아슬럼 전경과 세인트-러미 교회 (View of the Asylum and Chapel at Saint-Remy)의 경우

원고는 나치스의 관여로 자신의 증조할머니(Margarete Mauthner)가

4) 민법 제250조(도품, 유실물에 대한 특례) 전조의 경우에 그 동산이 도품이나 유실물인 때에는 피해자 또는 유실자는 도난 또는 유실한 날로부터 2년내에 그 물건의 반환을 청구할 수 있다.

5) 민법 제251조(도품, 유실물에 대한 특례) 양수인이 도품 또는 유실물을 경매나 공개시장에서 또는 동종류의 물건을 판매하는 상인에게서 선의로 매수한 때에는 피해자 또는 유실자는 양수인이 지급한 대가를 변상하고 그 물건의 반환을 청구할 수 있다. 한편 선의취득을 인정하지 아니하는 문화재보호법도 "양수인이 경매나 문화재매매업자 등으로부터 선의로 이를 매수한 경우에는 피해자 또는 유실자(遺失者)는 양수인이 지급한 대가를 변상하고 반환을 청구할 수 있다"고 규정한다(동법 87조 제5항 단서).

6) 민법 제110조(사기, 강박에 의한 의사표시) ① 사기나 강박에 의한 의사표시는 취소할 수 있다. ② 상대방 있는 의사표시에 관하여 제3자가 사기나 강박을 행한 경우에는 상대방이 그 사실을 알았거나 알 수 있었을 경우에 한하여 그 의사표시를 취소할 수 있다. ③ 전2항의 의사표시의 취소는 선의의 제3자에게 대항하지 못한다.

그림의 소유권을 상실했다고 주장하는 4인의 Mauthner의 상속자들이고 피고는 유명한 여배우 엘리자베스 테일러이다.[7)]

문제의 그림은 테일러의 아버지가 지난 1963년 런던의 소더비 경매에서 테일러를 대신해 92,000파운드에 구입한 것이다(현 시가 약 500-800만 파운드). 테일러 측은 소더비 경매가 있기 전에 이 그림은 적어도 두 명의 유대인 미술품 딜러를 거쳤으며, 나치스가 약탈한 증거는 어디에도 없다고 주장했다. 원고들은 Mauthner가 독일을 떠나기 전에 이 그림을 팔도록 나치스가 협박하였다고 주장했다. 따라서 1998년 홀로코스트 희생자 구제법(the 1998 US Holocaust Victims Redress Act)에 따라 원래 주인인 자신들에게 돌려줘야 한다며 2004년 5월 테일러를 상대로 캘리포니아 연방지방법원에 소를 제기하였다. 2004년의 지방법원 판결과 2007년 항소심 판결은 여러 가지 이유에서 테일러의 손을 들어 주었다.

그중 하나는 원고 측이 이 그림의 소재를 알고 있었으면서도 너무 늦게 소송을 제기했다는 것이었고, 또 하나는 홀로코스트 희생자 구제법은 미국 정부나 다른 나라 정부로 하여금 나치 지배 하에서 징발된 예술작품을 원주인에게 돌려주도록 하고 있으나 개인 소장자에게 소송을 제기할 권리는 부여하지 않았다고 밝혔다.

2007년 10월 미국 연방대법원은 소제기가 너무 늦었다는 이유로 상고를 허가하지 않았고, 이로써 항소심 판결대로 확정되었다.

문제의 그림은 빈센트 반 고흐가 자살하기 1년 전인 1889년 그린 명작 ≪아슬럼 전경과 세인트-레미 교회≫(View of the Asylum and Chapel

---

7) http://www.sagerecovery.com/looted-art/looted-objects/view-of-asylum.htm; 이 사건에 대해서는 국내신문에도 소개되었다(2007.10.31자. http://news. chosun. com/site/data/html_dir/2007/10/31/2007103100023.html/, http://www.cbs.co. kr/nocut/show.asp?idx=656794). 나치 시대 그림반환과 관련된 사이트에, www. sagerecovery.com이 있다. 또 나치시대의 불법적으로 취득한 물건에 대한 미국 박물관협회의 가이드라인은〈http://www.aam-us.org/museumresources/ethics/ nazi_guidelines.cfm〉참조. 미국의 몇몇 미술관은 나치시대(1933-1945)의 소유자불명인 소장품의 목록을 웹에 게시하고 있다. 이에 관해서는 〈http://www. aam-us.org/museumresources/prov/index.cfm〉 참조.

at Saint- Remy)이다. 이 그림이 어떤 경로를 거쳤는지는 모르나 1939년 당시의 주인은 유태인 Margarete Mauthner이다. 그녀가 이 그림을 나치에게 몰수당했는지 혹은 남아프리카로 망명하기 전에 합법적으로 판매했는지는 분명치 않다.

사례 2 타이티의 거리풍경(Street Scene in Tahiti: 폴 고갱)[8)]

이 그림은 1939년에 오하이오주 톨레도 미물관이 구입한 것으로 그때부터 그 미술관에서 전시하고 있었다. 2004년 Martha Nathan부인의 상속인이 반환을 요구하였다. Martha Nathan은 유명하고 부유한 유태인 은행가 Dreyfus 가족의 일원이었고, 2차 대전이 일어날 때까지 독일에서 살았다. Mrs. Nathan은 이 그림을 포함한 남편의 모든 소장품을 1922년 물려받았다. 독일에 있는 유태인에게 위험이 닥칠 것을 감지한 Mrs. Nathan은 1937년 2월 프랑스로 망명하려고 하였다. 고갱 작품을 포함한 몇 점은 가지고 갈 수 있었지만 나머지는 '국가적 가치'가 있는 작품으로 지목되어 그녀가 가지고 갈 수 없었다. 파리에서 Mrs. Nathan은 유태인 미술상과 가격을 흥정하여 파리 미술상의 하나인 George Wildenstein에게 약 6,865달러(현 시가는 1000만 내지 1500만 달러)에 팔았고, Mr. Wildenstein은 1939년 Toledo Museum of Art에게 25,000달러에 되팔았다.

1년 반 정도에 걸쳐 소장기록을 추적한 Toledo미술관 측은 이것은 독일 밖에서 자유로운 거래에 의해 매매된 것임을 확인하였고, 거기에 나치에 의한 어떠한 압력도 없었으며, 매매수입도 나치에게 귀속된 것이 아

8) http://www.sagerecovery.com/looted-art/looted-objects/resolved.htm.

니라는 것을 확인하였다. 더욱이 전쟁이 끝난 후 나산(Nathan)은 잃어버린 미술품을 되찾으려고 노력했으나 고갱작품을 되찾으려는 노력은 없었다. 2005년 톨레도 미술관은 이 사실을 나산의 상속인들에게 통지했으나 그들은 계속 자신이 정당한 권리자임을 주장했다.

2006년 1월 톨레도 미술관은 자신들이 정당한 권리자임을 확인하는 소송을 미국법원에 제기하였고, 상속인들은 반소를 제기하였다. 오하이오주 지방법원은 미술관의 주장에 따라 고갱작품의 정당한 소유자는 미술관이라고 판시하였고, 2007년 5월 나산 상속인들은 자신의 주장을 철회하였다. 고갱작품은 톨레도 미술관의 영구적 소장품의 하나로 남아 있다.

사례 3 Menzel 대 List 사건의 경우[9)]

Menzel v. List(1966) 사건에서는 2차대전 중 나치의 침공이 임박하자 멘젤(Menzel)이 브뤼셀을 떠나면서 그대로 두고 떠난 샤갈(Marc Chagall) 그림의 소유권을 다시 주장할 수 있는지가 문제되었다. 그 그림은 나치-괴링-로젠베르크 그룹에 의해 압수되었고, 국제미술시장에서 팔렸으며, 최종적으로 펄스 갤러리(Perls Gallery)가 취득하였다. 그 갤러리는 그 그림의 과거의 역사를 몰랐으며, 선의로 구입하였다. 그 그림은 곧바로 리스트(List)에게 팔렸다. 그 그림을 계속 찾고 있었던 멘젤은 그 그림을 리스트가 소유하고 있다는 것을 알게 되었고, 그 반환을 요구하였

9) DuBoff-King, 29쪽. 또 http://www.uniset.ca/other/cs3/298NYS2d979.html.

다. 그림의 반환교섭에 실패한 멘젤이 소송을 제기하였고, 법원은 선량한 두 당사자 중 누가 손실을 부담하여야 하는가 하는 것을 결정해야 하는 달갑지 않은 입장에 빠지게 되었다. 법원은 그 그림을 원래의 소유자인 멘젤에게 돌려주든지 아니면 그 가격을 배상하라고 피고 리스트에게 명령하였다. 그렇기는 하나 어느 그림 매매에나 따라붙는 소유권에 관한 묵시적 보증조항이 있었으므로 피고는 그 손실을 갤러리에 전가할 수 있었다. 법원은 갤러리가 제 가격을 주고 선의로 그 그림을 구입했으며, 그림에 관한 어떠한 청구로부터도 면책된다는 갤러리의 항변을 받아주지 않았다. 왜냐하면 그 그림을 처음 취득한 나치는 도둑이기 때문이다. 도둑은 진정한 소유자의 이익에 반하는 어떠한 권리도 양도할 수 없다는 것이 법원의 입장이었다(도둑으로부터의 선의취득은 인정될 수 없다는 것이 법의 원칙이다).

아울러 법원은 국가행위원칙에 의거 정당한 소유권을 취득했다는 갤러리의 주장도 받아들이지 않았다. 이 원칙은 4가지 요건을 필요로 한다.

(1) 그 취득이 외국정부에 의해서 행하여져야 한다.
(2) 그 취득이 당해 정부의 영토주권의 범위 내에서 행하여져야 한다.
(3) 그 외국정부가 현존하고 있고, 소제기 시에 미국정부의 승인을 받고 있어야 한다.
(4) 그 취득이 조약상의 의무규정에 위반되지 않아야 한다.

법원은 이들 요건을 충족하지 못했으므로 갤러리는 정당한 소유권을 취득할 수 없었다고 판시하였다. 그 압수는 외국 정부가 아니라 나치당(黨)이 한 것이다. 벨기에 정부는 압수 당시에도 존재하고 있었고, 벨기에에서의 압수는 침략정부의 영역 내에서 일어난 것도 아니었다. 더욱이 미국은 나치당을 승인하지도 않았고, 그 취득은 1907년 헤이그 조약의 규정에 위반한 것이었다.

사례 4 Princess Paley Olga 대 Weisz 사건의 경우[10)]

혁명이 특정국가 내에서 일어났고, 그 새로운 혁명정부를 승인한 국가에서 구제를 요청한 사건에서는 Menzel v. List(1966) 사건 판결과는 반대의 결과가 나왔다. 다름 아닌 Princess Paley Olga v. Weisz 사건(1929)에서는 러시아 대공미망인이 러시아 혁명 시에 러시아에 두고 나온 그림의 소유권을 그 그림의 구매자를 상대로 주장하였다. 소비에트 정부가 그 그림을 압수하였고, 소련정부는 러시아를 떠난 자들의 모든 재산은 국유화한다고 선언하였다. 영국 법원은 원고의 청구를 거절하면서 러시아의 명령은 주권행위이고, 영국법원에서 그 유효성 여부를 논할 수 없다고 판시하였다. 그러므로 그 그림을 구매자에게 팔았을 때 소련정부는 정당한 소유권을 구매자에게 양도했다고 판시하였다.

사례 5 Republic of Austria 대 Altmann 사건의 경우[11)]

Adele Bloch-Bauer와 그녀의 남편 페르디난드 블로흐 바우어(Ferdinand Bloch-Bauer)는 부유한 비엔나 사회의 저명인사이었다. 유태인인 페르디난드는 오스트리아에서 제일 큰 제당회사의 사장이었다. 그와 아델레는 저명한 미술후원자들이었다. 아델레는 매주 명사들을 초대했고, 그 손님 중에는 크림트도 포함되어 있었다. 블로흐 바우어가에는 크림트 것을 포함한 엄청난 오스트리아 미술품이 수집되어 있었다.

크림트의 가장 유명한 초상화 ≪Adele Bloch-Bauer I≫은 기본 스케치를 포함, 완성하는 데 3년이 걸렸다. 아델레는 1925년에 사망했고, 그녀는 유언으로 페르디난드에게 크림트 작품을 그(페르디난드)의 사후에 오스트리아에 넘겨주도록 요구하였다. 페르디난드가 그의 모든 소유물을 뒤로 남긴 채 스위스로 망명한 것은 1938년 독일과 오스트리아 합병 전이었다.

10) King's Bench Reports (영국) 1권(DuBoff-King, 31쪽에서 재인용).

11) http://www.sagerecovery.com/looted-art/looted-objects/restituted.htm.

페르디난드는 1945년 사망하였고, 마리아 알트만(Maria Altmann)과 그의 형제자매(3인)를 그의 상속인으로 지명하였다. 전쟁이 끝난 후 모든 페르디난드 재산은 사라졌고, 그의 가족들은 크림트 그림들도 그녀가 유언으로 오스트리아에 기증했기 때문에 되찾을 수 없다는 말을 들었다. 그러나 그들 가족은 유언장을 보지 못했고, 그것이 사실이려니 믿었다. 그런데 1990년대 후반에 오스트리아 연방 문서보관소가 처음으로 일반에게 공개되었고, 그때 어떻게 오스트리아 정부가 크림트 그림을 소유할 수 있게 되었는지가 알려지게 되었다. 여기서 ≪아델레 블로흐 바우어(Adele Bloch-Bauer)의 초상≫은 나치 변호사로부터 오스트리아 국립 미술관(the Belvedere)이 구입한 것이며, 아델레의 유언은 법적으로 구속력이 없다는 증거가 나타났다. 왜냐하면 페르디난드가 그림을 그려달라고 부탁을 하였고, 그가 그 그림들의 대가를 지급했으므로, 따라서 그 그림들은 그의 것이었다. 또 국립 미술관 간부들도 그 그림들이 한번도 기증된 바 없다는 사실을 알고 있었다.

마리아 알트만은 그의 오랜 가족 친구인 랜돌 쉔베르크(Randol Schoenberg)를 그녀의 변호사로 지명하였다. 오스트리아 작곡가 아놀드 쉔베르크의 손자인 랜돌 쉔베르크는 부유한 비엔나 인사들과 강력한 유대를 가지고 있었다. 협상이 실패로 끝나자 알트만 부인은 오스트리아 정부를 상대로 오스트리아에서 소를 제기하기로 결심했다. 그러나 그녀는 소송 수수료로서—우리의 인지대에 상당—작품가치에 비례하여 일정액을 납부해야 했으며, 그것은 거의 160만 달러에 육박했다.[12] 우여곡절 끝에 알트만과 그녀의 변호사는 오스트리아에서 소송하는 것을 포기했다. 그녀와 그녀의 변호사 Schoenberg는 오스트리아 정부를 상대로 전인미답의 소송을 미국에서 제기하기로 하였다. 오스트리아 정부는 이를 막으려고 노력했으나 이 소송은 미국 연방대법원까지 갔고, 2004년 6월 연방대법원은 알트만이 오스트리아 정부를 상대로 미국에서 소송을 제기할 수 있다고 판시하였다. 해결 없이 1년이 또 지나간 후, 양 당사자는 중재법원에 사건을 맡기기로 합의하였다.[13] 2006년 초 이제 90세의 노인이 된 알트만 부인은 소송에서 승소했고, 크림트 그림을 되돌려받았다. 그해 늦게 화장품회사의 억만장자인 Ronald Lauder가 그 초상화(Portrait of Adele Bloch-Bauer I)를 사상 최고의 가격인 1억 3500만 달러에 구입하였다. 이 독창성이 풍부한 크림트 작품은 뉴욕의 노이에 갤러리(Neue Gallery)에서 영구히 전시 중이다.

Ⅲ. 문화재의 약탈

많은 문명사가(文明史家)는 근대 이후 침략전쟁을 문화재 약탈전으로 규정한다. 물론 정복자에 의한 문화재 약탈은 근대 이전에도 있었다. 전형적인 것이 오벨리스크이다. 그러나 체계적이고 조직적인 외국 문화재 약탈의 시조는 프랑스의 나폴레옹이며, 그 뒤를 영국이 이었다.[14] 프

12) 오스트리아는 소가의 1.2%에 추가로 13,180 오스트리아 실링을 납부해야 한다. 1억 3500만 달러의 1.2%는 약 160만 달러에 이른다.

13) L.A. Times 2005.5.19.

14) "워털루전투에서 나폴레옹을 격퇴한 영국의 웰링턴 장군은 약탈 예술품을 원래의 소유국으로 반환할 것을 영국정부에 건의했다.—이에 따라 연합국 대표들은 군대를 파견하여 루브르를 점령한 뒤 예술품들을 접수했다. 문화재를 회복한 유럽의 여러 도시에서는 축포가 울리고, 환영행사가 대대적으로 열렸다.—인류문명의 역사만큼이나 오랜 전시 문화재 약탈 관행의 합법성에 종지부를 찍은 것이다.—오랜 역사와 관행을 지닌 전시 약탈의 합법성은 약탈문화재 반환의 원칙에

랑스와 영국의 뒤를 이은 것이 독일이다. 특히 20세기 들어 나치 독일은 닥치는 대로 외국 문화재를 약탈했다. 헤르만 괴링이 만든 문화재 수집 특수부대(Einsatzstab)는 점령지의 미술품을 닥치는 대로 약탈했다.[15] 동양에선 일본이 구미(歐美) 열강의 뒤를 따랐다.

그러나 문화재의 보호와 약탈은 다분히 상대적이고, 힘 있는 자들의 한 특징이었다. 문화재를 사랑하는 국가가 따로 있고, 문화재를 약탈하는 민족이 따로 있었던 것이 아니다. 자신의 문화재보호에 크게 힘을 기울였던 프랑스도 남의 문화재에 대한 욕심은 독일 못지않았고, 현재도 그러하다. 그것은 우리나라 외규장각도서의 반환과 관련된 일련의 사태를 보면 잘 알 수 있다. 그사이 우리나라는 1866년 병인양요 때 프랑스에 약탈당한 외규장각 도서를 되돌려받기 위해 프랑스 측과 협의를 벌여 왔다. 이 도서들은 1975년 프랑스국립도서관 사서인 서지학자 박병선 씨에 의해 발견되었고, 그사이 우리는 적지 않게 경제적, 외교적 노력을 기울여, 처음에는 약탈해간 297권 중 [휘경원원소도감] 단 한 권만 돌려받았을 뿐이나 2011년 4월 모두 돌려받게 되었다. 다만 반환의 조건은 완전환수가 아닌 '5년 단위로 연장이 가능한 대여'라는 방식이다.[16] 합의문 전문의 내용

자리를 내어 주게 되었다. 이 원칙은 두 차례의 세계대전을 겪으며 국제 관습법으로 성립되었다. 빈 회의에서 역사적인 문화재 반환 논의가 이루어지는 뒤편, 영국은 1801년 나일강 전투에서 프랑스 군대로부터 약탈한 로제타석을 대영박물관에 소장시켰다. 1816년에는 그리스에서 영국 대사 엘긴이 뜯어온 파르테논 마블을 대영박물관에 소장시켰다.—"(김경임, 앞의 책, 113-117쪽).

15) 'The Train'(1964, 존 프랑켄하이머 감독)과 'Is Paris Burning?'(1966. 르네 클레망 감독)는 문화재의 약탈과 파괴에 관한 영화이며, 프랑스 문화재를 약탈 및 파괴하려는 나치의 만행에 관한 것이다.

16) 해서 한국과 프랑스 외교부는 '2016년 2월 7일부터 5년 동안 대여를 연장한다'는 합의문을 교환했고, 3월엔 소장 기관인 프랑스국립도서관과 국립중앙박물관 사이에 갱신 절차가 완료됐다(조선일보, http://news.chosun.com/site/data/html_dir/2016/04/11/2016041100120.html, 2016년 4월 14일 방문). 2015년 12월 문화재청이 국내에 있는 조선왕조 의궤 2756권을 보물로 지정 예고했지만, 외규장각

은 다음과 같다.[17)]

조선왕조 왕실의궤에 관한 대한민국 정부와
프랑스공화국 정부 간 합의문(2011.2.7)

대한민국 정부와 프랑스공화국 정부는(이하 '당사자'라 한다),
2010년 11월 12일 대한민국 대통령과 프랑스공화국 대통령이 외규장각 왕실도서관 출처로 프랑스국립도서관이 소장하고 있는 조선왕조 왕실의궤 문제 해결을 위한 의지를 표명한 의향발표문에 의거하여;
동 왕실의궤들이 한국 국민의 정체성의 일부이며, 한국 얼의 근원적인 요소를 형성하고 있다는 사실을 고려하여;
한국과 프랑스 국민들의 필요와 기대에 보다 잘 부응하고, 상호 이해 증진과 우호 협력관계 강화를 희망하여;

아래와 같이 합의한다.

제1조 프랑스 측은 외규장각 왕실도서관 출처로 별첨 목록에 명시된 조선왕조 왕실의궤 297권 전체를 한국측에 대여한다. 동 대여는 갱신되는 5년 단위 기간으로 한다.

제2조 동 의궤들은 한국 측 당사자에 의해 위임된 기관인 서울 소재 한국 국립중앙박물관에 소장된다.

제3조 한국 측 당사자는 2015년과 2016년에 한국과 프랑스 간 상호 문화교류의 해의 틀 내에서, 한국문화재를 주제로 하여 프랑스에서 개최되는 전시회 및 양국 간 교류를 위해, 금번 합의의 대상이 되는 의궤들이 가용될 수 있도록 한다.

의궤는 소유권이 프랑스에 있다는 이유로 빠졌다(위의 조선닷컴).

17) 출처: 한국문화유산정책연구소, 2011.4.13.

제4조 프랑스의 한국에 대한 의궤들의 대여는 유일한 성격을 지니는 행위로서, 그 어떤 다른 상황에서도 원용될 수 없으며, 선례를 구성하지 아니한다. 이는 문화재 반환요청 관련 당사자들을 대립되게 했던 분쟁에 최종적인 답이 된다.

동 대여는 금번 합의가 발효되는 시점부터 가능한 조속한 시일 내 효력을 지니게 된다. 의궤 이관은 디지털화 작업후에 늦어도 2011년 5월 31일 이전에 이루어진다.

제5조 상기에서 명시된 행위의 시행 조건은 의궤 이관에 앞서 양국 정부에 의해 위임받은 양 기관인 한국 국립중앙박물관과 프랑스 국립도서관 간에 체결되는 약정의 대상이 된다.

동 약정은 양국 내 법률과 규칙, 그리고 '국제박물관협의회'(ICOM)에서 규정하고 있는 현행 국제적 관례에 부합하도록 체결된다. 동 약정은 프랑스국립도서관 전문사서들로 하여금 상기 의궤에 자유롭게 접근할 수 있도록 한다. 제3자 기관이 임시전시 목적으로 한 권 또는 여러 권 의궤들의 대여를 요청할 경우, 이는 양측의 합의에 맡긴다. 동 의궤들의 대중 전시 시에는 동 합의문을 언급한다.

제6조 대여된 각 의궤는 프랑스국립도서관 규정에 따라 디지털화작업의 대상이 된다. 각 디지털파일 1부씩이 공히 양측 기관에 전달된다.

금번 합의 이행과 관련된 비용은 한국 측 당사자가 부담한다.

제7조 금번 합의의 이행에 대한 통제 및 검사를 위해, 양 당사자는 양 해당전문기관의 대표들로 구성되어 필요 시 회합하는 고위급 실무그룹을 설치한다.

제8조 금번 합의의 해석이나 이행에 관한 모든 갈등은 양 당사자 간 협의 또는 협상을 통해 해결한다.

제9조 동 합의는 양 당사자 서명 당일 발효된다.

제10조 금번 합의는 5년 기간으로 체결한다. 동 합의는 양 당사자가 외교채널을 통해 서면 통보함으로써 5년 단위 기간으로 갱신된다.

2010년 월 일, 파리에서, 동등히 정본인 한국어 및 불어로 각 2부씩 작성하였다.

대한민국 정부를 위하여 / 프랑스공화국 정부를 위하여

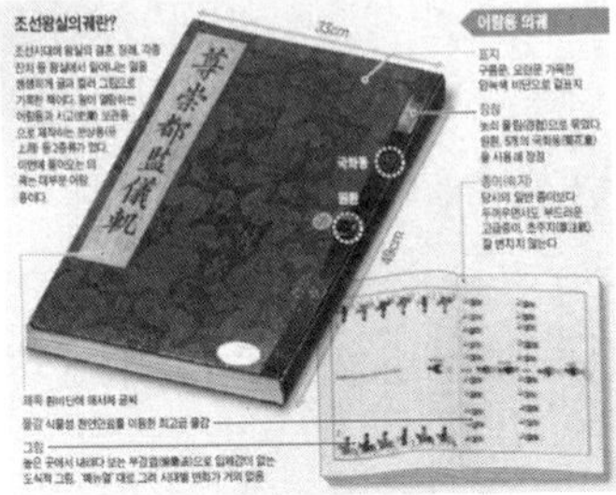

145년 만에 반환된 왕실의궤
(사진출처: 조선일보, 2011.4.15)

1975년, 외규장각 의궤를 처음으로
찾아낸 (故) 박병선 박사

이번 반환을 계기로 해외반출문화재의 환수가 보다 체계적, 논리적, 조직적, 지속적으로 이루어져야 할 것이다. 이를 위해 우리나라도 ‘국외소재문화재재단’을 설립하였음은 이미 본 바와 같다.

종래 문화재의 반출과 그 반환에 대해서는 대립하는 2개의 견해가 있다. 하나는 문화국제주의라면 하나는 문화국가주의다.

i) 문화국제주의(cultural internationalism)[18)]

문화국제주의는 시장 친화적 관점과 일치한다. 문화재가 국제적으로 이동하는 데는 여러 가지 이유가 있지만 시장 친화적 견해는 문화재가 그것들을 보살필 만한 경제적 여력이 있는 자(수집가나 미술관)에게로 가는 것이 당해 문화재의 물리적 보존을 위하여 최선의 방법이라고 본다.

ii) 문화국가주의

문화국가주의는 객체를 완전히 이해하기 위해서는, 중점을 어디에 두든, 즉 발굴되지 않은 당초의 고고학적 맥락에 중점을 두든, 미술품이 만들어진 사회적 · 역사적 맥락에 중점을 두든, 혹은 민족적 그리고 토착적 객체의 기원이 된 토착 공동체적 맥락에 중점을 두든, 그 객체가 창작된 전후 맥락을 알아야 한다는 맥락적 관점(contextual perspective)과 일

---

18) Patty, Gerstenblith, *Art, Cultural Heritage, And The Law: Cases and Materials*, 2008, 595쪽.

치한다.

이러한 상충되는 두 견해는 약탈 문화재의 반환과도 연관되지만 우리 문화재보호법 제39조의 수출 등의 금지와도 관련됨은 이미 본 바와 같다.

이하 문화재의 불법(?) 반출과 관련해서는 세계적으로 엘긴 마블스 사례가 유명하므로 간단히 소개하는 것으로 한다. 아울러 "성 스테판의 성스러운 왕관" 사건에 대해서도 살펴본다.

그러나 논자의 이야기대로 정말 중요한 것은 이미 지나간 일에 대한 논쟁보다는 지금 자행되고 있는 문화재의 파괴와 약탈을 막는 것인지 모른다.

1. 약탈과 반환: 엘긴(Thomas Bruce, 7th earl of Elgin; 1766-1841)과 멜리나 메르쿠리(Me'lina Mercouri, 1923-1994)

문화재 약탈자의 대표적인 예로 영국의 엘긴 경(Lord Elgin)을 들 수 있다. 런던의 대영박물관은 약 6백만 점의 소장품을 자랑하는 세계적인 박물관인데 이 중 관람자가 가장 많이 찾는 곳은 아테네 파르테논(Parthenon) 신전의 대리석 조각을 전시한 파르테논 갤러리(gallery)라고 한다. 이것들은 일명 엘긴 마블스(Elgin Marbles)라고 하는데 그것은 이들 대리석 조각을 영국으로 가져온 사람이 18세기 말에 당시의 터키 주재 영국대사이던 엘긴 백작이기 때문이다. 현재 엘긴이즘(Elginism)은 문화재 약탈의 대명사로 되어 있다. 그는 당시 오스만 터키 제국의 영토였던 아테네에서 당시 군정권을 쥐고 있던 통치자에게 접근해 대리석 조각의 반출 허가[19]를 받아 배로 33회에 나누어 무려 27년이라는 긴 세월에 걸쳐 이를 운반했다고 한다. 처음에는 자신의 저택을 꾸밀 생각이었으나 생각을 바꿔 영국정부에게 구매해 줄 것을 요청하였다. 1816년 하원에서의

19) 당시의 허가장은 현재 보존되어 있지 않다(Patty Gerstenblith, 593쪽).

뜨거운 논쟁을 거쳐 마침내 영국정부가 엘긴 마블스를 구입, 대영박물관에 보관하였다. 1829년 터키에서 독립한 그리스는 엘긴이 파르테논 조각을 약탈했다고 규정하고 그것의 반환을 요구했다. 그 이후 그리스는 지속적으로 그 반환을 주장하고 있고, 최근 그 중심에는 여배우 고 '멜리나 메르쿠리'[20]가 있었다. 그녀는 1967년 고국의 군사 쿠데타가 일어나자 즉시 반독재투쟁에 가담했고, 1974년 군사정권이 무너진 후 국회의원을 거쳐, 1981년 문화부장관으로 임명되었다. 문화부장관이 된 그녀는 1983년 정식으로 그리스 유물의 반환을 요구하였고, 1984년 영국정부는 정식으로 거부하였다. 1994년, 그녀는 뜻을 이루지 못한 채 눈을 감았지만, 그녀의 유지는 멜리나 메르쿠리 재단의 활동으로 이어지고 있다. 실로 엘긴 마블스를 되찾으려는 그리스 국민과 정부의 노력은 문화재 반환 운동의 국제적 본보기로 알려져 있다.[21]

엘긴 마블스

멜리나 메르쿠리 여사(사진: UNESCO)

"그리스가 제시한 반환요청의 근거는 다음의 세 가지였다.[22]

1) 파르테논 마블은 그리스 민족의 핵심적인 문화유산이므로 반드시

---

20) 정치가 집안에서 태어나 연극배우가 된 그녀는 그 후 영화에도 출연하여 두각을 나타내었다. 그녀의 출연작에는 '일요일은 참으세요(Never On Sunday, 1960)' '페드라(Phaedra, 1967)' 등이 있다. '일요일은 참으세요'로 칸 영화제에서 여우주연상을 받았다.

21) 또 John Henry Merryman, *Thinking about the Elgin marbles: critical essays on cultural property, art, and law*, Kluwer Law International, 2000 참조.

22) 김경임, 앞의 책, 147쪽.

반환받아야 한다(민족의 유산).

2) 파르테논 마블은 파르테논 신전의 일부이다. 분산된 문화재는 반드시 통합시켜야 한다(유적의 통일성).

3) 파르테논 마블의 반출은 불법적이고 비도덕적이었다. 그리스가 터키의 식민지로 있으면서 문화재에 대한 주권을 갖지 못한 시기에 반출되었다(반출시의 법적, 도덕적 하자)."

반면 반환을 거부하는 주장에는 엘긴 마블스가 런던에 있는 것이 더 많은 사람에게 관람의 기회를 줄 수 있다는 것에서부터 그리스는 문화재를 적절히 보존하지 못했다는 비난에 이르기까지 여러 가지이다.[23] 그러나 국가는 그들의 국가적 보물을 보유하고 보호할 만한 이익을 가지고 있다. 국가 내에서 문화재를 활용하는 것은 국민의식을 앙양시키고, 공동체적 자부심을 촉진시키며, 국가의 학문발전에 이바지한다. 미술품과 고고학적 형적의 약탈, 도난, 파괴를 금지시키는 것은 개인의 미술작품을 보존하고 그의 역사적 · 지리적 환경 내에 미술과 문화재의 군집(群集)을 유지시키기 위하여 역시 중요하다.[24] 2006년 독일의 대학이 자발적으로 파르테논 신전의 구성품을 그리스에 반환하였고, 이것은 아마도 엘긴 마블스의 반환압력으로 작용할 것이다.

---

23) "박물관 쪽에서 내세우는 이유는 이렇다. 우선 『영국박물관법』이 후손을 위해 소장품을 지킬 것을 요구하고 있다. 이는 약탈 문화재의 반환과 같은 '도덕적 의무'로도 쉽게 무시할 수 없는 조항이다. 그리고 본디 있던 파르테논 조각의 절반 이상이 다 망실된 마당에 '엘긴 마블스'를 돌려준다 해도 완전한 복원은 불가능하다. 또 아테네의 공해 등으로 인해 신전에 설치하는 것이 무망해 결국 인근 박물관에 수장해야 하는데, 그렇게 한다면 런던에서 아테네로 수장처를 옮기는 것 외에 아무 의미가 없다. 게다가 이 일이 중요한 전례가 되어 전 세계의 주요 박물관에서 소장품을 다 출신 국가로 반환하게 된다면 이 박물관들은 텅 비어 버릴 것이다. 이는 이들이 현재 세계의 문화유산 센터로 기능하는 것을 고려할 때 관리와 연구, 교육, 전시 모든 분야에서 재앙적인 결과를 초래할 수밖에 없다"[『이주헌의 알고 싶은 미술 23』 엘긴 마블스와 미술품 약탈(http://www.hani.co.kr/arti/culture/culture_general/345684.html)]. 또 구치키 유리코 지음/장민주 옮김, 앞의 책, 102쪽; 김경임, 앞의 책, 149쪽 이하 참조.

24) DuBoff-King, 8쪽.

♣ 커피 브레이크

다음은 일찍이 엘긴의 행동을 못마땅하게 여겼던 바이런(Lord Byron)이 1812년에 쓴 'childe harold's pilgrimage'라는 시의 일부이다.[25)]

Cold is the heart, fair Greece, that looks on thee,
Nor feels as lovers o'er the dust they loved;
Dull is the eye that will not weep to see
Thy walls defaced, thy mouldering shrines removed
By British hands, which it had best behov'd
To guard those relics ne'er to be restored.
Curst be the hour when their isle they roved,
And once again thy hapless bosom gored,
And snatch'd thy shrinking Gods to northern climes abhorr'd!

[가역] 사랑했던 사람의 시체를 보는 연인의 느낌과 같이,
아름다운 그리스여! 너를 보는 나의 심장은 얼어붙어 버렸구나.
부서지면 회복될 수 없는 저 유물들을
가장 잘 지켜내야 할 임무가 있는 영국인의 손에 의해,
손상된 너의 벽과 무너져 버린 성지를 보려고,
울 수조차 없는 내 눈은 어둡기만 하구나.
신들이 배회했던 그들의 섬과 그대의 불운한 가슴이 한차례 더 피를 흘리던 날,
그리고 그대의 신들이 싫어하는 북쪽 지방으로 그대의 움추린 신들을 끌고 간 그날,
그날을 저주하노라.

---

25) childe harold's pilgrimage, canto 2, stanza 15(해럴드 공자의 순례 여행, 2편 15연). 10-15연에서 바이런은 외부인에 의한, 특히 엘긴에 의한, 그리스 미술품의 약탈을 묘사하고 이를 비난한다. 14연에서 그는 누군가 새로운 그리스 영웅이 나타나 침략자와 약탈자로부터 그리스를 지키기를 희망하지만 가까운 장래에 그러한 구원이 일어날 가망이 없다는 것을 알고, 그리스로부터 고대 보물을 훔쳐간 자들을 저주한다.

2. ≪성 스테판의 성스러운 왕관≫ 사건

헝가리의 ≪성 스테판의 성스러운 왕관≫(Holy Crown of St. Stephen)은 교황 실베스터 2세가 약 1000년경에 헝가리의 최초의 왕에게 준 것으로서 헝가리 국민들에게는 역사적으로나 문화적으로나 아주 중요한 것이었다. 2차대전 후 소련군이 헝가리를 점령하기 직전 그 왕관과 대관식 왕보[홀(笏), 보주(寶珠) 등]가 보관을 위해 미국으로 보내졌다. 1977년 카터 대통령이 왕보를 헝가리인민공화국으로 되돌려주려고 했을 때 상원의원 돌(Dole)이 반환을 금지하는 소송을 제기하였다[Dole v. Carter (1977)]. 이유는 상원의 조언과 동의가 없는 대통령의 행위는 미국헌법 제2조 제2항[26] 위반이라는 것이었다. 지방법원은 돌 상원의원의 주장을 기각하였다. 파리평화협정의 협상자들이 소련군대가 헝가리로부터 물러갈 때까지 왕보를 그대로 보관하기로 했다는 상원의원의 주장을 뒷받침할 만한 증거가 제출되지 않았다는 것이었다. 왕보를 되돌려준다는 합의 자체는 너무나 가벼운 사안이어서 조약 제2조에 해당하지도 않으며, 대통령은 상원의 동의를 얻지 않고도 외국정부를 승인할 수 있으므로 대통령의 일방적 행위는 합헌이라는 것이었다. 항소법원은 지방법원의 판결을 확인하였는데 다만 그 이유는 달랐다. 이 문제는 비사법적 정치적 문제이며, 법원의 권한 밖이라는 것이었다.

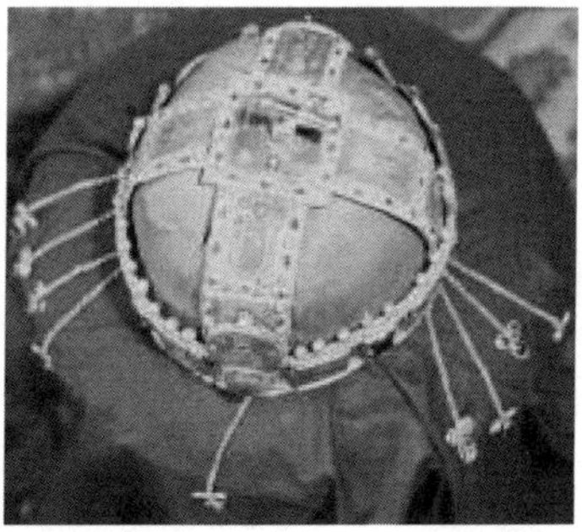

---

26) 대통령은 상원의 조언과 동의에 의하여 조약을 체결하는 권한을 가진다. 다만 그 조언과 동의는 출석의원 2/3 이상의 찬성이 있어야 한다.

문화재 반환에 대한 역논리[27]

오늘날 문화재 반환운동의 반대편에는 세계 유수의 박물관들이 있다. 비유럽 지역의 대표적인 문화재를 대거 소장하고 있는 이들은 유럽의 제국주의와 식민통치 시대의 최대 수혜자라고 할 수 있는데, 국제 사회의 문화재 반환운동을 반대하는 강력한 세력을 구축하고 있다. 그들은 2002년 18개 박물관이 참여해 「인류 보편의 박물관 선언문」을 발표했다. 이들은 그간 문화재 반환 요청에 대한 공공연한 대응을 자제해 왔는데, 마침내 문화재 반환을 반대하는 적극적 성명을 집단적으로 발표한 것이다. 그들은 "오늘날 우리는 문화재의 원래 맥락이라는 문제에 특히 유의하지만, 박물관 역시 이미 오래전에 그 맥락에서 분리된 문화재에 진정으로 가치 있는 맥락을 부여하고 있다는 사실을 간과해서는 안 될 것이다. 세계적 박물관에 소장된 이들 고대 문명의 문화재가 아니었다면 오늘날 고대 문명에 대한 높은 평가는 이루어지지 않았을 것이다"라고 주장했다.[28]

Ⅳ. 문화재의 국제적 보호

문화재의 약탈과 반환에 관해서는 세계적으로는 3개의 조약이 있다. 전시문화재보호규범인 1954년 헤이그협약, 평시문화재보호규범인 1970년 유네스코협약과 1995년 유니드로아(Unidroit)협약이 그것이다. 우리는 1970년 협약에 1983년 2월 14일 가입하였다.

---

27) 김경임, 앞의 책, 402쪽 이하(「인류 보편의 박물관 선언문」은 403-404쪽 참조).

28) 이 선언문에 대한 국제사회의 반응은, 위의 책, 405쪽 이하 참조.

1. 1954년 헤이그협약

1954년 헤이그협약(the Convention for the Protection of Cultural Property in the event of Armed Conflict: 전시 문화재 보호 협약)은[29] 무력충돌 시에 불법적으로 유출된 문화재의 반환을 그 주된 내용으로 하고 있다. 제1차 대전과 제2차 대전은 문화재 보호에 관한 기존 헤이그 협약, 즉 1899년과 1907년의 헤이그 협약의 한계를 여실히 보여 주었다. 독일 군대는 두 차례 대전에서 그들이 점령한 지역에서 많은 양의 문화재를 파괴하고 도굴하였다. 그 결과 국제사회는 유네스코 주도하에 기존의 헤이그 조약을 보완하는 1954년 헤이그 협약을 채택하였다.[30] 이 협약에 의하면 피점령지역으로부터 문화재를 반출하는 것은 금지된다. 만약 불법적으로 유출된 사실이 밝혀질 경우에는 유출된 지역으로 반환해야 한다. 협약은 전쟁기간 중의 문화재수용도 금지하고 있다.[31] 전쟁 물자를 얻기 위하여 미술작품을 파괴하는 것은 명백히 금지된다. 더욱 중요한 것은 동산 문화재의 피난을 위한 한정된 숫자의 피난처를 요구함으로써 보호의 수단을 강구한다.

2. 1970년 유네스코협약[32]

1970년 유네스코협약은 문화재의 불법거래에 대항하는 가장 기본적이고 중심이 되는 국제적인 합의 문서이다. 주된 내용은 다음과 같다.

---

29) 1956년 8월 7일 발효되었으며, 2009년 3월 현재 123개국 가입.

30) 서헌제 · 박찬호, 『도난 · 불법반출 문화재에 관한 법리적 연구』(비교법제연구 07-06), 한국법제연구원, 2007, 27쪽.

31) 서헌제 · 박찬호, 위 보고서, 28쪽.

32) the Convention on the Means of Prohibiting and Preventing the Illicit Import, Export and Transfer of Owernship of Cultural Property (Paris, 1970). 문화재의 불법 반출입 및 소유권 양도의 금지와 예방수단에 관한 협약: 1972년 4월 24일 발효되었으며, 2009년 3월 현재 117개국이 가입.

(1) 다른 체약국의 박물관 등으로부터 도취된 문화재(소장품 목록에 속하는 것이 증명된 것에 한한다)의 수입을 금지한다.

(2) 원산국인 체약국의 요청에 따라 (1)의 문화재의 회수 및 반환에 대해서 적당한 조치를 취한다. 단 선의의 구입자에 대해서 적정한 보상금이 지급되는 것을 조건으로 한다.

(3) 자국의 문화재의 수출에는 허가를 받는 것을 의무로 하며, 수출허가서가 없는 것은 수출을 금지한다.

1970년 협약은 문화국가주의[33]와 문화국제주의[34]를 모두 표방하고 있지만 궁극적으로는 문화국가주의를 인정한 협약으로 본다. 즉 전문에는 "과학적, 문화적, 교육적 목적을 위한 문화재의 국가 간 교류가 인류문명에 관한 지식을 증진하고 모든 국민의 문화생활을 풍요하게 하며, 국가 간의 상호 존중과 이해를 고취시키는 점을 고려한다"고 하여 문화국제주의를 선언하면서 한편 "문화재는 문명과 국민문화의 기본요소의 하나를 이루며, 그 참된 가치는 그 기원, 역사 및 전통적 배경에 관한 가능한 모든 정보와 관련하여서만 평가될 수 있음을 고려한다"고 하여 문화국가주의를 지지한다. 그리고 "자국의 영역 내에 존재하는 문화재를 도난, 도굴 및 불법적인 반출의 위험으로부터 보호하는 것은 모든 국가에 부과된 책임"이라고 선언함으로써 기본적으로 문화국가주의에 치중하고 있다.[35] 또 협약 제2조 제1항은 "협약의 당사국은 문화재의 불법적인 반입과 반출 및 소유권의 양도가 그 문화재 출처국의 문화유산을 고갈시키는 주된

---

33) 이 이론은 각국이 자국의 문화유산에 대해 가지는 특별한 이해관계를 긍정하고 그러한 문화재를 자국 영역 내에 유보하는 것을 정당한 가치로 인정한다.

34) 문화재에 관한 이익은 모든 국가와 국민에 공통적으로 존재하며 따라서 개별국가의 요구는 인류공통의 이해에 우선되어서는 안 된다고 한다(자세한 것은 서헌제・박찬호, 앞의 보고서, 37쪽 참조).

35) 서헌제・박찬호, 앞의 보고서, 37쪽. 반대로 국가적 세습재산이라는 점에 초점을 맞추기보다는 문화재에 대한 국제적 이익을 강조한 것이라고 보는 견해는, DuBoff-King, 19쪽.

원인의 하나이며, 국제협력은 이로부터 발생하는 여러 위험으로부터 각국의 문화재를 보호하는 가장 효과적인 방법의 하나임을 인정한다"고 선언한다.

3. 1995년 유니드로아(Unidroit)협약[36)]

1995년 이탈리아의 수도 로마에서 유네스코의 요청으로 『도난 및 불법문화재에 관한 유니드로아(Unidroit) 협약』이 작성되었는바, 이 협약은 유네스코의 1970년 『문화재의 불법 반출 · 입 및 소유권의 양도 금지와 그 예방수단에 관한 협약』을 보완한 것이다. 1970년 조약과의 차이점은 다음과 같다.[37)]

> 첫째, 1970년 협약은 도난문화재의 반환과 그에 대한 보상원칙을 선언하고 있지만 구체적인 절차나 요건을 명확히 하고 있지 않다. 이에 대해 1995년 협약은 도난 · 불법 반출된 모든 문화재의 절대적 반환원칙을 확실히 하고, 그에 따른 상당한 보상의 요건과 절차를 정하고 있다. 무조건 반환원칙의 확립은 잠재적인 예술품 구매자로 하여금 당해 물품의 과거소유권에 대한 정확하고 충분한 입증서류를 요구하게 함으로써 문화재의 불법거래를 억제할 것으로 예상된다.
>
> 둘째, 도난문화재뿐만 아니라 불법 반출된 문화재의 반환원칙을 정하고 있는 점이다. 이는 각 체약국은 외국의 문화재수출규제법에 대한 승인집행을 상호 보장해야 한다는 것을 의미한다.
>
> 셋째, 도난 · 불법반출 문화재의 반환청구에 대한 시효를 설정한 점이다. 도난 · 불법반출의 사실을 안 날로부터 3년, 그리고 도난 · 불법 반출일로부

---

36) UNIDROIT Convention on Stolen or Illegally Exported Cultural Objects(Rome, 24 June 1995). 1998년 1월 7일 발효되었으며, 2009년 3월 현재 29개국이 가입하고 있다.

37) 서헌제 · 박찬호, 앞의 보고서, 30-31면. 또 Information note to facilitate the understanding of the complementarity between, and the functioning of, the 1970 UNESCO Convention and the 1995 UNIDROIT Convention(http://unesdoc.unesco.org/images/0013/001399/139969E.pdf) 참조.

터 50년의 시효를 정하고 있으며, 특별한 유형의 문화재에 대해서는 시효를 없애거나 보다 장기간의 시효를 정하고 있다.

Ⅴ. 문화재의 파괴

먼저 미술품이나 문화재의 파괴와 관련된 3개의 예를 들어 본다.

사례 1 스텔레

형상과 상형문자로 화려하게 조각된 스텔레(stelae: 기념돌기둥)라고 불리는 커다란 돌판을 떼어내기 위하여 약탈자들은 동력 사슬 톱(chain saw)을 사용하여 돌을 절단하는 것에서부터 돌이 부숴질 때까지 불로 데우고 거기에 물을 붓는 것까지 다양한 기술을 사용한다. 이러한 처리를 한 후 마야문자를 분석하는 데 커다란 중요성을 가지는 상형문자는 해독을 할 수 없게 되어 버렸다.[38)]

사례 2 베르메르의 연애편지

베르메르의 『연애편지』는 암스테르담 국립 미술관에서 전시 중에 도난되었다. 300년 전에 그려진 유화를 잘라내어 둘둘 말아서 가져갔다. 가장 심각한 손상은 유화의 안료가 유실된 것이었다. 캔버스에서 안료가 떨어져 나가면서 그림의 일부가 사라진 것이다. 그리고 안료에서 곰팡이가 핀 곳도 있었다. 또한 칼로 잘려나간 그림 주변에

38) DuBoff-King, 9쪽.

는 면적은 작지만 캔버스 자체가 유실된 부분도 있었다.[39]

사례 3 앙코르 와트 유적지

앙코르 와트 유적지는 1970년대 악명 높았던 크메르 루즈 게릴라들의 마지막 도피처였기 때문에 밤낮없이 총격전이 계속되었다. 이 총격전으로 유물의 70%가 손상되었다. 캄보디아는 현재 프랑스와 일본의 지원을 받아 유적지 복원을 계속하고 있다.

위의 세 사례는 얼마나 무분별하게 문화재나 미술품이 약탈되고, 파괴되고 있는지를 잘 나타내고 있다. 이러한 문화재의 약탈이나 파괴는 예전부터 있어 왔다. 로마는 그리스나 이집트, 소아시아로부터 그 나라, 그 민족의 걸작(傑作)들을 약탈해 왔고, 이것은 그 자체의 가치 때문이기도 하였으나 로마의 힘을 과시하기 위한 것이기도 하였다. 반대로 흉노족의 일종인 반달족들이 로마에 침입하여 로마의 문화유산을 약탈하고, 파괴하였고, 오늘날 반달리즘은 그에서 유래한다. 우수한 민족이 우수한 작품들을 활용하기 위하여 2차대전 당시 독일은 다른 나라의 귀중한 문화재를 침탈해 왔고 반면에 후기 인상파 작품은 퇴보한 것으로서 파괴되었다.

미술품이나 문화재는 개인이 파괴하기도 하지만 전쟁을 통해 철저히 그리고 대규모로 약탈되고 파괴되었다. 그것들은 전쟁의 전리품이었으며, 현대의 기술전(技術戰) 와중에서 파괴되어 갔다. 앙코르와트 사원에서 보이는 (가족을 만날 수 있다는 희망에서 쓴) 낙서, 총알자국, 목 잘린 불상은 폴포트 정권하에서의 캄보디아의 참상을 잘 말해준다.[40]

---

39) 구치키 유리코 지음/장민주 옮김, 앞의 책, 149-160쪽.

40) 『한겨레 21』, 2001.6.7.(제361호), "앙코르와트는 '밥'이다" 기사에는 캄보디아

걸프전 당시 다수의 이슬람 문화유산이 쿠웨이트 국립 박물관으로부터 이라크에 옮겨졌고, 전쟁이 끝난 후 UN의 압력에 힘입어 다시 쿠웨이트로 되돌려졌다. 반대로 걸프전 이후 이라크는 문화유산 및 자연유산에 대한 반달리즘을 경계하여 세계 문화유산 협약[41]에 가입하였다. 이라크 지역은 메소포타미아 문명의 요람으로서 이곳에 인류 공동의 세계유산이 다수 있기 때문에, 유네스코는 이라크 지역의 세계문화유산을 보호하기 위해서 미국과 영국에게 이라크 내 문화유산을 보호해 줄 것과 국제경찰기구, 세계관세기구, 국제예술품상연맹 등에 협조를 요청하였다.

코소보에서는 1999년 이래 100개가 넘는 교회와 수도원이 피해를 입었다. 아프간에서는 불상을 포함 아프간 미술품이 탈레반에 의해 파괴되었고, 2003년 미군이 바그다드로 진주한 후 이라크 국립박물관은 약탈을 당하였다.[42]

한편 국제적으로는 2003년 10월 17일 「문화유산의 고의적 파괴에 관한 유네스코 선언」(UNESCO Declaration concerning the Intentional Destruction of Cultural Heritage)이 채택되었다. 동 선언은 전문 및 전 9조로 되어 있으며,[43] 제6조는 "파괴된다면 직접적인 영향을 받는 공동체에게 특별한 가치가 있는 문화 유산을 포함해 인류 전체에게 매우 중요한 유산을 일부러 파괴하거나 또는 이를 예방하고, 금지하고, 중지하고, 처벌하는 필요한 조치를 일부러 게을리하는 나라는 그런 파괴에 대해 책임을 져야 한다. 이럴 경우 기술적으로 가능하다면 복구하되, 아니면 보상하는 방식으로 배상해야 한다"고 규정한다.

문제가 잘 나타나 있다.

41) 1972년 세계 문화 및 자연유산 보호에 관한 협약.

42) DuBoff-King, 28쪽.

43) 그 전 내용에 대해서는, http://www.unesco.or.kr/front/unesco_global/global_04_view.asp?articleid=14 참조.

∥ 참고문헌 ∥

1. 미술과 법 관련 참고문헌

(단행본)

김민호, 『별난 법학자의 그림이야기』, 예경, 2004.

김형진, 『미술법』, 메이문화, 2011.

______, 『미술법 이야기』, 메이문화, 2012.

박경신, 『미술품 인증인 및 감정인의 책임에 관한 미국법 연구』(이화여자대학교 석사학위논문), 2005.

양현미, 『한국형 미술품 경매제도 도입방안 연구』, 한국 문화정책개발원, 2000.

최병식, 『미술시장과 경영』, 동문선, 2001.

______, 『미술시장과 아트 딜러』, 동문선, 2008.

______, 『미술품 감정학』, 동문선, 2014.

최종고, 『법과 미술』, 시공사, 1995.

캐슬린 김, 『예술법』, 학고재, 2013.

山口裕博, 『藝術法學入門』, 向學社, 2006.

Crawford, Tad, *Legal Guide for the Visual Artist*, Allworth Communications, Inc., 2001. (* 5th ed., 2010).

Dermarsin, Bert/Eltjo J.H. Schrage/Bernard Tilleman/Alain L. Verbeke, *Art & Law*, die Keure, 2008.

DuBoff, Leonard, *The Law(in Plain English) for Galleries*, Second Edition, Allworth Press, 1999.

DuBoff, Leonard D./Christy O. King, *ART LAW IN A NUTSHELL*(4th Ed.), THOMSON-WEST, 2006.

DuBoff, Leonard D./Michael D. Murray/Sherri Burr, *Art Law: Cases and Materials*, William S. Hein & Co., 2004. *(revised edition, Wolsters Kluwer, 2010).

Gerstenblith, Patty, *Art, Cultural Heritage, And The Law: Cases and Materials*, Carolina Academic Press, 2008.

Kaufman, Roy S.(ed.), *Art Law Hand Book*, Aspen, 2000.

Lerner, Ralph E./Judith Bresler, *Art Law*, Practising Law Institute, 2005. (*4th ed., 2012).

Lind, Robert C., Robert M. Jarvis, and Marilyn E. Phelan, *Art and Museum Law: Cases and Materials*, Carolina Academic Press, 2002.

Long, Samuel P., *Art, Its Laws, and The Reason For Them*, LEE, SHEPARD, AND DILLINGHAM, 1876(Kessinger Publishing's® Legacy Reprints).

Merryman, John Henry/Albert E. Elsen/Stephen K. Urice, *Law, Ethics and the Visual Arts*, Kluwer, 2007.

Phelan, Marilyn E. *Museum Law(4th ed.)*, Rowman & Littlefield, 2014.

Rhodes, Anne-Marie, *ART LAW & TRANSACTIONS*, Carolina Academic Press, 2011.

Russell, Elizabeth T., *Art Law Conversations: A Surprisingly Readable Guide for Visual Artists*, Ruly Press, 2005.

Stech, Molly Torsen, *Artists' Right*, Institute of Art & Law, 2015.

Stokes, Simon, *Art and Copyright*, Hart Publishing, 2012.

(논 문)

최병식, "감정의 신뢰성이 미술시장 활성화한다," 『월간미술』, 1999.9.

______, "국내외 미술품감정의 대안들," 『월간미술』, 2007.3.

최정환, "미술품 대여계약," 『지적재산권법연구』(제6권), 한국지적재산권학회, 2002.

河島伸子, "現代美術と著作權法", 『知的財産法の挑戰』, 弘文堂, 2013.

Farley, Christine Haight, The Lingering Effects of Copyright's Response To The Invention Of Photography, *U. Pitt. L. Rev.*(Vol. 65), 2003-2004.

______________________, Judging Art, *Tulane Law Rev.*(Vol.79 No.4), 2005.

Levy, Steven Mark, Liability of the Art Expert for Professional Malpractice, *Wis. L. Rev.* 1991.

Wang, Elaine, Equal Protection in Art and Obscenity, *Vandebilt J. Of Entertainment and Tech. Law*(Vol 9:1:1), 2006-2007.

2. 문화(재)와 법 관련 참고문헌

(단행본)

김경임, 『클레오파트라의 바늘』, 홍익출판사, 2009.

김창규, 『문화재보호법개론』, 동방문화사, 2008.

김형만, 『문화재반환과 국제법』, 삼우사, 2001.

남궁술 · 박광동, 『유럽의 문화법제에 관한 비교법적 연구 I —미술품매매에 있어서의 진본성(authenticity) 확보를 위한 유럽의 법적 대응—』(현안분석 2008-47), 한국법제연구원, 2008.

박동석, 『문화재보호법』, 민속원, 2005.

박찬숙, 『대한민국 미술계, 위작근절 첫걸음: 공신력 있는 한국미술감정평가원 설립 시급하다!』(대한민국 국회 국정감사 정책보고서 3), 2005.

박찬호, 『문화산업지원법제에 관한 비교법 연구』(현안분석 2006-34), 한국법제연구원, 2006.

서헌제 · 박찬호, 『도난 · 불법반출 문화재에 관한 법리적 연구』(비교법제연구 07-06), 한국법제연구원, 2007.

소병희, 『문화예술지원 및 저작권』, 국민대학출판부, 2006.

오세탁, 『문화재보호법원론』, 주류성, 2005.

전재경, 『문화유산법제 개선방안 연구』(연구보고 2000-16), 한국법제연구원, 2000.

전훈 · 정상우, 『유럽의 문화법제에 관한 비교법적 연구 II』(현안분석 2008-48), 한국법제연구원, 2008.

한국문화정책개발원, 『건축물 미술장식 실태 및 개선방안 연구』(정책연구보고서 97-19), 1997.

荒井信一, 『コロニアリズムと文化財』, 岩波書店, 2012.

Merryman, John Henry, *Thinking about the Elgin marbles: critical essays on cultural property, art, and law*, Kluwer Law International, 2000.

3. 미술 관련 참고문헌

(단행본)

구치키 유리코 지음/장민주 옮김, 『도둑맞은 베르메르』, (주)눌와, 2006.

긴시로 지음/박이엽 옮김,『두 시간 만에 읽는 명화의 수수께끼』, 현암사, 2007.
다구치 이시무/사이토 쓰토무 엮음(츠치다 준코/이성진/김명진 옮김),『고고자료분석법』, 서경문화사, 2007.
도시, 피로시카/김정근 · 조이한 역,『이 그림은 왜 비쌀까』, 웅진지식하우스, 2007.
래니 샐리스베리/앨리 수조 공저/이근애 역,「미술품 위조 사건: 20세기 미술계를 뒤흔든 충격적인 범죄 논픽션」, 소담출판 사, 2012.
마이클 핀들리 지음/이유정 옮김,『예술을 보는 눈—The Value of Art』, 다빈치, 2015.
명승수,『현대디자인학의 지평』, 도서출판 디자인하우스, 1986.
서상우,『뮤지엄건축』, 살림, 2005.
손수호,『도시의 표정』, 열화당, 2013.
스타니스제프스키, 매리 앤/박이소 역,『이것은 미술이 아니다』(원제: Believing is Seeing), 현실문화연구, 2006.
이규현,『미술경매이야기』, 살림, 2008.
Janson, H.W./김유수 외 역,『美術의 歷史』, 삼성출판사, 1986.
Jennings, Simon 외/김진엽 譯,『미술가를 위한 매뉴얼』, 도서출판 국제, 1997.
조이한,『위험한 그림의 미술사』, 웅진닷컴, 2002.
한국미술품감정편가원,『한국 근현대미술 감정 10년』, 사문난적, 2013.
휘트포드, 프랑크 지음/김숙 옮김,『클림트』, 시공사, 2005.
Frey, Bruno S./주수현, 유영명, 박상현, 최성희 역,『문화예술경제학』, 시그마프레스, 2007.
하세가와 기미유키/구자현 역,『현대판화의 기초지식』, 시공사, 2007.
土方定一, 畵家と畵商と蒐集家, 岩波書店, 1990.
Dolnick, Edward, *The Forger's Spell*, Hapercollins, 2008.
Noah Charney, *Art of Forgery*, Phaidon, 2015.

(논 문)

계희열, "메피스토-클라우스만 결정,"『판례연구』 2, 고려대 법학연구소, 1983.
김세준, "미국연방예술기금,"『문화예술』, 한국문화예술위원회, 2004.11./2005.

1./2005.2.

민주식, “완전한 위조품과 미적 판단,” 『미술사학』(제3권), 미술사학회, 1991.12.

박찬경 · 양현미, “공공미술과 미술의 공공성,” 『문화과학』(제53호), 문화과학사, 2008.3.

최태만, 『토론회, 왜 공공미술인가?』, 문화개혁을 위한 시민연대, 포럼A토론회 자료집, 2001.6.16.

4. 법 일반 관련 참고문헌

(단행본)

곽윤직, 『민법총칙』, 박영사, 2005.

______, 『물권법』, 박영사, 2002.

______, 『채권각론』, 박영사, 2004.

김일수 · 서보학, 『형법각론』(제5판), 박영사, 2003.

김형배, 『민법연습』(신판), 신조사, 2007.

박용상, 『표현의 자유』, 현암사, 2002.

성낙인, 『헌법학』(제5판), 법문사, 2005.

송덕수, 『신민법강의』, 박영사, 2009.

양승규, 『(판례교재) 보험법 · 해상법』, 법문사, 1982.

______, 『보험법』(제4판), 삼영사, 2002.

윤주한, 『신관세법』, 조선대학교 출판부, 2005.

이상광, 『하자담보책임론』, 법원사, 2000.

이창희, 『세법강의』(제5판), 박영사, 2006.

한태연, 『헌법』, 법문사, 1970.

허영, 『헌법이론과 헌법』(신2판), 박영사, 2008.

森征一 외 편, 『法と正義のイコノロジー』, 慶應義塾出版會, 1998.

下森定 · 半田正夫 편, 『民法 I 』, 日本評論社, 1994.

越知保見, 『日米歐 獨占禁止法』, 商事法務, 2005.

(논 문)
윤명선/박영철, "음란의 기준과 그 제한,"『경희법학』(제31권 제1호), 경희법학연구소, 1996.12.
이인호, "대법원의 음란개념과 새로운 해석관점,"『법률신문』, 법률신문사, 2003.1.20.
임지봉, "대법원의 음란성 판단기준에 대한 비판적 검토,"『민주법학』(통권 29호), 민주주의법학연구회, 2005.12.

5. 지적재산법 관련 참고문헌

(단행본)
계승균,『저작권과 소유권』, 부산대학교 출판부, 2015.
권영준,『저작권침해판단론』, 박영사, 2007.
齋藤瞭二 저/정태련 역,『의장법』, 세창출판사, 1993.
송영식 외,『송영식 지적소유권법』, 육법사, 2008. (* 제2판, 2013).
오기석,『전통문화표현물(TCEs/EoF)의 보호에 관한 국제동향연구』, 저작권위원회, 2007.
오승종,『저작권법』, 박영사, 2007.
윤영기,『글자꼴에 있어서 창작성이란?』, 윤디자인연구소, 1998.
이상정,『산업디자인과 지적소유권법』, 세창출판사, 1995.
이호흥,『타이프 페이스의 법적 보호에 관한 연구보고서』, 저작권심의조정위원회, 1991.
이호흥,『포크로의 법적 보호에 관한 연구: 이론적 검토를 중심으로』, 저작권심의조정위원회, 2000.
임원선,『실무자를 위한 저작권법』, 저작권심의조정위원회, 2006.12.
조국현,『의장법』, 법경사, 2002.
한국정보법학회,『정보법판례백선』(1), 박영사, 2006.
허희성,『2000 신저작권법축조개설(상)』, 저작권아카데미, 2000.
홍익대학교 미술디자인공학연구소,『한글 활자꼴 보호범위와 유사성 판단기준에 관한 연구』, 2003.
宮澤溥明,『著作權の誕生』, 太田出版, 1998.

荒竹純一,『ビジネス著作権法』, 産經新聞出版, 2006.

澁谷達紀,『知的財産法講義 III』, 有斐閣, 2005.

大家重夫,『タイプフェイスの法的保護と著作權』, 成文堂, 2000.

Franzosi, Mario 편, *European Design Protection*, Kluwer Law International, 1996.

Goreman/Ginsburg, *Copyright*(6th ed.), Foundation Press, 2002.

Jehoram, *Design Protection*, Sijthoff, 1976.

Miller and Davis, *Intellectual Property*, West Publishing Co, 1990.

(논 문)

계승균, "저작권과 소유권,"『계간 저작권』(제65호), 저작권심의조정위원회, 2004.3.

박문석, "저작권과 글자꼴의 법적 보호(3),"『인쇄신문』, 1991.11.22.

박성호, "포스트모던시대의 예술과 저작권,"『계간 저작권』(제21호/제22호), 저작권심의조정위원회, 1993.1./1993.4.

______, "글자꼴 저작권 불인정 판결에 할 말 많다,"『출판저널』(제148호), 대한출판문화협회, 1994.5.

박준우, "미국 연방저작권법의 저작인격권의 보호,"『계간 저작권』(제84호), 저작권위원회, 2008.12.

______, "퍼블리시티권 침해의 유형에 관한 연구,"『서강법학』(제10권 제1호), 서강대학교 법학연구소, 2008.8.

엄동섭, "패러디와 저작물의 자유이용,"『창작과 권리』(제10호), 세창출판사, 1998.3

이상정, "스위스저작권법의 개요,"『계간 저작권』(제31호), 저작권심의조정위원회, 1995.7.

______, "우리 저작권법상의 전시권의 문제점,"『경희법학』(41권 2호), 경희법학연구소, 2006.12.

장인숙, "타이프 페이스의 보호,"『저작권학회보』(제30호), 저작권법학회, 1990.5.

하동철, "공중에 개방된 장소의 범위와 저작권의 제한,"『계간 저작권』(제82호),

저작권위원회, 2008.6.
허희성, “패러디와 저작권,” 『계간저작권』(제41호), 저작권심의조정위원회, 1998.1.
_____, “경매를 위한 미술저작물의 홈페이지 게시와 공중송신권 침해,” 『저작권 문화』(제173호), 저작권위원회, 2009.1.

‖ 사항색인 ‖

‖ 판례색인 ‖

대한민국

미국 · 영국

일 본

이 상 정

서울대학교 법과대학 졸업
서울대학교 대학원 수료(법학석사 · 법학박사)
[전] 울산대학교 부교수
[전] 경희대학교 교수
[전] 한국디지털재산법학회 회장
[전] 한국저작권법학회 회장
[전] 대통령소속 도서관정보정책위원회 위원
[현] 경희대학교 법학전문대학원 명예교수
[현] 한국저작권위원회 위원, 대통령소속 국가지식재산위원회 위원
[저서] 「知的所有權法」(공저), 「산업디자인과 지적소유권법」 외 다수
[논문] "상표권침해에 대한 민사적 구제" 외 다수

제2판 미술과 법

2009년 9월 1일 초 판 발행
2016년 9월 1일 제2판 발행

저 자 이 상 정
발행인 이 방 원
발행처 세창출판사
서울 서대문구 경기대로 88 냉천빌딩 4층
전화 723-8660 팩스 720-4579
e-mail: sc1992@empal.com
http://www.sechangpub.co.kr
신고번호 제300-1990-63호

정가 30,000원

ISBN 978-89-8411-626-9 93360